Das Jakobus-Evangelium

Kindheit und Jugend
J·E·S·U

DIE JUGEND JESU

(Jakobus-Evangelium)

Die Jugend Jesu

DAS JAKOBUS - EVANGELIUM

durch das Innere Wort wiederempfangen

durch

Jakob Lorber

7. Auflage

LORBER - VERLAG · BIETIGHEIM / WÜRTTEMBERG

ISBN 387495 107 3

Alle Rechte, insbesondere das der Übersetzung in fremde Sprachen, vorbehalten.

Vorwort

der Herausgeber

Die Jugend Jesu! — wessen Herz trüge nicht das Verlangen, vom wunderbaren Leben des Heilandes mehr zu erfahren, als die biblischen Schriften bieten!? Wie gerne möchte man gerade auch vom Erblühen und Sichentfalten dieser einzigartigen gottmenschlichen Seele vernehmen! — In alten Zeiten, zu Beginn des christlichen Gemeindelebens, gab es eine solche Schilderung der Kindheit und heranreifenden Jugend Jesu in dem sogenannten „Evangelium Jakobi minoris", dem Jakobusevangelium. Diese vom Bruder des Herrn aufgezeichnete Beschreibung war schon im ersten und zweiten Jahrhundert bei den Gemeinden des Morgen- und Abendlandes im Umlauf. Justin, der Märtyrer (gest. 166), scheint sie gekannt zu haben, und Origines erwähnt sie namentlich (Kurtz, Kirchengeschichte, I. Bd., § 29, Z. 4). — Bei der im 4. Jahrhundert n. Chr. erfolgten Feststellung der kanonischen, d. h. kirchengebräuchlichen Schriften durch die Theologenschulen und Patriarchen von Alexandria und Rom wurde dieses in der damaligen Zeit schon sehr entstellte Jakobusevangelium jedoch als „unsicheren Ursprungs" (apogryph) bezeichnet und nicht in die Zahl der heiligen Schriften aufgenommen — eine Beurteilung, die ja viele Jahrhunderte lang auch der Offenbarung des Johannes, dem Jakobusbrief und verschiedenen anderen Teilen des heutigen Neuen Testaments widerfahren ist. — Die Ansichten der Christenheit über das Jakobusevangelium haben dann bis in die neueste Zeit hinein geschwankt. Als echt finden wir es z. B. aufgenommen in der sogenannten Berlenburger Bibel, die freilich nur Bruchstücke des alten Evangeliums kennt. Im übrigen geriet die Schrift immer mehr in Vergessenheit und war schließlich bis auf die erwähnten Bruchstücke gänzlich verschollen.

So stand es mit dem ehrwürdigen Berichte von der Kindheit des Herrn, bis eines Tages, am 22. Juli 1843, ein deutscher Gottesmann, der Mystiker und Seher Jakob Lorber in Graz, Steiermark, von der in ihm redenden Stimme des göttlichen Geistes die Ankündigung empfing, daß jenes verschollene Jugendevangelium des Jakobus „von der Zeit an, da Joseph Maria zu sich nahm", ihm neu geoffenbart und so der Menschheit wiedergegeben werden solle. „Jakobus", so wurde ihm weiter eröffnet, „ein Sohn Josephs, hat solches alles aufgezeichnet; aber es ist mit der Zeit so sehr entstellt worden, daß es nicht zugelassen werden konnte, als echt in die Schrift aufgenommen zu werden. — Ich aber will dir das echte Evangelium Jakobi geben, aber nur von der oben erwähnten Zeit angefangen. Jakobus hatte auch die Lebensbeschreibung Mariens von ihrer Geburt an mit aufgenommen sowie die des Joseph."

Und nun empfing der erlesene Mittler und Bote des himmlischen Lichtes durch die Stimme des Geistes in seinem Herzen eine 299 Kapitel umfassende, wunderbare Schilderung der Geburt und Kindheit Jesu von so inniger, erhebender Schönheit und Macht, daß kein fühlendes Herz den göttlichen Ursprung und die Wahrheit dieses kostbaren Schriftwerkes verkennen kann. Das Werden und Erblühen des Jesuskindleins unter der Obhut Marias im Hause des Pflegevaters Joseph, auf der Flucht nach Ägypten und dann wieder zu Hause, in Nazareth, entrollt sich vor unseren Augen. Wir erleben das erste wunderbare Wirken und Sichbekennen des Gottesgeistes in dem Kindlein und empfangen mit freudigem Staunen ungeahnte Einblicke in das heilige Geheimnis der Person Jesu. Es wird uns die beseligende Gnade, im „Sohne" den „Vater" zu erkennen und mithin in Jesus „Vater, Sohn und Heiligen Geist" vereinigt zu finden.

Mit den Bruchstücken der alten Überlieferung in der Berlenburger Bibel ist — bei Berücksichtigung der diesem Texte widerfahrenen Veränderungen und Entstellungen — eine starke, teilweise wörtliche Übereinstimmung festzustellen. Und so beweist der Inhalt, daß uns in dieser Jugendgeschichte Jesu durch den deutschen Gottesboten Jakob Lorber tatsächlich eine alte christliche Urkunde von unschätzbarem Werte neu gegeben ist.

Wer ist denn nun aber dieser auserlesene Mann, der von der Vorsehung mit dieser ungewöhnlichen Wiedergabe betraut worden ist? — Es ist zweifellos von Wichtigkeit, über ihn Näheres zu vernehmen. Und es sei hier vor allem auf die kurze, aber zuverlässige Lebensbeschreibung Jakob Lorbers hingewiesen, welche der langjährige Freund und Vertraute des großen Sehers, der österreichische Dichter und K. K. Ständeamtssekretär Karl Gottfried Ritter von Leitner der Nachwelt hinterlassen hat. — Aus dieser Schrift entnehmen wir:

Jakob Lorber wurde im Jahre 1800 in dem Weiler Kanischa bei Jahring, in der unteren Steiermark, als Sohn einer deutschen Bauernfamilie geboren. Väterlicher- wie auch mütterlicherseits floß deutsches Bauernblut in seinen Adern. — Jakob, der älteste von drei Söhnen, durfte seiner guten Gaben wegen das Lehrfach studieren, wandte sich aber nach erfolgreicher Ausbildung „für Lehrer an Hauptschulen" schließlich doch, einer alten Vorliebe folgend, der Musik zu. Er beherrschte verschiedene Instrumente, am meisterlichsten die Geige, in welcher Kunst er auch einigen Unterricht von Paganini empfing. Erfolgreiche Konzerttätigkeit machte ihm in seiner Heimatstadt Graz bald einen guten Namen und trug ihm die Freundschaft hervorragender Mitbürger ein, so des Tondichters Anselm Hüttenbrenner, des Grazer Bürgermeisters Andreas Hüttenbrenner und des K. K. Ständeamtssekretärs K. G. Ritter von Leitner (seines späteren Biographen).

Im Frühjahr 1840 erhielt Lorber das Angebot einer aussichtsvollen Kapellmeisterstelle in der handels- und verkehrsreichen Stadt Triest. Die Freude, nun endlich eine Lebensstellung mit gesichertem Einkommen zu erlangen, war groß. Aber die Vorsehung meinte es anders. Der Mann, dessen Gemüt sich von je und in jener Zeit besonders viel mit der unsichtbaren Welt und mit den Fragen um Gott und Ewigkeit beschäftigt hatte, wurde in eine höchst sonderbare Prüfung und Entscheidung gestellt.

Über dieses große Ereignis seines Lebens erzählte er später seinen Freunden: Er, Lorber, hatte am 15. März 1840, um 6 Uhr morgens, gerade sein Morgengebet verrichtet und war im Begriff, sich aus dem Bett zu erheben, da hörte er links in seiner Brust, an der Stelle des Herzens, deutlich eine Stimme ertönen, welche ihm zurief: „Steh auf, nimm deinen Griffel und schreibe!" — Lorber gehorchte diesem geheimnisvollen Rufe sogleich, nahm die Feder zur Hand und schrieb das ihm innerlich Vorgesagte Wort für Wort nieder. Es war der Eingang eines Werkes „Schöpfung der Geister- und Sinnenwelt und Geschichte der Urmenschheit" oder „Die Haushaltung Gottes". — Und die denkwürdigen ersten Sätze (eine Breve über die Gabe des inneren Gotteswortes) lauteten:

„Wer mit Mir reden will, der komme zu Mir, und Ich werde ihm die Antwort in sein Herz legen. — Jedoch die Reinen nur, deren Herz voll Demut ist, sollen den Ton Meiner Stimme vernehmen! — Und wer Mich aller Welt vorzieht, Mich liebt, wie eine zarte Braut ihren Bräutigam, mit dem will Ich Arm in Arm wandeln. Er wird Mich allezeit schauen wie ein Bruder den andern, und wie Ich ihn schaute schon von Ewigkeit her, ehe er noch war."

Jakob Lorber erkannte mit tiefer Bewegung die in ihm lebendig gewordene Stimme und Den, von dem sie ihm zukam. — Er erkannte auch seine Berufung und Aufgabe, ließ die aussichtsreiche Stellung in der Weltstadt Triest fahren und widmete sich und sein ganzes Leben fortan der getreuen Niederschrift dessen, was die innere Geistesstimme ihm eingab. Unbeweibt, arm und anspruchslos, lebte er dieser Berufung bis an sein Ende, sein Dasein von Musikstunden und den Liebesgaben guter Männer und Frauen seines Freundeskreises fristend und seine geringe Habe allezeit mit noch Ärmeren teilend.

Fast 25 Jahre lang, bis zu dem am 24. August 1864 erfolgenden Tode Lorbers, sprach die Stimme, gemäß der Verheißung Jesu im Johannesevangelium, Kap. 14, 21 und 26, zu dem demütigen „Schreibknecht Gottes" mit immer gleichem, liebevollem Ernst und Nachdruck. — Einem Freunde schrieb Lorber 1858 darüber:

„Bezüglich des inneren Wortes, wie man dasselbe vernimmt, kann ich, von mir selbst sprechend, nur sagen, daß ich des Herrn heiligstes Wort stets in der Gegend des Herzens wie einen höchst klaren Gedanken, licht und rein, wie ausgesprochene Worte, vernehme. Niemand, mir noch so nahestehend, kann etwas von einer Stimme hören. Für mich erklingt diese Gnadenstimme aber dennoch heller als jeder noch so laute materielle Ton."

Durch die getreue Niederschrift des Vernommenen (um dessen Sammlung und Veröffentlichung sich besonders Anselm Hüttenbrenner verdient machte) entstand mit der Zeit unter Lorbers Feder ein hochbedeutsames Schrifttum von 25 Bänden. — Erwähnt seien hier der Zeitfolge nach:

Die Haushaltung Gottes (3 Bde.); Der Saturn; Die natürliche Sonne; Die geistige Sonne (2 Bde.); Die Jugend Jesu; Der Briefwechsel Jesu mit Abgarus; Der Laodizenerbrief des Apostels Paulus; Erde und Mond; Bischof Martin (jenseitige Führung); Robert Blum (jenseitige Führung, 2 Bde.); Die Dreitagesszene (der zwölfjährige Jesus im Tempel); Himmelsgaben (2 Bde.); und schließlich als Krönung: Das große Evangelium Johannes (eine eingehende, den biblischen Bericht ergänzende und auslegende Schilderung der dreijährigen Lehrtätigkeit Jesu, in 10 Bänden).

Das Bedeutsamste an der Erscheinung Jakob Lorbers, der übrigens auch die Gabe des geistigen Schauens besaß, ist die aus seinen Werken sprechende wunderbare Lehre. — Es ist ein wahrhaft allumfassendes, tiefsinniges Gottesweistum, das alle Fragen der sichtbaren und unsichtbaren Lebensgebiete behandelt und die zahlreichen Geheimnisse des menschlichen Denkens von hohem, geistigem Standpunkte aus erhellt.

Um es ganz kurz zu sagen: Lorber bietet in vollkommener Entwicklung und Ausgestaltung die geistige Weltanschauung und Welterklärung, auf welche, nach der Überwindung des Stoffglaubens (Materialismus), die Wissenschaft und das ganze Lebensgefühl der heutigen Menschheit von allen Gebieten der Erkenntnis aus zustrebt.

Das Werk „Die Jugend Jesu" wurde von Lorber in der Zeit vom 22. Juli 1843 bis 1844 in Graz niedergeschrieben. — Die erste Druckveröffentlichung erfolgte auf Veranlassung des Grazer Freundeskreises und des deutschen Arztes, Forschers und Dichters Justinus Kerner, Weinsberg, im Jahre 1852 durch den Naturphilosophen und Begründer der spagyrischen Heilweise Dr. Ch. F. Zimpel bei dem Verlag Schweizerbarth in Stuttgart. — Die vorliegende Neuauflage ist mit dieser Zimpelschen Ausgabe übereinstimmend. Die Urschrift Lorbers befindet sich in Graz. Der besseren Übersicht halber haben wir diese Neuausgabe mit einem alphabetischen Sachregister versehen.

Möge dieses Werk, das schon viele Menschen beglückte, noch viele Freunde finden!

Bietigheim, Württemberg

Lorber-Gesellschaft E. V.

Vorrede

Vom Herrn Selbst kundgegeben als Einleitung zu Seiner Jugendgeschichte unterm 22. Juli 1843 und 9. Mai 1851 durch denselben Mund, den Er zum Organ dieses Werkes erwählte.

1.

Ich lebte die bekannte Zeit bis zum dreißigsten Jahre geradeso, wie da lebt ein jeder wohlerzogene Knabe, dann Jüngling und dann Mann, und mußte durch den Lebenswandel nach dem Gesetze Mosis die Gottheit in Mir — wie ein jeder Mensch Mich in sich — erst erwecken.

Ich Selbst habe müssen, so gut wie ein jeder andere ordentliche Mensch, erst an einen Gott zu glauben anfangen und habe Ihn dann stets mehr und mehr mit aller erdenklichen Selbstverleugnung auch müssen mit stets mächtigerer Liebe erfassen und Mir also nach und nach die Gottheit erst völlig untertan machen.

Also war Ich, als der Herr Selbst, ein lebendiges Vorbild für jeden Menschen, und so kann nun deshalb auch ein jeder Mensch Mich geradeso anziehen, wie Ich Selbst die Gottheit in Mir angezogen habe, und kann mit Mir selbständig ebenso völlig eins werden durch die Liebe und durch den Glauben, wie Ich Selbst als Gottmensch in aller endlosen Fülle vollkommen eins bin mit der Gottheit.

2.

Auf die Frage, wie die Kindeswunder Jesu und dessen göttlichgeistige Tätigkeit mit Seinem gleichsam isolierten Menschsein in den Jünglings- und Mannesjahren und in diesen wieder die in denselben verrichteten Wunder zusammenhängen — wenn man sich Ihn in diesen Jahren nur als *Mensch* denken solle —, diene als Antwort der Anblick eines Baumes vom Frühjahre bis in den Herbst.

Im Frühjahre blüht der Baum wunderbar, und es beherrscht ihn große Tätigkeit. Nach dem Abfalle der Blüte wird der Baum wieder, als wäre er untätig. Gegen den Herbst hin aber erscheint der Baum wieder in seiner vollsten Tätigkeit: die Früchte, die sicher wunderbaren, werden gewürzt, gefärbt — schöner denn vorher die Blüte — und also gereift, und der ihnen gegebene Segen wird seiner Bande los und fällt als solcher in den Schoß der hungrigen Kindlein.

Mit dem Auge des *Herzens* wird man imstande sein, dies Bild zu fassen, aber niemals mit den Augen des Weltverstandes. Die fraglichen Stellen — ohne der Gottheit Jesu nahezutreten, sondern diese im Glauben des Herzens, der da ist ein Licht der Liebe zu Gott, festhaltend — lassen sich, sobald man aus dem Herzen heraus rein wird, nur zu leicht so erklären, daß die volle Einung der Fülle der Gottheit mit dem Menschen Jesus nicht auf einmal, wie mit einem Schlage, sondern, wie alles unter der Leitung Gottes, erst nach und nach, gleich dem sukzessiven[1] Erwachen des göttlichen Geistes im Menschenherzen, und erst durch den Kreuzestod völlig erfolgt ist, — obschon die Gottheit in aller ihrer Fülle auch schon im Kinde Jesus wohnte, aber zur Wundertätigkeit nur in der Zeit der Not auftauchte.

3.

Der leibliche Tod Jesu ist die tiefste Herablassung der Gottheit in das Gericht aller Materie und somit die eben dadurch mögliche völlig neue Schaffung der Verhältnisse zwischen Schöpfer und Geschöpf.

Durch den Tod Jesu erst wird Gott Selbst vollkommen Mensch und der geschaffene Mensch zu einem aus solcher höchsten göttlichen Gnade neu gezeugten Kinde Gottes — also zu einem Gotte — und kann erst so als Geschöpf seinem Schöpfer als dessen vollendetes Ebenmaß gegenüberstehen und in Diesem seinen Gott, Schöpfer und Vater schauen, sprechen, erkennen und über alles lieben und allein dadurch gewinnen das vollendete ewige, unzerstörbare Leben in Gott, aus Gott und neben Gott. Dadurch ist aber auch des Satans Gewalt (besser: Wille) dahin gebrochen, daß er die vollste Annäherung der Gottheit zu den Menschen, und umgekehrt ebenso dieser zur Gottheit, nicht mehr verhindern kann.

Noch kürzer gesagt: Durch den Tod Jesu kann nun der Mensch vollends mit Gott fraternisieren[2], und dem Satan ist da kein Zwischentritt mehr möglich, — darum es auch im Worte zu den grabbesuchenden Weibern heißt: „Gehet hin und saget es Meinen *Brüdern!*" Des Satans Walten in der äußeren Form mag wohl stets noch bemerkbar sein, aber den einmal zerrissenen Vorhang zwischen der Gottheit und den Menschen kann er ewig nicht mehr errichten und so die alte unübersteigbare Kluft zwischen Gott und den Menschen nie von neuem wiederherstellen. —

Aus dieser kurzen Erörterung der Sache aber kann nun jeder im Herzen denkende und sehende Mensch sehr leicht und klar den endlosen Nutzen des leiblichen Todes Jesu einsehen. Amen.

---

[1] allmählichen;
[2] wie ein Bruder verkehren. D. Hsg.

Das Jakobus-Evangelium
über die Jugend Jesu

von der Zeit an, da Joseph Maria zu sich nahm

Jakobus, ein Sohn Josephs, hat solches alles aufgezeichnet; aber es ist mit der Zeit so sehr entstellt worden, daß es nicht zugelassen werden konnte, als authentisch[1] in die Schrift aufgenommen zu werden. Ich aber will dir das echte Evangelium Jakobi geben, aber nur von der obenerwähnten Periode angefangen; denn Jakobus hatte auch die Biographie Mariens von ihrer Geburt an mit aufgenommen, wie die des Joseph. — Und so schreibe denn als erstes Kapitel:

1

Joseph im Beruf. Die Verlosung Marias im Tempel. Gottes Zeugnis über Joseph. Josephs Gebet. Maria in Josephs Haus.

Joseph aber war mit einem Hausbau beschäftigt in der Gegend zwischen Nazareth und Jerusalem.
² Dieses Haus ließ ein vornehmer Bürger aus Jerusalem dort der Herberge wegen erbauen, da sonst die Nazarener bis Jerusalem kein Obdach hatten.
³ Maria aber, die im Tempel auferzogen ward, ist reif geworden, und es war nach dem Mosaischen Gesetze not, sie aus dem Tempel zu geben.
⁴ Es wurden darum Boten in ganz Judäa ausgesandt, solches zu verkünden, auf daß die Väter kämen, um, so jemand als würdig befunden würde, das Mägdlein zu nehmen in sein Haus.
⁵ Als solche Nachricht auch zu Josephs Ohren kam, da legte er alsbald seine Axt weg und eilte nach Jerusalem und daselbst an den bestimmten Versammlungs- und Beratungsplatz in dem Tempel.
⁶ Als sich aber nach Ablauf von drei Tagen die sich darum gemeldet Habenden wieder am vorbestimmten Orte versammelt hatten und ein jeder Bewerber um Maria einen frischen Lilienstab so bestimmtermaßen dem Priester dargereicht hatte, da ging der Priester alsbald mit den Stäben in das Innere des Tempels und betete dort.
⁷ Nachdem er aber sein Gebet beendet hatte, trat er wieder mit den Stäben heraus und gab einem jeglichen seinen Stab wieder.
⁸ Alle Stäbe aber wurden alsbald fleckig; nur der zuletzt dem Joseph

---

[1] glaubwürdig, zuverlässig.

überreichte blieb frisch und makellos.

⁹ Es hielten sich aber darob einige auf und erklärten diese Probe für parteiisch und somit für ungültig und verlangten eine andere Probe, mit der sich durchaus kein Unfug verbinden ließe.

¹⁰ *Der Priester,* darob etwas erregt, ließ sogleich Maria holen, gab ihr eine Taube in die Hand und behieß sie zu treten in die Mitte der Bewerber, auf daß sie daselbst die Taube frei solle fliegen lassen.

¹¹ und sprach noch vor dem Auslassen der Taube zu den Bewerbern: „Sehet, ihr Falschdeuter der Zeichen Jehovas! Diese Taube ist ein unschuldig reines Tier und hat kein Gehör für unsere Beredung,

¹² „sondern lebt allein in dem Willen des Herrn und versteht allein¹ die allmächtige Sprache Gottes!

¹³ „Haltet eure Stäbe in die Höhe! — Auf dessen Stab diese Taube, so sie das Mägdlein auslassen wird, sich niederlassen und auf dessen Haupt sie sich setzen wird, der soll Maria nehmen!"

¹⁴ *Die Bewerber* aber waren damit zufrieden und sprachen: „Ja, dies soll ein untrüglich Zeichen sein!"

¹⁵ Da² aber Maria die Taube auf Geheiß des Priesters freiließ, da flog dieselbe alsbald zu Joseph hin, ließ sich auf seinen Stab nieder und vom selben sogleich auf das Haupt Josephs.

¹⁶ Und *der Priester* sprach: „Also hat es der Herr gewollt! Dir, du biederer Gewerbsmann, ist das untrügliche Los zugefallen, die Jungfrau des Herrn zu empfangen! So nimm sie denn hin im Namen des Herrn in dein reines Haus zur ferneren Obhut! Amen."

¹⁷ Als aber *Joseph* solches vernommen hatte, da antwortete er dem Priester und sprach: „Siehe, du gesalbter Diener des Herrn nach dem Gesetze Mosis, des getreuen Knechtes des Herrn Gott Zebaoth, ich bin schon ein Greis und habe erwachsene Söhne zu Hause und bin seit lange her schon ein Witwer; wie werde ich doch zum Gespötte werden vor den Söhnen Israels, so ich dies Mägdlein nehme in mein Haus!

¹⁸ „Daher laß die Wahl noch einmal ändern und laß mich draußen sein, auf daß ich nicht gezählt werde unter den Bewerbern!"

¹⁹ *Der Priester* aber hob seine Hand auf und sprach zum Joseph: „Joseph! Fürchte Gott den Herrn! Weißt du nicht, was Er getan hat an Dathan, an Korah und an Abiram?

²⁰ „Siehe, es spaltete sich die Erde, und sie alle wurden von ihr verschlungen um ihrer Widerspenstigkeit willen! Meinst du, Er könnte dir nicht desgleichen tun?

²¹ „Ich sage dir: Da du das Zeichen Jehovas untrüglich gesehen und wahrgenommen hast, so gehorche auch dem Herrn, der allmächtig ist und gerecht und allezeit züchtigt die Widerspenstigen und die Abtrünnlinge Seines Willens!

²² „Sonst aber sei gewaltig bange in deinem Hause, ob der Herr solches nicht auch an deinem Hause verübe, was Er verübt hat an Dathan, Korah und Abiram!"

²³ Da ward dem *Joseph* sehr bange, und er sprach in großer Angst zum Priester: „So bete denn für mich, auf daß der Herr mir wieder gnädig sein möchte und barmherzig, und gib

---

¹ nur; ² Als. D. Hsg.

mir dann die Jungfrau des Herrn nach Seinem Willen!"

²⁴ Der Priester aber ging hinein und betete für Joseph vor dem Allerheiligsten, und *der Herr* sprach zum Priester, der da betete:

²⁵ „Betrübe Mir den Mann nicht, den Ich erwählt habe; denn gerechter als er wandelt wohl keiner in Israel, und keiner auf der ganzen Erde, und keiner vor Meinem Throne in allen Himmeln!

²⁶ „Und gehe hinaus und gib die Jungfrau, die Ich Selbst erzogen habe, dem gerechtesten der Männer der Erde!"

²⁷ Hier schlug sich *der Priester* auf die Brust und sprach: „O Herr, Du allmächtiger Gott Abrahams, Isaaks und Jakobs, sei mir Sünder vor Dir barmherzig; denn nun erkenne ich, daß du Dein Volk heimsuchen willst!"

²⁸ Darauf erhob sich der Priester, ging hinaus und gab segnend im Namen des Herrn das Mägdlein dem geängstigten Joseph

²⁹ und sprach zu ihm: „Joseph, gerecht bist du vor dem Herrn, darum hat Er dich erwählt aus vielen Tausenden! Und so magst du im Frieden ziehen! Amen."

³⁰ Und *Joseph* nahm Maria und sprach: „Also geschehe denn allezeit der allein heilige Wille meines Gottes, meines Herrn! Was Du, o Herr, gibst, ist ja allezeit gut; daher nehme ich ja auch gerne und willigst diese Gabe aus Deiner Hand! Segne sie aber für mich und mich für sie, auf daß ich ihrer würdig sein möchte vor Dir jetzt, wie allezeit! Dein Wille, amen."

³¹ Da ¹ aber Joseph solches geredet hatte vor dem Herrn, da ward er gestärkt im Herzen, ging sodann mit Maria aus dem Tempel und führte sie dann in die Gegend von Nazareth und daselbst in seine ärmliche Behausung.

³² Es wartete aber die nötige Arbeit des Joseph; daher machte er in seiner Behausung diesmal auch nicht Säumens und sprach daher zur Maria:

³³ (*Joseph:*) „Maria, siehe, ich habe dich nach dem Willen Gottes zu mir genommen aus dem Tempel des Herrn, meines Gottes; ich aber kann nun nicht bei dir verbleiben und dich beschützen, sondern muß dich zurücklassen, denn ich muß gehen, um meinen bedungenen Hausbau zu besorgen an der Stelle, die ich dir auf der Reise hierher gezeigt habe!

³⁴ „Aber siehe, du sollst darum nicht allein zu Hause bleiben! Ich habe ja eine mir nahe anverwandte Häuslerin, die ist fromm und gerecht; die wird um dich sein und mein jüngster Sohn, und die Gnade Gottes und Sein Segen wird dich nicht verlassen!

³⁵ „In aller Bälde aber werde ich mit meinen vier Söhnen wieder nach Hause kommen zu dir und werde dir ein Leiter sein auf den Wegen des Herrn! Gott der Herr aber wird nun über dich und mein Haus wachen, amen."

---

¹ Als. D. Hsg.

2

Der neue Vorhang im Tempel. Marias Arbeit am Vorhang.

Es war aber zu der Zeit noch ein Vorhang im Tempel vonnöten, da der alte hier und da schon sehr schadhaft geworden war, um zu decken das Schadhafte.

2 Da ward denn von den *Priestern* ein Rat gehalten, und sie sprachen: „Lasset uns einen Vorhang machen im Tempel des Herrn zur Deckung des Schadhaften.

3 „Denn es könnte ja heute oder morgen der Herr kommen, wie es geschrieben steht; wie würden wir dann vor Ihm stehen, so Er von uns den Tempel also verwahrlost fände?!"

4 *Der Hohepriester* aber sprach: „Urteilet doch nicht gar so blind, als wüßte der Herr, dessen Heiligtum im Tempel ist, nicht, wie nun da bestellt ist der Tempel!

5 „Rufet mir aber dennoch sieben unbefleckte Jungfrauen aus dem Stamme Davids, und wir wollen dann eine Losung halten, wie da die Arbeit ausgeteilt werden sollte!"

6 Nun gingen die Diener aus, zu suchen die Jungfrauen aus dem Stamme Davids, und standen mit genauer Not kaum sechs dem Hohepriester an.

7 Der Hohepriester aber erinnerte sich, daß die dem Joseph erst vor wenigen Wochen zur Obhut übergebene Maria ebenfalls aus dem Stamme Davids sei, und gab solches alsbald den Dienern kund.

8 Und alsbald gingen die Diener aus, zeigten solches dem Joseph an, und er ging und brachte Maria wieder in den Tempel, geleitet von den Dienern des Tempels.

9 Als aber die Jungfrauen in der Vorhalle versammelt waren, da kam alsbald der Hohepriester und führte sie allesamt in den Tempel des Herrn.

10 Und als sie da versammelt waren in dem Tempel des Herrn, da sprach sobald *der Hohepriester* und sagte:

11 „Höret, ihr Jungfrauen aus dem Stamme Davids, der da verordnet hat nach dem Willen Gottes, daß da die feine Arbeit am Vorhange, der da scheidet das Allerheiligste vom Tempel, allezeit solle von den Jungfrauen aus seinem Stamme angefertigt werden,

12 „und solle nach seinem Testamente die mannigfache Arbeit durch Verlosung ausgeteilt werden, und solle dann eine jede Jungfrau die ihr zugefallene Arbeit nach ihrer Geschicklichkeit bestens verfertigen!

13 „Sehet, da ist vor euch der schadhafte Vorhang, und hier auf dem goldenen Tische liegen die mannigfachen rohen Stoffe zur Verarbeitung schon bereitet!

14 „Ihr sehet, daß solche Arbeit not tut; daher loset mir sogleich, auf daß es sich herausstelle, diewelche aus euch da spinnen solle den Goldfaden und den Amiant [1] und den Baumwollfaden,

15 „den Seidenfaden, dann den hyazinthfarbigen, den Scharlach und den echten Purpur!"

16 Und die Jungfrauen losten schüchtern, da [2] der Hohepriester über sie betete; und da [2] sie gelost hatten nach der vorgezeichneten Ordnung, hatte es sich herausgestellt,

---

[1] eine Art Asbest; [2] als. D. Hsg.

wie die Arbeit verteilt werden sollte.

¹⁷ Und es fiel der Jungfrau Maria, der Tochter Annas und Joachims, durchs Los zu der Scharlach und der echte Purpur.

¹⁸ Die Jungfrau aber dankte Gott für solche gnädige Zuerkennung und Zuteilung solch rühmlichster Arbeit zu Seiner Ehre, nahm die Arbeit und begab sich damit, vom Joseph geleitet, wieder nach Hause.

¹⁹ Daheim angelangt machte sich Maria sogleich an die Arbeit freudigen Mutes; Joseph empfahl ihr allen Fleiß, segnete sie und begab sich sodann gleich wieder an seinen Hausbau.

²⁰ Es begab sich aber dieses zur selbigen Zeit, als der Zacharias, da er im Tempel das Rauchopfer verrichtete, zufolge seines kleinen Unglaubens ist stumm geworden, darum für ihn ein Stellvertreter ward erwählt worden, unter dem diese Arbeit ist verlost worden.

²¹ Maria aber war verwandt sowohl mit Zacharias, wie mit dessen Stellvertreter, darum sie denn auch ums Doppelte ihren Fleiß vermehrte, um so recht bald, ja womöglich als erste, mit ihrer Arbeit fertig zu werden.

²² Aber sie verdoppelte ihren Fleiß nicht etwa aus Ruhmlust, sondern nur um nach ihrer Meinung Gott dem Herrn eine recht große Freude dadurch zu bereiten, so sie baldmöglichst und bestmöglichst ihre Arbeit zu Ende brächte.

²³ Zuerst kam die Arbeit an dem Scharlach, der da mit großer Aufmerksamkeit mußte gesponnen werden, um den Faden ja nicht hier und da dicker oder dünner zu machen.

²⁴ Mit großer Meisterschaft wurde der Scharlachfaden von der Maria gesponnen, so daß sich alles, was nur ins Haus Josephs kam, höchlichst verwunderte über die außerordentliche Geschicklichkeit Mariens.

²⁵ In kurzer Frist von drei Tagen ward Maria mit dem Scharlach zu Ende und machte sich sodann alsogleich über den Purpur; da sie aber diesen stets annetzen mußte, so mußte sie während der Arbeit öfter den Krug nehmen und hinausgehen, sich Wasser zu holen.

3

Die Ankündigung der Geburt des Herrn durch einen Engel.
Marias demutvolle Ergebenheit.

An einem Freitage morgens aber nahm Maria abermals den Wasserkrug und ging hinaus, ihn mit Wasser zu füllen, und horch, — *eine Stimme* sprach zu ihr:

² „Gegrüßet seist du, an der Gnade des Herrn Reiche! Der Herr ist mit dir, du Gebenedeite [1] unter den Weibern!"

³ Maria aber erschrak gar sehr ob solcher Stimme, da sie nicht wußte, woher sie kam, und sah sich darum behende nach rechts und links um; aber sie konnte niemanden entdecken, der da geredet hätte.

⁴ Darum ward sie noch voller von peinigender Angst, nahm eiligst den gefüllten Wasserkrug und eilte von dannen ins Haus.

⁵ Als sie da bebend anlangte, stellte sie alsbald den Wasserkrug zur Seite, nahm den Purpur wieder in die

---

[1] Gesegnete. Seligzupreisende

Hand, setzte sich auf ihren Arbeitssessel und fing an, den Purpur wieder gar emsig fortzuspinnen.

⁶ Aber sie hatte sich kaum so recht wieder in ihrer Arbeit eingefunden, siehe, da stand schon *der Engel des Herrn* vor der emsigen Jungfrau und sprach zu ihr:

⁷ „Fürchte dich nicht, Maria, denn du hast eine endlos große Gnade gefunden vor dem Angesichte des Herrn; siehe, du wirst schwanger werden vom Worte Gottes!"

⁸ Als aber *Maria* dieses vernommen hatte, da fing sie an, diese Worte hin und her zu erwägen, und konnte nicht erfassen ihren Sinn; darum sprach sie denn zum Engel:

⁹ „Wie sollte denn das vor sich gehen? Bin ich doch noch lange nicht eines Mannes Weib und habe auch noch nie eine Bekanntschaft dazu gemacht mit einem Manne, der mich alsbald nähme zum Weibe, auf daß ich gleich anderen Weibern schwanger würde und gebäre ihnen gleich!"

¹⁰ *Der Engel* aber sprach zur Maria: „Höre, du erwählte Jungfrau Gottes! Nicht also soll es geschehen, sondern die Kraft des Herrn wird dich überschatten!

¹¹ „Darum wird auch das Heilige, das da aus dir geboren wird, der ‚Sohn des Allmächtigen' genannt werden!

¹² „Du sollst Ihm aber, wann Er aus dir geboren wird, den Namen ‚Jesus' geben; denn Er wird erlösen Sein Volk von all den Sünden, vom Gerichte und vom ewigen Tode."

¹³ *Maria* aber fiel vor dem Engel nieder und sprach: „Siehe, ich bin ja nur eine Magd des Herrn; daher geschehe mir nach Seinem Willen, wie da lauteten deine Worte!" — Hier verschwand der Engel, und Maria machte sich wieder an ihre Arbeit.

4

Marias kindlich-unschuldiges Gespräch mit Gott und die Antwort von oben.

Als aber darauf der Engel alsbald wieder verschwand, da lobte und pries *Maria* Gott den Herrn und sprach also bei sich in ihrem Herzen:

² „Oh, was bin ich denn vor Dir, o Herr, daß Du mir solche Gnade erweisen magst?!

³ „Ich solle schwanger werden, ohne je einen Mann erkannt zu haben; denn ich weiß ja nicht, was Unterschiedes da ist zwischen mir und einem Manne!

⁴ „Weiß ich denn, was da so in der Wahrheit ist: ‚schwanger sein'?! — O Herr, siehe, ich weiß es ja nicht!

⁵ „Weiß ich wohl, was das ist, wie man sagt, ‚Siehe, ein Weib gebiert!'? — O Herr, siehe mich gnädig an; ich bin ja nur eine Magd von vierzehn Jahren und habe davon nur reden hören — und weiß aber darum in der Tat nichts!

⁶ „Ach, wie wird es mir Armseligen ergehen, so ich werde schwanger sein — und weiß nicht, wie da ist solch ein Zustand!

⁷ „Was wird dazu der Vater Joseph sagen, so ich ihm sagen werde, oder er es etwa merken wird, daß ich schwanger sei?!

⁸ „Etwas Schlimmes kann das Schwangersein ja doch nicht sein, besonders wenn eine Magd, wie einst die Sara, vom Herrn Selbst dazu erwählt wird?!

⁹ „Denn ich habe es ja schon öfter

im Tempel gehört, welch eine große Freude die Weiber haben, wenn sie schwanger sind!

¹⁰ „Also muß das Schwangersein wohl etwas recht Gutes und überaus Beseligendes sein, und ich werde mich sicher auch freuen, wann mir das von Gott gegeben wird, daß ich schwanger werde!

¹¹ „Aber wann, wann wird das geschehen, und wie? Oder ist es schon geschehen? Bin ich schon schwanger, oder werde ich es erst werden?

¹² „O Herr! Du ewig Heiliger Israels, gib mir, Deiner armen Magd, doch ein Zeichen, wann solches geschehen wird, auf daß ich Dich darob loben und preisen möchte!"

¹³ Bei diesen Worten ward Maria von einem lichten Ätherhauche angeweht, und *eine gar sanfte Stimme* sprach zu ihr:

¹⁴ „Maria, sorge dich nicht vergeblich; du hast empfangen, und der Herr ist mit dir! Mache dich an deine Arbeit, und bringe sie zu Ende, denn fürder wird für den Tempel keine mehr gemacht werden von dieser Art!"

¹⁵ Hier fiel Maria nieder, betete zu Gott und lobte und pries Ihn für solche Gnade. — Nachdem sie aber dem Herrn ihr Lob dargebracht hatte, erhob sie sich und nahm ihre Arbeit zur Hand.

5

Die Übergabe der beendeten Tempelarbeit Marias. Maria und der Hohepriester.
Marias Reise zu ihrer Muhme Elisabeth.

In wenigen Tagen ward Maria auch mit dem Purpur fertig, ordnete ihn dann und nahm den Scharlach und legte ihn zum Purpur.

² Darauf dankte sie Gott für die Gnade, daß Er ihr hatte lassen ihre Arbeit so wohl vollenden, wickelte dann das Gespinst in reine Linnen und machte sich damit nach Jerusalem auf den Weg.

³ Bis zum Hausbau, da ¹ Joseph arbeitete, ging sie allein; aber von da an begleitete sie wieder Joseph nach Jerusalem und daselbst in den Tempel.

⁴ Da angelangt, übergab sie alsbald die Arbeit dem Hohenpriester.

⁵ Dieser besah wohl den Scharlach und den Purpur, fand die Arbeit allerausgezeichnetst gut und belobte und begrüßte darum Maria mit folgenden Worten:

⁶ *(Der Hohepriester:)* „Maria, solche Geschicklichkeit wohnt nicht natürlich in dir, sondern der Herr hat mit Seiner Hand gewirkt!

⁷ „Groß hat dich darum Gott gemacht; gebenedeit wirst du sein unter allen Weibern der Erde von Gott, dem Herrn, da du die erste warst, die da ihre Arbeit dem Herrn in den Tempel überbracht hat!"

⁸ *Maria* aber, voll Demut und Freude in ihrem Herzen, sprach zum Hohenpriester:

⁹ „Würdiger Diener des Herrn in Seinem Heiligtume! O lobe mich nicht zu sehr, und erhebe mich nicht über die andern; denn diese Arbeit ist ja nicht mein Verdienst, sondern

¹ wo.

allein des Herrn, der da meine Hand leitete!

¹⁰ „Darum sei Ihm allein alles Lob, aller Ruhm, aller Preis, alle meine Liebe und alle meine Anbetung ohne Unterlaß!"

¹¹ Und *der Hohepriester* sprach: „Amen, Maria, du reine Jungfrau des Herrn, du hast wohl geredet vor dem Herrn! So ziehe denn nun wieder hin in Frieden; der Herr sei mit dir!"

¹² Darauf erhob sich Maria und ging mit Joseph wieder bis zur Baustelle hin, allda sie eine kleine Stärkung, bestehend aus Brot und Milch und Wasser, zu sich nahm. —

¹³ Es wohnte aber bei einer halben Tagereise weit vom Bauplatze, über einem kleinen Gebirge, eine Muhme Mariens, namens Elisabeth, diese möchte ¹ sie besuchen und bat Joseph darum um die Erlaubnis.

¹⁴ Joseph aber gestattete ihr gar bald, solches zu tun, und gab ihr zu dem Behufe auch den ältesten Sohn zum Führer mit, der sie so weit begleiten mußte, als ² sie das Haus Elisabeths erschaute.

6

Der wunderbare Empfang Marias bei Elisabeth. Demut und Weisheit der Maria.
Ein Weiberevangelium. Marias Rückkehr zu Joseph.

Bei der Elisabeth angelangt, d. h. bei ihrem Hause, pochte sie gar bald schüchternen Gemütes an die Türe nach dem Gebrauche der Juden.

² Als aber *Elisabeth* vernommen hatte das schüchterne Pochen, gedachte sie bei sich: „Wer pocht denn da so ungewöhnlich leise?

³ „Es wird ein Kind meines Nachbars sein; denn mein Mann, der da stumm noch ist im Tempel und harrt der Erlösung, kann es nicht sein!

⁴ „Meine Arbeit aber ist wichtig; sollte ich sie wohl weglegen des unartigen Kindes meines Nachbars wegen?

⁵ „Nein, das will ich nicht tun, denn es ist eine Arbeit für den Tempel, und diese steht höher denn die Unart eines Kindes, das da sicher wieder nichts anderes will, als mich bekannterweise necken und ausspötteln!

⁶ „Daher werde ich fein bei der Arbeit sitzen bleiben und das Kind lange gut pochen lassen!"

⁷ Maria pochte aber noch einmal, und das Kind im Leibe der Elisabeth fing an vor Freude zu hüpfen, und die Mutter vernahm *eine leise Stimme* aus der Gegend des in ihr hüpfenden Kindes, und die Stimme lautete:

⁸ „Mutter, gehe, gehe eiligst; denn die Mutter meines und deines Herrn, meines und deines Gottes ist es, die da pocht an die Türe und besucht dich im Frieden!"

⁹ *Elisabeth* aber, als sie das gehört hatte, warf sogleich alles von sich, was sie in den Händen hatte, und lief und öffnete der Maria die Türe,

¹⁰ gab ihr dann nach der Sitte sogleich ihren Segen, umfing sie dann mit offenen Armen und sagte zu ihr:

¹¹ „O Maria, du Gebenedeite unter den Weibern! Du bist gebenedeit

---

¹ wollte; ² bis.

unter allen Weibern, und gebenedeit ist die Frucht deines Leibes!

¹² „O Maria, du reinste Jungfrau Gottes! Woher kommt wohl mir die hohe Gnade, daß mich die Mutter meines Herrn, meines Gottes, besucht?!"

¹³ *Maria* aber, die nichts von all den Geheimnissen verstand, sagte zu Elisabeth:

¹⁴ „Ach, liebe Muhme, ich kam ja nur auf einen freundlichen Besuch zu dir! Was sprichst du denn da für Dinge über mich, die ich nicht verstehe? Bin ich denn schon im Ernste schwanger, daß du mich eine Mutter nennst?"

¹⁵ *Elisabeth* aber erwiderte der Maria: „Siehe, als du zum zweiten Male pochtest an die Türe, da hüpfte alsbald das Kindlein, das ich unter meinem Herzen trage, vor Freude und gab mir solches kund und grüßte dich in mir schon zum voraus!"

¹⁶ Da blickte *Maria* auf zum Himmel und gedachte, was der Erzengel Gabriel zu ihr geredet hatte, obwohl sie von all dem noch nichts verstand, und sprach:

¹⁷ „O du großer Gott Abrahams, Isaaks und Jakobs, was hast Du wohl aus mir gemacht? Was bin ich denn, daß mich alle Geschlechter der Erde selig preisen sollen?"

¹⁸ *Elisabeth* aber sprach: „O Maria, du Erwählte Gottes, tritt in mein Haus und stärke dich; da wollen wir uns besprechen und gemeinschaftlich Gott loben und preisen aus allen unseren Kräften!"

¹⁹ Und die Maria folgte alsbald der Elisabeth in ihr Haus und aß und trank und stärkte sich und ward voll heiteren Mutes.

²⁰ *Elisabeth* aber fragte die Maria um vieles, was alles sie im Tempel während ihres Dortseins als Zuchtkind des Herrn erfahren habe, und wie ihr alles das vorgekommen sei.

²¹ *Maria* aber sagte: „Teure, vom Herrn auch gar wohl gesegnete Muhme! Ich meine, diese Dinge stehen für uns zu hoch, und wir Weiber tun unklug, so wir uns über Dinge beraten, darüber der Herr die Söhne Aarons gesetzt hat.

²² „Daher bin ich der Meinung, wir Weiber sollen die göttlichen Dinge Gott überlassen und denen, die Er darübergestellt hat, und sollen nicht darüber grübeln.

²³ „So wir nur Gott lieben über alles und Seine heiligen Gebote halten, da leben wir ganz unserem Stande gemäß; was darüber ist, gebührt den Männern, die der Herr beruft und erwählt.

²⁴ „Ich meine, liebe Muhme, das ist recht; darum erlasse mir die Ausschwätzerei aus dem Tempel, — denn er wird darum nicht besser und nicht schlechter! Wenn es aber dem Herrn recht sein wird, dann wird Er schon den Tempel züchtigen und umgestalten zur rechten Zeit."

²⁵ *Elisabeth* aber erkannte in diesen Worten die tiefe Demut und Bescheidenheit Mariens und sagte zu ihr:

²⁶ „Ja, du gnadenerfüllte Jungfrau Gottes! Mit solchen Gesinnungen muß man ja auch die höchste Gnade vor Gott finden!

²⁷ „Denn also, wie du sprichst, kann nur die höchst reinste Unschuld sprechen; und wer darnach lebt, der lebt sicher gerecht vor Gott und aller Welt!"

²⁸ *Maria* aber sagte: „Das gerechte Leben ist nicht unser, sondern des Herrn, und ist eine Gnade!

²⁹ „Wer da aus sich gerecht zu leben glaubt, der lebt vor Gott sicher am wenigsten gerecht; wer aber stets seine Schuld vor Gott bekennt, der ist es, der da gerecht lebt vor Gott!

³⁰ „Ich aber weiß nicht, wie ich le-

be, — mein Leben ist eine pure Gnade des Herrn; daher kann ich auch nichts anderes tun, als Ihn allezeit lieben, loben und preisen aus allen meinen Kräften! Ist dein Leben wie das meinige, da tue desgleichen, und der Herr wird daran *mehr* Wohlgefallen haben, als so wir möchten noch soviel über die Verhältnisse des Tempels miteinander verplaudern!"

31 Elisabeth aber erkannte gar wohl, daß aus der Maria ein göttlicher Geist wehe, stellte daher ihre Tempelfragen ein und ergab sich, Gott lobend und preisend, in Seinen Willen. —

32 Also verbrachte aber Maria noch volle drei Monate bei der Elisabeth und half ihr wie eine Magd alle Hausarbeit verrichten.

33 Mittlerweile hatte aber auch unser Joseph seinen Bau beendet und befand sich mit seinen Söhnen wieder zu Hause und besorgte da seinen kleinen, freilich nur gemieteten Grund.

34 Eines Abends aber sagte er *(Joseph)* zum ältesten Sohne: Joël, gehe und rüste mir für morgen früh mein Lasttier, denn ich muß Maria holen gehen!

35 „Das Mädchen ist nun schon bei drei Monaten aus meinem Hause, und ich weiß nicht, was da mit ihr geschieht.

36 „Ist sie auch beim Weibe des stumm gewordenen Hohenpriesters, so kann man aber doch nicht wissen, ob dieses Haus von allen Versuchen [1] dessen, der Eva verlockt hat, frei ist!

37 „Also will ich denn morgen hinziehen und mir das Mädchen wieder holen, auf daß mir nicht etwa mit der Zeit Israels Söhne übel nachreden sollen und der Herr mich züchtige ob meiner Sorglauheit des Mädchens willen."

38 Und Joël ging und tat nach den Worten des Joseph; aber der Joël war kaum fertig mit seiner Arbeit, so stand auch schon *Maria* vor der Hausflur und grüßte den Joseph und bat ihn um die Wiederaufnahme in sein Haus.

39 *Joseph,* ganz überrascht von dieser Erscheinung Mariens, fragte sie sogleich: „Bist du es wohl, du Ungetreue meines Hauses?"

40 Und *Maria* sprach: „Ja, ich bin es, — aber nicht ungetreu deinem Hause; denn ich wäre schon lange wieder gerne dagewesen, aber ich habe mich nicht getraut, allein über das waldige Gebirge zu ziehen, — und du sandtest auch keinen Boten um mich! Also mußte ich ja wohl so lange ausbleiben!

41 „Nun aber besuchten drei Leviten das Weib des Zacharias, und da [2] sie wieder heimkehrten nach Jerusalem, so [3] nahmen sie mich mit, brachten mich an die Grenze deines Grundes, segneten mich dann und dein Haus und zogen dann ihres Weges weiter, und ich eilte hierher zu dir wieder, mein lieber Vater Joseph!"

42 Obschon der Joseph die Maria gern ein wenig ausgezankt hätte ob ihres langen Ausbleibens, so konnte er aber solches doch nicht über sein Herz bringen; denn fürs erste hatte die Stimme Mariens sein edelstes Herz zu sehr gerührt, und fürs zweite sah er sich selbst als Schuldigen an, da er Maria so lange nicht durch einen Boten hatte holen lassen.

43 Er ließ daher das Mädchen zu sich kommen, um es zu segnen, und das Mädchen sprang zu Joseph hin und koste ihn, wie da die unschuldig-

---

[1] Versuchungen; [2] als; [3] da.

sten Kinder ihre Eltern und sonstigen Wohltäter zu kosen pflegen.

⁴⁴ Joseph aber ward darüber ganz gerührt und ward voll hoher Freude und sprach: „Siehe, ich bin ein armer Mann und bin schon bejahrt; aber deine kindliche Liebe macht mich vergessen meine Armut und mein Alter! Der Herr hat dich mir gegeben zu einer großen Freude; daher will ich ja auch ziehen und arbeiten mit Freuden, um dir, mein Kindlein, ein gutes Stückchen Brot zu verschaffen!"

⁴⁵ Bei diesen Worten fielen dem alten Manne Tränen aus seinen Augen. Maria aber trocknete behende seine feuchten Wangen und dankte Gott, daß Er ihr einen so guten Nährvater gegeben hatte. —

⁴⁶ In *der* Zeit aber vernahm Joseph plötzlich, als würden Psalmen gesungen vor seinem Hause.

7

Josephs Ahnungen und Prophezeiung. Marias Trost. Das gesegnete Abendbrot.
Das Sichtbarwerden von Marias Schwangerschaft.

Joseph aber war von hohen Ahnungen erfüllt und sprach zur Maria: „Kind des Herrn! Viel Freude ist meinem Hause in dir gegeben, meine Seele ist von hohen Ahnungen erfüllt!

² „Aber ich weiß es auch, daß der Herr diejenigen, die Er lieb hat, allezeit schmerzlich heimsucht; daher wollen wir Ihn allezeit bitten, daß Er uns allen allezeit gnädig und barmherzig sein möchte!

³ „Es ist sogar möglich, daß der Herr durch dich und mich die alte, schon morsch gewordene Bundeslade wird erneuert haben wollen!

⁴ „Sollte aber so etwas im Zuge sein, dann wehe mir und dir; wir werden da eine gar harte Arbeit zu überstehen haben! — Doch nun nichts mehr davon!

⁵ „Was da kommen muß, das wird auch sicher kommen, und wir werden es nicht zu verhindern vermögen, aber so es kommen wird, dann wird es uns ergreifen mit allmächtiger Hand, und wir werden zittern vor dem Willen Dessen, der die Festen der Erde gestellt hat!"

⁶ *Maria* aber verstand von all diesem nichts und tröstete daher den sehr bekümmert aussehenden Joseph mit solchen Worten:

⁷ „Lieber Vater Joseph! Werde nicht betrübt ob des Willens des Herrn; denn wir wissen es ja, daß Er mit Seinen Kindern ja allezeit nur das Beste will! Ist der Herr mit uns, wie Er es war mit Abraham, Isaak und Jakob, und wie Er noch allezeit war mit denen, die Ihn liebten, was Leides und Arges sollte uns da wohl begegnen?!"

⁸ *Joseph* aber war mit dieser Tröstung zufrieden und dankte dem Herrn in seinem Herzen aus allen seinen Kräften, daß Er ihm in der Maria einen solchen Trostengel hatte gegeben, und sagte darauf:

⁹ „Kinder, es ist schon spät des Abends geworden; darum stimmen wir den Lobgesang an, verzehren unser gesegnetes Abendbrot und begeben uns dann zur Ruhe!"

¹⁰ Solches geschah, und Maria eilte dann und brachte das Brot her, und Joseph teilte es aus; es nahm aber alle Wunder, daß das Brot diesmal von

einem gar so guten Geschmacke war.

11 *Joseph* aber sagte: „Dem Herrn alles Lob! Was *Er* segnet, das schmeckt allezeit wohl und ist vom besten Geschmacke!"

12 Und *Maria* aber bemerkte dann dem Joseph gar liebreichst weise: „Siehe, lieber Vater, also sollst du dich ja auch nicht fürchten vor den Heimsuchungen des Herrn; denn sie sind ja eben auch Seine gar köstlichen Segnungen!"

13 Und *Joseph* sprach: „Ja, ja, du reine Tochter des Herrn, du hast recht! Ich will ja in aller Geduld tragen, was immer der Herr mir aufbürden wird; denn zu schwer wird Er mir Seine Bürde und zu hart Sein Joch ja nicht machen, — denn Er ist ja ein Vater voll Güte und Erbarmung auch in Seinem Eifer! Und so geschehe denn allezeit Sein heiliger Wille!"

14 Darauf begab sich die fromme Familie zur Ruhe und arbeitete zu Hause die folgenden Tage. —

15 Tag für Tag aber ward der Leib Marias voller; da sie solches wohl merkte, so suchte sie ihre Schwangerschaft vor den Augen Josephs und seiner Söhne so gut als nur immer möglich zu verbergen.

16 Aber nach einer Zeit von zwei Monaten half ihr ihr Verbergen nichts mehr, und Joseph fing an, Argwohn zu schöpfen und beriet sich insgeheim mit einem seiner Freunde in Nazareth über den sonderbaren Zustand Mariens.

8

Die Ansicht des Arztes. Joseph verhört Maria. Marias Erklärung.

Der Freund Josephs aber war ein Sachkundiger; denn er war *ein Arzt*, der da die Kräuter kannte und bei gefährlichen Geburten nicht selten den Wehmüttern beistand.

2 Dieser ging mit Joseph und besah insgeheim Maria; als er sie beschaut hatte, sprach er zu Joseph:

3 „Höre mich an, Bruder aus Abraham, Isaak und Jakob! Deinem Hause ist ein großes Unheil widerfahren; denn siehe, die Magd ist hochschwanger!

4 „Du bist aber auch selbst schuld daran! Denn siehe, es ist nun schon der sechste Mond, da du auswarest auf deinem Hausbaue! Sage, wer hätte denn da wohl achthaben sollen auf die Magd?!"

5 *Joseph* aber antwortete: „Siehe, Maria war unter der Zeit kaum drei Wochen in einem fort zu Hause, und das im Anfange, da sie in mein Haus kam; dann brachte sie volle drei Monde bei ihrer Muhme Elisabeth zu!

6 „Nun aber sind bereits auch zwei Monde, da sie unter meiner beständigen Aufsicht sich befindet, verflossen, und ich habe nie jemanden gesehen, der da zu ihr offen oder heimlich gekommen wäre!

7 „Und in der Zeit meiner Abwesenheit aber war sie ja ohnehin in den besten Händen; mein Sohn, der sie geleitet hatte zur Elisabeth, gab mir den teuersten Eid zuvor, daß er, außer im Notfalle, auch nicht einmal ihr Kleid anrühren wolle auf dem ganzen Wege.

8 „Und so weiß ich mit großer Bestimmtheit, daß da Maria von meinem Hause aus völlig *rein* sein müsse; ob aber solches auch der Fall ist mit dem Hause des Zacharias, das unterliegt freilich wohl einer andern Frage!

⁹ „Sollte ihr das etwa im Tempel begegnet sein von einem Diener desselben? Davor wolle mich der Herr bewahren, so ich da möchte einer solchen Meinung sein; denn so was hätte der Herr längst ruchbar gemacht durch die allzeitige Weisheit des Hohenpriesters!

¹⁰ „Ich aber weiß nun, was ich tun werde, um der Wahrheit der Sache auf die rechte Spur zu kommen! — Du, Freund, magst nun wieder in Frieden ziehen, und ich werde mein Haus einer starken Prüfung unterziehen!"

¹¹ Josephs Freund verzog nicht und ging alsbald aus dem Hause Josephs; *Joseph* aber wandte sich alsbald zu Maria und sprach zu ihr:

¹² „Kind, mit welcher Stirne soll ich nun aufschauen zu meinem Gott? Was soll ich nun sagen über dich?

¹³ „Habe ich dich nicht als eine reine Jungfrau aus dem Tempel empfangen, und habe ich dich nicht getreulich gehütet durch mein tägliches Gebet und durch die Getreuen, die da sind in meinem Hause?!

¹⁴ „Ich beschwöre dich darum, daß du mir sagest, wer es ist, der es gewagt hat, mich zu betrügen und sich also schändlich zu vergreifen an mir, einem Sohne Davids, und an dir, die du auch aus demselben Hause entsprossen bist!

¹⁵ „Wer hat dich, eine Jungfrau des Herrn, verführt und geschändet?! Wer hat es vermocht, deinen reinsten Sinn also zu trüben, — und wer, zu machen aus dir eine zweite Eva?!

¹⁶ „Denn also wiederholt sich an mir ja leibhaftig die alte Geschichte Adams, denn dich hat ja augenscheinlich gleich der Eva eine Schlange betört!

¹⁷ „Also antworte mir auf meine Frage! Gehe aber, und fasse dich; denn dir soll es nicht gelingen, mich zu täuschen!" — Hier warf sich Joseph vor Gram auf einen mit Asche gefüllten Sack auf sein Angesicht und weinte.

¹⁸ Maria aber zitterte vor großer Furcht, fing an zu weinen und zu schluchzen und konnte nicht reden vor großer Furcht und Traurigkeit.

¹⁹ *Joseph* aber erhob sich wieder vom Sacke und sprach mit einer etwas gemäßigteren Stimme zu Maria:

²⁰ „Maria, Kind Gottes, das Er Selbst in Seine Obhut genommen, warum hast du mir das getan? — Warum hast du deine Seele so sehr erniedrigt und vergessen deines Gottes?!

²¹ „Wie konntest du solches tun, die du auferzogen wardst im Allerheiligsten und hast deine Speise empfangen aus der Hand der Engel und hast diese glänzenden Diener Gottes allezeit gehabt zu deinen Mitgespielen?! — O rede, und schweige nicht vor mir!"

²² Hier ermannte sich *Maria* und sprach: „Vater Joseph, du gerecht harter Mann! Ich sage dir: So wahr ein Gott lebt, so wahr auch bin ich rein und unschuldig und weiß bis zur Stunde von keinem Manne etwas!"

²³ *Joseph* aber fragte: „Woher ist denn hernach das, was du unter deinem Herzen trägst?"

²⁴ Und *Maria* erwiderte: „Siehe, ich bin ja noch ein Kind und verstehe nicht die Geheimnisse Gottes! Höre mich aber an, ich will es dir ja sagen, was mir begegnet ist! — Solches ist aber auch so wahr, als wie da lebt ein gerechter Gott über uns!"

9

Marias Erzählung über die geheimnisvollen, heiligen Vorkommnisse. Josephs Kummer und Sorge und sein Entschluß, Maria zu entfernen. Des Herrn Wink an Joseph im Traume. Marias Bleiben im Hause Josephs.

Und *Maria* erzählte dem Joseph alles, was ihr, da sie noch am Purpur arbeitete, begegnet ist, und schloß dann ihre Erzählung mit dieser Beteuerung:

² „Darum sage ich dir, Vater, noch einmal: So wahr Gott, der Herr Himmels und der Erde lebt, so wahr bin ich auch rein und weiß von keinem Manne und kenne auch ebensowenig das Geheimnis Gottes, das ich unter meinem Herzen, zu meiner eigenen großen Qual, nun tragen muß!"

³ Hier verstummte Joseph vor Maria und erschrak gewaltig; denn die Worte Mariens drangen tief in seine bekümmerte Seele, und er fand bebend seine geheime Ahnung bestätigt.

⁴ Er aber fing darum an, hin und her zu sinnen, was er da tun solle, und sprach so bei sich in seinem Herzen:

⁵ *(Joseph):* „So ich ihre vor der Welt, wie sie nun ist, doch unwiderlegbare Sünde darum verberge, weil ich sie nicht als solche mehr erkenne, so werde ich als Frevler erfunden werden gegen das Gesetz des Herrn und werde der sicheren Strafe nicht entgehen!

⁶ „Mache ich sie aber wider meine innerste Überzeugung als eine feile Sünderin vor den Söhnen Israels offenbar, da doch das, was sie unter ihrem Herzen trägt, nur — nach ihrer unzweideutigen Aussage — von einem Engel herrührt,

⁷ „so werde ich ja von Gott, dem Herrn, erfunden werden als einer, der ein unschuldiges Blut überliefert hat zum Gerichte des Todes!

⁸ „Was soll ich also mit ihr beginnen? — Soll ich sie heimlich verlassen, d. h. soll ich sie heimlich von mir tun und sie irgend verbergen im Gebirge, nahe an der Grenze der Griechen? Oder soll des Tages des Herrn ich harren, auf daß Er mir am selben kundtue, was ich da tun solle?

⁹ „Wenn aber morgen oder übermorgen jemand zu mir kommt aus Jerusalem und erkennt Maria, was dann? Ja, es wird wohl das Beste sein, ich entferne sie heimlich, ohne daß da jemand anders außer meinen Kindern etwas davon erfährt!

¹⁰ „Ihre Unschuld wird mit der Zeit der Herr sicher offenbar machen, und dann ist alles gerettet und gewonnen; und so geschehe es denn im Namen des Herrn!"

¹¹ Darauf tat Joseph solches der Maria ganz insgeheim kund, und sie fügte sich vorbereitend in den beabsichtigten guten Willen Josephs und begab sich dann, da es schon spät abends geworden war, zur Ruhe.

¹² Joseph aber versank über seine mannigfachen Gedanken ebenfalls in einen Schlummer, und siehe, *ein Engel des Herrn* erschien ihm im Traume und sprach zu ihm:

¹³ „Joseph, sei nicht bange ob der Maria, der reinsten Jungfrau des Herrn! Denn was sie unter dem Herzen trägt, ist erzeugt vom Heiligen Geiste Gottes, und du sollst Ihm, wenn Es geboren wird, den Namen ‚Jesus' geben!"

¹⁴ Hier erwachte *Joseph* vom Schlafe und pries Gott den Herrn, der ihm solche Gnade erwiesen hatte.

¹⁵ Da es aber schon morgens war, so kam auch *Maria* schon für die beabsichtigte Reise fertig zum Joseph und zeigte an, daß es schon an der Zeit sein dürfte.

¹⁶ *Joseph* aber umfaßte das Mädchen, drückte es an seine Brust und sprach zu ihm: „Maria, du Reine, du bleibst bei mir; denn heute hat mir der Herr ein mächtig Zeugnis über dich gegeben, denn das aus dir geboren wird, soll ‚Jesus‘ heißen!"

¹⁷ Hier erkannte Maria alsbald, daß der Herr mit Joseph geredet hatte, da sie denselben Namen vernahm, den ihr der Engel gab, obwohl sie davon dem Joseph doch nichts erwähnt hatte zuvor!

¹⁸ Und der Joseph hütete darauf das Mädchen sorgsam und ließ es an nichts gebrechen, das ihr in dem Zustande vonnöten war.

10

Die römische Volkszählung. Josephs Behinderung am Volksrat in Jerusalem. Der Verräter Annas.

Es ist aber zwei Wochen lang nach diesem Begebnisse ein großer Rat in Jerusalem gehalten worden, und zwar darüber, da man von einigen in Jerusalem wohnenden Römern vernommen hatte, daß der Kaiser werde das gesamte jüdische Volk zählen und beschreiben lassen.

² Solche Nachricht hatte einen großen Schreck bei den Juden, denen es verboten war, Menschen zu zählen, hervorgebracht.

³ Darum berief der Hohepriester zu dem Behufe eine große Versammlung zusammen, zu der alle Aeltesten und Kunstmänner, wie da auch der Joseph einer war, erscheinen mußten.

⁴ Joseph aber hatte gerade eine kleine Reise ins Gebirge wegen Bauholz unternommen und blieb etliche Tage aus.

⁵ *Der Bote aus Jerusalem* aber, der unter der Zeit zu Joseph kam und ihm die Einladung zur großen Versammlung überbrachte, gab, da er Joseph nicht antraf, dessen älterem Sohne die Beheißung, daß dieser solches, sobald Joseph nach Hause käme, ihm ja unverzüglich auf das dringendste zu benachrichtigen habe!

⁶ Joseph aber kam schon am nächsten Tage morgens wieder nach Hause. Der Sohn *Joses* benachrichtigte ihn sogleich davon, was da gekommen ist aus Jerusalem.

⁷ *Joseph* aber sagte: „Nun bin ich fünf Tage im Gebirge herumgestiegen und bin daher überaus müde geworden, und meine Füße würden mich nimmer tragen, so ich nicht zuvor ein paar Tage werde geruht haben; daher bin ich diesmal genötigt, dem Rufe Jerusalems nicht zu folgen.

⁸ „Übrigens ist diese ganze Versammlung keine hohle Nuß wert; denn der mächtige Kaiser Roms, der sein Zepter nun schon sogar über die Länder der Skythen schwingt, wird wenig Notiz nehmen von unserer Beratung und wird tun, was er will! Daher bleibe ich nun fein zu Hause!"

⁹ Es kam aber nach drei Tagen ein

gewisser *Annas* aus Jerusalem, der da ein großer Schriftgelehrter war, zu Joseph und sprach zu ihm:

¹⁰ „Joseph, du kunstverständiger und schriftgelehrter Mann aus dem Stamme Davids! Ich muß dich fragen, warum du nicht in die Versammlung gekommen bist!?"

¹¹ *Joseph* aber wandte sich zum Annas und sprach: „Siehe, ich war fünf Tage lang im Gebirge und wußte nicht, daß ich berufen ward!

¹² „Da [1] ich aber nach Hause kam, und durch meinen Sohn Joses die Nachricht erhielt, war ich zu müde und schwach, als daß es mir möglich gewesen wäre, mich alsbald gen Jerusalem auf die Beine zu machen! Zudem ersah ich ja aber ohnehin auf den ersten Blick, daß diese ganze große Versammlung wenig oder gar nichts nützen wird."

¹³ Während aber Joseph solches gesprochen hatte, sah sich der Annas um und entdeckte unglücklicherweise die hochschwangere Jungfrau.

¹⁴ Er verließ daher auch wie ganz stumm den Joseph und eilte, was er nur konnte, nach Jerusalem.

¹⁵ Allda ganz atemlos angelangt, eilte er sogleich zum Hohenpriester und sagte zu ihm:

¹⁶ *(Annas:)* „Höre mich an, und frage mich nicht, warum der Sohn Davids nicht in die Versammlung kam; denn ich habe unerhörte Greueldinge in seinem Hause entdeckt!

¹⁷ „Siehe, Joseph, dem Gott und du das Zeugnis gabst dadurch, daß du ihm die Jungfrau anvertraut hast, hat sich unbeschreiblich tief und grob vor Gott und dir verfehlt!"

¹⁸ *Der Hohepriester* aber, ganz entsetzt über die Nachricht Annas', fragte ganz kurz: „Wieso, wie das? Rede mir die vollste Wahrheit, oder du bist heute noch des Todes!"

¹⁹ Und *Annas* sprach: „Siehe, die Jungfrau Maria, die er laut des Zeugnisses Gottes aus diesem Tempel des Herrn zur Obhut erhielt, hat er weidlichst geschändet; denn ihre schon hohe Schwangerschaft ist ein lebendiges Zeugnis davon!"

²⁰ *Der Hohepriester* aber sprach: „Nein, Joseph hat dies nimmer getan! — Kann auch Gott ein falsches Zeugnis geben?!"

²¹ *Annas* aber sprach: „So sende deine vertrautesten Diener hin, und du wirst dich überzeugen, daß da die Jungfrau im Vollernste hochschwanger ist; ist sie es aber nicht, so will ich hier gesteinigt werden!"

---

[1] Als.

11

Des Hohenpriesters Bedenken ob Marias Zustand. Die Verhaftung und das Verhör Marias und Josephs. Josephs Klage und Hader mit Gott. Das Todesurteil über Joseph und Maria und ihre Rechtfertigung durch ein Gottesurteil. Maria Josephs Weib.

Der Hohepriester aber besann sich eine Zeitlang und sprach also bei sich: „Was soll ich tun? Annas ist voll Eifersucht ob der Wahl der Jungfrau, und man soll nie nach dem Rate eines Eifersüchtigen handeln.

² „Wenn sich's aber mit Maria dennoch also verhalten würde, und ich hätte die Sache gleichgültig behandelt, was werden dann die Söhne Israels sagen, und zu welch einer Rechenschaft werden sie mich fordern?

³ „Ich will daher dennoch insgeheim Diener hinsenden zu Joseph, die, falls sich die schlimme Sache bestätigen sollte, die Jungfrau samt Joseph sogleich hierher ziehen sollen!"

⁴ Also ward es gedacht und beschlossen; der Hohepriester berief insgeheim vertraute Diener und gab ihnen kund, was sich im Hause Josephs zugetragen habe, und schickte sie dann alsobald zu Joseph hin mit der Bestimmung, wie sie zu handeln haben, falls sich die Sache bestätigen sollte.

⁵ Und die Diener begaben sich eiligst hin zu Joseph und fanden alles so, wie es ihnen der Hohepriester bezeichnet hatte.

⁶ Und *der älteste von ihnen* sagte zu Joseph: „Siehe, darum sind wir aus dem Tempel hierher gesandt worden, auf daß wir uns überzeugen sollen, wie es mit der Jungfrau steht, da von ihr üble Gerüchte zu den Ohren des Hohenpriesters gelangt sind!

⁷ „Wir aber fanden die traurige Mutmaßung leider bestätigt; daher laß dir keine Gewalt antun, und folge uns mit der Maria in den Tempel, allda du aus dem Munde des Hohenpriesters das gerechte Urteil vernehmen sollst!"

⁸ Und Joseph folgte mit Maria alsbald ohne Widerrede den Dienern vor das Gericht in den Tempel.

⁹ Als er da vor dem Hohenpriester anlangte, fragte *der erstaunte Hohepriester* alsbald die Maria, in ernstem Tone redend:

¹⁰ „Maria! Warum hast du uns das getan und hast mögen gar so gewaltig erniedrigen deine Seele?

¹¹ „Vergessen hast du des Herrn, deines Gottes, du, die du auferzogen wardst im Allerheiligsten, und hast deine tägliche Speise empfangen aus der Hand des Engels,

¹² „und hast allezeit vernommen seine Lobgesänge, und hast dich erheitert, hast gespielt und getanzt vor dem Angesichte Gottes! — Rede, warum hast du uns solches getan?"

¹³ *Maria* aber fing an, bitterlich zu weinen, und sprach unter gewaltigem Schluchzen und Weinen: „So wahr Gott, der Herr Israels, lebt, so wahr auch bin ich *rein* und habe noch nie einen Mann erkannt! — Frage den von Gott erwählten Joseph!"

¹⁴ Und *der Hohepriester* wandte sich darauf zu Joseph und fragte ihn: „Joseph, ich beschwöre dich im Namen des ewig lebendigen Gottes: sage mir es unverhohlen, wie ist das geschehen? Hast du solches getan?"

¹⁵ Und *Joseph* sprach: „Ich sage dir bei allem, was dir und mir heilig ist, so wahr der Herr, mein Gott lebt, so

29

wahr auch bin ich rein vor dieser Jungfrau, wie vor dir und vor Gott!"

¹⁶ Und *der Hohepriester* erwiderte: „Rede nicht ein falsches Zeugnis, sondern sprich vor Gott die Wahrheit! Ich aber sage dir: Du hast erstohlen dir deine Hochzeit, hast nicht Kunde gegeben dem Tempel und hast nicht zuvor dein Haupt gebeugt unter die Hand des ewig Gewaltigen, auf daß Er gesegnet hätte deinen Samen! Daher rede die Wahrheit!"

¹⁷ Joseph aber ward stumm auf solche Rede des Hohenpriesters und mochte kein Wörtlein erwidern; denn zu bitter ungerecht ward er vom Hohenpriester beschuldigt.

¹⁸ Da aber Joseph tief schweigend vor dem Hohenpriester dastand und nicht reden mochte, da öffnete alsbald *der Hohepriester* seinen Mund und sprach:

¹⁹ „Gib uns die Jungfrau wieder, wie du sie erhalten hast aus dem Tempel des Herrn, da sie war so rein wie die aufgehende Sonne an einem allerheitersten Morgen!"

²⁰ In Tränen zerfließend stand *Joseph* da und sprach nach einem mächtigen Seufzer:

²¹ „Herr, Gott Abrahams, Isaaks und Jakobs, was habe ich armer Greis denn vor Dir so Arges getan, daß Du mich nun so gewaltig schlägst?!

²² „Nimm mich von der Welt; denn zu hart ist es, als ein allezeit Gerechter vor Dir und aller Welt solch eine Schmach zu erleiden!

²³ „Meinen Vater David hast Du gezüchtigt, darum er gesündigt hat am Urias.

²⁴ „Ich aber habe noch nie an einem Menschen mich versündigt und vergriffen mich an irgendeines Menschen Sache, noch an einem Tiere, und habe das Gesetz allezeit beachtet bis auf ein Häkchen; o Herr, warum schlägst Du mich denn?

²⁵ „O zeige mir eine Sünde vor Dir, und ich will ja gerne die Strafe des Feuers erleiden! Habe ich aber gesündigt vor Dir, da sei verflucht der Tag und die Stunde, da ich geboren ward!"

²⁶ *Der Hohepriester* aber ward erbittert ob dieser Rede Josephs und sprach in großer Aufgeregtheit seines Gemüts:

²⁷ „Wohl denn, da du vor Gott deine laute Schuld bekämpfst, so will ich euch beide trinken lassen das Fluchwasser Gottes, des Herrn, und es werden offenbar werden eure Sünden in euren Augen und vor den Augen alles Volkes!"

²⁸ Und alsbald nahm der Hohepriester das Fluchwasser und ließ davon den Joseph trinken und sandte ihn dann nach dem Gesetze in ein dazu bestimmtes Gebirge, das da nahe an Jerusalem lag.

²⁹ Und desgleichen gab er auch solches Wasser der Jungfrau zu trinken und sandte sie dann ebenfalls ins Gebirge.

³⁰ Nach drei Tagen aber kamen beide unverletzt zurück, und alles Volk wunderte sich, daß an ihnen keine Sünde war offenbar gemacht worden.

³¹ *Der Hohepriester* aber sprach dann selbst ganz über alle Maßen erstaunt zu ihnen: „So Gott der Herr eure Sünde nicht hat offenbar machen wollen, da will auch ich euch nicht richten, sondern spreche euch für schuldlos und ledig!

³² „Da aber die Jungfrau schon schwanger ist, so soll sie dein Weib sein zur Buße, darum sie mir unbewußtermaßen ist schwanger geworden, und soll fürder nimmer einen andern Mann bekommen, so sie auch

eine junge Witwe würde! Also sei es! — Und nun ziehet wieder in Frieden von dannen!"

33 Joseph aber nahm nun Maria und ging mit ihr in seine Heimat und ward voll Freuden, und lobte und pries seinen Gott. Und seine Freude war um so größer, da nun Maria sein rechtmäßiges Weib war geworden.

12

Das Gebot des Augustus zur Schätzung und Zählung aller Landesbewohner. Neuer Kummer und Trost.

Und Joseph verbrachte nun ganz wohlgemut mit Maria, die nun sein Weib war, noch zwei Monate in seinem Hause und arbeitete für den Unterhalt Mariens.

2 Als aber die Zeit verstrichen und Maria der Zeit der Entbindung nahe war, da geschah ein neuer Schlag, welcher Joseph in eine große Bekümmernis versetzte.

3 Der römische Kaiser Augustus ließ nämlich in allen seinen Landen einen Befehl ergehen, demzufolge alle Völker seines Reiches sollten beschrieben und gezählt und der Steuer und Rekrutierung wegen klassifiziert werden.

4 Und die Nazarener waren von diesem Gebote nicht ausgenommen, und Joseph ward genötigt, sich auch nach Bethlehem, der Stadt Davids, zu begeben, in welcher die römische Beschreibungskommission aufgestellt war.

5 Als er aber dieses Gebot vernahm, dessentwegen er schon ohnehin zu einer Versammlung nach Jerusalem ist berufen worden, da sprach er bei sich selbst:

6 (Joseph:) „Mein Gott und mein Herr, das ist ein harter Schlag für mich gerade zu dieser Zeit, da Maria der Entbindung so nahe ist!

7 „Was soll ich nun tun? — Ich muß wohl meine Söhne einschreiben lassen, denn diese sind dem Kaiser leider waffenpflichtig; aber was soll ich, um Deines Namens willen, o Herr, mit Maria machen?

8 „Daheim kann ich sie nicht lassen; denn was würde sie da machen, wenn ihre Zeit sie zu drängen anfinge?

9 „Nehme ich sie aber mit, wer steht mir dafür, daß ihre Zeit sie nicht schon unterm Wege befällt und ich dann nicht wissen werde, was da mit ihr zu machen sein wird?

10 „Und bringe ich sie auch noch mit genauer Not hin vor die Amtleute Roms, wie soll ich sie da einschreiben lassen?

11 „Etwa als mein Weib, — davon doch niemand außer mir und dem Hohenpriester bis jetzt noch etwas weiß?!

12 „Wahrhaftig, dessen schäme ich mich beinahe vor den Söhnen Israels; denn sie wissen es, daß ich ein über siebzig Jahre alter Greis bin! Was werden sie sagen, so ich das kaum fünfzehnjährige Kind — im hochschwangeren Zustande noch dazu — als mein rechtmäßiges Weib einschreiben lasse?!

13 „Oder soll ich sie als meine Tochter einschreiben lassen? — Es

wissen aber die Söhne Israels, woher Maria ist, und daß sie nicht meine Tochter ist!

¹⁴ „Lasse ich sie als die mir anvertraute Jungfrau des Herrn einschreiben, was dürften da einige, die noch nicht wissen möchten, daß ich mich im Tempel gerechtfertigt habe, zu mir sagen, so sie Maria hochschwanger erschauen würden?

¹⁵ „Ja, ich weiß, was ich nun wieder tun will: den Tag des Herrn will ich abwarten! An diesem wird der Herr, mein Gott, machen, was Er wird wollen, und es wird auch das Beste sein! Und also geschehe es denn!"

13

Die Trostworte des alten Freundes an Joseph. Josephs Reiseanordnungen an seine 5 Söhne. Das tröstliche Zeugnis von oben. Die fröhliche Abreise.

Am selben Tage aber noch kam *ein alter weiser Freund aus Nazareth* zu Joseph und sagte zu ihm:

² „Bruder, siehe, *also* führt der Herr Sein Volk über allerlei Wüsten und Steppen! Die aber willig folgen, dahin Er lenkt, die kommen ans rechte Ziel!

³ „Wir schmachteten in Ägypten und weinten unter Babels Ketten, und der Herr hat uns dennoch frei gemacht!

⁴ „Nun haben die Römer ihre Adler über uns gesandt; es ist des Herrn Wille! Daher wollen wir auch tun, was Er will; denn Er weiß es sicher, warum Er es also will!"

⁵ Joseph aber verstand wohl, was der Freund zu ihm geredet hatte, und als der Freund ihn segnete und wieder verließ, da sprach *Joseph* zu seinen Söhnen:

⁶ „Höret mich an! Der Herr will es, daß wir alle nach Bethlehem ziehen müssen; also wollen wir uns denn auch Seinen Willen gefallen lassen und tun, was Er will!

⁷ „Du, Joël, sattle die Eselin für Maria, und nimm den Sattel mit der Lehne; und du, Joses, aber zäume den Ochsen, und spanne ihn an den Karren, in dem wir Lebensmittel mitführen wollen!

⁸ „Ihr dann, Samuel, Simeon und Jakob, aber bestellet den Karren mit haltbaren Früchten, Brot, Honig und Käse, und nehmet davon so viel, daß wir auf vierzehn Tage versehen sind; denn wir wissen es nicht, wann die Reihe an uns kommen wird, und wann wir frei werden, und was mit Maria geschehen kann unterwegs! Darum leget auch frische Linnen und Windeln auf den Karren!"

⁹ Die Söhne aber gingen und bestellten alles, wie es ihnen der Joseph anbefohlen hatte.

¹⁰ Als sie aber alles nach dem Willen Josephs getan hatten, kamen sie zurück und zeigten es dem Joseph an.

¹¹ Und Joseph kniete nieder mit seinem ganzen Hause, betete und empfahl sich und all die Seinen in die Hände des Herrn.

¹² Als er aber mit solchem Gebete, Lobe und Preise zu Ende war, da vernahm er *eine Stimme* wie außerhalb des Hauses, welche da sprach:

¹³ „Joseph, du getreuer Sohn Davids, der da war ein Mann nach dem Herzen Gottes!

¹⁴ „Als David auszog zum Kampfe mit dem Riesen, da war mit ihm die Hand des Engels, den ihm der Herr

zur Seite stellte, und siehe, dein Vater ward ein mächtiger Sieger!

[15] „Mit dir aber ist Der Selbst, der ewig war, der Himmel und Erde erschaffen hat, der zu Noahs Zeiten regnen ließ vierzig Tage und Nächte und ersaufen ließ alle Ihm widrige Kreatur,

[16] „der dem Abraham gab den Isaak, der dein Volk führte aus Ägypten und mit Moses erschrecklich redete auf dem Sinai!

[17] „Siehe, Der ist in deinem Hause nun leibhaftig und wird ziehen mit dir auch nach Bethlehem; daher sei ohne Furcht, denn Er wird es nicht zulassen, daß dir ein Haar gekrümmt werde!"

[18] Als aber Joseph solche Worte vernommen hatte, da ward er fröhlich, dankte dem Herrn für diese Gnade und ließ dann sogleich alle zur Reise sich bereiten.

[19] Er nahm Maria und setzte sie so weich und bequem als nur immer möglich auf das Lasttier und nahm dann die Zügel in seine Hand und führte die Eselin.

[20] Die Söhne aber machten sich um den beladenen Karren und fuhren mit demselben nach der Eselin Getrabe.

[21] Nach einiger Zeit aber übergab Joseph den Zügel seinem ältesten Sohne; er aber ging Maria zur Seite, da diese manchmal schwach ward und sich im Sattel nicht selbst zu halten imstande war.

14

Scheinbare Launen Marias auf der Reise. Der Eintritt der Wehen.
Die Bergung Marias in einer nahen Höhle.

(Den 23. Aug. 1843)

Also kam unsere frömmste Gesellschaft nahe bis auf sechs Stunden vor Bethlehem hin und machte da eine Rast im Freien.

[2] *Joseph* aber sah nach der Maria und fand, daß sie voll Schmerzes sein mußte; daher gedachte er ganz verlegen bei sich selbst:

[3] „Was kann das sein? Marias Antlitz ist voll Schmerzes, und ihre Augen sind voll Tränen! Vielleicht bedrängt sie ihre Zeit?"

[4] Darum sah Joseph Maria noch einmal genauer an; und siehe, da fand er sie zu seinem großen Erstaunen lachend!

[5] Darum fragte er sie auch alsbald: „Maria, sage mir, was geht wohl in dir vor? Denn ich sehe dein Angesicht bald voll Schmerzes, bald aber wieder lachend und vor großer Freude glänzend!"

[6] *Maria* aber sagte darauf zu Joseph: „Siehe, ich habe nun zwei Völker vor mir! Das eine weinte, und da weinte ich notgedrungen mit.

[7] „Das andere aber wandelte lachend vor mir, und ich ward voll Freude und Heiterkeit, und ich mußte mitlachen und in seine Freude übergehen! — Das ist alles, was meinem Antlitze Schmerz und Freude entwand."

[8] Als Joseph solches vernommen hatte, da ward er wieder beruhigt, denn er wußte, daß Maria öfter Gesichte hatte; daher ließ er denn auch wieder zur Weiterreise aufbrechen und zog hinauf gen Bethlehem. —

[9] Als sie aber in die Nähe von Bethlehem kamen, da sprach *Maria* auf einmal zu Joseph:

[10] „Höre mich an, Joseph! Das in mir ist, fängt an, mich ganz gewaltig

zu bedrängen; lasse daher stillehalten!"

¹¹ Joseph erschrak völlig vor diesem plötzlichen Ausrufe Mariens; denn er sah nun, daß das gekommen war, was er eben am meisten befürchtet hatte.

¹² Er ließ daher auch plötzlich stillehalten. *Maria* aber sprach wieder alsbald zu Joseph:

¹³ „Hebe mich herab von der Eselin; denn das in mir ist, bedrängt mich mächtig und will von mir! Und ich vermag dem Drange nicht mehr zu widerstehen!"

¹⁴ *Joseph* aber sprach: „Aber um des Herrn willen! Du siehst ja, daß hier nirgends eine Herberge ist; wo soll ich dich denn hintun?"

¹⁵ *Maria* aber sprach: „Siehe, dort in den Berg hinein ist eine Höhle; es werden kaum hundert Schritte dahin sein! Dorthin bringet mich; weiter zu kommen, ist mir unmöglich!"

¹⁶ Und Joseph lenkte alsbald sein Fuhr- und Reisewerk dahin und fand zum größten Glücke in dieser Höhle, da sie den Hirten zu einem Notstalle diente, etwas Heu und Stroh, aus welchem er sogleich für Maria ein notdürftiges Lager bereiten ließ.

15

Maria in der Grotte. Joseph auf der Suche nach einer Hebamme in Bethlehem. Josephs wunderbare Begebnisse. Das Zeugnis der Natur. Die Begegnung Josephs mit der Wehmutter.

Als aber das Lager bereitet war, brachte Joseph die Maria alsbald in die Höhle, und sie legte sich aufs Lager und fand Erleichterung in dieser Lage.

² Als Maria aber also erleichtert sich auf dem Lager befand, da sagte *Joseph* zu seinen Söhnen:

³ „Ihr beiden Ältesten bewachet Maria und leistet ihr im Falle früher Not die gerechte Hilfe, besonders du, Joël, der du einige Kenntnis in diesem Fache dir durch den Umgang mit meinen Freunden in Nazareth erworben hast!"

⁴ Den anderen dreien aber befahl er, den Esel und den Ochsen zu versorgen und den Karren auch irgend in der Höhle, welche so ziemlich geräumig war, unterzubringen.

⁵ Nachdem aber *Joseph* solches alles also wohl geordnet hatte, sagte er zur Maria: „Ich aber will nun hinaufgehen auf den Berg und will in der Stadt meines Vaters mir eine Wehmutter in aller Eile suchen und will sie bringen hierher, dir zur nötigen Hilfe!"

⁶ Nach diesen Worten trat Joseph alsbald aus der Höhle, da es schon ziemlich spät abends war und man die Sterne am Himmel recht wohl ausnehmen konnte.

⁷ Was aber Joseph bei diesem Austritte aus der Höhle alles für wunderliche Erfahrungen gemacht hat, wollen wir mit seinen eigenen Worten wiedergeben, die er seinen Söhnen gab, als er mit der gefundenen Wehmutter in die Höhle zurückkehrte und Maria schon geboren hatte.

⁸ Die Worte *Josephs* aber lauten also: „Kinder, wir stehen am Rande großer Dinge! Ich verstehe nun dun-

kel, was mir die Stimme am Vorabende vor unserer Abreise hierher gesagt hat; wahrlich, wäre der Herr unter uns — wennschon unsichtbar — nicht gegenwärtig, so könnten unmöglich solche Wunderdinge geschehen, wie ich sie jetzt geschaut habe!

9 „Höret mich an! — Als ich hinaustrat und fortging, da war es mir, als ginge ich nicht! Und ich sah den aufgehenden Vollmond und die Sterne im Aufgange wie im Niedergange, und siehe, alles stand stille, und der Mond verließ nicht den Rand der Erde, und die Sterne am abendlichen Rande wollten nimmer sinken!

10 „Dann sah ich Scharen und Scharen der Vöglein sitzen auf den Ästen der Bäume; alle waren mit ihren Gesichtern hierher gewendet und zitterten wie zu Zeiten großer bevorstehender Erdbeben und waren nicht zu verscheuchen von ihren Sitzen, weder durch Geschrei noch durch Steinwürfe.

11 „Und ich blickte wieder auf dem Erdboden umher und ersah unweit von mir eine Anzahl Arbeiter, die da um eine mit Speise gefüllte Schüssel saßen, einige hielten ihre Hände unbeweglich in der Schüssel und konnten keine Speise aus der Schüssel heben.

12 „Die aber schon eher[1] einen Bissen der Schüssel enthoben hatten, die hielten ihn am Munde und mochten nicht den Mund öffnen, auf daß sie den Bissen verzehreten; aller Angesichter aber waren nach aufwärts gerichtet, als sähen sie große Dinge am Himmel.

13 „Dann sah ich Schafe, die von den Hirten getrieben wurden; aber die Schafe standen unbeweglich da, und des Hirten Hand, der sie erhob, um zu schlagen die ruhenden Schafe, blieb wie erstarrt in der Luft, und er konnte sie nicht bewegen.

14 „Wieder sah ich eine ganze Herde Böcke, die hielten ihre Schnauzen über dem Wasser und vermochten dennoch nicht zu trinken, denn sie waren alle wie gänzlich gelähmt.

15 „Also sah ich auch ein Bächlein, das hatte einen starken Fall vom Berge herab, und siehe, das Wasser stand stille und floß nicht hinab ins Tal! — Und so war alles auf dem Erdboden anzusehen, als hätte es kein Leben und keine Bewegung.

16 „Als ich aber also dastand oder ging und nicht wußte, ob ich stehe oder gehe, siehe, da ersah ich endlich einmal wieder ein Leben!

17 „Ein Weib nämlich kam den Berg entlang herabgestiegen gerade auf mich zu und fragte mich, als sie vollends bei mir war: ‚Mann, wo willst du hingehen so spät?'

18 „Und ich sprach zu ihr: ‚Eine Wehmutter suche ich; denn in der Höhle dort ist eine, die gebären will!'

19 „Das Weib aber antwortete und sprach: ‚Ist sie aus Israel?' — Und ich antwortete ihr: ‚Ja, Herrin, ich und sie sind aus Israel; David ist unser Vater!'

20 Das Weib aber sprach weiter und fragte: ‚Wer ist die, welche in der Höhle dort gebären will? Ist sie dein Weib, oder eine Anverwandte, oder eine Magd?'

21 „Und ich antwortete ihr: ‚Seit kurzem allein vor Gott und dem Hohenpriester mein Weib; da sie schwanger ward, war sie aber noch nicht mein Weib, sondern ward mir nur zur Obhut in mein Haus vom Tempel durch das Zeugnis Gottes anvertraut, da sie früher[1] aufgezogen ward im Allerheiligsten!

22 „‚Wundere dich aber nicht über

---

[1] vorher.

ihre Schwangerschaft; denn das in ihr ist, ist wunderbar gezeugt vom Heiligen Geiste Gottes!' — Das Weib aber erstaunte darob 'und sagte zu mir: ‚Mann, sage mir die Wahrheit!' — Ich aber sagte zu ihr: ‚Komm und siehe, und überzeuge dich mit deinen Augen!' "

16

Die Erscheinungen bei der Höhle. Das Traumgesicht der Wehmutter und ihre prophetischen Worte. Die Hebamme bei Maria und dem Kinde. Der Zweifel Salomes, der Schwester der Wehmutter, an der Jungfrauschaft Marias.
(Den 25. Aug. 1843)

Und das Weib willigte ein und folgte dem Joseph hin zur Höhle; da[1] sie aber hin zur Höhle kamen, da verhüllte sich dieselbe plötzlich in eine dichte weiße Wolke, daß sie nicht den Eingang finden mochten.

[2] Ob dieser Erscheinung fing sich *die Wehmutter* hoch zu verwundern an und sprach zu Joseph:

[3] „Großes ist widerfahren am heutigen Tage meiner Seele! Ich habe heute morgen ein groß-wunderbarstes Gesicht gehabt, in dem alles sich also gestaltete, wie ich es jetzt in der Wirklichkeit gesehen habe, noch sehe und noch mehr sehen werde!

[4] „Du bist derselbe Mann, der mir im Gesichte entgegenkam; also[2] sah ich auch zuvor alle Welt ruhen mitten in ihrem Geschäfte und sah die Höhle, wie eine Wolke über sie kam, und habe mit dir geredet, wie ich nun geredet habe.

[5] „Und ich sah noch mehreres Wunderbarstes in der Höhle, als mir meine Schwester Salome nachkam, der ich allein mein Gesicht am Morgen anvertraute!

[6] „Darum sage ich denn nun auch vor dir und vor Gott, meinem Herrn: Israel ist ein großes Heil widerfahren! Ein Retter kam, von oben gesandt, zur Zeit unserer großen Not!"

[7] Nach diesen Worten der Wehmutter wich alsbald die Wolke von der Höhle zurück, und ein gewaltiges Licht drang aus der Höhle der Wehmutter und dem Joseph entgegen, so daß es die Augen nicht zu ertragen imstande waren, und *die Wehmutter* sprach: „Wahr ist also alles, was ich gesehen habe im Gesichte! O Mann, du Glücklicher, hier ist mehr denn Abraham, Isaak, Jakob, Moses und Elias!"

[8] Nach diesen Worten aber fing das starke Licht an, nach und nach erträglicher zu werden, und das Kindlein ward sichtbar, wie es gerade zum ersten Male die Brust der Mutter nahm.

[9] *Die Wehmutter* aber trat mit Joseph nun in die Höhle, besah das Kindlein und dessen Mutter, und als sie alles auf das herrlichste gelöst fand, sagte sie:

[10] „Wahrlich, wahrlich, das ist der von allen Propheten besungene Erlöser, der da ohne Bande frei sein wird schon im Mutterleibe, um anzudeuten, daß er all die harten Bande des Gesetzes lösen wird!

---

[1] als; [2] ebenso.

¹¹ „Wann aber hat jemand gesehen, daß ein kaum geborenes Kind schon nach der Brust der Mutter gegriffen hätte?!

¹² „Das bezeugt ja augenscheinlichst, daß dieses Kind einst als Mann die Welt richten wird nach der Liebe, und nicht nach dem Gesetze!

¹³ „Höre, du glücklichster Mann dieser Jungfrau! Es ist alles in der größten Ordnung, darum laß mich aus der Höhle treten, denn mir fällt es schwer nun auf die Brust, da ich empfinde, daß ich nicht rein genug bin, um die zu heilige Nähe meines und deines Gottes und Herrn zu ertragen!"

¹⁴ Joseph erschrak völlig über diese Worte der Wehmutter; sie aber eilte aus der Höhle ins Freie.

¹⁵ Als sie aber aus der Höhle trat, da traf sie draußen ihre Schwester Salome, welche ihr ob des bewußten Gesichtes nachgefolgt war, und sprach sogleich zu ihr:

¹⁶ *(Die Wehmutter:)* „Salome, Salome, komme und siehe mein Morgengesicht in der Wirklichkeit bestätigt! Die Jungfrau hat in der Fülle der Wahrheit geboren, was die menschliche Weisheit und Natur nimmer zu fassen vermag!"

¹⁷ *Salome* aber sprach: „So wahr Gott lebt, kann ich eher nicht glauben, daß eine *Jungfrau* geboren habe, als bis ich sie werde mit meiner Hand untersucht haben!"

17

Salomes Bitte an Maria. Marias Wohlwollen.
Salomes Befund, Strafe und Reue. Des Engels Weisung an Salome.
Salomes Genesung. Eine Warnung von oben.

(Den 26. Aug. 1843)

Nachdem aber *Salome* solches geredet hatte, trat sie alsbald hinein in die Höhle und sprach:

² „Maria, meine Seele beschäftigt kein geringer Streit; daher bitte ich, daß du dich bereitest, auf daß ich mit meiner wohlerfahrenen Hand dich untersuche und daraus ersehe, wie es mit deiner Jungfrauschaft aussieht!"

³ Maria aber fügte sich willig in das Begehren der ungläubigen Salome, bereitete sich und ließ sich untersuchen.

⁴ Als aber *Salome* Marias Leib anrührte mit ihrer geprüften Hand, da erhob sie alsbald ein gewaltiges Geheul und schrie überlaut:

⁵ „Wehe, wehe mir meiner Gottlosigkeit wegen und meines großen Unglaubens willen, daß ich habe wollen den ewig lebendigen Gott versuchen! Denn sehet, sehet hierher, — meine Hand verbrennt im Feuer des göttlichen Zornes über mich Elende!"

⁶ Nach diesen Worten aber fiel sie alsbald vor dem Kindlein auf ihre Knie nieder und sprach:

⁷ „O Gott meiner Väter! Du allmächtiger Herr aller Herrlichkeit! Gedenke mein, daß auch ich ein Same bin aus Abraham, Isaak und Jakob!

⁸ „Mache mich doch nicht zum Gespötte vor den Söhnen Israels, sondern schenke mir meine gesunden Glieder wieder!"

⁹ Und siehe, alsbald stand *ein Engel des Herrn* neben der Salome und sprach zu ihr: „Erhört hat Gott der

Herr dein Flehen; tritt zu dem Kindlein hin und trage Es, und es wird dir darob ein großes Heil widerfahren!"

¹⁰ Und als Salome solches vernommen hatte, da ging sie auf den Knien vor Maria hin und bat sie um das Kindlein.

¹¹ *Maria* aber gab ihr willig das Kindlein und sprach zu ihr: „Es möge dir zum Heile gereichen nach dem Ausspruche des Engels des Herrn; der Herr erbarme Sich deiner"

¹² Und Salome nahm das Kindlein auf ihre Arme und trug es kniend und sprach, sobald sie das Kindlein auf dem Arme hatte:

¹³ „O Gott, Du allmächtiger Herr Israels, der Du regierst und herrschst von Ewigkeit! In aller, aller Fülle der Wahrheit ist hier Israel ein König der Könige geboren, welcher mächtiger sein wird denn da war David, der Mann nach dem Herzen Gottes! Gelobt und gepriesen sei Du von mir ewig!"

¹⁴ Nach diesen Worten ward Salome alsbald völlig wieder geheilt, gab dann unter der dankbarsten Zerknirschung ihres Herzens das Kindlein der Maria wieder und ging also gerechtfertigt aus der Höhle wieder.

¹⁵ Als sie aber draußen war, da wollte sie alsbald laut zu schreien anfangen über das große Wunder aller Wunder und hatte auch ihrer Schwester sogleich zu erzählen angefangen, was ihr begegnet war.

¹⁶ Aber alsbald meldete sich *eine Stimme von oben* und sprach zu Salome: „Salome, Salome, verkündige ja niemandem, was Außerordentliches dir begegnet ist! Denn die Zeit muß erst kommen, wo der Herr von Sich Selbst zeugen wird durch Worte und Taten!"

¹⁷ Hier verstummte alsbald die Salome, und Joseph ging hinaus und bat die beiden Schwestern, nun wieder in die Höhle zurückzutreten nach dem Wunsche Marias, auf daß da niemand etwas merken solle, was Wunderbarstes in dieser Höhle nun vorgefallen sei. Und die beiden traten wieder demütig in die Höhle.

18

Die Nachtruhe der hl. Familie in der Höhle.
Die Lobgesänge der Engel am Morgen. Die Anbetung der Hirten.
Des Engels aufklärende Worte an Joseph.

Als aber alle also in der Höhle versammelt waren, da fragten *die Söhne Josephs* ihren Vater (den Joseph nämlich):

² „Vater, was sollen wir nun tun? Es ist alles wohl versorgt! Die Reise hat ermüdet unsere Glieder; dürfen wir uns denn nicht zur Ruhe legen?"

³ Und *Joseph* sprach: „Kinder, ihr sehet ja, welch eine endlose Gnade von oben uns allen widerfahren ist; daher sollet ihr wachen und Gott loben mit mir!

⁴ „Ihr aber habt ja gesehen, was da der Salome begegnet ist in der Höhle, da sie ungläubig war; daher sollen auch wir nicht schläfrig sein, wenn uns der Herr heimsucht!

⁵ „Gehet aber hin zu Maria, und rühret das Kindlein an! Wer weiß es,

ob eure Augenlider nicht alsbald also gestärkt werden, als hättet ihr mehrere Stunden lang fest geschlafen!"

⁶ Und die Söhne Josephs gingen hin und rührten das Kindlein an; das Kindlein aber lächelte sie an und streckte Seine Hände nach ihnen aus, als hätte Es sie als Brüder erkannt.

⁷ Darob verwunderten sie sich *alle* und sprachen: „Fürwahr, das ist kein natürliches Kind! Denn wo hat jemand so etwas erlebt, daß jemand wäre von einem kaum geborenen Kinde gottseligst also begrüßt worden?!

⁸ „Zudem sind wir nun auch im Ernste noch obendrauf plötzlich also gestärkt worden in allen unseren Gliedern, als hätten wir nie eine Reise gemacht und befänden uns daheim an einem Morgen mit völligst ausgerastetem Leibe!"

⁹ Und *Joseph* sagte darauf: „Sehet, also war mein Rat gut! Aber nun merke ich, daß es anfängt, mächtig kühl zu werden; daher bringet den Esel und den Ochsen hierher! Die Tiere werden sich um uns lagern und werden durch ihren Hauch und ihre Ausdünstung einige Wärme bewirken; und wir selbst wollen uns darum auch um die Maria lagern!"

¹⁰ Und die Söhne taten solches. Und als sie brachten die beiden Tiere in die Nähe Marias, da legten sich diese sogleich am Hauptteile des Lagers Mariens und hauchten fleißig über Maria und das Kindlein hin und erwärmten es also recht gut.

¹¹ Und *die Wehmutter* sprach: „Fürwahr, nichts Geringes kann das sein vor Gott, dem sogar die Tiere also dienen, als hätten sie Vernunft und Verstand!"

¹² *Salome* aber sprach: „O Schwester, die Tiere scheinen hier *mehr* zu sehen als wir! Was wir uns noch kaum zu denken getrauen, da beten schon die Tiere an Den, der sie erschaffen hat!"

¹³ „Glaube mir, Schwester, so wahr Gott lebt, so wahr auch ist hier vor uns der verheißene Messias; denn wir wissen es ja, daß sich nie bei der Geburt selbst des größten Propheten solche Wunderdinge zugetragen haben!"

¹⁴ *Maria* aber sagte zur Salome: „Gott der Herr hat dir eine große Gnade erwiesen, darum du solches erschaust, davor selbst meine Seele erbebt.

¹⁵ „Aber schweige davon, wie es dir zuvor der Engel des Herrn geboten hat; denn sonst könntest du uns ein herbes Los bereiten!"

¹⁶ *Salome* aber gelobte der Maria, zu schweigen ihr Leben lang, und die Wehmutter folgte dem Beispiele ihrer Schwester.

¹⁷ Und so ward nun alles ruhig in der Höhle. In der ersten Stunde aber vor dem Sonnenaufgange vernahmen alle gar mächtige Lobgesänge draußen vor der Höhle.

¹⁸ Und Joseph sandte sogleich seinen ältesten Sohn, nachzusehen, was es sei, und wer so gewaltig singe die Ehre Gottes im Freien.

¹⁹ Und Joël ging hinaus und sah, daß alle Räume des Firmaments erfüllt waren hoch und nieder mit zahllosen Myriaden leuchtender Engel. Und er eilte erstaunt in die Höhle zurück und erzählte es allen, was er gesehen.

²⁰ Alle aber waren hoch erstaunt über die Erzählung des Joël und gingen hinaus und überzeugten sich von der Wahrheit der Aussage Joëls.

²¹ Als sie solche Herrlichkeit des Herrn aber gesehen hatten, da gin-

gen sie wieder in die Höhle und gaben Maria auch das Zeugnis. Und *Joseph* sagte zur Maria:

²² „Höre, du reinste Jungfrau des Herrn, die Frucht deines Leibes ist wahrhaftig eine Zeugung des Heiligen Geistes Gottes; denn alle Himmel zeugen nun dafür!"

²³ „Aber wie wird es uns gehen, so nun alle Welt notwendig erfahren muß, was hier vor sich gegangen ist? Denn daß nicht nur wir, sondern auch alle anderen Menschen nun sehen, welch ein Zeugnis für uns durch alle Himmel strahlt, das habe ich an vielen Hirten nun gesehen, wie sie ihre Angesichter gen oben gerichtet hatten

²⁴ „und sangen mit gleicher Stimme mit den mächtigen Chören der Engel, welche nun alle sichtbar erfüllen alle Räume der Himmel hoch und nieder bis zur Erde herab."

²⁵ „Und ihr Gesang lautete wie der der Engel: ‚Tauet herab, ihr Himmel, den Gerechten! Friede den Menschen auf der Erde, die eines guten Willens sind! Und Ehre sei Gott in der Höhe in Dem, der da kommt im Namen des Herrn!'

²⁶ „Siehe, o Maria, solches vernimmt und sieht nun die ganze Welt; also wird sie auch kommen hierher und wird uns verfolgen, und wir werden müssen fliehen über Berg und Tal!

²⁷ „Daher meine ich, wir sollten uns sobald als nur immer möglich heben von hier und, sobald ich werde beschrieben sein — was heute früh noch geschehen soll —, uns wieder begeben nach Nazareth zurück und von dort gehen zu den Griechen über, von denen ich einige recht wohl kenne. — Bist du nicht meiner Meinung?"

²⁸ *Maria* aber sprach zu Joseph: „Du siehst aber ja, daß ich heute noch nicht dies Lager verlassen kann; daher lassen wir alles dem Herrn über. Er hat uns bisher geführt und beschützt, so wird Er uns auch sicher noch weiter führen und gar treulich beschützen!

²⁹ „Will Er uns vor der Welt offenbaren, sage: wohin wollen wir fliehen, da Seine Himmel uns nicht entdecken möchten?!

³⁰ „Daher geschehe Sein Wille! Was Er will, das wird recht sein. Siehe, hier auf meiner Brust ruht ja, Dem dieses alles gilt!

³¹ „Dieser aber bleibt bei uns, und so wird auch die große Herrlichkeit Gottes nicht von uns weichen, und wir können da fliehen, wohin wir nur immer wollen!"

³² Als Maria aber noch kaum solches ausgeredet hatte, siehe, da standen schon *zwei Engel* als Anführer einer Menge Hirten vor der Höhle und zeigten den Hirten an, daß hier Derjenige geboren ist, dem ihre Lobgesänge gelten.

³³ Und die *Hirten* traten ein in die Höhle und knieten nieder vor dem Kindlein und beteten Es an; und *die Engel* kamen auch scharenweise und beteten an das Kindlein.

³⁴ *Joseph* aber blickte mit seinen Söhnen ganz erstaunt hin nach der Maria und dem Kindlein und sprach: „O Gott, was ist denn das? Hast Du Selbst Fleisch angenommen in diesem Kinde?

³⁵ „Wie wohl wäre es möglich sonst, daß Es angebetet würde selbst von Deinen heiligen Engeln? Bist *Du* aber hier, o Herr, was ist denn nun mit dem Tempel und mit dem Allerheiligsten?"

³⁶ Und *ein Engel* trat hin zum Joseph und sprach zu ihm: „Frage nicht, und sorge dich nicht; denn der

Herr hat die Erde erwählt zum Schauplatze Seiner Erbarmungen und hat nun heimgesucht Sein Volk, wie Er es vorhergesagt durch den Mund Seiner Kinder, Seiner Knechte und Propheten!

37 „Was aber nun geschieht vor deinen Augen, das geschieht nach dem Willen Dessen, der da ist heilig, überheilig."

38 Hier verließ der Engel den Joseph und ging wieder hin und betete an das Kindlein, welches nun alle die Betenden mit offenen Händchen anlächelte.

39 Als aber nun die Sonne aufging, da verschwanden die Engel; aber die Hirten blieben und erkundigten sich beim Joseph, wie möglich doch solches vor sich gegangen sei.

40 *Joseph* aber sagte: „Höret, wie wunderbar das Gras wächst aus der Erde, also geschah auch dieses Wunder! Wer aber weiß, wie das Gras wächst? So wenig weiß ich euch auch von diesem Wunder kundzugeben! Gott hat es also gewollt; das ist alles, was ich euch sagen kann!"

19

Josephs Beschreibungssorge. Der Hebamme Bericht vor dem Hauptmanne Kornelius. Des Hauptmanns Besuch in der Grotte. Joseph und Kornelius. Des Kornelius Frieden und Freude in der Nähe des Jesuskindes.

(Den 30. Aug. 1843)

Die Hirten aber waren mit diesem Bescheide zufrieden und fragten den Joseph nicht weiter und gingen von dannen und brachten der Maria allerlei Stärkungen zum Opfer.

2 Als die Sonne aber schon eine Stunde der Erde geleuchtet hatte, da fragte *Joseph* die Wehmutter:

3 „Höre mich an, du meine Freundin und Schwester aus Abraham, Isaak und Jakob! Siehe, mich drückt die Beschreibung ganz gewaltig, und ich wünsche nichts sehnlicher, als sie hinter mir zu haben.

4 „Ich aber weiß nicht, wo in der Stadt sie gehalten wird; laß daher die Salome hier bei der Maria, mich aber führe mit meinen Söhnen hin zu dem römischen Hauptmann, der da die Beschreibung führt!

5 „Vielleicht werden wir sogleich vorgenommen werden, so wir sicher die ersten dort sein werden."

6 Und *die Wehmutter* sagte zum Joseph: „Gnadenvoller Mann, höre mich an! Der Hauptmann Kornelius aus Rom wohnt in meinem Hause, das beinahe eines der ersten ist in der Stadt.

7 „und hat daselbst auch seine Amtsstube. Er ist zwar ein Heide, aber sonst ein guter und rechtlicher Mensch; ich will hingehen und ihm alles anzeigen bis auf das Wunder, und ich meine, die Sache wird abgetan sein."

8 Dieser Antrag gefiel *Joseph* wohl, da er ohnehin eine große Scheu vor den Römern, besonders aber vor der Beschreibung hatte; er bat daher obendrauf die Wehmutter, solches zu tun.

9 Und *die Wehmutter* ging und fand den Kornelius, der noch sehr jung war und am Morgen gerne lang schlief, noch im Bette und gab ihm

alles kund, was da notwendig war.

¹⁰ *Kornelius* aber stand sogleich auf, warf seine Toga um und sprach zu seiner Hausherrin: „Weib, ich glaube dir alles; aber ich will dennoch mit dir hingehen, denn ich fühle einen starken Drang dazu!

¹¹ „Es ist nach deiner Erzählung nicht weit von hier, und so werde ich zur rechten Zeit noch am Arbeitstische sein! Führe mich also nur gleich hin!"

¹² Und die Wehmutter erfreute sich dessen und führte den ihr wohlbekannten biederen, jungen Hauptmann hin, welcher ihr vor der Höhle gestand und sagte: „O Weib, wie leicht gehe ich in Rom zu meinem Kaiser, und wie schwer wird es mir hier, in diese Höhle einzutreten!

¹³ „Das muß etwas Besonderes sein! Sage mir doch, ob du irgendeinen Grund weißt; denn ich weiß, daß du eine biedere Jüdin bist!"

¹⁴ *Die Wehmutter* aber sprach: „Guter Hauptmann des großen Kaisers! Harre hier vor der Höhle nur einen Augenblick; ich will hineingehen und will dir die Lösung bringen!"

¹⁵ Und sie ging hin und sagte es dem Joseph, daß der gute Hauptmann selbst draußen vor der Höhle harre, und daß er herein möchte, aber sich nicht getraue aus einem ihm unerklärlichen Grunde.

¹⁶ Als *Joseph* solches vernahm, ward er gerührt und sprach: „O Gott, wie gut bist Du, daß Du sogar das von mir in Freude verwandelst, davor ich mich am meisten gefürchtet habe! Darum sei Dir allein alles Lob und alle Ehre!"

¹⁷ Nach diesen Worten eilte er sogleich aus der Höhle und fiel dem Kornelius zu Füßen, sagend: „Machtträger des großen Kaisers, habe Erbarmen mit mir armem Greise! Siehe, mein junges Weib, das mir durchs Los im Tempel zuteil ward, hat hier sich entledigt ihrer Frucht diese Nacht, und gestern bin ich erst hier angekommen, daher mochte ich nicht mich sogleich bei dir melden lassen!"

¹⁸ Und *Kornelius* sagte, den Joseph aufhebend: „O Mann, sei des unbesorgt, es ist schon alles in der Ordnung! Laß mich aber auch hineintreten und sehen, wie du hier eingelagert bist."

¹⁹ Und Joseph führte den Kornelius in die Höhle. Als aber dieser das Kindlein erblickte, wie Es ihm entgegenlächelte, da erstaunte er ob solchen Benehmens des Kindleins und sagte: „Beim Zeus, das ist selten! Ich bin ja wie neu geboren, und noch nie habe ich eine solche Ruhe und Freude in mir gewahrt! — Fürwahr, heute sind Geschäftsferien, und ich bleibe euer Gast!"

20

Des Kornelius Fragen über den Messias. Josephs Verlegenheit.
Des Hauptmanns Fragen an Maria, Salome und die Wehmutter.
Der Engel Warnung vor dem Verrat des göttlichen Geheimnisses.
Des Kornelius heilige Ahnung von der Göttlichkeit des Jesuskindes.

(Den 31. Aug. 1843)

Joseph aber, darüber hoch erfreut, sprach zum Hauptmann: „Machtträger des großen Kaisers, was wohl kann ich armer Mann dir für deine große Freundschaft entgegenbieten? Womit werde ich dir in dieser feuchten Höhle aufwarten können?

² „Wie dich bewirten deinem hohen Stande gemäß? — Siehe, hier in dem Karren ist meine ganze Habseligkeit, teils mitgebracht aus Nazareth, teils aber ein Geschenk schon von den hierortigen Hirten!

³ „Wenn du etwas davon genießen kannst, so sei ein jeder Bissen, den du in deinen Mund führen möchtest, tausendfach gesegnet!"

⁴ *Kornelius* aber sagte: „Guter Mann, kümmere und sorge dich ja nicht um mich! Denn siehe hier ja meine Hausherrin; diese wird schon Sorge tragen für die Küche, und wir werden alle genug haben um ein lichtes Geldstück, das da geziert ist mit des Kaisers Haupte!"

⁵ Hier gab der Hauptmann der Wehmutter eine Goldmünze und ließ sie sorgen für ein gutes Mittag- und Abendmahl, und sobald es der Kindbetterin möglich wird, auch für eine bessere Wohnung.

⁶ *Joseph* aber sagte darauf zum Kornelius: „O herrlicher Freund! Ich bitte dich, mache dir doch unsertwegen keine Unkosten und Bemühungen; denn wir sind für die wenigen Tage, die wir hier noch zubringen werden, ohnehin — dem Herrn, Gott Israels, alles Lob! — gut versorgt!"

⁷ Hier sagte *der Hauptmann:* „Gut ist gut, aber besser ist besser! Daher laß es nur geschehen, und laß mich dadurch deinem Gotte auch ein freudig Opfer bringen; denn siehe, ich ehre aller Völker Götter!

⁸ „Also will ich auch den deinigen ehren; denn Er gefällt mir, seit ich Seinen Tempel zu Jerusalem gesehen habe! Und Er muß ein Gott von großer Weisheit sein, da ihr solch eine große Kunst von Ihm erlernt habet!"

⁹ *Joseph* aber sprach: „O Freund, wäre es mir möglich, dich von der alleinigen einigen Wesenheit unseres Gottes zu überführen, wie gerne würde ich es tun zu deinem größten ewigen Wohle!

¹⁰ „Aber ich bin ein schwacher Mensch nur und vermag solches nicht; aber suche du irgend unsere Bücher auf und lies sie, da du unserer Sprache so wohl kundig bist, und du wirst da Dinge finden, die dich ins höchste Erstaunen setzen werden!"

¹¹ Und *Kornelius* sagte: „Guter Mann, was du mir nun freundlichst geraten hast, das habe ich schon getan, habe auch wirklich Erstaunliches gefunden!

¹² „Unter anderem aber bin ich auch auf eine Vorhersage gekommen, in der den Juden ein neuer König für ewig verheißen ist; sage mir, ob du wohl weißt, nach der Auslegung solcher Vorhersage, *wann* da dieser König kommen wird und von *woher!"*

¹³ Hier ward *Joseph* etwas ver-

43

legen und sagte nach einer Weile: „Dieser wird kommen aus den Himmeln als der Sohn des ewig lebendigen Gottes! Und sein Reich wird nicht von dieser, sondern von der Welt des Geistes und der Wahrheit sein!"

14 Und *Kornelius* sprach: „Gut, ich verstehe dich; aber ich habe auch gelesen, daß dieser König in einem Stalle bei dieser Stadt soll geboren werden von einer Jungfrau! Wie ist denn das zu nehmen?"

15 *Joseph* aber sprach: „O guter Mann, du hast scharfe Sinne! Ich kann dir nichts anderes sagen als: Gehe hin, und siehe an das Mägdlein mit dem neugeborenen Kinde; dort wirst du finden, was du finden möchtest!"

16 Und *Kornelius* ging hin und betrachtete die Jungfrau mit dem Kindlein mit scharfen Augen, um aus ihr und dem Kinde den künftigen König der Juden zu entdecken.

17 Er fragte daher auch die Maria, auf welche Weise sie also früh schwanger geworden.

18 *Maria* aber erwiderte: „Gerechter Mann! So wahr mein Gott lebt, so wahr auch habe ich nie einen Mann erkannt!

19 „Es geschah aber vor drei Vierteln des Jahres, daß ein Bote des Herrn zu mir kam und unterrichtete mich mit wenig Worten, daß ich vom Geiste Gottes aus solle schwanger werden.

20 „Und also geschah es denn auch; ich ward, ohne je einen Mann erkannt zu haben, schwanger, und siehe, hier vor dir ist die Frucht der wunderbaren Verheißung! Gott aber ist mein Zeuge, daß solches alles also geschehen ist."

21 Hier wandte sich der *Kornelius* an die beiden Schwestern und sagte: „Was saget denn *ihr* zu dieser Geschichte? Ist es ein feiner Trug von diesem alten Manne, ein für ein blindes, abergläubisches Volk guter Vorschutz, um sich bei solchen Umständen der gesetzlichen Strafe zu entziehen?

22 „Denn ich weiß, daß Juden für[1] derlei Fälle die Todesstrafe gesetzt haben! Oder sollte daran im Ernste etwas sein, — das noch schlimmer wäre als im ersten Falle, weil da des Kaisers Gesetz müßte in schärfste Anwendung gebracht werden, das ja jeden Aufwiegler schon im ersten Keime erstickt haben will?! O redet die Wahrheit, damit ich weiß, wie ich mit dieser sonderbaren Familie daran bin!"

23 *Salome* aber sprach: „Höre mich an, o Kornelius, ich bitte dich bei aller deiner großkaiserlichen Vollmacht! Habe ja mit dieser armen und doch wieder endlos reichen Familie nichts Ernstes und Gesetzliches zu schaffen!

24 „Denn du kannst es mir glauben, und ich stehe mit meinem Kopfe für die Wahrheit: dieser Familie stehen alle Mächte der Himmel, wie dir dein eigener Arm, zu Gebote, davon ich die lebendigste Überzeugung erhielt."

25 Hier stutzte *Kornelius* noch gewaltiger und fragte die Salome: „Also auch Roms heilige Götter, Roms Helden, Waffen und unbesiegbare Macht?! — O Salome, was redest du?!"

26 *Salome* aber sagte: „Ja, wie du gesagt, also ist es! Davon bin ich lebendigst überzeugt; magst du es aber nicht glauben, da gehe hinaus und siehe an die Sonne! Sie leuchtet heute schon bei vier Stunden, und siehe, sie

---

[1] auf.

steht noch im Osten und getraut sich nicht weiterzuziehen!"

27 Und *Kornelius* ging hinaus, sah an die Sonne, kam alsbald wieder zurück und sagte ganz erstaunt: „Fürwahr, du hast recht; wenn die Sache mit dieser Familie in Beziehung steht, so gehorcht dieser Familie sogar der Gott Apollo!

28 „Also muß hier Zeus sein, der mächtigste aller Götter, und es scheint sich die Zeit Deukalions und der Pyrrha zu erneuern; wenn aber das der Fall ist, so muß ich solch eine Begebenheit ja sogleich nach Rom vermelden?!"

29 Bei diesen Worten erschienen *zwei mächtige Engel*. Ihre Angesichter leuchteten wie die Sonne und ihre Kleider wie der Blitz. Und sie sprachen: „Kornelius, schweige sogar gegen dich von dem, was du gesehen hast, — sonst gehst du und Rom heute noch zugrunde!"

30 Hier überfiel den *Kornelius* eine große Furcht. Die beiden Engel verschwanden; er aber ging hin zum Joseph und sprach: „O Mann, hier ist endlos mehr als ein werdender König der Juden! Hier ist Der, dem alle Himmel und Höllen zu Gebote stehen! Daher laß mich wieder ziehen von hier; denn ich bin's nicht wert, in solcher Nähe Gottes mich zu befinden!"

21

Josephs Worte über den freien Willen des Menschen und sein Rat an Kornelius.
Des Hauptmanns Fürsorge für die heilige Familie.

(Den 2. Sept. 1843)

Und *Joseph*, selbst ganz frappiert durch diese Äußerung des Kornelius, sagte zu ihm: „Wie groß dieses Wunder ist in sich, wüßte ich selbst dir nicht zu künden!

2 „Daß aber große und mächtige Dinge dahinterstecken, das kannst du mir glauben; denn um geringer Sachen wegen würden sich nicht alle Mächte der ewigen Himmel Gottes also bewegen!

3 „Aber darum ist dennoch kein Mensch in seinem freien Willen gehemmt und kann tun, was er will; denn das erkenne ich aus dem Gebote, das dir die zwei Engel des Herrn gegeben haben.

4 „Denn siehe, der Herr könnte ja unsern Willen bei dieser Gelegenheit geradeso durch seine Allmacht binden, wie er den Willen der Tiere bindet, und wir müßten dann handeln nach Seinem Willen!

5 „Aber Er tut das nicht und gibt dafür nur ein freies Gebot, daraus wir ersehen können, was da ist Sein heiliger Wille.

6 „Also bist auch du in keiner Fiber deines Lebens im geringsten gebunden und kannst daher tun, was du willst! Willst du heute mein Gast sein, da bleibe; willst du aber das nicht oder getraust dich es nicht, so hast du ebenfalls den freiesten Willen.

7 „Hätte ich dir aber zu raten, da würde ich freilich dir wohl also raten und sagen: O Freund, bleibe; denn besser aufgehoben bist du nun wohl in der ganzen Welt kaum irgendwo als hier unter dem sichtbaren Schutze aller himmlischen Mächte!"

⁸ Und *Kornelius* sagte: „Ja, du gerechter Mann vor den Göttern und vor deinem Gott und vor allen Menschen, dein Rat ist gut, und ich will ihn befolgen und will bleiben bis morgen bei dir!

⁹ „Aber nur so viel werde ich mich jetzt mit meiner Hausherrin auf eine kurze Zeit entfernen, daß ich Anstalten treffen kann, durch die ihr alle — wennschon hier in dieser Höhle — besser gelagert werdet!"

¹⁰ Und *Joseph* sagte: „Guter Mann, tue was du willst! Gott der Herr wird es dir dereinst vergelten!"

¹¹ Hier ging der Hauptmann mit der Wehmutter in die Stadt und ließ zuerst verkünden durch alle Gassen, daß an diesem Tage Amtsferien seien, nahm dann dreißig Kriegsknechte, gab ihnen Bettzeug, Zelte und Brennholz und hieß sie dies alles hinaustragen zur Höhle.

¹² Die Wehmutter nahm Speise und Trank in gerechter Menge mit sich und ließ noch mehr nachtragen.

¹³ In der Höhle angelangt, ließ der Hauptmann sogleich drei Zelte aufrichten: ein weiches für Maria, eines für sich, Joseph und seine Söhne und eines für die Wehmutter und ihre Schwester.

¹⁴ Und im Zelte Mariens ließ er ein frisches und gar weiches Bett aufrichten und versah das Zelt noch mit anderen nötigen Einrichtungen. Also¹ richtete er auch die anderen Zelte zweckmäßig ein, ließ dann einen Kochherd in aller Geschwindigkeit von seinen Knechten erbauen, legte selbst Holz darauf und machte Feuer zur Erwärmung der Höhle, in welcher es sonst ziemlich kalt war in dieser Jahreszeit.

22

Kornelius bei der heiligen Familie in der Grotte. Die Hirten und der Hauptmann. Die neue ewige Geistesonne. Des Kornelius Abschied. Josephs anerkennende Worte über die Güte des heidnischen Hauptmanns.

(Den 4. Sept. 1843)

Also versorgte unser Kornelius die fromme Familie und blieb den ganzen Tag und die ganze Nacht bei ihr.

² Des Nachmittags aber kamen auch wieder *die Hirten*, anzubeten das Kindlein, und brachten allerlei Opfer.

³ Als sie aber in der Höhle Zelte und den römischen Hauptmann erschauten, da wollten sie fliehen aus großer Furcht vor ihm;

⁴ denn es waren mehrere Beschreibungsflüchtige unter ihnen, die sich vor der auf solche Flüchtlinge gesetzten Strafe gar gewaltigst fürchteten.

⁵ *Der Hauptmann* aber ging hin zu ihnen und sprach: „Fürchtet euch nicht vor mir, denn ich will euch nun alle Strafe nachlassen; aber bedenket, was da nach dem Willen des Kaisers geschehen muß, und kommet daher morgen, und ich werde euch so zart und sanft als nur möglich beschreiben!"

⁶ Da nun die Hirten erfahren hatten, daß der Kornelius ein so sanfter Mensch ist, da verloren sie ihre Scheu

¹ Ebenso.

und ließen sich am nächsten Tage alle beschreiben.

⁷ Nach der Rede mit den Hirten aber fragte der Hauptmann den Joseph, ob die Sonne diesmal nimmer den Morgen verlassen werde.

⁸ Und *Joseph* erwiderte: *Diese* Sonne, die heute der Erde aufgegangen ist, nimmer! Aber die natürliche geht ihren alten Weg nach dem Willen des Herrn fort und wird in etlichen Stündlein untergehen!"

⁹ Solches aber sprach der Joseph prophetisch und wußte und verstand im Grunde selbst kaum, was er geredet hatte.

¹⁰ Und *der Hauptmann* aber fragte den Joseph: „Was sagst du hier? Siehe, ich habe deiner Worte Sinn nicht begriffen; daher rede verständlicher zu mir!"

¹¹ Und *Joseph* sprach: „Es wird eine Zeit kommen, in der du dich wärmen wirst in den heiligen Strahlen dieser Sonne und baden in den Strömen ihres Geistes!

¹² „Mehr zu sagen aber weiß ich dir nicht und verstehe selbst nicht recht, was ich dir nun gesagt habe; die Zeit aber wird es dir enthüllen, da ich nicht mehr sein werde, in aller Fülle der ewigen Wahrheit!"

¹³ Und der Hauptmann fragte den Joseph nicht mehr und behielt diese tiefen Worte in seinem Lebensgrunde.

¹⁴ Am nächsten Tage aber grüßte *der Hauptmann* die gesamte Familie und gab ihr die Versicherung, daß er so lange für sie sorgen werde, als sie sich allda aufhalten werde, und werde sie in seinem Herzen behalten sein Leben lang.

¹⁵ Nach dem aber begab er sich an sein Geschäft und gab der Wehmutter wieder eine Münze, zu sorgen für die Familie.

¹⁶ *Joseph* aber sprach zu seinen Söhnen, als der Hauptmann schon fort war: „Kinder, wie ist denn das, daß ein Heide besser ist als so mancher Jude? Sollten etwa hierher die Worte Jesajas passen, da er spricht:

¹⁷ „,Siehe, Meine Knechte sollen vor gutem Mute jauchzen; ihr aber sollet vor Herzeleid schreien und vor Jammer heulen!'?" — Und *die Söhne Josephs* erwiderten: „Ja, Vater, diese Stelle wird hier in ihrer Fülle erklärt und verstanden!"

23

Der sechstägige Aufenthalt in der Höhle. Des Engels Anweisung an Joseph zum Aufbruch nach Jerusalem zur Darstellung im Tempel. Marias Traum. Der Liebesstreit zwischen Joseph und Kornelius. Die militärische Wache vor der Grotte.

(Den 5. Sept. 1843)

Also verlebte Joseph sechs Tage in der Höhle und ward an jedem Tage besucht von Kornelius, der da emsigst sorgte, daß dieser Familie ja nichts abgehen solle.

² Am sechsten Tage frühmorgens aber kam *ein Engel* zu Joseph und sprach: „Verschaffe dir ein paar Turteltauben, und ziehe am achten Tage von hier nach Jerusalem!

³ „Maria soll die Turteltauben opfern nach dem Gesetze, und das Kind muß beschnitten werden und erhalten den Namen, der dir und der Maria ist angezeigt worden!

⁴ „Nach der Beschneidung aber ziehet wieder hierher, und verweilet hier so lange, bis ich es euch anzeigen werde, wann und wohin ihr von hier ziehen sollet!

⁵ „Du, Joseph, wirst dich zwar früher zur Abreise anschicken; aber ich muß dir sagen: Du wirst nicht um einen Pulsschlag eher von hier kommen, als bis es der Wille dessen sein wird, der bei dir ist in der Höhle!"

⁶ Nach diesen Worten verschwand der Engel, und *Joseph* ging hin zur Maria und zeigte ihr solches an.

⁷ *Maria* aber sprach zu Joseph: „Siehe, ich bin ja allezeit eine Magd des Herrn, und so geschehe mir nach Seinem Worte!

⁸ „Ich aber hatte heute einen Traum, und in diesem Traume kam das alles vor, was du mir jetzt eröffnet hast; daher sei nur besorgt um das Taubenpaar, und ich werde mit dir am achten Tage getrost ziehen nach der Stadt des Herrn!"

⁹ Es kam aber bald nach dieser Erscheinung eben auch wieder der Hauptmann auf einen Morgenbesuch, und Joseph zeigte ihm sogleich an, warum er am achten Tage werde nach Jerusalem ziehen müssen.

¹⁰ Und *der Hauptmann* bot dem Joseph sogleich alle seine Gelegenheit an und wollte ihn führen lassen nach Jerusalem.

¹¹ Aber *Joseph* dankte ihm darum für den herrlich guten Willen und sprach: „Siehe, also ist es der Wille meines Gottes und Herrn, daß ich *also* ziehen solle nach Jerusalem, wie ich hierher gezogen kam!

¹² „Und so will ich denn auch die kurze Reise also anstellen, auf daß der Herr mich nicht züchtige meines Ungehorsams willen.

¹³ „So du aber schon bei dieser Gelegenheit mir etwas tun willst, so verschaffe mir zwei Turteltauben, die da zu opfern sind in dem Tempel, und erhalte mir die Wohnstätte!

¹⁴ „Denn am neunten Tage werde ich wieder hierher kommen und werde mich darinnen so lange aufhalten, als es da von mir verlangen wird der Herr."

¹⁵ Und Kornelius versprach dem Joseph, all das Verlangte zu bieten, und ging darauf fort und brachte dem Joseph selbst eine ganz neue Taubensteige voll Turteltauben, aus denen sich Joseph die schönsten aussuchen mußte.

¹⁶ Nach dem aber ging der Hauptmann wieder an sein Geschäft und ließ die Taubensteige (Taubenhaus) unterdessen bis auf den Abend in der Höhle, allda er sie dann selbst wieder abholte.

¹⁷ Am achten Tage aber, als Joseph nach Jerusalem abgereist war, ließ Kornelius eine Wache hinstellen vor die Höhle, die da niemanden aus- und eingehen ließ außer die zwei ältesten von Joseph zurückgelassenen Söhne und die Salome, die sie mit Speise und Trank versah; denn die Wehmutter zog mit nach Jerusalem.

24

Die Beschneidung des Kindleins und die Reinigung der Maria.
Die Darstellung des Kindes im Tempel durch die Mutter.
Der fromme Simeon und das Jesuskind.

(Den 6. Sept. 1843)

Am achten Tage nachmittags aber — nach gegenwärtiger Rechnung um die dritte Stunde — ward das Kindlein im Tempel beschnitten und bekam den Namen ‚Jesus', den der Engel genannt hatte, ehe noch das

Kindlein im Mutterleibe empfangen war.

² Da aber für den äußersten Fall der erwiesenen Jungfrauschaft Marias auch ihrer Reinigung Zeit konnte als gültig angesehen werden, so wurde Maria auch sogleich gereinigt im Tempel.

³ Darum nahm Maria bald nach der Beschneidung das Kindlein auf ihren Arm und trug Es in den Tempel, auf daß sie Es mit Joseph darstellete dem Herrn nach dem Gesetze Mosis.

⁴ Wie es denn auch geschrieben steht im Gesetze Gottes: „Allerlei Erstgeburt soll dem Herrn geheiligt sein,

⁵ „und soll darum geopfert werden ein Paar Turteltauben oder ein Paar junge Tauben!"

⁶ Und Maria opferte ein Paar Turteltauben und legte es auf den Opfertisch; und der Priester nahm das Opfer und segnete Maria.

⁷ Es war aber auch ein Mensch zu Jerusalem, namens Simeon, der war überaus fromm und gottesfürchtig und wartete auf den Trost Israels; denn er war erfüllt mit dem Geiste Gottes.

⁸ Diesem Manne hatte zuvor der Geist des Herrn gesagt: „Du wirst nicht den Tod des Leibes sehen, bevor du nicht sehen wirst Jesus, den Gesalbten Gottes, den Messias der Welt!"

⁹ Darum kam er nun aus einer inneren Anregung in den Tempel, da gerade Joseph und Maria sich mit dem Kinde noch in dem Tempel befanden und noch taten, was alles das Gesetz verlangte.

¹⁰ Als er aber das Kindlein erblickte, da ging er alsbald hin zu den Eltern und verlangte bittend, daß sie ihn möchten dasselbe auf eine kurze Zeit auf seine Arme nehmen lassen.

¹¹ Das frömmste Elternpaar tat das gerne dem alten, überfrommen Manne, den sie wohl kannten.

¹² Und *Simeon* nahm das Kindlein auf seine Arme, koste es, lobte dabei Gott inbrünstigst und sprach endlich:

¹³ „Herr, nun laß Du Deinen Diener im Frieden fahren, wie Du es gesagt hast;

¹⁴ „denn meine Augen haben nun den Heiland gesehen, den Du verheißen hast den Vätern und den Propheten!

¹⁵ „Dieser ist es, den Du bereitet hast vor allen Völkern!

¹⁶ „Ein Licht, zu leuchten den Heiden, ein Licht zum Preise Deines Volkes Israel!"

¹⁷ Joseph und Maria aber wunderten sich selbst über die Worte Simeons; denn sie verstanden noch nicht das, was er von dem Kinde ausgesagt hatte.

¹⁸ *Simeon* aber gab das Kindlein nun der Maria wieder, segnete darauf beide und sprach dann zur Maria:

¹⁹ „Siehe, dieser wird gesetzt zum Falle und zur Auferstehung vieler in Israel und zu einem Zeichen, dem widersprochen wird!

²⁰ „Ein Schwert aber wird durch deine Seele dringen, auf daß der Rat vieler Herzen offenbar werde!"

²¹ Maria aber verstand die Worte Simeons nicht; aber dessenungeachtet behielt sie dieselben tief in ihrem Herzen.

²² Desgleichen tat es auch der Joseph und lobte und pries Gott darum gar mächtig in seinem Herzen.

25

Die Prophetin Hanna im Tempel und ihr Zeugnis über das Jesuskind.
Hannas Verwarnung an Maria.
Das Notquartier der heiligen Familie beim geizigen reichen Israeliten.

(Den 7. Sept. 1843)

Es war aber zu dieser Zeit eine Prophetin im Tempel — Hanna war ihr Name —; sie war eine Tochter Phanuels vom Stamme Assers.

2 Diese war schon im hohen Alter und war so fromm, daß sie, als sie sich in ihrer Jugend mit einem Manne verband, aus Liebe zu Gott sieben Jahre sich nicht enthüllte dem Manne und behielt diese Zeit ihre Jungfrauschaft.

3 In ihrem achtzigsten Jahre ward sie Witwe, ging da alsbald in den Tempel und verließ denselben nicht mehr.

4 Sie diente hier ausschließlich Gott dem Herrn allein durch Beten und Fasten Tag und Nacht aus eigenem Antriebe.

5 Bei dieser Gelegenheit aber war sie schon vier Jahre also im Tempel und kam nun auch herzu, pries Gott den Herrn und redete also zu allen, die da auf den Erlöser harrten zu Jerusalem, was ihr der Geist Gottes gab.

6 Als sie aber zu Ende war mit ihren prophetischen Worten, da bat auch sie um das Kindlein, koste es, pries und lobte Gott.

7 Nach dem aber gab sie das Kindlein der Maria wieder und sagte zu ihr *(Hanna):* „Glücklich und gebenedeit bist du, o Jungfrau, darum du die Mutter meines Herrn bist!

8 „Laß dir es aber ja nicht gelüsten, dich darum preisen zu lassen, denn Das nur, was da saugt an deiner Brust, ist allein würdig, von uns allen gelobt, gepriesen und angebetet zu werden!"

9 Nach diesen Worten kehrte die Prophetin wieder zurück, und Joseph und Maria gingen, nachdem sie bei drei Stunden im Tempel zugebracht hatten, wieder aus demselben und suchten bei einem Verwandten Herberge.

10 Als sie aber dahin kamen, fanden sie das Haus verschlossen; denn der Verwandte befand sich diesmal eben auch in Bethlehem bei der Beschreibung.

11 Joseph aber wußte nicht, was er nun tun solle; denn fürs erste war es bereits tiefe Nacht, wie es in dieser kürzesten Tageszeit gewöhnlich zu sein pflegt, und es war auch fast kein Haus mehr offen um diese Zeit, und das um so mehr, weil es ein Vorsabbat war.

12 Im ganz Freien zu übernachten, war es zu kalt, indem der Reif auf den Feldern lag und dazu noch ein kalter Wind wehte.

13 Als Joseph hin und her dachte und den Herrn bat, daß Er ihm helfen möchte aus dieser Not,

14 siehe, da kam auf einmal *ein junger vornehmer Israelit* auf den Joseph zugeschritten und fragte ihn: „Was machst du denn so spät mit deinem Gepäck auf der Gasse? Bist du nicht auch ein Israelit — und weißt du nicht den Gebrauch?"

15 *Joseph* aber sagte: „Siehe, ich bin aus dem Stamme Davids! Ich war aber im Tempel und habe geopfert dem Herrn; da hat mich die frühe Nacht übereilt, und nun kann ich keine Herberge finden und bin in

großer Angst ob meines Weibes und ihres Kindes!"

¹⁶ Und *der junge Israelit* sagte zu Joseph: „So kommet mit mir denn, ich will euch bis morgen eine Herberge vermieten um einen Groschen oder dessen Wert!"

¹⁷ Und Joseph folgte mit Maria, welche sich auf dem Lasttiere befand, und mit seinen drei Söhnen dem Israeliten in ein prachtvollstes Haus und nahm dort in einer niederen Kammer Herberge.

26

Der Tadel des Herbergsbesitzers Nikodemus an Joseph. Josephs Rechtfertigungsrede. Das Zeugnis der Hebamme. Ein Gnadenwink an Nikodemus, der den Herrn erkennt.
(Den 9. Sept. 1843)

Am Morgen aber, als Joseph sich schon zur Abreise nach Bethlehem angeschickt hatte, kam der junge Israelit und war willens, den Mietgroschen zu verlangen.

² Als er aber in die Kammer trat, befiel ihn alsbald eine so mächtige Angst, daß er darob keinen Laut über seine Lippen zu bringen vermochte.

³ *Joseph* aber trat hin zu ihm und sagte: „Freund, siehe, was wohl hältst du an mir für einen Groschen wert, das nimm, da ich kein Geld in meinem Besitze habe!"

⁴ Nun erholte sich *der Israelite* etwas und sagte mit bebender Stimme: „Mann aus Nazareth, nun erst erkenne ich dich! Du bist Joseph der Zimmermann, und bist derselbe, dem vor neun Monden Maria, die Jungfrau des Herrn, aus dem Tempel durchs Los zugefallen ist.

⁵ „Hier ist dieselbe Jungfrau! Wie hast du sie gehütet, da sie nun Mutter ist in ihrem fünfzehnten Jahre? Was ist da vorgefallen?

⁶ „Wahrlich, du bist der Vater nicht! Denn Männer von deinem Alter und von deiner Gottesfurcht, die anerkannt ist in ganz Israel, tun desgleichen nimmer.

⁷ „Aber du hast erwachsene Söhne: kannst du bürgen für deren Unschuld? Hast du sie stets in den Augen gehabt und hast beobachtet all ihr Denken, Handeln, Tun und Lassen?"

⁸ *Joseph* aber entgegnete dem jungen Manne und sprach: „Nun habe auch ich dich erkannt; du bist Nikodemus, ein Sohn Benjams aus dem Stamme Levi! Wie magst du mich erforschen wohl, da dir solches nicht zukommt? Mich aber hat der Herr erforscht darum im Heiligtume und auf dem Berge des Fluches und hat mich gerechtfertigt vor dem hohen Rate; was für Schuld willst du noch an mir und meinen Söhnen finden?

⁹ „Gehe aber hin in den Tempel und erforsche den hohen Rat, und es wird über mein ganzes Haus dir ein rechtes Zeugnis gegeben werden!"

¹⁰ Diese Worte drangen dem jungen reichen Manne tief ins Herz, und er *(Nikodemus)* sagte: „Aber um des Herrn willen, wenn es also ist, so sage mir doch, wie es zugegangen ist, daß diese Jungfrau also geboren hat! Ist das ein Wunder, oder ist es natürlich?"

¹¹ Hier trat *die anwesende Wehmütter* hin zum Nikodemus und sprach: „Mann! Hier ist der Mietgroschen für die höchst dürftige Herberge! Halte uns aber nicht vergeb-

lich länger auf; denn wir müssen noch heute in Bethlehem eintreffen!

¹² „Bedenke aber, was Das ist, was heute in deinem Hause dürftig beherbergt ward um einen Groschen! Wahrlich, wahrlich, deine herrlichsten Zimmer, die mit Gold und Edelsteinen geziert sind, wären zu schlecht für solche Herrlichkeit Gottes, die da eingekehrt ist in diese Kammer, die sich höchstens für Sträflinge schickt!

¹³ „Gehe aber hin und rühre an das Kindlein, auf daß von deinen Augen falle die grobe Decke und du sehest, *wer* dich heimgesucht hatte! Ich als Wehmutter habe das alte Recht, dir zu gestatten, das Kindlein anzurühren."

¹⁴ Hier ging *Nikodemus* hin und rührte an das Kindlein; und als er Es berührt hatte, da ward ihm die innere Sehe auf eine kurze Zeit erschlossen, daß er ersah die Herrlichkeit Gottes.

¹⁵ Er fiel alsbald nieder vor dem Kinde und betete Es an und sprach: „Welche Gnade und welche Erbarmung muß, o Herr, in Dir sein, daß Du also dein Volk heimsuchst!

¹⁶ „Was soll aber ich nun mit meinem Hause geschehen lassen, und was mir, daß ich die Herrlichkeit Gottes also verkannt habe?!"

¹⁷ *Die Wehmutter* aber sprach: „Bleibe in allem, wie du bist; aber allertiefst schweige von dem, was du gesehen hast, sonst unterliegst du dem Gerichte Gottes!" — Hier gab Nikodemus den Groschen zurück, ging weinend hinaus und ließ hernach diese Kammer mit Gold und Edelsteinen verzieren. Joseph aber machte sich sogleich auf die Reise.

27

Die Rückkehr der heiligen Familie nach Bethlehem. Der herzliche Empfang in der Grotte durch die Zurückgebliebenen. Eine Futterkrippe als Bettchen für das Kindlein. Gute Ruhe in der Frostnacht.

(Den 11. Sept. 1843)

Abends, noch eine Stunde vor dem Untergange der Sonne, erreichten die hohen Reisenden Bethlehem wieder und zogen ein in die schon bekannte Höhle.

² Die beiden zurückgebliebenen Söhne, die Salome und der Hauptmann kamen ihnen mit offenen Armen entgegen und fragten die Zurückkehrenden sorglichst, wie es ihnen ergangen sei auf der Reise.

³ Und Joseph erzählte alles, was ihnen begegnet war, bekannte aber auch zuletzt, daß er an diesem Tage noch völlig nüchtern sei samt allen den Mitreisenden; denn der höchst geringe Vorrat hatte kaum für die schwache Maria hingereicht.

⁴ Als *der Hauptmann* solches von Joseph vernommen hatte, da ging er sogleich in den Hintergrund der Höhle und brachte eine Menge den Juden erlaubter Speisen hervor und sprach dann zu Joseph:

⁵ „Hier segne es dir dein Gott, und segne es du nach deiner Sitte, und stärket und sättiget euch alle daran!"

⁶ Und Joseph dankte Gott und segnete die Speise und aß dann ganz wohlgemut mit Maria und seinen Söhnen und der Wehmutter.

⁷ Es war aber der *Maria* das Kindlein den ganzen Tag hindurch schon schwer geworden, darum sie denn auch zum Joseph sagte:

⁸ „Joseph, siehe, wenn ich nur neben mir ein Plätzlein hätte, das Kindlein niederzulegen, um meinen Armen eine kleine Ruhe zu gönnen, da wäre ich für alles versorgt, und das Kindlein Selbst könnte Sich ruhiger im Schlafe stärken!"

⁹ Als der Hauptmann solchen Wunsch Mariens noch kaum gemerkt hatte, da sprang er sogleich in den Hintergrund der Höhle zurück und brachte eilends eine kleine Futterkrippe hervor, welche für Schafe bestimmt war (und also aussah, wie heutzutage die Futtertröge vor den Gasthöfen auf dem Lande, — nur niedriger).

¹⁰ Die Salome aber nahm sogleich schönstes Stroh und frisches Heu, belegte das Kripplein damit, deckte dann ein frisches Tuch darüber und machte also ein weiches Bettchen fürs Kindlein.

¹¹ Maria aber wickelte das Kindlein in frische Linnen, drückte Es dann an ihre Brust, küßte Es und gab Es dann dem Joseph zu küssen und dann auch allen Anwesenden und legte Es dann in das wohl sehr ärmliche Bettchen für den Herrn Himmels und der Erde.

¹² Gar ruhig schlief das Kindlein, und Maria konnte nun ruhig essen und sich stärken am Mahle, das ihnen der überaus gutherzige Hauptmann bereitet hatte.

¹³ Nach der Mahlzeit aber sprach wieder *Maria* zu Joseph: „Joseph, laß mir mein Lager zurecht machen, denn ich bin gewaltig müde von der Reise und möchte mich darum zur Ruhe begeben!"

¹⁴ *Salome* aber sprach: „O Mutter meines Herrn, dafür ist schon lange bestens gesorgt; komm und siehe!"

¹⁵ Und Maria erhob sich, nahm wieder das Kindlein und ließ sich auch das Kripplein in ihr Zelt tragen und begab sich also zur Ruhe, und das war die erste völlige Schlafnacht für Maria nach der Geburt.

¹⁶ Der Hauptmann aber ließ ja fleißig heizen auf dem Herde und weiße Steine wärmen und mit selben das Zelt Marias umstellen, auf daß sie mit dem Kinde ja keine Kälte leiden solle; denn es war dies eine kalte Nacht, in der das Wasser im Freien zu festem Eise ward.

28

Josephs Drängen zum Aufbruch nach Nazareth. Des Hauptmanns Rat zu warten. Die Kunde von der persischen Karawane und von des Herodes Fahndung nach dem Kinde. Marias gewichtige Trostworte.

(Den 12. Sept. 1843)

Am Morgen des kommenden Tages aber sprach *Joseph:* „Was sollen wir nun noch länger hier? Maria ist wieder gestärkt, daher wollen wir aufbrechen, allwo wir doch eine ordentliche Unterkunft haben!"

² Als aber der Joseph schon sich zum Aufbruche anzuschicken anfing, da kam *der Hauptmann*, welcher vor Tagesanbruch schon in der Stadt etwas zu tun hatte, wieder zurück und sprach zu Joseph:

³ „Gotteswürdiger Mann! Du willst aufbrechen zur Heimreise; aber

für heute, morgen und übermorgen widerrate ich es dir!

⁴ „Denn siehe, soeben sind Nachrichten durch meine Leute, die heute gar frühe schon von Jerusalem angekommen sind, zu meinen Ohren gekommen, daß da in Jerusalem drei mächtige persische Karawanen eingezogen sind!

⁵ „Drei oberste Anführer als Magier hatten sich bei Herodes um den neugeborenen König der Juden angelegentlichst erkundigt!

⁶ „Dieser, von der Sache als ein römischer Mietfürst aus Griechenland nichts wissend, wandte sich an die Hohenpriester, auf daß sie ihm kundgäben, wo der Neugesalbte geboren werden solle.

⁷ „Diese aber gaben ihm kund, daß solches in Judäa, und zwar in Bethlehem, geschehen solle; denn also stünde es geschrieben.

⁸ „Darauf entließ Herodes die Priester und begab sich mit seiner ganzen Dienerschaft wieder zu den drei Anführern und gab ihnen kund, was er von dem Hohenpriester erkundschaftet hatte,

⁹ „und empfahl darauf den dreien, in Judäa ja sorglichst den Neugesalbten der Juden zu suchen und, wenn sie ihn fänden, ja alsbald wieder zu ihm zurückzukehren, auf daß auch er dann käme und dem Kinde seine Huldigung darbrächte.

¹⁰ „Weißt du aber, mein geliebtester Freund Joseph, daß ich weder den Persern, am allerwenigsten aber dem überaus herrschsüchtigen Herodes traue?!

¹¹ „Die Perser sollen Magier sein und sollen die Geburt durch einen sonderbaren Stern entdeckt haben! Das will ich gar nicht in Abrede stellen; denn haben sich hier bei der Geburt dieses Knäbleins so große Wunder gezeigt, so hat solches auch in Persien geschehen können.

¹² „Aber das ist für die Sache eben auch der mißlichste Umstand; denn offenbar geht es dieses Kind an! Finden es die Perser, so wird es auch Herodes finden.

¹³ „und wir werden uns dann sehr auf die Hinterbeine zu stellen haben, um dem alten Fuchse aus den Krallen zu kommen!

¹⁴ „Daher mußt du, wie gesagt, wenigstens noch drei Tage hier verweilen an diesem abseitigen Orte, binnen welcher Zeit ich mit den Königsuchern sicher eine gute Wendung machen werde; denn siehe, ich gebiete hier über zwölf Legionen Soldaten! — Mehr brauche ich dir zu deiner Ruhe nicht zu sagen. Nun weißt du das Nötigste; daher bleibe! Ich aber gehe nun wieder und werde um des Tages Mitte wieder zu dir kommen!"

¹⁵ Joseph, durch diese Nachricht samt seiner Familie eingeschüchtert, blieb und wartete in aller Ergebung den Willen des Herrn ab, was da aus dieser sonderbaren Fügung werden solle.

¹⁶ Und er ging hin zur Maria und erzählte ihr, was er soeben vom Hauptmanne gehört hatte.

¹⁷ *Maria* aber sprach: „Des Herrn Wille geschehe! Was alles für bittere Dinge sind uns schon bisher begegnet, — und der Herr hat sie alle in Honig verwandelt!

¹⁸ „Sicher werden uns auch die Perser nichts zuleide tun, falls sie im Ernste zu uns kommen sollten, und sollten sie an uns irgendeine bedungene Gewalt verüben wollen, so haben wir ja durch die Gnade Gottes den Schutz des Hauptmanns für uns!"

¹⁹ Und *Joseph* sagte: „Maria, das alles ist in der Ordnung! Die Perser fürchte ich auch eben nicht so sehr;

aber den graubärtigen Herodes, dieses reißende Tier in menschlicher Gestalt, der ist es, den ich fürchte, und auch der Hauptmann scheut sich vor ihm!

[20] „Denn wird es durch die Perser allenfalls erwiesen, daß da unser Knäblein der neugesalbte König ist, dann wird uns nichts als eine schnöde Flucht übrigbleiben!

[21] „Denn dann wird auch unser Hauptmann aus staatlichen römischen Rücksichten uns seines Heiles willen zum Feinde werden müssen und wird uns, statt zu retten, nur verfolgen müssen, will er nicht als ein Abtrünniger seines Kaisers angesehen werden!

[22] „Und das sieht er heimlich auch sicher ein, da er selbst zu mir bezüglich des Herodes nicht unbedeutende Bedenklichkeiten zu erkennen gab.

[23] „Darum, meine ich, läßt er uns auch noch drei Tage hier harren! Geht es gut, so bleibt er sicher unser Freund;

[24] „geht es aber schlecht, so hat er uns aber auch bei der Hand, um uns der Grausamkeit Herodis auszuliefern, und wird dadurch noch obendrauf von seinem Kaiser eine große Auszeichnung erhalten, darum er auf eine so feine Art einen jüdischen König, der einst dem Staate gefährlich werden könnte, aus der Welt befördert hat!"

[25] *Maria* aber sagte darauf: „Joseph! Ängstige dich und mich nicht vergeblich! Siehe, haben wir doch das Fluchwasser getrunken, und es ist uns nichts geschehen! Warum sollen wir uns denn nun ängstigen, da wir doch schon so viel der Herrlichkeit Gottes ob dieses Kindes gesehen und erprobt haben?!

[26] „Gehe es, wie es wolle, ich sage dir: der Herr ist mächtiger denn die Perser, der Herodes, der Kaiser Roms und der Hauptmann samt seinen zwölf Legionen! Daher sei ruhig, wie du siehst, daß ich ruhig bin!

[27] „Übrigens aber bin ich überzeugt, daß der Hauptmann eher alles aufbieten wird, als bis er notgedrungen unser Feind werden wird."

[28] Damit ward der gute, frömmste Joseph wieder beruhigt und ging hin und erwartete den Hauptmann und ließ von seinen Söhnen die Höhle beheizen und einige Früchte kochen für Maria und für sich und die Söhne.

29

Des bangen Joseph Bitte an den Herrn. Die persische Karawane vor der Grotte. Der erstaunte Hauptmann. Der drei Weisen gutes Zeugnis über das Kind. Die Warnung vor Herodes.

(Den 14. Sept. 1843)

Der Mittag war herangekommen; aber der Hauptmann verzog diesmal. Und Joseph zählte mit banger Erwartung die Augenblicke; aber der Hauptmann kam nicht zum Vorschein.

[2] Darum wandte sich *Joseph* zum Herrn und sprach: „Mein Gott und mein Herr, ich bitte Dich, daß Du mich doch nicht so sehr möchtest ängstigen lassen; denn siehe, ich bin alt und schon ziemlich schwach in allen meinen Gelenken!

[3] „Daher stärke mich durch eine

Verkündigung, was ich tun solle, um nicht zuschanden zu werden vor allen Söhnen Israels!"

⁴ Als Joseph also gebetet hatte, siehe, da kam *der Hauptmann* fast außer Atem und sprach zu Joseph:

⁵ „Mann meiner höchsten Achtung! Soeben komme ich von einem Marsche zurück, den ich selbst mit einer ganzen Legion nahe auf den Drittelweg gen Jerusalem gemacht habe, um etwas von den Persern zu erspähen,

⁶ „und habe auch allerorts Spione aufgestellt, aber bis jetzt konnte ich nichts entdecken! Sei aber nur ruhig; denn wenn sie kommen, müssen sie auf meine ausgestellten Posten stoßen!

⁷ „Da aber soll es ihnen eben nicht zu leicht werden, irgendwo durchzubrechen und hierher zu gelangen, bevor sie nicht von mir sind verhört und beurteilt worden! Ich gehe nun darum sogleich wieder und werde die Wachen verstärken; am Abend bin ich bei dir!"

⁸ Hier eilte der Hauptmann wieder fort, und *Joseph* lobte Gott und sprach zu seinen Söhnen: „Nun setzet die Speisen auf den Tisch, und du, Salome, frage die Maria, ob sie mit uns am Tische essen will, oder sollen wir ihr die Speisen aufs Lager bringen?"

⁹ *Maria* aber kam selbst mit dem Kindlein ganz heiteren Mutes heraus aus ihrem Zelte und sprach: „Weil ich stark genug bin, will ich bei euch am Tische essen; nur das Kripplein schaffet her fürs Kindlein!"

¹⁰ Joseph war aber darüber voll Freuden und setzte vor Maria die besten Stücke hin, und sie lobten Gott den Herrn und aßen und tranken.

¹¹ Als sie aber noch kaum abgespeist hatten, siehe, da entstand auf einmal vor der Höhle ein starkes Lärmen. Joseph sandte den Joël, nachzusehen, was es gäbe.

¹² Als Joël aber hinausblickte zur Türe (denn die Höhle war am Ausgange gezimmert), da sah er eine ganze Karawane von Persern mit belasteten Kamelen und sprach mit ängstlicher Stimme:

¹³ „Vater Joseph, um des Herrn willen, wir sind verloren! Denn siehe, die berüchtigten Perser sind hier mit vielen Kamelen und großer Dienerschaft!

¹⁴ „Sie schlagen ihre Zelte auf und lagern sich in einem weiten Kreise, unsere Höhle ganz umringend, und drei mit Gold, Silber und Edelsteinen gezierte Anführer packen goldene Säcke aus und machen Miene, sich herein in die Höhle zu begeben!"

¹⁵ Diese Nachricht machte unsern Joseph beinahe sprachunfähig; mit großer Mühe brachte er die Worte heraus: „Herr, sei mir armem Sünder gnädig! Ja, jetzt sind wir verloren!" — *Maria* aber nahm das Kindlein und eilte in ihr Zelt damit und sprach: „Nur wenn ich tot bin, werdet ihr Es mir entreißen!"

¹⁶ *Joseph* aber ging nun hin zur Türe, geleitet von seinen Söhnen, und sah verstohlen hinaus, was da machten die Perser.

¹⁷ Als er aber die große Karawane und die aufgerichteten Zelte erschaute, da ward es ihm doppelt bange ums Herz, daß er darob inbrünstigst zu flehen anfing, der Herr möchte ihm nur diesmal aus solcher großer Not helfen.

¹⁸ Als er aber also flehte, siehe, da kam *der Hauptmann* in ganz kriegerischer Rüstung, geleitet von tausend Kriegern, und stellte die Krieger zu beiden Seiten der Höhle auf.

¹⁹ Er selbst aber ging hin und be-

fragte die drei Magier, aus welcher Veranlassung und wie — von ihm also ganz unbemerkt — sie hierher gelanget seien.

²⁰ Und *die drei* sprachen einstimmig zum Hauptmann: „Halte uns ja nicht für Feinde; denn du siehst ja, daß wir keine Waffen mit uns führen, weder offene noch verborgene!

²¹ „Wir sind aber Sternkundige aus Persien, und wir haben eine alte Prophezeiung, in dieser steht es geschrieben, daß in dieser Zeit den Juden wird ein König aller Könige geboren werden, und seine Geburt wird durch einen Stern angezeigt werden.

²² „Und die da den Stern sehen werden, die sollen sich auf die Reise machen und ziehen, dahin sie der mächtige Stern führen wird; denn sie werden dort den Heiland der Welt finden, wo der Stern wird seinen Stand nehmen!

²³ „Siehe aber, ob diesem Stalle steht der Stern, sicher jedermann sichtbar am hellen Tage sogar! Dieser war unser Führer hierher; hier aber blieb er stehen ob diesem Stalle, und wir haben sicher ohne allen Anstand die Stelle erreicht, allwo das Wunder aller Wunder sich lebendig vorfindet, ein neugeborenes Kind, ein König der Könige, ein Herr der Herren von Ewigkeit!

²⁴ „Diesen müssen wir sehen, anbeten und Ihm die allerhöchste Huldigung darbringen! Daher wolle uns ja nicht den Weg verrammen; denn sicher hat uns kein böser Stern hierher geführt!"

²⁵ Hier sah der Hauptmann nach dem Sterne und verwunderte sich hoch über ihn; denn fürs erste stand er ganz nieder, und fürs zweite war sein Licht nahe so stark wie das Naturlicht der Sonne.

²⁶ Als *der Hauptmann* aber sich von alledem überzeugt hatte, da sprach er zu den dreien: „Gut, ich habe nun aus euren Worten und aus dem Sterne die Überzeugung erlangt, daß ihr redlichen Sinnes hierher gekommen seid; aber nur sehe ich nicht ein, was ihr zuvor in Jerusalem bei Herodes zu tun hattet! Hat euch der Stern auch jenen Weg gezeigt?

²⁷ „Warum hat euch denn euer Wunderführer nicht sogleich hierher geführt, indem doch alsonach sicher *hier* der Ort eurer Bestimmung ist? — Darüber verlange ich noch eine Antwort von euch, sonst kommt ihr nicht in die Höhle!"

²⁸ *Die drei* aber sagten: „Der große Gott wird das wissen! Sicher muß es in Seinem Plane liegen; denn keiner von uns hatte je den Sinn gefaßt, sich Jerusalem auch nur von ferne zu nahen!

²⁹ „Und du kannst uns völlig glauben, uns gefielen die Menschen in Jerusalem gar nicht, am wenigsten aber der Fürst Herodes! Da wir aber schon dort waren und aller Stadt Aufmerksamkeit auf uns gerichtet war, so mußten wir doch zeigen, was da ist unsere Absicht!

³⁰ „Die Priester gaben uns Kunde durch den Fürsten, der uns bat, daß wir ihm die Kunde wieder überbringen sollen von dem gefundenen Könige, auf daß auch er käme und brächte dem neuen Könige seine Huldigung dar."

³¹ *Der Hauptmann* aber sprach: „Das werdet ihr nimmer tun; denn ich kenne die Absicht dieses Fürsten! Eher bleibet ihr hier als Geiseln! — Ich aber gehe nun hinein und will mich mit dem Vater des Kindes über euch besprechen.

30

Die Anbetung des Herrn im Kinde durch die drei Weisen.
Die Reden der drei Weisen, ihre Geister: Adam, Kain, Abraham.

(Den 16. Sept. 1843)

Als der gute Joseph alles dies vernommen hatte, da ward es ihm leichter ums bedrängte Herz, und da er vernommen hatte, daß der Hauptmann zu ihm kommen werde, so machte er sich auf seinen Empfang bereit.

2 Und *der Hauptmann* trat ein, grüßte den Joseph und sprach dann zu ihm: „Mann meiner höchsten Achtung!

3 „Siehe, durch wunderbare Fügung sind diese draußen nun harrenden Morgenländer hierher gekommen; ich habe sie scharf geprüft und habe an ihnen nichts Arges entdeckt!

4 „Sie wünschen dem Kinde nach der Verheißung ihres Gottes ihre Huldigung darzubringen, und so bin ich der Meinung, du kannst sie ohne die allergeringste Furcht hereinlassen, wenn es dir gelegen ist."

5 Und *Joseph* sprach: „Wenn es also ist, da will ich meinen Gott loben und preisen; denn Er hat wieder einen glühenden Stein von meinem Herzen genommen!

6 „Aber es hat sich zuvor [1] die Maria etwas entsetzt, als sich die Perser um diese Höhle zu lagern anfingen; darum muß ich doch zuvor nachsehen, wie sie bestellt ist, auf daß da ein unvorbereitetes Eintreten dieser Gäste sie nicht noch mehr erschreckt, als sie sich schon ehedem vor ihnen erschreckt hat."

7 Der Hauptmann aber billigte diese Vorsicht Josephs, und Joseph ging hin zur Maria und benachrichtigte sie von allem, was er vom Hauptmann vernommen hatte.

8 Und *Maria* ganz heiteren Mutes sprach: „Friede allen Menschen auf Erden, die eines treuen und guten Herzens sind und haben einen Willen, der sich von Gott lenken läßt!

9 „Die sollen nur kommen, wenn es des Herrn Geist anzeigen wird, und sollen den Segen ihrer Treue ernten! Denn ich habe nicht die allergeringste Furcht vor ihnen!

10 „Aber wenn sie eintreten werden, mußt du mir doch recht nahe zur Seite stehen; denn es würde sich doch nicht schicken, daß ich sie ganz allein empfinge in diesem Zelte!"

11 *Joseph* aber sagte: „Maria, so du Kraft hast, da stehe auf mit dem Kinde, nimmt das Kripplein und lege Es vor dir in dasselbe, und dann können die Gäste eintreten und dem Kinde ihre Ehre geben!"

12 Und Maria vollzog sogleich diesen Willen Josephs, und *Joseph* sprach darauf zum Hauptmann:

13 „Siehe, wir sind bereit; so da die drei eintreten wollen, da können wir es ihnen schon andeuten, daß wir nach unserer Armut ganz auf ihren Empfang bereit sind!"

14 Und *der Hauptmann* ging hinaus und kündigte solches den dreien an. — *Die drei* aber fielen alsbald zur Erde nieder, lobten Gott für diese Gestattung, nahmen dann die goldenen Säcke und begaben sich allerehrfurchtsvollst in die Höhle.

15 Der Hauptmann öffnete die Tür, und die drei traten mit der

---
[1] vorhin

allerhöchsten Ehrfurcht in die Höhle; denn es ging im Augenblicke ihres Eintretens ein mächtiges Licht vom Kinde aus.

¹⁶ Als sie, die drei Weisen nämlich, sich auf ein paar Tritte dem Kripplein, darinnen das Kindlein lag, näherten, da fielen sie alsbald auf ihre Angesichter nieder und beteten Dasselbe an.

¹⁷ Bei einer Stunde lang lagen sie, von der höchsten Ehrfurcht ergriffen und gebeugt, vor dem Kinde; dann erst erhoben sie sich langsam und richteten kniend ihre mit Tränen befeuchteten Angesichter auf und besahen den Herrn, den Schöpfer der Unendlichkeit und Ewigkeit.

¹⁸ Die Namen der drei aber waren: Chaspara, Melcheor und Balthehasara.

¹⁹ Und *der erste,* in Gesellschaft des Geistes Adams, sprach: „Gebet Gott die Ehre, das Lob, den Preis! Hosianna, Hosianna Gott, dem Dreieinigen von Ewigkeit zu Ewigkeit!"

²⁰ Hier nahm er den goldgewirkten Beutel, in dem dreiunddreißig Pfunde feinsten Weihrauchs waren, und übergab ihn mit der größten Ehrerbietung der Maria mit den Worten:

²¹ „Nimm ohne Scheu, o Mutter, dies geringe Zeugnis dessen, davon mein ganzes Wesen ewig erfüllt sein wird! Nimm hin den schlechten äußeren Tribut, den jedes denkende Geschöpf aus dem Grunde seines Herzens seinem allmächtigen Schöpfer schuldet für ewig!"

²² Maria nahm den schweren Beutel und übergab ihn dem Joseph, und der Spender erhob sich, stellte sich hin zur Türe und kniete da abermals nieder und betete den Herrn in dem Kinde an.

²³ Und alsbald erhob *der zweite,* der da ein Mohr war und des Kain Geist in seiner Gesellschaft hatte, einen etwas kleineren Beutel, aber von gleichem Gewichte, gefüllt mit reinstem Golde, und überreichte ihn der Maria mit den Worten:

²⁴ „Was dem Könige der Geister und der Menschen auf Erden gebührt, bringe ich da, ein kleinstes Opfer Dir, Du Herr der Herrlichkeit ewig! Nimm es hin, o Mutter, die du geboren hast, das aller Engel Zunge ewig nie wird auszusprechen imstande sein!"

²⁵ Hier übernahm Maria den zweiten Beutel und übergab ihn dem Joseph! Und der opfernde Weise erhob sich und ging hin zum ersten und tat, was dieser tat.

²⁶ Sodann erhob sich *der dritte,* nahm seinen Beutel, gefüllt mit allerfeinster Goldmyrrhe, einer damals allerkostbarsten Spezerei, und übergab ihn der Maria mit den Worten:

²⁷ „Der Geist Abrahams ist in meiner Gesellschaft und sieht nun den Tag des Herrn, auf den er sich so mächtig gefreut hat!

²⁸ „Ich aber, Balthehasara, opfere hier in kleiner Gabe, was da gebührt dem Kinde der Kinder! Nimm es hin, o Mutter aller Gnade! Ein besseres Opfer aber berge ich in meiner Brust; es ist meine *Liebe,* — diese soll diesem Kinde ewig ein wahrstes Opfer sein!"

²⁹ Hier nahm Maria den ebenfalls dreiunddreißig Pfunde schweren Beutel und übergab ihn dem Joseph. Der Weise erhob sich dann auch und ging hin zu den zwei ersten, betete an das Kindlein und ging nach vollendetem Gebete mit den ersten zweien hinaus, da ¹ ihre Zelte aufgerichtet waren.

---

¹ dahin, wo.

31

Marias Hinweis auf die Gnadenführung Gottes. Josephs Redlichkeit und Treue. Die drei gesegneten Geschenke Gottes: Sein heiliger Wille, Seine Gnade und Seine Liebe. Marias, des Hauptmanns und des Kindleins edelstes Zeugnis für Joseph.

(Den 19. Sept. 1843)

Als die drei Weisen aber völlig wieder draußen waren und sich zur Ruhe begeben hatten in ihren Zelten, da sagte *Maria* zu Joseph:

² „Siehe, siehe nun, du ängstlicher, sorgenerfüllter Mann, wie herrlich und gut der Herr, unser Gott, ist, wie gar so väterlich Er für uns sorgt!

³ „Wer hätte von uns sich je im Traume etwas solches können beifallen lassen? Aus unserer großen Angst hat Er solch einen Segen für uns bewirkt und hat all unsere große Furcht und Sorge in eine so große Freude verwandelt!

⁴ „Von denen wir befürchteten, daß sie nach dem Leben des Kindes trachten möchten, gerade von denen haben wir erlebt, daß sie Ihm nur eine Ehre dargebracht haben, wie wir sie nur immer Gott, dem Herrn, schuldig sind,

⁵ „und haben uns noch obendrauf so reichlich beschenkt, daß wir uns um den Wert der Geschenke ein sehr ansehnliches Landgut völlig zu eigen ankaufen können und können dort für die Erziehung des göttlichen Kindes sicher nach dem Willen des Herrn bestens sorgen!

⁶ „O Joseph, heute erst will ich dem allerliebvollsten Herrn danken, Ihn loben und preisen die ganze Nacht hindurch; denn Er ist nun unserer Armut auch so sehr zuvorgekommen, daß wir uns jetzt recht gütlich behelfen können! — Was sagst denn du dazu, lieber Vater Joseph?"

⁷ Und *Joseph* sprach: „Ja, Maria, unendlich gut ist Gott, der Herr, denen, die Ihn lieben über alles und alle ihre Hoffnung auf Ihn allein richten; aber ich meine nicht *uns*, sondern dem *Kinde* gelten die Geschenke, und wir haben demnach nicht das Recht, sie zu gebrauchen nach unserm Gutdünken.

⁸ „Das Kind aber heißt ‚Jesus' und ist ein Sohn des Allerhöchsten; daher müssen wir zuerst den allererhabensten Vater fragen, was da mit diesen Schätzen geschehen soll!

⁹ „Und was Er damit anordnen wird, das wollen wir auch tun; ohne Seinen Willen aber will ich sie nicht anrühren mein Leben lang und will dir und mir lieber auf die beschwerlichste Art von der Welt ein gesegnetes Stückchen Brot verdienen!

¹⁰ „Habe ich dich und meine Söhne doch bis jetzt durch die vom Herrn gesegnete Arbeit meiner Hände ernährt; also werde ich es mit der Hilfe des Herrn auch noch fürder zu tun vermögen!

¹¹ „Daher sehe ich nicht auf diese Geschenke, sondern allein auf den Willen des Herrn und auf Seine Gnade und Liebe.

¹² „Das sind die drei größten, uns allzeit mächtig segnenden Geschenke Gottes! Sein heiliger Wille ist mir der köstlichste Weihrauch, Seine Gnade das reinste, schwerste Gold und Seine Liebe die allerköstlichste Myrrhe.

¹³ „Diese drei Schätze dürfen wir allzeit ohne Scheu verschwenderisch gebrauchen; aber dieser Weihrauch, dieses Gold und diese Myrrhen da in

den goldenen Säcken dürfen wir nicht anrühren ohne die ersten drei Hauptschätze, die uns bis jetzt noch immer die reichlichsten Interessen abgeworfen haben.

14 *„Also*, liebe Maria, wollen wir tun, und ich weiß, der Herr wird uns darum mit großem Wohlgefallen ansehen; Sein Wohlgefallen aber sei uns der allergrößte Schatz!

15 „Was meinst du, holdeste Maria, habe ich recht oder nicht? Ist also nicht am besten mit diesen Schätzen die rechte Bestimmung getroffen?"

16 Hier wurde Maria bis zu Tränen gerührt und lobte die Weisheit Josephs. Und der Hauptmann fiel dem Joseph um den Hals und sprach: „Ja, du bist noch ein wahrer Mensch nach dem Willen deines Gottes!" — Das Kindlein aber sah den Joseph lächelnd an, hob ein Händchen auf und tat, als segne Es den Nährvater, den frömmsten Joseph.

32

Der Engel als Ratgeber der drei Weisen. Der Abzug der Weisen nach dem Morgenland. Die Ungeduld Josephs. Des Kornelius beruhigende Worte an Joseph. Josephs Hinweis auf die Macht und Güte Gottes.

(Den 20. Sept. 1843)

Die drei Weisen aber traten in einem Zelte zusammen und besprachen, was sie nun tun sollten.

2 Sollten sie dem Herodes das gegebene Wort halten, oder sollten sie hier zum ersten Male wortbrüchig werden?

3 Und so sie einen anderen Weg in ihr Land einschlagen sollten, da frage es sich, *welchen*, der sie sicher wieder brächte in ihr Land.

4 Und einer fragte den andern: „Wird wohl der wunderbare Stern, der uns hierher geführt hatte, uns auch wieder anderen Wegs nach Hause führen?"

5 Als sie sich aber also berieten, siehe, da trat auf einmal *ein Engel* unter sie und sprach zu ihnen: „Sorget euch nicht vergeblich, der Weg ist schon gebahnt!

6 „So gerade, als da fällt der Sonne Strahl auf die Erde am Mittage, ebenso geraden Wegs sollet ihr morgen in euer Land anderen Weges denn über Jerusalem geleitet werden!"

7 Darauf verschwand der Engel, und die drei begaben sich zur Ruhe. Und früh am Morgen zogen sie von da hinweg und gelangten auf dem kürzesten Wege bald wieder, im rechten Glauben an den einigen Gott, in ihre Heimat. —

8 Am selben Morgen aber fragte *Joseph* den Hauptmann, wie lange er denn noch in dieser Höhle werde verweilen müssen.

9 *Der Hauptmann* aber sagte freundlichst zu Joseph: „Mann meiner höchsten Achtung! Glaubst du denn, ich halte dich hier wie einen Gefangenen?!

10 „O welch ein Gedanke! Wie sollte ich, ein Wurm im Staube vor der Macht deines Gottes, dich wohl je gefangen halten?! Was aber meine Liebe zu dir tut, siehe, das ist ja keine Gefangenschaft!

11 „Von meiner Macht aus bist du zu jeder Stunde frei und kannst ziehen, dahin du willst! Aber nicht ebenso frei bist du von meinem Herzen aus; das möchte dich freilich hier halten für alle Zeit, — denn es liebt

dich und dein Söhnlein mit unbeschreiblicher Macht!

¹² „Sei aber noch ein paar Tage ruhig; ich will sogleich Kundschafter nach Jerusalem senden und dort erfahren, was da der graue Fuchs machen wird, so die Perser ihm das Wort nicht gehalten haben!

¹³ „Dann aber werde ich mich schon zu richten wissen und werde dich schützen gegen jede Verfolgung dieses Wüterichs.

¹⁴ „Denn du kannst es mir glauben: dieser Herodes ist der größte Feind meines Herzens, und ich will ihn schlagen, wo ich ihn nur immer mag und kann!

¹⁵ „Ich bin freilich nur ein Hauptmann und bin noch selbst ein Untergebener dem höheren Feldherrn, der zu Sidon und Smyrna residiert und befiehlt über zwölf Legionen in Asien.

¹⁶ „Aber ich bin kein gemeiner Zenturio, sondern bin ein Patrizier und gebiete daher nach meinem Titel mit über die zwölf Legionen in Asien! So ich eine oder die andere gebrauchen will, da brauche ich nicht erst nach Smyrna zu senden, sondern als Patrizier nur zu gebieten, und die Legion muß mir gehorchen! Daher kannst du auf mich schon rechnen, wenn sich Herodes erheben sollte!"

¹⁷ *Joseph* dankte dem Hauptmann für diese allerfreundlichste Sorgfalt, setzte aber dann hinzu und sprach:

¹⁸ „Höre mich nun an, du achtbarster Freund! Siehe, du hast dich ehedem wohl auch allerwachsamst gesorgt wegen der Perser; aber was hat das alles genützt?

¹⁹ „Die Perser kamen ungesehen von all deinen tausend Augen und hatten lange eher schon ihr Lager geschlagen, als du auch nur *einen* von ihnen entdecken mochtest.

²⁰ „Siehe, hätte mich da der Herr, mein Gott, nicht beschützt, wo wäre ich nun schon mit deiner Hilfe?! Ehe du zum Vorschein kamst, hätten die Perser mich samt meiner Familie schon lange erwürgen können!

²¹ „Daher sage ich dir nun als ein wärmsten Dankes vollster Freund: Menschenhilfe ist zu nichts nütze; denn alle Menschen sind nichts vor Gott!

²² „So aber Gott der Herr uns helfen will und auch allein nur helfen kann, da sollen wir uns gar nicht viel Mühens machen; denn es wird trotz alles unseres Mühens dennoch alles also geschehen, wie es der *Herr* will, — aber nie, wie *wir* es wollen!

²³ „Unterlaß daher das mühsame und gefährliche Auskundschaften in Jerusalem, durch das du fürs erste wenig Erhebliches erfahren möchtest ¹ und fürs zweite, so es aufkäme, dir noch meinetwegen ein herbes Los bereiten könntest!

²⁴ „In dieser Nacht aber wird es mir der Herr ohnehin sicher anzeigen, was da Herodes tun wird, und was ich werde tun müssen; daher magst du nun samt mir ganz ruhig sein und den Herrn allein über mich und dich walten lassen, und es wird schon alles recht sein!"

²⁵ Als der Hauptmann aber solche Rede von Joseph vernommen hatte, ward er sehr bewegt in seinem Gemüte, und es tat ihm wehe, daß der Joseph seine Hilfe abgelehnt hatte.

²⁶ *Joseph* aber sprach: „Guter, liebster Freund, Dich schmerzt es, weil ich dir es abgeraten habe, dich ferner noch um meine Wohlfahrt zu kümmern.

²⁷ „Aber so du die Sache beim hel-

---

¹ dürftest.

len Lichte betrachtest, da mußt du ja doch notwendig dasselbe finden!

²⁸ „Siehe, wer von uns hat noch je die Sonne und den Mond und alle die Sterne über das Firmament getragen?! Wer von uns noch je den Winden, Stürmen und Blitzen geboten?!

²⁹ „Wer hat dem mächtigen Meere sein Bett gegraben? Wer von uns den großen Strömen ihren Weg vorgezeichnet?!

³⁰ „Welchen Vogel haben wir den schnellen Flug gelehrt und wann sein Gefieder geordnet?! Wann für ihn die klang- und sangreiche Kehle gebildet?!

³¹ „Wo wohl steht das Gras, zu dessen Wachstume wir den lebendigen Samen gebildet hätten?!

³² „Siehe, das alles tut der Herr täglich! — So dich aber Sein mächtiges wunderbares Walten doch in jedem Augenblicke an Seine unendlich liebevollste Fürsorge erinnert, wie sollte es dich da wundern, wenn ich dich freundlichst darauf aufmerksam mache, daß vor Gott alle Menschenhilfe in den Staub der Nichtigkeit zurücksinkt?"

³³ Diese Worte brachten den Hauptmann wieder in eine günstigere Stimmung; aber dessenungeachtet sandte er dennoch heimlich Kundschafter nach Jerusalem, um zu erfahren, was dort vor sich ginge.

33

Die Vorbereitungen zur Flucht nach Ägypten. Die Vorsorge des Herrn. Josephs Besprechung mit Kornelius.

(Den 23. Sept. 1843)

In dieser Nacht aber erschien dem Joseph, wie der Maria, *ein Engel* im Traume und sprach:

² „Joseph, verkaufe die Schätze und kaufe dir noch einige Lasttiere; denn du mußt mit deiner Familie nach Ägypten fliehen!

³ „Siehe, Herodes ist in einen mächtigen Grimm ausgebrochen und hat beschlossen, alle Kinder von ein bis zwölf Jahren Alters zu ermorden, weil er von den Weisen hintergangen ward!

⁴ „Diese hätten es ihm anzeigen sollen, wo der neue König geboren ward, auf daß er dann seine Schergen ausgesandt hätte, welche das Kind hätten ermorden sollen, welches da ist der neue König.

⁵ „Wir Engel der Himmel aber haben die Weisung vom Herrn erhalten, eher noch als Er in die Welt ging, über alles das sorglichst zu wachen, was eure Sicherheit betrifft.

⁶ „Darum denn kam ich nun zu dir, um es dir anzuzeigen, was der Herodes tun wird, da er des einen nicht bestimmt habhaft werden kann.

⁷ „Der Hauptmann selbst wird müssen dem Herodes Subsidien[1] leisten, will er nicht von ihm beim Kaiser verraten werden; darum sollst du dich schon morgen auf die Reise machen!

⁸ „Solches aber kannst du wohl auch dem Hauptmann anzeigen, und er wird dir behilflich sein zur

---

[1] Hilfe.

schleunigen Abreise! — Also geschehe es im Namen Dessen, der da lebt und saugt die Brüste der Maria!"

⁹ Hier ward Joseph wach, und also auch die Maria, die da sogleich mit ängstlicher Stimme den Joseph zu sich rief und ihm dann sogleich ihren Traum erzählte.

¹⁰ *Joseph* aber ersah alsbald sein Gesicht in der Erzählung Marias und sagte darauf: „Maria, sorge dich nicht, noch vor der Mitte des Tages sind wir schon übers Gebirge — und in sieben Tagen in Ägypten!

¹¹ „Ich will aber nun, da es schon helle wird, sogleich ausgehen und alles bestellen zur schnellen Abreise."

¹² Hier ging Joseph auch alsbald mit den drei ältesten Söhnen, nahm die Schätze und trug sie hin zu einem Wechsler, welcher ihm alsbald die Tür öffnete und ihm alles ablöste um den rechten Betrag.

¹³ Dann ging Joseph zu einem Lasttierhändler, geleitet von einem Diener des Wechslers, und kaufte sogleich noch sechs lastbare Esel und kam also wohl ausgerüstet wieder in die Höhle zurück.

¹⁴ Daselbst harrte auch schon der Hauptmann seiner und erzählte ihm sogleich, was für allergrausamst schändlichste Nachrichten ihm von Jerusalem überbracht worden sind.

¹⁵ *Joseph* aber verwunderte sich nicht sehr über diese Erzählung des Hauptmanns, sondern sprach nur in einem gottergebenen Tone:

¹⁶ „Geehrter Freund, was du mir hier kundgibst, das alles und viel genauer ließ mir in dieser Nacht, wie ich dir gestern meldete, der *Herr* kundgeben, was alles der Herodes beschlossen hat!

¹⁷ „Siehe, du selbst wirst ihm noch obendrauf müssen Subsidien leisten; denn er will um Bethlehem und in der Stadt selbst alle Kinder von etlichen Wochen Alters bis ins zwölfte Jahr erwürgen lassen, um unter ihnen auch auf das meine zu kommen!

¹⁸ „Darum muß ich heute noch fliehen von hier, dahin mich des Herrn Geist führen wird, um der Grausamkeit Herodes zu entkommen.

¹⁹ „Darum ersuche ich dich, daß du mir den sicheren Weg gen Sidon weisest; denn schon in einer Stunde muß ich aufbrechen."

²⁰ „Als *der Hauptmann* aber solches vernommen hatte, ward er ergrimmt über alle Maßen über den Herodes und schwur ihm unversiegbare Rache, sagend:

²¹ „Joseph, so wahr es jetzt Tag wird und die Sonne schon über dem Horizonte steht, so wahr dein Gott lebt, so wahr will ich mich als edelster Patrizier Roms eher ans Kreuz binden lassen, ehe ich solch ein Unternehmen den Wüterich werde ungestraft verüben lassen!

²² „Führen will ich dich sogleich übers Gebirge selbst mit einer guten Bedeckung; und weiß ich dich in Sicherheit; dann werde ich zurückeilen und sogleich einen Eilboten nach Rom senden, der dem Kaiser alles anzeigen soll, was da der Herodes zu unternehmen gedenkt.

²³ „Ich aber werde alles Mögliche aufbieten, um hier das Vorhaben des Scheusals zu hintertreiben."

²⁴ Und *Joseph* erwiderte: „Guter, achtbarster Freund! Wenn du schon etwas tun kannst, da beschütze wenigstens die Kinder von drei bis zwölf Jahren! Solches wird in deiner Macht stehen!

²⁵ „Aber die Kindlein von der Geburt an bis ins zweite Jahr wirst du nicht zu schützen vermögen.

²⁶ „Ersteren Schutz aber wirst du

auch nicht durch Gewalt, sondern allein durch Klugheit zu bewerkstelligen imstande sein!

²⁷ „Der Herr aber wird dich in solcher Klugheit leiten! Darum denke nicht viel, was du tun wirst; denn der Herr wird dich leiten im geheimen!"

²⁸ *Der Hauptmann* aber sprach: „Nein, nein, der Kinder Blut soll nicht fließen; eher will ich militärische Gewalt brauchen!"

²⁹ *Joseph* aber sprach: „Siehe, was kannst du wohl tun, so der Herodes schon mit einer ganzen römischen Legion soeben Jerusalem verläßt?! Wirst du wider deine eigene Macht ins Feld ziehen?! Daher tue, wie dich der Herr leiten wird, damit du auf freundlichem Wege doch die Drei- bis Zwölfjährigen rettest!" — Hier gab der Hauptmann nach.

34

Der Aufbruch zur Flucht. Josephs Besprechung mit Salome. Der Abschied vom Hauptmann. Die Abreise. Der Schutzbrief des Kornelius an Cyrenius. Josephs Reiseweg. Das Erlebnis mit den Räubern. Josephs Ankunft in Tyrus bei Cyrenius. Des Cyrenius Trostworte und Hilfe.

(Den 26. Sept. 1843)

Nach dieser Unterredung Josephs mit dem Hauptmann sprach *Joseph* zu seinen Söhnen: „Machet euch auf, und rüstet die Lasttiere!

² „Die sechs neuen Esel sattelt für mich und euch und den alten approbierten¹ für die Maria! Nehmet, soviel ihr könnet, von den Eßwaren mit; den Ochsen mit dem Karren aber lassen wir hier der Wehmutter zum Andenken und zum Lohne für ihre Aufmerksamkeit für uns!"

³ Also ward der Ochs mit dem Karren von der Wehmutter in Besitz genommen und wurde zu keiner Arbeit mehr verwendet.

⁴ *Salome* aber fragte den Joseph, ob sie nicht mit ihm ziehen dürfte.

⁵ Und *Joseph* sprach: „Das kommt auf *dich* an; ich aber bin arm, das weißt du, und kann dir keinen Lohn geben, so du mir eine Magd abgeben möchtest.

⁶ „Hast du aber Mittel und kannst sorgen mit mir für den Mund und des Leibes Haut, da kannst du mir ja folgen!"

⁷ *Salome* aber sprach: „Höre, du Sohn des großen Königs David! Nicht nur für mich, sondern für deine ganze Familie soll mein Vermögen auf hundert Jahre genügen!

⁸ „Denn ich bin reicher an Weltgütern, als du es dir denken möchtest! Warte aber nur noch eine Stunde, und ich werde, mit Schätzen beladen, reisefertig dastehen!"

⁹ *Joseph* aber sprach: „Salome, siehe, du bist eine junge Witwe und bist Mutter; du mußt also auch deine zwei Söhne mitnehmen!

¹⁰ „Siehe, dies wird dir viel Arbeit machen, und ich habe keine Minute Zeit mehr zu verlieren; denn in drei Stunden wird schon Herodes hier seinen Einzug halten, und in einer

---

¹ erprobten.

Stunde werden schon seine Vorboten und Läufer eintreffen!

¹¹ Daraus aber kannst du ersehen, daß es für mich unmöglich ist, auf deine Zurechtrichtung zu warten!

¹² „Daher meine ich, so du bleibst, tust du besser, indem ich nicht durch dich aufgehalten werde; komme ich aber einst nach dem Willen des Herrn wieder zurück, so werde ich wieder Nazareth beziehen.

¹³ „So du mir aber schon einen Dienst erweisen willst, so ziehe bei Gelegenheit nach Nazareth und verpachte¹ auf weitere drei bis sieben oder zehn Jahre meinen Grund, auf daß er nicht in fremde Hände komme!"

¹⁴ Und Salome stand von ihrer Forderung ab und begnügte sich mit diesem Auftrage.

¹⁵ Nach dem umarmte *Joseph* den Hauptmann und segnete ihn und berief dann die Maria, auf daß sie sich setzete auf ihr Lasttier mit dem Kindlein.

¹⁶ Als sonach alles zur Abreise bereitet war, sprach *der Hauptmann* zum Joseph: „Mann meiner höchsten Achtung, werde ich dich je wieder zu sehen bekommen und dieses Kind mit der Mutter?"

¹⁷ Und *Joseph* sprach: „Es werden kaum drei Jahre verfließen, so werde ich dich wieder begrüßen und das Kind und Seine Mutter! Des sei versichert; nun aber laß uns aufbrechen! Amen."

¹⁸ Hier bestieg Joseph sein Lasttier, und seine Söhne folgten seinem Beispiele, und Joseph ergriff die Zügel des Lasttiers der Maria und führte es unter Lobpreisung des Herrn aus der Höhle.

¹⁹ Als sich nun alles schon im Freien befand, da ersah Joseph, wie sich eine Menge Volkes aus der Stadt zu drängen anfing, um den Abzug des Neugeborenen zu sehen, indem es durch die heimkehrende Wehmutter und durch den Wechsler erfuhr, daß solches geschehen werde.

²⁰ Dem Joseph kam die Gafflust sehr ungelegen; er bat daher den Herrn, Er möchte ihn doch so bald als möglich dieser schnöden Gafflust müßiger Menschen entziehen.

²¹ Und siehe, alsbald fiel ein dichter Nebel über die ganze Stadt, und es war niemandem möglich, auch nur fünf Schritte weit zu sehen.

²² Das Volk aber ward darob verdrießlich und zog sich wieder in die Stadt zurück, und Joseph, geleitet vom Hauptmann und der Salome, konnten ungesehen das nächste Gebirge erreichen.

²³ Als er nun die Grenze zwischen Judäa und Syrien erreichte, da gab der Hauptmann dem Joseph einen Schutzbrief an den Landpfleger Cyrenius, der über Syrien gestellt war.

²⁴ Und Joseph nahm ihn mit Dank an, und *der Hauptmann* sprach: „Cyrenius ist ein Bruder zu mir; mehr brauche ich dir nicht zu sagen, und so denn reise glücklich und komme wieder also!" Hier kehrte der Hauptmann um mit der Salome, und Joseph zog weiter im Namen des Herrn.

²⁵ Um die Mittagsstunde hatte Joseph die Vollhöhe des Gebirges erreicht in einer Entfernung von zwölf Stunden von Bethlehem, welche² schon ganz in Syrien lag und zu der Zeit von den Römern Cölesyria genannt ward.

²⁶ Denn Joseph mußte diesen etwas größeren Umweg nehmen, in-

---

¹ pachte?; ² nämlich die Vollhöhe.

dem von Palästina kein sicherer Weg nach Ägypten führte.

²⁷ Seine Reiseroute aber war folgende: Am ersten Tage kam er in die Nähe der kleinen Stadt Bostra. Allda übernachtete er, den Herrn preisend. Da geschah es auch, daß Räuber zu ihm kamen, um ihn zu berauben.

²⁸ Als sie aber das Kindlein ersahen, fielen sie auf ihr Angesicht, beteten Dasselbe an und flohen dann überaus erschreckt ins Gebirge.

²⁹ Von da zog Joseph des andern Tages wieder über ein starkes Gebirge und kam am Abende in die Gegend von Panea, einem Grenzstädtchen zwischen Palästina und Syria nördlich.

³⁰ Von Panea aus erreichte er am dritten Tage die Provinz Phönizia und kam in die Gegend von Tyrus, wo er am nächsten Tage sich mit seinem Schutzbriefe zum Cyrenius begab, welcher in der Zeit sich Geschäfte halber in Tyrus aufhielt.

³¹ *Cyrenius* nahm den Joseph freundlichst auf und fragte ihn, was er ihm tun solle.

³² *Joseph* aber sprach: „Daß ich sicher nach Ägypten käme!" — Und *Cyrenius* sagte: „Guter Mann, du hast einen starken Umweg gemacht; denn Palästina liegt Ägypten ja um vieles näher denn Phönizia! Nun mußt du doch wieder Palästina durchwandern und mußt von hier nach Samaria, von dort nach Joppe, von dort nach Askalon, von da nach Gaza, von da nach Geras und von da erst nach Elusa in Arabien!"

³³ Da ward Joseph traurig, darum er sich also verirrt hatte. Aber *Cyrenius* faßte Mitleid mit dem Joseph und sprach: „Guter Mann, es schmerzt mich deine Not. Du bist zwar ein Jude und ein Feind der Römer, aber da mein Bruder, mein Alles, dich so lieb hat, da will auch ich dir eine Freundschaft tun.

³⁴ „Siehe, morgen geht ein kleines, aber sicheres Schiff von hier nach Ostrazine ab! Mit diesem sollst du in drei Tagen dort anlangen; und bist du in Ostrazine, so bist du auch schon in Ägypten! — Ich werde dir aber auch einen Schutzbrief mitgeben, demzufolge du in Ostrazine wirst ungehindert verweilen und dir auch etwas ankaufen können. Für heute aber bist du mein Gast; laß daher dein Gepäck hereinbringen!"

35

Die heilige Familie bei Cyrenius. Josephs Unterredung mit Cyrenius.
Cyrenius, der Kinderfreund, und das Jesuskind.
Inneres und äußeres Erfahrungszeugnis von der Göttlichkeit des Jesuskindes.
(Den 28. Sept. 1843)

Und Joseph ging hinaus und führte seine Familie vor das Haus, da Cyrenius wohnte, und dieser befahl sogleich seiner Dienerschaft, Josephs Lasttiere zu versorgen,

² und führte den Joseph mit Maria und den fünf Söhnen in sein vorzüglichstes Gemach, in dem alles von Edelsteinen, Gold und Silber strotzte.

³ Es standen aber da auf einem weißen, feinst polierten marmornen

Tische eine Menge etwa einen Schuh hohe Statuen, aus korinthischem Erze gar wohl geformt.

⁴ Und *Joseph* fragte den Landpfleger, was diese Figuren wohl darstellten.

⁵ *Der Landpfleger* aber sagte gar freundlich: „Guter Mann, siehe, das sind unsere Götter! Wir müssen sie halten und kaufen von Rom gesetzmäßig, wenn wir auch keinen Glauben daran haben.

⁶ „Ich betrachte sie bloß nur als Kunstwerke, und darin liegt auch einzig irgendein kleiner Wert für mich in diesen Götterfiguren; sonst aber muß ich sie nur allezeit mit der begründetsten Verachtung ansehen."

⁷ Und *Joseph* fragte darauf den Cyrenius: „Höre, wenn du also denkst, so bist du ja ein Mensch ohne Gott und ohne Religion! Beunruhigt dir denn das nicht dein Gewissen?"

⁸ Und *Cyrenius* sprach: „Nicht im geringsten; denn wenn es keinen andern Gott gibt, als diese erzenen da sind, da ist ja ein jeder Mensch mehr Gott als dieses dumme Erz, in dem kein Leben ist! Ich aber meine, es gibt irgendeinen wahren Gott, der ewig lebendig ist und allmächtig, — darum verachte ich solchen alten Unsinn!"

⁹ Es war aber Cyrenius auch ein großer Kinderfreund und näherte sich darum der Maria, welche das Kind auf ihren Armen hielt, und fragte die Mutter, ob sie nicht müde sei ob der beständigen Tragung des Kindes.

¹⁰ Und *Maria* sprach: „O mächtiger Herr des Landes! Freilich wohl bin ich schon gar sehr müde; aber meine große Liebe zu diesem meinem Kinde macht mich alle Ermüdung vergessen!"

¹¹ Und *der Landpfleger* erwiderte der Maria: „Siehe, auch ich bin ein großer Kinderfreund, bin vermählt wohl, aber die Natur oder Gott haben mich noch mit keiner Nachkommenschaft gesegnet; daher pflege ich fremde Kinder — sogar die der Sklaven — nicht selten zu mir zu nehmen an Kindesstelle!

¹² „Ich will damit aber nicht sagen, als solltest du mir auch das deinige geben; denn es ist ja dein Leben.

¹³ „Aber bitten möchte ich dich, daß du es mir auf meine Arme legen möchtest, auf daß ich es herzete und kosete ein wenig nur!"

¹⁴ Da *Maria* in dem Landpfleger solche Herzlichkeit fand, sprach sie: „Wer deines Herzens ist, der mag wohl dies mein Kindlein auf seine Arme nehmen!"

¹⁵ Hier übergab Maria das Kindlein dem Landpfleger zur Kosung, — und als der Landpfleger das Kindlein auf seine Arme nahm, da bemächtigte sich seiner ein so wonnigstes Gefühl, das er noch nie empfunden hatte.

¹⁶ Und er trug das Kindlein im Saale hin und her — und kam mit Ihm auch dem Göttertische nahe.

¹⁷ Diese Annäherung aber kostete sogleich allen den Götzenstatuen das Dasein, denn sie zerrannen wie Wachs auf glühendem Eisen.

¹⁸ Darob entsetzte sich *Cyrenius* und sprach: „Was ist denn das? Das harte Erz zerfloß so ganz und gar, daß von ihm aber auch nicht eine Spur zurückgeblieben ist! Du weiser Mann aus Palästina, erkläre mir doch das! Bist du denn ein Magier?"

36

Joseph im scharfen Verhör und sein Bericht über das Wesen und die Geburt des Jesuskindes. Des Kornelius Brief. Josephs Rat zum Schweigen. Widersprüche und Zweifel. Josephs energische Rechtfertigung vor dem ‚Staatsanwalt'.

(Den 29. Sept. 1843)

Joseph aber war selbst über die Maßen erstaunt und sprach darum zu Cyrenius: „Höre mich an, mächtiger Pfleger des Landes! Es kann dir nicht unbekannt sein, daß da nach dem Gesetze meines Volkes ein jeder Zauberer verbrannt werden muß.

2 „Wäre ich sonach ein Zauberer, da wäre ich nicht so alt geworden, als ich bin; denn schon lange wäre ich als solcher den Hohenpriestern in Jerusalem in die Hände gefallen!

3 „Daher kann ich dir hier nichts anderes sagen, als daß diese Erscheinung sicher von der großen Heiligkeit dieses Kindes abhängt.

4 „Denn schon bei der Geburt dieses Kindes geschahen Zeichen, darüber sich alles entsetzt hat: alle Himmel standen offen; die Winde schwiegen; die Bäche und Flüsse standen stille; die Sonne blieb am Horizonte stehen;

5 „der Mond ging nicht von der Stelle, bei drei Stunden nicht; also rückten auch die Sterne nicht weiter; die Tiere fraßen und soffen nicht, und alles, was sich sonst regt und bewegt, versank in eine tote Ruhe; ich selbst war im Gehen und mußte stehen!"

6 Als *Cyrenius* solches von Joseph vernommen hatte, sprach er zu ihm: „Also ist dies das merkwürdige Kind, von dem mir mein Bruder geschrieben hat mit den Worten:

7 ‚Bruder, eine Neuigkeit muß ich dir berichten: In der Nähe von Bethlehem ist ein Kind von einem jungen Weibe jüdischer Nation geboren worden, von dem eine große Wunderkraft ausgeht; ich möchte meinen, daß es ein *Götterkind* sei!

8 ‚Aber dessen Vater ist ein so kreuzehrlicher Jude, daß ich es nicht über mich zu bringen vermag, darüber nähere Untersuchungen anzustellen!

9 ‚Wenn du etwa in Kürze nach Jerusalem ziehen solltest, so dürfte es für dich nicht ohne Interesse sein, in Bethlehem diesen Mann zu besuchen. Ich meine stets, daß das Kind so ein verkappter junger Jupiter oder wenigstens Apollo ist. Komme aber, und urteile selbst!'

10 „Siehe, guter Mann, so viel ist mir von der Sache bekannt; aber was du mir nun gesagt hast, ist mir rein unbekannt. Darum sage mir, ob du der nämliche Mann bist, von dem mir mein Bruder aus Bethlehem gemeldet hat!"

11 Und *Joseph* sprach: „Ja, mächtiger Herr, ich bin derselbe! Wohl aber deinem Bruder, daß er dir nicht mehr von dem Kinde kundgab!

12 „Denn er hat vom Himmel ein Wort bekommen, zu schweigen von alledem, was da geschehen ist. Wahrlich, hätte er dir mehr gesagt, so wäre mit Rom das geschehen, was da jetzt vor deinen Augen geschehen ist mit den Götterfiguren, die da standen auf dem Tische!

13 „Heil aber dir und deinem Bruder, so ihr schweigen möget! Denn ihr sollet darum Gesegnete des Herrn, des ewig lebendigen Gottes,

des Schöpfers Himmels und der Erde, sein!"

¹⁴ Diese Worte flößten dem *Cyrenius* eine große Achtung vor dem Joseph und eine Furcht vor dem Kinde ein, daß er darob sogleich wieder das Kind auf die Arme der Maria legte.

¹⁵ Nach dem aber wandte er sich wieder zum Joseph und sprach: „Guter, ehrlicher Mann, habe nun wohl acht auf das, was ich zu dir reden werde;

¹⁶ „denn mir ist jetzt ein guter Gedanke durch den Kopf gefahren, und diesen sollst du hören und mir darüber zur Rede stehen!

¹⁷ „Siehe, wenn dieses Kind göttlicher Abkunft ist, so mußt ja auch du als dessen Vater es sein; denn ex trunco non fit Mercurius¹, und auf den Dornen wachsen keine Trauben! Also kann wohl auch von einem gewöhnlichen Menschen kein Götterkind entsprossen!

¹⁸ „Du aber scheinst mir im übrigen denn doch ein gewöhnlicher Mensch zu sein, so wie deine fünf anderen Söhne, die da hinter dir stehen; ja die junge Mutter selbst, zwar eine artige *Jüdin*, scheint eben auch nichts Götterähnliches zu besitzen!

¹⁹ „Dazu gehört eine große, fast überirdische Schönheit und große Weisheit, wie wir es aus den Traditionen wissen von *den* Weibern, mit denen sich einmal die Götter sollen abgegeben haben, — wozu aber freilich wohl ein überaus starker Glaube gehört, den ich durchaus nicht besitze.

²⁰ „Zudem aber muß ich dich noch auf etwas aufmerksam machen, und das ist, daß du dich mit deinem Götterkinde als ein von Bethlehem aus nach Ägypten reisen Wollender hierher hast verirren mögen, was daraus erhellt, daß du traurig und verlegen warst, als ich dir angezeigt habe, wie du dich gar so weit verirrt hast auf dem Wege nach Ägypten!

²¹ „Sollte dein Gott — oder die Götter Roms — denn unkundig des nächsten Weges von Bethlehem aus nach Ägypten sein?!

²² „Siehe, das sind grobe Widersprüche, die sich häufen, je mehr man die Sache verfolgt! Dazu ist aber doch sogar eine Drohung von dir beim Untergange Roms gegeben, so ich oder mein Bruder das Kind verriete!

²³ „Warum aber sollen Götter dem schwachen Sterblichen drohen, als hätten sie eine Furcht vor ihm? Sie brauchen ja nur frei auf die Erde zu treten, und alles muß blind gehorchen ihrem mächtigen Willen!

²⁴ „Siehe, die Sache deiner Kundgabe kommt mir daher als eine schwache Ausflucht zu sein vor, um mich hinters Licht zu führen, auf daß ich dich nicht erkennen solle, wer du so ganz eigentlich bist, ob ein jüdischer *Magier*, der sich nach Ägypten begibt, um dort bei diesem Metier² sein Brot zu verdienen, da er in seinem Vaterlande des Lebens nicht sicher ist, —

²⁵ „oder ob etwa gar ein verschmitzter jüdischer *Spion*, vom herrschsüchtigen Herodes bestochen, um zu erspähen, wie da die Uferfestungen Roms bestellt sind?!

²⁶ „Ich habe freilich wohl den Schutzbrief meines Bruders und den Brief, von dem ich dir erwähnte, — aber ich habe darüber mit meinem Bruder noch nicht gesprochen, und so können diese Dokumente auch falsch sein; denn auch meines Bruders Schrift ist nachzumachen!

---

¹ wörtlich: „Aus einem Baumstrunk wird kein Merkur!"; ² Handwerk.

²⁷ „Ich halte dich aber nun für beides, also für einen Magier *und* für einen Spion! Rechtfertige dich nun auf das gründlichste, — sonst bist du mein Gefangener und wirst der gerechten Strafe nicht entgehen!"

²⁸ Bei dieser Rede sah der *Joseph* dem Cyrenius fest ins Gesicht und sagte: „Sende einen Eilboten an deinen Bruder Kornelius, gib die beiden Briefe mit, und dein Bruder soll bezeugen, ob sich die Sache mit mir also schändlich verhalte, als du der argen Meinung bist!

²⁹ „Und solches fordere ich nun von dir; denn meine Ehre ist vor Gott, dem Ewigen, gerechtfertigt und soll nicht von einem Heiden zertreten werden! Bist du auch ein Patrizier Roms, so bin ich aber ein Nachsohn des großen Königs David, vor dem der Erdkreis bebte, und als solcher lasse ich mich von keinem Heiden entehren!

³⁰ „Ich aber werde dir nun nicht eher von der Seite gehen, als bis du mir meine Ehre wieder wirst hergestellt haben; denn die Ehre, die mir *Gott* gegeben hat, soll mir kein Heide nehmen!"

³¹ Diese energischen Worte machten den Cyrenius stutzen; denn also hatte er als Landpfleger, der da unumschränkt über Leben und Tod zu gebieten hat, noch nie sich gegenüber reden hören! Er dachte darum bei sich: „Wenn dieser Mensch sich nicht einer außerordentlichen Kraft mir gegenüber bewußt wäre, so könnte er nicht also reden! Ich muß daher nun ganz anders mit ihm zu reden anfangen!"

37

Des Cyrenius sanftmütigere Erklärung und Josephs Erwiderung.
Die Ehre, der Schatz des Armen. Das Versöhnungsmahl. Guter Rat Josephs.
Des Cyrenius bestrafte Neugier. Die Empfängnisgeschichte des Kindleins.
Die Anbetung des Kindleins durch Cyrenius und die Bestätigung der Wahrheit.

(Den 2. Okt. 1843)

Nach solcher Vornahme wandte sich *Cyrenius* wieder an den Joseph und sprach: „Guter Mann, du brauchst mir darum nicht gram zu werden; denn das wirst du mir denn doch zugeben, daß ich als Landpfleger wohl das Recht haben werde, jemandem auf den Zahn zu fühlen, um zu sehen, wessen Geistes er ist!

² „Daß ich aber dich davon nicht ausnehmen konnte — wie gern ich es auch sonst getan haben würde —, da brauchst du nur auf jenen verhängnisvollen Tisch hinzublicken, der seiner Zierde ledig geworden ist, und dir muß ja doch klar sein, daß man Menschen deiner Art etwas schärfer ansehen muß als nur solche, die da bedeutungslos gleich Tagesfliegen umherstreichen.

³ „Ich meine aber dadurch dir keine Beleidigung zugefügt zu haben, im Gegenteile nur eine Auszeichnung, indem ich dich also bedeutungsvoll ansah und redete zu dir, wie es sich für mich als Landpfleger gebührt.

⁴ „Denn siehe, mir ist einzig und allein nur um die volle Wahrheit über deine Herkunft zu tun, weil ich dich für sehr bedeutungsvoll ansehe!

⁵ „Und darum stellte ich auch geflissentlich Zweifel über dich auf,

damit du ganz vor mir auftreten solltest!

⁶ „Deine Sprache aber hat mir gezeigt, daß du ein Mensch bist, an dem keine Täuschung haftet! Und so brauche ich weder eine zweite Nachricht von meinem Bruder, noch eine höhere Beglaubigungsurkunde von irgendwo andersher; denn ich sehe nun, daß du ein vollkommen ehrlicher Jude bist! — Sage, braucht es da noch mehr?"

⁷ Und *Joseph* sprach: „Freund, siehe, ich bin arm; du aber bist ein mächtiger Herr! Mein Reichtum ist meine Treue und Liebe zu meinem Gott und die vollste Ehrlichkeit gegen jedermann!

⁸ „Du aber bist neben deiner Kaisertreue auch noch überreich an Gütern der Welt, die ich entbehre. Wenn jemand deiner Ehre zu nahe tritt, da bleiben dir dennoch aber die Güter der Welt.

⁹ „Was bleibt aber da mir, so ich die Ehre verliere? Mit Schätzen der Welt kannst du dir die Ehre erkaufen: womit aber werde ich sie erkaufen?

¹⁰ „Darum wird der Arme ein Sklave, so er einmal seine Ehre und Freiheit vor dem Reichen verloren hat; hat er aber darüber irgend heimliche Schätze, so kann er sich Ehre und Freiheit wieder erkaufen.

¹¹ „Du aber hast mir gedroht, mich zu deinem Gefangenen zu machen; sage, hätte ich da nicht alle meine Ehre und Freiheit verloren?!

¹² „Und hatte ich da nicht recht, so ich mich davor verteidigte, indem ich doch von dir, dem Landpfleger Syriens und Mitpfleger der Küste zu Tyrus und Sidon, bin zur Rede gestellt worden?!"

¹³ *Cyrenius* aber sprach: „Guter Mann, nun bitte ich dich, — laß uns das Vorgefallene gänzlich vergessen!

¹⁴ „Siehe, die Sonne steht dem Horizonte nahe! Meine Diener haben die Mahlzeit im Speisesaal bereitet; gehet daher mit mir, und stärket euch! Denn ich habe keine römischen, sondern eures Volkes Speisen zurichten lassen, die ihr essen dürfet! Daher folget mir ohne Gram auf mich, nun eurem Freund!"

¹⁵ Und Joseph folgte dem Cyrenius mit Maria und den fünf Söhnen in den Speisesaal und erstaunte über die Maßen über die unbeschreibliche reiche Pracht des Speisesaales selbst, wie über die Pracht der Tafelgeschirre, welche zumeist aus Gold, Silber und kostbaren Edelsteinen angefertigt waren.

¹⁶ Da aber die reichen Gefäße mit lauter heidnischen Götterfiguren geziert waren, da sprach *Joseph* zu dem Cyrenius:

¹⁷ „Freund, ich ersehe, daß da alle diese deine Tafelgefäße mit deinen Göttern geziert sind; du kennst da aber ja schon die ausgehende Kraft meines Kindes.

¹⁸ „Siehe, so ich mich mit meinem Weibe zu Tische hinsetze und mein Weib mit ihrem Kinde, so kommst du im Augenblick um alle deine reichen Geschirre und Gefäße!

¹⁹ „Daher rate ich dir, laß entweder ganz ungezierte Gefäße oder ganz gemeine tönerne aufsetzen, sonst stehe ich dir nicht für dein Gold und Silber!"

²⁰ Als Cyrenius solches von Joseph vernommen hatte, da erschrak er und befolgte sogleich den Rat Josephs. Die Diener brachten alsbald in ganz glatten tönernen Gefäßen die Speisen und schafften die goldenen und silbernen sogleich beiseite.

²¹ Es verlockte aber die Neugier dennoch den Cyrenius, dem Kinde einen herrlichen Goldpokal in die Nähe zu bringen, um sich zu überzeugen, ob des Kindes Nähe wohl auch aufs Gold so zerstörend einwirken werde, wie ehedem auf die erzenen Figuren.

²² Und Cyrenius mußte diese Neugier im Ernste mit dem plötzlichen Verluste des kostbaren Pokals auf eine Zeit bezahlen.

²³ Nachdem er aber des Pokals ledig geworden war, erschrak er und stand da, als wäre er von einem elektrischen Schlage berührt worden.

²⁴ Nach einer Weile erst sprach er: „Joseph, du großer Mann, du hast mir *wohl* geraten, darum danke ich dir!

²⁵ „Ich selbst aber will verflucht sein, so ich eher von dieser Stelle weiche, als bis ich erfahre von dir, *wer* da dieses Kind ist, da ihm eine solche Kraft innewohnt!"

²⁶ Hier wandte sich *Joseph* zum Cyrenius und erzählte ihm in aller Kürze die Empfangs- und Geburtsgeschichte des Kindes.

²⁷ Und *Cyrenius* aber, als er solches von Joseph in festem Tone vernommen hatte, fiel alsbald vor dem Kinde nieder und betete Es an.

²⁸ Und siehe, im Augenblick stand der zerstörte Pokal, aber ganz glatt, auf dem Boden vor Cyrenius, von gleichem Gewichte; Cyrenius erhob sich und wußte sich nun vor Freude und Seligkeit nicht zu helfen.

38

Des Cyrenius heidnischer Vorschlag, das Wunderkind an den Kaiserhof nach Rom zu bringen. Josephs gute Entgegnung mit Hinweis auf die Niedrigkeit des Herrn. Prophetische Worte von der geistigen Lebenssonne.

(Den 4. Okt. 1843)

In dieser seligen Gemütsstimmung sprach *Cyrenius* zu Joseph: „Höre mich weiter an, du großer Mann! Wäre ich nun Kaiser zu Rom, ich würde dir den Thron und die Kaiserkrone abtreten.

² „Und wüßte es der Kaiser Augustus also wie ich nun, für dieses Kind, da würde er dasselbe tun! Hält er auch große Stücke darauf, daß er der mächtigste Kaiser der Erde ist, so weiß ich doch auch, wie sehr er alles Göttliche weit über sich setzt.

³ „Willst du, so schreibe ich an den Kaiser und versichere dir im voraus, daß er dich nach Rom mit der größten Ehre ziehen wird und dem Kinde, als einem unzweideutigen Sohne des höchsten Gottes, den größten und herrlichsten Tempel erbauen

⁴ „und Ihn erhöhen im selben bis ins Infinitum [1] und wird selbst sich in den Staub legen vor dem Herrn, dem die Elemente und alle Götter gehorchen müssen!

⁵ „Daß solches aber bei dem Kinde der Fall ist, habe ich mich nun zum zweiten Male überzeugt, indem vor Ihm sich nicht einmal der Jupiter zu schützen vermag und kein Erz vor Seiner Macht besteht!

⁶ „Wie gesagt, so du willst, will ich *heute* noch Boten nach Rom senden! Fürwahr, das würde in der gro-

---

[1] Unendliche.

ßen Kaiserstadt eine unendliche Sensation erregen und würde das stolze Priestertum sicher etwas herabsetzen, das ohnehin nicht mehr weiß, auf welche Art es die Menschheit am zweckdienlichsten betrügen und belügen soll!"

⁷ *Joseph* aber entgegnete dem Cyrenius: „Lieber, guter Freund! Meinst du denn, daß *Dem* an der Ehrung Roms etwas gelegen ist, dem da Sonne, Mond, Sterne und alle Elemente der Erde gehorchen müssen?!

⁸ „Hätte Er gewollt, daß Ihn alle Welt ehrete wie einen Götzen, da wäre Er vor aller Welt Augen in aller Seiner ewig unendlichen göttlichen Majestät zur Erde herabgekommen! Dadurch aber wäre auch alle Welt zum Untergange gerichtet worden.

⁹ „Er hat aber die Niedrigkeit der Welt erwählt, um die Welt zu beseligen, wie es geschrieben steht im Buche der Propheten; und so laß es mit der Botschaft nach Rom gut sein!

¹⁰ „Willst du aber Rom vernichtet sehen, da tue, wie es dir gut dünkt; denn siehe, Dieser ist gekommen zum Falle der Welt der Großen und Mächtigen und zur Erlösung der Armseligen, ein Trost der Betrübten und zur Auferstehung derer, die im Tode sind!

¹¹ „Ich glaube also fest in meinem Herzen! Aber nur dir habe ich nun diesen meinen Glauben kundgegeben; sonst aber soll ihn niemand von mir ausgesprochen vernehmen!

¹² „Behalte aber du auch diese Worte als ein Heiligtum der Heiligtümer in deinem Herzen bis zur Zeit, da dir eine neue Lebenssonne aufgehen wird, so wirst du gut fahren!"

¹³ Diese Worte Josephs gingen wie Pfeile ins Herz des Cyrenius und stimmten ihn ganz um, so zwar, daß er sogleich bereit gewesen wäre, all sein Ansehen niederzulegen und die Niedrigkeit zu ergreifen.

¹⁴ Aber *Joseph* sagte zu ihm: „Freund, Freund, bleibe, was du bist; denn die Macht in der Hand von Menschen deiner Art ist ein Segen Gottes dem Volke! Denn siehe; was du bist, das bist du weder aus dir, noch aus Rom, sondern allein aus Gott! Daher bleibe, was du bist!" — Und Cyrenius lobte den unbekannten Gott und setzte sich dann zu Tische und aß und trank heiteren Mutes mit Joseph und Maria.

39

Des Cyrenius Mäßigkeit im Essen und Trinken. Josephs Dankgebet und seine gute Wirkung auf Cyrenius. Josephs Worte vom Tode und ewigen Leben.
Wesen und Wert der Gnade.
(Den 5. Okt. 1843)

Obschon aber sonst die Römer an langdauernde Freßgelage gewöhnt waren, so war aber Cyrenius doch davon eine Ausnahme.

² Wenn er dergleichen Gelage nicht dann und wann zur Ehrung des römischen Kaisers halten mußte, so war bei ihm die Mahlzeit nur kurz; denn er war einer derjenigen Philosophen, die da sagen: „Der Mensch lebt nicht, um zu essen, sondern er ißt nur, um zu leben, — und dazu braucht es nicht tagelang dauernder Freßgelage."

³ Und so war denn auch die geheiligte Mahlzeit nur kurz und war bloß auf die nötige Stärkung des Leibes berechnet.

⁴ Nach der also kurzen Mahlzeit dankte *Joseph* dem Herrn für Speise und Trank und segnete dafür den Gastgeber.

⁵ Dieser aber *(Cyrenius)* ward darob sehr gerührt und sagte zu Joseph: „O wie hoch steht doch deine Religion über der meinigen! Um wie vieles stehst du der allmächtigen Gottheit näher denn ich!

⁶ „Und um wie vieles bist du daher *mehr* Mensch, als ich es je werde werden können!"

⁷ *Joseph* aber erwiderte dem Cyrenius: „Edler Freund, du kümmerst dich um etwas, was dir der Herr soeben jetzt gegeben hat!

⁸ „Ich aber sage dir: Bleibe du, was du bist; in deinem Herzen aber allein nur vor Gott, dem ewigen Herrn, demütige dich und suche allen Menschen im geheimen Gutes zu tun, und du bist Gott so nahe als meine Väter Abraham, Isaak und Jakob!

⁹ „Siehe, in diesem Kinde hat dich ja der allmächtige Gott heimgesucht; du hast Ihn auf deinen Armen getragen! Was willst du noch mehr? Ich sage dir: Du bist gerettet vom ewigen Tode und wirst hinfort keinen Tod an dir mehr sehen, noch fühlen, noch schmecken!"

¹⁰ Hier sprang *Cyrenius* vor Freude auf und sprach: „O Mann, — was sprichst du? Ich werde nicht sterben?

¹¹ „O sage mir, wie ist solches möglich? Denn siehe, bis jetzt ist noch kein Mensch vom Tode verschont geblieben! Sollte ich also wirklich in die Zahl der ewig lebendigen Götter aufgenommen werden, also, wie ich jetzt lebe?"

¹² *Joseph* aber sprach: „Edler Freund, du hast mich nicht verstanden; ich aber will dir sagen, wie es an deinem irdischen Ende zugehen wird:

¹³ „So du *ohne* diese Gnade gestorben wärest, da hätten schwere Krankheit, Schmerzen, Kummer und Verzweiflung deinen Geist und deine Seele samt dem Leibe getötet, und dir wäre nach diesem Tode nichts geblieben, als ein quälendes, dumpfes Bewußtsein deiner selbst.

¹⁴ „In *dem* Falle glichest du jemandem, der da im eigenen Hause, welches über ihm zusammengestürzt ist, halb zu Tode verschüttet wurde und ward also beim lebendigen Leibe begraben und muß nun also den Tod fühlen und gar verzweifelt bitter schmecken, indem er sich nimmer zu helfen vermag.

¹⁵ „Stirbst du aber nun in dieser Gnade Gottes, da wird nur dieser schwere Leib dir abgenommen werden, und du wirst erwachen zu einem ewigen vollkommensten Leben, in dem du nicht mehr fragen wirst: Wo ist mein irdischer Leib?

¹⁶ „Und du wirst, so dich der Herr des Lebens rufen wird, nach deiner geistigen Freiheit *selbst* deinen Leib ausziehen können wie ein altes lästiges Gewand!"

¹⁷ Diese Worte machten auf den *Cyrenius* einen allermächtigsten Eindruck. Er fiel darob vor dem Kinde nieder und sprach: „O Herr der Himmel, so belasse mich denn in solcher Gnade!" Das Kind aber lächelte ihn an und hob ein Händchen über ihn.

40

Des Cyrenius Hochachtung vor der Maria. Die trostreiche Antwort der Maria. Der Glückwunsch des Cyrenius an Joseph. Josephs Worte über die wahre Weisheit.

(Den 6. Okt. 1843)

Nach dem stand *Cyrenius* auf und sprach zu Maria: „O du glücklichste aller Weiber und aller Mütter der Erde! Sage mir doch, wie es dir ums Herz ist, so du doch sicher in dir die vollste Überzeugung hast, daß da der Himmel und die Erde auf deinen Armen ruht!"

2 *Maria* aber sprach: „Freund, wie fragst du mich darum, was dir dein eigenes Herz sagt?!

3 „Siehe, wir gehen auf derselben Erde, die Gott aus Sich erschaffen hat, Seine Wunder treten wir fort und fort mit unseren Füßen, — und doch gibt es Millionen und Millionen Menschen, die ihre Knie lieber vor den Werken ihrer Hände beugen als vor dem ewig wahren lebendigen Gott!

4 „Wenn aber Gottes große Werke die Menschen nicht zu wecken vermögen, wie soll das nun ein Kind in den Windeln bewirken?

5 „Darum wird es nur wenigen gegeben sein, in dem Kinde den Herrn zu erkennen! Jene nur, die dir gleich eines guten Willens sind!

6 „Die aber eines guten Willens sind, die werden nicht Not haben, zu mir zu kommen, auf daß ich ihnen kund täte, wie es mir ums Herz ist.

7 „Das Kind wird Sich *Selbst* offenbaren in ihren Herzen und wird sie segnen und wird es sie fühlen lassen, wie da fühlt die Mutter, die das Kind auf ihren Armen trägt!

8 „Glücklich, ja überglücklich bin ich, da ich dies Kind auf meinen Armen trage;

9 „aber größer und glücklicher noch werden in der Zukunft diejenigen sein, die Es allein in ihrem Herzen tragen werden!

10 „Trage Es auch du unvertilgbar in deinem Herzen, und es wird dir werden, dessen dich mein Gemahl Joseph versichert hat!"

11 Als *Cyrenius* diese Worte von der holden Maria vernommen hatte, konnte er sich nicht genug verwundern über ihre Weisheit.

12 Er sagte darob zum Joseph: „Höre, du glücklichster aller Männer der Erde! Wer hätte je solch eine allertiefste Weisheit in deinem jungen Weibe gesucht?!

13 „Fürwahr, so es irgendeine Minerva gäbe, da müßte sie sich ja endlos tiefst verkriechen vor ihr, dieser allerholdesten Mutter!"

14 *Joseph* aber sprach: „Siehe, ein jeder Mensch kann weise sein in seiner Art aus Gott; ohne Den aber gibt es keine Weisheit auf der Erde.

15 „Daraus ist aber ja auch die Weisheit meines Weibes erklärlich.

16 „Da aber der Herr aus dem Maule der Tiere schon zu den Menschen geredet hat, wie sollte Er das nicht können durch den Mund der Menschen?!

17 „Doch lassen wir nun das; denn ich meine, es wird Zeit sein, für die morgige Abreise zu sorgen!"

18 *Cyrenius* aber sagte: „Joseph, sei des unbekümmert; denn dafür ist schon lange gesorgt; ich selbst werde dich morgen bis Ostrazine begleiten!"

41

Josephs Voraussage vom Kindermord. Des Cyrenius Grimm über Herodes.
Die glückliche Seereise nach Ägypten.
Josephs Segen als Fährlohn an die Schiffer und an Cyrenius.

(Den 9. Okt. 1843)

Darauf sprach *Joseph* zum Cyrenius: „Edler Freund, gut und edel ist dein Vorsatz; aber du wirst ihn kaum auszuführen imstande sein.

² „Denn siehe, noch in dieser Nacht werden Briefe zu dir gelangen vom Herodes aus, in denen du aufgefordert wirst, alle¹ Kindlein männlichen Geschlechtes von ein bis zwei Jahren längs dem Meeresufer aufzufangen und nach Bethlehem zu schicken, damit sie Herodes dort töten wird!

³ „Du kannst dich aber dem Herodes wohl widersetzen; aber dein armer Bruder muß leider zu diesem bösen Spiele eine politisch gute Miene machen, um sich nicht dem Bisse dieser giftigsten aller Schlangen auszusetzen.

⁴ „Glaube mir, während ich nun bei dir bin, wird in Bethlehem gemordet, und hundert Mütter zerreißen in Verzweiflung ihre Kleider ob dem grausamen Verluste ihrer Kinder.

⁵ „Und das geschieht alles dieses *einen* Kindes wegen, von Dem die drei Weisen Persiens geistig aussagten, daß Es ein König der Juden sein werde.

⁶ „Herodes aber verstand darunter einen *Welt*könig; darum will er ihn töten, indem er selbst die Herrschaft Judäas erblich auf sich bringen will und fürchtet, dieser möchte sie ihm entreißen, — während dies Kind doch nur in die Welt kam, das Menschengeschlecht zu erlösen vom ewigen Tode!"

⁷ Als *Cyrenius* solches vernommen hatte, da sprang er auf vor Grimm gegen Herodes und sprach zu Joseph:

⁸ „Höre mich an, du Mann Gottes! Dieses Scheusal soll mich nicht zu seinem Werkzeuge dingen! Heute noch werde ich mit dir abreisen, und in meinem eigenen dreißigruderigen Schiffe wirst du ein gutes Nachtlager finden!

⁹ „Meinen vertrautesten und bei allen Göttern geschworenen Amtsgehilfen aber werde ich schon die Weisung geben, was sie mit allen Boten zu tun haben, die da mit an mich gerichteten Depeschen hier anlangen.

¹⁰ „Siehe, nach unseren geheimen Gesetzen müssen sie so lange in Gewahrsam gehalten werden, bis ich wieder hierher komme!

¹¹ „Die Briefe aber werden ihnen abgenommen und müssen mir ohne das Wissen der Herodesboten nachgesandt werden, auf daß ich daraus ersehe, wessen Inhaltes sie sind.

¹² „Ich aber weiß nun schon, wes Inhalts die Briefe sicher sein werden, und weiß auch, wie lange ich ausbleiben werde; sollten Nachboten kommen, so wird auch sie der Wartturm aufnehmen auf so lange, bis ich wiederkomme!

¹³ „Und so laß nun deine Familie reisefertig machen, und sogleich wollen wir mein sicheres Schiff besteigen!"

---

¹ ‚alle' ist eine Ergänzung des Hsg.

14 Joseph aber ward nun damit zufrieden, und in einer Stunde befanden sich alle ganz wohl untergebracht im Schiffe; selbst die Lasttiere Josephs wurden wohl untergebracht. Ein Nordwind blies, und die Fahrt ging wohl vonstatten.

15 Sieben Tage dauerte die Fahrt, und *alle Matrosen und Schiffsleute* beteuerten, daß sie so ganz ohne den allergeringsten Anstand noch nie dieses Gewässer durchrudert hätten, als diesmal, —

16 was sie aber für diese Zeit um so mehr für wunderbar hielten, indem — wie sie ihres Glaubens sagten — der Neptun in dieser Zeit gar wunderlich sei mit seinem Elemente, da er seine Schöpfungen im Grunde des Meeres ordne und mit seiner Dienerschaft Rat halte!

17 *Cyrenius* aber sagte zu den sich wundernden Schiffsleuten: „Höret, es gibt eine zweifache Dummheit: die eine ist frei, die andere geboten!

18 „Wäret ihr in der *freien,* da wäre euch zu helfen; aber ihr seid in der *gebotenen,* welche sanktioniert ist, und da ist euch nicht zu helfen,

19 „und so möget ihr ja dabei bleiben, als habe Neptun seinen Dreizack verloren und habe sich nun nicht getraut, mit seiner schuppigen Hand uns zu züchtigen für unsern Frevel, den wir an ihm begangen haben!"

20 *Joseph* aber sprach zu Cyrenius, fragend: „Ist es nicht üblich, daß man den Schiffsleuten einen Lohn verabreicht? Sage es mir, und ich will es tun, wie sich's gebührt, damit sie uns nichts Übles nachreden sollen!"

21 *Cyrenius* aber sagte: „Laß das gut sein! Denn siehe, diese sind unter meinem Gebote und haben ihren Dienstsold, — daher hast du dich um Weiteres nicht zu bekümmern!"

22 *Joseph* aber erwiderte: „Das ist sicher und wahr, — aber sie sind doch auch Menschen wie wir; daher sollen wir ihnen auch als Menschen entgegenkommen!

23 „Ist ihre Dummheit eine gebotene, so sollen sie ihre Haut dem Gebote weihen, aber ihren Geist soll meine Gabe ihnen frei machen!

24 „Laß sie daher hierher kommen, auf daß ich sie segne und sie in ihren Herzen möchten zu gewahren anfangen, daß auch für sie die Sonne der Gnade und Erlösung aufgegangen ist!"

25 Hier berief Cyrenius die Schiffsleute zusammen, und *Joseph* sprach über sie folgende Worte:

26 „Höret mich an, ihr getreuen Diener Roms und dieses eures Herrn! Treu und fleißig habt ihr das Schiff geleitet; ein guter Lohn soll von mir, dem diese Fahrt galt, euch dargereicht werden!

27 „Aber ich bin arm und habe weder Gold noch Silber; aber ich habe die Gnade Gottes im reichen Maße, und das ist die Gnade jenes Gottes, den ihr den ‚Unbekannten' nennet!

28 „Diese Gnade möge euch der große Gott in eure Brust gießen, auf daß ihr lebendigen Geistes werdet!"

29 Auf diese Worte kam über alle ein endloses Wonnegefühl, und alle fingen an, den unbekannten Gott zu loben und zu preisen.

30 Und Cyrenius erstaunte über diese Wirkung des Segens von Joseph und ließ sich dann selbst segnen von ihm.

42

Die Wirkung des Gnadensegens an Cyrenius. Josephs demütiges Selbstbekenntnis und bester Rat an Cyrenius. Die Ankunft in Ostrazine (Ägypten).

(Den 11. Okt. 1843)

Auch *Cyrenius* ward von einem großen Wonnegefühl befallen, daß er darob sprach: „Höre du, mein achtbarster Mann, ich empfinde nun also, wie ich's empfunden habe, als ich das Kindlein auf meinen Armen hielt.

2 „Bist du denn mit demselben *einer* Natur? Oder wie ist das, daß ich nun den gleichen Segen empfinde?"

3 *Joseph* aber sprach: „Edler Freund, nicht von mir, sondern allein vom Herrn Himmels und der Erde geht eine solche Kraft aus!

4 „Mich durchströmt sie nur bei solcher Gelegenheit, um dann segnend in dich überzufließen; aber ich selbst habe eine solche Kraft ewig nicht, denn Gott allein ist alles in allem!

5 „Ehre aber in deinem Herzen stets diesen einen, allein wahren Gott, so wird die Fülle dieses Seines Segens nie von dir entweichen!"

6 Und weiter sprach *Joseph:* „Und nun, Freund, siehe, wir haben mit der allmächtigen Hilfe des Herrn dieses Ufer erreicht, sind aber, wie es mir vorkommt, noch lange nicht in Ostrazine!

7 „Wohinzu liegt es denn, auf daß wir dahin zögen? Denn siehe, der Tag neigt sich! Was werden wir tun? Werden wir weiterziehen oder hier verbleiben bis morgen?"

8 Und *Cyrenius* sprach: „Siehe, wir sind am Eingange der großen Bucht, in deren innerstem Winkel zu unserer Rechten Ostrazine liegt als eine reiche Handelsstadt!

9 „In mäßigen drei Stunden mögen wir sie erreichen; aber so wir in der Nacht dort anlangen, so werden wir schwer eine Unterkunft finden! Daher wäre ich der Meinung, für heute hier im Schiffe zu übernachten und uns *morgen* dahin zu begeben."

10 *Joseph* aber sprach: „O Freund, wenn es nur drei Stunden sind, da sollen wir nicht hier übernachten! Dein Schiff mag wohl hier verbleiben, auf daß du kein Aufsehen erregest in dieser Stadt — und ich im geheimen komme an den Ort meiner Bestimmung!

11 „Denn würde die römische Besatzung alldort das Schiff eines Landpflegers Roms entdecken, so müßte sie dich mit großen Ehren empfangen,

12 „und ich müßte dann *nolens volens* [1] mit dir als Freund deine Beehrungen teilen, was mir wirklich im höchsten Grade unangenehm wäre.

13 „Daher wäre es mir wohl sehr erwünscht, daß wir uns sogleich weiter auf die Reise machen! Denn siehe, meine Lasttiere sind nun hinreichend ausgerastet und können uns gar leicht in kurzer Zeit nach Ostrazine bringen!

14 „Meine Söhne sind stark und gut bei Füßen; diese können zu Fuße gehen, und du bedienst dich mit einer nötigen Dienerschaft dieser fünf Lasttiere, und so ziehen wir leicht den Weg nach der nimmer fernen Stadt!"

15 Cyrenius willigte in den Rat Josephs, übergab das Schiff den Schiffs-

---

[1] „ob ich will oder nicht will".

leuten zur treuen Obhut, nahm dann vier Diener mit sich, bestieg die Lasttiere Josephs und zog dann sogleich mit Joseph in die Stadt.

¹⁶ In zwei Stunden war diese erreicht. Als sie aber in die Stadt einzogen, wurden sie um Schutzbriefe von der Torwache belangt.

¹⁷ Cyrenius aber gab sich dem Wachkommandanten zu erkennen; dieser ließ sogleich ihn begrüßen von den Soldaten und machte dann alsbald Anstalten für die Unterkunft.

¹⁸ Und so ward unsere Reisegesellschaft ohne den geringsten Anstand alsogleich in dieser Stadt recht wohl aufgenommen und auf das vorteilhafteste untergebracht.

43

Der Ankauf eines Landhauses für die heilige Familie durch Cyrenius.

(Den 12. Okt. 1843)

Des andern Tages am Morgen aber sandte *Cyrenius* sogleich einen Boten zum Obersten der Militärbesatzung und ließ ihm sagen, daß er sobald als tunlich, aber ohne alles Gepränge, zu ihm kommen solle.

² Und *der Oberste* kam zu Cyrenius und sprach: „Hoher Stellvertreter des großen Kaisers in Cölesyrien und oberster Kommandant von Tyrus und Sidon, laß mich vernehmen deinen Willen!"

³ Und *Cyrenius* sprach: „Mein geachtetster Oberster! Fürs erste wünsche ich, daß mir diesmal keine Ehrenbezeigungen erwiesen werden; denn ich bin inkognito [1] hier.

⁴ „Fürs zweite aber möchte ich von dir erfahren, ob hier entweder in der Stadt selbst ein bescheidenes Wohnhaus oder wenigstens nicht ferne von der Stadt irgendeine Villa käuflich oder wenigstens mietlich zu haben ist.

⁵ „Denn ich möchte für eine überaus hochschätzbarste, allerehrenwerteste jüdische Familie so etwas kaufen.

⁶ „Denn diese Familie hat sich aus uns wohlbekannten Gründen aus Palästina, von dem sauberen Herodes verfolgt, flüchten müssen und sucht nun Schutz in unserer römischen Biederkeit und allzeitigen strengen Gerechtigkeit.

⁷ „Ich habe alle Umstände dieser Familie genau untersucht und habe sie als höchst rein und gerecht befunden; daß sie aber unter solchen Umständen unter Herodes freilich wohl nicht bestehen kann, das ist ebenso gut begreiflich, als es begreiflich ist, daß dieses Scheusal von einem Vierfürsten Palästinas und einem Teile Judäas Roms größter Feind ist.

⁸ „Ich meine, du verstehst mich, was ich dir damit sagen will! Daher also möchte ich für diese also benannte Familie allhier so etwas Kleines und Nutzbares ankaufen.

⁹ „Wenn dir so etwas bekannt ist, so tue mir den Gefallen und zeige es mir an! Denn siehe, ich kann mich für diesmal nicht lange aufhalten, da wichtige Geschäfte meiner harren in Tyrus; daher muß alles noch heute in Ordnung gebracht werden!"

¹⁰ Und *der Oberste* sprach zu Cyrenius: „Durchlauchtigster Herr! Da ist der Sache bald abgeholfen; ich

---

[1] unerkannt.

selbst habe mir etwa eine halbe Milie außer¹ der Stadt eine recht nette Villa erbaut und habe da Obstgärten und drei schöne Kornäcker angelegt.

¹¹ „Mir aber bleibt zu wenig Zeit übrig, mich damit gehörig abgeben zu können. Sie ist mein vollkommenes Eigentum; wenn du sie haben willst, so ist sie mir um hundert Pfund samt Schutz und Schirm verkäuflich und kann als ein unbesteuertes Gut besessen werden."

¹² Als *Cyrenius* solches vernommen hatte, reichte er dem Obersten die Hand, ließ sich von seinen Dienern den Säckel bringen und zahlte dem Obersten die Villa sogleich noch ungesehen bar aus und ließ sich dann, ungesehen von Joseph, vom Obersten dahin geleiten, um da seinen Kauf zu besichtigen.

¹³ Als er die ihm überaus gut gefallende Villa besehen hatte, da befahl er sogleich seinen Dienern, in der Villa so lange zu verweilen, bis er mit der Familie zurückkommen werde.

¹⁴ Sodann begab er sich mit dem Obersten in die Stadt, ließ sich von ihm auf Pergament den Schutz- und Schirmbrief ausfolgen, empfahl sich dann beim Obersten und begab sich dann voll Freude hin zu Joseph.

¹⁵ Dieser fragte ihn sogleich, sagend *(Joseph):* „Guter, lieber Freund, ich muß meinem Gott danken, daß er dich also gesegnet hat, daß du mir bisher so viel Freundschaft hast erweisen mögen!

¹⁶ „Ich bin nun gerettet und habe hier für diese Nacht eine herrliche Unterkunft gehabt! Aber ich muß hier verbleiben; wie wird es in der *Zukunft* aussehen? Wo werde ich wohnen, wie mich fortbringen? Siehe, dafür muß ich mich sogleich umsehen!"

¹⁷ Und *Cyrenius* sagte: „Ganz wohl, mein allerachtbarster Mann und Freund! Laß daher deine Familie aufpacken deine Sachen, und ziehe dann sogleich mit Sack und Pack mit mir, und wir wollen einige hundert Schritte außer¹ der Stadt etwas aufsuchen, weil in der Stadt meiner Erkundigungen nach nichts zu haben ist!" — Das gefiel Joseph wohl, und er tat, was Cyrenius verlangte.

44

Joseph mit der heiligen Familie im neuen Heim. Cyrenius als Gast.
Der Dank Josephs und Marias.

(Den 13. Okt. 1843)

Als Cyrenius bei der gekauften Villa mit Joseph und dessen Familie anlangte, da sagte *Joseph* zu Cyrenius:

² „Edler Freund! Da gefiele es mir; eine prunklose Villa, ein artiger Obstgarten voll Datteln, Feigen, Granatäpfeln, Orangen, Äpfeln, Birnen und Kirschen,

³ „Trauben, Mandeln, Melonen und einer Menge Grünzeug! Und daneben ist noch Wiesengrund und drei Kornäcker, — das gehört alles sicher hierzu!

⁴ „Fürwahr, nichts Glänzendes und Prunkendes möchte ich haben; aber diese nutzbringend angelegte Villa, die da eine große Ähnlichkeit hat

---

¹ außerhalb.

mit meinem Mietgrunde zu Nazareth in Judäa, möchte ich entweder mieten oder kaufen!"

⁵ Hier zog *Cyrenius* den Kauf-, Schutz- und Schirmbrief hervor und übergab ihn dem Joseph mit den Worten:

⁶ „Der Herr, dein, nun auch mein Gott, segne es dir! Hiermit übergebe ich dir den steuerfreien Vollbesitz dieser Villa.

⁷ „Alles, was du mit einem Gebüsch dicht umwachsen und mit einem Palisadenzaune umfangen erschaust, gehört zu dieser Villa! Hinter dem Wohngebäude ist noch eine geräumige Stallung für Esel und Kühe! Zwei Kühe wirst du finden; Lasttiere aber hast du ohnehin genug für deinen Bedarf.

⁸ „Solltest du aber mit der Zeit wieder in dein Vaterland zurückkehren wollen, so kannst du diese Besitzung verkaufen und mit dem Gelde dir irgendwo etwas anderes anschaffen.

⁹ „Mit einem Worte, — du, mein großer Freund, bist von nun an im Vollbesitze dieser Villa und kannst damit tun, was du willst.

¹⁰ „Ich aber werde heute, morgen und übermorgen noch hier verbleiben, damit des Herodes arge Boten desto länger auf mich harren sollen!

¹¹ „Und nur diese kurze Zeit will ich einen Mitgebrauch, aus großer Liebe zu dir, von dieser Villa machen!

¹² „Ich dürfte zwar nur gebieten, und es müßte mir im Augenblicke der kaiserliche Palast eingeräumt werden, — fürs erste, weil ich mit der kaiserlichen Vollmacht ausgerüstet bin,

¹³ „und fürs zweite, weil ich ein naher Anverwandter des Kaisers bin.

¹⁴ „Aber dieses alles vermeide ich aus großer Achtung und Liebe zu *dir*, ganz besonders aber zu dem Kinde, das ich wenigstens unwiderruflich für den Sohn des allerhöchsten Gottes halte!"

¹⁵ *Joseph* aber war über diese edle Überraschung so sehr gerührt, daß er aus dankbarster Freude nur weinen, aber nicht lachen konnte.

¹⁶ Auch der Maria ging's nicht besser; aber sie faßte sich eher und ging zum Cyrenius und drückte ihre Dankbarkeit dadurch aus, daß sie das Kindlein dem Cyrenius auf die Arme legte. Und *Cyrenius* sprach ganz gerührt: „O Du mein großer Gott und Herr! Ist denn auch ein Sünder wert, Dich auf seinen Händen zu tragen? O sei mir denn gnädig und barmherzig!"

45

Die Besichtigung des neuen Heimwesens. Marias und Josephs Dankesworte dafür. Des Cyrenius Interesse an der Geschichte Israels.

(Den 14. Okt. 1843)

Joseph nahm, nachdem er sich aus seiner großen Überraschung erholt hatte, mit dem Cyrenius alles in Augenschein.

² Und Maria, die das Kindlein von den Armen des Cyrenius wieder nahm, besah auch alles mit und hatte eine rechte Freude über die große Güte des Herrn, darum Er auch irdisch für sie so wohl gesorgt hatte.

³ Und als sie alles besehen hatten und ins reine Wohnhaus eingekehrt

waren, da sprach *Maria* ganz selig zu Joseph:

⁴ „O mein teurer, geliebter Joseph! Siehe, ich bin über die Maßen fröhlich, daß der Herr so gut für uns gesorgt hat!

⁵ „Ja, es kommt mir überhaupt vor, als hätte der Herr die ganze alte Ordnung umgekehrt!

⁶ „Denn siehe, einst führte Er die Kinder Israels aus Ägypten ins gelobte Land Palästina, damals Kanaan genannt;

⁷ „nun aber hat Er Ägypten wieder zum gelobten Lande gemacht und floh mit uns oder führte uns vielmehr Selbst hierher, von wo Er einst unsere Väter erlösend führte durch die Wüste ins gelobte Land, das da überfloß von Milch und Honig."

⁸ Und *Joseph* sprach: „Maria, du hast eben nicht unrecht in deiner heiteren Bemerkung;

⁹ „aber nur bin ich der Meinung, daß diese deine Aussage nur für diese unsere gegenwärtige Stellung taugt.

¹⁰ „Im allgemeinen aber kommt es mir also vor, als hätte der Herr nun mit uns *das* getan, was er einst mit den Söhnen Jakobs getan hat, als eben im Lande Kanaan die große Hungersnot ausgebrochen war.

¹¹ „Das israelitische Volk blieb dann bis Moses in Ägypten; aber Moses führte es wieder heim durch die Wüste.

¹² „Und ich glaube, also wird es uns auch ergehen; auch wir werden hier nicht begraben werden und werden sicher müssen zur rechten Zeit wieder nach Kanaan zurückkehren!

¹³ „Zu unserer Väter Heimführung mußte zwar erst ein Moses erweckt werden; wir aber haben den Moses des Moses schon in unserer Mitte!

¹⁴ „Und so meine ich, es wird also geschehen, wie ich es ausgesprochen habe."

¹⁵ Und Maria behielt alle diese Worte in ihrem Herzen und gab Joseph recht.

¹⁶ Auch *Cyrenius* hatte diesem Gespräch aufmerksamst zugehört und gab dann Joseph zu verstehen, daß er mit der Urgeschichte der Juden näher bekannt werden möchte.

46

Die gemeinsame Mahlzeit und Josephs Erzählung über die Geschichte der Schöpfung, der Menschheit und des jüdischen Volkes. Des Cyrenius vorsichtiger Bericht an den Kaiser und seine gute Wirkung.

(Den 16. Okt. 1843)

Joseph befahl dann seinen Söhnen, die Tiere zu versorgen und dann nachzusehen, wie es mit den Eßwaren aussehe.

² Und diese gingen und taten alles nach dem Willen Josephs, versorgten die Tiere, molken die Kühe,

³ gingen dann in die Speisekammer und fanden dort einen großen Vorrat von Mehl, Brot, Früchten und auch mehrere Töpfe voll Honig.

⁴ Denn der Wachkommandant war ein großer Bienenzüchter nach der Schule, wie sie in Rom gang und gäbe war, daß sie darum sogar ein damaliger Dichter Roms besang.

⁵ Und sie brachten daher bald Brot, Milch, Butter und Honig in das Wohnzimmer zu Joseph.

⁶ Und *Joseph* besah alles, dankte

Gott und segnete all die Speisen, ließ sie dann auf den Tisch legen und bat Cyrenius, daran teilzunehmen.

⁷ Dieser erfüllte auch den Wunsch Josephs gerne; denn auch er war ein großer Freund von Milch und Honigbrot.

⁸ Während der Mahlzeit aber erzählte Joseph dem Cyrenius ganz kurz die Geschichte des jüdischen Volkes nebst der Geschichte der Schöpfung und des Menschengeschlechtes

⁹ und stellte das alles also bündig und folgerecht dar, daß es dem Cyrenius ganz einleuchtend ward, daß da Joseph sicher die gebürgteste Wahrheit geredet hatte.

¹⁰ Er ward darob einesteils sehr vergnügt für seinen Teil, aber wieder andrerseits betrübt für die Seinen in Rom, von denen er wohl wußte, in welch schändlicher Finsternis sie waren.

¹¹ Daher sprach er *(Cyrenius)* zu Joseph: „Erhabener Mann und nun größter Freund meines Lebens!

¹² „Siehe, ich habe nun einen Plan gefaßt! Alles, was ich nun von dir vernommen habe, werde ich also meinem nahe¹ leiblichen **Bruder**, dem Kaiser Augustus, berichten, aber nur also, als hätte ich's zufällig von einem mir übrigens ganz unbekannten Juden voll Biederkeit vernommen.

¹³ „Dein Name und dein Aufenthalt wird nicht im allerentferntesten Sinne berührt; denn warum sollte denn der beste Mensch in Rom, der Kaiser Augustus, mein Bruder, ewig sterben müssen?"

¹⁴ Diesmal willigte Joseph ein, und Cyrenius blieb und schrieb noch in Ostrazine drei Tage lang und sandte es durch ein Extraschiff nach Rom an den Kaiser, mit der alleinigen Unterschrift: Dein Bruder Cyrenius.

¹⁵ Die Durchlesung dieser Nachricht von Seite des Cyrenius hat dem Kaiser die Augen geöffnet; er fing dann das jüdische Volk zu achten an und verschaffte ihm sogar die Gelegenheit, gegen eine kleine Taxe als echt römische Bürger aufgenommen zu werden.

¹⁶ Zugleich aber wurden alle extrafeinen Heidentumsprediger unter irgendeinem Vorwande aus Rom verbannt.

¹⁷ Der sonst in Rom so beliebte Dichter Ovidius wurde aus einem ähnlichen Grunde, welchen man aber nicht erfahren konnte, aus Rom verbannt; und so erging's dann unter dem Augustus auch dem Priesterstande nicht am besten.

47

Die Abreise des Cyrenius und seine Vorsorge für die heilige Familie.
Die Schreckensbotschaft der Zeugen des Kindermordes.
Ein Brief des Cyrenius an Herodes.

(Den 17. Okt. 1843)

Am vierten Tage empfahl sich dann erst Cyrenius, nachdem er zuvor dem Stadtobersten ganz besonders ans Herz gelegt hatte, dieser Familie ja seinen Schutz bei jeder Gelegenheit unverzüglich angedeihen zu lassen.

² Als er aber fortzog, da wollte ihm die ganze Familie das Geleite geben

---

¹ nahezu;

bis zum Meere, da ¹ sein Schiff vor Anker lag.

³ Aber *Cyrenius* lehnte das freundschaftlichst ab und sprach: „Liebster, erhabener Freund, bleibe du nun ungestört allhier!

⁴ „Denn man kann nicht wissen, was alles für Nachboten schon mein Schiff eingeholt haben — und mit was für Nachrichten!

⁵ „Obschon du aber nun vollkommen gesichert bist, so ist aber hier doch auch für mich jene Klugheit vonnöten, durch welche von den Nachzettlern niemand erfahren soll, warum ich diesmal im Januarius Ägypten besucht habe!"

⁶ Joseph aber verstand den Cyrenius wohl, blieb zu Hause und segnete diesen Wohltäter an ² der Hausflur.

⁷ Darauf begab sich Cyrenius unter der Verheißung, den Joseph bald wieder zu besuchen, von dannen mit seinen 4 Dienern und erreichte also zu Fuß gar bald sein Schiff.

⁸ Allda angelangt, wurde er alsbald mit großem Jubel empfangen, — aber hintendrein auch von einigen anderen hier angelangten Boten mit einem großen Jammergeschrei.

⁹ Denn viele Eltern flüchteten sich von der Küste Palästinas vor der Verfolgung des Herodes, des Kindermörders, und erzählten sogleich über Hals und Kopf, welche Greuel Herodes um Bethlehem und im ganzen südlichen Teile Palästinas mit Hilfe der römischen Soldaten verübe.

¹⁰ Hier schrieb Cyrenius sogleich einen Brief an den Landpfleger von Jerusalem und an den Herodes selbst einen andern, und das gleichen Sinnes.

¹¹ Der Brief aber lautete also kurz: „Ich, Cyrenius, ein Bruder des Kaisers und oberster Landpfleger über Asien und Ägypten, befehle euch im Namen des Kaisers, eurer Grausamkeit auf der Stelle Einhalt zu tun,

¹² „widrigenfalls ich den Herodes als einen barsten Rebellen ansehen werde und werde ihn züchtigen nach dem Gesetze, nach der Gebühr und nach meinem gerechten Zorne!

¹³ „Seine Greuel aber hat der Landpfleger von Jerusalem genau zu untersuchen und mich davon unverzüglich in Kenntnis zu setzen, auf daß mir der Wüterich der gerechten Strafe für seine Tat nicht entgehe!

¹⁴ „Geschrieben auf meinem Schiff ‚Augustus' an der Küste zu Ostrazine, im Namen des Kaisers, dessen oberster Stellvertreter in Asien und Ägypten und sonderheitlich Landpfleger in Cölesyrien, Tyrus und Sidon. Cyrenius *vice Augusti* ³."

48

Die Wirkung und Folge dieses Briefes. Die List des Herodes.
Ein zweiter Brief des Cyrenius an Herodes.

Der Landpfleger von Jerusalem und Herodes aber entsetzten sich gewaltigst über den Brief des Cyrenius, stellten ihr Greuelgetriebe ein und sandten Boten nach Tyrus, die dem Cyrenius anzeigen sollten, aus welcher wichtigen Ursache sie solches taten.

² Sie schilderten mit den grellsten Farben die Gesandtschaft der ohne-

---

¹ wo. ² auf; ³ in Vertretung des Augustus

hin schlüpfrigen Perser und behaupteten sogar, daß sie gar wichtige, geheime Spuren entdeckt hätten, daß sogar des Cyrenius Bruder, Kornelius, in diese geheime, ganz asiatische Verschwörung als Oberhaupt mit einbegriffen sei.

³ Denn man habe in Erfahrung gebracht, daß Kornelius diesen neuen König der Juden in seinen Schutz genommen habe.

⁴ Und Herodes sei nun gesonnen, Boten nach Rom darob zu senden, so ihm vom Cyrenius nicht Gewähr geleistet werde.

⁵ Cyrenius habe daher den Kornelius der strengsten Untersuchung zu unterziehen, — wo nicht, so werde der Bericht an den Kaiser unausbleiblich abgehen!

⁶ Diese Reprise¹, welche *Cyrenius* schon wieder in Tyrus erhielt, machte ihn anfangs stutzen.

⁷ Aber er faßte sich sogleich, vom göttlichen Geiste geleitet, und schrieb folgende Zeilen an Herodes, sagend nämlich:

⁸ „Wie lautet das geheime Gesetz des Augustus für allfällige Entdeckungen der Komplotte? Es lautet also: ‚So jemand irgendein geheimes Komplott entdeckt, so hat er sich ruhigst zu benehmen und alles sogleich umständlichst der höchsten Staatsbehörde des Landes anzuzeigen!

⁹ „‚Weder ein Sonderheitlicher Landpfleger, noch weniger ein Lehensherr aber hat ohne den ausdrücklichen Befehl der obersten Staatsbehörde, welche alles eher ² wohl zu untersuchen hat, einen Finger ans Schwert zu legen.

¹⁰ „‚Denn nirgends kann ein unzeitiger Angriff einen größeren Schaden für den Staat bewirken als eben in diesem Punkte,

¹¹ „‚indem das Komplott dadurch sich zurückzieht und seinen bevorhabenden Umtrieb unter noch verschmitzteren Kniffen verbirgt und ihn in günstigeren Umständen sicher, seinen Zweck nicht verfehlend, zum effektiven Vorschein bringt!'

¹² „Das ist in dieser gar wichtigsten Hinsicht des weisesten Kaisers eigenmündiges Gebot!

¹³ „Habt ihr darnach gehandelt? — Mein Bruder Kornelius aber hat darnach gehandelt! Er hat sich des sein sollenden neuen Königs der Juden alsbald bemächtigt,

¹⁴ „hat mir ihn in die Gewalt geliefert, und ich habe mit ihm schon lange die gerechtesten Verfügungen nach der Gewalt getroffen, die mir über Asien und Ägypten zusteht.

¹⁵ „Mein Bruder hat euch alles das vorgestellt, — allein er redete zu tauben Ohren.

¹⁶ „Als wahrhafte Rebellen habt ihr gegen alle Vorstellung meines Bruders den Kindermord unternommen und habt mich noch obendrauf keck aufgefordert, daß ich euch unterstützen solle! Heißt das, das kaiserliche Gesetz handhaben?

¹⁷ „Ich aber sage euch: der Kaiser ist bereits von allem unterrichtet und hat mich bevollmächtigt, den Landpfleger von Jerusalem abzusetzen, obschon er mir anverwandt ist, und dem Herodes eine Strafe von zehntausend Pfund Goldes aufzuerlegen.

¹⁸ „Der entsetzte ³ Landpfleger hat sich binnen fünf Tagen bei mir einzufinden und der Herodes seine Geldbuße in längstens dreißig Tagen hier völlig zu entrichten, im widrigen Falle er seines Lehensrechtes verlustig erklärt wird. *Fiat!* ⁴

Cyrenius *vice Augusti.*"

---

¹ Gegenmaßregel?; ² vorher; ³ seines Amtes enthoben; ⁴ Es geschehe!

49

Die Wirkung des zweiten Schreibens. Die Ankunft des Herodes und des Landpflegers in Tyrus. Der Empfang bei Cyrenius. Die Erregung des geängstigten Volkes. Maronius Pilla vor Cyrenius.

Dieser Brief des Cyrenius hat erst vollends den Landpfleger von Jerusalem wie den Herodes in die größte Angst versetzt.

² Herodes und der Landpfleger, namens Maronius Pilla, begaben sich darum schleunigst zum Cyrenius, —

³ Herodes, um von seiner Buße etwas herabzuhandeln, und der Landpfleger, um in sein Amt wieder aufgenommen zu werden.

⁴ Als sie mit großem Gefolge in Tyrus anlangten, da entsetzte sich das Volk; denn es war der Meinung, Herodes werde auch hier seine Grausamkeit ausüben mit dem Einverständnisse des Cyrenius.

⁵ *Cyrenius* aber, der da die Veranlassung zu dieser Erscheinung nicht wußte, entsetzte sich anfangs,

⁶ faßte sich aber dann und fragte das Volk ganz freundlichst, was es denn gäbe, was vorgefallen sei, darum es also gewaltig geängstigt vor ihm schreie.

⁷ *Das Volk* aber schrie: „Er ist da, er ist da, der Grausamste der Grausamen, der in ganz Palästina viele Tausende von den unschuldigsten Kindern ermorden ließ!"

⁸ Nun erst erriet *Cyrenius* den Grund der Angst des Volkes, tröstete es, worauf das Volk sich wieder beruhigte und von dannen ging; er aber machte sich gefaßt auf den Empfang der beiden.

⁹ Kaum war das Volk hinweggezogen, so ließen auch schon die beiden sich anmelden.

¹⁰ *Herodes* trat zuerst vor den Cyrenius, verbeugte sich tiefst vor der kaiserlichen Hoheit und erbat sich die Erlaubnis zu reden.

¹¹ Und *Cyrenius* sprach mit großer Erregtheit: „Rede du, für den die Hölle zu gut ist, um ihm einen Namen zu geben! Rede, du bösartigster Auswurf der untersten Hölle! Was willst du von mir?"

¹² Und *Herodes,* ganz erblassend vor den Donnerworten des Cyrenius, sprach bebend: „Herr der Herrlichkeit Roms! Zu unerschwingbar groß ist die von dir diktierte Buße; erlaß mir daher die Hälfte!

¹³ „Denn Zeus sei mir Zeuge, daß ich, was ich getan habe, im gerechten Eifer für Rom getan habe!

¹⁴ „Ich habe freilich grausam gehandelt; aber es war nicht anders möglich, denn die persische, gar glänzende Gesandtschaft hat mich offenbar dazu veranlaßt, indem ich von ihr hintergangen ward gegen ein von ihr mir gegebenes Wort."

¹⁵ *Cyrenius* aber sprach: „Hebe dich von hier, arger Lügner zu deinem Vorteile! Mir ist alles bekannt! Bekenne dich unverzüglich zur diktierten Buße, oder ich lasse dir auf der Stelle hier deinen Kopf vom Rumpfe schlagen!"

¹⁶ Hier bekannte sich *Herodes* zur Buße, und dies unter der Geisel des abgeforderten Lehensbriefes, der ihm erst nach der geleisteten Buße wieder überreicht ward.

¹⁷ Und *Cyrenius* hieß ihn darauf sich entfernen und ließ den Maronius Pilla vor.

¹⁸ Dieser aber, da er im Vorgemache die Stimme des Cyrenius vernommen hatte, kam schon mehr als

eine Leiche denn als ein lebendiger Mensch vor den Cyrenius.

¹⁹ *Cyrenius* aber sprach: „Pilla, fasse dich, denn du warst gezwungen! Du mußt mir wichtige Aufschlüsse geben; darum ließ ich dich rufen! Deiner harrt keine Buße, außer die deines Herzens vor Gott!"

50

Das Verhör des Landpflegers durch Cyrenius. Der Beschönigungsversuch des Landpflegers. Die Gewissensfrage des Cyrenius an den Maronius, dessen Bekenntnis und Verurteilung.

Nach dieser Anrede des Cyrenius fiel dem Maronius Pilla ein gewaltiger Stein von der Brust; der Puls fing an, freier zu gehen, und er ward bald fähig, dem Cyrenius zur Rede zu stehen.

² Und als *Cyrenius* sah, daß der Maronius Pilla sich erholt hatte, fragte er ihn folgendermaßen:

³ „Ich sage dir, gib mir die gewissenhafteste Antwort darüber, worüber ich dich fragen werde! Denn jede ausflüchtige Antwort wird dir mein gerechtes Mißfallen zuziehen!

⁴ „Sage mir, kennst du die Familie, deren erstgeborenes Kind der sogenannte neue König der Juden sein soll?"

⁵ *Maronius Pilla* antwortete: „Ja, ich kenne sie persönlich nach der Kundgabe der Judenpriester! Der Vater heißt Joseph und ist ein Zimmermann ersten Rufes in ganz Judäa und halb Palästina und ist seßhaft nahe bei Nazareth.

⁶ „Seine Redlichkeit ist im ganzen Lande, wie auch in ganz Jerusalem bekannt. Er mußte vor ungefähr elf Monden ein reif gewordenes Mädchen aus dem jüdischen Tempel zur Obhut nehmen, ich glaube, durch eine Art Losung.

⁷ „Dieses Mädchen hat wahrscheinlich in Abwesenheit dieses biederen Zimmermannes etwas zu früh der Venus¹ gehuldigt, ward schwanger, darob dann meines Wissens dieser Mann grobe Anstände mit der jüdischen Priesterschaft zu bestehen hatte.

⁸ „Insoweit ist mir die Sache wohl bekannt; aber mit der Entbindung dieses Mädchens — das da dieser Mann, um der Schande zu entgehen, die er von seinen Genossen zu befürchten hatte, noch vor der Entbindung zum Weibe genommen haben soll — haben sich überaus mystische Sagen im Volke verbreitet, und man kann darüber nicht ins klare kommen.

⁹ „Sie hat bei der Gelegenheit der Volksbeschreibung in Bethlehem entbunden, und zwar in einem Stalle; so viel habe ich herausgebracht.

¹⁰ „Alles Weitere ist mir völlig unbekannt; solches sagte ich auch dem Herodes.

¹¹ „Dieser aber meinte, Kornelius habe diese ihm (Herodes) von den Persern verdächtig gemachte Familie irgend im Volke verbergen wollen, um ihm den Lehensthron streitig zu machen, da er wohl weiß, daß dein Bruder sein Freund nicht ist.

¹² „Darum nahm er denn auch zu dieser exzentrischen² Grausamkeit seine Zuflucht, um dadurch vielmehr dem Kornelius seinen Plan zu verei-

---

¹ Göttin der Liebe; ² überspannten.

teln, als so ganz eigentlich dieses neuen Königs habhaft zu werden.

¹³ „Er übte somit mehr aus Rache gegen deinen Bruder, als aus Furcht vor diesem neuen König, diese kindermörderische Rache aus. Das ist nun alles, was ich dir zu sagen weiß über diese sonderbare Begebenheit."

¹⁴ Und *Cyrenius* sprach weiter: „Bisher habe ich aus deinen Worten ersehen, daß du zwar die Wahrheit geredet hast; aber daß du dabei vor mir auch gewisserart den Herodes weiß waschen möchtest, ist mir keineswegs entgangen.

¹⁵ „Ich sage dir aber: die Tat des Herodes, wie ich geschrieben habe, läßt sich durch nichts entschuldigen!

¹⁶ „Denn ich will es dir sagen, warum Herodes diese allerunmenschlichste Grausamkeit ausgeübt hat.

¹⁷ „Höre! Herodes ist selbst der allerherrschsüchtigste Mensch, den je die Erde genährt hat.

¹⁸ „Wenn er es könnte und einigermaßen nur eine entsprechende Macht dazu hätte, so würde er heute noch mit uns Römern, den Augustus nicht ausgenommen, das tun, was er mit den unschuldigsten Kindern getan hat! Verstehst du mich?

¹⁹ „Er hatte diesen Kindermord nur darum unternommen, weil er der Meinung war, uns Römern einen groß respektablen Dienst zu erweisen und sich dadurch als echter römischer Patriot zu zeigen, auf daß ihm der Kaiser mein Amt zum Lehensfürstentume noch hinzu anvertrauen möchte,

²⁰ „wodurch er dann gleich mir *vice Caesaris* [1] unumschränkt mit [2] dem Drittel der ganzen römischen Macht disponieren könnte und könnte sich dadurch dann auch von Rom ganz los und unabhängig machen, um als Alleinherrscher über Asien und Ägypten dazustehen.

²¹ „Verstehst du mich? — Siehe, das ist der mir wohlbekannte Plan dieses alten Scheusals; und wie ich ihn kenne, so kennt ihn nun auch Augustus!

²² „Nun aber frage ich dich bei deinem Kopfe zum Pfande der Wahrheit, die du mir darüber zu erteilen hast, ob du von diesem Plane des Herodes gewußt hast, als er dich zu seinem schändlichsten Werkzeuge gedingt hatte.

²³ „Rede; aber bedenke, daß dich hier jede unwahre, ausflüchtige Silbe das Leben kostet! Denn mir ist in dieser Sache jeder Punkt auf ein Haar bekannt."

²⁴ Hier ward *Maronius Pilla* wieder zur Leiche und stotterte: „Ja, du hast recht, ich wußte *auch,* was der Herodes im Schilde führte!

²⁵ „Aber ich fürchtete seinen argen Intriguengeist und mußte darum tun nach seinem Verlangen, um ihm dadurch den Grund zu einer noch größeren Intrigue zu zerstören.

²⁶ „Ganz also durch und durch aber, wie ich den Herodes jetzt durch dich kenne, habe ich ihn ehedem doch nicht erkannt; denn hätte ich das, da lebte er nicht mehr!"

²⁷ „Gut", sprach *Cyrenius,* „ich schenke dir im Namen des Kaisers zwar das Leben; aber in dein Amt werde ich dich nicht eher wieder einsetzen, als bis deine Seele genesen wird von einer starken Krankheit! Bei mir hier wirst du gepflegt, deine Stelle aber wird einstweilen mein Bruder Kornelius versehen; denn siehe, ich traue dir nimmer! Daher bleibst du hier, bis du gesund wirst!"

---

[1] in Stellvertretung des Kaisers; [2] über ein Drittel.

51

Das volle Geständnis des Maronius Pilla. Cyrenius als weiser Richter.

Als *Maronius Pilla* solch Urteil von Cyrenius vernommen hatte, da sprach er mit bebender Stimme:

² „Wehe mir; denn es ist alles verraten! Ich bin ein *Republikaner*, und solches ist dem Kaiser offen dargelegt! Wehe, ich bin verloren!"

³ *Cyrenius* aber sprach: „Wohl wußte ich es, wessen Geistes Kinder ihr seid, und welch ein Grund dich zum Kindermorde mit dem Herodes verbündet hat.

⁴ „Darum handelte ich auch also, wie ich gehandelt habe.

⁵ „Wahrlich, so du nicht samt mir dem ersten Hause Roms entstammtest, ich hätte dir ohne Gnade den Kopf herabschlagen lassen,

⁶ „wo ich dich nicht sogar ans Querholz hätte heften lassen! Ich aber habe dich darum begnadigt, weil du fürs erste von Herodes mehr *verleitet* wardst zu diesem Schritte, und weil du einer der ersten Patrizier Roms bist samt mir und dem Augustus Cäsar.

⁷ „Aber in dein Amt kommst du nicht, solange Herodes leben wird, und solange du nicht vollkommen geheilt sein wirst!

⁸ „Die Bedingung deines Hierseins aber wirst du dadurch erfüllen, daß du ohne alle Widerrede dich der Arbeit unterziehen wirst, die ich dir zuteilen werde, und daß du streng unter meinen Augen wandeln wirst.

⁹ „Im Frühjahre aber werde ich einen amtlichen Ausflug nach Ägypten machen, — dahin wirst du mich begleiten!

¹⁰ „Dort wohnt außer¹ der Stadt ein alter Weiser; diesem werde ich dich unter die Augen stellen, — und er wird dir alle deine Krankheit kundtun!

¹¹ „Und es wird sich dort auf den ersten Augenblick zeigen, inwieweit allen deinen Aussagen zu trauen ist!

¹² „Bereite dich daher wohl vor; denn dort wirst du *mehr* antreffen denn das Orakel zu Delphi!

¹³ „Denn dort wirst du vor einen Richter gestellt werden, dessen Augenschärfe das Erz fließen macht wie Wachs! — Bereite dich daher wohl vor; denn bei diesem Ausspruche wird es verbleiben!"

52

Die Reise des Cyrenius nach Ägypten und seine Ankunft in Ostrazine. Josephs und Marias Entschluß, den Cyrenius zu begrüßen. Die ersten Worte des Kindleins.

Das bestimmte Frühjahr kam gar bald heran; denn in dieser Gegend ist dessen Anfang schon im halben Februar.

² Aber Cyrenius bestimmte seine Reise nach Ägypten erst im halben März, welcher Monat bei den Römern gewöhnlich für militärische Geschäfte festgesetzt war.

³ Als sonach der halbe März erschien, ließ Cyrenius alsbald wieder sein Schiff ausrüsten und trat mit Maronius Pilla gerade am fünfzehnten die Reise nach Ägypten an.

---

¹ außerhalb.

⁴ In fünf Tagen ward diesmal die Reise zurückgelegt.

⁵ Diesmal ließ Cyrenius sich in Ostrazine mit allen Ehren empfangen; denn er mußte diesmal größere militärische Musterungen und Visitationen halten.

⁶ Darum mußte er sich diesmal auch mit allen Auszeichnungen empfangen lassen.

⁷ Es machte sonach diese Ankunft des Cyrenius ein überaus großes Aufsehen in Ostrazine, welches auch bis zu unserer bekannten Villa sich verbreitete.

⁸ Joseph sandte darum die zwei ältesten seiner Söhne in die Stadt, auf daß sie sich genau erkundigen sollten, was das sei, darum die ganze Stadt in solcher Bewegung ist.

⁹ Und die beiden Söhne gingen eiligst und kamen bald mit der guten Botschaft zurück, daß Cyrenius in der Stadt angekommen sei, und wo er wohne.

¹⁰ Als *Joseph* solches vernommen hatte, sprach er zu Maria: „Höre, diesen großen Wohltäter müssen wir sogleich dankbar besuchen, und das Kindlein darf nicht zurückbleiben!"

¹¹ Und *Maria,* voll Freuden über diese Nachricht, sprach: „O lieber Joseph, das versteht sich von selbst; denn das Kindlein ist ja der eigentliche Liebling des Cyrenius!"

¹² Und sogleich zog Maria dem schon recht stark gewachsenen Kinde ganz neue, von ihr selbst verfertigte Kleider an und fragte so in ihrer mütterlichen Liebe und Unschuld das Kindlein:

¹³ „Gelt, Du mein herzallerliebstes Söhnchen, Du mein geliebtester Jesus, Du gehst auch mit, den lieben Cyrenius zu besuchen?"

¹⁴ Und *das Kindlein* lächelte die Maria gar munter an und sprach deutlich das erste Wort; und das Wort lautete:

¹⁵ „Maria, jetzt folge Ich *dir,* bis du *Mir* einst folgen wirst!"

¹⁶ Diese Worte brachten eine solch erhabene Stimmung im Hause Josephs hervor, daß er darob beinahe den Besuch bei Cyrenius vergessen hätte.

17 Aber *das Kindlein* ermahnte den Joseph Selbst, sein Vorhaben nicht aufzuschieben; denn Cyrenius hätte diesmal viel zu tun zur Wohlfahrt der Menschen.

53

Josephs und Marias Angst und Fluchtgedanken auf dem Paradeplatze. Das Zusammentreffen mit Cyrenius und Maronius Pilla. Das Ende der Truppenbesichtigung und die Heimkehr der heiligen Familie in Begleitung des Cyrenius.

Darauf machten sich Joseph und Maria sogleich auf den kurzen Weg; und der älteste Sohn Josephs begleitete sie, ihnen den nächsten Weg zur Burg zeigend, in der sich Cyrenius aufhielt.

² Als sie aber auf den großen Platz gelangten, siehe, da war derselbe ganz mit Soldaten angefüllt, so daß nicht leichtlich zum Eingange in die Burg zu gelangen war.

³ Und *Joseph* sprach zu Maria: „Geliebtes Weib, siehe, was für uns Menschen unmöglich ist, das bleibt uns unmöglich!

⁴ „Also ist es auch jetzt rein unmöglich, durch alle diese Soldatenreihen zur Burg zu gelangen; daher

sollten wir geradezu wieder umkehren und eine günstigere Zeit abwarten!

⁵ „Auch das Kindlein blickt diese rauhen Kriegerreihen ganz ängstlich an! Es könnte leicht erschrecken und darauf krank werden, und wir hätten dann die Schuld; daher kehren wir zurück!"

⁶ *Maria* aber sprach: „Geliebtester Joseph! Siehe, so mich meine Augen nicht täuschen, so ist jener Mann, der soeben da vor dieser letzten Reihe mit einem glänzenden Helm auf dem Kopfe dahergeht, ja eben der Cyrenius!

⁷ „Warten wir daher ein wenig, bis er daher kommt; vielleicht wird er unser ansichtig und wird uns dann sicher einen Wink geben, was wir zu tun haben, — ob wir zu ihm kommen sollen, oder nicht!"

⁸ Und *Joseph* sprach: „Ja, geliebtes Weib, du hast recht; es ist offenbar Cyrenius selbst!

⁹ „Aber siehe einmal den andern Helden, der neben ihm einhergeht, so recht fest ins Gesicht! Wenn das nicht der berüchtigte Landpfleger von Jerusalem ist, so will ich nicht Joseph heißen!

¹⁰ „Was tut dieser hier? Sollte seine Gegenwart uns gelten? Sollte uns Cyrenius schändlichst also an den Herodes ausgeliefert haben?!

¹¹ „Das Beste an der Sache ist, daß er dich und mich persönlich sicher nicht kennt; und so können wir uns noch durch eine neue Flucht tiefer nach Ägypten hinein retten.

¹² „Denn kennete er mich oder dich, so wären wir schon verloren; denn er ist nun kaum mehr zwanzig Schritte von uns entfernt und könnte uns sogleich ergreifen lassen.

¹³ „Daher ziehen wir uns nur schleunigst zurück, sonst ist es mit uns geschehen, so der Cyrenius unser ansichtig wird, der uns sicher noch gar wohl kennt!"

¹⁴ Hier erschrak Maria und wollte sogleich zurückfliehen. Aber das Volksgedränge gestattete hier keine Flucht; denn die Neugierde trieb so viele Menschen auf den Platz, daß durch sie es wohl unmöglich war, sich hindurchzudrängen.

¹⁵ *Joseph* sagte daher: „Was unmöglich ist, das ist unmöglich; ergeben wir uns daher in den göttlichen Willen! Der Herr wird uns auch diesmal sicher nicht verlassen!

¹⁶ „Stecken wir aber doch zur Vorsicht so hübsch die Köpfe zusammen, auf daß wenigstens der Cyrenius uns nicht von Angesichte erkennt!"

¹⁷ Bei dieser Gelegenheit aber kam auch der Cyrenius so ziemlich knapp an den Joseph und schob ihn ein wenig vom Wege. Joseph aber konnte des Gedränges wegen nicht weichen; daher sah Cyrenius seinen hartnäckigen Mann sich näher an und erkannte alsbald den Joseph.

¹⁸ Als er aber des Joseph ansichtig ward und der Maria und des ihn anlächelnden Kindes, da wurden seine Augen vor Freude voll Tränen; ja, so erfreut ward Cyrenius, daß er kaum zu reden vermochte!

¹⁹ Doch aber faßte er sich sobald als möglich, ergriff mit Hast die Hand Josephs, drückte sie an sein Herz und sprach:

²⁰ (*Cyrenius:*) „Mein erhabenster Freund! Du siehst mein Geschäft!

²¹ „O vergib mir, daß ich noch nicht dich habe besuchen können; aber soeben ist die Musterung zu Ende! Ich werde sogleich die Truppen abziehen lassen in ihre Kasernen,

²² „sodann dem Obersten meinen kurzen Befehl erteilen für morgen und dann alsogleich hier umgekleidet bei dir sein und dich geleiten in deine Wohnung!"

²³ Hier wandte er sich noch voll Freude zu Maria und zum Kinde und fragte, gleichsam das Kindlein kosend:

²⁴ „O Du mein Leben, Du mein Alles, kennst Du mich noch? Hast Du mich lieb, Du mein holdestes Kindchen Du?"

²⁵ Und *das Kindchen* hob Seine Händchen weit gebreitet gegen den Cyrenius auf, lächelte ihn gar sanft an und sprach dann deutlich:

²⁶ „O Cyrenius! Ich kenne dich wohl und liebe dich, weil du Mich so sehr lieb hast! — Komme, komme nur zu Mir; denn Ich muß dich ja segnen!"

²⁷ Das war zuviel für das Herz des *Cyrenius;* er nahm das Kindlein auf seine Arme, drückte Es an sein Herz und sprach:

²⁸ „Ja, Du mein Leben, mit Dir auf meinen Armen will ich das Kommando zum langen Frieden der Völker erteilen!"

²⁹ Hier rief er den Obersten zu sich, erteilte ihm seine volle Zufriedenheit und befahl ihm, die Truppen abziehen zu lassen und drei Tage lang auf Kosten des eigenen Beutels (d. h. des Cyrenius Beutels) verpflegen zu lassen, und lud dann den Obersten zu einem guten Mahl nebst mehreren Hauptleuten auf die Villa Josephs ein.

³⁰ Er aber zog, wie er war, geleitet von dem sich stets mehr wundernden Maronius Pilla, sogleich, das Kindlein selbst tragend, mit Joseph und der Maria hinaus auf die Villa und ließ dort durch seine Diener sogleich ein festlich Mahl bereiten. Das aber machte ein großes Aufsehen in der Stadt; denn alles Volk ward entflammt mit Liebe für den Cyrenius, da es in ihm einen so großen Kinderfreund ersah.

54

Josephs bange Frage an Cyrenius wegen der Anwesenheit des Maronius Pilla. Des Cyrenius beruhigende Antwort. Die Ankunft im Landhaus Josephs.

Dem *Joseph* aber war alles recht, und er lobte in seinem Herzen auch Gott den Herrn inbrünstig für diese überglückliche Wendung seiner ängstlichen Besorgnis.

² Aber dennoch genierte ihn ein wenig der Maronius; denn er wußte noch immer nicht, was denn so ganz eigentlich dieser Freund des Herodes hier mache.

³ Daher nahte er sich noch auf dem Wege ganz unvermerkt dem Cyrenius und fragte ihn etwas leise:

⁴ „Edelster Freund der Menschen! Ist dieser Held, der da vor dir zieht, nicht der Maronius von Jerusalem?

⁵ „Wenn er es ist, dieser Freund des Herodes, was macht er wohl hier?

⁶ „Sollte er etwa irgend Wind von mir erhalten haben und will mich hier aufsuchen und gefangennehmen?

⁷ „O edelster Freund der Menschen, belasse mich nicht länger in dieser bangen Ungewißheit!"

⁸ *Cyrenius* aber ergriff die Hand Josephs und sagte ebenfalls ganz leise zu ihm:

⁹ „O du mein liebster, erhabenster Freund, fürchte dich vor dem im Ernste wirklich gewesenen Landpfleger von Jerusalem ja nicht im geringsten!

¹⁰ „Denn heute noch sollst du dich selbst überzeugen, daß er einen bei weitem größeren Grund hat, sich vor *dir* zu fürchten, als du vor *ihm*!

¹¹ „Denn siehe, er ist nun nimmer Landpfleger in Jerusalem, sondern er ist nun, wie du ihn siehst, mein barster Gefangener und wird seine Stelle nicht eher wieder einnehmen, als bis er vollkommen geheilt sein wird!

¹² „Ich habe ihn aber gerade deinetwegen mitgenommen; denn als ich ihn verhörte der Greueltat in Palästina wegen,

¹³ „da gab er vor, dich und die Maria persönlich zu kennen! Wie es sich aber jetzt zeigt, so kennt er weder dich noch dein Weib Maria!

¹⁴ „Und das ist schon ein sehr gutes Wasser auf unsere Mühle.

¹⁵ „Er weiß aber keine Silbe, daß du hier bist; darum mußt du dich auch nirgends verraten!

¹⁶ „Denn er erwartet hier nur einen überweisen Mann, der ihm seine Eingeweide enthüllen wird,

¹⁷ „und das ist kein anderer als du selbst! Denn darum habe ich ihn nach meiner Aussage mitgenommen, daß er in dir den weisen Mann soll kennen und zu seinem Besten verkosten lernen.

¹⁸ „Er fürchtet dich daher schon im voraus ganz entsetzlich und ist, nach seinem sehr blassen Aussehen zu schließen, schon sicher der Meinung, daß du der von mir erwählte Mann sein wirst!

¹⁹ „Aus diesem wenigen kannst du vorderhand dich schon ganz beruhigen; die Folge aber wird dir dieses alles ins klarste Licht setzen!"

²⁰ Als *Joseph* solches von Cyrenius vernommen, da ward er überfroh, unterrichtete heimlich die Maria und den ältesten Sohn, wie sie sich gegen den Maronius zu benehmen haben, damit da ja nichts von dem Plane des Cyrenius irgend verraten werden möchte. Und so wurde vorsichtigen Schrittes auch die Villa erreicht und daselbst das Mahl bereitet, wie es schon bekanntgegeben wurde.

55

Das Gastmahl in Josephs Landhaus. Marias Demut und Liebesstreit mit Cyrenius.
Die göttliche, alle Philosophie beschämende Weisheit des hl. Kindes.

Die Mahlzeit war bereitet, und die Gäste, die da geladen waren, kamen auch herbei; und Cyrenius, bisher noch immer das Kindlein lockend, das mit ihm spielte und ihn auch liebkoste, gab der Maria das Kindlein wieder und gab das Zeichen zum Essen.

² Alles setzte sich zum reinen Tische; aber Maria, da sie keine stattlichen Kleider hatte, ging mit dem Kindlein in ein Seitengemach und setzte sich zum Tische der Söhne Josephs.

³ Es merkte aber solches alsbald *Cyrenius*, eilte selbst der lieben Mutter nach und sprach:

⁴ „O du allerliebste Mutter dieses meines Lebens, was willst du denn tun?

⁵ „An dir und an deinem Kinde ist mir ja am meisten gelegen; du bist die Königin unserer Gesellschaft, und gerade *du* möchtest nicht teil-

nehmen an meinem Freudenmahle, das ich gerade *deinetwegen* hier veranstalten ließ!?

⁶ „O siehe, das geht durchaus nicht an! Komme daher nur geschwind herein ins große Gemach, und setze dich zu meiner Rechten, — und neben mir zur Linken sitzt dein Gemahl!"

⁷ *Maria* aber sprach: „O siehe, du lieber Herr, ich habe ja gar ärmliche Kleider; wie werden sich diese an deiner so glänzenden Seite ausnehmen?"

⁸ *Cyrenius* aber sprach: „O du liebe Mutter, so dich meine goldenen Kleider, die für mich gar keinen Wert haben, beirren sollten, da möchte ich sie sogleich von mir werfen und dafür einen allergemeinsten Matrosenrock anziehen, um dich nur bei meiner Tafel nicht zu missen!"

⁹ Da die Maria von der großen Herablassung des Cyrenius überzeugt war, so kehrte sie um und setzte sich also neben den Cyrenius zur Tafel, mit dem Kinde auf ihren Armen.

¹⁰ Als sie nun alle am Tische saßen, da sah das Kindlein fortwährend den Cyrenius lächelnd an; und *Cyrenius* konnte auch vor lauter Liebe zu diesem Kinde seine Augen nicht abwenden von Ihm.

¹¹ Eine kurze Zeit hielt er es aus; aber dann wurde seine Liebe zum Kinde zu mächtig,

¹² und er fragte den lieben Kleinen: „Gelt, Du mein Leben, Du möchtest wieder zu mir auf meine Arme?"

¹³ Und *das Kindlein* lächelte den Cyrenius gar lieblich an und sprach wieder sehr deutlich:

¹⁴ „O mein geliebter Cyrenius, zu dir gehe Ich sehr gern; weil du Mich so lieb hast, darum habe auch Ich dich so lieb!"

¹⁵ Und sogleich streckte Cyrenius seine Arme nach dem Kinde aus und nahm Es zu sich und koste Es inbrünstigst.

¹⁶ *Maria* aber sprach scherzend zum Kindlein: „Mache aber den Herrn Cyrenius ja nicht irgend schmutzig!"

¹⁷ Und *Cyrenius* aber sprach in hoher Rührung: „O liebe Mutter! Ich möchte wohl wünschen, daß ich so rein wäre, dieses Kind würdig auf meinen Armen zu tragen!

¹⁸ „Dieses Kind kann mich nur reinigen, aber nimmer beschmutzen!"

¹⁹ Hier wandte er sich wieder zum Kinde und sprach: „Mein Kindlein, gelt ja, ich bin wohl noch sehr unrein, sehr unwürdig, Dich zu tragen?"

²⁰ *Das Kindlein* aber sprach abermals deutlich: „Cyrenius, wer Mich liebt wie du, der ist rein, und Ich liebe ihn, wie er Mich liebt!"

²¹ Und *Cyrenius* fragte das Kindlein ganz entzückt weiter, sagend: „Aber wie kommt es, Du mein Kindlein, daß Du, noch kaum etliche Monate alt, schon so vernünftig und deutlich sprichst? Hat Dich Deine liebe Mutter das gelehrt?"

²² *Das Kindlein* aber, gar sanft lächelnd, richtet Sich auf den Armen des Cyrenius ganz gerade auf und sprach wie ein kleiner Herr:

²³ „Cyrenius, da kommt es nicht auf das Alter und auf das Erlernen an, sondern was für einen Geist man hat! Lernen muß nur der Leib und die Seele; aber der Geist hat schon alles in sich aus Gott!

²⁴ „Ich aber habe den rechten Geist vollmächtig aus Gott; siehe, darum kann Ich auch schon so frühe reden!"

²⁵ Diese Antwort brachte den Cyrenius, wie auch die ganze andere Gesellschaft, völlig außer sich vor

Verwunderung, und *der Oberste* selbst sagte: „Beim Zeus, dieses Kind beschämt schon jetzt mit dieser Antwort alle unsere Weisen! Was ist da Plato, Sokrates und hundert andere Weise mehr?! Was aber wird dieses Kind erst leisten im Mannesalter?" — Und *Cyrenius* sprach: „Sicher mehr als unsere Weisen samt allen unseren Göttern!"

56

Des Maronius hohe Meinung über das Kindlein und des Cyrenius Zufriedenheit mit Maronius.

Cyrenius aber wandte sich bald nach diesen Wunderworten des Kindleins an den stets blasser werdenden Maronius und sagte zu ihm:

² „Maronius Pilla, was sagst denn *du* zu diesem Kinde? Hast du je etwas Ähnliches gesehen und gehört?

³ „Ist das nicht offenbar mehr als unsere Mythe vom Zeus, da er auf einer Insel soll an einer Ziege gesaugt haben?!

⁴ „Nicht bei weitem mehr als die fragliche Tradition von den Gründern Roms, den Nährkindern einer Wölfin?!

⁵ „Rede, was deucht dich hier? Denn darum bist du mein Geleitsmann, daß du etwas hören, sehen, lernen und darüber dann vor mir urteilen sollst!"

⁶ *Maronius Pilla* faßte sich hier, so gut er es nur konnte, und sprach:

⁷ „Hoher Befehlshaber von Asien und Ägypten, was soll ich armer Tropf hier sagen, wo die größten alten Weltweisen verstummen müßten und Apollos und Minervas Weisheit wie auf einem glühenden Amboß des Vulkan gar jämmerlich zum dünnsten Bleche breitgeschlagen wird?!

⁸ „Ich kann hier nichts anderes sagen als: Den Göttern hat es wohlgefallen, aus ihrer aller Mitte einen allerweisesten Gott auf die Erde zu stellen; und Ägypten als der alte, von allen Göttern begünstigte Boden muß auch dieses Gottes aus allen Göttern Vaterland sein, ein Land, das den Schnee und das Eis nicht kennt!"

⁹ Und *Cyrenius* sagte etwas lächelnd: „Du hast gewisserart nicht unrecht;

¹⁰ „aber siehe, nur darin scheinst du dich geirrt zu haben, daß du dies Kind ein Kind aus allen Göttern nanntest!

¹¹ „Denn siehe, da zu meinen beiden Seiten sitzen des Kindes Vater und Mutter ja, und diese sind Menschen, wie wir beide es sind!

¹² „Wie sollte hernach aus ihnen ein Gottkind aller Götter zum Vorschein kommen?!

¹³ „Obendrauf aber würden sich dadurch ja offenbar die hohen Bewohner des Olymp eine ganz gewaltige Laus in den Pelz gesetzt haben, die ihnen durch ihr enormes Weisheitsübergewicht gar bald den Garaus machen würde.

¹⁴ „Ich ersuche dich darum, dich anders zu beraten; denn sonst läufst du Gefahr, daß dich für solch eine Demonstration alle Götter zugleich angreifen werden und werden dich beim lebendigen Leibe vor den Minos, Äakus und Rhadamanthys stellen und dich darauf dem Tantalus zur Seite stellen!"

¹⁵ Hier stutzte *Maronius* und

sprach nach einer Weile: „Konsulische, kaiserliche Hoheit! Ich glaube, das Gericht der drei Unterweltsrichter ist schon beinahe eingegangen, und die Götter haben, wie es mir vorkommt, auch schon so ziemlich stark ihren Olymp gelüftet!

16 „Wenn wir nur weise Menschen haben, die sicher ihre Weisheit auch nicht aus den Pfützen haben, da dürften wir unserer Götter Rat gar bald entbehren lernen!

17 „Fürwahr, dieses Wunderkindes Worte stehen schon jetzt in einem größeren Ansehen bei mir als drei Olympe voll ganz frisch gebackener Götter!"

18 Und *Cyrenius* sprach: „Maronius, wenn das dein vollster Ernst ist, dann sei dir alles vergeben; aber wir wollen darüber eher[1] noch so manches Wort wechseln! Darum vorderhand nichts mehr weiter!"

57

Die Aufhebung der Tafel. Die Vernehmung des Maronius Pilla über die hl. Familie durch Cyrenius. Des Maronius Eingeständnis seiner Notlüge.

Nach Beendigung der Mahlzeit, welche bei Cyrenius nie über zwei Stunden dauerte, begaben sich der Oberst und die Zenturionen wieder in die Stadt mit dem ausdrücklichen Befehle, ihm an diesem Tage keine Ehrenbezeugungen mehr zu erweisen.

2 Als sich sonach alle entfernt hatten, da nahm erst *Cyrenius* den Maronius sozusagen recht *ad coram*[2].

3 Er fragte ihn darum in der Gegenwart Josephs und der Maria, die wieder das Kindlein auf ihren Armen hatte:

4 „Maronius! Du hast mir in Tyrus, als ich dich verhört hatte nach dem Herodes, gesagt, und hast es mir förmlich beteuert, den gewissen biederen Zimmermann Joseph aus der Gegend von Nazareth persönlich zu kennen;

5 „also[3] auch eine gewisse Maria, die eben der Zimmermann aus dem Tempel zum Weibe oder bloß nur zur Obhut soll übernommen haben!

6 „Gib mir daher eben jetzt, da wir bei diesem meinem Gastwirte gute Muße haben, eine nähere Beschreibung davon!

7 „Denn ich habe dieser Tage in Erfahrung gebracht, daß sich diese Familie im Ernste hier in Ägypten befinden soll und soll eine ganz andere sein als diejenige, die mir mein Bruder überantwortet hat, und die von mir aus sich noch in gutem Gewahrsam befindet.

8 „Denn so viel Rechts- und Menschlichkeitsgefühl wirst du ja trotz der Herodianischen Greuelgenossenschaft haben, um anzuerkennen, daß es doch sicher höchst grausam wäre, unschuldige Menschen — woher sie auch immer sein mögen — ohne Not gefangenzuhalten!

9 „Gib du mir daher eine sichere Beschreibung von dem berüchtigten Paare, auf daß ich es in dieser Gegend aufsuchen und gefangennehmen kann; denn das erfordern streng unsere Staatsgesetze!

---

[1] vorher; [2] persönlich vor; [3] ebenso.

¹⁰ „Ich aber bin berechtigt, solches um so mehr von dir zu verlangen, weil du selbst es mir gestanden hast, diese Familie persönlich zu kennen, an deren richtiger Habhaftwerdung mir nun alles gelegen sein muß."

¹¹ Hier fing *Maronius* wieder ganz gewaltig an zu stutzen und wußte nicht, was er nun sagen solle, denn er hatte weder den Joseph, noch die Maria zuvor gesehen.

¹² Nach einer Weile sagte er mit stotternder Stimme erst:

¹³ „Konsulische, kaiserliche Hoheit! Auf deine Güte und Nachsicht bauend, muß ich dir endlich beim Zeus und allen andern Göttern beteuern und eidlich bekennen, daß ich den besagten Joseph samt der gewissen Maria nicht im geringsten kenne!

¹⁴ „Denn mein Bekenntnis in Tyrus war nur eine leere Ausflucht, da ich damals noch böswillig dich zu täuschen suchte.

¹⁵ „Nun aber habe ich mich bei dir überzeugt, daß du durchaus nicht zu täuschen bist; so hat sich denn auch mein Wille geändert, und ich habe dir demnach die volle Wahrheit kundgetan!"

¹⁶ Hier winkte *Cyrenius* dem reden wollenden Joseph noch zu schweigen, und sagte zu Maronius:

¹⁷ „Ja, wenn ich *so* mit dir stehe, da werden wir uns schon noch etwas länger beschauen und besprechen müssen; denn nun erst erkenne ich dich als einen vollkommen staatsgefährlichen Menschen! Gib mir daher nun Rede und Antwort auf jegliche meiner Fragen eidlich!"

58

Maronius Pillas Verteidigungsrede und guter Entschluß.
Joseph als Schiedsrichter. Des Cyrenius edles Urteil.

Maronius aber sagte darauf zu Cyrenius: „Konsulische, kaiserliche Hoheit! Wie wohl soll ich nun noch ein staatsverdächtiger Anhänger des Herodes sein?!

² „Denn ich erkenne es ja nun, daß dieser Wüterich nach der Alleinherrschaft von Asien strebt!

³ „Sollte ich ihm dazu etwa behilflich sein?! Wie wäre da solches möglich?! Mit der Handvoll Jerusalemer könnte sich Herodes höchstens über die Kinder der Juden wagen!

⁴ „Und diese Gewalttat hat ihm schon eine solche Schlappe beigebracht, daß er ein ähnliches Unternehmen für alle Zeiten der Zeiten unterlassen wird!

⁵ „Ich aber war ja ohnehin ein Werkzeug der Not und mußte handeln nach dem Willen dieses Wüterichs, weil er mir mit Rom drohte!

⁶ „Da ich aber nun von dir aus ganz klar weiß, wie die Sachen stehen, und zudem auch keine Macht in meinen Händen habe und auch keine mehr haben will,

⁷ „so sehe ich fürwahr nicht ein, wie und auf welche Art ich noch ein staatsgefährlicher Mensch sein sollte?!

⁸ „Behalte du mich bei dir als ewige Geisel meiner Treue für Rom, und du machst mich glücklicher, als wenn du mich wieder zum Landpfleger von Palästina und Judäa machst!"

⁹ Diese Worte sprach Maronius ganz ernstlich, und es war seiner Rede keine Zweideutigkeit zu entnehmen.

10 Darum sprach *Cyrenius* zu ihm: „Gut, mein Bruder, ich will dir glauben, was du geredet hast; denn ich habe in deinen Worten nun viel Ernst gefunden!

11 „Aber eines geht mir zur vollsten Bekräftigung der Wahrheit deiner Worte noch ab, und das ist das Urteil jenes weisen Mannes, dessen ich dir schon in Tyrus erwähnt habe.

12 „Und siehe, dieser Mann, dieses Orakel aller Orakel, steht vor uns hier!

13 „Dieser Mann hat dich bis in die innerste Gedankenregung durchschaut; darum wollen wir nun ihn fragen, was er von dir hält!

14 „Und dir soll nach seinem Ausspruche geschehen! Setzt er dich wieder zum Landpfleger in Jerusalem ein, so bist du heute noch zum Landpfleger von Jerusalem ernannt;

15 „tut er aber das aus höchst weisen und guten Gründen *nicht,* so bleibst du meine Geisel!"

16 Hier wurde *Joseph* darum gefragt, und er sprach: „Edelster Freund Cyrenius! Von mir aus ist Maronius nun rein, und du kannst ihm wieder seine Stelle geben ohne Bedenken!

17 „Wir aber stehen in der Hand des allmächtigen, ewigen Gottes, welche Macht soll sich da gegen uns auflehnen können?!"

18 Hier hob *Cyrenius* seine Hand auf und sprach: „So schwöre ich denn auch dir, Maronius Pilla, beim lebendigen Gotte dieses Weisen, daß du von nun an wieder Landpfleger von Jerusalem bist!"

19 *Maronius* aber sprach: „Gib dies Amt jemand anderem, und behalte mich als deinen Freund bei dir; denn das macht mich glücklicher!"

20 Und *Cyrenius* sprach: „So sei denn mein Amtsgefährte, solange Herodes leben wird, und dann erst Oberpfleger vom ganzen Judenlande!" — Und der Maronius nahm diesen Antrag dankbar an.

59

Josephs Frage nach Herodes. Maronius Pillas Antwort.
Die Leidenskrone und das schreckliche Ende des Herodes.

Nach dem aber sprach Joseph zu Maronius: „Da ich nun durch die große Gnade meines Gottes und meines Herrn dich erkannt habe, daß in dir kein arger Wille mehr haftet,

2 „so gib du mir kund, wie du es wahrgenommen wirst haben, wie da des Herodes Herz beschaffen ist gegen die Kinder, die er gemordet hat wegen des neuen Königs der Juden!

3 „Ist es nicht erweicht worden durch das unschuldigste Blut der Kinder, durch das Wehklagen der Mütter?

4 „Was würde er tun, so er durch eine neue Nachricht erführe, daß er unter den vielen gemordeten Kindern dennoch das rechte nicht ermordet hat?

5 „Wenn er erführe, daß das rechte Kind ganz wohlbehalten irgendwo in Judäa oder Palästina noch lebe?"

6 Hier sah *Maronius* den Joseph ganz verdutzt an und sprach nach einer Weile:

7 „Wahrhaft tiefweisester Mann, da kann ich dir nichts anderes sagen als:

8 „So du von deiner Weisheit den allerübelsten Gebrauch machen und von Herodes zehntausend Pfund Goldes verlangen möchtest dafür, daß du ihm mit Bestimmtheit das rechte Kind verrietest,

⁹ „fürwahr, du würdest diese enorme Geldsumme im voraus erhalten!

¹⁰ „Denn das Gold ist dem Wüterich nichts gegen seine Herrschlust.

¹¹ „Da er des Goldes so viel hat, daß er Häuser aus purem Golde bauen könnte, so achtet er es kaum; aber wenn er sich den Thron sichern könnte, da möchte er all sein Gold ins Meer werfen und dafür eine Welt voll Menschen erschlagen!

¹² „Siehe, auch mich wollte er anfangs schwer bestechen mit Gold, Diamanten, Rubinen und größten Perlen;

¹³ „allein meine echt römische Patriziertugend verwies solches streng dem alten Bluthunde.

¹⁴ „Das entflammte aber seinen Zorn noch mehr, und er drohte mir dann aus seinem patriotischen Scheingrunde mit Rom.

¹⁵ „Dann erst mußte ich tun, was er wollte, und es war mir kein Ausweg möglich; denn er gab mir aus eigener Hand eine Urkunde, laut welcher er die ganze Rechnung mit Rom auf sich nahm.

¹⁶ „Darum war ich gezwungen zu handeln, wie es dir sicher bekannt ist.

¹⁷ „Daß aber demnach von seinem Herzen bis zur Stunde nichts Gutes zu erwarten ist, des kannst du völlig versichert sein!

¹⁸ „Ich glaube, mehr brauche ich dir, der du ein so tiefst Weiser bist, kaum kundzugeben von diesem wahren Könige aller Furien, von diesem lebendigen Medusenhaupte!"

¹⁹ Und *Joseph* sagte: „Der ewig einige, wahre Gott segne dich für diese getreuen Worte!

²⁰ „Glaube es mir, du wirst dich überzeugen: Gott, der ewig Gerechte, wird diesem Auswurfe der Menschen noch auf der Welt eine Krone, nach der er so blutdürstig ist, aufs Haupt setzen, vor der sich alle Welt wundern wird!"

²¹ Hier hob *das Kindlein* Seine Hand hoch auf und sprach wieder ganz deutlich: „Herodes, Herodes, Ich habe keinen Fluch für dich; aber eine Krone auf dieser Welt sollst du tragen, die dir zur großen Qual wird und schmerzlicher denn die Last des Goldes, die du nach Rom zahlen mußtest!"

²² Zur Zeit, als das Kindlein dieses in Ägypten ausgesprochen hatte, ward Herodes mit Läusen übersät, und sein Gesinde hatte durch¹ das noch übrige Leben des Herodes nichts zu tun, als ihn von Läusen zu reinigen, die sich stets mehrten und endlich auch seines Leibes Tod herbeiführten.

60

Des Cyrenius Grimm über Herodes und des Jesuskindes beruhigende Worte.
Des Kindleins Frage: „Wer hat den längsten Arm?" Ein Vernichtungswunder.

Als *Cyrenius* aber solches von Maronius Pilla vernommen hatte und den Ausspruch Josephs und des Kindleins, da entsetzte er sich förmlich und sprach:

² „O ihr ewigen Mächte eines al-

---

¹ während, hindurch.

lerhöchsten Beherrschers der Unendlichkeit! Habt ihr denn keine Blitze mehr, um sie über dieses Scheusal von einem Vasallen Roms zu schleudern?!

3 „O Augustus Cäsar, mein guter Bruder! Welche Furie hat denn dir damals deine Augen geblendet, als du dieses Scheusal, diesen Auswurf aus dem untersten Tartarus, aus dem wahren Orkus, mit Palästina und Judäa belehntest?!

4 „Nein, nein, das ist zuviel auf einmal zu vernehmen! — Maronius, warum sagtest du mir damals nichts davon, als Herodes in Tyrus vor meinem Verhöre stand?

5 „Standrechtlich hätte ich ihm da augenblicklich das Medusenhaupt vom Rumpfe schlagen lassen,

6 „und lange schon stünde ein würdiger Vasall an der Stelle dieses Scheusals aus Griechenland!

7 „Was aber kann ich jetzt tun? Seine Buße hat er geleistet; ich kann ihm nun keine zweite auferlegen, darf ihn nicht weiter strafen!

8 „Warte aber, du alter Bluthund, du Hyäne aller Hyänen! Auf dich soll eine Jagd gemacht werden, von welcher es allen Furien noch nie etwas geträumt hat!"

9 Maronius, Joseph und Maria bebten vor dem Grimme des Cyrenius; denn sie wußten nicht, was alles der Cyrenius etwa unternehmen würde.

10 Auch getraute sich niemand, nun eine Frage an ihn zu stellen; denn zu aufgeregt war sein Gemüt.

11 Das Kindlein allein äußerte keine Furcht vor der gewaltigen Stimme des Cyrenius, sondern sah ihm stets ruhig ins Gesicht.

12 Und als sich des Cyrenius Sturm etwas gelegt hatte, da sprach auf einmal *das Kindlein* wieder ganz deutlich zum Cyrenius:

13 „O Cyrenius! Höre Mich an! Komm her zu Mir, nimm Mich auf deine Arme, und trage Mich hinaus ins Freie; dort werde Ich dir etwas zeigen!"

14 Diese Worte flossen wie Balsam auf das wunde Herz des Cyrenius, und er ging alsbald mit offenen Armen hin zum Kindlein, nahm Es voll Liebe gar sanft auf seine Arme und trug Es unter der Begleitung des Joseph und der Maria und des Maronius Pilla hinaus ins Freie.

15 Im Freien bald angelangt, fragte das Kindlein sogleich den Cyrenius mit deutlichen Worten:

16 „Cyrenius, wer von uns beiden hat denn wohl den längsten Arm? Miß den Meinen gegen den deinen!"

17 Den Cyrenius befremdete diese Frage, und er wußte nicht, was er darauf dem Kinde antworten sollte; denn er sah doch offenbar den seinigen für dreimal so lang an als beide des Kindes zusammengenommen.

18 Das Kindlein aber sprach wieder: „Cyrenius, du siehst deinen Arm für viel länger als den Meinen an;

19 „Ich aber sage dir, daß der Meinige dennoch um vieles länger ist als der deinige!

20 „Siehst du dort in tüchtiger Ferne von uns eine hohe Säule, geziert mit einem Götzen?

21 „Greife von hier mit deinem längeren Arme hin, reiße sie nieder, und zermalme sie dann mit deinen Fingern!"

22 *Cyrenius*, noch betroffener als früher, aber sprach nach einer kurzen Pause: „O Kindlein, Du mein Leben, das ist außer Gott wohl niemandem möglich!"

23 Das Kindlein aber streckte Seinen Arm nach der Säule, die gut tausend Schritte entfernt stand, und die Säule stürzte nieder und ward alsbald zu Staub.

²⁴ Und *das Kindlein* sprach darauf: „Also kümmere dich nicht vergeblich um den Herodes; denn Mein Arm langt ja weiter als der deinige! Herodes hat seinen Lohn; du aber vergib ihm, wie *Ich* ihm vergeben habe, so wirst du besser fahren! Denn auch er ist ein blinder Erdensohn!" — Diese Worte nahmen dem Cyrenius allen Groll; und er fing an, heimlich das Kind ganz förmlich anzubeten.

61

Maronius Pillas Entsetzen und Josephs Frage.
Das heidnische Bekenntnis des Maronius. Josephs bescheidene Erklärung.
Des Cyrenius Mahnung zur Vorsicht.

Maronius Pilla aber entsetzte sich über diese wunderbare Erscheinung so sehr, daß er am ganzen Leibe bebte wie das Laub der Espe bei einem gewaltigen Sturme.

² *Joseph* aber sah bald des Maronius große Not, trat darum auch alsbald zu ihm hin und sprach:

³ „Maronius Pilla, warum bebst du denn gar so sehr? Hat dir jemand etwas zuleide getan?"

⁴ Und *Maronius* erwiderte dem Joseph: „O Mann, der du deinesgleichen nicht hast auf Erden, du hast es leicht; denn du bist ein Gott, dem alle Elemente gehorchen müssen!

⁵ „Ich aber bin nur ein schwacher, sterblicher Mensch, dessen Leben, so wie die Existenz jener Säule, in deiner Hand steht!

⁶ „Mit deinem Gedanken kannst du mich, wie sicher eine ganze Welt, im Augenblicke vernichten!

⁷ „Wie sollte ich da nicht beben vor dir, da du sicher der mächtigste Urvater aller unserer Götter bist, so sie irgend wirklich existieren sollten?!

⁸ „Dem Jupiter Stator war jene Säule schon seit undenklichen Zeiten geweiht; alle Stürme und Blitze bebten aus großer Ehrfurcht vor ihr zurück!

⁹ „Und nun zerstörte sie sogar dein unmündiges Kind! Kann aber dein Kind schon solches, welche Macht muß erst in dir zugrunde liegen?!

¹⁰ „Laß dich aber anbeten von mir unwürdigstem Erdenwurme!"

¹¹ *Joseph* aber sprach: „Höre, Freund und Bruder Maronius, du bist in einer großen Irre!

¹² „Ich bin nicht mehr als du, also nur ein sterblicher Mensch; so du aber auf dein Leben schweigen kannst vor aller Welt, da will ich dir etwas sagen!

¹³ „Schweigst du aber nicht, so wird es dir nicht viel besser ergehen, als es jener Säule ergangen ist!

¹⁴ „Und so höre mich denn an, so du willst und es dir getraust!"

¹⁵ *Maronius* aber bat den Joseph auf den Knien, ihm ja nichts zu erzählen; denn es könnte ihm doch einmal irgend zufällig etwas entfallen, und da wäre er verloren.

¹⁶ *Joseph* aber sprach: „Des sei völlig unbesorgt; der Herr Himmels und der Erde züchtigt nie jemanden des Zufalls wegen!

¹⁷ „Daher magst du ganz ohne Furcht mich anhören; was ich dir sagen werde, wird dich nicht verderben, wohl aber erhalten für ewig!"

¹⁸ Und *Cyrenius,* das Kindlein anbetend, kosend auf seinen Händen noch, trat hin zu Joseph und sagte zu ihm:

¹⁹ „Mein größter und liebster Freund! Laß du den Maronius nun, wie er ist; ich selbst will ihn heute bei mir eher¹ vorbereiten, und morgen kannst du ihm dann erst die höhere Weihe geben!"

²⁰ Und Joseph war damit einverstanden und begab sich dann mit der Gesellschaft alsbald wieder in das Wohnhaus.

62

Cyrenius und Joseph im Liebeseifer ums Wohl einer Menschenseele. Josephs Worte über Bruder- und Menschenliebe. Warum wir Menschen 2 Augen, 2 Ohren, aber nur 1 Mund haben.

Am Abende aber sprach *Cyrenius* zu Joseph: „Mein Freund, mein göttlicher Bruder, wie sehr leid ist es mir, daß ich heute nicht bei dir übernachten kann!

² „Und wie leid ist es mir, daß ich den morgigen Tag bis Nachmittag dem Staatsgeschäfte widmen muß!

³ „Aber um die dritte Stunde des Nachmittags werde ich mit Maronius wieder zu dir kommen, und du wirst ihm dann auf meine Unterweihe die heilige Oberweihe geben!

⁴ „Denn siehe, es liegt mir sehr viel daran, daß dieser sonst so kenntnisreiche Mensch gerettet werde durch die heilige Lebensschule deines Gottes, die ich für die allein wahre und lebendige halte!"

⁵ Und *Joseph* sprach: „Ja, du hoher Freund, das ist recht und billig; denn nichts ist dem Herrn angenehmer, als so wir unsere Feinde mit Liebe behandeln und sorgen für ihr zeitliches und ewiges Wohl!

⁶ „Betrachten wir jeden Sünder als einen irrenden Bruder, so wird uns auch Gott als Seine irrenden Kinder betrachten,

⁷ „im Gegenteile aber nur als böswillige Geschöpfe, die da allzeit Seinen Gerichten unterliegen und werden getötet gleich den Ephemeriden².

⁸ „Denn siehe, darum hat der Herr uns Menschen *zwei* Augen gegeben und nur *einen* Mund zum Reden, auf daß wir mit dem einen Auge die Menschen nur als *Menschen,* mit dem andern aber als *Brüder* betrachten sollen!

⁹ „Fehlen die *Menschen* vor uns, so sollen wir das Bruderauge offen haben und das Menschenauge schließen;

¹⁰ „fehlen aber die *Brüder* vor uns, da sollen wir das Bruderauge schließen und das Menschenauge auf *uns selbst* richten und uns alsonach selbst gegenüber den fehlenden Brüdern als fehlende Menschen ansehen.

¹¹ „Mit dem *einen* Munde aber sollen wir alle gleich *einen* Gott, *einen* Herrn und *einen* Vater bekennen, so wird Er uns alle als Seine Kinder anerkennen!

¹² „Denn auch Gott hat zwei Augen und einen Mund; mit dem einen Auge sieht Er Seine *Geschöpfe* — und mit dem andern Seine *Kinder.*

---
¹ vorher; ² Eintagsfliegen.

¹³ „Beschauen wir uns mit dem *Bruder*auge, da sieht uns der Vater mit dem *Vater*auge an;

¹⁴ „beschauen wir uns aber mit dem *Menschen*auge, da sieht uns Gott nur mit dem *Schöpfer*auge an, und Sein eben auch nur *ein* Mund kündet den Kindern Seine Liebe, oder aber den Geschöpfen Sein Gericht!

¹⁵ „Also ist es recht und billig, daß wir also für unseren Bruder Maronius sorgen!"

¹⁶ Hier segnete Joseph den Cyrenius und den Maronius; die beiden begaben sich dann in die Stadt mit ihrer Suite ¹ und Joseph bestellte sein Hauswesen.

63

Jakobus als Kindsmagd an der Wiege des Kindleins; seine Neugier und seine Zurechtweisung durch den kleinen Heiland.
Des Jakobus Ahnung, *wer* da im Kinde ist.

Am Abende legte Maria das schon müde gewordene Kindlein in die Wiege, die Joseph schon zu Ostrazine verfertigt hatte.

² Und Josephs jüngster Sohn ² mußte gewöhnlich die Kindsmagd machen und wiegte auch jetzt das Kindlein, auf daß Es einschlafen möchte.

³ Und Maria ging in die Küche, um ein nötiges Nachtmahl zu bereiten.

⁴ Der wiegende Sohn Josephs aber hätte gerne gehabt, daß das Kindlein diesmal etwas früher einschlafen möchte, weil er gerne mit seinen Brüdern draußen die Beleuchtung eines Triumphbogens geschaut hätte, der mittlerweile unfern der Villa dem Cyrenius war errichtet worden.

⁵ Er wiegte daher das Kindlein fleißig und sang und pfiff dabei.

⁶ Aber das Kindlein wollte dennoch nicht einschlafen; wann er mit dem Wiegen innehielt, da fing das Kindlein gleich wieder sich zu rühren an und zeigte dem Wieger an, daß Es noch nicht schlafe.

⁷ Das brachte unsere männliche Kindsmagd beinahe zur Verzweiflung, indem es draußen vor lauter brennender Fackeln schon ganz helle geworden war.

⁸ Er beschloß daher, das Kindlein, wenn Es auch noch wache, ein wenig zu verlassen, um den Spektakel ³ draußen ein wenig anzugaffen.

⁹ Als sich also unser Jakob aber ein wenig erhob, da sprach *das Kindlein*: „Jakob, wenn du Mich nun verlässest, so soll es dir übel ergehen!

¹⁰ „Bin Ich denn nicht *mehr* wert als der törichte Spektakel draußen und deine eitle Neugier?

¹¹ „Siehe, alle Sterne und alle Engel beneiden dich um deinen Dienst, den du Mir nun erweisest, und du bist voll Ungeduld über Mich und willst Mich verlassen?!

¹² „Wahrlich, so du das tust, da bist du nicht wert, Mich zum Bruder zu haben!

¹³ „Gehe nur hinaus, wenn dir der Spektakel der Welt lieber ist als Ich!

¹⁴ „Siehe, das ganze Zimmer ist voll Engel, die da bereit sind, Mir zu dienen, wenn dir dein kleiner und leichter Dienst an Mir lästig ist!"

---

¹ Gefolge; ² Jakobus, erster Verfasser dieses Buches; ³ das Schauspiel.

¹⁵ Diese Rede benahm dem *Jakob* plötzlich alle Lust zum Hinausgehen;
¹⁶ er blieb an der Wiege und bat das Kindlein förmlich um Vergebung und wiegte Es fleißig wieder fort.
¹⁷ Und *das Kindlein* sprach zu Jakob: „Es sei dir alles vergeben; aber ein anderes Mal laß dich ja nimmer von der Welt bestechen!
¹⁸ „Denn Ich bin *mehr* als alle Welt, alle Himmel und alle Menschen und Engel!"
¹⁹ Diese Worte brachten unsern Jakob beinahe ums Leben; denn er wurde leise gewahr, *wer* da sicher hinter dem Kinde stecke.
²⁰ Nun aber kamen auch schon Maria und Joseph und die anderen vier Söhne Josephs ins Zimmer und setzten sich zu Tische; Jakob aber erzählte sogleich, was ihm begegnet war.

64

Josephs Predigt über die Liebe zu Gott und die Liebe zur Welt mit Hinweisen auf David, Salomo und Cyrenius. Die Rührung der Söhne Josephs und der Segen des Jesuskindleins.

Als Jakob mit seiner Erzählung zu Ende war, sprach *Joseph* zu Jakob:
² „Ja, also ist es und ist auch allezeit also gewesen und wird allezeit also sein; man muß Gott *mehr* lieben im geringsten Teile schon als alle Herrlichkeiten der Welt!
³ „Denn was gäbe einem Menschen auch all die schreienden Herrlichkeiten der Welt?!
⁴ „David selbst mußte flüchten vor seinem eigenen Sohne, und Salomo mußte bitter am Ende die Ungnade des Herrn empfinden, weil er zu sehr den Herrlichkeiten der Welt nachhing!
⁵ „Gott aber schenkt uns zu jeder Sekunde ein neues Leben; wie sollten wir Ihn da nicht im geringsten Teile *mehr* lieben als alle Welt, die vergeht und ist voll Aases und Unrates?!
⁶ „Wir aber sind ja unter uns alle überzeugt, daß dies unser Kindlein von oben ist und heißt Gottes Sohn.
⁷ „Es ist somit kein geringer Teil Gottes; daher ist es auch billig, daß wir Es *mehr* lieben als alle Welt.
⁸ „Sehet an den Heiden Cyrenius! Nicht uns gilt das, was er an uns tut, sondern dem Kindlein; denn sein Herz sagt es ihm, daß nach seinem Begriffe ein allerhöchstes Gottwesen mit diesem unserm Kinde in engster Verbindung stehe, darum er Es dann fürchtet und liebt.
⁹ „Tut aber solches ein *Heide,* um wieviel mehr müssen *wir* erst desgleichen tun, die wir vollends wissen, woher dies Kindlein kam, wer Sein Vater ist!
¹⁰ „Daher soll allezeit all unser Augenmerk auf dies Kindlein gerichtet sein; denn das Kind ist *mehr* als wir und alle Welt!
¹¹ „Nehmet euch an mir ein Beispiel, und sehet, welche schwere Opfer ich alter Mann alle schon diesem Gotteskinde gebracht habe!
¹² „Aber ich brachte sie leicht und mit großer Liebe, weil ich Gott mehr liebe als alle Welt.

¹³ „Haben wir aber dadurch je irgend etwas verloren? — O nein! Wir haben noch nach jedem Opfer gewonnen!

¹⁴ „Also denket und tuet auch ihr alle dasselbe, und ihr werdet nie etwas verlieren, sondern allezeit nur hoch gewinnen!

¹⁵ „Zudem ist dies Kind ja ohnehin so sanfter Art, daß es wahrlich eine Freude ist, bei Ihm zu sein!

¹⁶ „Nur höchst selten weint Es laut! Es ist noch nie krank gewesen; und wenn man es lockt, so sieht Es so munter und fröhlich umher und lächelt jeden Menschen so herzlich an, daß man dadurch zu Tränen gerührt wird.

¹⁷ „Und jetzt, da Es auch wunderbar auf einmal zu reden hat angefangen, möchte man Es ja gar erdrücken vor lauter Liebe!

¹⁸ „Daher also, meine Kinder, bedenket wohl, *wer* dieses Kindlein ist, und wartet und pfleget Es ja sorgfältigst!

¹⁹ „Denn sonst könnte Es euch gebührendermaßen strafen, wenn ihr Es als unser höchstes Gut geringer achten möchtet als alle die nichtssagenden Torheiten der Welt!"

²⁰ Diese Rede brachte alle die fünf Söhne zum Weinen, und alle standen vom Tische auf und umlagerten die Wiege des Kindes.

²¹ *Das Kindlein* aber sah Seine Brüder auch gar freundlichst an und segnete sie und sprach: „O Brüder, werdet Mir gleich, wollet ihr ewig glücklich sein!" Und die Brüder weinten und aßen nichts an diesem Abende.

65

Josephs Mahnung zur Nachtruhe. Des Kindleins Wachgebot wegen des bevorstehenden Sturmes. Josephs Zweifel und der Ausbruch des Orkans. Die Ankunft des flüchtenden Cyrenius mit Gefolge.

Die Söhne Josephs aber wollten nicht mehr die Wiege verlassen; denn zu mächtig ergriff sie die Liebe zu ihrem göttlichen kleinen Bruder.

² Da es aber schon ziemlich spät geworden war, da sprach *Joseph* zu den Söhnen:

³ „Ihr habt nun hinreichend gezeigt, daß ihr das Kindlein liebet.

⁴ „Es ist schon spät in der Nacht geworden, und morgen wird es wieder früh Tag werden; daher möget ihr euch im Namen des Herrn zur Ruhe begeben!

⁵ „Das Kindlein schläft nun bereits, stellet behutsam die Wiege an das Bett der Mutter, und begebet euch dann in euer Schlafgemach!"

⁶ Solches hatte Joseph noch kaum ausgeredet, da schlug *das Kindlein* die Augen auf und sprach:

⁷ „Bleibet für diese Nacht alle hier, und behaltet die Schlafstube für Fremde, die heute hier noch die Zuflucht nehmen werden!

⁸ „Denn bald wird ein allgewaltigster Sturm diese Gegend heimsuchen, desgleichen noch nie in dieser Gegend erhört ward.

⁹ „Aber niemand von euch fürchte sich; denn es wird darum niemandem ein Haar gekrümmt werden!

¹⁰ „Versperret aber darum ja keine Türe, auf daß die Flüchtlinge sich in diesem Hause zu retten vermögen!"

¹¹ Joseph erschrak über diese Voraussage des Kindes und eilte sogleich hinaus, um zu sehen, von woher das Gewitter kommen würde.

¹² Als er aber draußen war, bemerkte er nirgends ein Wölklein; der Himmel war rein, und kein Lüftchen regte sich.

¹³ Eine Grabesstille war über die ganze Gegend verbreitet, und von einem herannahenden Sturme war ewig nirgends eine Rede.

¹⁴ *Joseph* kehrte darum alsbald zurück, gab Gott die Ehre und sagte:

¹⁵ „Das Kind wird vielleicht geträumt haben; denn von einem Sturme ist nirgends eine Rede!

¹⁶ „Der Himmel ist rein nach allen Seiten, und kein Lüftchen regt sich; woher sollte da ein Sturm werden?"

¹⁷ Kaum hatte Joseph noch diese Worte ausgesprochen, da geschah auf einmal ein Knall wie von tausend Donnern; die Erde erbebte so gewaltigst, daß in der Stadt mehrere Häuser und Tempel zusammenstürzten.

¹⁸ Gleich darauf fing ein so heftiger Orkan zu wüten an, daß er das nahe Meer ellenhoch in die Stadt trieb; und alles Volk, durch den gewaltigen Erdstoß geweckt, eilte hinaus aus der Stadt auf die höher liegenden Orte.

¹⁹ Und *Cyrenius* selbst mit Maronius und seinem ganzen Gefolge kam bald eiligst fliehend in die Villa zu Joseph und erzählte ihm flüchtig die Schauderszenen, die das Erdbeben und der Sturm bewirkte.

²⁰ *Joseph* aber beruhigte den Cyrenius dadurch, daß er ihm sogleich kundgab, was das Kindlein ehedem geredet hatte. Hier fing der Cyrenius leichter zu atmen an, und das Toben des Sturmes erschreckte ihn nicht mehr; denn er fühlte sich wie wohlgeborgen.

66

Das Wachsen des Sturmes. Das schlafende Kindlein. Des Cyrenius Bangewerden. Des Kindleins Trostworte. Ein Evangelium der Natur und des Gottvertrauens.

Als Cyrenius sich nun so ganz wieder erholt hatte, ging er hin zur Wiege und betrachtete das Kind, in seiner Brust großer Gedanken voll.

² Das Kindlein aber schlief ganz ruhig, und das entsetzliche Toben des Sturmes beirrte Es nicht im Schlafe.

³ Es fing aber in kurzer Zeit der Orkan an, so heftig an das Gebäude zu stoßen, daß *Cyrenius* einen Einsturz befürchtete.

⁴ Er sprach daher zu Joseph: „Erhabener Freund! Ich meine, dem steten Zunehmen der Gewalten des Sturmes zufolge sollten wir doch lieber dies Gebäude verlassen.

⁵ „Denn wie leicht kann eine mächtige Windhose dieses — wenn auch feste — Gebäude ergreifen und uns alle unter dem Schutte desselben begraben!

⁶ „Daher ergreifen wir lieber frühzeitig die Flucht, da wir denn doch nicht sicher sein können davor, als könnte so etwas hier nicht ebenso gut geschehen wie in der Stadt!"

⁷ Hier schlug *das Kindlein* plötzlich wieder Seine himmlisch göttlichen Augen auf und erkannte sogleich den Cyrenius und sprach gar deutlich zu ihm:

⁸ „Cyrenius, wenn du bei *Mir* bist, brauchst du dich nicht zu fürchten vor diesem Sturme;

⁹ „denn auch die Stürme liegen, wie alle Welt, in der Hand deines Gottes!

¹⁰ „Die Stürme müssen sein und müssen verscheuchen das ausgebrütete Böse der Hölle!

¹¹ „Aber denen, die um *Mich* sind, können sie nimmer zu Leibe; denn auch die Stürme kennen ihren Herrn und tun nicht planlos, was sie tun.

¹² „Denn der Eine, der höchst liebevoll, weise und allmächtig ist, hält ihre Zügel in Seiner Hand.

¹³ „Daher sei ohne Furcht, Mein Cyrenius, hier bei Mir, und sei versichert, daß da niemandem auch nur ein Haar gekrümmt wird!

¹⁴ „Denn diese Stürme wissen es genau, *wer* hier zu Hause ist.

¹⁵ „Siehe, haben die Menschen doch heute abend sogar dir, der du doch nur ein *Mensch* bist, eine feurige Ehrung dargebracht!

¹⁶ „Hier aber ehren die Stürme Jemanden, der *mehr* ist als nur ein Mensch! Findest du das unbillig?

¹⁷ „Siehe, das ist ein Loblied der Natur, die ihren Herrn und Schöpfer preist! Ist das nicht billig?

¹⁸ „O Cyrenius, die Luft, die dich anweht, versteht auch Den, der sie erschuf: darum kann sie Ihn auch preisen!"

¹⁹ Diese Worte des bald wieder einschlafenden Kindleins machten alle verstummen, und Cyrenius kniete an der Wiege nieder und betete heimlich das Kindlein an.

67

Die Schreckenspost der Eilboten. Das blutgierige Verlangen der heidnischen Götzenpriester. Cyrenius in der Klemme zwischen Herz und Welt. Des Kindleins bester Rat.

Also verging eine ruhige Stunde, und man bekümmerte sich nicht mehr zu sehr um das Wüten und Toben des Sturmes.

² Nach dem Verlaufe von einer Stunde aber kamen *Eilboten* zum Cyrenius ins Haus Josephs und erzählten, sagend:

³ „Hoher, mächtiger Herr! Unerhörte Dinge geschehen:

⁴ „Feuer bricht an mehreren Orten aus der Erde;

⁵ „fliegende Feuersäulen werden von dem Orkane hin und her getrieben und zerstören alles, was sie erreichen.

⁶ „Nichts ist fest und stark genug, ihrer entsetzlichen Kraft zu widerstehen.

⁷ „Die Priester haben gesagt: alle gesamten Götter hätten sich erzürnt und wollten uns alle vernichten!

⁸ „Also ist es aber auch; denn man hört deutlich das Gebelle des Cerberus, und die Furien tanzen schon allenthalben herum! Der Vulkan hat seine Essen auf die Oberwelt gerichtet;

⁹ „seine mächtigen Zyklopen zertrümmern mutwillig die Häuser und Berge.

¹⁰ „Und der Neptun hat alle seine Macht zusammen in *eine* vereint!

¹¹ „Gleich Bergen erhebt er das Meer und will uns alle ertränken.

¹² „Wenn nicht plötzlich große Menschenopfer den überaus erzürnten Göttern dargebracht werden, so ist es um uns alle geschehen!

¹³ „Tausend Jünglinge und tau-

send Jungfrauen haben die Priester zur Sühnung bestimmt; und wir sind darum in aller Eile an dich abgesandt, auf daß wir von dir das *Fiat* [1] empfangen sollen!"

14 *Cyrenius* erschrak über diese Botschaft ganz gewaltig und wußte nicht, was er nun beginnen sollte.

15 Dem Priesterrufe getraute er der Staatspolitik wegen nicht schnurgerade sich zu widersetzen;

16 das Opfer aber zu billigen, war seinem Herzen noch unmöglicher, als den Priestern zu widersprechen.

17 Er wandte sich daher an das Kindlein, welches eben wach geworden war, und fragte Es um einen Rat in dieser schrecklichen Sache.

18 *Das Kindlein* aber sprach: „Sei ruhig; denn in einer Minute wird sich der Sturm legen, — und die, welche Menschen schlachten wollten, sind nicht mehr! Daher sei ruhig, Mein Cyrenius!"

68

Des Cyrenius Antwort an die Boten. Das Drängen der drei blutgierigen Priester auf Genehmigung des Opfers. Die Vorsicht des Cyrenius.
Der Jammer der 2000 Schlachtopfer.

Die Eilboten aber warteten noch immer auf den Oberbefehl des Cyrenius.

2 *Cyrenius* aber erhob sich von der Wiege und sprach zu den Eilboten:

3 „Gehet hin zu den Priestern, und überbringet mir die Liste der zum Opfer bestimmten Jünglinge und Mädchen;

4 „denn ich muß mich überzeugen, ob die Wahl gerecht ist!"

5 Die Eilboten rannten davon bei schon gänzlich eingetretener Ruhe des Sturmes.

6 In der Stadt angelangt, fanden sie aber das Priestergebäude zu ihrem Entsetzen schon in einen mächtigen Schutthaufen verwandelt, unter dem bis auf drei Unterpriester alle anderen höheren Priester ihren Untergang fanden.

7 *Die Eilboten* kehrten darum bald um und brachten dem Cyrenius die Nachricht, was da mit den Priestern geschehen war.

8 *Cyrenius,* nun völligst überzeugt von der Richtigkeit der Aussage des Kindleins, wußte nun nicht, was er tun sollte, und wollte wieder das Kindlein um Rat fragen.

9 Aber in dem Augenblick kamen auch *die drei* noch übriggebliebenen *Unterpriester;*

10 diese fragten nun auch eiligst, was da zu tun sein werde, indem ein neuer Erdstoß alle die frommen Diener der Götter in ihrem Palast begraben habe, während sie schon zur großen Opferung ausgerüstet waren.

11 Die tausend Jünglinge und die tausend Mägde ständen schon zur großen Opferung an jenem Platze bereit, an dem die Säule des Jupiter stand, die nun aber auch völlig vernichtet sei.

12 Sollte die Opferung alsbald oder erst beim Aufgang der Sonne vorgenommen werden?

13 Aufgehoben könne sie auf keinen Fall werden, da dadurch die Göt-

[1] „Es geschehe!"

ter ob des Undankes und wegen der Menschen Treulosigkeit sicher in einen noch größeren Zorn geraten könnten!

14 Und *Cyrenius* erwiderte den drei Unterpriestern:

15 „Heute darf die Opferung auf keinen Fall unternommen werden und morgen früh bei Todesstrafe nicht eher, als bis ich persönlich dazu den Befehl erteilen werde!"

16 Darauf verließen die drei Unterpriester den Cyrenius und begaben sich auf den Platz, allda die armen Opfer weinten und wehklagten und aus Todesangst die Hände zu den Göttern erhoben und baten, daß sie verschont werden möchten.

17 Cyrenius aber konnte kaum den nächsten Morgen erwarten; denn ihn dauerten die geängstigten Opfer zu sehr, da sie eine solche Schauernacht zu bestehen hatten.

69

Die Angstnacht der jungen Menschenopfer. Die drei teuflischen Götzenknechte. Des Cyrenius innere Empörung und gerechtscharfes Urteil: Freiheit den Opfern, Tod den drei Priestern!

Die drei Unterpriester aber, als sie auf den Opferplatz gelangten, verkündeten sogleich den Opferwachen sowie den armen von aller Todesangst übermannten jungen Opfern, daß die vorbestimmte und unabänderliche Opferung erst am nächsten Morgen um so bestimmter vorgenommen werde, weil solche der hohe Cyrenius selbst also angeordnet habe.

2 In welche Stimmung diese Nachricht die zweitausend Opfer versetzt hatte, braucht keine nähere Beschreibung für den, der es aus der geschichtlichen Tradition weiß, daß derlei Opfer zur Versöhnung verschiedenartiger Götter auch sehr verschiedenartig gemartert und getötet wurden.

3 Es dürfte für manchen zu empörend sein, alle die bei tausend verschiedenen Marterarten zu vernehmen; daher wollen wir sie auch übergehen.

4 Dafür aber wollen wir sogleich mit dem Cyrenius und dem Maronius und Joseph am frühen Morgen den Opferplatz besuchen und uns dort ein wenig umsehen! —

5 Am frühesten überaus heiteren Morgen begaben sich die drei Obenerwähnten an den vorbestimmten Opferplatz.

6 Mit der größten Erbitterung vernahm Cyrenius schon von der Ferne das entsetzliche Angstgeschrei der zu opfernden Jugend.

7 Er beschleunigte daher seine Schritte, um ja baldmöglichst dieser Schauderszene ein Ende zu machen.

8 Auf dem Platze angelangt, entsetzte er sich über das unmenschliche Gefühl der drei Unterpriester, welche schon mit der größten Sehnsucht des Cyrenischen Befehls zum Würgen harrten.

9 *Cyrenius* ließ die Priester sogleich zu sich kommen und fragte sie: „Saget mir, dauert euch diese herrliche Jugend gar nicht, so sie allergrausamst ermordet werden soll? Habt ihr kein Mitleid für sie in eurer Brust?"

10 Und *die Priester* sprachen: „Wo

send Jungfrauen haben die Priester zur Sühnung bestimmt; und wir sind darum in aller Eile an dich abgesandt, auf daß wir von dir das *Fiat* ¹ empfangen sollen!"

¹⁴ *Cyrenius* erschrak über diese Botschaft ganz gewaltig und wußte nicht, was er nun beginnen sollte.

¹⁵ Dem Priesterrufe getraute er der Staatspolitik wegen nicht schnurgerade sich zu widersetzen;

¹⁶ das Opfer aber zu billigen, war seinem Herzen noch unmöglicher, als den Priestern zu widersprechen.

¹⁷ Er wandte sich daher an das Kindlein, welches eben wach geworden war, und fragte Es um einen Rat in dieser schrecklichen Sache.

¹⁸ *Das Kindlein* aber sprach: „Sei ruhig; denn in einer Minute wird sich der Sturm legen, — und die, welche Menschen schlachten wollten, sind nicht mehr! Daher sei ruhig, Mein Cyrenius!"

68

Des Cyrenius Antwort an die Boten. Das Drängen der drei blutgierigen Priester auf Genehmigung des Opfers. Die Vorsicht des Cyrenius.
Der Jammer der 2000 Schlachtopfer.

Die Eilboten aber warteten noch immer auf den Oberbefehl des Cyrenius.

² *Cyrenius* aber erhob sich von der Wiege und sprach zu den Eilboten:

³ „Gehet hin zu den Priestern, und überbringet mir die Liste der zum Opfer bestimmten Jünglinge und Mädchen;

⁴ „denn ich muß mich überzeugen, ob die Wahl gerecht ist!"

⁵ Die Eilboten rannten davon bei schon gänzlich eingetretener Ruhe des Sturmes.

⁶ In der Stadt angelangt, fanden sie aber das Priestergebäude zu ihrem Entsetzen schon in einen mächtigen Schutthaufen verwandelt, unter dem bis auf drei Unterpriester alle anderen höheren Priester ihren Untergang fanden.

⁷ *Die Eilboten* kehrten darum bald um und brachten dem Cyrenius die Nachricht, was da mit den Priestern geschehen war.

⁸ *Cyrenius,* nun völligst überzeugt von der Richtigkeit der Aussage des Kindleins, wußte nun nicht, was er tun sollte, und wollte wieder das Kindlein um Rat fragen.

9 Aber in dem Augenblick kamen auch *die drei* noch übriggebliebenen *Unterpriester;*

¹⁰ diese fragten nun auch eiligst, was da zu tun sein werde, indem ein neuer Erdstoß alle die frommen Diener der Götter in ihrem Palast begraben habe, während sie schon zur großen Opferung ausgerüstet waren.

¹¹ Die tausend Jünglinge und die tausend Mägde ständen schon zur großen Opferung an jenem Platze bereit, an dem die Säule des Jupiter stand, die nun aber auch völlig vernichtet sei.

¹² Sollte die Opferung alsbald oder erst beim Aufgang der Sonne vorgenommen werden?

¹³ Aufgehoben könne sie auf keinen Fall werden, da dadurch die Göt-

---

¹ „Es geschehe!"

ter ob des Undankes und wegen der Menschen Treulosigkeit sicher in einen noch größeren Zorn geraten könnten!

14 Und *Cyrenius* erwiderte den drei Unterpriestern:

15 „Heute darf die Opferung auf keinen Fall unternommen werden und morgen früh bei Todesstrafe nicht eher, als bis ich persönlich dazu den Befehl erteilen werde!"

16 Darauf verließen die drei Unterpriester den Cyrenius und begaben sich auf den Platz, allda die armen Opfer weinten und wehklagten und aus Todesangst die Hände zu den Göttern erhoben und baten, daß sie verschont werden möchten.

17 Cyrenius aber konnte kaum den nächsten Morgen erwarten; denn ihn dauerten die geängstigten Opfer zu sehr, da sie eine solche Schauernacht zu bestehen hatten.

69

Die Angstnacht der jungen Menschenopfer. Die drei teuflischen Götzenknechte. Des Cyrenius innere Empörung und gerechtscharfes Urteil: Freiheit den Opfern, Tod den drei Priestern!

Die drei Unterpriester aber, als sie auf den Opferplatz gelangten, verkündeten sogleich den Opferwachen sowie den armen von aller Todesangst übermannten jungen Opfern, daß die vorbestimmte und unabänderliche Opferung erst am nächsten Morgen um so bestimmter vorgenommen werde, weil solche der hohe Cyrenius selbst also angeordnet habe.

2 In welche Stimmung diese Nachricht die zweitausend Opfer versetzt hatte, braucht keine nähere Beschreibung für den, der es aus der geschichtlichen Tradition weiß, daß derlei Opfer zur Versöhnung verschiedenartiger Götter auch sehr verschiedenartig gemartert und getötet wurden.

3 Es dürfte für manchen zu empörend sein, alle die bei tausend verschiedenen Marterarten zu vernehmen; daher wollen wir sie auch übergehen.

4 Dafür aber wollen wir sogleich mit dem Cyrenius und dem Maronius und Joseph am frühen Morgen den Opferplatz besuchen und uns dort ein wenig umsehen! —

5 Am frühesten überaus heiteren Morgen begaben sich die drei Obenerwähnten an den vorbestimmten Opferplatz.

6 Mit der größten Erbitterung vernahm Cyrenius schon von der Ferne das entsetzliche Angstgeschrei der zu opfernden Jugend.

7 Er beschleunigte daher seine Schritte, um ja baldmöglichst dieser Schauderszene ein Ende zu machen.

8 Auf dem Platze angelangt, entsetzte er sich über das unmenschliche Gefühl der drei Unterpriester, welche schon mit der größten Sehnsucht des Cyrenischen Befehls zum Würgen harrten.

9 *Cyrenius* ließ die Priester sogleich zu sich kommen und fragte sie: „Saget mir, dauert euch diese herrliche Jugend gar nicht, so sie allergrausamst ermordet werden soll? Habt ihr kein Mitleid für sie in eurer Brust?"

10 Und *die Priester* sprachen: „Wo

die Götter fühlen, da hat es mit dem Menschlichkeitsgefühle ein Ende!

11 „Den Göttern ist der Menschen Leben nichts — und oft nur ein Greuel; daher stimmt das uns, ihre Diener auf Erden, nach *ihrer* Art, und wir können daher kein Erbarmen in uns tragen,

12 „wohl aber nur eine Wonne und einen Jubel in dem, wie wir den Göttern pünktlich zu dienen vermögen!

13 „Also freuen wir uns auch schon jetzt über die Maßen auf die Schlachtung dieser ohnehin selten von den hohen Göttern verlangten Opfer!"

14 Diese Äußerung versetzte dem *Cyrenius* einen so mächtigen Stoß aufs Herz, daß er vor Zorn über diese Priester zu beben anfing.

15 In kurzer Zeit sich ermannend aber sprach er wieder zu den Priestern: „Wie aber, wenn Zeus selbst sich hier befände und schenkte diesen Opfern das Leben?! — Was würdet ihr dann tun?"

16 Und *die Priester* erwiderten: „Dann müßte die Opferung um so bestimmter vorgenommen werden, weil das nur eine Prüfung für unseren priesterlichen Diensteifer wäre!

17 „Würden wir dann uns der bestimmten Opfer erbarmen, so würde uns Zeus als Frevler ansehen und uns vernichten mit Blitz und Donner!"

18 *Cyrenius* aber fragte die Priester weiter und sprach: „Was haben denn die anderen hohen Priester vor den Göttern dann verbrochen, daß sie so übel in ihrem Palaste getötet worden sind?"

19 Und *die Priester* erwiderten: „Weißt du denn nicht, daß über allen Göttern und ihren Priestern noch ein unerbittliches *Fatum* [1] herrscht?

20 „Dieses hat die Priester getötet, wie ehedem die Götter aufgereizt; die Götter aber kann es nicht töten, wohl aber die noch hier und da sterblichen Priester!"

21 „Gut", sprach *Cyrenius*, „heute nach Mitternacht kam das Fatum zu mir und erteilte mir den Befehl, aller dieser Jugend das Leben zu schenken — und dafür *euch* zu opfern, und das so bestimmt, als ich Cyrenius heiße und mein Bruder der Julius Augustus Cäsar als oberster Konsul und Kaiser in Rom herrscht! — Was saget ihr denn zu dieser Kunde?"

22 Diese Schreckenskunde machte die Priester erblassen und die anderen Opfer wieder zum Bewußtsein gelangen. Denn hier ließ Cyrenius sogleich allen Opfern die Freiheit verkünden, aber die drei Priester binden und für die Hinrichtung vorbereiten.

70

Josephs Milderungsversuch. Des Cyrenius Grimm gegen die zum Tode verurteilten drei Priester. Das Flehen der Verurteilten um Gnade.

Joseph aber trat nun zum Cyrenius hin und fragte ihn, sagend: „Geachtetster, liebster Freund, ist das dein vollkommenster Ernst, diese drei Götzenknechte zu töten?"

2 Und *Cyrenius*, voll Grimm gegen diese allergefühllosesten drei Menschentiger, sprach zu Joseph:

3 „Ja, mein erhabenster Freund! Hier will ich ein Beispiel statuieren,

---

[1] Schicksal.

daran alles Volk erkennen soll, daß ich nichts so sehr ahnde als die gänzliche Lieblosigkeit!

⁴ „Denn ein Mensch ohne Liebe und ohne alles Mitleidsgefühl ist der Übel größtes auf der Erde.

⁵ „Alle reißenden Tiere sind Lämmer gegen ihn, und die Furien der Hölle sind kaum schlechte Schüler gegen ihn zu nennen.

⁶ „Darum erachte ich es auch als erste und oberste Pflicht eines wahren Völkerregenten, derlei Scheusale auszurotten und gänzlich von der Erde zu vertilgen.

⁷ „Priester sollen das Volk ja aber nur ganz besonders in der Liebe unterrichten; sie sollen jedermann mit einem guten Beispiele vorangehen!

⁸ „Wenn aber diese ersten Volkslehrer und Leiter zu Furien werden, was soll dann aus ihren Schülern werden?!

⁹ „Daher weg mit derlei Bestien! Ich sinne nun nur auf die martervollste Todesart nach, habe ich diese, sodann soll sogleich der Stab über sie gebrochen werden!"

¹⁰ Joseph aber getraute sich kaum mehr, dem Cyrenius etwas einzuwenden, denn dieser hatte diese Worte in einem zu mächtigen Ernste gesprochen.

¹¹ Nach einer Weile aber fielen *die drei Priester* vor Cyrenius nieder und baten ihn um Gnade unter der Versicherung, daß sie ihr Leben sicher ändern würden und auch bereit seien, auf der Stelle ihr Priestertum niederzulegen.

¹² Für die Gewinnung der Gnade aber appellierten sie an das priesterliche Gesetz, welches sie also und nicht anders zu handeln bestimmt habe.

¹³ *Cyrenius* aber sprach: „Meinet ihr Bösewichte denn, ich kenne die Gesetze der Priester nicht?!

¹⁴ „Höret, das außerordentliche Opfergesetz lautet also: ‚Wenn irgendein Volk ersichtlichermaßen den Göttern durch seine Ausschweifung untreu geworden ist und die Götter dasselbe dann heimsuchen mit Krieg, Hunger und Pest, dann sollen die Priester das Volk zur Besserung ermahnen.

¹⁵ „ ‚Kehrt sich das Volk daran, so sollen es die Priester wieder segnen und dem Volke zur Pflicht machen, zur Versöhnung der Götter gewisse Opfer an Gold, Vieh und Getreide vor die Priester zu bringen, die dann diese Opfer weihen und damit ein Rauchwerk machen sollen.

¹⁶ „ ‚Sollte es jedoch irgendein so hartnäckiges, unbekehrbares Volk geben, das da der Priester spottete, da sollen die Priester die Spötter samt ihren Kindern ergreifen lassen und sie in unterirdischen Gemächern mit der Zuchtrute unterrichten sieben Monde¹ lang!

¹⁷ „ ‚Bekehren sich da die Frevler, so sollen sie wieder auf freien Fuß gesetzt werden; bekehren sie sich aber nicht, da sollen sie durch das Schwert fallen — und dann erst zur Sühne der Götter in die Flamme gelegt werden!'

¹⁸ „Lautet nicht also das alte weise Opfergesetz?! — War hier Krieg, Hunger und Pest? War diese schöne Jugend abtrünnig den Göttern? Habt ihr sie zuvor sieben Monde lang unterrichtet? — Nein, sondern aus Ehr- und Geilsucht wolltet ihr sie töten! Und darum müßt ihr sterben als die größten Frevler an euerm eigenen Gesetze!"

---

¹ Monate.

71

Josephs sanfter Einspruch an Cyrenius mit Hinweis auf das Gericht des Herrn. Des Cyrenius Nachgeben. Die scheinbare Verurteilung zum Tode am Kreuz als Besserungsmittel für die drei Priester.

Nach dieser Erklärung des Cyrenius trat abermals *Joseph* zu ihm und sprach:

2 „Cyrenius, du mein groß-erhabener Freund und Bruder! Ich meine, du sollst die Strafe für diese drei Götzenknechte, welche wohl im Ernste böswillig sind, dem Herrn überlassen!

3 „Denn glaube mir, niemand tut dem Herrn, dem allmächtigen Gott Himmels und der Erde, einen wohlgefälligen Dienst, selbst dann nicht, wenn er den größten Missetäter umbringen läßt!

4 „Überlaß du daher unbesorgt dem Allmächtigen die gerechte Züchtigung dieser drei, und der Herr wird dich segnen durch die Strafe, die Er diesen dreien nur zu sicher wird zukommen lassen, wenn sie sich nicht zu einer übergroßen Reue und völligen Umkehr wenden werden!"

5 Diese Worte Josephs brachten den Cyrenius zum Nachdenken darüber, was er so ganz eigentlich tun solle.

6 Nach einer Weile beschloß er, die drei wenigstens einer starken Todesangst auszusetzen als Reprise[1] für die, welche sie der armen Jugend verursacht hatten.

7 Daher sprach er *(Cyrenius)* zum Joseph: „Mein innigster, mein erhabenster Freund und Bruder! Ich habe nun deinen Rat wohl erwogen und werde ihn auch befolgen!

8 „Aber nun für *diesen* Augenblick kann ich das nicht tun! Ich muß diesen argen Dienern einmal den angedrohten Stab brechen und sie zu einem martervollsten Tode verurteilen!

9 „Haben sie erst eine vierundzwanzigstündige Todesangst ausgestanden, dann bitte du mich laut vor allem Volke an diesem Richtplatze um Gnade und um die Aufhebung der Todesstrafe,

10 „und ich werde dich offenbar erhören und dann nach der gesetzlichen Ordnung diesen drei Wichten das Leben schenken!

11 „Ich meine, also wird es recht sein; denn siehe, sogleich begnadigen kann ich sie nicht, weil ich sie als schwarze Verbrecher am priesterlichen Gesetze erkannt habe!

12 „Nach dem Gesetze müssen sie das Todesurteil vernehmen; ist das geschehen, so kann erst bei außerordentlichen Fällen die Begnadigung an die Stelle der Exekution[2] des Urteils treten.

13 „Und so will ich mich sogleich an dieses Werk machen!"

14 *Joseph* billigte das und *Cyrenius* berief sogleich die Richter, die Liktoren und die Büttel zu sich und sprach:

15 „Schaffet drei eiserne Kreuze her und Ketten; die Kreuze befestiget in den Boden und heizet vierundzwanzig Stunden um die aufgestellten Kreuze!

16 „So diese in dieser Zeit die rechte Glühhitze haben werden, dann werde ich kommen und die drei Frevler an die glühenden Kreuze aufziehen lassen! Fiat[3]"

---

[1] Vergeltung, Gegenmaßregel; [2] Vollstreckung; [3] „Es geschehe!"

¹⁷ Darauf nahm Cyrenius einen Stab, zerbrach ihn, warf ihn den dreien unter die Füße und sprach:

¹⁸ „Nun habt ihr euer Urteil vernommen! Bereitet euch daher vor; denn ihr seid solchen Todes würdig! *Fiat!*"

¹⁹ Wie tausend Blitze schlug dieses Urteil die drei; sie fingen an, sogleich zu heulen und zu wehklagen und alle Götter zu Hilfe zu rufen.

²⁰ Sie wurden dann auch sogleich unter feste Wache genommen, und die Büttel gingen sogleich ins Richthaus und schafften die anbefohlenen Marterwerkzeuge herbei. Cyrenius, Joseph und Maronius aber begaben sich nach dem sogleich wieder nach Hause.

72

Marias Zweifel an der Allmacht des Jesuskindes. Josephs beruhigende Erzählung. Warum der mächtige Löwe von Juda vor Herodes floh. Die Seligkeit der ermordeten Kindlein. Pillas Reife.

Als sich Cyrenius mit Joseph und Maronius Pilla wieder der Villa näherte, ging *Maria* mit dem Kinde auf dem Arme den dreien ganz ängstlich entgegen und fragte sogleich den Joseph:

² „Mein Joseph, mein geliebtester Gemahl! O sage mir, was da mit der Jugend geschehen ist!

³ „Denn wenn hier bei solchen sicher nicht selten vorkommenden Elementarstürmen allzeit derlei Opferungen stattfinden, da sind ja auch wir nicht sicher mit unserm Kinde!

⁴ „Hat Es auch eine große Macht, — aber wir mußten uns doch trotz dieser Macht aus Palästina vor dem Herodes flüchten,

⁵ „woraus ich denn auch den Schluß gemacht habe: Für gewisse Fälle hat das Kind noch zuwenig Macht! Daher liegt es an uns, Es all den großen Gefahren zu entziehen!"

⁶ Und *Joseph* sprach zu Maria: „O du mein mir von Gott dem Herrn Selbst angetrautes Weib, fürchte dich nicht darob!

⁷ „Denn siehe, nicht ein Haar von der zur schmählichsten Sühnopferung bestimmten Jugend ist ihr angetastet worden!

⁸ „Unser lieber Cyrenius hat sogleich ihr die Freiheit gegeben und verurteilte dafür die drei Priester, die gestern hier waren und die Einwilligung für die Schlachtung der Jugend vom Cyrenius verlangten, zum allerschmerzlichsten Glühkreuztode!

⁹ „Aber — unter uns gesagt — nur scheinhalber! Morgen in der Frühe werden sie anstatt der Exekution des Todesurteiles die Begnadigung empfangen!

¹⁰ „Und diese Lektion wird ihnen sicher zu einer vollsten Witzigung dienen, der zufolge sie künftighin sicher kein ähnliches Götzensühnopfer in Vorschlag bringen werden!

¹¹ „Daher also sei du, mein geliebtestes Weib, ganz völlig unbesorgt und denke: Der Herr, der uns bis jetzt so sicher geführt hat, der wird uns auch in der Zukunft nicht in die Macht der Heiden überliefern!"

¹² Maria ward durch diese Worte Josephs vollkommen beruhigt, und ihr Gesicht heiterte sich wieder auf.

¹³ Und *das Kindlein* lächelte der Mutter ins Angesicht und sprach zu ihr:

¹⁴ „Maria, so jemand einen Löwen

also gebändigt hätte, daß dieser ihn gleich einem sanftmütigen Lasttiere herumtrüge,

¹⁵ „meinst du wohl, daß es da löblich wäre, sich auf dem mächtigsten Rücken des Löwen zu fürchten vor dem flüchtigen Hasen?"

¹⁶ Maria erstaunte über die tiefe Weisheit dieser Worte, aber sie verstand sie nicht.

¹⁷ Und *das Kindlein* sprach daher noch einmal zu Maria, und zwar ganz ernsten Angesichtes:

¹⁸ „*Ich* bin der mächtige Löwe von Juda, der dich auf Seinem Rücken trägt; wie magst du dich denn fürchten vor denen, die Ich mit einem Hauche verwehen kann wie lose Spreu?!

¹⁹ „Meinst du denn, Ich bin vor Herodes geflohen, um Mich zu sichern vor seiner Wut?

²⁰ „O nein! Ich floh nur, um ihn zu *schonen;* denn hätte Mein Angesicht ihn gesehen, da wäre es mit ihm ewig aus gewesen! —

²¹ „Siehe, die Kindlein aber, die für Mich erwürgt worden sind, sind überaus glücklich schon in Meinem Reiche — und sind täglich um Mich und erkennen in Mir schon vollkommen ihren Herrn für ewig!

²² „Siehe, Maria, also stehen die Dinge! Daher du wohl von Mir allenthalben schweigen solltest, wie es befohlen ward; aber du für dich solltest es wohl wissen, *wer* Der ist, den du ‚Gottes Sohn' heißen sollest und Ihn auch also geheißen hast!"

²³ Diese Worte erschütterten die Maria durch und durch; denn sie sah nun ganz ein, daß sie den *Herrn* auf ihren Armen trage.

²⁴ Es hatte aber auch der Maronius, der sich hier hinter der Maria befand, die Worte des Kindes vernommen und fiel nieder vor dem Kinde.

²⁵ Nun erst entdeckte der Cyrenius die Maria; denn früher ¹ war er in einem Gespräch mit einem seiner ihn begleitenden Sekretäre begriffen.

²⁶ Er eilte daher plötzlich hin zum Kinde und grüßte und koste Es, und *das Kindlein* tat desgleichen und sprach: „Cyrenius, erhebe den Maronius, — denn er ist nun schon bearbeitet; nun darf er Mich erkennen! — Verstehst du Mich, was Ich damit sagen will?"

73

Des Cyrenius Erlaß: Ausfall der militärischen Übungen. Der Aufbruch nach der Stadt und des Jesuskindleins Bedingung zugunsten der drei Todesopfer.

Als aber also die ganze Gesellschaft bei der Villa angelangt war, da sandte Cyrenius sogleich seinen Adjutanten in die Stadt an den Obersten der Stadt und ließ ihm bedeuten, daß an diesem wie am künftigen Tage keine Paraden und keine Ausrückungen stattfinden sollten.

² Denn solches war bei den Römern bei außerordentlichen Gelegenheiten gebräuchlich, daß da bei gewissen Erscheinungen — wie etwa eine Mond- oder Sonnenfinsternis, ein starkes Ungewitter,

³ feurige Meteore, Kometen, das plötzliche Auftreten eines Irrsinnigen, das Befallenwerden von der sogenannten Epilepsie ²,

---

¹ bisher; ² Fallsucht.

⁴ desgleichen auch außerordentliche Scharfgerichtstage — die Sitten den Römern nicht gestatteten, zugleich andere Staatsgeschäfte zu unternehmen.

⁵ Denn alle derlei Tage galten den sonst vielseitig biederen Römern als Unglückstage oder als besondere Tage der Götter, welche die Menschen sofort zu heiligen und nicht zu ihrem eigenen Geschäfte zu verwenden hätten.

⁶ Obschon aber Cyrenius bei sich eben nicht viel auf diese leeren Sitten hielt, so mußte er solches aber dennoch des Volkes wegen tun, welches noch fest an solchen Torheiten hing.

⁷ Als der Adjutant aber abgegangen war, da sprach *Cyrenius* zu Joseph: „Edelster Bruder und Freund! Laß du nun ein Morgenmahl richten! Nach dem Morgenmahle aber wollen wir alle samt und sämtlich in die Stadt gehen und wollen dort die Verheerungen des Sturmes in Augenschein nehmen!

⁸ „Wir werden bei dieser Gelegenheit sicher viele arme und verunglückte Bürger dieses Ortes antreffen und werden ihnen auch helfen auf jede mögliche Weise.

⁹ „Sodann werden wir den Hafen besichtigen und sehen, wie es mit den Schiffen aussieht, ob und wie sie beschädigt worden sind.

¹⁰ „Es wird sich da sicher so manche Arbeit für deine Söhne ergeben, die ich sogleich zu Oberaufsehern ernennen will, indem es ohnehin gerade in dieser Stadt an Baukundigen überaus mangelt.

¹¹ „Denn Ägypten ist nun in architektonischer Hinsicht bei weitem nicht mehr das, was es einst vor tausend Jahren war zu den Zeiten der alten Pharaonen."

¹² Joseph befolgte sogleich das Verlangen des Cyrenius, ließ ein frugales ¹ Morgenmahl bereiten, bestehend aus Brot, Honig und Milch und einigen Früchten.

¹³ Nach dem Mahle aber erhob sich Cyrenius und die ganze Tischgenossenschaft und wollte sogleich seinem Vorhaben nach in die Stadt ziehen;

¹⁴ aber *das Kindlein* berief den Cyrenius zu Sich und sprach zu ihm: „Mein Cyrenius, du ziehst in die Stadt, der notleidenden Bürgerschaft irgend zu helfen, und dein größter Wunsch ist, daß Ich bei dir sein möchte!

¹⁵ „Ja, Ich will auch mit dir ziehen, aber du mußt Mich hören und Meinen Rat befolgen!

¹⁶ „Siehe, die an der größten Not Leidenden sind wohl jene drei von dir zur vierundzwanzigstündigen Todesangst Verurteilten!

¹⁷ „Siehe aber hinzu, Ich habe keine Freude am zu großen Schmerze der Elenden; daher ziehen wir zuerst dahin und helfen diesen Allerunglücklichsten! Danach wollen wir erst die weniger Unglücklichen in der Stadt und den Meereshafen besuchen!

¹⁸ „Tust du das, so werde Ich mit dir ziehen; tust du aber das *nicht*, so bleibe Ich daheim! Denn siehe, Ich bin auch ein Herr in Meiner Art und kann tun, was Ich will, ohne Mich an dich zu halten! Befolgst du aber Meinen Rat, da will Ich Mich dann wohl an dich halten!"

---

¹ mäßiges, einfaches.

74

Cyrenius am Scheidewege. Des Kindleins Rat. Maronius als Kenner des römischen Rechts. Die Begnadigung der drei Priester auf dem Richtplatz, ihr Tod vor Freude und ihre Wiederbelebung durch das Jesuskind.

Als *Cyrenius* solches vernommen hatte von dem ihm über allen stehenden kleinen Wiegenredner, wie er Ihn manchmal nannte, da stutzte er bei sich selbst und wußte nicht, was er so ganz eigentlich tun sollte.

2 Denn auf der einen Seite sah er sich vor dem Volke als ein wankelmütiger Feldherr und oberster Statthalter gewaltig prostituiert [1],

3 andererseits aber hatte er dennoch zu viel Respekt vor der erprobten Macht des Kindes.

4 Er sann eine Zeitlang hin und her und sprach nach einer Weile wie zu sich selbst:

5 „O Szylla [2], o Charybdis [3], o Mythe des Herkules am Scheidewege!

6 „Hier steht der Held zwischen zwei Abgründen; weicht er dem einen aus, so stürzt er unvermeidlich in den andern!

7 „Was soll ich nun tun? Wohin mich wenden? Soll ich zum ersten Male wankelmütig vor dem Volke erscheinen und tun den Willen dieses mächtigen Kindes?

8 „Oder soll ich tun nach meinem ohnehin sehr milden Beschlusse?"

9 Hier berief wieder *das Kindlein* den Cyrenius zu Sich und sprach lächelnd: „Du Mein lieber Freund, du rührst hohle Eier und hohle Nüsse durcheinander!

10 „Was ist die Szylla und was die Charybdis und was der Held Herkules vor *Mir*?! Folge du Mir und du wirst mit allen diesen Nichtigkeiten nichts zu tun bekommen!"

11 Und *Cyrenius*, sich erholend von seinem Wankelmute, sprach zum Kinde:

12 „Ja, Du mein Leben, Du mein kleiner Sokrates, Plato und Aristoteles in der Wiege, Dich will ich zufriedenstellen, und komme daraus, was wolle!

13 „Und so lasset uns denn hinziehen auf den Richtplatz und dort unser Urteil alsbald in Gnade verwandeln!"

14 Hier näherte sich auch *Maronius* dem Cyrenius und sagte ganz sachte zu ihm:

15 „Kaiserliche, konsulische Hoheit! Ich bin ganz mit dem Rate des Kindes einverstanden; denn mir ist gerade jetzt eingefallen, daß die Todesstrafe bei priesterlichen Angelegenheiten nie ohne die Einwilligung des *Pontifex maximus* [4] in Rom über die Priester verhängt werden darf, —

16 „außer diese wären Staatsaufwiegler, was sie aber hier nicht sind, sondern nur blinde Eiferer ihrer Sache.

17 „Daher billige ich den Rat des Kindes sehr; dessen Befolgung kann dir daher nur nützen, aber nie schaden!"

18 Den Cyrenius freute diese Bemerkung des Maronius, und er machte sich darum sogleich auf den Weg

---

[1] bloßgestellt; [2] Meeresstrudel bei Messina; [3] Klippen, ebenfalls bei Messina. Die Schiffer, die der Szylla entkamen, scheiterten gewöhnlich an der Charybdis, — oder umgekehrt.
[4] Wörtlich „größter Brückenbauer", der Titel des Oberpriesters der Römer, später Titel des Papstes.

mit der ganzen vorbestimmten Gesellschaft.

¹⁹ Am Richtplatze angelangt, fand er die drei Priester schon fast entseelt — vor zu großer Angst vor dem martervollsten Tode.

²⁰ Nur *einer von ihnen* hatte noch so viel Geistesgegenwart, daß er vor dem Cyrenius sich mühsamst erhob und ihn bat um eine gnädige Todesart.

²¹ *Cyrenius* aber sprach zu ihm, wie zu den anderen zweien: „Sehet an das Kind, das diese Mutter auf ihren Armen trägt! Das gibt euch das Leben wieder, und so schenke ich es euch auch und widerrufe mein Urteil!

²² „Erhebet euch daher wieder, und wandelt frei! *Fiat!* Und ihr Wachen, ihr Richter, Liktoren und Büttel, ziehet ab mit allem! *Fiat!*"

²³ Dieser Gnadenruf benahm den drei Priestern das Leben; aber das Kindlein streckte die Hand über die drei, und sie erwachten wieder ins Leben und folgten sogleich ganz erheitert ihrem kleinen Lebensretter.

75

Die Besichtigung der Stadt nach dem Sturme. Die gute Wirkung des Orkans.
Die törichte Absicht des Cyrenius, sein Schwert wegzuwerfen.
Des hl. Kindleins weise Worte über das Schwert als Hirtenstab.

Vom Richtplatze sich schnell hinwegbegebend, zog die ganze Gesellschaft nun in die Stadt, im Gefolge von den drei begnadigten Priestern.

² Als sie, die Gesellschaft nämlich, aber in der Stadt am großen Platze anlangte — und zwar vor dem mächtigen Schutthaufen des großen Tempels und des ganzen, noch größeren Priesterpalastes —,

³ da schlug *Cyrenius* die Hände über dem Kopfe zusammen und sprach mit lauter Stimme:

⁴ „Wie sehr verändert siehst du aus! Ja, so kann nur eines Gottes Macht wirken!

⁵ „Nicht langer Zeiten bedarf es, sondern ein Wink der Allmacht genügt, den ganzen Erdkreis in Staub zu verwandeln!

⁶ „O Menschen, wollet ihr kämpfen mit Dem, der den Elementen gebietet, und sie folgen Seinem Winke?!

⁷ „Wollet ihr Richter sein, wo der Gottheit Allmacht gebietet, und herrschen, wo euch ein leiser Wink des ewigen Herrschers zertrümmert?!

⁸ „Nein, nein! Ich bin ein Tor, daß ich noch mein Schwert umgürtet trage, als hätte ich eine Macht!

⁹ „Weg mit dir, du elendes Zeug! Da in diesem Schutthaufen ist der beste Platz für dich! Mein wahres Schwert aber sollst *Du* sein, *Du*, den die Mutter auf ihren Armen trägt!"

¹⁰ Hier löste Cyrenius plötzlich sein Schwert samt dem Ehrengürtel vom Leibe und wollte es mit aller Gewalt in den Schutthaufen schleudern.

¹¹ Aber *das Kindlein*, das Sich zur Seite des Cyrenius auf den Armen der Maria befand, sprach zu ihm:

¹² „Cyrenius! Tue nicht, was du tun willst! Denn wahrlich, wer das Schwert nach deiner Art trägt, der trägt es gerecht!

¹³ „Wer das Schwert gebrauchet als *Waffe*, der werfe es von sich;

¹⁴ „wer es aber gebrauchet als einen *Hirtenstab*, der behalte es! Denn al-

so ist es der Wille Dessen, dem Himmel und Erde ewig gehorchen müssen!

¹⁵ „Du bist aber ein Hirte denen, die in das Buch deines Schwertes geschrieben sind;

¹⁶ „daher umgürte dich nur wieder mit der gerechten Ehre, auf daß dich dein Volk erkennt, daß du ihm ein Hirte bist!

¹⁷ „Bestünde deine Herde pur aus *Lämmern,* da bedürftest du keines Stabes!

¹⁸ „Aber es gibt darunter sehr viele *Böcke;* darum möchte Ich dir lieber noch einen Stab hinzulegen, als dir den einen nehmen!

¹⁹ „Wahr ist es: außer in Gott gibt es keine Macht; aber wenn dir Gott die Macht verleiht, dann sollst du sie nicht dahin von dir werfen, was Gottes Fluch gerichtet hat!"

²⁰ Diese Worte brachten den Cyrenius sogleich zur Umgürtung des Schwertes unter steter stiller Anbetung des Kindleins.

²¹ Die drei Priester aber entsetzten sich allergewaltigst vor der Weisheit dieses Kindleins.

76

Die Verwunderung der drei Priester über die Weisheit des Kindes und Josephs. Josephs kurze und gute Göttermythologie.

Mit der größten Hochachtung näherten sich *die drei Priester* dem Joseph und fragten ihn, wie dieses Kind zu einer solchen allerwunderbarsten Weisheit gelangt sei, und wie alt es schon sei.

² *Joseph* aber sprach zu ihnen: „Liebe Freunde, fraget nicht zu früh danach; denn eine zu vorzeitige Antwort könnte euch das Leben kosten!

³ „Folget uns aber, und lasset eure vielen Götter fallen und glaubet, daß es nur *einen* wahren Gott Himmels und der Erde gibt, und glaubet, daß dieser *eine* wahre Gott Derjenige ist, den das Volk Israels anbetet und ehrt zu Jerusalem, so werdet ihr es in euch und aus diesem Kinde erfahren, woher dessen Weisheit ist!"

⁴ *Die Priester* aber sprachen: „Mann, du redest hier seltsame Worte!

⁵ „Sind denn unsere Hauptgötter, der Zeus, der Apollo, der Merkur, der Vulkan, der Pluto, Mars und Neptun, die Juno, die Minerva, die Venus und andere mehr nichts als bloße Werke der menschlichen Phantasie?"

⁶ Und *Joseph* erwiderte: „Höret mich an, ihr Freunde! Alle eure Götter sind entstanden durch die Phantasie eurer Urväter, die den *einen* Gott noch gar wohl gekannt haben!

⁷ „Sie waren aber seltene Dichter und Sänger an den Höfen der alten Könige dieses Landes und personifizierten — zwar in guten Entsprechungen — die Eigenschaften des *einen* wahren Gottes.

⁸ „Ihnen war Jupiter als die Güte und Liebe des Vaters von Ewigkeit darstellend, Apollo war die Weisheit des Vaters, und die Minerva stellte die Macht dieser Weisheit dar.

⁹ „Merkur bedeutete die Allgegenwart des *einen* Gottes durch Seinen allmächtigen Willen.

¹⁰ „Die Venus stellte die Herrlichkeit und die Schönheit und die ewig gleiche Jugend des Gottwesens dar.

¹¹ „Vulkan und Pluto stellten des

einen Gottes Vollmacht über die ganze Erde dar.

12 „Mars stellte den göttlichen Ernst dar und das Gericht und den Tod für die Gerichteten.

13 „Neptun stellte den wirkenden Geist des *einen* Gottes in allen Gewässern dar, wie Er durch sie die Erde belebt.

14 „So stellte die alte Isis, wie Osiris, die göttliche, unantastbare Heiligkeit dar, welche da ist die göttliche Liebe und Weisheit urewig in Sich.

15 „Und so stellten alle anderen Untergötter nichts als lauter Eigenschaften des einen Gottes in entsprechenden Bildern dar!

16 „Und das war eine recht löbliche Darstellung; denn man wußte nichts anderes, als daß dieses alles nur den *einen* Gott bezeichne in der verschiedenen Art Seiner zahllosen Auswirkungen.

17 „Aber mit der Zeit haben Eigennutz, Selbstliebe und die Herrschsucht die Menschen geblendet und verfinstert.

18 „Sie verloren den Geist, und es blieb ihnen nichts als die äußere Materie, und sie wurden zu Heiden, was so viel heißt als: sie wurden zu groben Materialisten und verloren den *einen* Gott, nagten daher an den äußeren, leeren, unverstandenen Bildern gleich Hunden, die da heißhungrig nackte Knochen benagen, an denen kein Fleisch mehr haftet. — Verstehet ihr mich?"

19 *Die drei* sahen einander groß an und sprachen: „Wahrlich, du bist in unserer Religion besser bewandert denn wir! Wo aber hast du solches erfahren?"

20 *Joseph* aber sprach: „Geduldet euch nur; das Kind wird es euch kundtun! Daher folget uns, und kehret nicht wieder um!"

77

Cyrenius und die drei Priester. Die Ausgrabung der Verschütteten.
Des Kindleins wunderbare Mithilfe.
Die Belebung der sieben scheintoten Katakombenführer.

Die drei Priester fragten nun um nichts mehr weiter; denn sie erkannten in Joseph einen Mann, der in die alten Mysterien Ägyptens tief eingeweiht zu sein schien, was sonst nur bei den höchsten Oberpriestern dieses Landes der Fall war.

2 *Cyrenius* aber wandte sich um und fragte die drei Priester, wieviel ihresgleichen hier ums Leben gekommen seien.

3 Und *die drei* sprachen: „Mächtigster Statthalter, ganz genau können wir die Zahl nicht angeben;

4 „aber über siebenhundert waren es gewiß, die da begraben wurden, ohne die Zöglinge beiderlei Geschlechts mit eingerechnet!"

5 „Gut", sprach *Cyrenius*, „wir wollen uns von der Sache bald genauer überzeugen!"

6 Er fragte darauf den Joseph, ob es nicht rätlich wäre, die Verschütteten auszugraben!

7 Und *Joseph* erwiderte: „Das ist sogar strenge Pflicht; denn es könnten hier und da in den Katakomben noch Zöglinge am Leben sein, und diese zu retten, ist strenge Pflicht!"

8 Als Cyrenius solches vernommen hatte, ließ er sogleich zweitausend Arbeiter dingen, die sich alsogleich

an die Wegschaffung des Schuttes machen mußten.

⁹ In wenigen Stunden wurden schon sieben Leichen hervorgezogen, und das waren gerade die Katakombenführer.

¹⁰ Und *Cyrenius* sagte: „Wahrlich, um diese tut es mir leid; denn ohne ihre Hilfe werden wir nicht viel richten in dem unterirdischen Labyrinthe von zahllosen Gängen!"

¹¹ *Das Kindlein* aber sagte zum Cyrenius: „Mein Cyrenius, was da die Katakomben betrifft, so wird in ihnen nicht viel Ersprießliches zu treffen sein;

¹² „denn diese liegen schon seit mehreren Jahrhunderten unbenützt und sind angefüllt mit Schlamm und Ungeziefer aller Art.

¹³ „Diese sieben Führer in den Katakomben aber hatten bloß nur den Titel als solche; aber von ihnen hatte noch nie einer eine Katakombe betreten.

¹⁴ „Siehe, damit du aber glaubst, was Ich dir sage, so sage Ich dir auch, daß diese sieben Führer nicht ganz tot, sondern nur sehr betäubt daliegen und daher wieder ins Leben gerufen werden können.

¹⁵ „Laß sie reiben an den Schläfen, an der Brust, im Genicke und an den Händen und Füßen von kräftigen Weibern, und sie werden alsbald erwachen aus ihrer Betäubung!"

¹⁶ Und *Cyrenius* fragte das Kindlein: „O Du mein Leben! So *Du* sie anrührtest, da würden sie doch auch sicher erwachen!"

¹⁷ Und *das Kindlein* sprach darauf: „Tue, was Ich dir geraten; denn Ich darf nicht zu viel tun, will Ich nicht statt des Segens ein Gericht der Welt geben!"

¹⁸ Cyrenius verstand zwar diese Worte nicht; aber er befolgte dennoch den Rat des Kindleins.

¹⁹ Er ließ sogleich zehn kräftige Jungfrauen bringen, daß sie rieben die sieben Führer.

²⁰ Nach einigen Minuten erwachten *die sieben* und fragten die Umstehenden, was da mit ihnen geschehen sei, und was hier geschehe.

²¹ Und Cyrenius ließ sie sogleich führen in eine gute Herberge; aber das Volk wunderte sich hoch über diese Erweckung und erwies den Jungfrauen eine große Verehrung.

78

Arbeit der Barmherzigkeit. Der intelligente Sturm. Des Cyrenius gute Ahnung. Der Besuch des Hafens.

Nach dem wurde weiter gegraben, und Cyrenius erließ den Befehl, daß alle Leichen, welche nicht irgend zu sehr verstümmelt seien, auf einen gewissen mit Matten überdeckten Platz sollten mit den Gesichtern zur Erde gelegt werden;

² die sehr Verstümmelten allein sollten sogleich auf die gewöhnliche Art auf dem allgemeinen Beerdigungsplatze entweder verbrannt oder acht Fuß tief begraben werden.

³ An den wenig Verstümmelten aber sollten ähnliche Erweckungsversuche gemacht werden wie mit den sieben.

⁴ Und so einer oder der andere wieder ins Leben käme, solle er sogleich in die Herberge zu den sieben anderen gebracht werden!

⁵ Als dieser Befehl erteilt ward, begab sich Cyrenius von dannen mit seiner Gesellschaft, um noch andere Stadtteile in Augenschein zu nehmen.

⁶ Zu seiner großen Verwunderung aber fand er, daß da nirgends ein bürgerliches Haus irgend beschädigt war;

⁷ wohl aber war nirgends ein Göttertempel mehr zu finden, der nicht im Schutte zertrümmert daläge, bis auf einen einzigen, kleinen, verschlossenen mit der Aufschrift: „Dem unbekannten Gott!"

⁸ Als die Gesellschaft unter großem Volksgefolge also die ganze nicht unbedeutende Stadt von achtzigtausend Einwohnern durchwandert hatte, da berief *Cyrenius* den Joseph zu sich und sprach zu ihm:

⁹ „Höre, du mein allererhabenster Freund und Bruder, ich muß heimlich über die sonderbare Wirkung des Erdbebens wie des Sturmes geradezu lachen!

¹⁰ „Denn siehe nur einmal hin! Längs dieser Gasse vor uns stehen Häuser von so elender Bauart; trokkene Steine und ohne Mörtel — noch ziemlich unsymmetrisch dazu — zu einer Wand übereinandergelegt.

¹¹ „Man sollte glauben, daß sie kaum fest genug wären, um der Erschütterung zu widerstehen, welche durch den Schlag eines nur einigermaßen schweren Pferdes hervorgebracht wird!

¹² „Aber siehe, diese wahren Ameisengebäude stehen unversehrt da! Nicht eines ist irgend auch nur im geringsten beschädigt,

¹³ „während mitten unter diesen wahren Vonheutebismorgen-Häusern die für Jahrtausende fest gebauten Tempel nach der Bank [1] alle in den schmählichsten Schutthaufen verwandelt sind!

¹⁴ „Wie findest du diese höchst merkwürdige Erscheinung? Ist es hier nicht handgreiflich, daß das Erdbeben, wie der Sturm, sehr intelligent müssen zu Werke gegangen sein?!

¹⁵ „Fürwahr, ich muß es dir zu meiner großen Freude bekennen und sagen:

¹⁶ „Wenn dein Söhnlein nicht mit Seinen allmächtigen Fingern ein wenig unter den Tempeln in Gesellschaft mit dem Sturme herumgespielt hat, so will ich nicht ‚Cyrenius' heißen!"

¹⁷ *Joseph* aber sprach: „Behalte es für dich ganz allein, was du glaubst, und rede ja zu niemandem davon — denn es wird schier also sein!

¹⁸ „Wir begeben uns aber nun zum Hafen und wollen da sehen, ob sich dort für mich keine Arbeit vorfindet!" — Und Cyrenius befolgte sogleich den Rat Josephs und zog an des Meeres Ufer hin.

79

Der geringe Schaden im Hafen. Die Umkehr nach Hause. Maria in der Sänfte. Der absichtliche Umweg nach Hause.

Am Ufer des Meeres angelangt, allwo der Hafen für die Schiffe teils von der Natur und teils durch die Kunst der Menschen errichtet war, erstaunte Cyrenius ebenfalls nicht wenig.

---

[1] „nach der Bank", d. h. durchgängig.

2 Denn es war nirgends ein Schaden zu entdecken, außer daß am prachtvollsten Schiffe des Cyrenius alle sogenannten mythologischen Verzierungen möglichst vernichtet waren.

3 *Cyrenius* sprach daher zu Joseph: „Mein allerachtbarster Freund, bei obwaltenden Umständen werden deine Söhne wenig zu tun bekommen!

4 „Siehe, nicht *ein* Fahrzeug hat irgendeinen sonstigen Schaden erlitten, außer daß da — mir sehr willkommen — besonders auf meinem Schiffe, die Götzen wahrscheinlich haben das Meerwasser zum Verkosten bekommen,

5 „was mir eben sehr lieb ist; denn ich werde sicher keine mehr irgend auf meinem Schiffe anbringen lassen!

6 „Deinem Gott sei alles Lob, alle Ehre dafür!

7 „Deine Söhne aber werde ich dessenungeachtet für allfällige kleine Reparaturen, die sich hier und da an den Schiffen als vonnöten zeigen werden, schon also belohnen, als ob sie was Großes getan hätten!"

8 Und *Joseph* sprach zu Cyrenius: „O Freund und Bruder, sorge dich nicht zu sehr um den Verdienst meiner Kinder!

9 „Siehe, nicht des Verdienstes wegen, sondern um dir einen guten Dienst erweisen zu können, wäre ich dir gerne mit meinen Söhnen in solcher baulichen Hinsicht zu Hilfe gekommen; es hat dir aber der Herr geholfen, und so ist es besser, und du kannst meine Hilfe nun leidlich entbehren.

10 „Wir aber haben nun bereits alles gesehen; daher meine ich, da es bei der Gelegenheit schon so ziemlich spät nachmittags geworden ist, wir sollten uns nun wieder nach Hause begeben und allenfalls das etwa noch Übrige *morgen* in Augenschein nehmen!"

11 Und *Cyrenius* sprach: „Der Meinung bin ich auch; denn mich dauert die arme Mutter schon ganz über die Maßen. Daher müssen wir nun trachten, sobald als möglich nach Hause zu kommen!

12 „Ich werde aber für sie sogleich eine Sänfte bringen lassen, auf daß sie nach Hause getragen wird mit dem Kindlein!"

13 Und *das Kindlein* meldete sich sogleich hinter dem Cyrenius und sprach zu ihm:

14 „Das tue du sicher; denn diese Mutter ist schon sehr müde geworden, indem sie an Mir sehr schwer zu tragen hat.

15 „Im Nachhauseziehen aber darfst du deinem Vorhaben zufolge nicht über den gewissen Priesterplatz den Weg nehmen!

16 „Denn so Ich mit der Mutter vorübergetragen würde, da[1] nun schon bei hundert Verschüttete auf den Matten liegen,

17 „so würden sie plötzlich alle lebendig, und das gäbe dir und allem Volke ein Gericht, das da jedem sehr übel bekäme!

18 „Also aber werden sie durch menschliche Hilfe unter Meiner geheimen Einwirkung die Nacht hindurch erweckt werden!

19 „Dadurch wird der Schein des Wunderbaren vermieden, und du und alles Volk bleibet verschont von einem den Geist ewig tötenden Gerichte!"

20 Cyrenius befolgte genau diesen Rat, hocherfreut in seinem Herzen; die Sänfte ward augenblicklich her-

---

[1] wo.

beigeschafft, und Maria mit dem Kindlein begab sich in dieselbe.

²¹ Und *Cyrenius* bestimmte einen andern Weg, auf welchem die ganze Gesellschaft, die drei Priester mitgerechnet, gar bald und ganz bequem die Villa Josephs erreichte.

80

Josephs hausväterliche Fürsorge. Des Kindleins Freude an Jakob.
„Die Ich liebe, die necke Ich auch und kneipe und zupfe sie!"
Jakobs glückliche und beneidenswerte Mission.

In der Villa wieder angelangt, begab sich *Joseph* sogleich zu seinen Söhnen, welche soeben mit der Bereitung eines Mittagsmahles beschäftigt waren, und sprach zu ihnen:

² „Gut, gut, meine Söhne, ihr seid meinem Wunsche zuvorgekommen; aber wir haben heute drei Gäste *mehr,* nämlich die drei Priester, die heute früh sind zum Tode ausgesetzt worden!

³ „Diese wollen wir ganz besonders gut bewirten, damit sie unsere Freunde werden in der Anerkennung unseres Vaters im Himmel,

⁴ „der uns zu Seinen Kindern erwählt hat durch den Bund, den Er mit unseren Vätern gemacht hat!

⁵ „Du, Jakob, aber gehe sogleich hinaus, der sehr müde gewordenen Mutter entgegen, und nimm ihr unser aller allerliebstes Kindlein ab,

⁶ „und bringe Es sogleich zur Ruhe; denn Es ist auch schon sichtbar müde und sehnt Sich nach der Wiege!"

⁷ Und sogleich lief Jakob hinaus und zu der Maria, die soeben aus der Sänfte stieg, und nahm ihr sogleich mit großer Liebe und Freude das Kindlein von den Armen.

⁸ Das Kindlein aber erwies dem Jakob eben auch dieselbe große Freude; denn Es hüpfte auf seinen Armen und lächelte und kneipte und zupfte ihn, wo Es ihn mit Seinen Händchen nur erwischen konnte.

⁹ *Die drei Priester* aber, die vor diesem Kinde den allerungeheuersten Respekt hatten, verwunderten sich in aller Freude ihres Gemütes, da sie an diesem Kinde auch etwas echt Kindliches entdeckten.

¹⁰ *Einer von ihnen* aber ging hin zum Jakob und fragte ihn in gut hebräischer Sprache:

¹¹ „Sage mir, ist dieses Wunderkind aller Kinder stets so munter, ja man möchte sagen sogar ein wenig neckend schlimm, wie Kinder gewöhnlicher Art manchmal freilich erst in zwei oder drei Jahren es sind?"

¹² *Das Kindlein* aber antwortete sogleich Selbst anstelle des Jakob:

¹³ „Ja, ja, Mein Freund! Die Ich liebe, die necke Ich auch und kneipe und zupfe sie; aber das geschieht nur jenen, die Mich so wie Mein Jakob lieben — und Ich sie auch so liebe wie diesen Meinen Jakob.

¹⁴ „Aber Ich tue ihnen darum doch nichts Leides an! — Nicht wahr, du Mein lieber Jakob, es tut dir nicht weh, so Ich dich zupfe und kneipe?"

¹⁵ Und *Jakob,* wie gewöhnlich gleich zu Tränen gerührt, sprach: „O Du mein göttlich allerliebstes Brüderchen, wie könntest Du mir wehe tun?!"

¹⁶ Und *das Kindlein* erwiderte darauf dem Jakob: „Jakob, Mein Bruder, du hast Mich wahrlich lieb!

¹⁷ „Ich aber habe auch dich so lieb, daß du es in Ewigkeit nie genug wirst begreifen können, wie lieb Ich dich habe!

¹⁸ „Siehe, du Mein lieber Bruder Jakob, die Himmel sind weit und endlos groß; zahllose glänzende Lichtwelten fassen sie, wie die Erde einen Tautropfen;

¹⁹ „und die Welten sind Träger von zahllosen glücklichsten Wesen deiner Art; aber glücklicher ist unter ihnen keines als du, nun Mein liebster Bruder! Jetzt verstehst du Mich noch nicht; aber du wirst Mich schon noch recht gut verstehen mit der Zeit! Schlafen aber mag Ich jetzt nicht, wenn die Menschen um Mich wachen! Aber bei dir will Ich bleiben!"

²⁰ Diese Rede brach unserm Jakob von neuem wieder sein Herz, daß er darob weinte vor Liebfreude; der fragende Priester aber sank beinahe in den Boden aus lauter Ehrfurcht und Höchstachtung vor diesem Kinde.

81

Des Cyrenius Wunsch, vom hl. Kindlein auch gezupft zu werden.
Des Kindleins Antwort. Eine Verheißung für Rom.
Marias Mahnung, des Kindleins unverstandene Worte im Herzen zu bewahren.

Cyrenius, der diese Worte des Kindleins ebenfalls gar wohl vernommen hatte, begab sich augenblicklich hin zum Kindlein und fragte Es gar liebreich:

² „O du mein Leben! Du hast mich dann gewiß nicht so lieb, weil Du mich, so ich Dich auf meinen Armen hatte, noch nie gekneipt und gezupft hast?"

³ *Das Kindlein* aber sprach: „O Cyrenius, sorge dich nicht darum; denn siehe, alle die Unannehmlichkeiten, die du Meinetwegen schon erduldet hast, waren lauter Kneipereien und Zupfereien von Mir, darum Ich dich so lieb habe!

⁴ „Verstehst du Mich nun, was Ich dir gesagt habe?

⁵ „Ich werde dich aber schon noch öfters kneipen und zupfen — und werde aus lauter Liebe zu dir recht schlimm sein!

⁶ „Aber höre, deswegen mußt du dich dennoch nicht fürchten vor Mir, denn es wird dir dabei kein Wehe geschehen, so wie bis jetzt; verstehst du Mich, Mein lieber Cyrenius?"

⁷ *Cyrenius,* voll der tiefsten Achtung in seinem Herzen vor dem Kinde, sprach ganz betroffen und gerührt:

⁸ „Ja, ja, Du mein Leben! Ich verstehe Dich gar wohl und weiß, was Großes Du mir gesagt hast!

⁹ „Aber dessen ungeachtet möchte ich doch auch, daß Du mich also wie Deinen Bruder ein wenig kneipen und zupfen möchtest!"

¹⁰ Und *das Kindlein* sprach zu Cyrenius: „O Mein lieber Freund, du wirst doch nicht kindischer sein als Ich?

¹¹ „Glaubst du denn, daß Ich dich darum *mehr* lieben werde?

¹² „O siehe, da irrst du dich sehr; denn *mehr* noch, als Ich dich ohnehin liebe, kann Ich dich ja doch unmöglich lieben!

¹³ „Wahrlich, auch du wirst die Größe und Stärke Meiner Liebe zu

dir ewig nie ganz erfassen und begreifen können!

¹⁴ „Höre, kein Säkulum mehr wird vorüberziehen, da Rom in Meine Burg vielfach einziehen wird!

¹⁵ „Nun ist zwar die Zeit noch nicht da, aber glaube es Mir, du stehst schon jetzt an der Schwelle, die bald von gar vielen wird betreten werden!

¹⁶ „Verstehe, — aber nicht körperlich, sondern *geistig* in Meinem zukünftigen Reiche für ewig!"

¹⁷ Diese Worte des Kindes erregten eine große Sensation[1] bei allen Anwesenden, und *Cyrenius* wußte nicht, was er daraus machen solle.

¹⁸ Er wandte sich daher zur danebenstehenden Maria und fragte sie, ob sie verstünde, was das göttliche Kindlein nun ausgesagt hätte.

¹⁹ *Maria* aber sprach: „O Freund, wäre Dies ein gewöhnliches Menschenkind, so würden wir Menschen Es auch verstehen;

²⁰ „aber da Es von höherer Art ist, deshalb verstehen wir Es nicht! Behalten wir aber alle Seine Worte in uns; die Zeitenfolge wird sie uns schon im wahren Lichte enthüllen!"

82

Des Cyrenius Frage an Joseph und dessen Antwort vom Lüften des Schleiers der Isis. Des Maronius gute Erklärung. Das Mahl. Die Ehrfurcht der drei Priester.

Hier kam *Joseph* wieder aus der Villa und lud die Gesellschaft zum schon bereiteten Mahle.

² *Cyrenius* aber, sich durchkreuzender großer Gedanken voll, berief den Joseph zu sich und erzählte ihm, was ihm nun das Kindlein und am Ende die befragte Maria gesagt hatten,

³ und fragte daher den guten Joseph auch zugleich, wie solche Worte und Reden zu verstehen seien.

⁴ *Joseph* aber erwiderte dem etwas zu sehr erregten Cyrenius, sagend nämlich:

⁵ „O Freund und Bruder, ist dir die Mythe unbekannt, die eines Menschen erwähnt, der einst den Mantel der Isis lichten wollte?"

⁶ Und *Cyrenius*, ganz erstaunt über diese unerwartete Frage, sprach:

⁷ „O erhabener Freund, die Mythe ist mir wohl bekannt; der Mensch ging elend zugrunde! Aber was willst du mir nun damit sagen auf meine Frage?"

⁸ Und *Joseph* erwiderte dem Cyrenius: „Liebster Freund, nichts anderes als: Hier ist *mehr* denn die Isis!

⁹ „Darum befolge den Rat meines Weibes, und du wirst ewig gut fahren!"

¹⁰ Daneben aber stand auch *Maronius Pilla* und sprach bei dieser Gelegenheit:

¹¹ „Konsulische, kaiserliche Hoheit! Ich bin sonst in derlei Sachen zwar noch sehr dumm, aber diesmal kommt es mir vor, als ob ich den Weisen verstanden hätte auf ein Haar!"

¹² Und *Cyrenius* erwiderte ihm: „Wohl dir, so du dessen in dir überzeugt bist;

¹³ „ich aber kann mich vorderhand dessen noch nicht rühmen!

¹⁴ „Mein Gehirn ist zwar sonst auch nicht gerade kreuz und quer vernagelt; aber diesmal will es mir nicht die gerechten Dienste leisten!"

¹⁵ Und *Maronius* sprach: „Ich mei-

[1] Aufsehen.

nesteils verstehe die Sache also: Greife nicht nach zu fernen Dingen; denn dazu ist deine Hand zu kurz!

16 „Es wäre freilich wohl sehr ehrsam, ein glücklicher Phaëton zu sein;

17 „aber was kann der schwache Sterbliche tun, wenn die Sonne zu ferne über ihm ihren Weg gebahnt hat?!

18 „Er muß sich bloß an ihrem Lichte begnügen und dabei die sonnenleitende Ehre und Macht jenen Wesen ganz gutwillig überlassen, die sicher längere Arme haben als er, der schwache Sterbliche!

19 Wie lang aber der unsichtbare Arm dieses Kindes ist, davon haben wir uns gestern überzeugt.

20 „Siehe, konsulische, kaiserliche Hoheit! Verstehe ich nicht aus dem Salze das, was dieser weise Mann geredet hat?!"

21 Und *Cyrenius* gab dem Maronius recht, beschwichtigte sein Herz und begab sich wohlgemut mit Joseph in die Villa und stärkte sich am frugalen Mahle.

22 *Die drei Priester* aber getrauten sich kaum die Augen zu öffnen; denn sie meinten, das Kind sei entweder Zeus oder gar das Fatum selbst.

83

Die Blindheit, Ehrfurcht und Fluchtgedanken der drei Götzenpriester. Des Jesuskindleins weise Verhaltungsregeln an Joseph und Cyrenius.

Nachdem aber die Mahlzeit vorüber war und alles sich wieder vom Tische erhoben hatte, da trat *einer der Priester* hin zu Joseph und fragte ihn in der tiefsten Demut:

2 „Uranus oder doch wenigstens Saturnus als Vater des Zeus! Denn das bist du sicher leibhaftig; obschon du deine Göttlichkeit ehedem in der Stadt vor uns zu verbergen dich bestrebtest,

3 „so tatest du solches aber dennoch, um uns zu prüfen, ob wir dich im Ernste erkenneten oder nicht.

4 „Nur eine Zeitlang verkannten wir dich, und darum bitten wir dich um Vergebung unserer großen Blindheit.

5 „Die ehemalige Sprache deines Kindes aber hat uns allen ein Licht angezündet, und wir wissen nun genau, wo wir uns befinden.

6 „O mache uns daher sogestaltig glücklich, daß du uns kundgäbest, wie wir dir ein Opfer bringen sollen, wie deinem göttlichen Weibe und wie deinem Kinde, dem sich sicher durch deine Allmacht verjüngenden Zeus!"

7 Joseph aber erstaunte über diese plötzliche Veränderung der drei Priester, denen er doch früher in der Stadt den Irrgrund ihres Heidentums klar und wohlbegreiflich auseinandergesetzt hatte.

8 Er sann daher nach, was er ihnen nun antworten solle. — Aber das *Kindlein* verlangte sogleich hin zu Joseph;

9 und als Es dort anlangte auf den Armen Jakobs, sprach es sogleich zu Joseph:

10 „Laß du diese Armen und verweise es ihnen nicht; denn sie sind blind und schlafen und träumen!

11 „Behalte sie aber einige Tage hier, und Meine Brüder werden sie schon aus ihrem Schlafe und Traume erwecken! Wenn sie sehen werden, wie ihr selbst zu Gott betet, da wer-

den sie ihren Uranus, Saturnus und Zeus schon fahren lassen!"

¹² Diese Worte beruhigten den Joseph vollkommen, und er machte sogleich den drei Priestern den Vorschlag, unterdessen unter seinem Dache zu wohnen, bis sich mit ihnen irgendeine versorgliche Bestimmung treffen werde.

¹³ *Die drei Priester* aber, sich kaum zu atmen getrauend vor lauter Ehrfurcht, getrauten sich um so weniger den Vorschlag abzulehnen, indem sie nun durchaus nicht wußten, wie sie so ganz eigentlich daran seien.

¹⁴ Sie nahmen sonach den Vorschlag an; aber unter sich murmelten sie:

¹⁵ „Ach, wäre es hier möglich, davonzulaufen und sich in irgendeinem letzten Winkel der Erde zu verkriechen, wie glücklich wären wir da!

¹⁶ „Aber so müssen wir hier verbleiben im Angesichte der offenbaren Hauptgötter. O welche Qual ist das für uns Nichtswürdigste!"

¹⁷ Cyrenius aber merkte solche Murmelei unter den dreien, trat daher hin und wollte sie darob zur Rede stellen.

¹⁸ *Das Kindlein* aber sprach: „Mein Cyrenius, bleibe zurück; denn Mir ist es nicht unbekannt, was in den dreien vorgeht.

¹⁹ „Ihr Plan ist die Frucht ihrer Blindheit und ihrer törichten Furcht und führt nichts anderes im Schilde, als eine Flucht vor uns in irgendeinen allerentferntesten Erdenwinkel.

²⁰ „Siehe, das ist alles, und darum brauchst du dich nicht gleich so zu ereifern!

²¹ „Laß hier in diesem Hause nur *Mir* das Gericht über, und sei versichert, daß da niemandem ein Unrecht geschehen wird!"

²² Und Cyrenius ward damit zufrieden und begab sich mit Joseph in das Freie wieder; die drei Priester aber begaben sich in ihr angewiesenes Gemach.

84

Die Sage von der Entstehung der Stadt Ostrazine. Des Cyrenius Zukunftssorge wegen der Göttertempel.

In der Freie¹ angelangt, fingen Joseph und Cyrenius sich über so manche Dinge zu besprechen an, während unter der Zeit Maria das Kindlein versorgte im Hause

² und die Söhne Josephs sich abgaben mit der Beordnung des Hauswesens, wobei ihnen die Dienerschaft des Cyrenius so manche Dienste leistete.

³ Nach mehreren weniger gehaltvollen Gesprächen zwischen Joseph und Cyrenius in Begleitung des Maronius Pilla aber kam auch ein wichtiger Punkt zur Sprache, und dieser lautete also, und das aus dem Munde des *Cyrenius:*

⁴ „Erhabener Freund und Bruder! Siehe, die Stadt und das ganze große Gebiet, welches noch zur Herrschaft der Stadt gehört, zählt bei achtzigtausend Menschen sicher!

⁵ „Darunter gibt es nur sehr wenige deines Glaubens und deiner Religion.

⁶ „Sie sind zumeist mehr oder weniger seit Jahrtausenden meines Wissens Erzgötzendiener.

---

¹ Im Freien.

⁷ „Ihre Götzentempel haben sie alle in dieser uralten Stadt, von der die Mythe sagt, sie sei bei Gelegenheit der Götterkriege mit den Giganten der Erde erbaut worden, und das von Zeus selbst zum Zeichen des Sieges über diese Giganten der Erde.

⁸ „Merkur habe die Knochen der Giganten sammeln und sie versenken müssen ins Meer; dadurch sei dieses Land entstanden.

⁹ „Über diese Gigantenknochen habe Zeus dann einen ganzen Monat hindurch Sand und Asche regnen lassen und mitunter große und schwere Steine.

¹⁰ „Darauf habe Zeus die alte Ceres beordert, sie solle dieses Land fruchtbar machen und in seiner Mitte nicht zu ferne vom Meere eine Burg und eine Stadt erbauen zum Zeichen des großen Sieges.

¹¹ „Zeus selbst aber werde dann ein Volk aus der Erde rufen, welches für alle Zeiten der Zeiten dieses Land und diese Stadt bewohnen solle. —

¹² „Aus dieser meiner Kundgabe wirst du nun leicht ersehen, daß eben dieses Volk, wie nicht leichtlich ein anderes irgend auf der Erde, noch fest der Meinung ist, *die* Stadt zu bewohnen, welche die Götter selbst erbaut haben,

¹³ „aus welchem Grunde du denn auch die überaus zerlumpten Wohnhäuser allzeit ersiehst, indem sich kein Mensch an dem Werke der Götter etwas auszubessern getraut, um sich nicht zu versündigen gegen sie.

¹⁴ „Ganz besonders soll die alte Ceres mit Hilfe des Merkur und des Apollo die Tempel eigenhändig erbaut haben. —

¹⁵ „Das ist die Mythe und zugleich der noch feste Glaube dieses sonst gutmütigen Volkes, welches trotz seiner Armut sehr gastfreundlich und ausnahmsweise ehrlich ist.

¹⁶ „Was aber wird nun hier zu tun sein, wenn das Volk etwa die Wiederherstellung der Tempel verlangt?

¹⁷ „Soll man ihm die Tempel wieder aufbauen oder nicht, oder soll man es bekehren zu deiner Lehre?

¹⁸ „Und tut man das, was werden die benachbarten Völker dazu sagen, die auch nicht selten diese Stadt besuchen, die nun um so mehr, wie freilich schon seit gar langen Zeiten, mehr eine Ruine als eine eigentliche Stadt ist?"

85

Josephs Hinweis aufs Gottvertrauen und Vorhersage über das Ende Ostrazines.

Und weiter redete *Cyrenius:* „O Freund, wahrlich, hier wird ein guter Rat sehr teuer!

² „Hast du in der lebendigen Kammer deiner echten göttlichen Weisheit einen Rat dafür, so gib mir ihn!

³ „Denn wahrlich, je mehr ich nun über diese Sache nachdenke, desto kritischer und verwickelter wird sie!"

⁴ Und *Joseph* sprach darauf zu Cyrenius: „Höre mich an, edelster Freund! Aus dieser Verlegenheit kann dir sehr leicht geholfen werden!

⁵ „Ich will dir dafür einen guten Rat geben, der dir das Rechte zeigen wird, was du zu tun haben sollst bei dieser Gelegenheit.

⁶ „Siehe, du bist nun in deinem

Herzen meines lebendigen Glaubens und liebst und ehrst samt mir den einig wahren Gott!

⁷ „Ich sage dir aber: Solange du dich sorgen wirst, so lange auch wird Gott nichts tun für dich!

⁸ „Wie du aber alle deine Sorgen auf *Ihn* legst und dich um nichts anderes kümmerst und sorgst als darnach nur, eben diesen wahren Gott stets mehr zu erkennen und stets mehr zu lieben,

⁹ „da wird dann Er dir in allem zu helfen anfangen, und alles, was du heute noch krumm ersiehst, wird morgen gerade vor dir stehen!

¹⁰ „Laß du daher diese Stadt nur *da* vom Schutte reinigen, wo allenfalls unter demselben Menschen begraben sein möchten, was soeben geschieht.

¹¹ „Alle anderen Tempel, unter deren Schutte sich nichts als höchstens einige sehr plumpe, wertlose, zertrümmerte Götzen befinden, aber laß als Ruinen liegen!

¹² „Denn, was Elemente zerstören, gilt diesem blinden Volke so viel, als hätten es die Götter zerstört.

¹³ „Es wird sich daher auch gar nicht darum bemühen, diese Tempel selbst wieder aufzubauen;

¹⁴ „denn es fürchtet sich, daß, wenn es wider den Willen der Götter tätig wäre, es sich eine große Strafe zuziehen könnte.

¹⁵ „Priester aber, die das auf eine erdichtete Aufforderung von Seite der Götter durch die Hände und Mittel des Volkes zu ihrem Besten unternommen hätten, sind nicht mehr, —

¹⁶ „und die noch da sind, werden nimmer Tempel für Götzen erbauen!

¹⁷ „Also kannst du darob ganz ohne Sorge sein; der Herr Himmels und der Erde wird das Beste machen für dich und fürs ganze Volk!

¹⁸ „In dieser Zeit aber wird ohnehin mehrere Städte ein ähnliches Los treffen, daß sie verschüttet werden hier und da; und so wird es wenig auffallen, so diese alte Stadt in zehn Jahren gänzlich zur Ruine wird!"

¹⁹ Diese Rede Josephs tröstete den Cyrenius, und er kehrte wieder ganz wohlgemut mit Joseph in die Wohnung zurück.

86

Die Heimkehr des Cyrenius mit seiner Dienerschaft nach Ostrazine.
Maria im Gebet. Josephs tröstende Worte.

Im Speisezimmer angelangt, fragte Cyrenius den Joseph: „Lieber Freund, du mein Alles, siehe, mir ist soeben ein guter Gedanke durch die Brust und in den Kopf gefahren!

² „Was meinst du, wäre es in meiner Sache, von der wir draußen uns besprachen und du mir darüber wohl das Beste und Tröstlichste gesagt hast, nicht ersprießlich für die volle Beruhigung meines Gemütes,

³ „so ich die drei hier anwesenden Priester einvernehmen ¹ möchte, was da ihre Meinung wäre?"

⁴ Und *Joseph* sprach: „So dir mein Wort noch nicht genügt, — du bist hier der Herr und kannst tun, was dir beliebt zu deiner Beruhigung,

---

¹ mit vernehmen.

⁵ „obschon ich der Meinung bin, daß hier mit diesen Priestern eben nicht viel zu reden sein wird, solange sie mich für den Uranus oder Saturnus und das Kindlein für den sich verjüngenden Zeus halten!

⁶ „Wenn du sie demnach fragen wirst darum, daran es dir liegt, so werden sie dich offenbar an mich und an das Kindlein verweisen!"

⁷ Als *Cyrenius* solches vom Joseph vernommen hatte, da stand er alsbald ab von seinem Verlangen und sprach darauf:

⁸ „Nun bin ich ganz im klaren; mein Gemüt ist völlig beruhigt, und ich kann meine fernere Zeit wieder ganz ruhig dem ordentlichen Staatsgeschäfte widmen.

⁹ „Es ist bereits Abend geworden; ich werde mich daher wieder in die Stadt begeben mit meiner Dienerschaft!

¹⁰ „Morgen nachmittag aber bin ich wieder bei dir! Sollte ich aber dennoch eher irgend deines Rates vonnöten haben, dann werde ich noch am Vormittage dich zu mir erbitten!"

¹¹ Hier segnete Joseph den Cyrenius und den Maronius, und Cyrenius begab sich noch zur Wiege und küßte ganz leise das schlafende Kindlein;

¹² sodann aber erhob er sich und begab sich mit Tränen in seinen Augen von dannen.

¹³ Während des Ganges sah er sich wenigstens einige hundert Male nach der Villa um, welche nun für ihn *mehr* war als alle Schätze der Welt.

¹⁴ Joseph aber sandte dem Cyrenius auch einen Segen um den andern nach, solange er nur noch etwas von der Schar des Cyrenius entdecken konnte.

¹⁵ Als nichts mehr vom Cyrenius zu entdecken war, da erst begab sich Joseph wieder ins Haus und da zur Maria, die gerade — wie gewöhnlich um diese Zeit — tief im Gebete zu Gott versammelt ¹ war.

¹⁶ Sobald sie aber den Joseph bei sich gewahrte, erhob sie sich und sprach *(Maria):* „Lieber Gemahl, fürwahr, dieser Tag hat mich ganz ausgewechselt! Die Welt, die Welt, sie ist für den Menschen kein Gewinn!"

¹⁷ Und *Joseph* sprach: „Mein getreuestes Weib, du hast recht; aber ich denke: Solange der Herr mit uns ist, da verlieren wir in der Welt auch nichts! Daher sei guten Mutes; morgen wird uns wieder die alte Sonne neu und herrlich aufgehn! Dem Herrn allein alle Ehre ewig! Amen."

87

Maria als Vorbild weiblicher Demut.
Das Lob- und Danklied Josephs und seiner Söhne.
Die gute Wirkung auf die drei Götzendiener.

Maria aber, die von jeher nie viel Worte machte und auch nie nach der Art der Weiber das letzte Wort haben wollte, begnügte sich in ihrem Herzen mit der ganz einfachen und ebenso kurzen Tröstung Josephs.

² Sie begab sich darauf zur Ruhe,

---
¹ gesammelt.

von Joseph dem Herrn in seinem Herzen aufgeopfert.

³ *Joseph* aber begab sich darauf zu seinen Söhnen und sagte zu ihnen: „Kinder, der Abend ist herrlich und schön; gehen wir hinaus ins Freie!

⁴ „Da wollen wir im großen heiligen Tempel Gottes ein Loblied anstimmen und wollen dem Herrn danken für alle die unendlichen Wohltaten, die Er uns und unseren Vätern vom Anbeginn der Welt erwiesen hat!"

⁵ Alsogleich ließen die Söhne Josephs alles stehen und folgten dem Vater.

⁶ Und er führte sie auf einen freien kleinen Hügel, welcher etwa hundert Schritte von der Villa entfernt lag, zum Grunde Josephs gehörte und ungefähr eine Höhe von zwanzig Klaftern hatte.

⁷ Es bemerkten aber solche Bewegung *die drei Priester* und meinten, die Götter begäben sich für diese Nacht etwa in den Olymp, um da einen allgemeinen Rat zu halten mit allen Göttern.

⁸ Daher erhoben sie sich auch sogleich aus ihrem Gemache und schlichen ganz heimlich und leise dem Joseph nach.

⁹ An dem Hügel angelangt, horchten sie unter einem dichtbelaubten Feigenbaume, was da etwa die vermeinten Götter im Olymp beschließen würden.

¹⁰ Aber wie sehr fingen sie an, sich unter sich zu verwundern, als sie die vermeinten Götter erster Klasse gar mächtig und ergreifend einen Gott anbeten und lobsingen vernahmen.

¹¹ Ganz besonders aber wirkten folgende Stellen eines *Psalmes Davids*[1] auf sie, welche Stellen also lauten:

¹² „Herr Gott, Du bist unsere Zuflucht für und für! Ehe denn die Berge wurden und die Erde und die Welt geschaffen ward, bist Du Gott von Ewigkeit zu Ewigkeit!

¹³ „Der Du die Menschen lässest sterben und sprichst: ‚Kommet wieder, Menschenkinder!'

¹⁴ „Denn tausend Jahre sind vor Dir wie ein Tag, der gestern vergangen ist, und wie eine Nachtwache.

¹⁵ „Du lässest sie dahinfahren wie einen Strom, und sie sind dann wie ein Schlaf und gleich wie ein Gras, das welk geworden ist,

¹⁶ „das da frühe blüht, und bald welk wird und des Abends abgehauen wird und dann verdorrt.

¹⁷ „Das macht Dein Zorn, daß wir so vergehen, und Dein Grimm, daß wir so plötzlich dahinmüssen!

¹⁸ „Denn unsere Missetat stellst Du vor Dich und unsere unerkannte Sünde in das Licht vor Deinem Angesichte!

¹⁹ „Darum fahren alle unsere Tage dahin durch Deinen Zorn, und wir bringen unsere Jahre dahin wie ein Geschwätz.

²⁰ „Unser Leben währt etwa siebzig Jahre, und wenn es hoch kommt, so sind es achtzig Jahre, und wenn es köstlich gewesen ist, so war es voll Mühe und Arbeit; denn es fährt schnell dahin, als flögen wir von dannen.

²¹ „Wer glaubt es aber, daß Du so sehr zürnest, und wer fürchtet sich vor solchem Deinem Grimme?

²² „Lehre uns aber bedenken, daß wir sterben müssen, auf daß wir klug werden!

²³ „Herr, kehre Dich doch wieder zu uns, und sei Deinen Knechten gnädig!

---

[1] Psalm 90.

²⁴ „Fülle uns frühe mit Deiner Gnade, so wollen wir Dich rühmen und in Dir fröhlich sein unser Leben lang!

²⁵ „Erfreue uns nun wieder, nachdem Du uns lange geplagt hast und wir so lange im Unglücke waren!

²⁶ „Zeige Deinen Knechten Deine Werke und Deine Ehre ihren Kindern!

²⁷ „Und Du, Herr, unser Gott, sei uns freundlich und fördere das Werk unserer Hände bei uns; ja das Werk unserer Hände wollest Du fördern!" —

²⁸ Als die drei diesen Gesang gar deutlich vernahmen, da begaben sie sich sogleich wieder in ihr Gemach.

²⁹ Und *einer* sprach zu den anderen zweien: „Fürwahr, das können keine Götter sein, die so zu einem Gotte beten und Seinen Zorn und Grimm sogar über sich anerkennen!"

³⁰ Und *ein anderer* sprach: „Das wäre im Grunde das Wenigste; aber daß dieses Gebet ganz uns getroffen hat, da liegt das Ungetüm begraben!

³¹ „Daher nun stille; die Betenden kommen zurück! Morgen aber wollen wir das Vernommene tiefer prüfen für uns; also nur stille für heute, denn sie kommen!"

88

Die goldene Morgenstunde. Joseph und seine Söhne auf dem Felde bei der Arbeit. Joëls Tod durch den Biß einer giftigen Schlange. Die Heimkehr und der Schrecken zu Hause. Des Kindleins tröstende Worte. Die Erweckung des Toten.

Joseph behieß aber dann seine Söhne, daß sie ihr allfälliges Geschäft noch beenden sollten und darauf zur Ruhe gehen.

² Er selbst aber, da er auch schon eine Müdigkeit in seinen Gliedern zu verspüren anfing, begab sich darauf sogleich zur Ruhe.

³ Also ward dieser Tag, der reich an Erscheinungen war, beschlossen. —

⁴ Am nächsten Tage aber war unser Joseph, wie gewöhnlich, schon eine geraume Zeit vor dem Aufgange der Sonne auf und weckte auch seine Söhne zur Arbeit.

⁵ Denn er sprach: „Golden ist die Morgenstunde; was wir in ihr tun, ist gesegneter als des ganzen folgenden Tages Mühe!"

⁶ Und so ging er mit Ausnahme des Jakob, welcher beim Kindlein verbleiben mußte, mit den ältern vier Söhnen alsbald hinaus auf einen Akker und bestellte ihn.

⁷ Der älteste Sohn aber arbeitete am fleißigsten und wollte den andern dreien vorkommen.

⁸ Siehe aber, als er so recht emsig mit dem Spaten in die Erde stach, da hob er auf einmal eine sehr giftige Schlange aus dem Boden!

⁹ Und die Schlange bewegte sich schnell gegen ihn und biß ihn in den Fuß.

¹⁰ Wohl eilten die drei jüngeren Brüder herbei und erschlugen die Schlange; aber dessenungeachtet schwoll der Fuß des Bruders zusehends. Ein Schwindel befiel ihn, und er sank bald in den Tod dahin.

¹¹ Joseph und die drei jüngeren Brüder fingen an zu wehklagen und flehten zu Gott, daß Er ihnen doch den Joël wieder erwecken möchte.

¹² Und *Joseph* verfluchte die Schlange und sagte zu den dreien: „Nun soll ewig nimmermehr eine Schlange diesen Boden bekriechen!

¹³ „Hebet den Bruder aber auf, und traget ihn nach Hause; denn es muß also dem Herrn gefallen haben, daß Er mir den Stammhalter nahm!"

¹⁴ Und die drei Brüder erhoben weinend den Joël und trugen ihn nach Hause, und Joseph zerriß sein Gewand und folgte ihnen wehklagend.

¹⁵ Im Hause angelangt, kam, durch das Wehklagen erschreckt, ihnen alsbald Maria mit dem Kinde entgegen, und Jakob folgte ihr.

¹⁶ Beide aber stießen einen Jammerschrei aus, als sie den entseelten Joël und den Joseph mit zerrissenem Gewande erblickten.

¹⁷ Auch die drei Priester kamen alsbald herbei und erschraken nicht wenig über den Anblick des Leichnams.

¹⁸ Und *einer s*prach zum Joseph: „Nun erst glaube ich dir völlig, daß du auch nur ein Mensch bist; denn wärest du ein Gott, wie könnten da deine Kinder sterben, und wie möchtest du sie nicht alsbald erwecken?"

¹⁹ *Das Kindlein* aber sprach: „Ihr irret euch alle! Joël ist wohl betäubt und schläft; aber tot ist er nicht!

²⁰ „Bringet eine Meerzwiebel her; leget sie ihm auf die Wunde, und es soll alsbald besser mit ihm werden!"

²¹ Eiligst brachte Joseph eine solche Zwiebel herbei und legte sie dem Joël auf die Wunde.

²² Und er kam in wenigen Augenblicken wieder zu sich und fragte alle, was denn mit ihm vorgefallen sei.

²³ Die Umstehenden aber erzählten ihm alsbald alles und lobten und priesen Gott für die Rettung; die drei Priester aber bekamen eine große Achtung vor dem Kinde, — aber eine noch größere vor der Zwiebel.

89

Josephs Opfergelübde. Des Jesuskindleins Einspruch und Hinweis auf das Gott wohlgefälligste Opfer. Josephs Einwand und seine Entkräftung durch das Kindlein.

Darauf begab sich *Joseph* alsbald mit seiner ganzen Familie in das Schlafgemach und lobte und pries Gott laut bei einer Stunde lang.

² und machte auch ein Gelübde, demzufolge er, sobald er wieder nach Jerusalem käme, dem Herrn ein Opfer darzubringen sich verpflichtete.

³ *Das Kindlein* aber sprach zu Joseph: „Höre du Mich an! Meinst du, der Herr hat daran ein Wohlgefallen?

⁴ „Oh, da irrst du dich gewaltig! Siehe, weder an den Brandopfern noch am Blute der Tiere und ebensowenig am Mehle, Öle und Getreide hat Gott ein Wohlgefallen,

⁵ „sondern allein nur an einem reumütigen, zerknirschten und demütigen Herzen, das Ihn über alles liebt.

⁶ „Hast du aber etwas Übriges, so gib denen, die da nackt, hungrig und durstig sind, so wirst du eine rechte Opferung dem Herrn darbringen!

⁷ „Ich enthebe dich daher von deinem Gelübde und der Pflicht für den Tempel, darum, weil Ich dazu die volle Macht habe.

⁸ „Ich selbst aber werde einst dein Gelübde in Jerusalem auf eine Art erfüllen, daß daran die ganze Erde gesättigt wird für die Ewigkeit!"

⁹ Joseph aber nahm das Kindlein

auf seine Arme und küßte Es und sagte dann zu Ihm:

¹⁰ „Du mein allergeliebtester kleiner Jesus, Dein Joseph dankt Dir dafür zwar aus ganzem Herzen und erkennt die vollste heilige Wahrheit Deines wunderbarsten Ausspruchs,

¹¹ „aber siehe, Gott, Dein und unser aller Vater, hat dennoch solches durch Moses und die Propheten angeordnet und uns, Seinen Kindern, zu halten befohlen!

¹² „O sage es mir: Hast Du, mein Söhnchen, obschon göttlicher, heilig wunderbarer Abkunft, wohl das Recht, die Gesetze des großen Vaters, der in Seinen Himmeln ewig wohnt, aufzuheben?"

¹³ *Das Kindlein* aber sprach: „Joseph, so Ich es dir auch sagen würde, *wer* Ich bin, so möchtest du es Mir dennoch nicht glauben, indem du in Mir nur ein Menschenkind erschaust!

¹⁴ „Aber dennoch sage Ich dir: Da¹ *Ich* bin, da ist auch der *Vater;* da¹ Ich aber nicht bin, da ist auch der Vater nicht!

¹⁵ „Ich aber bin nun hier und nicht im Tempel; wie sollte dann der Vater im Tempel sein?!

¹⁶ „Verstehst du das? — Siehe, wo des Vaters *Liebe* ist, da ist auch Sein *Herz;* in Mir aber ist des Vaters Liebe und somit auch Sein Herz!

¹⁷ „Niemand aber trägt sein Herz außer sich, also auch der Vater nicht; da¹ Sein Herz ist, da ist auch Er! — Verstehst du solches?"

¹⁸ Diese Worte erfüllten den Joseph, die Maria wie die fünf Söhne mit tiefer, heiliger Ahnung. Und sie gingen dann hinaus und lobten in ihrem Herzen den so nahen Vater; und die Maria machte sich dann an die Bereitung eines Morgenmahles.

90

Das Morgenmahl. Josephs Waschungsfrage. Der Widerstand der drei Priester gegen die Weisungen Josephs und ihre Erziehung zum Gehorsam durch das Kindlein. Die bedeutsame Frage der Priester und Josephs Verlegenheit.

Das Morgenmahl war bald bereitet, denn es bestand in nichts anderem als in einem Topfe aufgesottener frischer Milch mit etwas Honig mit Thymian und in Brot.

² *Maria* selbst brachte es auf den Tisch und rief den Joseph und die fünf Söhne wie auch die drei Priester zum Tische.

³ Und *Joseph* erschien alsbald mit dem Kinde auf seinem Arme, übergab Es der Mutter und begab sich dann zum Tische.

⁴ Hier stimmte er sogleich dem Herrn sein Loblied an; und als das Loblied abgesungen war, da fragte Joseph nach gewohnter Sitte, ob alles gewaschen sei.

⁵ Und *Maria, die fünf Söhne und das Kindlein* sprachen: „Ja, wir sind alle gar wohl gewaschen!"

⁶ Und *Joseph* erwiderte: „Also möget ihr auch essen! Wie sieht es aber mit euch dreien aus? Habt auch ihr euch gewaschen?"

⁷ *Die drei Priester* aber sprachen: „Bei uns ist es nicht Sitte, sich am Morgen mit Wasser zu waschen, wohl aber am Abende.

⁸ „Am Morgen salben wir uns mit

¹ wo.

Öl, auf daß uns die Hitze des Tages nicht zu lästig werde."

⁹ Und *Joseph* sprach: „Das mag gut sein; so ich in euer Haus käme, würde ich ein gleiches tun mit euch.

¹⁰ „Da ihr aber nun bei *mir* im Hause seid, so beachtet *meine* Sitte; denn sie ist besser als die eurige!"

¹¹ *Die Priester* aber baten, daß sie damit verschont werden möchten.

¹² Da wollte Joseph den Priestern das Waschen erlassen;

¹³ aber *das Kindlein* sprach; „Fürwahr, zum Steine soll ein jeder Bissen in ihrem Magen werden, so sie sich nicht eher reinwaschen mit Wasser, bevor sie teilnehmen an dem Tische, an dem *Ich* gegenwärtig bin!"

¹⁴ Diese Worte brachen den drei Priestern sogleich ihre Sitte, und sie verlangten Wasser und wuschen sich.

¹⁵ Nachdem sie sich aber gewaschen hatten, da lud sie *Joseph* sogleich wieder zu Tische;

¹⁶ aber *die Priester* weigerten sich und getrauten sich nicht, — denn sie fürchteten das Kind.

¹⁷ *Das Kindlein* aber sprach: „So ihr euch nun weigern werdet, zum Tische zu gehen und da mit uns das gesegnete Morgenmahl zu halten, so werdet ihr sterben!"

¹⁸ Und sogleich begaben sich die Priester zum Tische und aßen mit großer geheimer Ehrfurcht vor dem Kinde.

¹⁹ Als aber das Morgenmahl verzehrt war, da erhob sich *Joseph* wieder und brachte Gott den Dank dar.

²⁰ *Die Priester* aber fragten ihn darauf: „Welchem Gotte dankst du? Ist nicht dies Kind der erste, rechte Gott? Wie dankst du da noch einem andern?"

²¹ Diese Frage frappierte den Joseph sehr, und er wußte nicht, was er darauf erwidern sollte.

²² Aber *das Kindlein* sprach: „Joseph, sorge dich nicht vergeblich; denn was die drei geredet haben, wird erfüllt werden! Aber jetzt sei du ohne Sorge; denn du betest dennoch nur zu *einem* Gott und Vater!"

91

Die Liebe als das wahrhafte Gebet zu Gott. Jesus als Sohn Gottes.
Der drei Priester heidnische Gedanken und des Kindleins Entgegnung.

Joseph küßte das Kindlein und sprach: „Ja fürwahr, wäre in Dir nicht das Herz des Vaters, nimmer wärest Du solcher Worte fähig!

² „Denn wo wohl auf der ganzen Erde ist ein Kind Deines Alters, das da vermöchte solche Worte aus sich zu reden, die noch nie ein Weiser geredet hat?!

³ „Darum sage mir, ob ich Dich als meinen Gott und Herrn vollkommen anbeten soll!"

⁴ Diese Frage Josephs an das Kindlein überraschte aller Anwesenden Gemüter.

⁵ Aber *das Kindlein* sprach sanft lächelnd zu Joseph: „Joseph, weißt du wohl, wie der Mensch zu Gott beten soll?

⁶ „Siehe, du weißt es nicht völlig; darum will Ich dir es sagen!

⁷ „Höre! Im *Geiste und in der Wahrheit* soll der Mensch zu Gott beten, nicht aber mit den Lippen, wie

es die Kinder der Welt tun, die da meinen, daß sie dadurch Gott gedient haben, so sie eine Zeitlang mit ihren Lippen gewetzt haben.

⁸ „Willst du aber im Geiste und in der Wahrheit beten, da liebe du Gott in deinem Herzen, und tue Gutes allen Freunden und Feinden, so wird dein Gebet gerecht sein vor Gott!

⁹ „So aber jemand zu gewissen Zeiten eine kurze Zeit nur mit den Lippen gewetzt hat vor Gott und hat während solcher Wetzerei an allerlei weltliche Dinge gedacht, die ihm mehr am Herzen lagen als all sein loses Gebet, ja mehr als Gott Selbst, — sage, ist das dann wohl auch ein Gebet?!

¹⁰ „Wahrlich, Millionen solcher Gebete werden bei Gott gerade also erhört werden, als da erhört ein Stein die Stimme eines Schreiers!

¹¹ „So du aber durch die *Liebe* zu Gott betest, da brauchst du nimmer zu fragen, ob du Mich nun als den allerheiligsten Gott und Vater anbeten sollst.

¹² „Denn wer also zu Gott betet, der betet auch zu Mir; denn der Vater und Ich sind *einer* Liebe und *eines* Herzens."

¹³ Diese Worte bekehrten alle zur reinen Einsicht, und sie wußten nun, warum Jesus ein Sohn Gottes geheißen werden solle.

¹⁴ Josephs Brust ward nun voll der höchsten himmlischen Wonne.

¹⁵ Und Maria frohlockte heimlich über das Kindlein und behielt alle solche Worte in ihrem Herzen; desgleichen auch die Söhne Josephs.

¹⁶ *Die drei Priester* aber sprachen zu Joseph: „Erhabenster Weiser aller Zeiten!

¹⁷ „Einige ganz geheime Worte möchten wir mit dir ganz allein auf jenem Hügel reden, allwo du gestern abend mit deinen Söhnen so herzlich und erbauend gebetet hast zu deinem Gott!"

¹⁸ *Das Kindlein* aber sprach da sogleich in die Mitte, sagend nämlich:

¹⁹ „Meinet ihr denn, Meine Ohren wären zu kurz und würden auf dem Hügel nicht euern Mund erreichen?! Oh, ihr irret euch; denn Meine Ohren reichen so weit wie Meine Hände! Daher besprechet euch nur vor Mir hier!"

92

Die Enthüllung der Blindheit und Torheit der drei Priester.
Vom Tempelbau im Herzen und vom wahren Gottesdienste.

Die drei Priester aber wurden darob sehr verlegen und wußten nicht, was sie machen sollten; denn sie getrauten sich ihr Anliegen nicht in der Gegenwart des Kindes dem Joseph zu enthüllen.

² *Das Kindlein* aber sah sie an und sprach darauf mit einer sehr festen Stimme:

³ „Möchtet ihr nicht auch aus Mir einen Götzen machen?

⁴ „Dort auf jenem Hügel möchtet ihr einen Tempel erbauen, im selben ein Schnitzwerk nach Mir anbringen auf einem goldenen Altare und diesem Schnitzwerke dann opfern nach eurer Art.

⁵ „Versuchet nur so etwas zu un-

ternehmen; wahrlich, sage Ich euch, der erste, der dafür einen Schritt tun und nur einen Finger ausstrecken wird, soll sogleich am Platze des Todes sein!

6 „Wollt ihr Mir aber schon einen Tempel erbauen, da erbauet ihn in euren Herzen lebendig!

7 „Denn Ich bin lebendig, aber nicht tot, und will daher lebendige, aber nimmer tote Tempel!

8 „So ihr aber schon glaubet, daß in Mir da wohne die Fülle der Gottheit leibhaftig, bin Ich da nicht Selbst genug ein Tempel lebendig vor euch?! Weshalb soll da vor Mir noch ein Schnitzwerk und ein steinerner Tempel sein?!

9 „Was ist da mehr, *Ich* — oder so ein nichtssagender Tempel und ein Schnitzwerk von Mir?

10 „So der Lebendige bei euch und unter euch ist, wofür soll da dann der Tote wohl gut und dienlich sein?

11 „O ihr blinden Toren! Ist denn das nicht mehr, so ihr Mich liebet, als wenn ihr Mir tausend Tempel aus Steinen erbauen möchtet und möchtet dann tausend Jahre lang in denselben vor geschnitzten Bildern von Mir eure Lippen wetzen in verbrämten Röcken?!

12 „So aber ein armer Mensch zu euch käme, der da nackt wäre und hungrig und durstig,

13 „Ihr aber möchtet sagen: ,Siehe, das ist ein Halbgott, denn also erscheinen diese hohen Wesen;

14 „ ,lasset uns von ihm ein Bild machen und es dann setzen in einen Tempel, auf daß es von uns verehret werde!', —

15 „saget Mir, so ihr das sicher tätet, würde damit dem armen Menschen wohl etwas gedient sein, und möchtet ihr sein Bild auch aus purem Golde anfertigen?!

16 „Wird es aber dem Armen nicht *mehr* frommen, so ihr ihn nach eurer Liebe bekleidet und reichet ihm dann Speise und Trank?!

17 „Ist aber Gott nicht lebendiger noch als jeder Mensch der Erde, indem doch alles das Leben aus Ihm hat?!

18 „Soll Gott etwa blind sein, der die Sonne erschuf und gab dir ein sehend Auge?!

19 „Oder soll Der taub sein, der dir das Ohr gemacht hat, und Der gefühllos, der dir die Empfindung gab?!

20 „Siehe, wie töricht wäre das gedacht und geredet!

21 „Gott ist ja sonach das vollkommenste Leben Selbst, also die vollkommenste Liebe; wie wollt ihr denn hernach Ihn wie einen Toten anbeten und ehren?! —

22 „Bedenket dieses, auf daß ihr in eurer Blindheit geheilt werdet!"

23 Diese Rede trieb die drei Priester zu Boden; sie ersahen die heilige Wahrheit und redeten an selbem Tage nicht mehr.

93

Die allseitig gute Wirkung dieser Belehrung. Die hl. Familie im häuslichen Leben.
Die blinde Bettlerin und ihr Traum.
Die Heilung der Blinden durch das Badewasser des Kindes.

Nach solcher bezeigten Höchstachtung kehrten die drei Priester wieder in ihr angewiesenes Gemach zurück und verblieben in demselben bis zum Untergange der Sonne.

2 Sie redeten nichts, sondern ein

jeder von ihnen dachte über die Worte des wunderbar redenden Kindes nach.

³ *Joseph* aber gab Gott die Ehre in seinem Herzen und dankte inbrünstig für die endlos große Gnade, daß er der Nährvater des Sohnes Gottes ward.

⁴ Als er also mit Maria und seinen Söhnen Gott die Ehre und das Lob gegeben hatte und die Maria das Kindlein ebenfalls versorgt hatte,

⁵ da ward das Kindlein wieder dem Jakob übergeben, und Joseph ließ sich von der Maria das zerrissene Kleid zusammenheften und ging dann mit seinen vier Söhnen wieder hinaus auf den Acker und bestellte ihn.

⁶ Maria aber reinigte unterdessen das Zimmergeräte des Hauses, damit es rein sei zum Empfange der Gäste, die da nachmittags wiederzukommen versprochen hatten.

⁷ Als sie mit der Reinigung zu Ende war, da sah sie wieder beim Kinde nach, ob Ihm nichts fehle.

⁸ Das Kindlein aber begehrte die Brust und dann ein Bad, und das mit reinem, kaltem Wasser.

⁹ Maria tat das alles sogleich; und als sie das Kindlein gebadet hatte, kam *ein blindes Weib* ins Zimmer zur Maria und klagte viel über sein Elend.

¹⁰ *Maria* aber sprach zu diesem blinden Weibe: „Ich sehe wohl, daß du sehr elend bist; aber was kann ich dir da wohl tun, daß dir damit geholfen wäre?"

¹¹ Und *das Weib* sprach: „Höre mich an! In dieser Nacht hat es mir geträumt gar wunderbar.

¹² „Ich sah, wie du ein gar mächtig leuchtendes Kind hattest; dieses Kind begehrte von dir Brust und Bad.

¹³ „Das Bad war ein frisches Wasser; und als du das Kind darinnen gebadet hattest, da ward das Wasser voll leuchtender Sterne.

¹⁴ „Da erinnerte ich mich, daß ich blind bin, und wunderte mich nicht wenig, wie ich solches alles zu sehen vermöchte.

¹⁵ „Du aber hattest daneben zu mir geredet: ‚Weib, so nimm denn dieses Wasser, und wasche dir die Augen, — und du wirst sehend!'

¹⁶ „Da wollte ich sogleich nach dem Wasser greifen und mir die Augen waschen; aber ich ward alsbald wach — und bin noch blind geblieben!

¹⁷ „Heute am Morgen aber sprach jemand zu mir: ‚Gehe hinaus, und suche! Du wirst das Weib mit dem Kinde treffen; denn du wirst eher in kein Haus kommen als in das allein!'

¹⁸ „Hier bin ich nun am Ziele meiner großen Mühe, Angst und Gefahr!"

¹⁹ Hier reichte Maria dem blinden Weibe das Badewasser, und das Weib wusch sich damit das Gesicht und ward im Augenblicke sehend.

²⁰ *Das Weib* aber wußte sich vor lauter Dank und Freude nicht zu helfen und wollte das sogleich in ganz Ostrazine ausposaunen; Maria aber verbot dem Weibe solches auf das nachdrücklichste.

94

Der Dank und das Aufnahmegesuch der Geheilten und ihre Aufklärung über Marias scheues Benehmen durch Jakob. Eine Voraussage des Weibes über Marias Zukunft. Marias Bescheidenheit. Josephs Heimkehr.

Das Weib aber bat Maria, ob sie ihm nicht erlauben möchte, daß es bei ihr eine Zeitlang verbleibe, auf daß es dem Hause dienete, in dem ihm ein so großes Heil widerfahren sei.

2 *Maria* aber sprach: „Weib, das steht nicht bei mir, denn ich bin selbst nur eine Magd des Herrn;

3 „verharre aber eine Zeitlang, bis mein Gemahl vom Felde heimkehrt! Von ihm sollst du den rechten Bescheid bekommen!"

4 *Das Weib* aber fiel der Maria zu den Füßen und wollte sie förmlich als eine Göttin anzubeten anfangen; denn es sah die Heilung seines Gesichtes als ein zu großes Wunder an, indem es eine Blindgeborene war.

5 *Maria* aber verwies ihm solches strenge und entfernte sich in ein anderes Gemach.

6 *Das Weib* aber fing darob an zu weinen, da es der Meinung ward, als hätte es dadurch seine größte Wohltäterin beleidigt.

7 *Jakob* aber, der im selben Zimmer das Kindlein lockte, sah das Weib an und sprach zu ihm:

8 „Was weinst du, als hätte dir jemand etwas zuleide getan?"

9 *Das Weib* aber sprach: „Ach, du lieber Jüngling! Ich habe ja *die* beleidigt, die mir das Licht der Augen gab! Wie sollte ich da nicht weinen?"

10 *Jakob* aber sprach: „Ach, sorge dich um etwas anderes! Das junge Weib, das dir das Badewasser reichte, ist sanfter als eine Turteltaube; darum kann sie nimmer beleidigt werden.

11 „Wenn sie auch jemand beleidigen möchte, so kann er aber das doch nicht zuwege bringen!

12 „Denn da segnet sie ihn für eine Beleidigung zehnmal und bittet selbst den Beleidiger auf eine Art um seine Freundschaft wieder, der auch der härteste Stein nicht widerstehen könnte!

13 „Siehe, so gut ist dieses Weib! Daher sei ja ohne Sorgen; denn ich versichere dir, daß sie soeben zu Gott für dich betet!"

14 Und also war es auch: Maria betete fürwahr zu Gott für dieses Weib, daß Er ihm den Verstand erleuchten möge, damit es dann einsähe, daß sie (die Maria nämlich) auch nur ein schwaches Weib sei.

15 Maria war wohl vom höchsten Adel nicht nur natürlich (als Königstochter); aber ihre Freude bestand darin, daß sie gedemütigt werde allerorts und von jedermann.

16 Nach einer Weile aber kam die gute, liebe *Maria* wieder zurück und bat im Ernste das Weib um Vergebung darum, so sie dasselbe etwa zu hart angefahren hätte.

17 Dieses Benehmen von Seite der Maria brachte das dankbare Weib fast um vor lauter Liebe zur Maria.

18 Und *das Weib* sprach in der völligen Verzückung ihrer Liebe:

19 „O du helle Psyche meines Geschlechtes, was ehedem dein edelstes Herz mir verwies, das werden dir einst Völker tun!

20 „Denn aus allen Weibern der Erde bist du sicher die erste, die mit den hohen Göttern um so sicherer im

Bunde steht, da sie nebst ihrer wahren Göttertugend auch gar so unaussprechlich lieb, hold und schön ist!"

²¹ *Maria* aber sprach: „Liebes Weib, nach meinem Tode sollen die Menschen mit mir machen, was sie wollen; aber bei meinen Lebzeiten soll das nicht geschehen!"

²² Hier kam *Joseph* mit den vier Söhnen wieder zurück; und die Maria führte ihm sogleich das Weib zu und erzählte ihm alles, was da vorgefallen war.

95

Die Aufnahme der Geheilten durch Joseph. Die romantische Geschichte des Weibes. Josephs Trostworte an die arme Waise.

Als *das Weib* aber alsbald erkannte, daß Joseph der Gemahl der Maria sei, da ging es hin und brachte ihm die Bitte vor, daß es in seinem Hause verbleiben dürfte.

² Und *Joseph* sprach zum Weibe: „So dir solche Gnade widerfuhr, wie es mir mein Weib kundgab in deiner Gegenwart, und du willst darum dankbar diesem Hause sein, so magst du wohl bleiben.

³ „Denn siehe, ich habe hier einen ziemlich großen Grund und habe mehrere Haustiere und habe ein geräumiges Haus!

⁴ „Und so wird es an der Beschäftigung nicht fehlen, und Raum zur Wohnung ist auch genug da.

⁵ „Mein Weib ist ohnehin mehr von schwacher Beschaffenheit in ihrer Leibeskraft; daher wirst du mir einen guten Dienst erweisen, wenn du hier und da meinem Weibe in der häuslichen Arbeit helfen magst.

⁶ „Für alle deine Bedürfnisse soll gesorgt sein; aber in Geld kann ich dir keinen Lohn geben, indem ich selbst keines habe.

⁷ „Bist du mit diesem Antrage zufrieden, so magst du hier verbleiben nach deiner Lust, aber nicht aus irgendeiner vermeinten Pflicht!"

⁸ Diese Worte machten *das Weib*, das ohnehin eine ganz arme Waise war, überaus glücklich, und es lobte das Haus über die Maßen, in dem ihm so viel Gutes entgegenkam.

⁹ *Joseph* aber fragte es nach dem Geburtsorte und nach seinem Alter, und welcher Religion es wohl sei.

¹⁰ Und das Weib erwiderte: „Aller Ehre würdigster Mann, ich bin aus Rom gebürtig, bin die Tochter eines mächtigen Patriziers!

¹¹ „Mein ältliches Aussehen entspricht nicht meinem Alter; denn ich bin erst kaum zwanzig Sommer eine Bewohnerin der Erde.

¹² „Ich kam blind zur Welt; meinen Eltern aber riet ein Priester, sie sollten mich nach Delphi bringen, allda würde ich durch Apollos Erbarmung das Licht der Augen bekommen.

¹³ „Als dieser Rat meinen Eltern gegeben ward, da war ich zehn Jahre und sieben Monate alt.

¹⁴ „Meine Eltern, die sehr reich waren und mich als die einzige Tochter überaus liebten, befolgten diesen Rat.

¹⁵ „Sie mieteten ein Schiff, um mit mir nach Delphi zu steuern.

¹⁶ „Wir befanden uns aber kaum drei Tage auf dem Meere, da kam ein allergewaltigster Sturm und

trieb das Schiff mit größter Schnelligkeit in diese Gegend.

[17] „Ungefähr zweihundert Klafter außerhalb des Ufers — wie es mir mein Lebensretter oft erzählte — ward das Schiff auf eine Klippe geschleudert,

[18] „und alles — bis auf mich und einen Matrosen, der mich gerettet hat — ging zugrunde, und somit auch meine guten Eltern.

[19] „Nimmer fand sich eine Gelegenheit, die mich in meine Vaterstadt zurückbrächte. Der Matrose starb auch hier, schon vor fünf Jahren, und ich bin nun eine von großer Not und Traurigkeit abgezehrte verwaiste Bettlerin in diesem Orte.

[20] „Doch da ich solch eine Gnade sicher bei den Göttern gefunden habe und habe meiner Augen Licht bekommen und nun sehen kann meine Wohltäter, so will ich ja gerne vergessen meine große Trübsal!"

[21] Diese Erzählung des scheinbaren Weibes brachte alles zum Weinen; und *Joseph* sprach: „O du arme Waise, sei getröstet; denn hier sollst du deine Eltern vielfach wiederfinden!"

96

Die Frage des Weibes wegen der Gewinnung seiner mehrfachen Eltern. Josephs Aufschluß. Des Weibes Wahn, Joseph sei Zeus. Josephs Entgegnung.

Das vermeintliche Weib aber verstand den Joseph nicht völlig, was er mit der Gewinnung der mehrfachen Eltern gemeint hatte; daher fragte es ihn:

[2] „O du lieber, überguter Mann, in dessen Hause mir eine so endlos wunderbar große Gnade widerfuhr, was wohl meinst du damit, daß mir nach deinem Worte eine mehrfache Wiederfindung meiner verlorenen Eltern hier werden solle?"

[3] *Joseph* aber sprach zu ihr: „Fürwahr, du sollst in meinem Hause meinen Kindern gleich gehalten werden dein Leben lang!"

[4] „Du sollst bei mir den einig und ewig wahren Gott erkennen lernen, der da ist Derselbe, der dich erschaffen hat und dir nun wiedergab das Licht deiner Augen!

[5] „Ja, du sollst deinen Gott und Herrn wesenhaft erkennen und sollst von Ihm Selbst gelehrt werden!

[6] „Also wirst du auch hier gar bald einem hohen Römer in diesem meinem Hause begegnen, der deine Sachen in Rom ordnen wird!

[7] „Und dieser Römer ist Cyrenius, ein Bruder des Augustus.

[8] „Er kannte sicher deine Eltern und wird sich auf mein Anraten sicher auch für deiner Eltern Sache deinetwegen in Rom verwenden. Und das werden doch deine Eltern mehrfach sein, geistlich und leiblich?!

[9] „Denn so irgend deine leibhaftigen Eltern lebten, sage, könnten diese *mehr* tun für dich?

[10] „Hätten sie dir wohl das Licht deiner Augen wiedergegeben, und hätten sie dir wohl den einigen, ewigen, wahren Gott zu zeigen vermocht?!

[11] „Deine leiblichen Eltern hätten dich wohl zeitlich versorgt, hier aber wirst du für ewig versorgt werden, so du diese Versorgung nur annehmen willst!

[12] „Sage, was ist dann wohl mehr? Deine leiblichen Eltern, die das Meer

verschlungen hat, oder deine jetzigen, denen das Meer im Namen des *einen* Gottes gehorchen muß?"

¹³ Hier war *das vermeintliche Weib* völlig stumm vor lauter Hochachtung und Liebe gegen den Joseph.

¹⁴ Denn es meinte, da es ohnehin schon hier und da so ganz leise reden gehört hatte, als wohne irgend in der Gegend von Ostrazine der Zeus, sie sei nun in der leibhaftigen Gegenwart desselben.

¹⁵ *Joseph* aber erkannte gar bald den Wahn des Weibes und sprach zu ihm:

¹⁶ „O Magd, o Tochter! Halte mich ja nicht für mehr als ich bin; am wenigsten aber für etwas, das nichts ist!

¹⁷ „Ich bin dir gleich ein Mensch; das genüge dir vorderhand! Mit der Zeit aber wird es schon heller werden um dich; daher gut für jetzt!

¹⁸ „Bringet aber nun das Mittagsmahl; nach diesem wollen wir Mehreres kennenlernen! Also geschehe es!"

97

Josephs Worte wegen der drei fastenden Priester.
Die Demut der neuen Hausgenossin und ihre Adoptierung durch Joseph.
Der Segen und die Freude des Jesuskindleins.

Die Söhne Josephs gingen sogleich hinaus und brachten das Mittagsmahl herein.

² *Joseph* aber sprach: „Was ist mit den dreien? Werden sie mit uns das Mittagsmahl halten, oder werden sie etwa lieber für heute in ihrem Gemache speisen?

³ „Gehet hinaus und erkundiget euch danach, und es soll ihnen werden, wie sie es am liebsten haben wollen!"

⁴ Und die Söhne gingen und fragten *die drei;* diese aber sprachen nichts, sondern bedeuteten den Söhnen, daß sie vor dem Untergange ¹ nichts reden und nichts zu sich nehmen werden, weder Speise noch Trank.

⁵ Solches berichteten die Söhne dem Joseph, und *Joseph* war damit zufrieden und sprach:

⁶ „Wenn sich die drei das zu einer Gewissenssache gemacht haben, da würden wir sündigen an ihnen, so wir sie nicht belassen möchten in der Treue ihres Gelübdes!

⁷ „Setzen wir uns daher im Namen des Herrn nun zum Tische und verzehren dankbar, was uns Gott beschert hat!"

⁸ *Das vermeintliche Weib* aber sprach: „O Herr dieses Hauses! Du bist zu gut, und ich habe keinen Wert; daher bin ich wohl nicht würdig, an deinem Tische zu essen! Auf der Flur des Hauses will ich dankbarst verzehren, was mir deine Güte bescheren wird.

⁹ „Zudem sind auch meine gar zu zerlumpten Kleider und mein ungewaschener Leib wohl nicht schicklich für den Tisch eines solchen Herrn, wie du einer bist!"

¹⁰ *Joseph* aber sprach zu den Söhnen: „Gehet und bringet vier große Krüge Wasser; stellet sie ins Seitengemach der Maria!

¹¹ „Du, Weib, aber gehe, und wa-

---
¹ Sonnenuntergang.

sche das Weib, und kämme es, und ziehe ihm deine besten Kleider an!

¹² „Und wenn es also köstlich und festlich ausgestattet sein wird, dann führe es hierher, damit es ohne Scheu mit uns halte das Mittagsmahl!"

¹³ In einer halben Stunde war der Wille Josephs vollzogen, und ganz gereinigt stand nun an der Stelle des Weibes ein gar liebes, schüchternes und überaus dankbares Mädchen da, in dessen Gesichte nur noch die Spuren der ehemaligen Traurigkeit zu sehen waren.

¹⁴ Es war seinen Zügen nach von großer Schönheit, und in seinen Augen lag tiefe Demut, aber auch tiefe Liebe.

¹⁵ *Joseph* hatte eine rechte Freude nun an diesem Kinde und sprach: „O Herr, ich danke Dir, daß Du mich dazu ausersehen hast, diese Arme zu retten! In Deinem allerheiligsten Namen will ich sie zur völligen Tochter aufnehmen!"

¹⁶ Und zu den Söhnen sich wendend sprach er: „Sehet an eure arme Schwester, und grüßet sie als Brüder!"

¹⁷ Mit viel Freude taten das *die Söhne Josephs,* und am Ende sprach auch *das Kindlein:*

¹⁸ „Also, wie von euch, sei sie auch von mir angenommen; das ist ein gutes Werk und macht mir viel Freude!"

¹⁹ Als aber *das Mädchen* das Kindlein also reden hörte, da verwunderte es sich und sprach: „O Wunder, was ist das, daß dies Kindlein also redet wie ein Gott?"

98

Die liebliche Szene zwischen dem Mädchen und dem Kindlein.
Die Gefahren des hl. Geheimnisses.
Die Seligkeit und überschwengliche Freude des Mädchens.

Das Mädchen ging sogleich hin zum Kindlein und sprach:

² „O was bist Du doch für ein außerordentliches Wunderkind!

³ „Ja, Du bist dasselbe leuchtende Kindlein, von dem es mir so wunderbar geträumt hat, daß es die Mutter gebadet hatte und mir hernach dasselbe Badewasser das Licht meiner Augen gab.

⁴ „Ja, ja, Du göttlich Kindlein! Du gabst mir das Licht der Augen! Du bist mein Heiland; Du bist der wahre Apollo von Delphi!

⁵ „Ja, Du bist in meinem Herzen schon jetzt mehr als alle Götter Roms, Griechenlands und Ägyptens!

⁶ „Welch ein hoher, göttlicher Geist muß in Dir wohnen, der Dir schon so früh Deine Zunge gelöst hat, und der durch Dich schon jetzt so heilbringend und mächtig wirkend sich zu erkennen gibt!

⁷ „Heil euch Menschen der Erde, die ihr samt mir in großer Finsternis und Trübsal lebet!

⁸ „Hier ist die Sonne der Himmel, die euch Blinden, wie mir, die Sehe wiedergeben wird!

⁹ „O Rom, du mächtige Bezwingerin der Erde, siehe, hier vor mir lächelt der Held mich an, der dich in einen Schutthaufen umwandeln wird!

¹⁰ „Sein Panier wird Er über deinen Mauern aufpflanzen, und du wirst zu Grabe gehen! Wie da verweht wird vom Sturme eine lose Spreu, so wirst du verweht werden!"

¹¹ *Das Kindlein* aber bot dem Mädchen die Hand und verlangte zu ihm.
¹² Und *das Mädchen* nahm Es mit großer Freude zu sich und herzte und koste Es.
¹³ *Das Kindlein* aber spielte mit den reichen Locken des Mädchens und sprach dabei ganz leise zu ihm:
¹⁴ „Glaubst du, Meine liebe Schwester, wohl den Worten, die du ehedem ausgesprochen hast vor Mir, da Ich Mich noch auf den Armen Meines Bruders befand?"
¹⁵ Und *das Mädchen* sprach eben auch ganz leise zum Kindlein:
¹⁶ „Ja, Du mein Heiland, Du mein Licht, Du meine erste Morgensonne, — jetzt glaube ich es um so fester, da Du mich danach gefragt hast!"
¹⁷ Und *das Kindlein* sprach darauf: „Wohl dir, daß du in deinem Herzen also glaubst, wie du geredet hast!
¹⁸ „Aber das sage Ich dir: Halte vorderhand nichts geheimer als eben dieses dein Glaubensbekenntnis!
¹⁹ „Denn nie hat der Feind alles Lebens sein Ohr also gespitzt als gerade in dieser Zeit!
²⁰ „Daher schweige von Mir, und verrate Mich ja nicht, wenn es dir daran liegt, von diesem Feinde nicht für ewig getötet zu werden!"
²¹ *Das Mädchen* aber gelobte solches allerkräftigst und ward in der Zeit, da es das Kindlein lockte, so ganz vollkommen jugendlich schön, daß sich darob alle höchst zu verwundern anfingen, und das Mädchen konnte sich vor lauter Seligkeit beinahe gar nicht helfen, ja so selig war es, daß es zu jauchzen und zu kirren¹ begann.

99

Des Cyrenius und Pillas Ankunft. Josephs Bericht über das Mädchen.
Des Cyrenius Werbung um die Adoptivtochter Josephs.

Als das Mädchen noch in seiner größten Freude sich befand, da kam gerade Cyrenius wieder in Gesellschaft des Maronius Pilla zu Joseph, wie er es am vorigen Abende versprochen hatte.
² Joseph und Maria empfingen ihn mit großer herzlicher Freude, und *Cyrenius* sprach:
³ „O du mein erhabener Freund und Bruder, was habt ihr denn doch erlebt, darob ihr zu meiner großen Freude so heiter seid?"
⁴ *Joseph* aber wies den Cyrenius sogleich an das Mädchen und sprach:
⁵ „Siehe, dort mit dem Kindlein auf dem Arme und in eine tiefe Wonne versunken, siehst du den Gegenstand unserer Freude!"
⁶ *Cyrenius* blickte das Mädchen näher an und sprach darauf zu Joseph:
⁷ „Hast du sie denn zu einer Kindsmagd angenommen? Woher kam denn diese schöne israelitische Maid?"
⁸ Und *Joseph* erwiderte dem von Neugierde brennenden Cyrenius:
⁹ „O hoher Freund, siehe, ein Wunder brachte sie unter dies Obdach! Sie kam blind zu mir, aussehend wie ein betagtes allerärmstes Bettelweib.
¹⁰ „Durch die Wundermacht des

¹ zutraulich werden.

Kindleins aber bekam sie ihr Gesicht, und es zeigte sich dann, daß sie erst eine Magd von kaum zwanzig Sommern ist, und ist eine Waise, darum ich sie denn auch zu meiner Tochter angenommen habe, und das ist der so ganz eigentliche Grund unserer Freude!"

¹¹ Und *Cyrenius,* das Mädchen mit stets größerem Wohlgefallen betrachtend, während das Mädchen aus lauter Wonne den Cyrenius noch gar nicht bemerkte, obschon er in seinem vollen Glanze gegenwärtig war, sprach zu Joseph:

¹² „O Freund, o Bruder, wie sehr bedaure ich nun, daß ich ein hoher römischer Patrizier bin!

¹³ Fürwahr, ich gäbe alles darum, so ich ein Jude wäre und könnte diese herrliche Jüdin von dir mir nun zum Weibe erbitten!

¹⁴ „Denn du weißt, daß ich ledig und kinderlos bin. O was könnte mir so ein Weib, von dir gesegnet, sein!"

¹⁵ Und *Joseph* lächelte den Cyrenius an und fragte ihn: „Was würdest du denn tun, so dies Mädchen keine Jüdin, sondern eine Römerin hohen Standes wäre, dir gleich?

¹⁶ „So sie die einzige Tochter eines Patriziers wäre, deren Eltern den Untergang in den Fluten des Meeres bei einer Fahrt nach Delphi fanden?"

¹⁷ Hier sah *Cyrenius* den Joseph ganz verblüfft an und sagte nach einer stummen Weile:

¹⁸ „O erhabener Freund und Bruder! Was sprichst du hier? Ich bitte dich, erkläre dich deutlicher; denn die Sache scheint mich nahe anzugehen!"

¹⁹ *Joseph* aber sagte: „Mein hoher Freund! Siehe, es hat alles seine Zeit, daher gedulde auch du dich hier ein wenig; denn das Mädchen selbst wird dir alles kundgeben!

²⁰ „Du aber gib mir kund vorderhand, wie es mit den aus dem Schutte des Tempels ausgegrabenen Leichen aussieht!"

100

Des Cyrenius Bericht über die Wiederbelebung der 200 Scheintoten und sein steigendes Interesse an dem fremden Mädchen. Josephs Bedenken. Das dreifache Eherecht im alten Rom.

Cyrenius aber sprach zu Joseph: „O Freund und Bruder, kümmere dich nicht der Leichen; denn in dieser Nacht sind bei zweihundert zum Leben gebracht worden, und ich habe für ihr Unterkommen heute den ganzen Vormittag gesorgt!

² „Und sollten im Verlaufe der Schuttwegräumung noch mehrere unversehrte Leichen vorgefunden werden, so wird auch für sie gesorgt sein, wie für die bisherigen.

³ „Siehe, das ist in kurzem das Ganze und ist bei weitem von keinem so großen Interesse nun für mich als eben diese Maid, die nach deiner mir höchst glaubwürdigen Aussage die Tochter eines verunglückten römischen Patriziers sein soll!

⁴ „Laß mich daher vorher genau in Erfahrung bringen, wie es mit diesem Kinde steht, auf daß ich dann ja alles aufbieten kann, was zum Wohle dieser Waise erforderlich ist!

⁵ „Siehe, wie ich dir schon ehedem gesagt habe, ich bin ledig und habe keine Kinder; kann sie wohl besser versorgt werden, als so ich sie als ein

Bruder des Kaisers zum festen Weibe nehme?!

⁶ „Daher also liegt mir die Geschichte dieses Mädchens nun vor allem stets mehr und mehr am Herzen.

⁷ „Verschaffe mir daher nur sogleich die Gelegenheit, daß ich mich mit diesem herrlichen Kinde bespreche und wohl berate!"

⁸ Und *Joseph* sprach zu Cyrenius: „Hoher Freund und Bruder, du sagst da zu mir, daß du *ledig* seist, und hast doch in Tyrus selbst zu mir gesagt, daß du *vermählt* bist mit einem Weibe, — nur hast du keine Kinder mit ihr!

⁹ „Sage mir, wie soll ich das nehmen? Du kannst dir (als Römer; d. Hsg.) wohl ein zweites Weib nehmen, so das erste unfruchtbar ist; aber wie du als ein vermählter Gatte noch ledig seist, fürwahr, das verstehe ich nicht! Darüber erkläre dich deutlicher!"

¹⁰ Und *Cyrenius* lächelte bei dieser Gelegenheit und sprach: „Lieber Freund, ich sehe, daß du mit den Gesetzen Roms nicht vertraut bist; daher muß ich dir schon einen näheren Aufschluß erteilen, — und so höre mich denn:

¹¹ „Siehe, wir Römer haben ein *drei*faches Eherecht; zwei darunter sind nicht bindend, nur eines ist bindend.

¹² „Laut der zwei nicht bindenden Gesetze kann ich mich vermählen wohl mit einer Sklavin sogar; ich habe aber darum dennoch kein festes Weib, sondern nur eine gesetzlich erlaubte Beischläferin, und ich bin dabei ledig noch und kann mir allezeit ein standesmäßiges¹ rechtes Weib nehmen.

¹³ „Der Unterschied der ersten zwei nicht bindenden Gesetze besteht bloß darin, daß ich im ersten Falle mir bloß eine Konkubine² nehmen kann, — ohne die geringste Verbindlichkeit, sie je zum rechtmäßigen Weibe zu nehmen;

¹⁴ „im zweiten Falle aber kann ich auch die Tochter von einem standesmäßigen Hause mir von ihren Eltern bloß anbinden lassen unter der Bedingung, sie zum rechtmäßigen Weibe zu nehmen, so ich mit ihr ein bis drei lebende Kinder erzeuge, darunter wenigstens eines ein Knabe ist.

¹⁵ „Im dritten Falle trifft dann erst das festbindende Gesetz ein, laut dem ich erst vor dem Altare Hymens³ von einem dazu bestimmten Priester mit einem rechtmäßigen Weibe fest verbunden werde und dann nicht mehr ledig, sondern verheiratet bin.

¹⁶ „Also hebt bei uns weder die Vermählung (nuptias capere) noch die examinative Ehe (patrimonium facere), sondern allein die wirkliche Verheiratung (uxorem ducere) den ledigen Stand auf nach den Gesetzen, wie sie jetzt bestehen.

¹⁷ „Also können wir nuptias capere, patrimonium facere und uxorem ducere, und nur das Letzte hebt das Ledigsein auf!

¹⁸ „Siehe, darum auch bin ich um so mehr ledig, da ich mit der Konkubine keine Kinder erzeugen kann, und wäre sogar dann noch ledig, so ich mit ihr Kinder hätte, weil die Konkubinat-Kinder bei uns kein Recht auf den Vater haben, außer der Vater adoptiert sie mit des Kaisers Einwilligung!

¹⁹ „Nun weißt du alles, daher ersuche ich dich, mich nun mit der Geschichte dieses Mädchens näher vertraut zu machen; denn ich bin nun

---

¹ standesgemäßes; ² Beischläferin; ³ der Gott der Hochzeiten.

vollkommen entschlossen, mich mit ihr sogleich vollkommen zu verheiraten!"

²⁰ Als *Joseph* das von Cyrenius vernommen hatte, da sprach er: „Wenn also, dann will ich selbst zuvor das Mädchen unterrichten und vorbereiten, auf daß sie ein solcher Antrag nicht schwäche oder gar töte!"

101

Tullias Bekanntwerden mit Cyrenius durch Joseph.
Eine wunderbare Entdeckung: Tullia, die Base und Jugendliebe des Cyrenius.
Des Cyrenius Rührung.

Darauf ging *Joseph* hin zum immer noch mit dem Kindlein beschäftigten Mädchen, zupfte es am Ärmel und sprach zu ihm:

² „Höre, meine teure Tochter, hast du denn im Ernste noch nicht bemerkt, wer sich nun hier befindet? — Blicke doch einmal auf und siehe!"

³ Hier erwachte *das Mädchen* aus seiner Wonne und ersah den glänzenden Cyrenius.

⁴ Es erschrak förmlich und fragte ganz ängstlich: „O du mein lieber Vater Joseph, wer ist dieser gar so stark glänzende Mann? Was will er hier? Woher kam er denn?"

⁵ Und *Joseph* sprach zum Mädchen: „O fürchte dich nicht, meine Tochter Tullia! Siehe, das ist der überaus gute Cyrenius, ein Bruder des Kaisers und Statthalter von Asien und einem Teile Afrikas!

⁶ „Dieser wird deine Sache in Rom sicher in die beste Ordnung bringen; denn du bist ihm schon beim ersten Anblicke sehr teuer geworden!

⁷ „Gehe aber hin, und bitte ihn um Gehör, und trage ihm deine ganze Lebensgeschichte vor, und sei versichert, daß du nicht zu tauben Ohren wirst geredet haben!"

⁸ *Das Mädchen* aber sprach: „O du mein lieber Vater, das getraue ich mir nicht; denn ich weiß, so ein Herr prüft ganz entsetzlich strenge bei solchen Gelegenheiten, und hat er irgendeinen Punkt erfahren, der sich nicht erweisen läßt, da droht er einem gleich mit dem Tode!

⁹ „Wie es mir in meiner Armut schon einmal ergangen ist, da mich auch ein solcher Herr zu examinieren hatte angefangen, woher ich wäre!

¹⁰ „Und als ich ihm alles getreu kundgab, da forderte er dann gar strenge Beweise von mir!

¹¹ „Da ich ihm aber solche in meiner gänzlichen Verwaistheit und blanksten Armut nicht herzustellen vermochte, da gebot er mir das gestrengste Schweigen und drohte mir mit dem Tode, so ich noch mehr davon zu jemandem reden möchte.

¹² „Ich bitte dich darum, verrate auch du mich nicht, sonst bin ich sicher verloren!"

¹³ Hier trat *Cyrenius*, der diese leise Unterredung vernommen hatte, hin zur Tullia und sprach zu ihr:

¹⁴ „O Tullia, fürchte den nicht, der ja alles aufbieten will, um dich so glücklich als möglich zu machen!

¹⁵ „Sage mir nichts als nur den Namen deines Vaters, so du ihn dir noch gemerkt hast, und mehr brauche ich nicht!

¹⁶ „Doch fürchte ja nichts, wenn dir auch der Name deines Vaters entfallen wäre! Du bleibst mir gleich teuer, darum, daß du nun eine Toch-

ter dieses meines größten Freundes bist!"

¹⁷ Hier bekam *Tullia* schon mehr Mut und sprach zu Cyrenius: „Wahrlich, wenn mich dein sanftes Auge täuscht, so ist die ganze Welt eine Lüge! Ich will dir daher ja wohl sagen, wie mein guter Vater hieß.

¹⁸ „Siehe, sein Name war *Victor Aurelius Dexter Latii;* — so du ein Bruder des Kaisers bist, da muß dieser Name dir nicht fremd sein."

¹⁹ Als *Cyrenius* diesen Namen vernommen hatte, da ward er sichtbar gerührt und sprach mit gebrochener Stimme:

²⁰ „O Tullia, das war ja ein rechter Bruder meiner Mutter! Ja, ja, von dem weiß ich, daß er mit einem rechtmäßigen Weibe eine blindgeborene Tochter hatte, die er über alles liebte!

²¹ „O wie oft habe ich ihn beneidet um sein Glück, das eigentlich ein Unglück war! Aber ihm war die blinde Tullia mehr als die ganze Welt.

²² „Ja ich selbst war in diese Tullia, da sie noch kaum vier bis fünf Jahre alt war, ganz verliebt und habe oft bei mir geschworen: ‚Diese oder sonst keine soll mein rechtes Weib werden dereinst!'

²³ „Und — o Gott, nun finde ich dieselbe himmlische Tullia hier im Hause meines himmlischen, göttlichen Freundes!

²⁴ „O Gott, o Gott, das ist zuviel Lohnes auf einmal für einen schwachen Sterblichen um das Wenige, das ich, ein Nichts vor Dir, o Herr, tat!" — Hier sank der schwachgewordene Cyrenius auf einen Stuhl und faßte sich nach einer Weile erst wieder zur ferneren Rede mit der Tullia.

102

Des Cyrenius Werbung um Tullias Hand und seine Prüfung durch Tullia. Ein Evangelium der Ehe.

Nach der Erholung sprach *Cyrenius* wieder zur Tullia: „Tullia, möchtest du mir denn nicht die Hand reichen und werden mein rechtmäßiges Weib, so ich dich dazu aus dem tiefsten Grunde meines Herzens bitten würde?"

² Und *Tullia* sprach: „Was möchtest du mir wohl tun, so ich dir solches verweigern würde?"

³ Und *Cyrenius* sprach, etwas erregt, aber immer aus dem besten Herzen:

⁴ „Dann würde ich es Dem aufopfern, den du auf deinen Armen hältst, und würde sodann traurig ziehen von dannen!"

⁵ Und *Tullia* fragte den Cyrenius weiter, sagend nämlich: „Was würdest du denn dann tun, so ich Den, der nun auf meinen Armen ruht, um einen Rat fragen würde, was ich tun solle,

⁶ „und Er widerriete mir, anzunehmen deinen Antrag, und hieße mich treu verbleiben dem Hause, das mich so überaus freundlichst aufgenommen hat?"

⁷ Und *Cyrenius* stutzte bei dieser Frage ein wenig, sprach aber dennoch, etwas verlegen:

⁸ „Ja dann, du meine herrlichste Tullia, dann müßte ich freilich ohne Widerrede alsbald abstehen von meinem Verlangen!

⁹ „Denn gegen den Willen Dessen,

dem alle Elemente gehorchen, kann sich der sterbliche Mensch ewig nimmer auflehnen.

¹⁰ „O frage aber das Kindlein ja sogleich, auf daß ich ehestens erfahre, wie ich daran bin!"

¹¹ *Das Kindlein* aber richtete Sich sogleich auf und sprach: „Ich bin nicht ein Herr dessen, was der Welt ist; daher seid ihr von Mir aus in allem Weltlichen frei!

¹² „Habt ihr aber wahre Liebe in euren Herzen zueinander gefaßt, da sollet ihr dieselbe nicht brechen!

¹³ „Denn es gilt bei Mir kein anderes Gesetz für die Ehe, als welches da mit glühender Schrift geschrieben steht in euren Herzen.

¹⁴ „Habt ihr euch aber schon beim ersten Anblicke laut dieses lebendigen Gesetzes erkannt und verbunden, da sollet ihr euch nicht mehr trennen, so ihr nicht sündigen wollet vor Mir!

¹⁵ „Ich halte aber kein weltlich Eheband für gültig, sondern allein das des Herzens;

¹⁶ „wer dieses bricht, der ist ein wahrhaftiger Ehebrecher vor Mir!

¹⁷ „Du, Mein Cyrenius, hast zu dieser Tochter dein Herz gar mächtig gefaßt; daher sollst du es nicht mehr abwenden von ihr!

¹⁸ „Und du, Tochter, aber warst beim ersten Anblicke brennend schon in deinem Herzen zum Cyrenius, darum bist du schon sein Weib vor Mir und brauchst nicht erst eines zu werden!

¹⁹ „Denn bei Mir gilt nicht äußerer Rat oder Widerrat, sondern allein der Rat eurer Herzen ist bei Mir gültig.

²⁰ „Bleibet sonach diesem für ewig getreu, wollt ihr nicht zu wahrhaftigen Ehebrechern werden vor Mir!

²¹ „Verflucht aber sei ein Widerräter aus weltlichen Gründen in der Sache der Liebe, die von Mir ist!

²² „Was ist denn mehr: die lebendige Liebe, die aus Mir ist, oder der weltliche Grund, der aus der Hölle ist?

²³ „Wehe aber auch der Liebe, deren Grund die Welt ist, — sie sei verflucht!"

²⁴ Diese Worte des Kindleins machten, daß sich alle entsetzten, und niemand getraute sich weiter etwas zu reden in der Sache der Ehe.

103

Des göttlichen Kindleins weitere Erklärung des lebendigen Ehegesetzes. Die Liebe des Kopfes und die Liebe des Herzens. Die Verbindung der beiden Liebenden durch das Kindlein. Tullias Bekenntnis von der Gottheit im Kindlein.

Da aber alle auf diese Rede des Kindleins ganz bestürzt vor sich hinblickten und niemand etwas zu reden sich getraute, da öffnete auf einmal *das Kindlein* wieder den Mund und sprach:

² „Was steht ihr alle denn nun so traurig um Mich herum? Habe Ich euch doch nichts zuleide getan!

³ „Dir, Mein lieber Cyrenius, gab Ich, danach dein Herz dürstete, und auch dir, du liebe Tullia; was wollet ihr denn mehr?

⁴ „Sollte Ich denn etwa den *lebendigen* Ehebruch gutheißen, während doch ihr Menschen auf den *toten* die Todesstrafe gesetzet habt?!

⁵ „Welch ein Verlangen wohl wäre das? Ist denn das, was im *Leben* vor-

geht, nicht mehr, als was im *Tode* gerichtet ist?!

⁶ „Ich meine, ihr sollet euch wohl freuen, aber nicht trauern, darum es also ist!

⁷ „Wer da liebt, liebt der im Herzen oder im Kopfe?

⁸ „Ihr aber habt eure Ehegesetze nicht dem Herzen, sondern nur dem Kopfe entlockt!

⁹ „Das Leben aber ist nur im *Herzen* und geht vom selben in alle Teile des Menschen aus und somit auch in den Kopf, welcher in sich kein Leben mehr hat, sondern tot ist.

¹⁰ „So ihr aber schon die Gesetze des *Kopfes* mit dem Tode sanktionieret, die samt dem Kopfe tot sind, um wieviel billiger ist es dann, die lebendigen ewigen Gesetze des *Herzens* zu respektieren!

¹¹ „Daher aber freuet euch, daß Ich, als der Lebendige unter euch, die Gesetze des Lebens festhalte; denn täte Ich solches nicht, so wäre über euch alle schon lange der ewige Tod gekommen!

¹² „Darum aber kam Ich in die Welt, auf daß durch Mich alle die Werke und Gesetze des Todes vernichtet werden und an ihre Stelle treten müssen die alten Gesetze des Lebens!

¹³ „So Ich euch aber im voraus zeige, was da sind die Gesetze des Lebens, und was die des Todes, was Leids wohl tue Ich euch dadurch, daß ihr darob trauert und euch vor Mir fürchtet, als hätte Ich euch anstatt des Lebens den Tod gebracht?

¹⁴ „O ihr Törichten! In Mir ist das alte, ewige Leben zu euch gekommen; daher freuet euch und seid nimmerdar traurig!

¹⁵ „Und du, Mein Cyrenius, nimm hin das Weib, das Ich dir gebe, und du, Tullia, nimm den Mann, den Ich dir zugeführt habe vollernstlich; nun sollet ihr euch nimmer verlassen!

¹⁶ „Wenn euch aber des Leibes Tod getrennt wird haben, dann soll der überlebende Teil frei sein dem Äußeren nach, aber die Liebe soll währen ewiglich, Amen!"

¹⁷ Diese Worte des Kindleins setzten alle ins größte Erstaunen,

¹⁸ und *Tullia* sprach, ganz zitternd vor der größten Ehrfurcht:

¹⁹ „O Menschen! Dieses Kind ist kein Menschenkind, sondern Es ist die höchste Gottheit Selbst!

²⁰ „Denn also kann kein Mensch, sondern nur ein Gott reden; nur ein Gott als das Grundleben Selbst kann die Gesetze des Lebens kennen und kann sie in uns erwecken!

²¹ „Wir Menschen aber sind alle tot; wie könnten wir da die Gesetze des Lebens finden und dieselben als solche setzen?!

²² „O Du überheiliges Kindlein, jetzt erst erkenne ich klar, was ich ehedem dunkel geahnt habe: Du bist der Herr Himmels und der Erde von Ewigkeit! Dir sei daher auch alle meine Anbetung!"

104

Des Cyrenius Bitte um des Kindleins Segen. Des Kindleins Forderung an Cyrenius, auf Eudokia um der Tullia willen zu verzichten. Cyrenius im innern Kampf. Des Kindleins fester Wille. Die Herbeiholung der Eudokia.

Diese hohe Sprache von Seite der Tullia hatte den *Cyrenius* ganz begeistert, und er trat hin zur Tullia, die noch das Kindlein auf den Armen hielt, und sprach in der höchsten Rührung zum Kindlein:

² „O Du mein Leben, Du wahrer Gott meines Herzens, da Du mich denn schon mit diesem Mädchen also gnädigst verbunden hast, so bitte ich, ein armer Sünder, Dich denn auch um Deinen Segen, dem ich getreu verbleiben werde mein Leben lang!"

³ Und *das Kindlein* richtete sich alsbald auf und sprach: „Ja, du Mein lieber Cyrenius, dich segne Ich mit deinem Weibe Tullia!

⁴ „Aber das Weib, das bis jetzt deine Vermählte war, die mußt du dafür *Mir* geben!

⁵ „Denn tätest du solches nicht, so bliebest du vor Mir in der Sünde eines Ehebruches; denn du hast das Weib geliebt und liebst sie noch sehr!

⁶ „So du aber Mir das Weib überlieferst und es ganz Mir gibst und opferst, so hast du Mir auch deine Sünde gegeben!

⁷ „Ich aber bin ja darum in die Welt gekommen, daß Ich alle Sünde der Menschen der Welt auf Mich nehme und sie tilge durch Meine Liebe vor ihrem göttlichen Angesichte auf ewig! Also geschehe es!"

⁸ Und Cyrenius stutzte anfangs ein wenig bei dieser Aufforderung; denn seine Vermählte war eine überaus schöne griechische Sklavin, die er um teures Geld erkauft hatte.

⁹ Er liebte sie wegen ihrer großen Schönheit sehr, obschon er mit ihr keine Kinder hatte.

¹⁰ Diese Griechin war zwar schon dreißig Jahre alt, aber sie war dessenungeachtet noch so schön, daß sie von den geringen Heiden als eine förmliche Venus angebetet ward.

¹¹ Darum war diese Aufforderung für unsern guten Cyrenius etwas stark, und es wäre ihm viel lieber gewesen, wenn sie nicht erfolgt wäre.

¹² Aber das Kindlein ließ Sich dadurch nicht irremachen, sondern bestand fest auf Seiner Forderung.

¹³ Da aber *Cyrenius* sah, daß das Kindlein von Seiner Forderung durchaus nicht weichen wollte, so sprach er zum Kindlein:

¹⁴ „O Du mein Leben! Siehe, meine Vermählte, die schöne Eudokia, ist mir sehr ans Herz gewachsen, und ich werde sie schwer missen!

¹⁵ „Fürwahr, so es tunlich wäre, möchte ich eher Dir die Tullia lassen, als die gar so schöne Eudokia hintangeben!"

¹⁶ *Das Kindlein* aber lächelte den Cyrenius an und sprach zu ihm: „Hältst du Mich denn für einen Tauschkrämer?

¹⁷ „O siehe, das wohl bin Ich nicht! Oder hältst du Mich für ein Wesen, das mit sich um ein ausgesprochenes Wort handeln läßt?

¹⁸ „O da sage Ich dir, so du zu Mir sprächest: ‚Laß vergehen den ganzen sichtbaren Himmel und die sichtbare Erde!', so würde Ich dir eher Gehör geben, als daß Ich zurücknähme ein einmal ausgesprochenes Wort!

¹⁹ „Wahrlich sage Ich dir: Sonne, Mond und Sterne und diese Erde werden vergehen, wie ein Kleid werden sie veralten und zunichte werden; aber Meine Worte ewig nimmer!

²⁰ „Daher wirst du auch alsbald die Eudokia hierher bringen lassen und dann erst empfangen die Tullia, gesegnet von Mir.

²¹ „Wirst du dich aber sträuben, da lasse Ich dir die Eudokia sterben — und gebe dir dann die Tullia nimmer.

²² „Denn was du tust, mußt du *frei* tun; eine gerichtete Tätigkeit hat vor Mir keinen Wert.

²³ „Stirbt die Eudokia, dann bist du schon gerichtet mit ihrem Tode

und kannst nicht mehr der Mann der Tullia werden.

²⁴ „Opferst du Mir aber die Eudokia, dann bist du wahrhaft frei, und die Tullia kann dein rechtes Weib sein!

²⁵ „*Zwei* Weiber aber kannst du zufolge Meiner Ordnung *nicht* haben; denn im Anfang ward nur *ein* Mann und *ein* Weib erschaffen.

²⁶ „Also tue, wie Ich nun zu dir geredet habe, auf daß nicht ein Gericht über dich komme!"

²⁷ Diese Worte des Kindes brachten den Cyrenius zu dem plötzlichen Entschlusse, die Eudokia aus der Stadt holen zu lassen;

²⁸ denn er hatte sie mitgenommen von Tyrus, ließ sie aber niemanden sehen, auf daß da ja auch niemand von ihren großen Reizen solle bestochen werden.

²⁹ Aber dennoch vertraute er sie selbst jetzt noch niemand anderem an als allein dem ältesten Sohne Josephs und dem Maronius Pilla.

³⁰ Diese beiden gingen im Geleite der Leibwache des Cyrenius hin in die Residenz des Cyrenius und brachten gar bald die schöne Eudokia in die Wohnung des Joseph; die Eudokia aber verwunderte sich sehr darüber und wußte nicht, wie es kam, daß sie der Cyrenius zum ersten Male durch fremde Männer holen ließ.

105

Des Cyrenius nochmalige Bitte um Belassung der Eudokia.
Des Kindleins festes Nein. Eudokias Aufbegehren.
Der Sieg des Geistes in Cyrenius. Marias Trostworte an die Eudokia.

Als *Cyrenius* nun die Eudokia gegenüber der Tullia ersah, da fand er, daß sie bedeutend schöner war als die Tullia, und es tat ihm weh, sich nun für immer von ihr zu trennen.

² Und er fragte darum das Kindlein noch einmal, ob er sie nicht wenigstens als Magd und als Gesellschafterin der Tullia behalten dürfe.

³ *Das Kindlein* aber sprach: „Mein Cyrenius! Du kannst so viele Mägde, als du willst, in dein Haus nehmen,

⁴ „aber nur die Eudokia nicht! Diese mußt du hier lassen, und das darum, weil Ich es zu deinem Wohle also haben will!"

⁵ Als aber die *Eudokia* solches sah und gar wohl vernahm, wie dieses unmündige Kindlein dem Cyrenius gebieterisch antwortete,

⁶ da entsetzte sie sich und sprach: „Aber um aller Götter willen, was ist denn das? Ein unmündiges Kind gebietet dem, vor dem Asien und Ägypten zittert, so er spricht?!

⁷ „Und der große Gebieter hört ängstlich an das so entschieden gebietende Kind und fügt sich willig nach dessen Ausspruche?!

⁸ „O das wird nicht so leicht geschehen, als da etwa gar dieses unmündige Kind meint!

⁹ „Es wäre für dich, du mächtiger Cyrenius, denn doch eine barste Schande, so du dir etwa gar von diesem Kinde befehlen möchtest lassen! Daher sei ein *Mann* und ein *Römer!*"

¹⁰ Als *Cyrenius* aber solches von der Eudokia vernommen hatte, da erregte er sich und sprach:

¹¹ „Ja, Eudokia! Gerade jetzt wer-

153

de ich dir zeigen, daß ich ein Mann und ein Römer bin!

¹² „Siehe, so dieses Kind, das die Tullia lockt, auch *nicht* göttlicher Abkunft wäre und Es möchte zu mir nahe also reden, so würde ich Ihm folgen!

¹³ „Dieses Kind aber ist von der allerhöchsten göttlichen Abkunft, und so will ich Ihm um so mehr folgen, was immer Es von mir will!

¹⁴ „Was wohl wird dir lieber sein: zu tun, was dieses Kind aller Kinder will, oder zu sterben für ewig?"

¹⁵ Diese Worte des Cyrenius an die Eudokia waren von großer Wirkung.

¹⁶ Sie fing zwar an zu weinen, darum sie nun auf einmal so viel Herrlichkeit verlassen müßte,

¹⁷ aber sie dachte dabei, daß sich eines Gottes Rat nicht mehr abändern läßt; und so ergab sie sich in diese Fügung.

¹⁸ Es trat aber die *Maria* zur Eudokia hin und sprach zu ihr: „Eudokia, traure nicht ob diesem Tausche!

¹⁹ „Denn du gabst nur eine gar geringe Herrlichkeit hin, um für sie eine gar große und andere zu empfangen!

²⁰ „Siehe, auch ich bin eines Königs Tochter, aber die königliche Herrlichkeit ist lange vergangen, und siehe, nun bin ich eine Magd des Herrn, und das ist eine größere Herrlichkeit als alles Königtum der Welt!"

²¹ Diese Worte wirkten gar mächtig auf die Eudokia, und sie fing an, Herz zu fassen im Hause Josephs.

106

Eudokias Verlangen nach Licht über das Kind. Marias Mahnung zur Geduld. Das Jesuskind auf den Armen der Eudokia und im Gespräch mit ihr.

Es fragte aber die *Eudokia* die Maria, woher es denn komme, daß dies Kindlein so voll Wunderkraft und so höchst göttlicher Natur sei.

² Und wie es denn gekommen wäre, daß nun der Cyrenius gar sehr von den Worten des Kindleins abhänge.

³ *Maria* aber sprach zur Eudokia gar holdseligst: „Liebe Eudokia! Siehe, es läßt sich nicht jeder Prügel übers Knie brechen!

⁴ „Jedes Ding braucht seine Zeit und seine Weile; mit der lieben Geduld kommen wir am weitesten!

⁵ „Wirst du erst eine Zeitlang bei mir sein, da wirst du schon alles erfahren; vorderhand aber glaube, daß dies Kind größer ist als alle Helden und Götter Roms!

⁶ „Hast du vorgestern nicht verspürt die große Macht des Sturmes?!

⁷ „Siehe, dieser kam aus der mächtigen Hand Dessen, den noch die Tullia lockt!

⁸ „Siehe, was aber die Gewalt dieses Sturmes mit den Tempeln in der Stadt tat, das könnte sie auch tun mit der ganzen Erde!

⁹ „Nun weißt du vorderhand genug und darfst nicht *mehr* wissen deines Heiles willen;

¹⁰ „wenn du aber reifer wirst, dann wirst du auch mehr erfahren!

¹¹ „Darum bitte ich dich auch um deines Heiles willen, daß du davon

schweigst vor jedermann; redest du aber davon, so wirst du gerichtet werden!"

¹² Diese Worte Marias brachten die Eudokia zur Ruhe, und sie fing an, bei sich gar sehr darüber nachzudenken, was sie von der Maria vernommen hatte.

¹³ Maria aber ging hin zur Tullia und nahm ihr das Kindlein wieder von den Armen, und sprach zu ihr:

¹⁴ „Siehe, dich hat dies mein Söhnchen schon gesegnet, und du wirst darum glücklich sein für immer!

¹⁵ „Dort aber ist die arme Eudokia; diese hat bis jetzt noch nicht die endlos große Wohltat des Kindleinssegens empfunden! Daher will ich das Kindlein auch auf die Arme der Eudokia legen, auf daß sie empfinde, welche Macht aus dem Kindlein geht!"

¹⁶ Darauf trug die Maria das Kindlein zur Eudokia hin und sprach zu ihr:

¹⁷ „Hier, Eudokia, ist mein und dein Heil! Nimm es für eine kurze Zeit auf deine Arme und empfinde, wie süß es ist, die Mutter solch eines Kindes zu sein!"

¹⁸ Mit großer Ehrfurcht nahm die Eudokia das Kindlein auf ihre Arme;

¹⁹ aber sie fürchtete dies geheimnisvolle Kind und getraute sich dabei kaum, sich zu rühren.

²⁰ *Das Kindlein* aber lächelte und sprach: „O Eudokia, fürchte dich nicht vor Mir; denn Ich bin nicht dein Verderber, sondern dein Heiland!

²¹ „In der Kürze der Zeit aber wirst du Mich schon besser kennenlernen, als du Mich jetzt kennst!

²² „Dann wirst du Mich nicht mehr fürchten, sondern lieben, wie Ich dich liebe!" — Diese Worte benahmen der Eudokia die Furcht, und sie fing an, das Kindlein zu herzen und zu kosen.

107

Des Cyrenius Dank. Der Edelmut und die Weisheit des bescheidenen Joseph. Des Cyrenius Übergabe von 8 armen Kindern an Joseph zur Erziehung.

Nun aber sprach *Cyrenius* zu Joseph: „Erhabener Freund und Bruder! Ich habe nun in deinem Hause mein größtes Glück gemacht in jeder Hinsicht; sage nun, welchen Lohn du für dich von mir verlangst!

² „O sage, wie kann ich es dir nur im geringsten Maße vergelten, was alles du an mir getan hast?

³ „Bringe aber ja etwa nicht diese Villa in Anschlag, welche als Lohn für dich wohl etwas zu Geringes und zu Elendes ist!"

⁴ Und *Joseph* sprach: „O Bruder und Freund, was wohl hältst du von mir?!

⁵ „Meinst du denn, ich sei ein Wohltatskrämer und tue Gutes nur eines Lohnes wegen?

⁶ „O wie groß irrst du dich da, wenn du solches von mir glaubst!

⁷ „Siehe, ich kenne nichts Elenderes als einen bezahlten Wohltäter und eine bezahlte Wohltat!

⁸ „Wahrlich, ich sei verflucht und der Tag und die Stunde, in der ich geboren ward, so ich von dir auch nur einen Stater[1] annehmen möchte!

---

[1] kleines antikes Geldstück.

⁹ „Nimm du daher nur ganz wohlgemut dein Weib zu dir, die gereinigte Tullia; was du ihr und noch so mancher Armen tun wirst, das werde ich allezeit als einen guten Lohn für meine Taten an dir ansehen und annehmen!

¹⁰ „Dieses Haus jedoch verschone mit jeder Dotation[1]; denn was ich habe, ist genug für uns alle! Wozu solle da ein mehreres?

¹¹ „Du meinst etwa, ich werde für die Eudokia irgendein Kostgeld verlangen? — Oh, des sei ruhig!

¹² „Ich nehme sie auf als eine Tochter und werde sie erziehen in der Gnade Gottes.

¹³ „Wo aber ist wohl der Vater, der sich für die Erziehung seiner Tochter je noch von jemandem hätte etwas zahlen lassen?!

¹⁴ „Ich sage dir, Eudokia ist mehr wert als alle Welt; daher gibt es auf der Welt keinen Lohn, der nun um sie annehmbar geboten werden könnte!

¹⁵ „Der große Lohn aber, den ich für all mein Tun habe, siehe, der liegt nun in den Armen der Eudokia!"

¹⁶ Als aber *Cyrenius* diese große Uneigennützigkeit Josephs ersah, da sprach er höchst gerührt:

¹⁷ „Wahrlich, vor Gott und allen Menschen der Erde stehst du allein da als ein Mensch aller Menschen!

¹⁸ „Dich mit Worten zu rühmen, wäre eine vergebliche Mühe; denn du bist über ein jedes Menschenwort erhaben!

¹⁹ „Ich aber weiß, was ich tun werde, um dir zu zeigen, wie überaus hoch ich dich achte und schätze.

²⁰ „Ein Geschenk werde ich dir machen, das du sicher nicht von dir abweisen wirst!

²¹ „Siehe, ich habe in Tyrus drei Mädchen und fünf Knaben von ganz dürftigen Eltern, die aber schon verstorben sind!

²² „Diese lieben Kinder werde ich hierher bringen lassen zu dir, auf daß sie von dir erzogen werden!

²³ „Daß ich für ihren Unterhalt sorgen werde, des kannst du völlig versichert sein.

²⁴ „Wirst du mir auch *das* abschlagen? Nein, Joseph, du mein erhabenster Bruder, das wirst du sicher nicht tun!"

²⁵ Und *Joseph* sprach ganz gerührt: „Nein, Bruder, das werde ich dir nimmer versagen! Sende diese Kinder daher nur so bald als möglich hierher; sie sollen bestens versorgt werden in allem, was ihnen not tut!"

108

Des Cyrenius Bedenken wegen der Einsegnung der Ehe durch einen Oberpriester des Hymen. Josephs guter Rat und des Cyrenius große Freude.

Cyrenius, durch diese Versicherung Josephs ganz zufriedengestellt, sagte darauf zu Joseph:

² „Erhabenster Freund, nun ist jeder meiner Wünsche erfüllt, und ich habe nun nichts mehr, das ich wünschen möchte!

³ „Nur *ein* fataler Umstand waltet noch neben meinem großen Glücke, und dieser besteht darinnen:

⁴ „Tullia, die himmlische, ist nun zwar von Gott aus gesegnet mein rechtmäßiges Weib; aber siehe, ich bin dem Äußern nach ein Römer und

---

[1] Schenkung.

muß daher auch, des Volkes wegen, mich von einem Priester zeugnisweise förmlich einsegnen lassen!

⁵ „Eine solche Einsegnung aber kann nur von einem Oberpriester des Hymen vorgenommen werden, wodurch sie dann erst ein rechtskräftiges Bündnis wird.

⁶ „Wie stellen wir aber hier solches an, da außer den drei Unterpriestern nicht *einer* mehr vorhanden ist?"

⁷ Und *Joseph* sprach zu Cyrenius: „Was kümmert dich das, an dem nichts liegt?

⁸ Wenn du nach Tyrus wieder zurückkehren wirst, da wirst du der Priester genug treffen, die dich ums Geld einsegnen werden, wenn du schon auf diese Einsegnung irgendein Gewicht legst.

⁹ „So du aber bleibst, wie du nun bist, so wirst du besser tun; denn du bist ja auch ein Herr über dein eigen Gesetz!

¹⁰ „Ich aber erinnere mich, einmal von einem Römer gehört zu haben, daß da in Rom ein geheimes Gesetz bestehe, welches also lautet:

¹¹ „ ,So ein Mann ein Mädchen erwählt in der Gegenwart eines Stummen, eines Narren oder eines unmündigen Kindes,

¹² „ ,und diese sind bei der Erwählung gutmütig und lächeln dabei, so ist die Ehe dadurch vollkommen gültig, nur muß darauf dem betreffenden Priester davon eine Anzeige gemacht werden,

¹³ „ ,wobei freilich ein kleines glänzendes Opfer nicht fehlen darf.'

¹⁴ „Hat es mit diesem geheimen Gesetze seine Richtigkeit, was braucht es da mehr?

¹⁵ „Laß die drei Priester kommen, die da bei mir sind; diese werden dir das Zeugnis geben, daß du in der Gegenwart eines dich anlächelnden und dich segnenden Kindes, das erst kaum im vierten Monate Alters ist, die Tullia erwählt hast!

¹⁶ „Hast du dieses ganz unschuldige Zeugnis und etwas Goldes, was braucht es da mehr fürs ganze römische Volk?!"

¹⁷ Und *Cyrenius* hüpfte vor Freude förmlich in die Höhe und sprach zu Joseph:

¹⁸ „Fürwahr, du erhabenster Bruder hast vollkommen recht! Es besteht im Ernste ein solches Gesetz; nur konnte ich mich anfangs desselben nicht sogleich entsinnen!

¹⁹ „Jetzt ist alles in der besten Ordnung; bestelle mir daher die drei Priester, und ich werde alsogleich über diesen Punkt eine gehörige Rücksprache mit ihnen führen!" — Und Joseph ließ darauf sogleich die drei noch stummen Priester ins Zimmer treten.

109

Die Bedenken der Priester. Die Übernahme der Verantwortung durch Cyrenius. Ein schlechtes Zeugnis für Roms Geldgier. Des Cyrenius Eheschließung mit Tullia.

Die drei Priester kamen sogleich, und einer sagte: „Nur ein Gebot des Statthalters vermag uns heute die Zunge zu lösen;

² „denn wir taten heute am Morgen einen Schwur, diesen ganzen Tag über kein Wort zu reden und keinen Bissen in den Mund zu nehmen!

³ „Aber, wie gesagt, wir brechen nun am Abende diesen Schwur, weil

wir dazu durch das Gebot des Statthalters genötigt werden! Möge er dereinst für uns die Rechnung machen!"

4 *Cyrenius* aber sprach: „Wahrlich, genötigt habe ich euch mitnichten; aber so ihr euch darüber ein Gewissen macht, da nehme ich ja recht gerne die Rechnung auf mich!

5 „Denn ich bin ja im Hause Dessen, den derlei Rechnungen grundursächlich angehen, — und da glaube ich, daß es mir in der Probe dieser Rechnung nicht so schwer gehen dürfte, als ihr es euch törichterweise vorstellet!"

6 Und *Joseph* sprach: „O Bruder, die Probe ist schon fertig, daher sage den dreien nur, was du von ihnen zu verlangen hast!"

7 *Einer der Priester* aber kam dem Cyrenius zuvor und fragte ihn, was sie für ihn etwa tun sollten.

8 Und *Cyrenius*, sich ganz kurz fassend, trug den dreien sogleich sein Anliegen vor.

9 *Die drei* aber sprachen: „Das Gesetz ist richtig, und die Tat ist es desgleichen; aber wir sind nur Unterpriester, und unser Zeugnis wird nicht als gültig angesehen werden!"

10 Und *Cyrenius* erklärte ihnen, daß in diesem Falle wegen gänzlicher Ermangelung eines Oberpriesters jeder Unterpriester ein oberpriesterliches Amt und Recht auszuüben sogar verpflichtet sei.

11 *Die Priester* aber sprachen: „Das ist richtig; aber siehe, als wir vor zwei Tagen die oberpriesterliche Gewalt ausüben sollten, da hast du uns verdammt!

12 „Wenn wir nun wieder vor dir ein oberpriesterliches Recht ausübeten, würdest du uns da nicht abermals verdammen?"

13 *Cyrenius* aber sprach etwas erregt: „Damals verdammte ich euch, weil ihr ein oberpriesterliches Recht ganz gesetzwidrig ausüben wolltet;

14 „nun aber habt ihr das gesetzliche Recht vor euch! So ihr darnach handelt, da habt ihr sicher keine Verdammung von mir zu fürchten!

15 „Wohl aber will ich euch darob ein Opfer verabreichen, das euch euern Lebensunterhalt sichern soll! Und ein Opfer für Rom wird nicht unterm Wege bleiben!"

16 Und *die drei Priester* sprachen: „Gut; aber wir drei gehören nun auch nicht mehr den Göttern zu und wollen mit Roms Heidentume nichts mehr zu schaffen haben!

17 „Wird unser Zeugnis wohl gültig sein, so man in Rom erfahren wird, daß wir zum Glauben Israels übergetreten sind?"

18 Und *Cyrenius* sprach: „Ihr wisset es so gut als ich, daß in Rom ums Geld jedes Zeugnis gültig ist!

19 „Daher tut ihr das, was ich von euch verlange! Alles andere geht euch nichts an; denn darum werde schon *ich* sorgen!"

20 Diese Versicherung bewog die Priester, dem Cyrenius das verlangte Zeugnis auszustellen und ihn zu segnen damit.

21 Als Cyrenius nun das Zeugnis hatte, dann erst reichte er der Tullia die Hand und erhob sie als nun sein rechtmäßiges Weib.

22 Und er gab ihr einen Ring und ließ sogleich königliche Kleider für sie aus der Stadt holen.

110

Tullia in königlichen Kleidern und Eudokias Schmerz.
Des Kindleins tröstende Worte an Eudokia und Eudokias Freudentränen.
Marias Teilnahme.

In kurzer Zeit waren die königlichen Kleider für die Tullia herbeigeschafft, und sie ward mit denselben angetan, wie schon bemerkt ward.
[2] Maria aber nahm ihr Kleid wieder, wusch es und behielt es dann wieder für sich.
[3] Cyrenius wollte der Maria freilich wohl auch königliche Kleider dafür geben;
[4] aber Maria wie Joseph lehnten solches feierlichst von sich ab.
[5] Da aber die Eudokia sah die Tullia in ihrer wahren Königspracht, da ward es ihr doch schwer ums Herz, so daß sie heimlich zu seufzen anfing.
[6] Aber *das Kindlein* sprach leise zu ihr: „Eudokia, Ich sage dir, seufze du nicht der Welt wegen, sondern seufze du deiner Sünden wegen, so wirst du besser fahren!
[7] „Denn siehe, Ich bin *mehr* als Cyrenius und Rom; hast du Mich, dann hast du mehr, als besäßest du die ganze Welt!
[8] „Willst du aber Mich vollkommen haben, dann mußt du bereuen deine Sünde, der zufolge du unfruchtbar wurdest!
[9] „Wirst du aber in Liebe zu Mir deine Sünden bereuen, dann erst wirst du nach dem Maße deiner Liebe zu Mir erkennen, wer Ich so ganz eigentlich bin!
[10] „Wenn du Mich aber erkennen wirst, dann wirst du glücklicher sein, als wärest du die Gemahlin des Kaisers selbst!
[11] „Denn siehe, der Kaiser muß starke Wachen halten, auf daß er nicht vom Throne vertrieben wird!
[12] „Ich aber bin Mir allein genug! Geister, Sonnen, Monde, Erden und alle Elemente sind Mir gehorsam; und dennoch brauche Ich keine Wachen und lasse Mich von dir sogar auf den Armen tragen, trotzdem du eine Sünderin bist!
[13] „Daher sei ruhig und weine nicht; denn du hast empfangen, was der Tullia abgenommen ward, da sie empfing die königlichen Kleider!
[14] „Und das ist endlos mehr als jene goldschimmernden Königskleider, welche tot sind und den Tod bringen,
[15] „während du das Leben auf deinen Armen trägst und den Tod ewig nimmer schmecken wirst, so du Mich liebst!"
[16] Diese Worte des Kindleins wirkten so sehr heilsam auf das Gemüt der Eudokia, daß sie vor gar großer Freude hoher seligster Verwunderung zu weinen anfing.
[17] *Maria* aber bemerkte, daß die Eudokia in Freudentränen ihre Augen badete, ging darum zu ihr und fragte sie:
[18] „Holde Eudokia, was wohl ist dir, darum ich süße Tränen in deinen Augen entdecke?"
[19] Und *Eudokia* erwiderte nach einem tiefen Wonneseufzer:
[20] „O du glücklichste der Mütter auf der ganzen Erde, siehe, dein Kindlein hat zu mir wunderbar geredet!
[21] „Wahrlich, nicht sterbliche Menschen in all ihrer Weltgröße, sondern nur *Götter* können solcher Worte fähig sein!
[22] „Großer Gedanken und Ahnun-

gen ist nun voll meine Brust! Wie aus einer verborgenen Tiefe steigen sie in mir gleich wie helle Sterne aus dem Meere empor; und darum weine ich vor Entzückung!"

²³ *Maria* aber sprach: „Eudokia, gedulde dich nur! Nach den Sternen wird auch die *Sonne* kommen; in ihrem Lichte erst wirst du erschauen, wo du bist! — Aber nun stille, denn Cyrenius kommt hierher!"

111

Des Cyrenius Dank an das Kindlein. Des Kindleins Segensworte an das Brautpaar. Josephs Einladungsworte zum Hochzeitsmahl. Die Rückkehr des Cyrenius in die Stadt.

Als *Cyrenius* mit der Tullia hinkam zur Eudokia, die noch das Kindlein auf dem Arme hielt, da sprach er zum Kindlein:

² „O Du mein Leben, Du mein Alles! Dir allein danke ich dies mein großes, wunderbares Glück!

³ „Ich tat nur etwas Weniges für Dich, und Du belohnst mich so unaussprechlich und machst mich zum glücklichsten Menschen der Erde!

⁴ „O wie soll ich armer Sünder Dir je genug dafür danken können?"

⁵ *Das Kindlein* aber richtete Sich auf, hob Seine rechte Hand empor und sprach:

⁶ „O Mein lieber Cyrenius Quirinus, Ich segne dich nun und dein Weib Tullia, auf daß ihr auf der Welt miteinander glücklich leben sollet!

⁷ „Aber das sage Ich dir auch: Schätze dich im Glücke der Welt nie als zu glücklich, sondern halte die Welt samt ihrem Glücke für einen Schauplatz des Truges, so wirst du in der rechten Weisheit das Leben der Welt genießen!

⁸ „Denn siehe, alles in der Welt ist gerade das Gegenteil von dem, als was es sich dir darstellt; die alleinige ¹ *Liebe* nur, wenn sie aus des Herzens Grunde kommt, ist wahr und gerecht!

⁹ „Wo du Leben ohne Liebe erblickst, da ist kein Leben, sondern der Tod;

¹⁰ „wo du aber ob der Ruhe der wahren Liebe den Tod wähnst, da ist Leben zu Hause, und niemand kann dasselbe zerstören!

¹¹ „Du weißt es nicht, wie locker die Unterlage ist, auf der du stehst; Ich aber weiß es, darum sage Ich dir solches alles!

¹² „Grabe hier nur tausend Klafter tief, und du wirst einen mächtigen Abgrund vor dir haben, der dich verschlingen wird!

¹³ „Also grabe nicht zu tief in die Welt hinein, und freue dich der Entdeckungen in der Tiefe der Welt nicht;

¹⁴ „Denn wo immer jemand zu tief in die Welt hineingräbt, da auch bereitet er sich den eigenen Untergang.

¹⁵ „Traue dem Punkte nicht, auf dem du stehst; denn er ist locker und kann dich verschlingen, so du ihn aufgräbst und machst eine Mine in den Boden!

¹⁶ „Bedenke: alles auf der Welt kann dich töten, weil alles selbst in sich den Tod trägt, — nur die alleinige ¹ *Liebe* nicht, so du sie bewahrst in ihrer Reinheit!

¹⁷ „Mischst du sie aber mit weltli-

---

¹ „die alleinige Liebe", d. h.: „die Liebe allein".

chen Dingen, so wird sie schwer und kann dich auch töten, wie leiblich also auch geistig.

18 „Bleibe sonach in der reinen, uneigennützigen Liebe, liebe den einen *Gott* als deinen Vater und Schöpfer über alles und die Menschen als deine Brüder wie dich selbst, so wirst du das ewige Leben haben in solcher deiner Liebe! Amen."

19 Diese überweisen Worte des Kindleins flößten dem Cyrenius wie allen Anwesenden eine so tiefe Achtung ein, daß sie bebten am ganzen Leibe.

20 *Joseph* aber ging hin zum Cyrenius und sprach: „Bruder, fasse dich, und ziehe unter dem Segen dieses Hauses in die Stadt! Halte aber alles, was du hier hörtest und empfingst, vorderhand verborgen! Morgen aber komme und halte hier das Hochzeitsmahl!" — Und Cyrenius begab sich sogleich in die Stadt mit der Tullia und mit seinem Gefolge.

112

Eine neue Überraschung in Josephs Hause: die fremden weißgekleideten Jünglinge als Helfer im Haushalt.

Als Cyrenius schon ziemlich spät am Abende aus dem Hause Josephs mit den Seinen sich in die Stadt begab, da sagte *Joseph* zu seinen Söhnen:

2 „Kinder, gehet nun, und bestellet unsere Wirtschaft! Versorget die Kühe und die Esel, und bereitet uns dann ein Nachtmahl, und das ein gutes und frisches! Denn ich muß ja heute noch meine neue Tochter beim fröhlichen Mahle adoptieren und segnen!"

3 Darauf gingen die Söhne Josephs sogleich und taten, wie es ihnen Joseph befohlen hatte.

4 Aber wie erstaunten sie, als sie im Stalle mehrere weißgekleidete Jünglinge antrafen, die da gar emsig des Viehes Josephs warteten.

5 *Die Söhne Josephs* fragten sie, wer ihnen solches zu tun geboten habe, und wessen Diener sie seien.

6 *Die Jünglinge* aber sprachen: „Wir sind allezeit Diener des Herrn, und der Herr hat solches zu tun uns geboten; darum taten wir es auch!"

7 *Die Söhne Josephs* aber fragten die Jünglinge: „Wer ist euer Herr, und wo ist er zu Hause? Ist es etwa der Cyrenius?"

8 Und *die Jünglinge* sprachen: „Unser Herr ist auch der eurige, wohnt bei euch, — aber ‚Cyrenius' ist nicht Sein Name!"

9 Da meinten *die Söhne Josephs,* solches sei offenbar ihr Vater selbst, und sprachen daher zu den Jünglingen:

10 „Wenn also, da gehet mit uns, auf daß euch unser Vater, der hier der Herr dieses Hauses ist, erkenne, ob ihr wirklich seine Diener seid!"

11 Und *die Jünglinge* sprachen: „Melket die Kühe zuvor, sodann wollen wir mit euch gehen und uns euerm Herrn vorstellen!"

12 Hier nahmen *die Söhne* die Milchgefäße und melkten dreimal soviel als sonst, wenn sie ihre Kühe zuvor noch so gut bestellt hatten.

13 Da erstaunten sie über die Maßen und konnten sich nicht erklären, wie die Kühe diesmal gar so viel Milch gaben.

14 Als sie aber mit dem Melken

der Kühe zu Ende waren, da sprachen *die Jünglinge:*

¹⁵ „Nun, da ihr mit eurer Arbeit fertig seid, so lasset uns ins Haus ziehen, allda euer und unser Herr wohnt!

¹⁶ „Aber euer Vater hat auch ein gutes Nachtmahl bei euch angeordnet; dieses muß eher¹ bereitet sein, bevor wir ins Gemach des Herrn treten!"

¹⁷ Sogleich gingen die Jünglinge in die Küche, und siehe, da waren auch schon mehrere Jünglinge mit der Bereitung eines köstlichen Abendmahles vollauf beschäftigt! —

¹⁸ Es dauerte aber dem *Joseph* die Arbeit der Söhne etwas über die gewohnten Maßen; daher ging er nachzusehen, was diese täten.

¹⁹ Wie aber erstaunte er, als er die Küche gedrängt voll Arbeiter traf!

²⁰ Er fragte sogleich die Söhne, was denn das um des Herrn willen wäre.

²¹ Aber *die Jünglinge* antworteten: „Joseph, kümmere dich nicht; denn was da ist und geschieht, ist und geschieht wirklich um des Herrn willen! Laß uns aber erst das Nachtmahl bereiten, dann wirst du das Nähere vom Herrn Selbst erfahren!"

113

Marias Erstaunen ob der andauernden Heimsuchungen. Josephs Trost.
Der Engel Ehrfurcht vor dem Kindlein und dessen Ansprache an die Erzengel.
Das gemeinsame Abendmahl.

Joseph ging darauf sogleich wieder ins Zimmer und erzählte der Maria und der Eudokia, was er nun gesehen habe, und was draußen in der Küche vor sich gehe.

² Maria und Eudokia erstaunten darob gewaltig, und *Maria* sprach:

³ „O großer Gott, so sind wir doch keine Sekunde sicher vor Deinen Heimsuchungen! Kaum hat die eine den Fuß außer² der Türe, so setzen schon wieder hundert neue dafür die Füße ins Zimmer!

⁴ „O Herr, willst Du uns denn gar keine Ruhe gönnen? Sollen wir etwa schon wieder fliehen und nun etwa vor den Römern? Oder was soll aus dieser Erscheinung werden?"

⁵ *Joseph* aber sprach: „Liebe Maria, ängstige dich nicht vergeblich! Siehe, wir sind ja lauter Wanderer in dieser Welt, und der Herr ist unser Führer!

⁶ „Wohin der Herr uns führen will, dahin folgen wir Ihm auch, ganz ergeben in Seinen heiligen Willen; denn Er allein weiß es ja; wo und was für uns am besten ist!

⁷ „Siehe, du ängstigst dich allezeit, so uns der Herr etwas Neues zusendet; ich aber bin darob voll Freuden, — denn nun weiß ich es ja, daß der Herr allezeit für unser Bestes sorgt!

⁸ „Heute morgen hat der Herr eine starke Prüfung über mich gesandt; ich ward darob sehr traurig.

⁹ „Aber die Traurigkeit währte nicht lange; der Getötete ward erweckt und lebt!

¹⁰ „Tue du desgleichen, und es wird dir viel besser bekommen als alle deine vergebliche jugendliche Furcht und Ängstlichkeit!"

¹ erst; ² außerhalb.

¹¹ Diese Worte Josephs beruhigten die Maria, und sie ward nun selbst voll Neugierde, zu sehen die neuen Köche in der Küche.

¹² Sie erhob sich darum und wollte nachsehen; aber in dem Augenblicke traten die Söhne Josephs, mit Speisen beladen, ins Zimmer, und alle die Jünglinge folgten ihnen mit der allerhöchsten Ehrfurcht.

¹³ Und als sie in die Nähe des Kindleins kamen, da fielen sie plötzlich auf ihre Knie nieder und beteten dasselbe an.

¹⁴ *Das Kindlein* aber richtete Sich auf und sprach zu den Jünglingen: „Erhebet euch, ihr Erzengel Meiner endlosen Himmel!

¹⁵ „Ich habe eure Bitte erhört! Eure Liebe will Mir dienen auch hier in Meiner Niedrigkeit; doch Ich, euer Herr von Ewigkeit, habe noch nie eures Dienstes bedurft!

¹⁶ „Da aber eure Liebe so mächtig ist, da bleibet drei Erdentage hier und dienet diesem Hause! Aber außer denen, die hier im Hause sind, erfahre niemand, wer ihr seid!

¹⁷ „Nun aber haltet das Nachtmahl mit Meinem Nährvater und mit Meiner Gebärerin und mit dieser Tochter, die Mich auf ihren Händen hat, mit den drei Suchenden und mit Meinen Brüdern!"

¹⁸ Darauf erhoben sich die Jünglinge, Maria nahm das Kindlein, und alles setzte sich zum Tische, stimmte mit Joseph das Loblied an und aß und trank überselig und fröhlich.

¹⁹ *Die Erzengel* als Jünglinge aber weinten vor Seligkeit und sprachen:

²⁰ „Wahrlich, Ewigkeiten sind unter unseren Blicken vergangen, voll der höchsten Wonne;

²¹ „aber alle die wonnevollsten Ewigkeiten sind aufgewogen durch diesen Augenblick, in dem wir am Tische des Herrn speisen, ja am Tische Seiner Kinder, unter denen Er ist in aller Seiner Fülle! O Herr, laß uns auch zu Deinen Kindern werden!"

114

Marias Gespräch mit Zuriel und Gabriel.
Des Kindleins Hinweis auf die *neue* Ordnung im Himmel und auf Erden.
Eudokias Wißbegier betreffs der ‚Erzboten'.

Als das Nachtmahl eingenommen war und sodann alle dem Herrn mit Joseph ein Danklied gebracht hatten, da sprach *einer der Jünglinge* zu Maria:

² „Maria, du Gebenedeite unter den Weibern der Erde, erinnerst du dich meiner nicht mehr? Bin ich nicht der, welcher im Tempel so oft mit dir gespielt hat und hat dir allezeit eine gute Speise und einen süßen Trank gebracht?!"

³ Hier stutzte *Maria* und sprach: „Ja, ich erkenne dich; du bist *Zuriel*, ein Erzengel! Du hast mich aber manchmal auch sehr geneckt, da du mit mir sprachst, aber dich nicht *sehen* ließest!

⁴ „Und ich mußte dich oft stundenlang bitten, bis du dich bewegen ließest dazu, daß ich dich ersah!"

⁵ Und *der Jüngling* sprach: „Siehe, du gebenedeite Mutter, also war es des Herrn Wille, der dich überlieb hat!

⁶ „Wie aber das Herz in dir, als

der Sitz der Liebe, fortwährend pocht und dein ganzes Wesen stupft und neckt,

⁷ „also ist es auch die Art der Liebe des Herrn, daß sie ihre Lieblinge fortwährend stupft, zupft und neckt, aber auch eben dadurch das Leben bildet und es dauerhaft macht für die Ewigkeit!"

⁸ *Maria* ward über diese Erklärung sehr erfreut und lobte die große Güte des Herrn.

⁹ *Ein anderer Jüngling* aber wandte sich auch zur Maria und sprach: „Gebenedeite Jungfrau! Erkennst du auch mich? Es wird nicht viel über ein Jahr sein, als ich dich besucht habe in Nazareth!"

¹⁰ Und *Maria* erkannte ihn an der Stimme und sprach: „Ja, ja, du bist *Gabriel!* Wahrlich, dir gleich ist keiner; denn du hast der Erde wohl die größte Botschaft gebracht und das Heil allen Völkern!"

¹¹ Und *der Jüngling* erwiderte der Maria: „O Jungfrau, im Anfange hast du dich geirrt; denn siehe, der Herr hat schon mit mir angefangen, Sich zur Ausführung der größten Tat der kleinsten und geringsten Mittel zu bedienen!

¹² „Darum bin ich wohl der Geringste und Kleinste im Reiche Gottes, aber nicht der Größte! Wohl habe ich der Erde die größte und heiligste Botschaft gebracht,

¹³ „aber darum bin ich nicht, als wäre mir an Größe keiner gleich; wohl aber umgekehrt, wie ich nämlich der Geringste bin im Reiche Gottes!"

¹⁴ Da verwunderte sich Maria samt Joseph über die große Demut des Jünglings.

¹⁵ *Das Kindlein* aber sprach: „Ja, dieser Engel hat recht! Im Anfange war der Größte Mir der Nächste.

¹⁶ „Dieser aber erhob sich und wollte Mir gleich sein und wollte Mich übertreffen und entfernte sich darum von Mir.

¹⁷ „Darum aber baute Ich dann Himmel und Erde und gab die Ordnung, daß nur das Geringe Mir am nächsten sein soll!

¹⁸ „Nun aber erwählte Ich für Mich alle Niedrigkeit der Welt; und es werden darum nur *die* die Größten sein bei Mir, die gleich Mir in der Welt wie in sich selbst die Geringsten und Niedrigsten sind.

¹⁹ „Und so hast du, Mein Gabriel, recht aus dir, und die Mutter hat auch recht; denn also bist du der Größte, weil du der Geringste bist aus und in dir!"

²⁰ Als das Kindlein solche Worte zu dem Jünglinge Gabriel redete, da fielen alsbald *alle Jünglinge* nieder auf ihre Knie und beteten Dasselbe an.

²¹ *Eudokia* aber forschte hin und her; denn sie wußte nicht, was sie aus diesen überschönen Jünglingen machen sollte.

²² Sie vernahm wohl, wie man diese Jünglinge ‚Erzboten' nannte, und das aus dem Reiche Gottes, — aber sie hielt Palästina wie auch Oberägypten dafür. Sie fragte daher, ob das etwa *Gesandte* seien.

²³ *Ein Jüngling* aber sprach: „Eudokia, gedulde dich nur! Siehe, wir bleiben ja drei Tage hier, und da werden wir uns schon noch besser kennenlernen!" Und Eudokia war damit zufrieden und begab sich bald zur Ruhe.

115

Josephs Mahnung zur Nachtruhe. Der Jünglinge Eröffnung über den nächtlichen Anschlag der 300 Räuber. Der Überfall. Der Sieg der Engel.

Joseph aber sprach: „Kinder und Freunde, es ist schon spät abends geworden; daher meine ich, es wird an der Zeit sein, sich zur Ruhe zu begeben!"

² *Die Jünglinge* aber sprachen: „Ja, Vater Joseph, du hast recht; ihr alle, die ihr noch in den sterblichen Leibern wohnt, gehet zur stärkenden Ruhe!

³ „Wir aber werden hinausziehen vor dein Haus und werden es bewachen!

⁴ „Denn es hat der Feind des Lebens nun listigerweise erfahren, daß hier der Herr wohnt, und beschlossen, in dieser Nacht dieses Haus mörderisch zu überfallen.

⁵ „Daher aber sind wir da, um zu schützen dieses Haus; und so der Feind kommen wird, da soll er übel zugerichtet werden!"

⁶ Joseph und Maria, die noch wache Eudokia, die drei Priester und die Söhne Josephs erschraken gewaltigst über diese Nachricht,

⁷ und *Joseph* sprach: „Wenn also, da mag ich nicht ruhen, sondern mit euch wachen die ganze Nacht hindurch!"

⁸ *Die Jünglinge* aber sprachen: „Seid alle ganz außer Sorge; wir sind unser genug und haben auch Kraft genug, nach dem Willen des Herrn die ganze Schöpfung in nichts zu verwandeln!

⁹ „Wie sollen wir uns denn vor einer Handvoll gedungener feiger Mörder fürchten?!

¹⁰ „Denn siehe, die ganze Sache besteht darinnen: Einige Freunde der zugrunde gegangenen Priesterschaft haben in Erfahrung gebracht durch die Mühe des Satans, daß der Cyrenius ein großer Freund der Juden geworden ist, und das durch dieses Haus.

¹¹ „Darum machten sie ein geheimes Komplott und schwuren, in dieser Nacht dies Haus zu überfallen und alles zu ermorden, was darinnen ist.

¹² „Wir aber haben solchen Plan schon lange vorausgesehen und sind darum gekommen, um dieses Haus zu schützen.

¹³ „Sei daher ganz ruhig; morgen wirst du sehen, wie wir diese Nacht hindurch für dich gearbeitet haben!"

¹⁴ Als *Joseph* aber solche treue Schutzversicherung von den Jünglingen vernommen hatte, da lobte und pries er Gott,

¹⁵ zeigte darauf zuerst der Eudokia ihr Schlafgemach, segnete sie als seine Tochter, und sie begab sich zuerst zur Ruhe.

¹⁶ Darauf ging Maria mit dem Kindlein ins gleiche Gemach und nahm diesmal Dasselbe zu sich ins Bett.

¹⁷ Dann gingen auch die drei Priester in ihr Gemach; Joseph und die Söhne aber blieben im Speisezimmer und wachten.

¹⁸ Die Jünglinge aber gingen hinaus und lagerten sich um das Haus. —

¹⁹ Als die Mitternacht herankam, da vernahm man Waffengeklirr auf dem Wege aus der Stadt zur Villa.

²⁰ In wenigen Minuten war das ganze Haus Josephs umzingelt von dreihundert bewaffneten Männern.

²¹ Als sie aber nun ins Haus dringen wollten, da erhoben sich die Jünglinge und erwürgten im Augenblicke bis auf einen Mann die ganze Schar.
²² Den einen aber banden sie und führten ihn zum Zeugnisse in eine Kammer für den nächsten Tag.
²³ Und so ward Josephs Haus wunderbar gerettet und blieb dann im Frieden und sicher vor jedem künftigen Anfalle.

116

Die Vorbereitungen zum Hochzeitsmahle des Cyrenius.
Die Hochachtung der Engel vor dem badenden Kindlein.
Die Belebung der Mörderleichen durch das Badewasser des Kindleins.

Am Morgen, schon frühe vor dem Aufgang ¹, war alles tätig im Hause Josephs.
² Die Jünglinge bestellten den Stall und die Küche mit den Söhnen Josephs; denn es mußte ja so manches fürs Hochzeitsmahl des Cyrenius bereitet werden.
³ *Joseph* selbst aber ging mit ein paar Jünglingen, mit Zuriel und Gabriel, hinaus und besichtigte die Leichen und sprach zu den beiden:
⁴ „Was soll daraus werden? Werden wir sie doch zuvor begraben müssen, bis Cyrenius aus der Stadt kommen wird!"
⁵ *Die Jünglinge* aber sprachen: „Joseph, sorge dich nicht darum, denn gerade der Statthalter muß es sehen, welche Macht in deinem Hause wohnt!
⁶ „Darum bleiben diese Leichen liegen, bis der Cyrenius kommt und er selbst mag sie dann hinwegräumen lassen!"
⁷ Joseph war mit diesem Bescheide zufrieden und begab sich dann mit den beiden ins Haus.
⁸ Als sie ins Zimmer traten, war Maria gerade mit dem Bade des Kindleins beschäftigt, wobei ihr die Eudokia — wo möglich — half.
⁹ Die beiden aber blieben stehen in der größten Ehrerbietung, mit übers Kreuz an die Brust gelegten Händen, solange das Kindlein gebadet ward.
¹⁰ Als aber *das Kindlein* gebadet und wieder angezogen war mit frischer Wäsche, da berief Es alsbald den Joseph um einer Sache willen zu Sich und sprach:
¹¹ „Joseph, es soll auf dem Grunde, der diesem Hause angehört, niemand ums Leben kommen!
¹² „Die Sache aber, um derentwillen Ich dich rief, ist, daß du dies Wasser nimmst und es aufbewahrst.
¹³ „Wenn aber Cyrenius aus der Stadt kommen wird und wird sehen die Erwürgten, sodann nimm das Wasser und besprenge sie, und sie werden dann erwachen und vor das Staatsgericht geführt werden.
¹⁴ „Bindet aber zuvor einer jeden Leiche am ²Rücken die Hände, auf daß, so sie erwache, sie nicht alsbald die Waffe ergreife und sich verteidige!"
¹⁵ Als Joseph solches vernommen hatte, da tat er mit Hilfe der beiden sogleich, was das Kindlein geredet hatte;
¹⁶ und als er der letzten Leiche die

¹ Sonnenaufgang; ² auf dem.

Hände gebunden hatte, da kam auch schon der *Cyrenius* im vollen Glanze aus der Stadt mit einem großen Gefolge.

17 Er entsetzte sich aber beim Anblicke dieser gebundenen Leichen und fragte hastig, was hier geschehen.

18 *Joseph* aber, ihm alles kundgebend, ließ sich das Wasser bringen und besprengte sogleich die Leichen, worauf sich diese wie aus einem tiefen Schlafe erhoben.

19 Cyrenius aber, nun von allem unterrichtet, ließ diese Erweckten sogleich ins Staatsgefängnis bringen.

20 Und als diese alle, samt dem am Leben Gelassenen, abgeführt waren unter scharfer Bewachung, begab sich Cyrenius mit seiner Braut ins Gemach und lobte und pries da den Gott Israels über alle Maßen.

117

Des Cyrenius Verstimmung wegen der Verräter. Josephs Hinweis auf die Hilfe des Herrn. Cyrenius und die Engel. Josephs aufklärende Worte. Das Machtwunder der Engel.

Es hatte aber diese Erscheinung den *Cyrenius* dennoch etwas verstimmt, und er wußte nicht, was er nun mit diesen Verrätern tun solle.

2 Er trat darum zu Joseph hin und besprach sich mit ihm; *Joseph* aber erwiderte ihm:

3 „Sei guten Mutes, du mein Bruder im Herrn! Denn es wird dir darob kein Haar gekrümmt werden!

4 „Siehe, du bist auf der Erde sicher mein größter Freund und Wohltäter; aber was hätte mir heute in der Nacht alle deine Freundschaft genützt?!

5 „Diese gedungenen Mörder hätten mich in der Nacht samt meinem ganzen Hause sieden und braten können, ohne daß du davon etwas eher erfahren hättest, als bis du heute am Morgen, da du zu mir kamst, nichts mehr von mir gefunden hättest!

6 „Wer war da mein Retter? Wer hatte die geheimen Pläne der Bösen schon lange durchschaut und hat mir zur rechten Zeit Hilfe gesandt?

7 „Siehe, es war der Herr, mein Gott und dein Gott! — Also sei du guten Mutes; denn auch du bist nun in der allschützenden Hand des Herrn, und Er wird es nicht zulassen, daß dir auch nur ein Haar gekrümmt werde!"

8 Mit gerührtem Herzen dankte *Cyrenius* an der Seite seiner Tullia, die sich mit dem Kindlein beschäftigte, dem Joseph für diesen Trost.

9 Aber er ersah zugleich die zwei herrlichen Jünglinge und gewahrte auch, daß deren in der Küche noch mehrere zugegen waren.

10 Er fragte darum den Joseph, woher denn diese gar so schönen, überzarten Jünglinge wären, ob das etwa auch gerettete Unglückliche seien.

11 *Joseph* aber sprach: „Siehe, ein jeder Herr hat seine Diener; du weißt aber nun ja, daß mein Kindlein auch ein Herr ist!

12 „Und siehe, das sind Seine Diener; diese sind es auch, die dieses Haus heute Nacht vor dem Untergange bewahrt haben!

13 „Rate aber nicht, woher des Landes sie sind; denn da wirst du nichts richten, indem diese Helfer von einer

unbeschreiblichen Kraft und Macht sind!"

¹⁴ Und *Cyrenius* sprach: „So sind das Halbgötter, wie wir sie haben in unserer fabelhaften Lehre?

¹⁵ „Wie? Solltet auch ihr neben dem *einen* Gotte solche Halbgötter haben, welche bestimmt sind, dem Menschen wie dem Hauptgotte gute Dienste zu leisten?"

¹⁶ Und *Joseph* sprach: „O Bruder, da irrst du gewaltig! Siehe, von Halbgöttern ist bei uns ewig keine Rede.

¹⁷ „wohl aber schon von überseligen Geistern, die nun Engel Gottes sind, einst aber auch, wie wir, auf der Erde gelebt haben!

¹⁸ „Doch, was du nun von mir erfahren hast, davon schweige, als hättest du nie etwas erfahren, — sonst könnte es deinem Leibe übel ergehen!"

¹⁹ Hier legte *Cyrenius* seinen Finger auf den Mund und schwur, zu schweigen bis in seinen Tod.

²⁰ Hier traten *die zwei Jünglinge* hin zum Cyrenius und sprachen: „Nun gehe mit uns hinaus, auf daß wir dir unsere Kraft zeigen!"

²¹ Und Cyrenius ging mit ihnen hinaus, und siehe, ein Berg im tiefen Hintergrunde verschwand durch ein Wort aus dem Munde der Jünglinge!

²² Hier ersah Cyrenius erst den Grund, warum er schweigen müsse, und er schwieg davon auch sein ganzes Leben hindurch — und alle, die mit ihm waren.

118

Der Unterschied zwischen des Herrn Macht und der Seiner Diener.
Des Cyrenius Frage nach dem Zweck der Engel.
Das Gleichnis vom liebenden Vater und seinen Kindern.

Nach dieser Machtzeigung führten die beiden Jünglinge den Cyrenius wieder ins Gemach, da Joseph, Maria mit dem Kindlein, die Tullia, die Eudokia und die drei Priester, der Maronius und noch anderes Gefolge des Cyrenius sich befanden.

² Und *Joseph* trat sogleich zu Cyrenius hin und fragte ihn:

³ „Nun, erlauchtester Bruder und Freund, was sagst du zu diesen Dienern des Herrn?"

⁴ Und *Cyrenius* sagte: „O erhabenster Bruder, da ist zwischen ihnen und dem Herrn ja nahe gar kein Unterschied; denn sie sind ebenso mächtig wie Er!

⁵ „Das Kindlein zerstörte letzthin durch den Wink mit einer Hand die große Statue des Zeus;

⁶ „diese Diener aber zerstörten durch ein Wort einen ganzen Berg! — Sage, was Unterschiedes wohl ist da zwischen Herr und Diener?"

⁷ Und *Joseph* erwiderte dem Cyrenius: „O Freund, dazwischen ist ein endlos großer Unterschied!

⁸ „Siehe, der Herr tut solches alles aus Sich Selbst ewig; Seine Diener aber mögen¹ solches nur aus dem Herrn dann tun, wann Er es haben will!

⁹ „Ist das nicht der Fall, da vermögen sie aus sich so wenig als ich und du, und alle ihre eigene Kraft vermag nicht ein Sonnenstäubchen zu zermalmen!"

---

¹ vermögen.

¹⁰ *Cyrenius* aber erwiderte: „Ich verstehe dich; was du gesagt hast, ist richtig und bedarf keiner weiteren Erläuterung."

¹¹ „Aber so das alles nur der Herr wirkt und die Diener in sich keine Kraft haben, wozu sind sie Ihm denn hernach?"

¹² Und *Joseph* sprach: „Siehe, du herrlicher, lieber Bruder, hier ist das Kindlein! Wende dich mit dieser Frage an Dasselbe, — Das wird dir darüber die beste Antwort geben!"

¹³ Und *Cyrenius* tat dies, und *das Kindlein* richtete Sich auf und sprach:

¹⁴ „Cyrenius, du bist nun Gatte und hast in dieser Nacht schon befruchtet dein Weib, auf daß dir ein Nachkomme werde!

¹⁵ „Ich sage dir aber, du wirst deren zwölf noch bekommen! Wenn du aber ein Vater von zwölf Kindern sein wirst, sage Mir, wozu sie dir sein werden, und warum und wozu du überhaupt Kinder haben willst!

¹⁶ „Kannst du denn etwa ohne solche dein Geschäft nicht gut und rüstig genug versehen?"

¹⁷ Hier stutzte *Cyrenius* gewaltig und sprach nach einer Weile etwas verlegen:

¹⁸ „Was das Versehen meiner regierenden Staatsgeschäfte betrifft, da hat es seine geweisten Wege, und ich bedarf dazu der Kinder nicht!

¹⁹ „Aber nur in meinem Herzen spricht sich ein mächtiges Bedürfnis für den Besitz der Kinder aus, und dieses Bedürfnis heißt *Liebe!*"

²⁰ Und *das Kindlein* sprach: „Gut, wenn du aber Kinder haben wirst, wirst du sie nicht auch aus reiner Liebe zu ihnen in dein Geschäft ziehen und wirst ihnen geben Macht und Gewalt darum, weil sie deine Kinder sind, und wirst sie machen zu deinen gewaltigen Dienern?"

²¹ Und *Cyrenius* erwiderte: „O Herr, das werde ich wohl gewiß sicher tun!"

²² Und *das Kindlein* erwiderte wieder: „Nun siehe, wenn du als Mensch schon solches aus deiner Liebe zu deinen Kindern tust, warum sollte es denn *Gott* nicht tun als ein heiliger Vater mit Seinen Kindern aus Seiner unendlichen Liebe zu ihnen?"

²³ Diese Antwort sagte dem Cyrenius alles, erfüllte ihn, wie alle, mit der höchsten Achtung, und er fragte hernach um nichts mehr.

119

Josephs Anordnungen zum Hochzeitsmahl. Das Anlegen der Festkleider. Das strahlende Festgewand der Engel. Die Beklommenheit des Cyrenius und der übrigen. Das Wiederablegen der Festkleider.

Hier kamen auch schon *die Söhne Josephs* herein und sagten zu ihm: „Vater, das Morgenmahl ist reichlich bereitet!"

² „So du willst, wollen wir den großen Speisetisch ordnen und sodann das Mahl aufsetzen!"

³ Und *Joseph* sprach: „Gut, meine Kinder, tut das, ziehet aber eure neuen Kleider an, denn wir werden nun am Morgen das Hochzeitsmahl des Cyrenius halten!

⁴ „Ihr müsset auch am Tische sein, darum müsset ihr auch hochzeitlich angezogen sein! Gehet nun, und tut alles, was da gut, recht und schicklich ist!"

⁵ Und die Söhne ordneten den Tisch

und gingen und taten, wie es ihnen Joseph geboten hatte.

⁶ Es traten aber auch *die beiden Jünglinge* hin zu Joseph und sprachen:

⁷ „Vater Joseph, was meinst du wohl? Siehe, unser Gewand, das wir anhaben, ist nur unser Werkkleid; sollen auch wir uns in ein hochzeitliches Gewand werfen?"

⁸ *Joseph* aber erwiderte: „Ihr seid Engel des Herrn, und dies euer Gewand ist ja ohnehin das schönste Hochzeitsgewand; wozu sollte da euch ein anderes zieren?"

⁹ *Die Jünglinge* aber sprachen: „Siehe, wir wollen niemandem ein Ärgernis geben; was du deinen Söhnen befohlen hast, wollen auch wir tun und wollen bei deinem Tische in unseren Hochzeitskleidern zugegen sein!

¹⁰ „Laß uns daher hinausziehen, auf daß wir die Kleider wechseln gleich deinen Söhnen!"

¹¹ Und *Joseph* sprach: „So tut denn, was ihr sicher vom Herrn aus für nötig findet! Ihr seid ja allezeit Diener des Herrn und wisset auch allezeit Seinen Willen; also tut darnach!"

¹² Und die beiden Jünglinge gingen hinaus, und in kurzer Zeit kamen sie mit den Söhnen Josephs und all den anderen Jünglingen in also hellstrahlenden Kleidern wie die Morgenröte im schönsten Rotglanze;

¹³ ihre Gesichter, Füße und Hände aber strahlten wie die Sonne, wenn sie aufgeht.

¹⁴ Cyrenius und all sein Gefolge entsetzten sich vor dieser unendlichen Pracht und Majestät.

¹⁵ Und *Cyrenius* sprach in einer ängstlichen Eile zu Joseph:

¹⁶ „Allererhabenster Freund, ich habe jetzt gesehen die endlose Herrlichkeit deines Hauses! Laß mich aber hinausziehen, denn diese Herrlichkeit verzehrt mich!

¹⁷ „Warum mußtest du aber auch deinen Söhnen eine Umkleidung geboten haben? Ohne die wären sicher auch des Herrn Diener in ihrer früheren, mir so wohltuenden Einfachheit und Glanzlosigkeit geblieben!"

¹⁸ Hier ermannte sich *Joseph*, dem auch sein Atem vor lauter Glanz zu kurz wurde, und befahl wieder seinen Söhnen, ihre Werkkleider anzuziehen.

¹⁹ Die Söhne gingen und taten das; aber auch die Jünglinge gingen und wechselten ihr Gewand und kamen dann mit den Söhnen Josephs wieder in ihrer ersten Einfachheit.

²⁰ Nun ward es dem Cyrenius wieder leichter ums Herz, und er konnte sich nun zu Tische setzen mit seinem Weibe und seinen Gefährten.

²¹ Und so besetzte er den oberen Teil des Tisches mit den Seinen, und Joseph, Maria mit dem Kindlein, die Eudokia, die Söhne Josephs und die Jünglinge den unteren Teil des Tisches und aßen und tranken alle nach dem Lobgesange Josephs.

²² Einige Hauptleute samt dem Obersten aber meinten, sie seien nun leibhaftig an der Tafel der Götter im Olymp und wußten sich vor lauter Wonne nicht zu helfen; denn sie wußten nichts vom Hause Josephs, wie es beschaffen ist.

120

Josephs Sorge wegen der vorschriftsmäßigen Feier des Osterfestes. Die beruhigende Erklärung der Engel. Josephs neue Sorge wegen der vielen anwesenden Heiden. Des Kindleins herrliche Antwort.

Nach der Beendigung der köstlichen Morgenmahlzeit, welche bei einer Stunde lang gedauert hatte, ward von *Joseph* der Lobgesang gesprochen, und alles erhob sich vom Tische.

² Da aber der Tag ein Vorsabbat, also ein Freitag war, auf den die Osterfeste der Juden fielen, so war es Joseph etwas bange, und er wußte hier mitten unter lauter Römern nicht, wie er diese Feste begehen solle.

³ Denn er wußte, daß ihn diese nun auch am Sabbate der Ostern so gut wie an einem andern Tage besuchen würden.

⁴ Darum war es ihm, wie gesagt, bange, wie er diesen gar außerordentlich hohen Sabbat heiligen solle.

⁵ Da umringten ihn aber *die Jünglinge* und sprachen: „Höre uns an, du gerechter, aber vergeblich besorgter Mann!

⁶ „Du weißt es, daß um diese Zeit auch die Engel Gottes sich in Jerusalem einfanden als Erzengel, Cherubim und Seraphim.

⁷ „Und das Allerheiligste war stets von ihnen bewohnt, wie du es weißt, und wie es weiß dein Weib.

⁸ „Weil du aber weißt, daß wir nur dem Herrn nachgehen und nicht dem Tempel in Jerusalem, so sind wir auch nicht im Tempel.

⁹ „Da ¹ der Herr im Tempel wohnte zu Jerusalem, da auch waren wir im Tempel.

¹⁰ „Nun aber wohnt Er hier, und wir sind auch hier, zu feiern mit dir die Ostern, und ist keiner von uns im Tempel, der nun gar weidlich verlassen ist!

¹¹ „Wie sollst du aber besser die Ostern feiern, als so du gleich uns handelst?!

¹² „Siehe, wir aber werden morgen dasselbe tun, was wir heute getan haben und noch tun werden, und das wird recht sein!

¹³ „Tue du desgleichen, und du wirst mit uns, in der vollsten Gegenwart des Herrn des Sabbats und aller Feste, den Sabbat und das Osterfest recht begehen!

¹⁴ „Frage das allererhabenste Kindlein, und Es wird dir dasselbe sagen und treulichst kundgeben!"

¹⁵ Und *Joseph* sprach: „Es ist alles recht und gut und wahr, aber was ist da mit dem Gesetze Mosis? Hört dieses auf?"

¹⁶ *Die Jünglinge* aber sprachen: „Gerechter Mann, du irrst dich; sage, hat Moses je das Osterfest nach Jerusalem beschieden?

¹⁷ „Hat er nicht allein nur da das Fest bestimmt, wo der Herr mit der Bundeslade ist?!

¹⁸ „Siehe, nun aber ist der Herr nicht mehr mit der Bundeslade, sondern Er ist mit dir und mit deinem Hause leibhaftig!

¹⁹ „Sage nun, wo sollte also nach Moses rechtermaßen das Osterfest begangen werden?"

²⁰ Und *Joseph* sprach: „Wenn also, da muß das Fest freilich wohl *hier* begangen werden! Aber was tun wir mit den vielen Heiden hier?"

²¹ Und *die Jünglinge* sprachen:

---
¹ Als.

171

„O gerechter Sohn aus David, kümmere dich darüber nicht, sondern tue, was wir tun werden, und es wird schon alles recht sein!"
²² Hier verlangte *das Kindlein* den Joseph (bei welcher Gelegenheit die Jünglinge niederfielen) und sprach:
²³ „Joseph, wie heute, so morgen und übermorgen; sorge dich aber nicht der Unbeschnittenen wegen, denn diese sind nun besser als die Beschnittenen!

²⁴ „Siehe, an der Beschneidung der Vorhaut liegt nichts, alles aber an der Beschneidung des *Herzens!*
²⁵ „Diese Römer aber haben ein edel beschnittenes Herz; darum halte Ich auch nun mit *ihnen,* und nicht mit den Juden, das Osterfest!"
²⁶ Diese Worte brachten Joseph wieder ins Gleichgewicht; er ward voll Freude und übergab alle Sorge den Jünglingen für das Osterfest.

121

Joseph, von Cyrenius zum Osterfest in seine Burg geladen, in Osterfeiernöten. Des Kindleins beruhigende Worte und Josephs Nachgeben.

Nachdem aber also die Feierung der Ostern bestimmt war und Joseph sich in alles ergab,
² da trat *Cyrenius* hin zu Joseph und sprach: „Erhabenster Freund und Bruder, siehe, heute war ich dein Gast und werde es bis auf den Abend verbleiben;
³ „morgen aber werde ich in meiner Burg ein kleines Fest bereiten und lade dazu dein ganzes Haus ein, wie es hier versammelt ist,
⁴ „und ich hoffe, du wirst mir diese Freundschaft nicht abschlagen!
⁵ „Denn nicht, um dir dadurch einen Ersatz zu machen, lade ich dich, sondern aus meiner großen Liebe und Achtung, die ich für dich und dein ganzes Haus hege, tue ich das.
⁶ „Denn siehe, auf übermorgen habe ich meine Abreise darum festgesetzt und kann nicht so lange hier verweilen, wie ich mir anfangs vorgenommen habe!
⁷ „Denn dringende Geschäfte veranlassen mich dazu, daß ich meinen Plan abändern muß.
⁸ „Aber eben aus dem Grunde möchte ich einmal das Glück haben, dich bei mir zu bewirten, und das sicher auf eine deiner würdige Art!"
⁹ Hier stutzte *Joseph* wieder und wußte nicht, was er tun sollte; denn er hatte den heiligen Ostersabbat vor sich, den er doch wenigstens in seinem Hause feiern wollte.
¹⁰ Er sagte daher zu Cyrenius: „Allerwertester Freund und Bruder im Herrn!
¹¹ „Siehe, morgen ist bei uns Juden der wichtigste Festtag, den ein jeder Jude innerhalb seiner Hausflur wenigstens feiern muß, wenn er schon nicht zum Tempel in Jerusalem ziehen kann!
¹² „Ich müßte mir den bittersten Vorwurf machen, wenn ich dies erste unserer Gesetze verletzen würde;
¹³ „daher kann ich dir in dieser Hinsicht wirklich nichts versprechen!
¹⁴ „So du aber zu *mir* kommen willst und dein bevorhabendes Fest in *meinem* Hause feiern, das eigentlich auch dir gehört, so wird es mir überaus angenehm sein!"

¹⁵ Und *Cyrenius* sprach: „Aber Bruder, bist du denn ungläubiger denn ich, ein Heide nach deinen Worten von Geburt an?!
¹⁶ „Was ist dein Kind? Ist Es nicht der Herr, von dem alle deine Gesetze sind vom Anfange?!
¹⁷ „Sind die Jünglinge nicht Seine Urdiener?! Hat *Er* nicht das Recht, die Gesetze zu bestimmen, der so allmächtig auf den Armen der jungen Mutter ruht?!
¹⁸ „Wie, wenn *Dieser* mich erhörte, — würdest du auch dann noch deinen Festtag höher halten als Sein göttlich Wort?"
¹⁹ Hier erhob Sich *das Kindlein* und sprach: „Ja, Cyrenius, du hast recht geredet; aber nur behalte alles bei dir!
²⁰ „Morgen aber sind wir alle deine Gäste; denn wo Ich bin, da sind auch die wahren Ostern! Denn Ich bin der Befreier der Kinder Israels aus Ägypten!"
²¹ Als Joseph solches vernahm, da ließ er seine Ostern fahren und nahm des Cyrenius Einladung an.

122

Josephs Fragen nach der Wegräumung des Tempelschuttes, nach dem Schicksal der Meuterer und der drei Unterpriester und nach den acht Kindern. Des Cyrenius Antworten.

Nach dieser Osterfesthaltungsbestimmung, mit der — wie schon erwähnt — Joseph zufriedengestellt ward, fragte aber wieder *Joseph* den Cyrenius, wie es mit der Wegschaffung des Tempelschuttes aussehe und wie mit den Ausgegrabenen.
² Und *Cyrenius* sprach: „O du mein erhabenster Bruder und Freund, kümmere nur du dich dessen nicht;
³ „denn damit sind schon nach meiner Einsicht die besten Bestimmungen getroffen worden!
⁴ „Der Schutt ist schon bis aufs letzte Steinchen hinweggeräumt, die rein erschlagenen Priester begraben, und die Geretteten werde ich übermorgen nach Tyrus mitnehmen und dort mit ihnen die rechten Verfügungen treffen!
⁵ „Siehe, also steht es mit dieser Sache! Ich meine, sie ist so gut und gerecht als möglich bestellt!"
⁶ Und *Joseph* sprach: „Ja, fürwahr, besser hätte auch ein Vater für seine eigenen Kinder nicht gesorgt! Ich bin damit vollkommen zufrieden!
⁷ „Aber was wirst du mit den Meuterern machen, die da gestern in der Nacht mein Haus überfielen?"
⁸ Und *Cyrenius* sprach: „Siehe, das sind Hochverräter und haben sich dadurch der Todesstrafe schuldig gemacht!
⁹ „Du aber weißt es, daß ich vom Blutvergießen kein Freund, sondern nur der größte Feind bin!
¹⁰ „Daher habe ich ihnen die Todesstrafe erlassen und habe aber dafür ihre wohlverdiente Strafe dahin beschieden, daß sie darum zu lebenslänglichen Sklaven werden!
¹¹ „Und ich meine, diese Strafe wird an Stelle der Todesstrafe nicht zu groß sein, besonders wenn dem sich ganz Gebesserten auch geheim die Freiwerdung möglich belassen wird.
¹² „Sie kommen auch nach Tyrus mit, allwo mit ihnen die weiteren Verfügungen getroffen werden."

¹³ Und *Joseph* sprach: „Lieber Bruder, auch da hast du ganz der göttlichen Ordnung gemäß gehandelt, und ich kann dich darum nur loben als einen wahrhaft weisen Statthalter!

¹⁴ „Aber nun hätte ich noch eines auf dem Herzen! Da sind noch die drei Unterpriester; was soll es mit diesen nach deinem Rate?"

¹⁵ Und *Cyrenius* sprach: „O erhabenster Freund und Bruder, auch für die habe ich gesorgt!

¹⁶ „Der nun so wie ich denkende Maronius nimmt sie zu sich und wird sie zu seinen Beamten verwenden in dem Amte, das ich ihm zuteilen werde.

¹⁷ „Sage, ist es recht also? — Wahrlich, wäre größer und tiefer meine Einsicht, so könnte ich sicher noch bessere Verfügungen treffen!

¹⁸ „Aber so handle ich denn, wie es mir am besten vorkommt, und denke, dein Herr und dein Gott wird ja segnen meinen guten Willen, wenn er auch nicht aus der besten Einsicht hervorgeht!"

¹⁹ Und *Joseph* sprach: „Der Herr hat schon gesegnet deine Einsicht, wie deinen Willen, und du hast darum auch schon die besten Verfügungen getroffen!

²⁰ „Nun aber noch eines: Bis wann wirst du mir die acht Kinder übersenden, darunter fünf Knaben und drei Mädchen seien?"

²¹ Und *Cyrenius* sprach: „Mein Bruder, mein Freund, das wird meine erste Sorge sein, sowie ich in Tyrus anlangen werde!

²² „Nun aber laß uns hinaus ins Freie ziehen, denn es ist heute ein äußerst freundlicher Tag, und wir wollen da unsern Herrn loben!" Und Joseph setzte darum gleich das ganze Haus in Bewegung.

123

Der Zug nach dem hl. Berge. Die Begegnung mit den wilden Tieren. Die Zähmung der Bestien durch die zwei himmlischen Jünglinge.

Cyrenius mit seinem Gefolge, Maronius mit den drei Priestern und Joseph mit der Maria und mit dem Kindlein, die zwei Jünglinge und die Eudokia bildeten den Zug.

² Maria und die Eudokia saßen auf den zwei Eseln, die die beiden Jünglinge leiteten.

³ Die anderen Jünglinge blieben mit den Söhnen Josephs daheim und halfen ihnen das Haus bestellen und bereiten ein gutes Brot und Mittagsmahl, welches aber freilich erst am Abende verzehrt ward.

⁴ Außer¹ der Stadt befand sich aber ein Berg, der ganz mit Zedern bewachsen war und bei vierhundert Klafter Höhe maß.

⁵ Dieser Berg ward von den Heiden als ein Heiligtum verehrt, daher auch auf ihm kein Baum gefällt ward.

⁶ Nur ein Weg, den die Priester angelegt hatten, führte bis zur Vollhöhe, auf der ein offener Tempel errichtet war, von dem man nach allen Seiten hin eine weite und reizende Aussicht hatte.

⁷ Wegen der dichten Bewaldung dieses ziemlich weitgedehnten Ber-

---

¹ außerhalb.

ges aber hielten sich auch fortwährend eine Menge reißender Bestien in den dichten Waldungen dieses Berges auf, die die Besteigung desselben unsicher und gefährlich machten.

⁸ *Die drei Priester* aber wußten wohl von dieser Eigenschaft des Berges; daher traten sie auch hin zum Cyrenius, als er schon den Fuß des Berges erreicht hatte, und zeigten ihm solches an.

⁹ Und *Cyrenius* sprach: „Sehet ihr denn nicht, daß ich keine Furcht habe?!

¹⁰ „Warum sollte ich auch diese haben?! Ist ja doch der Herr aller Himmel und aller Welten mitten unter uns und zwei von Seinen allmächtigen Dienern!"

¹¹ Die Priester ermannten sich bei den Worten des Cyrenius und traten wieder zurück, und der Zug ging rasch bergan.

¹² Als aber die ganze Gesellschaft sich etwa eine gute halbe Stunde tief im Gebirgswalde befand, da sprangen plötzlich drei mächtige Löwen aus des Waldes Dickicht hervor und verrammten dem Cyrenius den Weg.

¹³ *Cyrenius* erschrak darob nicht wenig und schrie um Hilfe.

¹⁴ Und sogleich traten *die zwei Jünglinge* hervor, bedrohten die drei Bestien, und diese verließen im Augenblicke brüllend die Stelle;

¹⁵ aber sie flohen nicht ins Dickicht zurück, sondern begleiteten die Gesellschaft am Rande des Weges und taten niemandem etwas Leids an.

¹⁶ Als aber die Gesellschaft wieder eine halbe Stunde weiter kam, da kam ihr eine ganze Karawane von Löwen und Panthern und Tigern entgegen.

¹⁷ Als aber diese unheimliche Karawane der beiden Jünglinge ansichtig ward, da teilte sie sich zu beiden Seiten des Weges und machte also unserer Gesellschaft Platz.

¹⁸ Vielen in der Gesellschaft im Gefolge des Cyrenius aber war diese Begegnung so¹ Ehrfurcht und allen Respekt einflößend, daß sie sich darob kaum zu atmen getrauten.

¹⁹ Als sie aber bemerkten, wie die Bestien in der Nähe des Kindleins niedersanken und bebten, da ging den furchtsamen Heiden ein Licht auf, und sie fingen an zu ahnen, *wer* im Kinde zu Hause war.

124

Eudokias und Tullias Ohnmacht. Die giftigen Schlangen auf der Vollhöhe.
Die Reinigung des Platzes durch Maria mit dem Kinde.
Das Erstaunen des Gefolges des Cyrenius.

Die Bestienkarawane kehrte nicht um, sondern sie zog etwas knurrend ihren Weg weiter.

² Die Eudokia, an der Seite Marias, wie auch die Tullia an der Seite des Cyrenius, der nun knapp vor den zwei Eseln ging, überfiel bei dem Anblicke wohl eine kleine Ohnmacht;

³ aber Joseph und Maria flößten ihnen so viel Mut ein, daß ihnen bald alle Furcht wieder verging.

⁴ Und der Zug ging wieder ungehindert weiter und hatte nun bis auf die Vollhöhe keinen Anstand mehr.

⁵ Aber auf der Vollhöhe angelangt — und zwar in die herrliche

---
¹ ‚so' ist eine Ergänzung.

Freie, allda auf dem höchsten Punkte ein Tempel stand —, da erhob sich ein neuer Anstand.

⁶ In der Gegend des Tempels war ein förmliches Lager von den giftigsten Klapperschlangen und Vipern.

⁷ Zu Hunderten sonnten sie sich auf dem weiten freien Platze um den Tempel herum.

⁸ Als dieses Geschmeiß der anrückenden Gesellschaft ansichtig ward, da fing es an zu klappern und zu züngeln und zu pfeifen.

⁹ Das Gefolge des Cyrenius ward darob ganz starr vor Angst. Besonders schlecht ging es hier der Tullia, die zu Fuß ging; die ward ganz wie von Sinnen und sah hier ihren Untergang vor Augen in ihrer großen Angst.

¹⁰ Aber nicht nur die Menschen, sondern auch die drei Löwen fingen an, ein gewisses Angstgetöne von sich zu geben, und schmiegten sich so enge als möglich an die Menschen.

¹¹ Dem *Cyrenius* machte zwar dieser Anblick nichts; aber dennoch genierte er ihn seines Weibes und seines Gefolges wegen.

¹² Er wandte sich darum an den Joseph und sprach: „Bruder, sage den beiden Dienern des Herrn, daß sie dieses Geschmeiß bedrohen sollen!"

¹³ *Joseph* aber sprach: „Es ist dieses nicht vonnöten!

¹⁴ „Denn siehe, da ist mein Weib eine Hauptmeisterin; lassen wir es nur voraustreten mit seinem Lasttiere,

¹⁵ „und du wirst es sehen, wie dieses Geschmeiß vor ihr die Flucht ergreifen wird!"

¹⁶ Und Maria mit dem Kindlein auf dem Arme trat mit ihrem Lasttiere hervor; und als die Bestien sie ersahen,

¹⁷ da flohen sie plötzlich mit Blitzesschnelle von dannen, und nicht eine mehr war irgend zu erblicken.

¹⁸ Es verwunderte sich aber darob das ganze Gefolge des Cyrenius, und *viele* fragten sich ganz erstaunt untereinander:

¹⁹ „Ist das nicht etwa gar die Hygieia, der auch alle Schlangen sollen auf einen Wink gehorcht haben?"

²⁰ *Cyrenius* aber, der solches Fragen vernahm, sprach: „Was redet ihr von Hygieia, die nie war?

²¹ „Hier ist *mehr* als Juno, die auch nie war; es ist das von Gott dem Höchsten erwählte Weib dieses erhabensten Weisen!"

²² Hier stutzten alle aus dem Gefolge des Cyrenius; aber keiner getraute sich weiter jemanden darüber zu fragen.

125

Der gefährliche Tempel. Der Schwarm schwarzer Fliegen. Der Einsturz des Tempels. Die Gesellschaft im Freien unter dem Feigenbaum.

Als die Vollhöhe dieses Berges auf diese Weise von all dem Geschmeiße gereinigt war, da sprach *Cyrenius* zu seiner Dienerschaft:

² „Gehet in den Tempel, und feget ihn, und bedecket den Altar mit reinen Tüchern, und leget dann den mitgenommenen Mundvorrat auf denselben!

³ „Wir werden sodann in diesem schönen Aussichtstempel eine kleine Stärkung zu uns nehmen!"

⁴ Sogleich ging die Dienerschaft des Cyrenius und tat, was ihr anbefohlen ward.

⁵ Als also alles bestellt war, da machte Cyrenius dem Joseph und der Maria die Einladung, daß sie ihm in den Aussichtstempel folgen sollten, um dort eine kleine Stärkung und Erfrischung zu nehmen.

⁶ *Joseph* aber sprach: „Bruder, ich sage dir, laß eilends alles aus dem Tempel holen, sonst fällt er eher zusammen, als bis du deine Sachen wirst herausgeholt haben!

⁷ „Denn siehe, dies Gebäude ist schon überaus alt, verwittert und locker und hat einst zu großen Schändlichkeiten den Priestern gedient!

⁸ „Darum wird es nun nur noch von einigen argen Geistern zusammengehalten.

⁹ „Trete nun ich mit meinem Weibe und dem Kindlein in dies lose Gebäude, da werden die argen Geister entfliehen, und der ganze Tempel stürzt dann in dampfenden Trümmern über uns zusammen.

¹⁰ „Ich bitte dich darum, befolge meinen Rat, und du wirst gut fahren!"

¹¹ Cyrenius machte hier große Augen und befolgte den Rat Josephs aber dennoch augenblicklich.

¹² Es war aber seine Dienerschaft kaum noch, wenn schon eiligst, mit diesem Geschäfte fertig, als man eine große Menge schwarzer Fliegen aus dem Tempel entfliehen sah unter einem wilden Stoßgesumme.

¹³ Bei dieser Erscheinung rief *Joseph* den Dienern zu: „Begebet euch schleunigst aus dem Tempel, sonst leidet ihr Schaden!"

¹⁴ Wie vom Sturmwinde ergriffen, schossen auf den Zuruf Josephs die Diener des Cyrenius aus dem Tempel.

¹⁵ Als sie aber kaum noch einige Schritte in größter Eile vom Tempel entfernt waren, da stürzte schon der Tempel unter großem Gekrache zusammen.

¹⁶ Alles entsetzte sich und schlug die Hände über dem Kopfe zusammen; selbst die drei getreuen Löwen machten bei dieser Gelegenheit etwas Reißaus, kamen aber nachderhand wieder.

¹⁷ Man fragte sich allseitig um den Grund dieser Begebenheit; aber unter den Heiden — mit Ausnahme des Cyrenius — konnte niemand dem andern einen Bescheid erteilen.

¹⁸ Als aber die Gesellschaft sich von dem Schrecken ein wenig erholt hatte, da fragte *Cyrenius* den Joseph, wo da wohl ein sicherer Platz wäre, den er könnte für die Erfrischungen decken lassen.

¹⁹ Und Joseph zeigte ihm ein ganz freies grünes Plätzchen unter einem Gebirgsfeigenbaume, der voll von Blüten und Früchten war.

²⁰ Und sogleich sandte Cyrenius seine Diener dahin, ließ den Platz reinigen und dann gar zierlich decken und darauf legen allerlei mitgenommene Erfrischungen.

126

Der Imbiß im Freien mit den Jünglingen. Der Brand des kaiserlichen Palastes. Des Cyrenius Aufregung und Zornrede. Josephs Ruhe und gelassene Antwort an den erregten Cyrenius.

Darauf lud *Cyrenius* den Joseph abermals ein, daß er sich mit ihm an die Erfrischungen machen möchte samt der Maria, dem Kindlein und der Eudokia.

² Hier ging *Joseph* sogleich mit den Seinen und nahm zu unterst Platz und segnete die Speise und aß und trank.

³ Dem Beispiele Josephs folgten auch die zwei Jünglinge und dann die ganze andere Gesellschaft.

⁴ Als sie aber also ganz wohlgemut beisammen saßen und aßen und tranken,

⁵ siehe, da bemerkte *Maronius*, der da an der Seite des Cyrenius saß, wie sich über die Stadt Ostrazine eine mächtige Rauchsäule zu erheben anfing,

⁶ und wie auch am etwas fernen Meeresufer sich ebenfalls dichte Rauchsäulen erhoben.

⁷ Er zeigte solches dem Cyrenius sogleich an, und dieser erkannte alsbald, daß da in der Stadt eben sein Palast in Flammen stehe, und vermutete, daß auch am etwas fernen Meeresufer seine Schiffe angezündet seien.

⁸ Wie von tausend Blitzen getroffen, sprang hier *Cyrenius* auf und schrie:

⁹ „Um des Herrn willen, — was muß ich erschauen! Sind das die Früchte meiner Güte an euch elenden Ostrazinern?

¹⁰ „Wahrlich, ich will diese Güte in die Wut eines Tigers umwandeln, und ihr sollt euern Frevel büßen, wie ihn noch keine Furie in der untersten Hölle gebüßt hat!

¹¹ „Auf, Freunde und Brüder! Nun ist für uns hier keines Bleibens mehr! Auf, auf zur gerechten Rache gegen diese Frevler!"

¹² Alles Gefolge des Cyrenius sprang auf diesen furchtbaren Ruf des Cyrenius mit Blitzesschnelle auf und raffte plötzlich alles zusammen.

¹³ Nur *Joseph* blieb mit den Seinigen ganz ruhig sitzen und sah kaum nach der Gegend hin, da¹ es brannte.

¹⁴ *Cyrenius* bemerkte das und fuhr Joseph hastig an, sagend:

¹⁵ „Was für ein Freund bist du mir wohl, so du im Anblicke meines Unglückes also ruhig hier sitzen kannst?!

¹⁶ „Weißt du doch, daß ich ohne dich diesen Gebirgsweg nicht sicher passieren kann — wegen der vielen reißenden Bestien!

¹⁷ „Daher erhebe dich, und stelle mich sicher, sonst erbitterst du mich auch gegen dich!"

¹⁸ Und *Joseph* sprach ganz gelassen: „Siehe, du zornentbrannter Römer, gerade jetzt werde ich dir nicht folgen!

¹⁹ „Was wirst du wohl tun, so du etwa in zwei Stunden hinabkämest? — Wird in der Zeit nicht alles schon von den Flammen verzehrt sein?!

²⁰ „Willst du aber dafür Rache üben, da meine ich, es dürfte dazu noch immer Zeit genug sein!

²¹ „Wärest du nicht also aufgefahren, wahrlich, ich hätte es den beiden Jünglingen gesagt, und diese hätten

---

¹ wo.

dem Brande augenblicklich den Garaus gemacht.

²² „Da du aber selbst so aufgefahren bist, so ziehe nun selbst hin, und dämpfe mit deinem Zorne das Feuer!"

127
Des Cyrenius Versuch, durch Tullia Joseph günstiger zu stimmen.
Josephs herzlich-biedere Freundesworte.
Die Löschung des Brandes durch die Willenskraft der 2 Jünglinge.

Diese ganz ernstlich von Joseph gesprochenen Worte machten auf *Cyrenius* einen gar mächtigen Eindruck, und er wußte nicht, was er darauf sagen sollte;

² auch getraute er sich dem sichtlich etwas aufgeregten Manne nicht noch mit irgendeinem Worte zu kommen.

³ Darum sagte er zur Tullia: „Gehe du hin zu dem weisen Manne, und trage ihm meine verzeihliche Not und die von ihr bewirkte Aufregung meines Gemütes vor!

⁴ „Bitte ihn um Verzeihung, und versichere ihm, daß ich ihm in alle Zukunft keine solche Minute mehr bereiten werde!

⁵ „Nur möchte er mich diesmal nicht sitzen lassen und solle mir nicht versagen seinen Beistand!"

⁶ *Joseph* aber vernahm wohl, was Cyrenius zu der Tullia geredet hatte;

⁷ er stand darum auf, ging hin zu Cyrenius und sprach: „Edler Freund und Bruder in Gott dem Herrn! Wir haben bis jetzt noch keine Unterhändler gebraucht,

⁸ „sondern wir haben unser gegenseitiges Anliegen uns allezeit offen bekannt!

⁹ „Wozu sollte da dein Weib eine Unterhändlerin machen, als wären wir beide uns nicht genug?!

¹⁰ „Meinst du etwa, als könnte auch ich mich irgendeiner Sache wegen erzürnen?!

¹¹ „O siehe, da würdest du dich sehr irren an mir! Mein Ernst ist nur die Frucht meiner großen Liebe zu dir!

¹² „Schlecht aber ist der Freund, der seinen Freund im Notfalle nicht auch ein Wort des Ernstes kann vernehmen lassen!

¹³ „Siehe, wäre an der Sache, die dich nun so kümmert, etwas, da dürftest du doch versichert sein, daß ich dich zuerst darauf aufmerksam gemacht hätte, wie ich es dir sonst noch bei jeder Gelegenheit tat!

¹⁴ „Hier aber ist nichts als ein ganz leeres Blendwerk von seite derjenigen argen Geister, die hier vertrieben wurden!

¹⁵ „Sie üben nun eine blinde Rache aus und wollen uns darum beunruhigen, weil wir sie hier aus ihrem alten Neste vertrieben haben.

¹⁶ „Siehe, das ist das Ganze! — Hättest du mich früher[1] gefragt, bevor du dich erregtest, da hättest du nicht einmal vonnöten gehabt, dich vom Boden zu erheben!

¹⁷ „Du aber trautest sogleich deinen Sinnen und erregtest dich für nichts um nichts!

¹⁸ „Nun aber setze dich nur ganz beruhigt wieder nieder, und schaue mit gelassenen Blicken dem Brande

---
[1] vorher.

zu, und sei versichert, er wird bald ein Ende nehmen!"

¹⁹ Diese Kundgabe Josephs war für den Cyrenius freilich wohl ungefähr das, was da ist für eine Kuh ein neues Tor;

²⁰ aber er glaubte dennoch, was ihm Joseph gesagt hatte, obschon er von dieser Sache nichts verstand.

²¹ *Joseph* aber sprach in der Gegenwart des Cyrenius zu den Jünglingen:

²² „Blicket auch ihr einmal hin nach der Stätte, da¹ die hier Vertriebenen ihren Mutwillen treiben, damit dies ein Ende werde zur Beruhigung meines Bruders!"

²³ Und die zwei taten das, — und siehe, im Augenblicke war von dem Brande keine Spur mehr zu entdecken!

²⁴ Nun erst begriff Cyrenius etwas besser, was ihm Joseph zuvor kundgab, und war nun heiteren Mutes wieder; aber vor den zwei Jünglingen wie vor Joseph bekam er einen ungeheuren Respekt.

128

Des Cyrenius Belehrung über die verheißenen Zupfereien des Herrn.
Josephs Erklärung über die wunderbaren Erscheinungen in der Natur.

Nachdem also alles wieder zur Ordnung und Ruhe gebracht ward, da richtete Sich *das Kindlein* auf und sprach zu Cyrenius:

² „Höre Mich an, du edelherziger Mann! Erinnerst du dich noch dessen, wie Ich den Bruder Jakob bei den Haaren zupfte?!

³ „Siehe, da wolltest du, daß Ich auch dich bei den Haaren zupfen sollte!

⁴ „Ich versprach dir solches, und siehe, nun halte Ich auch schon Mein Versprechen;

⁵ „denn all die kleinen Überraschungen, die dir seither vorkamen, sind nichts als die dir verheißenen Zupfereien bei den Haaren!

⁶ „Wenn dir aber in Zukunft wieder solche vor- und zukommen werden, da erinnere dich dieser Meiner Worte und fürchte nichts, und werde nimmer zornig!

⁷ „Denn du wirst darob kein Haar verlieren. Dem Ich solches tue, den liebe Ich, und der hat nichts zu fürchten weder in dieser noch in der andern Welt!"

⁸ Dem Cyrenius kamen bei dieser Erklärung des Kindleins die Tränen, und er wußte sich vor lauter Liebe und Dank nicht zu helfen.

⁹ Es vernahmen aber auch viele umstehende Heiden solche Rede des Kindleins und erstaunten über alle Maßen, wie dies Kindlein von einem Vierteljahre Alters also vollkommen weise und klarst zu reden vermöge.

¹⁰ Und es wandten sich *einige* an den Joseph und fragten, wie doch solches zuginge, daß dies Kindlein in so frühester Zeit also vollkommen ausgebildet zu reden vermöchte!

¹¹ Hier zuckte *Joseph* mit den Achseln und sprach: „Liebe Freunde! Auf der großen Erde, und besonders im Gebiete des Lebens, zeigen sich hier und da die wunderbarsten Erscheinungen.

¹² „Sie geschehen vor unseren Augen zwar, aber wer kann die geheimen Gesetze einer schaffenden Gott-

---
¹ wo.

heit bestimmen, nach denen sie solches wirkt?

¹³ „Fürwahr, wir treten, als selbst die größten Wunder, der Wunder Unzahl täglich mit unseren Füßen — und beachten sie kaum!

¹⁴ „Wer von uns aber weiß, wie dieses zahllose Wunderwerk entsteht, — wie das Gras, wie der Baum, wie der Wurm, wie die Mükke, wie der Fisch im Wasser?

¹⁵ „Fürwahr, uns bleibt da nichts übrig, als die Wunder zu betrachten und den großen heiligen Werkmeister derselben zu rühmen, zu loben und anzubeten!"

¹⁶ Diese Erklärung Josephs beruhigte vollkommen die fragenden Heiden,

¹⁷ und sie sahen von diesem Augenblicke die ganze Natur mit ganz anderen Augen an.

¹⁸ Sie zerstreuten sich dann nach allen Seiten des freien Berges und betrachteten die Wunder der Schöpfung.

¹⁹ *Cyrenius* aber wandte sich dennoch heimlich an Joseph und fragte ihn, ob er solches im Ernste nicht wüßte.

²⁰ Und *Joseph* beteuerte ihm das und sprach: „Wende dich darob an das Kindlein; das wird dir sicher die beste Auskunft geben!"

129

Des Cyrenius Frage über die wunderbare Redefähigkeit des 3 Monate alten Jesuskindleins. Die herrliche weise Antwort der Engel über das geheimnisvolle Wesen des Kindleins.

Und Cyrenius wandte sich sogleich allerdemütigst an das Kindlein und sprach:

² „Du mein Leben, Du mein Alles! Es ist dennoch, so man es auch weiß, *wer* Du bist, zu unerhört wunderbar, daß Du, ein Kindlein von drei Monden Alters, gar so vollkommen und überweise zu reden vermagst!

³ „Ich möchte darum von Dir auf diesem Berge, da¹ sich schon so viel Wunderbarstes zutrug, ein kleines Licht empfangen! Möchtest Du mir denn darüber nicht einige Worte geben?"

⁴ *Das Kindlein* aber sprach: „Siehe, dort an der Seite Josephs befinden sich die zwei Diener: wende dich an sie, die werden dir das kundtun!"

⁵ *Cyrenius* befolgte sogleich diesen Rat und wandte sich in dieser Sache an *die beiden Jünglinge*.

⁶ Und die sprachen: „Siehe, das ist eine rein himmlische Sache; so wir sie dir auch kundgeben, da wirst du sie aber dennoch nicht fassen!

⁷ „Denn naturmäßige Menschen können nimmer das reinst Himmlische erfassen, weil ihr Geist noch nicht ledig ist, sondern gefangen von aller Materie der Welt.

⁸ „Du aber bist noch zum größten Teile auch naturmäßig; also wirst du auch das nicht fassen, was wir dir kundgeben werden!

⁹ „Du aber willst davon Kunde erhalten, — so wollen wir sie dir auf des Herrn Geheiß auch geben;

¹⁰ „aber das Verstehen können wir dir nicht geben darum, weil du noch ein naturmäßiger Mensch bist.

---

¹ wo.

¹¹ „Und so höre uns: Siehe, das Kindlein, wie Es ist in Seiner menschlichen Art, kann euch gegenüber als naturmäßiger Mensch noch lange nicht reden!
¹² „Das wird es erst in einem Jahre halbwegs imstande sein!
¹³ „Aber im Herzen des Kindleins wohnt die Fülle der ewigen, allmächtigen Gottheit!
¹⁴ „Wenn nun dies Kindlein dir vernehmlich und überweise spricht, da spricht nicht das dir sichtbare Kind, sondern *die Gottheit* aus dem Kinde in dein zu dem Behufe erwecktes Gemüt.
¹⁵ „Und du vernimmst dann die Worte also, als redete das dir sichtbare Kindlein.
¹⁶ „Aber dem ist nicht also, sondern da redet nur die dir unsichtbare Gottheit!
¹⁷ „Und was du wie von außen her zu hören meinst, das hörst du nur *in dir selbst;* und das ist mit jedem der Fall, so er dies Kindlein reden hört!
¹⁸ „Damit du dich aber davon überzeugst, so stelle dich nun so fern, als du willst, von hier, da¹ man des Kindleins natürliche Stimme nicht mehr vernehmen möchte,
¹⁹ „und das Kindlein wird dann dich anreden, und du wirst Es in der Ferne so gut vernehmen wie in der größten Nähe! Gehe und erfahre das!"
²⁰ Und Cyrenius, vom Ganzen zwar nichts verstehend, ging aber dennoch bei tausend Schritte nach des Berges Fläche hin.
²¹ Da vernahm er auf einmal den *Ruf des Kindleins* ganz hell und klar, der also lautete:
²² „Cyrenius, kehre nur schnell wieder zurück; denn unter dem Punkte, darüber du stehst, ist eine Höhle, voll von Tigern!
²³ „Diese fangen an, dich zu wittern; daher eile zurück, ehe sie deiner ansichtig werden!"
²⁴ Cyrenius, solches vernehmend, floh sogleich mit Windesschnelle zurück und stand nun ganz verblüfft da. Er wollte weiter fragen, aber er wußte am Ende nicht, um was er so ganz eigentlich fragen sollte; denn diese Erfahrung war ihm zu wunderlich.

130

Des Cyrenius Bekenntnis seiner Unwissenheit in geistigen Dingen und seine Bitte um Licht. Die Antwort der Engel als ein großes und klares Zeugnis über des Herrn Wesen und Seine Menschwerdung. Des Kindleins Segen über Cyrenius.

Die beiden Jünglinge sprachen darauf nichts weiter; aber *Cyrenius* war durch diese Erklärung zu sehr neugierig geworden, als daß er nun ruhen konnte.
² Als er sich nach einiger Zeit erst wieder gesammelt hatte, da sprach er zu den beiden Jünglingen:
³ „Hocherhabenste Diener Gottes von Ewigkeit ganz sicher! Eure Erklärung ist zu wunderbar erhaben und all mein Leben anziehend, als daß ich mich mit dem Begnügen sollte, was ihr mir gesagt und gezeigt habt!
⁴ „Ich erkenne nun wohl vollkommen, daß ich ein aller höheren Weisheit vollkommen lediger Verstandes-

¹ wo.

und Naturmensch bin, der kaum um eine Spanne weiter sieht, als er greift;

⁵ „sollte es aber nicht möglich sein, mir nur ein *wenig* mehr Einsicht zu verschaffen?!

⁶ „Ich bitte euch demütigst darum, tut mir solches! Öffnet mir ein in mir sicher verborgen liegendes tieferes Erkenntnisvermögen,

⁷ „auf daß ich wenigstens das, was ihr mir kundgegeben habt, klarer verstehen möchte!"

⁸ *Die beiden* aber sprachen: „Siehe, du sonst so lieber Freund und Bruder, du bittest hier um vor der Zeit Unmögliches!

⁹ „Denn solange du noch im Fleische wandelst, magst du nimmer Dinge der höchsten göttlichen Weisheit begreifen!

¹⁰ „Denke dir, Gott der Herr, der hier in all Seiner endlosen und ewigen Fülle in diesem Kindlein wohnt, hätte zahllose Myriaden der herrlichsten und übergroßen Welten und Erden, deren endlos kleinsten Teil du zur Nachtzeit als Sternchen am Himmel erschaust,

¹¹ „die Er Sich hätte, wie diese Erde, für Seine Menschwerdung erwählen können! Und dennoch hat Er diese magere Erde erwählt, die doch unter allen zahllosen Weltkörpern der elendeste und schlechteste ist, in jeder Hinsicht genommen!

¹² „Aber Ihm, dem ewigen Herrn der Unendlichkeit, hat es also wohlgefallen; Er tat es, wie es vor unseren Augen liegt!

¹³ „Meinst du aber, Er habe dazu etwa unseres Rates bedurft, oder etwa unserer Einwilligung?

¹⁴ „O siehe, das wäre grundirrig gedacht! Er tut von Ewigkeit allein, was *Er* will, und nie noch ist jemand Sein Ratgeber gewesen!

¹⁵ „Wer aber kann Ihn fragen und sagen: ‚Herr, was tust Du, und warum tust Du es?'

¹⁶ „Er Selbst ist in Sich ewig die höchste Vollendung, die höchste Weisheit, die größte Liebe und Sanftmut!

¹⁷ „Er ist in Sich die allein allerhöchste Kraft und Macht; ein Gedanke der Vernichtung in Seiner Brust, — und alles sinkt im schnellsten Augenblicke in *nichts* zurück!

¹⁸ „Und siehe, dennoch läßt Er Sich hier als ein schwaches Menschenkind auf den Armen einer schwachen jüdischen Jungfrau locken!

¹⁹ „Und Er, der zahllose Sonnen, Welten und Wesen endloser Art mit der belebenden, allerweisest zweckdienlichsten Kost allerreichlichst von Ewigkeit versieht, saugt hier auf dieser mageren Erde Selbst die schwachen Brüste einer fünfzehnjährigen Jungfrau!

²⁰ „Er als das Grundleben alles Lebens hat Selbst das Kleid des Todes, der Sünde angezogen und hat Sich verborgen im Fleische und Blute!

²¹ „Was sagst denn du dazu? — Wie kommt dir das vor? Möchtest du darüber nicht auch eine hellere Beleuchtung haben?!

²² „Siehe, so wenig du aber das je in der Tiefe erfassen wirst, ebensowenig kann dir hier über das Frühreden dieses allerhöchsten Kindes mehr gesagt werden!

²³ „Liebe Es aber aus allen deinen Kräften in dir, und verrate Es nirgends, so wirst du auch in dieser Liebe etwas finden, was dir sonst alle Himmel in Ewigkeiten nicht zu offenbaren vermöchten!"

²⁴ Diese Worte erfüllten den *Cyrenius* mit einer so ungeheuren Achtung vor dem Kinde, daß er sogleich vor Demselben niederfiel und wei-

nend sprach: „O Herr, ich bin ewig solcher Gnade nicht wert, die ich hier genieße!"

²⁵ *Das Kindlein* sprach: „Cyrenius, stehe auf, und verrate Mich nicht! Ich kenne ja dein Herz und liebe dich und segne dich; darum erhebe dich!" Und Cyrenius erhob sich alsbald, ganz bebend vor Liebe und Achtung.

131
Ein nahender Gewittersturm. Josephs Rat. Die Vorahnung und Flucht der Löwen nach dem Walde.

Es kamen aber die anderen, die sich ehedem nach allen Seiten der sehr gedehnten Fläche des Berges zerstreut hatten, mit ganz bekümmerten Gesichtern zurück.

² Denn sie ersahen aus dem südwestlichen Teile Ägyptens sich gar mächtige schwarze Wolken erheben, die allzeit Vorläufer großer Stürme sind.

³ Nordöstlich gegen Ostrazine hin war freilich wohl alles rein; aber desto schauerlicher sah es über dem Gebirge, wie schon gesagt, südwestlich aus.

⁴ Diese Zurückgekommenen rieten daher zu einer schnellen Heimkehr.

⁵ *Cyrenius* aber sagte: „Wenn es an der rechten Zeit sein wird, werden es uns schon diese mächtigen Weisen kundgeben;

⁶ „solange sich aber diese ruhig verhalten, da wollen auch wir uns kein graues Haar wachsen lassen!"

⁷ *Maronius und der Oberste* sprachen aber: „Du hast recht; aber gehe hin über diese kleine Anhöhe, und sieh, und du wirst sicher auch unserer Meinung sein!

⁸ „Denn da sieht es ja aus, als wenn alle Furien auf einmal die Erde in den Brand gesteckt hätten!"

⁹ *Cyrenius* aber fragte den etwas schlummernden Joseph:

¹⁰ „Freund und Bruder, hast du vernommen, was diese da mir für eine warnende Nachricht gebracht haben?"

¹¹ Und *Joseph* sprach: „Ich schlummerte und weiß kaum, wovon da unter euch die Rede war."

¹² Und *Cyrenius* sprach: „So erhebe dich, und gehe mit mir auf diese Anhöhe, und du wirst den Stoff unserer Rede sogleich entdecken!"

¹³ Und Joseph erhob sich und ging mit Cyrenius auf die Höhe.

¹⁴ Als sie da anlangten, zeigte Cyrenius dem Joseph sogleich das höchst drohende Aussehen des herannahenden Sturmes.

¹⁵ Und *Joseph* sprach: „Ja, was willst du da nun machen?

¹⁶ „Fliehen? — Wohin? In einer Viertelstunde ist der Sturm längstens da!

¹⁷ „Nach Ostrazine brauchen wir laufend anderthalb Stunden; bevor wir noch durch den oberen Teil der Gebirgswaldung kommen, hat uns der Sturm lange schon eingeholt!

¹⁸ „Was dann in der unsicheren Schlucht, wenn uns einige Legionen von Bestien umringen werden, — was sie bei großen Stürmen gerne tun?!

¹⁹ „Und wenn uns obendrauf noch reißende Wolkenbruchströme ereilen und uns schonungslos in die Tiefe mitreißen, — was machen wir dann?

²⁰ „Daher bleiben wir lieber hier auf der Höhe, da ¹ wir höchstens naß

---
¹ wo.

werden, während uns im Walde allerlei Ungemach zustoßen kann!"
²¹ Cyrenius war mit diesem Rate zufrieden und ging mit Joseph unter den Feigenbaum zurück.
²² Aber die Gesellschaft des Cyrenius machte dabei dennoch sehr bedenkliche Mienen, — besonders als sie die drei Löwen auf einmal aufspringen und die Flucht in die Wälder ergreifen sahen.
²³ Und *Maronius* sprach zum Joseph selbst: „Siehe, die drei uns getreu gewordenen Bestien haben sicher im Vorgefühle für die Kalamität, die uns hier erwartet, die sie schützende Flucht ergriffen! Sollen wir nicht desgleichen tun?"
²⁴ *Joseph* aber sprach: „Der Mensch hat nicht vom Tiere zu lernen, was er tun soll, sondern vom *Herrn* der Natur!
²⁵ „Ich aber bin der Meinung, daß ich klüger bin als das Tier; darum bleibe ich und werde den Sturm hier abwarten und *nach* demselben erst aufbrechen, — falls einer kommen wird!" Damit stellen sich nun alle zufrieden und bleiben, in banger Erwartung.

132

Der Berggipfel im Nebel. Die Götterfurcht der Heiden.
Der Mut des Cyrenius auf der Probe im Toben des Unwetters.
Das Verstummen des Gewitters auf das Machtwort des Jesuskindleins.

Es dauerte aber keine Viertelstunde, als sich der Gipfel des Berges auf einmal in Nebel zu hüllen anfing, und das so dicht, daß es förmlich finster wurde.
² *Die ganze Gesellschaft des Cyrenius* fing an zu wehklagen und sprach:
³ „Da haben wir's jetzt! Der Zeus wird uns hier schön bedienen!
⁴ „Hier wird es nicht heißen: Ferne vom Zeus, ferne vom Blitze!
⁵ „Sondern hier können wir alle gar übel umkommen; denn Sterbliche sollen sich den Göttern nie über die Gebühr nahen, wollen sie mit heiler Haut auf der Erde wandeln!"
⁶ *Cyrenius* aber sprach etwas scherzhaft: „Nun sollen mich eure Götter allesamt etwas gerne haben!
⁷ „Ich habe einen besseren Gott gefunden, bei dem es nicht heißt: Ferne von Ihm, auch ferne vom Blitze!
⁸ „Sondern da heißt es ganz umgekehrt: Ferne von Ihm, ferne vom Leben — und sehr nahe dem tötenden Blitze!
⁹ „Aber nahe bei Ihm heißt dann auch soviel als: Nahe dem Leben — und sehr ferne vom tötenden Blitze!
¹⁰ „Darum schrecken mich nun auch diese Nebel gar nicht; denn ich weiß ja, daß wir alle dennoch sehr ferne vom tötenden Blitze sind!"
¹¹ Als aber Cyrenius solches noch kaum ausgesprochen hatte, da zuckte schon ein knallender Blitz gerade vor der Gesellschaft in die Erde, und diesem folgte bald eine Legion!
¹² Das frappierte den Cyrenius ein wenig, und *seine Gefährten* sprachen: „Wie gefällt dir das auf deine frühere Äußerung?"
¹³ Und *Cyrenius sprach:* „Sehr gut; denn das ist ja ein wahrhaftes Mordsspektakel, bei dem von uns noch keiner das Leben verloren hat!
¹⁴ „Mir scheint's, eure Götter gewahren hier den Bruder des Kaisers — und Jemand ganz anderen noch! Darum tun sie uns diese Ehre an!"

¹⁵ *Ein Hauptmann* aus der Gesellschaft des Cyrenius, der noch so ziemlich stark unter dem Pantoffel der Götter stand, sprach zum scherzenden Cyrenius:

¹⁶ „Aber ich bitte Eure kaiserliche konsulische Hoheit, scherzet ja nicht hier mit den Göttern! Denn wie leicht könnte das der flinke Merkur dem Zeus benachrichtigen, — und wir wären dann alle mit einem Blitze verloren!"

¹⁷ Und *Cyrenius* sprach noch mehr scherzend: „Mein lieber Hauptmann, setze dich darob ganz ruhig zur Erde nieder!

¹⁸ „Denn der Merkur hat nun einen ewigen Hausarrest vom Zeus bekommen, und der Zeus selbst hat von einer ganz anderen Juno eine so derbe Maulschelle bekommen, daß ihm darob das Hören und Sehen für ewig verging!

¹⁹ „Daher magst du nun ganz ruhig sein in dieser Hinsicht; denn von nun an wird der Zeus mit Blitz und Donner nicht *viel* mehr zu schaffen haben!"

²⁰ Es fing aber bei dieser Gelegenheit stets heftiger an zu blitzen und zu donnern gar furchtbar, und *der Hauptmann* bemerkte:

²¹ „O Ihre kaiserliche konsulische Hoheit werden diese Schmährede gegen die Götter sicher noch hoch bereuen!"

²² Und *Cyrenius* sprach: „Heute sicher nicht; vielleicht morgen, wenn mir so viel Zeit übrigbleiben wird!

²³ „Denn siehe, so ich dir gleich und noch so manchen anderen Toren die Götter fürchten würde, da würde ich gerade jetzt unter diesem Feuermeere nicht also reden!

²⁴ „Weil ich aber eben die Götter durchaus nicht mehr fürchte, darum rede ich also!"

²⁵ Damit war der Hauptmann abgefertigt und getraute sich dann nicht weiter mit der kaiserlichen Hoheit zu reden.

²⁶ Ein Blitz aber schlug gerade zwischen dem Joseph, der Maria und den beiden Jünglingen ein.

²⁷ Da richtete sich *das Kindlein* auf und sprach: „Entlarve dich, du Ungetüm!"

²⁸ Auf dies Wort fielen auf einmal alle Wolken nieder. Der Himmel ward ganz rein; aber dafür erblickte man eine Menge Geschmeiß am Boden herumkriechen.

²⁹ Die beiden Jünglinge aber richteten einen Blick auf den Boden, und alles Geschmeiß floh teilweise dem Walde zu, teilweise aber ward es vernichtet.

³⁰ Dieser Akt machte alles verstummen, was mit Cyrenius sich auf dem Berge befand; denn man wußte nicht, wie solches kam.

133

Die Wißbegier des nachdenklich gewordenen römischen Obersten und sein Gespräch mit Cyrenius über die Naturgesetze und ihren Gesetzgeber. Die Rückkehr vom Berge nach Hause.

Nach einer langen Weile des Staunens über Staunens nahte sich *der Oberste* ganz bescheiden dem Cyrenius und sprach:

² „Eure Hoheit! Ich weiß, daß dieselben sich sehr viel mit der Naturwissenschaft abgegeben haben, wie solches auch mehrere erlauchte Häupter Roms taten!

³ „Ich bin zwar für mich stets

mehr Soldat als irgend ein Naturgelehrter gewesen;

⁴ „aber diese höchst sonderbare Erscheinung, die hier vor unseren Augen geschah, nötigt mich zum Nachdenken.

⁵ „Doch aber mag ich keinen anderen Grund irgend erschauen als im Ernste den wunderbaren nur, der da durch die sonderbare Macht dieses jüdischen Kindes erklärlich ist!

⁶ „Sollte aber da im Ernste kein anderer Grund vorhanden sein? Sollte es nicht irgend geheime Gesetze in der Natur geben, nach denen solches ebensogut erzeugt werden muß, wie sonst der Regen, Hagel und der Schnee?

⁷ „O gebet mir da ein kleines Lichtlein, damit ich doch auch etwas verstehen möchte und nicht wie ein Strumpf eines Illyriers dastehe!"

⁸ Und *Cyrenius* sprach zum Obersten: „O Freund, du hast dich schlecht beraten, darum du dich in dieser Sache an *mich* gewendet hast!

⁹ „Denn da verstehe ich geradesoviel als du; daß solches sicher nach einem Gesetze geschah, so viel ist gewiß!

¹⁰ „Wie aber das Gesetz beschaffen ist, das wird wohl schwerlich jemand anderes wissen als allein der große Gesetzgeber der Natur!

¹¹ „Ob wir Sterblichen aber berechtigt sind, den großen Gesetzgeber um die Beschaffenheit solcher Gesetze zu fragen, das ist *mir* wenigstens völlig unbekannt!"

¹² *Der Oberste* aber sprach: „Sehet, Eure Hoheit, da ist ja der weise Jude, da sein wunderbares Kind und die höchst merkwürdigen beiden Jünglinge, die uns heute morgen mit ihren Glanzkleidern so sehr außer aller Fassung gebracht haben!

¹³ „Wie wäre es denn, so wir uns in dieser höchst merkwürdigen Sache an sie wendeten?"

¹⁴ Und *Cyrenius* sprach: „Versuche es, so du dazu Mut genug besitzest!

¹⁵ „Mir mangelt bei dieser Gelegenheit dieser; denn ich ersehe nun ganz klar, daß das Wesen ganz anderer Art sind, als wir es sind!"

¹⁶ Und *der Oberste* sprach: „An Mut gerade gebricht es mir nicht;

¹⁷ „aber wenn Ihre Hoheit solcher Meinung sind, da will ich doch sicher keinen Hochverräter machen und begnüge mich mit meiner Ignoranz!"

¹⁸ *Joseph* aber sprach zu Cyrenius: „Bruder, nun laß zum Aufbruche ordnen; denn die Sonne hat sich schon ziemlich geneigt!"

¹⁹ Cyrenius tat solches, und in kurzer Zeit ward die Rückreise angetreten, die ohne alle Hindernisse vor sich ging; und in zwei Stunden ward die Villa wieder erreicht.

134

Der Empfang im Hause Josephs durch die Zurückgebliebenen.
Joëls Erzählung. Die drei Löwen als Leibwache des Cyrenius.

Bei der Villa wieder angelangt, ward die Gesellschaft sogleich von den Söhnen Josephs und ganz besonders aber von den zurückgebliebenen Jünglingen auf das liebfreundlichste begrüßt.

² Und die Söhne zeigten dem Vater Joseph sogleich alles an, was sie unterdessen gemacht und wie sie seinen Willen auf das pünktlichste erfüllt hatten.

³ Zugleich aber erzählte *der älteste*

Sohn dem Joseph, was alles sich unter der Zeit wunderbar in der Gegend von Ostrazine zugetragen hatte.

⁴ „Ganz besonders", sagte der Erzähler, „hat der plötzliche Brand der Residenz in der Stadt alle Bewohner erschreckt!

⁵ „Als aber diese sich bemühten, dem Brande Einhalt zu tun, da erlosch das gewaltige Feuer auf einmal und war keine Spur mehr vom selben zu entdecken.

⁶ „Darauf ersahen wir auf einmal, daß sich der Berg in feurige Wolken einzuhüllen begann, und tausend Blitze zuckten durcheinander.

⁷ „Da gedachten wir des Sinai, der zur Zeit der großen Offenbarung Gottes an unsere Väter gerade also ausgesehen haben mag.

⁸ „Wir waren da sehr besorgt um euch; aber die Jünglinge vertrösteten uns und sagten, daß da niemandem auch nur ein Haar gekrümmt werde.

⁹ „Wie aber der Berg also sich in feurige Wolken zu hüllen anfing, siehe, da wurden wir aber gar bald dennoch recht gewaltig erschreckt:

¹⁰ „Drei ungeheure Löwen sprangen in großer Hast auf uns zu vom Wege des Berges.

¹¹ „Wir erschraken darob sehr. Aber die Jünglinge sprachen: „Fürchtet euch nicht; denn diese Tiere suchen Schutz in der Wohnung Dessen, dem alle Dinge gehorchen müssen!"

¹² „Und siehe, also war es auch! Die drei Löwen eilten sogleich in unsere Karrenschuppen, allwo sie sich noch ganz ruhig befinden.

¹³ „Wir gingen nach dem Sturme mit einigen Jünglingen hin und besahen die riesigen Bestien;

¹⁴ „da erhoben sie sich bald und gaben Zeichen von unverkennbarer Ergebung und Freundlichkeit!"

¹⁵ Und *Joseph* sprach: „Nun gut, mein Sohn; das alles haben wir auch erlebt! Du hast deine Erzählung fast etwas zu lange dauernd gemacht!

¹⁶ „Nun gehet aber, und bestellet den Tisch; denn wir alle brauchen Stärkung, da uns der Berg ein wenig mitgenommen hat!"

¹⁷ Und die Söhne mit den anderen Jünglingen eilten sogleich in die Küche und in das Speisezimmer und brachten in kurzer Zeit alles in die schönste Ordnung.

¹⁸ *Cyrenius* sprach: „Fürwahr, das nimmt mich sehr wunder, daß diese drei Bestien, anstatt sich in ihre Höhlen zu verkriechen, *hierher* die Zuflucht nahmen!

¹⁹ „Am Ende werden sie beim Hause bleiben und dasselbe treu bewachen, wie man ähnliche Beispiele von dieser Tiergattung hat!"

²⁰ Und *Joseph* sprach: „Mir ist alles recht, was dem *Herrn* recht und wohlgefällig ist;

²¹ „es kann aber auch sein, daß diese Tiere dir folgen werden zu einem Schutze deines Schiffes!"

²² Und *Cyrenius* sprach: „Dann wird es auch mir recht sein, was der Herr will, — obschon mich der Herr auch ohne diese Löwen beschützen kann!"

²³ Hier kamen die drei Löwen hervor und stellten sich um den Cyrenius und gaben ihm ihre Freundschaft zu erkennen.

²⁴ Und *Cyrenius* sprach: „Das ist aber im Ernste sonderbar; du lieber Bruder, darfst nur etwas reden, so geschieht es auch schon!"

²⁵ *Die beiden Jünglinge* aber sprachen: „Diese drei Tiere werden dir noch heute in der Nacht gute Dienste tun!

²⁶ „Denn der Herr weiß allezeit die tauglichsten Mittel, durch die Er jemandem hilft.

²⁷ „Solche Tiere aber waren schon öfter im göttlichen Dienste; daher werden sie jetzt auch erwählt, dir zu dienen in einer Sache, die deiner harrt! Und also geschehe es!"

135

Das Mahl im Hause Josephs. Des Kindleins Eröffnung über das bevorstehende Attentat auf Cyrenius. Des Cyrenius Heimkehr. Die Löwen als Nachtwache. Der Überfall. Das Gottesgericht über die Attentäter.

Nach dieser Beredung verließen die drei Löwen den Cyrenius wieder und zogen sich in ihre Karrenschuppen zurück.

² Cyrenius wollte zwar noch so manches über diese Erscheinung mit Joseph sprechen, aber es kamen soeben die Söhne Josephs und zeigten ihm an, daß das Mahl bereitet und der Tisch bestellt sei.

³ Und *Joseph* lud daher sogleich die ganze Gesellschaft ein, in das Speisegemach zu treten und sich zu stärken am Tische mit Speise und Trank.

⁴ Auf diese Einladung begab sich nun alles in das Speisegemach und aß die gesegneten Speisen und stillte sich den Durst mit Wasser und etwas Zitronensaft.

⁵ Nach der Mahlzeit, die bei einer Stunde gedauert hatte, dankte Joseph Gott und segnete alle die hier anwesenden Gäste.

⁶ *Das Kindlein* aber verlangte den Cyrenius zu Sich; und als dieser in der höchsten Demut sich Diesem näherte, sprach Es zu ihm:

⁷ „Cyrenius, heute in der Nacht wirst du von einer kleinen verräterischen Rotte überfallen werden in deinem Schlafgemache.

⁸ „Ich aber gebe dir darum die drei Löwen mit; diese laß im Gemache bei dir, wie sie dir folgen werden!

⁹ „Wenn die verräterische Horde in dein Gemach treten wird, da wird sie plötzlich von den drei Löwen auf das grimmigste angefallen und zerrissen werden;

¹⁰ „dir aber wird dabei kein Haar gekrümmt werden! Scheue dich aber nicht vor den drei Löwen; denn diese erkennen in dir vollkommen ihren Herrn!"

¹¹ Inbrünstigst dankte *Cyrenius* dem Kindlein in seinem Herzen und überhäufte Es mit vielen Küssen, desgleichen auch sein Weib, die Tullia, die aber nichts wußte, was das Kindlein ehedem mit dem Cyrenius geredet hatte.

¹² Und als es schon ziemlich Abend geworden war, da brach Cyrenius mit seiner ganzen Gesellschaft auf, wiederholte noch einmal seine Einladung auf den nächsten Tag und begab sich dann gesegnet in die Stadt.

¹³ Als er aber seinen Fuß über die Hausflur gesetzt hatte, da waren auch die drei Löwen schon bei der Hand und begleiteten den Cyrenius festweg in seine Wohnung.

¹⁴ Und als er da sich auf sein Lager mit der Tullia begab, da umlagerten die Löwen dasselbe, ihre leuchtenden Augen auf die Eingangstüre unverwandt richtend.

¹⁵ Es gingen die Diener des Cyrenius noch öfter aus und ein; aber die Löwen achteten ihrer nicht.

¹⁶ Es war aber um die zweite Nachtwache, da kamen zwanzig vermummte Männer ganz leisen Trittes

ins Gemach des Cyrenius und nahten sich ganz leise dem Schlaflager desselben.

17 Als sie aber kaum mehr fünf Schritte vom Lager entfernt standen und ihre Dolche hervorzogen,

18 da stürzten auf einmal die drei Löwen unter dem furchtbarsten Gebrülle auf sie los und zerrissen sie in wenigen Augenblicken in Stücke, und nicht *einer* entkam diesem Angriffe.

19 Denn auf so einen Angriff war keiner gefaßt; bei dem ersten Ansprunge geriet alles in die größte Angst und Verwirrung und dachte an keine Verteidigung.

20 Aus dem Grunde fand auch keiner den Rückweg und ward somit eine Beute der Wut der Löwen.

21 Und so ward Cyrenius in dieser Nacht wunderbar durch die drei Löwen gerettet und staunte am nächsten Tage morgens nicht wenig, als er der zerrissenen Leichen im Zimmer ansichtig ward.

136

Das Verhör der Dienerschaft des Cyrenius.
Die Angst der Diener vor den 3 Richtern. Die Entdeckung des Verräters.
Des Löwen wunderbares Gericht.

Cyrenius weckte aber auch sogleich seine Dienerschaft und berief sie, daß sie ihm zur Rede stehe, wie solche Verräterei geschah.

2 *Die Dienerschaft* erschrak über diesen Anblick und sprach zum erzürnten Statthalter:

3 „Allergestrengster, gerechtester und mächtigster Herr, Herr! Die Götter sollen unsere Zeugen sein, daß wir von allem dem nicht eine Silbe wußten.

4 „Wir wollen alle des Todes sein, so wir daran nur die allergeringste Teilnahme oder selbst nur die geringste Wissenschaft haben!"

5 Und *Cyrenius* sprach: „Also schaffet denn diese Leichen hinaus, und beerdigt sie vor dieser Burg am[1] offenen Platze zum abschreckenden Beispiele für alle jene, die etwa noch ihres Sinnes wären!"

6 *Die Dienerschaft* aber hatte eine große Furcht vor den drei Löwen, die noch das Lager des Cyrenius strenge bewachten, und sprach:

7 „O Herr, Herr! Siehe, wir getrauen uns nicht, hier etwas anzurühren; denn die drei Bestien sehen zu grimmig aus und könnten uns das tun, was sie diesen Meuterern taten!"

8 Und *Cyrenius* sprach: „Wer von euch redlichen Gewissens ist, der trete hervor und überzeuge sich, daß auch diese grimmigen Tiere die Treue respektieren!"

9 Auf diese Rede des Cyrenius traten bis auf *einen* alle hervor, und die Löwen taten ihnen nicht das mindeste zuleide.

10 Cyrenius aber fragte den Zurückgebliebenen: „Warum bleibst denn du zurück, während du doch siehst, wie deine Kameraden von den Löwen nicht im allergeringsten beleidigt werden?"

11 Und *der Gefragte* sprach:

[1] auf dem.

„Herr, Herr, sei mir barmherzig; denn ich habe ein unreines Gewissen!"

12 Und *Cyrenius* fragte ihn: „Worin besteht denn die Unreinheit deines Gewissens? Rede, wenn du nicht sterben willst!"

13 Und *der Gefragte* sprach: „Herr, Herr, ich wußte von diesem Verrat seit gestern morgen, wollte aber dir nichts davon kundtun, weil ich bestochen ward mit hundert Pfund Silbers!

14 „Denn ich dachte mir, du würdest ohnehin gerettet werden, wie der weise Mann draußen in der Villa gerettet ward, und so nahm ich das Silber an."

15 Hier sprang *Cyrenius* auf und sprach: „Also muß denn ein jeder ehrliche Menschenfreund unter seinen Dienern und Freunden auch einen *Teufel* haben?!

16 „Du elender Schurke, da tritt her vor das Gericht Gottes! Findest du Gnade vor diesem Gerichte, da will auch ich dich nicht richten;

17 „findest du aber vor diesem Gerichte keine Gnade, so bist du schon gerichtet für ewig!"

18 Hier fing der Gefragte und also Beheißene an zu zagen und sank ohnmächtig zusammen.

19 Da stand ein Löwe auf, bewegte sich hin zu dem Ohnmächtigen, erfaßte dessen Hand und schleppte ihn ganz behutsam hin vor den Cyrenius, allwo der Schuldige regungslos liegenblieb.

20 Dann aber sprang derselbe Löwe mit großer Hast in das offene Gemach und packte in selbem einen Ballen, zog ihn hervor und zerriß ihn in tausend Stücke.

21 Und die hundert Pfunde Silbers kamen zum Vorschein, die der Diener für sein Schweigen erhielt.

22 Der Cyrenius staunte nicht wenig über diese Erscheinung.

23 Der Löwe aber faßte darauf wieder den Schuldigen am Arme, zog ihn in das Seitengemach und legte ihn gerade an die Stelle hin, wo ehedem der Ballen lag.

24 Da versetzte er ihm einige Schweifhiebe, die den Betäubten wieder zu sich brachten, und tat ihm sonst nichts an.

25 Darauf kam der Löwe wieder zurück an seine vorige Stelle und verhielt sich mit den zwei Kameraden ganz ruhig.

26 Die Dienerschaft begann nun die Leichen wegzuräumen nach des Cyrenius Befehl. Und *Cyrenius* lobte und pries den Gott Israels, daß Er ihn also wunderbar gerettet hatte, und in einer Stunde war das Schlafgemach völlig wieder gereinigt.

137

Das Erwachen der Tullia aus ihrem tiefen Schlafe und des Cyrenius Erzählung über das Geschehene. Das freudige Zusammentreffen und Wiedersehen mit der heiligen Familie.

Die Tullia aber erwachte erst von einem stärkenden Schlafe, als im Schlafgemache keine Spur mehr von dem vorhanden war, was in dieser Nacht vorging.

2 Und *Cyrenius* fragte sie, ob sie ganz ruhig geschlafen habe.

3 Und *Tullia* beteuerte ihm solches, indem sie von der Gebirgsreise sehr ermüdet war.

⁴ Und *Cyrenius* sprach: „Das war ein großes Glück für dich!

⁵ „Denn wärest du wach gewesen in dieser Nacht, so hättest du eine große Angst ausgestanden!

⁶ „Denn siehe, noch vor einer Stunde war dieses Gemach ein Anblick des Schreckens!"

⁷ Ganz erstaunt fragte *Tullia* hier den Cyrenius, was es denn gegeben habe, und was da vorgefallen sei.

⁸ Und *Cyrenius* zeigte der Tullia die drei Löwen und sprach mit einer sehr erhobenen Stimme:

⁹ „Tullia, siehe, das sind doch drei schreckliche Tiere! Sie sind Könige der tierischen Kraft, Wut und Grausamkeit, so sie gereizt werden;

¹⁰ „und wehe jedem Wanderer in der Wildnis, da[1] sie hausen!

¹¹ „Nichts rettet ihn vor ihrer Wut! Ein Sprung, und der Mensch liegt zerrissen im glühenden Staube der Wüste!

¹² „Und doch gibt es Menschen, gegen die diese Tiere Genien der Himmel sind!

¹³ „Also haben diese drei reißenden Tiere uns beide in dieser Nacht vor der Wut der Menschen bewahrt und haben zwanzig Meuterer in diesem Gemache zerrissen!"

¹⁴ *Tullia* entsetzte sich ob dieser Erzählung ihres Gemahls und sprach:

¹⁵ „Wie ging denn das zu? Warum wußte ich denn nichts davon? Hast du schon eher etwas gewußt, warum gabst du mir nichts kund davon?"

¹⁶ Und *Cyrenius* sprach: „Tullia, ich wußte wohl, daß in dieser Nacht etwas vorfallen werde, —

¹⁷ aber in welcher Art, genau gesprochen, wußte ich nicht; denn ich wußte nur so viel, als mir das göttliche Kind meines Freundes kundgab.

¹⁸ „Daß ich dir aber davon nichts kundgab, lag in meiner großen Liebe zu dir, du mein Herzensweibchen!

¹⁹ „Und siehe, nun ist alles vorüber; der Gott Israels hat uns wunderbar vor einem schändlichsten Untergange gerettet,

²⁰ „dafür wir Ihn aber auch lieben, loben und preisen wollen unser Leben lang in unseres Herzens Tiefe!

²¹ „Nun aber, da du schon angekleidet bist, laß uns der erhabenen Familie entgegenziehen und sie empfangen noch vor dem Tore der Stadt!"

²² Cyrenius gebot nun seiner Dienerschaft, alles fürs bevorstehende Fest zu bereiten und gar wohl zu ordnen,

²³ und befahl dem verräterischen Diener ihm zu folgen vor das Stadttor.

²⁴ Im selben Augenblicke aber kam *Maronius* mit den drei Priestern hervor aus einem anderen Teile der Burg und kündigte dem Cyrenius an, daß sich die erhabenste Familie schon der Burg nahe.

²⁵ Hier ließ Cyrenius alles im Stiche und eilte mit pochendem Herzen seinem Freunde Joseph entgegen, der ihm aber schon an der ersten Treppe mit Maria, mit dem Kinde und mit seinem ganzen himmlischen Gefolge mit ausgebreiteten Armen entgegenkam.

---

[1] wo.

138

Des Cyrenius Bericht und Josephs Kritik. Liebe und Mitleid sind besser als die strengste Gerechtigkeit. Des Cyrenius Dank. Die Gesellschaft im großen Schlafsaal des Cyrenius.

Cyrenius umarmte den Joseph mit der größten Innigkeit und gab ihm kund in kurzen Worten, was diese Nacht hindurch in der Burg vorgefallen war.

2 Und *Joseph* sprach: „Mein geliebtester Freund und Bruder im Herrn, was du mir erzählen willst, wußte ich noch eher, als es geschah, auf ein Haar, wie es hernach geschehen ist!

3 „Aber *eines* hättest du darnach nicht also tun sollen, wie du es getan hast!

4 „Und dieses *eine* besteht darin, daß du die zerrissenen Leichen auf dem öffentlichen Platze hast begraben lassen!

5 „Du hast es zwar in einer rechtlich politischen Hinsicht getan, um nämlich damit das andere Volk durch ein solches Beispiel abzuhalten von ähnlichen Versuchen;

6 „aber das ist ein sehr unhaltbares Mittel! Denn siehe, nichts auf der Welt dauert kürzer als der Schreck, die Furcht und die Traurigkeit!

7 „Daher ist auch ein diese drei Stücke erweckendes Mittel um kein Haar haltbarer als die durch dasselbe erweckten Stücke selbst.

8 „Hat aber irgendein Mensch diese drei Embleme[1] des Gerichtes mit der Freiheit seines Geistes abgeschüttelt, dann wird er erbost und fällt dann mit doppelter Wut über den grausamen Richter her.

9 „Daher leite du die Menschen allezeit mit der ewig bleibenden *Liebe*, und suche solche notwendigen, aber dabei dennoch schaudererregenden Beispiele vor dem Volke zu verbergen, so wirst du stets die Liebe des Volkes genießen!

10 „Ich sage dir: Ein Tropfen Mitleid bei jeder Gelegenheit ist besser denn ein ganzer Palast voll der besten und strengsten Gerechtigkeit!

11 „Denn das Mitleid bessert den Feind wie den Freund; aber die strengste und beste Gerechtigkeit machen den Gerechten stolz und hochmütig,

12 „und der Schuldige und Gerichtete wird voll Ingrimms und sinnt nur, wie er sich rächen möchte an dem Gerechten.

13 „Was du aber nun getan hast, das läßt sich nicht mehr ungetan machen —

14 „aber für die Zukunft merke dir diese Regel; sie ist besser als Gold und besser als reinstes Gold!"

15 *Cyrenius* fiel hier dem Joseph abermals um den Hals und dankte für diese Lehre wie ein Sohn seinem Vater.

16 Darauf begab sich die ganze Gesellschaft in das Schlafgemach des Cyrenius, das da, wie es bei den Großen Roms üblich war, stets in einem großen Saale bestand.

17 Denn die Römer sagten: ‚Im Schlafe dünstet der Mensch allezeit die Krankheit aus;

18 ‚hat diese nicht den gerechten Raum, sich im Schlafgemache zu zerstreuen, so fällt sie wieder auf den Menschen zurück, und er wird krank!'

19 Aus diesem Grunde hatten dann reiche Römer sogar Fontänen[2] in ih-

---

[1] Kennzeichen; [2] Springbrunnen.

ren großen Schlafsälen, die die Luft reinigten und die bösen Dünste an sich zogen.

20 Und so war auch in dieser Burg das Schlafgemach des Cyrenius der größte Saal und war versehen mit zwei Fontänen mit breiten Wasserbassins, in denen mehrere Meerzwiebeln herumschwammen.

21 Der Boden des Saales war aus schwarzem und braunem Marmor, und der ganze Saal war von großer altägyptischer Pracht.

22 In diesem Saale also befand sich nun die ganze Gesellschaft und besprach sich über so manches aus der Vorzeit, während die Dienerschaft des Cyrenius auf das eifrigste bemüht war, alles Anbefohlene bestens zu ordnen in den Nebensälen.

139

Des Verräters Reue. Das Mitleid der drei Löwen mit dem Reumütigen. Josephs guter Rat. Des Cyrenius Großmut und ihre herrliche Wirkung auf den reumütigen Diener.

Es stand aber auch der verräterische Diener in einer Ecke des Saales und bereute bei sich seinen Schritt, den er gegen seinen Herrn unternommen hatte;

2 aber niemand gedachte seiner, denn alles war in tiefweise Gespräche vertieft.

3 Die getreue Dienerschaft des Cyrenius aber hatte ohnehin links und rechts vollauf zu tun mit der Arrangierung der Tafel, mit der Küche und mit dem Aufrichten von Ornamenten aller Art.

4 Und so gedachte auch die Dienerschaft nicht ihres übertraurigen Kameraden.

5 Da erhoben sich auf einmal die drei Löwen und trabten hin zu dem reuevollen Diener des Cyrenius und beleckten ihn und gaben ihm durch allerlei Gebärden gewisserart ihr Mitleid zu erkennen.

6 Da bemerkte zuerst *Maronius*, was da die drei Löwen für ein Wesen hatten mit dem Diener, und zeigte solches dem Cyrenius an;

7 denn Maronius befürchtete, es möchten die drei Bestien etwa gar einen Appetit auf den Diener bekommen.

8 Als *Cyrenius* diese sonderbare Situation seines verräterischen Dieners bemerkte, da erst fing er an, sich mit Joseph über das Vergehen dieses Dieners zu besprechen.

9 Und *Joseph* sprach: „Freund und Bruder, siehe hier einen Akt dessen, was ich dir ehedem auf der Treppe geraten habe und habe es dir gezeigt, wie ein Tropfen Mitleid besser ist als ein ganzer Palast voll der besten Gerechtigkeit!

10 „Die drei Tiere gehen dir hier mit einem guten Beispiele voran; gehe hin, und tue als Mensch etwas Besseres!

11 „Ich aber habe auf der Herreise von der Villa von einem dieser Diener des Herrn erfahren, wie du bei deinem Weibe heute morgen diese drei Tiere gerühmt hast.

12 „Wie kommt es denn, daß dir nun eben diese drei Tiere zeigen, was du gleich anfangs hättest tun sollen?

13 „Siehe, also lehrt der Herr fortwährend den Menschen!

14 „Es geschieht in der Welt nichts umsonst; aus der Drehung eines Sonnenstäubchens sogar kannst du wahre Weisheit lernen!

¹⁵ „Denn es wird durch dieselbe Weisheit und Allmacht Gottes gelenkt und erhalten wie die Sonne und der Mond des Himmels!

¹⁶ „Um so mehr aber kannst du diese Erscheinung als einen gar starken Wink des Herrn betrachten, der dir klar sagt, was du tun sollst.

¹⁷ „Gehe hin, und erhebe den dreifach Armen und Tiefgesunkenen; gehe hin und erhebe einen überaus betrübten und reuevollsten Bruder!

¹⁸ „Denn diesen hat nun der Herr dir zubereitet, auf daß er dir ein allergetreuester Bruder werde!"

¹⁹ Als *Cyrenius* solches von Joseph vernommen hatte, da eilte er hin und griff dem Diener unter die Arme und sprach:

²⁰ „Bruder, du hast an mir übel gehandelt; da ich aber Reue bei dir fand, so erhebe dich wieder!

²¹ „Doch von nun an sollst du nicht mehr als ein *Knecht*, sondern als ein getreuer *Bruder* an meiner Seite wandeln!"

²² Da brach dem *Diener* das Herz, daß er laut zu weinen anfing und zu klagen, wie er sich an solchem Adel eines Menschen der Menschen habe versündigen können.

140

Des Cyrenius Bruderrede an seinen reuigen Diener und dessen Aufnahme in die Gesellschaft. Die neidigen Diener und des Cyrenius Antwort an sie.

Da *Cyrenius* aber die große Erkenntlichkeit dieses Dieners sah und seine große Reue, so tröstete er ihn und sprach:

² „Siehe, du mein neuer Bruder im Herrn, wir Menschen alle sind fehlerhaft vor Gott, und Gott verzeiht uns die Fehler, so wir sie erkennen und bereuen;

³ „und doch ist Gott heilig, während wir alle große Sünder vor Ihm sind!

⁴ „Wenn aber der Heilige verzeiht, warum sollen wir Sünder gegenseitig uns unsere Fehler nicht verzeihen?!

⁵ „Solange der Mensch nicht zur wahren Furie herabgesunken ist, so lange bleibt auch die Gnade Gottes über ihm;

⁶ „ist aber der Mensch auf der Welt einmal ein ganzer Teufel geworden, da hat Gott Seine Gnade von ihm genommen und hat ihn übergeben dem Gerichte der Hölle!

⁷ „Darum sind die zwanzig, die dich bestochen haben, von den drei Löwen zerrissen worden, — denn sie waren schon Teufel;

⁸ „du aber wardst verschont, indem du nur ein Verlockter warst und warst blind und wußtest nicht, was du getan hast!

⁹ „Gott der Herr hat Seine Gnade nicht von dir genommen und hat dir die Augen geöffnet, auf daß du zur vollen Einsicht der Sünde an dir gelangt bist.

¹⁰ „Du hast deine erkannte Sünde bereut, und Gott hat dir die Sünde vergeben.

¹¹ „Darum vergebe auch ich dir das Vergehen an mir und mache dich somit zu meinem Freunde und zu meinem Bruder im Herrn!

¹² „Ich erhebe dich darum und führe dich hin zu meiner heiligst erhabenen Gesellschaft.

¹³ „Sei daher nun guten Mutes, und folge mir, auf daß du von mei-

nem hohen Freunde gesegnet werdest zu einem wahrhaftigen Bruder!"

[14] Diese recht herrliche Rede des Cyrenius an dem verräterischen Diener war von bester Wirkung.

[15] Der Diener ward getröstet und gestärkt dadurch, erhob sich und folgte, in Tränen zerfließend, dem Cyrenius hin zur Gesellschaft.

[16] Als er dort anlangte, da hob *Joseph* alsbald seine Hände auf und segnete den Diener und sprach dabei nichts als: „Der Herr sei mit dir!"

[17] Darauf befahl *Cyrenius,* sogleich glänzende herrliche Kleider herbeizuschaffen und sie dem Diener anzulegen,

[18] und belehnte ihn sogleich mit einem Ehrennamen und gab ihm dann einen Bruderkuß.

[19] Darauf berief Cyrenius die gesamte Dienerschaft zusammen und stellte diesen neuen Bruder ihr vor und gebot ihr, ihm zu gehorchen.

[20] *Die Diener* aber sprachen: „Wie bist du denn ein gerechter Richter, so du den Verräter erhöhst, uns aber erniedrigst, die wir dir allezeit die größte Treue erwiesen haben?"

[21] „Kümmert euch das", sprach *Cyrenius,* „wenn ich gut und barmherzig bin? Wem von euch ist bei mir je etwas abgegangen? Und doch hat noch nie einer von euch sein Leben für mich aufs Spiel gesetzt!

[22] „Dieser aber war der Letzte allzeit unter euch und hat sein Leben um mich aufs Spiel gesetzt; durch seine Handlung bin ich meiner Feinde ledig geworden! Verdient er darum nicht diesen Rang?"

[23] Hier verstummte die Dienerschaft und ging wieder an ihr Geschäft und war mit diesem Bescheide zufrieden.

[24] *Ein Jüngling der Himmel* aber sprach: „Geradeso wird es einst auch im Reiche Gottes zugehen! Es wird mehr Freude über *einen* reuigen Sünder sein als über neunundneunzig Gerechte, die nie gesündigt haben!"

141

Die Vorbereitungen und Einladung zum Morgenfestmahl durch Cyrenius. Die Weiherede des Kindleins zum Feste. Die Einladung und Speisung der Armen. Die Mahlzeit der drei Löwen.

Während dieser Gelegenheit ward auch das Morgenmahl bereits fertig und die Tische wohl bestellt;

[2] und *die Diener* kamen und zeigten solches dem Cyrenius an.

[3] *Und Cyrenius* ging und besah alles, und da er alles in der größten und besten Ordnung fand, da ging er und lud die Gesellschaft zum Tische in den großen Nebensaal.

[4] Als *Joseph* da hineintrat, konnte er sich nicht genug verwundern, darum er hier in diesem Saale sich in einem kleinen Tempel Salomos zu Jerusalem zu befinden glaubte.

[5] Es war aber diese Arrangierung ein Werk des Maronius Pilla, der natürlich — als ehemaliger Statthalter von Jerusalem — gar wohl wußte, wie der Tempel aussah, aus- und inwendig.

[6] Voll Freuden sprach *Joseph:* „Fürwahr, zu dem Zwecke hättest du, mein Bruder Cyrenius Quirinus, keinen besseren Gedanken ins Werk setzen können!

⁷ „Und ich bin, wie in Jerusalem, nun am¹ Rüstfeste; es fehlt bloß das Allerheiligste, und der Tempel wäre fertig, so dieses auch da wäre!

⁸ „Der Vorhang ist wohl da; aber hinter dem fehlt die Bundeslade!"

⁹ *Cyrenius* aber sprach: „Bruder, ich dachte, das Allerheiligste bringst du ohnehin lebendig mit, — warum soll es denn künstlich da sein?"

¹⁰ Hier erst ermannte sich Joseph aus seinem Überraschungstraume und gedachte des Kindleins und der Maria.

¹¹ Es berief aber nun *das Kindlein* den Cyrenius zu Sich und sprach zu ihm (hier fielen die Engel auf ihre Angesichter nieder):

¹² „Cyrenius, viel hast du getan, um dem reinsten Manne der Erde eine Freude zu machen; aber *eines* hättest du bald vergessen!

¹³ „Siehe, du gibst heute ein großes, gar herrliches Gastmahl!

¹⁴ „Was drei Weltteile nur immer Bestes und Edelstes hervorbringen, ist heute hier vereint!

¹⁵ „Daran tust du auch wohl; denn fürwahr, eine größere Ehre widerfuhr alle Ewigkeit und Unendlichkeit hindurch auf keiner Welt einem Hause als nun dem deinen!

¹⁶ „Denn du hast nun vor dir, vor Dem alle Himmelsmächte ihr Antlitz verdecken!

¹⁷ „Joseph hat dir angedeutet, daß das Allerheiligste in diesem Tempel leer ist.

¹⁸ „Siehe, also ist es auch; es soll aber nicht also sein!

¹⁹ „Sende hinaus deine Diener, und sie sollen allerlei Arme, Blinde, Lahme, Krüppel und bresthafte Menschen hierher bringen!

²⁰ „Für diese laß im nachgebildeten Allerheiligsten auch einen Tisch decken und sie festlich bewirten, und Meine Diener werden ihrer warten!

²¹ „Und siehe, also wird dann das Allerheiligste lebendig sein und wird den Allerheiligsten besser vorstellen als nun die leere Bundeslade in Jerusalem!

²² „Zugleich aber sorge auch für drei Ziegenböcke; diese wirf den Löwen vor, auf daß auch sie genährt werden!"

²³ Cyrenius küßte darauf das Kindlein und befolgte sogleich dessen Rat.

²⁴ Und im Verlaufe von einer Stunde war das vorbildliche Allerheiligste mit Armen angefüllt, und die Löwen bekamen ihre Kost.

142

Josephs Dankgebet und Demut.
Des Cyrenius Liebesstreit mit Joseph wegen der Platzordnung.
Josephs kluger Rat und des Cyrenius Nachgeben.

Nachdem alles so bestellt und geordnet war, da erst erhob *Joseph* seine Augen gen Himmel und dankte dem Gott Abrahams, Isaaks und Jakobs.

² Und als er sein Dankgebet beendet hatte, da erst nahm er ganz unten mit den Seinen Platz am königlich bestellten Tische des Cyrenius.

³ *Cyrenius* aber eilte sogleich hin zum Joseph und sprach zu ihm:

¹ auf dem.

⁴ „Nein, nein, mein erhabenster Freund und Bruder, das geht nicht an; denn dieses Fest geht *dich* an und nicht *mich!*

⁵ „Daher ist dort zu oberst des Tisches dein Platz, und nicht hier zu unterst!

⁶ „Erhebe dich demnach, und laß dich von mir selbst dort zu oberst am Tische, da¹ er mit Gold gedeckt ist, hinsetzen, und das mit allen dir Angehörigen!

⁷ „Hier aber werden meine Leute sitzen und liegen; denn also habe ich selbst es angeordnet!"

⁸ *Joseph* aber sprach: „Cyrenius, siehe, eben darum, da ich dein aufrichtigster Freund und Bruder bin, bleibe ich mit den Meinigen hier auf diesem Platze sitzen!

⁹ „Denn siehe, bei mir verlierst du nichts, wenn ich auch hier am² untersten Platze sitze;

¹⁰ „aber bei deinen großen Staatsamtsgefährten verlierst du viel, so du sie nicht obenan setzest!

¹¹ „Daher laß die Sache also gut sein! Auf der Welt soll die Welt ihren Vorzug haben; im Reiche Gottes aber wird es der ganz umgekehrte Fall sein, — denn dort werden die Letzten die Ersten sein beim Tische Abrahams, Isaaks und Jakobs!"

¹² *Cyrenius* aber sprach: „O Bruder, ich habe mich gefreut auf diesen Tag, daß ich dir, einem Königssohne, auch eine königliche Ehre antäte;

¹³ „Nun aber ist die Hälfte meiner Freude dahin, indem ich gerade dich, dem alles das gilt, ganz untenan sehen muß!

¹⁴ „Bruder, gehe und setze dich doch wenigstens auf den Mittelplatz, auf daß ich dir bei Tische doch näher bin!"

¹⁵ Und *Joseph* sprach: „Aber mein geliebtester Bruder, du wirst doch nicht kindisch sein?!

¹⁶ „Du weißt ja, daß ich allezeit und überall in der Ordnung bleiben muß, die mir Gott der Herr vorschreibt in meinem Herzen!

¹⁷ „Wie willst du mich denn über diese Ordnung hinaus versuchen wollen?

¹⁸ „Setze du obenan deine Großen und Glänzenden; und du als Herr kannst dich hinsetzen, wohin du willst, indem dir *jeder* Platz am Tische gebührt!

¹⁹ „Und somit ist diese Sache abgetan; am goldenen Gedecke werden deine Großen schon den ersten Platz erkennen und werden sich höchst geehrt fühlen, so du ihnen solche Ehrenplätze ganz einräumst und selbst einen niedereren für dich erwählst!"

²⁰ *Cyrenius* verstand die Worte Josephs, wies darauf seinen Großen die ersten Plätze an,

²¹ er selbst aber setzte sich mit der Tullia an die Mitte des Tisches.

²² Und so war alles wohl geordnet; die Großen waren voll Freude, daß sie obenan saßen,

²³ Cyrenius war vergnügt in der Mitte, und Joseph mit den Seinen war überheiter, daß er auch bei diesem großen Glanzfeste in der Ordnung Gottes verbleiben konnte.

---

¹ wo; ² auf dem.

143

Der fraglustige gottsuchende Hauptmann. Des Priesters gute Antwort über die Götterlehre und sein Bekenntnis zum allein wahren Gott. Josephs abfertigende Antwort an den fragenden Hauptmann.

Das Morgenmahl aber dauerte bei einer Stunde lang, und es ward unter dem Essen viel geredet über allerlei Dinge.

2 *Ein Hauptmann* aber, der auch bei der Bergbesteigung mit war, fragte zu Ende der Tafel einen von den drei ehemaligen Unterpriestern:

3 „Höre du mich an! Siehe, wir haben eine Götterlehre, nach der es von Göttern wimmelt, wohin wir nur immer sehen mögen;

4 „ich aber habe noch nie etwas von einem Gotte gesehen, noch irgend wahrgenommen!

5 „Von tausend Dingen habe ich nicht selten geträumt, — aber von irgendeiner Gottheit nie!

6 „Wer aber kann von uns allen nun lebenden Menschen auftreten und gewissenhaft wahr bekennen: ‚Ich habe den Zeus oder irgendeine andere Gottheit gesehen und gesprochen!'?

7 „Nachdem wir aber doch auch ebensogut Menschen sind als die, welche in der Urzeit mit den Göttern sollen einen Umgang gehabt haben,

8 „so sehe ich da nicht ein, warum uns die Götter nun also im Stiche lassen und sich nicht im geringsten mehr um uns kümmern!

9 „Könntest du, als ein ehemaliger Priester, mir denn nicht davon irgendeinen haltbaren Grund angeben?"

10 *Der Unterpriester* aber sprach: „Lieber Freund, ich bitte dich um alles in der Welt, frage du mich nur um solche höchst albernen Dinge nimmer!

11 „Unsere Götter sind nichts als reine Ephemeriden[1], die dem Sumpfe unserer Dummheit entstammen.

12 „Da wir aber in solcher unserer Dummheit nichts Besseres als unsere eigenen Sumpfgeburten erspähen mögen, so bevorzugen wir diese und stellen sie uns selbst als Götter vor,

13 „erbauen ihnen Tempel und beten dann in denselben die allernichtigsten Produkte unserer Dummheit an.

14 „Siehe, das sind die Götter, denen wir Tempel erbaut haben, und an denen Rom strotzt!

15 „Ja, es gibt wohl einen wahren Gott; dieser aber war allzeit heilig, und wir allerunreinsten Wesen in unseren Herzen können Ihn nicht erschauen, wohl aber Seine Werke!

16 „Willst du aber von diesem *einen* Gotte mehreres erfahren, da wende dich an jenen reinen Juden; der wird Ihn dich — ich schwöre es dir — sicher näher kennen lehren!"

17 Mit diesem Bescheide war *der Hauptmann* zufrieden; denn er bekam gerade *die* Antwort, die er schon lange gesucht hatte.

18 Und er bewegte sich auch hin zu Joseph und brachte ihm sein Anliegen vor.

19 Und *Joseph* sprach: „Guter Mann, es hat alles seine Zeit! Wenn du reif wirst, wird es dir geoffenbart werden; darum begnüge dich vorderhand mit dieser Verheißung!"

---

[1] Eintagsfliegen.

144

Josephs und des Cyrenius Absicht, das nachgebildete Allerheiligste zu beschauen. Des Kindleins Einspruch. Joseph in Verlegenheit. Marias aufklärende Worte und des Kindleins Zustimmung. Die nachträgliche Belehrung des Hauptmanns.

Als der nach Gott forschende Hauptmann auf diese Art abgefertigt war, da sprach *Joseph* zu Cyrenius:

2 „Bruder, nun laß uns auch einmal das Allerheiligste beschauen!"

3 Und Cyrenius fügte sich mit großer Freude der Anforderung seines ihm über alles werten Freundes.

4 Aber *das Kindlein* erhob sich und sprach zu Joseph:

5 „Höre Mich an, du getreuer Ernährer Meines Leibes! Du selbst hast vorhin zum nach Gott forschenden Hauptmann gesagt:

6 ‚Es hat alles seine Zeit; wenn du erst reif wirst, dann wird dir schon das Weitere geoffenbart werden! Mit dieser Verheißung begnüge dich vorderhand!'

7 „Also sage denn Ich aber auch hier vor dem Eintritte in das hier vorbildliche wie nachbildliche Allerheiligste:

8 „Es hat auch dieser Eintritt seine Zeit! Noch seid ihr alle nicht reif dazu; wenn ihr aber reif werdet, da will Ich es durch Meine Diener vor euch eröffnen lassen!

9 „Vorderhand aber begnüget euch auch mit dieser Verheißung!"

10 Hier sahen Joseph und Cyrenius einander groß an, und die Verlegenheit des einen übertraf die des andern.

11 Und *Joseph* sprach zu Maria: „Das sieht gut aus, so das Kindlein mir jetzt Gesetze gibt, wo Es Seine Füße noch in den Windeln hat!

12 „Was wohl wird Es tun, wenn Es zehn Jahre zählen wird, und was, wenn zwanzig?"

13 *Maria* aber sprach zu Joseph: „Aber lieber Vater Joseph, wie kannst denn auch du schwach werden?!

14 „Zeigen es dir ja doch die Engel durch ihre übergroße Demut, *wer* dieses Kindlein ist!

15 „Und die vielen Wunder, die um uns geschehen, sind ja auch ein lauterer und sonnenklarer Beweis für diese große Wunderwahrheit aller Wahrheit.

16 „Siehe, ich, dein getreues Weib und deine Magd, aber merke es wohl, was die Worte des Kindleins im Schilde führen!

17 „Tue du das, und ich glaube im voraus überzeugt zu sein, daß da sogleich ein anderer Wind wird zu wehen anfangen!"

18 Und *Joseph* fragte darauf wieder die Maria: „Ja, was ist es denn, was ich nun tun soll?"

19 Und *Maria* sagte: „Siehe an den Mann, der da sucht, und zeige ihm weise, Das er sucht, dem er so ferne zu sein wähnt und doch so nahe ist!"

20 Und *das Kindlein* sah den Joseph freundlichst lächelnd an und sprach dazu:

21 „Ja, ja, du Mein geliebtester Joseph, das Weib hat recht; gehe hin und belehre den Hauptmann!

22 „Denn siehe, denen, die da bitten, suchen und anklopfen, muß aufgetan werden die lange verschlossene Pforte in Mein Reich!

23 „Doch mußt du nicht gerade mit dem Finger auf Mich zeigen, indem Meine Zeit noch nicht da ist; denn du weißt es ja, daß da alles seine Zeit haben muß!"

²⁴ *Joseph* küßte darauf das Kindlein und ging dann hin zum Hauptmann und sprach zu ihm:

²⁵ „Komme und höre, wonach dich verlangt, das soll dir werden!" Und der Hauptmann horchte mit Freuden der Rede Josephs.

145

Des Hauptmanns Frage nach dem Kommen des Messias. Josephs Rede vom Wesen des Messias. Des Unterpriesters Worte über das Ende der heidnischen Tempel. Vom lebendigen Tempel im Menschenherzen.

Als *der Hauptmann* von Joseph sogestaltig die Hauptgrundzüge der Lehre Gottes erhielt und somit auch einige Andeutungen von dem Messias,

² da ward er sehr tiefsinnig und fragte nach einer Weile, wann dieser Messias kommen werde.

³ *Joseph* aber antwortete und sprach: „Dieser Messias, durch den alle Menschen vom Joche des Todes befreit werden, und der die abgefallene Erde wieder mit den Himmeln verbinden wird, ist bereits schon da!"

⁴ Und *der Hauptmann* forschte und sprach: „So dieser Messias bereits da ist, so sage es mir, wo Er ist, und woran man Ihn erkennen kann!"

⁵ Und *Joseph* antwortete und sprach: „Das steht mir nicht offen, daß ich Ihn dir mit dem Finger zeigen soll!

⁶ „Aber was da betrifft die Erkenntnismale, so will ich dir gleichwohl einiges davon kundgeben!

⁷ „Siehe, der Messias wird fürs erste der lebendige ewige Sohn des allerhöchsten, dir bisher unbekannten Gottes sein!

⁸ „Eine allerreinste Jungfrau wird Ihn empfangen auf eine allerwunderbarste Weise durch die alleinige Kraft des Allerhöchsten.

⁹ „Wenn Er aber empfangen und dann geboren sein wird, da wird alle Fülle der allerhöchsten Kraft Gottes wohnen in Seinem Fleische.

¹⁰ „Und so Er auf der Erde wohnen wird leibhaftig, da werden Seine Diener und Boten aus den hohen Himmeln zur Erde niedersteigen und werden geheim, und vielen Menschen auch offenbar, Ihm dienen.

¹¹ „Er wird durch Worte und Taten beseligen alle, die Ihm folgen werden in der Tat nach Seinem Worte und werden entflammen ihre Herzen für Ihn.

¹² „Die Ihn aber nicht werden erkennen wollen, die wird richten Sein allmächtiges Wort, das Er mit ehernem Griffel in eines jeden Menschen Herz schreiben wird.

¹³ „Seine Worte aber werden nicht sein wie die eines Menschen, sondern werden sein voll Kraft und voll Leben; und wer die Worte hören wird und wird sie behalten in seinem Herzen zur Tat darnach, der wird den Tod nimmer schmecken ewiglich!

¹⁴ „In Seinem Wesen aber wird Er sein so sanft wie ein Lamm und zart wie eine Turteltaube;

¹⁵ „aber dennoch werden Seinem leisesten Hauche gehorchen alle Elemente!

¹⁶ „So er den Winden gebieten wird gar leise, da werden sie losbrechen und werden das Meer zerfurchen bis in den Grund!

¹⁷ „Wenn Er über die wogende See hinblicken wird, da wird das Gewässer zum ruhigen Spiegel werden!

¹⁸ „So Er zur Erde hauchen wird, da wird sie ihre alten Gräber öffnen und alle Toten wieder zum Leben ausliefern müssen!

¹⁹ „Und das Feuer wird *dem* zur Kühlung werden, der des Messias Wort lebendig in der Brust tragen wird! —

²⁰ „Nun, lieber Hauptmann, hast du die wesentlichsten Merkmale des Messias, an denen du Ihn leicht erkennen kannst!

²¹ „*Mehr* von Ihm zu sagen, ist mir nicht gestattet; das ‚Wo Er ist' aber wirst du da sicher recht leicht und recht bald finden!"

²² Diese Erklärung machte einen gar mächtigen Eindruck auf *den Hauptmann,* so daß er darauf sich kaum mehr etwas zu reden getraute.

²³ Er ging darauf zu dem schon früher angeredeten Unterpriester und sprach zu ihm:

²⁴ „Hast du von der Seite vernommen, was dieser überweise Jude mit mir geredet hat?"

²⁵ Und *der Unterpriester* sprach: „Ich sage dir: Ein jedes Wörtchen drang tief in meine staunende Seele!"

²⁶ Und *der Hauptmann* sprach: „Also sage mir, was es denn da hernach mit unseren Göttern für ein Ende nehmen wird, so der mir höchst merkwürdig bezeichnete Weltmessias auftreten wird in der vollen Tätigkeit Seiner vollgöttlichen Kraft!"

²⁷ Und *der Unterpriester* erwiderte: „Hast du vor drei Tagen nicht empfunden die Kraft des mächtigen Orkans?

²⁸ „Auf dem Berge, hast du da nicht gesehen das plötzliche Ende unseres ehemaligen Apollotempels und alle die darauf folgenden Zeichen?

²⁹ „Siehe, geradeso wird es in der Kürze der Zeit auch Rom ergehen! Zum staubigen Schutte werden die Tempel werden!

³⁰ „Und wo man nun noch dem Zeus Opfer bringt, da wirst du in der Kürze einen zerworfenen Steinhaufen erschauen; aber dafür werden die Menschen lebendige Tempel erbauen in ihren Herzen!

³¹ „In diesen wird ein jeder Mensch, gleich einem Priester, dem einig wahren Gotte ein lebendiges Opfer darbringen können, überall und zu jeder Zeit! Soviel und nicht mehr kann ich dir sagen! Willst du mehr? Siehe, dort sind sie, die mehr wissen als ich! Darum frage mich nicht weiter!"

146

Weitere Fragen des Hauptmanns. Josephs Rede über das Reich des Messias und die Liebe als Hauptschlüssel der Wahrheit. Der Eintritt der Gesellschaft in das nachgebildete Allerheiligste. Marias gute Tat an den armen Blinden.

Darauf fragte *der Hauptmann* den Unterpriester auch nicht mehr weiter, sondern begab sich sogleich wieder hin zu Joseph.

² Allda angelangt, erzählte er sogleich alles, was er von dem Unterpriester vernommen hatte,

³ und fragte aber darauf auch so-

gleich den Joseph, was er von allem dem im Ernste halten solle.

⁴ Und *Joseph* antwortete und sprach: „Halte du vorderhand von allem dem, was dir gesagt ward, so viel, als dir gesagt wurde;

⁵ „alles andere aber erwarte in Geduld von der Folge, so wirst du am besten fahren!

⁶ „Denn siehe, im Fragen und Antworten besteht das heilige Reich des Messias nicht,

⁷ „sondern allein nur in der Geduld, Liebe, Sanftmut und in der völligen Ergebung in den göttlichen Willen!

⁸ „Denn bei Gott läßt sich nichts übers Knie brechen, nichts erzwingen und am allerwenigsten aber etwas ertrotzen.

⁹ „Wenn es aber der Herr für gut befinden wird für dich, dann auch wird Er dich in die höhere Offenbarung leiten.

¹⁰ „Fasse aber sofort lebendige Liebe zu dem dir von mir ganz rein geoffenbarten Gott; durch sie wirst du am ehesten dahin gelangen, wo du so ganz eigentlich sein möchtest!

¹¹ „Ja, solche Liebe wird dir auf *einmal* mehr geben lebendig, als was du mit einer Million toter Fragen erbeuten möchtest!"

¹² Und *der Hauptmann* fragte und sprach: „Gut, mein geachtetster weisester Freund! Ich will solches alles tun; aber nur das mußt du mir sagen, wie man deinen Gott liebt, den man noch zu wenig kennt!"

¹³ Und *Joseph* sprach: „Wie du deinen Bruder und deine allfällige Braut liebst, also auch liebe Gott!

¹⁴ „Liebe deine Nebenmenschen als lauter Brüder und Schwestern in Gott, und du wirst dadurch auch Gott lieben!

¹⁵ „Tue allzeit und allenthalben Gutes, so wirst du die Gnade Gottes haben!

¹⁶ „Sei barmherzig gegen jedermann, so wirst du auch bei Gott die wahre lebendige Barmherzigkeit finden!

¹⁷ „Ferner sei in allen Dingen gelassen, sanft und voll Geduld, und fliehe den Stolz, den Hochmut und den Neid wie die Pestilenz,

¹⁸ „dann wird der Herr eine mächtige Flamme in deinem Herzen erwecken,

¹⁹ „und das gewaltige Licht dieser geistigen Flamme wird alle Finsternisse des Todes aus dir verscheuchen, und du wirst dann in dir selbst eine Offenbarung finden, in der du alle deine Fragen auf das glänzendste lebendig beantwortet finden wirst!

²⁰ „Siehe, das ist der rechte Weg zum Lichte und Leben aus Gott! Das ist die rechte Liebe zu Gott; diesen Weg wandle!"

²¹ Als der Hauptmann diese kräftige Lehre von Joseph erhielt, da hielt er alsbald inne mit seinen noch vielen übrigen Fragen und versenkte sich in tiefe Gedanken.

²² Zu gleicher Zeit aber ward auch von den Jünglingen der Vorhang weit auseinandergezogen, und Joseph ersah alsbald, daß es nun an der Zeit sei, in dieses nachgebildete Allerheiligste zu treten.

²³ Schon von ferne der Tiefe dieses großen Saales ward von seiten der armen Gespeisten ein mächtiger Dankruf entgegengesandt.

²⁴ Als aber der glänzende Cyrenius erst völlig mit Joseph und Maria mit dem Kindlein in das nachgebildete Allerheiligste eintrat, da war es völlig aus bei den Armen.

²⁵ Den Cyrenius kostete dieser Anblick viele Freuden- und Mitleidstränen, desgleichen auch den Joseph und die Maria.

²⁶ Es waren aber viele Blinde, Lahme und Krüppel aller Art darunter; denn ihre Zahl enthielt Hunderte.

²⁷ Da betete geheim die Maria, nahm dann das Tuch, womit sie öfter das Kindlein abwischte, und wischte damit allen Blinden die Augen; und alle bekamen darauf das Augenlicht wieder. Nach dieser Tat wollte das Loben und Preisen kein Ende nehmen; darum begab sich die Gesellschaft auf kurze Zeit wieder in den Hauptsaal zurück.

147

Das Bittgeschrei der Kranken zu Maria. Marias Hinweis auf das Jesuskind. Die Heilung der Kranken und ihre Belehrung durch die Engel. Der Hauptmann auf der Suche nach dem Wundertäter.

Nach einer Weile erst ging die erhabene Gesellschaft wieder in das nachgebildete Allerheiligste und ward wieder mit der größten Preisung empfangen.

² *Die Lahmen, die Krüppel und die sonstigen Bresthaften* aber schrieen: „O du herrliche Mutter, die du halfst den Blinden, wir bitten dich, befreie auch uns von unserer großen Qual!"

³ *Maria* aber sprach: „Was rufet ihr zu *mir*? Ich kann euch keine Hilfe leisten; denn ich bin gleich euch nur eine schwache sterbliche Magd meines Herrn!

⁴ „Aber *Der,* den ich auf meinen Armen trage, kann euch wohl helfen; denn in Ihm wohnt die ewige Fülle der göttlichen Allkraft!"

⁵ Es horchten aber *die Kranken* nicht auf die Rede der Maria, sondern schrien noch viel mehr: „O herrliche Mutter, hilf uns, hilf uns Armen, und mache uns frei von unserer Qual!"

⁶ Da richtete sich *das Kindlein* auf und streckte Seine Hand über die Kranken aus, und sie wurden alle im Augenblick vollkommen gesund.

⁷ Die Lahmen sprangen wie Hirsche, die Krüppel wurden gerade wie die Zedern auf dem Libanon, und alle sonstigen Bresthaften wurden von ihren Leiden befreit.

⁸ Und *die Engel* traten dann zu all diesen Armen, hießen sie schweigen und verkündigten ihnen die Nähe des Reiches Gottes auf Erden.

⁹ Diese Begebenheit brachte *unsern Hauptmann* aus seinem tiefen Gedankentraume, und er ging ebenfalls ins Allerheiligste der Gesellschaft nach.

¹⁰ Allda angelangt, trat er sogleich zum Joseph hin und fragte ihn: „Erhabener Freund, was geschah hier? Ich sehe ja hier weder Blinde, noch Lahme, noch Krüppel und sonstige Elende mehr!

¹¹ „Wie? Sind sie alle durch ein Wunder geheilt worden, oder war ihr ehedem elender Zustand nur Schein?"

¹² Und *Joseph* sprach: „Gehe hin und rede darüber mit denen selbst, die dir jetzt so rätselhaft vorkommen! Diese werden es dir am besten zu sagen wissen, was sich nun mit ihnen zugetragen hat!"

¹³ Und *der Hauptmann* tat sogleich, was ihm der Joseph geraten hatte; denn das Fragen war überhaupt dieses Hauptmanns schwache Seite.

¹⁴ Er bekam aber überall *eine und dieselbe Antwort;* überall lautete es: „Auf wunderbare Weise ward ich gesund!"

¹⁵ Und *der Hauptmann* kam wieder zu Joseph und fragte ihn:

¹⁶ „Wer von euch wirkte denn das Wunder? Wem von euch ist solch eine Wunderkraft eigen? Wer von euch ist denn sicher ein Gott?"

¹⁷ Und *Joseph* sprach: „Siehe, dort stehen wieder die armen Geheilten!

¹⁸ „Gehe abermals hin und frage sie; diese werden dir schon den rechten Wink geben!"

¹⁹ Und *der Hauptmann* wandte sich sogleich wieder an die Armen und fragte um ¹ den Wundermann.

²⁰ *Die Armen* aber sprachen: „Siehe an die große Gesellschaft; aus ihrer Mitte kam uns wunderbar die Heilung!

²¹ „Die kleine Jüdin scheint die Macht zu tragen! Wie aber? Das werden die Götter besser wissen als wir!"

²² Nun wußte der Hauptmann nicht viel mehr als vorher.

²³ *Joseph* aber sprach zum Hauptmanne: „Siehe, du bist ein Reicher Roms; versorge nun diese Armen aus Liebe zu Gott, so wirst du mehr erfahren! Für jetzt aber begnüge dich mit dem!"

148

Der Wetteifer im Gutes-Tun zwischen dem Hauptmann und Cyrenius.
Der ratlose Hauptmann und seine Belehrung durch Joseph.

Als *der Hauptmann* solches von Joseph vernommen hatte, da bedachte er sich nicht lange, sondern ging hin zu Cyrenius und sprach:

² „Kaiserliche, konsulische Hoheit! Hochdieselben haben sicher vernommen, was da meiner Geringheit der weise Jude geraten hat!?

³ „Ich habe mich darob sogleich entschlossen, seinem Rate die pünktlichste Folge zu leisten.

⁴ „Darum bitte ich Hochdieselben, mir diesen meinen Beschluß zu genehmigen, laut dem ich alle diese Armen wie meine eigenen Kinder in meine Versorgung nehmen möchte."

⁵ Und *Cyrenius* sprach: „Mein achtbarster lieber Hauptmann! Es tut mir leid, daß ich dir dieses erhabene Vergnügen nicht zukommen lassen kann!

⁶ „Denn siehe, soeben habe ich sie schon alle in meine eigene Versorgung übernommen!

⁷ „Aber darum darfst du dich nicht betrüben; denn du wirst noch Arme genug antreffen.

⁸ „Befolge an *denen* den Rat des weisen Juden, und du wirst den gleichen Lohn einernten!"

⁹ *Der Hauptmann* verneigte sich hier vor Cyrenius, ging sogleich zu Joseph hin und sprach:

¹⁰ „Da siehe nun, was kann ich nun tun, wenn mir der Cyrenius schon lange zuvorgekommen ist?! Woher werde ich nun Arme nehmen? Denn hier sind sie von ganz Ostrazine beisammen!"

¹¹ Und *Joseph* lächelte hier freundlich den Hauptmann an und sagte zu ihm:

¹² „O mein bester Freund, sorge du dich nur darum nicht; denn an al-

---

¹ nach.

lem anderen hat die Erde stets einen größeren Mangel gehabt als an Armen!

¹³ „Siehe, es brauchen da nicht gerade Blinde, Lahme, Krüppel und sonstige Bresthafte sein!

¹⁴ „Gehe hin und durchsuche die Familien in den Häusern, überzeuge dich von ihrer mannigfachen Not, und du wirst sogleich Gelegenheit in Menge finden, deinen Überfluß gehörig an den Mann zu bringen!

¹⁵ „Siehe, diese Stadt ist ja im ganzen ohnehin mehr eine Ruine als eine ansehnlich blühende Stadt!

¹⁶ „Durchsuche nur die halbzerfallenen Wohnungen so mancher Bürger, und du wirst das Eitle deiner Betrübnis wegen Mangels an Armen sogleich überklar einsehen!"

¹⁷ *Der Hauptmann* aber sagte: „Lieber weiser Freund, da hast du wohl recht;

¹⁸ „aber jene Armen werden mir wenig Aufschluß über den kommenden Messias erteilen können, indem sie doch samt mir irrgläubig sind dir gegenüber!

¹⁹ „*Diese* aber haben nun an sich so viel Wunderbares erlebt und hätten mir nach und nach so manches enthüllen können!"

²⁰ Und *Joseph* erwiderte dem Hauptmanne: „Oho, mein lieber Freund! Meinst du denn, die Enthüllung des Geistigen liege in den Armen?

²¹ „Oh, da bist du in großer Irre! Siehe, die Enthüllung liegt nur in der Liebe deines eigenen Herzens und Geistes! Wenn du Liebe ausübst, dann wird aus der Flamme solcher Liebe dir ein Licht werden, aber nicht aus dem Munde der Armen!" Mit dieser Erklärung ward der Hauptmann zufrieden und fragte hinfort nicht mehr, was er tun solle.

149

Die Frage der Ausbesserung des alten Karthagerschiffes am Sabbat. Des Kindleins Rede über das Gutes-Tun am Sabbate. Der Ungehorsam des gesetzestreuen Joseph. Die wunderbare Ausbesserung des Schiffes durch die Engel.

Nach dieser Beruhigung des Hauptmanns gab *Cyrenius* dem Obersten einen Befehl, laut dem dieser für den nächsten Tag noch ein Schiff ausrüsten mußte, in welchem diese Armen nach Tyrus überbracht werden sollten.

² *Der Oberste* aber sprach: „Kaiserliche, konsulische Hoheit! Es liegt meines Wissens nur noch ein altes karthagisches Schiff draußen im Hafen, das aber schon sehr schadhaft ist.

³ „Schiffsbauleute gibt es in dieser Stadt nicht, wohl hier und da nur höchst elende Zimmerleute, die mit der genauesten Not etwa ein Fischerfloß zusammenbinden können.

⁴ „Es steht demnach sehr in Frage, wie wir das alte Karthagerschiff zurechtbringen werden!"

⁵ Und *Cyrenius* sprach: „Sorge dich nicht; dafür soll sogleich der beste Rat geschafft werden!

⁶ „Siehe, jener weise Jude ist seiner Kunst nach ein großer Meister als Zimmermann, und also auch seine fünf Söhne!

⁷ „Diesen will ich um Rat fragen, und ich bin überzeugt, er wird mir ganz besonders in dieser Sache den besten Rat erteilen!"

⁸ Hier wandte sich Cyrenius sogleich an Joseph und stellte ihm die Sache vor.

⁹ *Joseph* aber sprach: „Freund und Bruder, es wäre alles recht und gut, wenn nur heute nicht unser größter Sabbat wäre, an dem wir keine Arbeit anrühren dürfen!

¹⁰ „Aber es gibt vielleicht hier Zimmerleute, die unser Sabbat nichts angeht; denen will ich ja wohl die Anleitung geben!"

¹¹ Es erhob sich aber *das Kindlein* und sprach: „Joseph, des Sabbats wegen darf ein jeder Mensch Gutes tun!

¹² „Die Feier des Sabbats besteht nicht so sehr im Müßigsein den ganzen Tag hindurch, sondern vielmehr in guten Werken!

¹³ „Moses hat wohl die Feier des Sabbats hoch geboten und in seinem Gebote jede unnötige und knechtlich bezahlte Arbeit als eine Schändung des Sabbats bezeichnet, die vor Gott ein Greuel ist;

¹⁴ „aber an einem Sabbate den Willen Gottes zu tun, hat Moses nie verboten!

¹⁵ „Es steht nirgends im Gesetze, daß man an einem Sabbate einen Bruder soll zugrunde gehen lassen!

¹⁶ „Ich aber, als der *Herr* des Sabbats, sage: Tuet auch am Sabbate allzeit Gutes, so werdet ihr den Sabbat am besten feiern!

¹⁷ „Getraust du, Joseph, dich aber schon nicht, scheinbar nur das Gesetz Mosis zu übertreten durch die leichte Ausbesserung jenes Schiffes, so sollen das sogleich Meine Diener tun!"

¹⁸ Und *Joseph* sprach: „Mein göttlich Söhnchen, Du hast wohl recht; aber siehe, ich bin im Gesetze alt geworden und will es auch nicht dem Scheine nach übertreten!"

¹⁹ Da berief *das Kindlein* sogleich die Jünglinge und sprach: „Also gehet *ihr* hin und erfüllet Meinen Willen;

²⁰ „denn Joseph achtet das Gesetz mehr als den Gesetzgeber und den Sabbat mehr als den Herrn des Sabbats!"

²¹ Und so schnell wie ein Gedanke verließen die Jünglinge den Saal und brachten auch im Augenblicke das Schiff zurecht und kamen auch alsbald wieder zurück.

²² Alles verwunderte sich über diese Schnelligkeit, und viele glaubten nicht, daß das Schiff in Ordnung sei. Aber es kamen bald Boten vom Hafen, die diese Tat dem Cyrenius anzeigten. Darauf begab sich dann die ganze Gesellschaft ans Ufer und besichtigte das Schiff und wunderte sich über solche Fertigkeit dieser Jünglinge.

150

Der Besuch des Hafens. Das kostbare Schiff. Des Cyrenius Dankrede an Joseph. Des Kindleins Antwort und Hinweis auf das Wohltun den Armen.

Cyrenius aber besah das Schiff genau und berechnete, für wie viele Menschen darinnen wohl Raum sein dürfte.

² Und er fand, daß da recht bequem tausend Menschen im Notfalle könnten untergebracht werden.

³ Bei dieser Berechnungsgelegenheit aber überzeugte sich Cyrenius auch

von der außerordentlichen Festigkeit und Zierlichkeit dieses Schiffes;

⁴ denn es sah nicht also aus, als wäre es ein altes und geflicktes, sondern das ganze Schiff sah also aus, als wäre es gegossen.

⁵ Keine Fuge war zu entdecken, und am Holze konnte man keine Jahre, Äste und sonstige Fasern und Poren bemerken.

⁶ Als *Cyrenius* sich von alledem überzeugte und vom Schiffe zurück ans Ufer zu der Gesellschaft — natürlich mit seinem nötigen Gefolge — kam, da trat er sogleich zu Joseph hin und sprach:

⁷ „Mein allererhabenster Freund, du glücklichster der Menschen auf Erden! Über das Wunder wundere ich mich nun gar nicht mehr; denn ich weiß es ja jetzt nur zu gut, daß bei Gott alle Dinge möglich sind.

⁸ „Ich weiß, daß das kein gemachtes und geflicktes, sondern ein ganz neuerschaffenes Schiff ist; aber ich wundere mich dessen nicht.

⁹ „Denn dem Herrn wird es wohl gleich leicht sein, entweder eine ganze Welt oder ein solches Schiff zu erschaffen; denn die Erde ist ja doch auch ein Schiff, das gar viele Menschen trägt auf dem Meere der Unendlichkeit!

¹⁰ „Aber daß du mich nun zu deinem großen Schuldner gemacht hast, siehe, das macht mich nun denken, auf *welche* Weise ich dir je diese Schuld werde abtragen können!

¹¹ „Denn siehe, dieses Schiff, das ehedem kaum ein Pfund Silbers wert war, indem es mehr einem Wrack als einem Schiffe glich, ist nun über zehntausend Pfunde Goldes wert!

¹² „Denn es kann nun zu einer Reise über die Herkulessäulen (Gibraltar) nach Britannien gebraucht werden, wie zur Umschiffung von ganz Afrika bis nach Indien.

¹³ „Wahrlich, solch ein Werk ist ja doch für den Weltgebrauch mit keinem Golde zu bezahlen!

¹⁴ „Siehe, du mein erhabenster Freund, das ist es, was mich nun sehr denken macht, wie ich dir je diese Schuld abtragen werde!

¹⁵ „Möchtest du das Gold achten, so wahr dein und nun auch mein Gott lebt, so sollst du in sieben Tagen zehntausend Pfunde haben!

¹⁶ „Aber ich weiß, daß das Gold vor deinen Augen ein Greuel ist, und so macht mich nun das traurig, daß ich dir, meinem größten Freunde, etwas schuldig bleiben muß!"

¹⁷ Und Joseph ergriff des Cyrenius Hand, drückte sie an seine Brust und wollte reden; aber es kamen ihm auch die Tränen beim Anblick dieses edlen Römers.

¹⁸ Dafür aber richtete sich das *Kindlein* auf, lächelte den Cyrenius an und sprach: „Mein lieber Cyrenius Quirinus, wahrlich sage Ich dir: So du *einen* Armen nur in Meinem Namen aufgenommen hättest, da hättest du schon mehr getan, als was zehntausend solche Schiffe wert sind!

¹⁹ „Du aber hast mehrere Hunderte nun in kurzer Zeit versorgt, und Ich müßte dir gar viele solche Schiffe dafür geben, um dich irdisch dafür zu entschädigen!

²⁰ „Denn siehe, bei Mir gilt *ein* Mensch mehr als eine ganze Welt voll solcher Schiffe! Darum laß dich's nicht kümmern deiner vermeinten Schuld wegen!

²¹ „Was du den Armen tust, das tust du auch Mir; aber nicht hier auf der Erde werde ich dich belohnen, sondern wenn du sterben wirst, da werde Ich alsbald deine Seele erwecken und dich gleichmachen diesen Meinen Dienern da, die das Schiff ausbesserten!"

²² *Cyrenius* weinte hier und be-

teuerte, daß er von nun an sein ganzes Leben zum Wohle der armen, leidenden Menschheit verwenden werde.

²³ *Das Kindlein* aber hob Seine Hand und sprach: „Amen" und segnete darauf den Cyrenius und das Schiff.

151

Das Mittagessen in der Burg. Der Hauptmann auf der Suche nach Armen in der Stadt, seine Rückkehr und seine Belobigung durch Cyrenius.
Des Kindleins Segensworte.

Darauf begab sich dann die ganze Gesellschaft wieder in die Stadt und in die Burg, allwo unterdessen das Mittagsmahl ganz nach jüdischer Sitte bereitet war.

² Alles nahm wieder die früheren Plätze ein und stärkte sich am schmackhaft bereiteten Mittagsmahle.

³ Zu Ende der Mahlzeit erst bemerkte Cyrenius, daß der bekannte Hauptmann sich nicht unter den Gästen befand.

⁴ „Wo ist er, was tut er?" war *die allgemeine Frage* zu oberst am römischen Teile der Tafel.

⁵ *Cyrenius* aber wandte sich an seinen Joseph und fragte ihn darum.

⁶ Und *Joseph* antwortete und sprach: „Kümmere dich nicht um ihn; denn er ist gegangen, die Armen der Stadt aufzusuchen!

⁷ „Es liegt ihm nun freilich noch mehr an der Auffindung des inneren Lichtes als so ganz eigentlich an den Armen;

⁸ „aber das tut nichts zur Beeinträchtigung seiner Sache, — denn im Suchen selbst wird sich ihm der rechte Weg von selbst auftun!"

⁹ Als *Cyrenius* nun solches erfuhr, da ward er überfroh und lobte den Hauptmann in seinem Herzen.

¹⁰ Als sich aber der römische Teil in allerlei Mutmaßungen über den Grund der Abwesenheit des Hauptmanns zerteilte, da kam er ganz heiter selbst zu der Gesellschaft und ward sogleich von allen Seiten her mit tausend Fragen bestürmt.

¹¹ *Der Hauptmann* aber, als selbst ein großer Freund vom Fragen, war darum nichts weniger als ein Freund von Antworten.

¹² Er ging daher sogleich zum Cyrenius hin und entschuldigte sich, darum er bei der Mittagstafel diesmal einen Ausreißer gemacht hatte.

¹³ Und *Cyrenius* reichte dem Hauptmann die Hand und sprach zu ihm:

¹⁴ „Fürwahr, und stünden wir vor dem Feinde, und du hättest aus einem solchen Grunde deinen Kampfplatz verlassen, so hättest du bei mir nichts zu verantworten!

¹⁵ „Denn wahr, wahr, wie ich es jetzt einsehe, so tun wir mehr, so wir auch nur *einem* Menschen Gutes tun, als gewönnen wir alle Reiche der Welt für Rom!

¹⁶ „Gott dem Herrn liegt mehr an *einem* Menschen als an der ganzen sonstigen Welt!

¹⁷ „Darum tun wir auch vor Gott bei weitem Größeres, so wir als Brüder aus Liebe einen Bruder versorgen leiblich — und soviel als möglich auch geistig —,

¹⁸ „als so wir gegen viele Tausende der ärgsten Feinde ins Feld zögen!
¹⁹ „Ja, es ist vor Gott ums Endlose rühmlicher, ein Wohltäter an seinen Brüdern zu sein, als zu sein der allergrößte Held in der tollen Welt!"
²⁰ Und *das Kindlein* sprach dazu: „Amen; also ist es, Mein Cyrenius Quirinus!

²¹ „Bleibe du auf diesem Wege; fürwahr, so sicher wie dieser führt kein anderer zum ewigen Leben! Denn die Liebe ist das Leben; wer die Liebe hat, der hat auch das Leben!" Darauf segnete das Kindlein den Cyrenius und den Hauptmann mit den Augen.

152

Des Jesuskindleins Rede an Cyrenius bei der Übergabe der Armen. Cyrenius als Vorläufer des Paulus. Eine Voraussage über den Fall Jerusalems durch das Schwert der Römer.

Nach dieser Verhandlung öffneten die Jünglinge wieder den Vorhang, und die ganze Gesellschaft begab sich wieder zu den Armen. Und *das Kindlein* richtete Sich auf und segnete die Armen mit den Augen.
² Dann wandte Es Sich zu Cyrenius und sprach zu ihm mit einer gar lieblichen Stimme:
³ „Mein geliebter Cyrenius Quirinus! Siehe, diese Meine Diener, die du als zarte Jünglinge hier erschaust, überwachen in Meinem Namen die ganze Schöpfung!
⁴ „Jede Welt, jede Sonne muß ihnen gehorchen auf den leisesten Wink,
⁵ „und so siehst du, daß Ich ihnen eine unbegrenzte Macht eingeräumt habe.
⁶ „Wie Ich aber diesen Meinen Dienern alle Schöpfung zur geordneten Leitung übergeben habe, also übergebe Ich hier dir diese viel größeren Welten des Lebens!
⁷ „Siehe, diese Brüder und Schwestern sind mehr als eine ganze Unendlichkeit voll Weltkörper und Sonnen für sich!

⁸ „Ja, Ich sage dir: Ein Kind in der Wiege ist mehr als alle Materie im ewigen endlosen Raume!
⁹ „Bedenke demnach, was Großes du in dieser Spende von Mir erhältst und über wie Großes Ich dich setze!
¹⁰ „Leite mit aller Liebe, Sanftmut und Geduld diese Armen auf dem rechten Wege zu Mir, und du sollst darum dereinst die Größe des Lohnes ewig nie ermessen können!
¹¹ „Ich, dein Herr und dein Gott, mache dich hiermit zu einem Vorläufer im Reiche der Heiden, auf daß *der*[1], den Ich dereinst senden werde zu den Heiden, eine leichte Aufnahme finden soll!
¹² „Ich werde in der Folge aber auch einen Vorläufer[2] zu den Juden senden;
¹³ „aber Ich sage dir: dieser soll einen harten Stand haben! Und was er tun wird im Schweiße seines Angesichtes, das wirst du im Schlafe bewirken!
¹⁴ „Darum aber wird auch den Kindern das Licht genommen und euch in aller Fülle überantwortet werden!

---
[1] Hier wird auf Paulus gedeutet; [2] Johannes, der Täufer?

15 „Und Ich lege darum in dir als Kind den Samen, der einst Mir den Baum geben wird, auf dem gar edle Früchte für Mein Haus erwachsen ewig.

16 „Aber der Feigenbaum bei den Kindern, den Ich schon zu den Zeiten Abrahams pflanzte in Salem — einer Stadt, die Ich im Melchisedek mit Meiner eigenen Hand erbaut habe —, werde Ich verfluchen, dieweil er nichts als Blätter trägt!

17 „Wahrlich, Mich hat es noch allezeit gehungert! Viele Male ließ Ich den Baum in Salem durch gute Gärtner düngen, und dennoch trug er mir keine Frucht!

18 „Darum aber soll auch, ehe ein Säkulum[1] verrinnen wird, die Stadt, die Meine Hand für Meine Kinder erbaut hat, durch euch Fremdlinge fallen; deines Bruders Sohn soll das Schwert gegen Salem ergreifen!

19 „Wie aber du nun diese Armen zu Kindern annimmst, so auch werde Ich euch Fremdlinge zu Meinen Kindern annehmen, und sie werden hinausstoßen die Kinder! —

20 „Diese Worte behalte du bei dir und handle im Verborgenen danach; Ich aber werde dich allezeit segnen mit der unsichtbaren Krone Meiner ewigen Liebe und Gnade, Amen!"

21 Diese Worte machten alles verstummen. Die Engel lagen auf ihren Angesichtern, und niemand getraute sich, etwas zu reden und zu fragen.

153

Des Cyrenius Frage über die Gottwesenheit des Kindes.
Josephs Erklärungsversuch mittels des lebendigen Wortes Gottes in den Propheten.
Die Berichtigung der Ansicht Josephs durch das Jesuskind.

Nach einer Weile erst zog *Cyrenius* den Joseph auf die Seite und sagte zu ihm:

2 „Mein erhabenster Freund und Bruder, hast du vernommen, was das Kindlein geredet hat zu mir?

3 „Hast du vernommen, wie Es nun einmal ganz offen heraussagte: ‚Ich, dein Herr und dein Gott!'?

4 „Nehme ich dazu Seine Willensallmacht und die Diener aus den Himmeln der Himmel, die allzeit auf ihre Angesichter niederfallen, wenn das Kleine spricht, so ist das Kind ja — der alleinige, ewige, wahrhaftige Gott und Schöpfer der Welt und aller Dinge auf ihr!

5 „Freund, Bruder, was sagst du zu diesem meinem Bekenntnisse? Ist es nicht also? Oder ist es anders?"

6 *Joseph* stutzte hier selbst ein wenig; denn er hielt das Kind wohl für einen vollkommenen Sohn Gottes, aber für die Gottheit Selbst hielt er Es nicht.

7 Er sprach daher nach einer Weile: „Das Kind für Gott Selbst zu halten, dürfte etwas gewagt sein.

8 „Es ist aber ja bei den Juden also, daß sie *Kinder* Gottes sind — und sind demnach auch *Söhne* Gottes!

9 „Und das datiert sich schon seit dem Vater Abraham her, der auch ein Sohn Gottes war, und also sind es auch seine Nachkommen.

[1] Jahrhundert.

¹⁰ „Zudem hat es bei uns noch allzeit große und kleine Propheten gegeben, und wenn sie redeten, so redeten sie aus Gott, und Gott richtete und redete aus ihnen stets in der ersten Person.

¹¹ „Also spricht einmal der Herr durch Jesaias: ‚Denn Ich bin der Herr dein Gott, der das Meer bewegt, daß seine Wellen wüten. Mein Name heißt: Herr Zebaoth.

¹² „ ‚Ich lege Mein Wort in deinen Mund und bedecke dich unter dem Schatten Meiner Hände, auf daß Ich den Himmel pflanze und die Erde gründe und zu Zion spreche: Du bist Mein Volk!'

¹³ „Und siehe, wenn der Prophet auch also redete in der ersten Person, als wäre er selbst der Herr, so ist er aber dennoch nicht der Herr, sondern des Herrn Geist redet nur also durch des Propheten Mund!

¹⁴ „Und siehe, also wird es auch hier sein; Gott erweckt in diesem Kinde einen gar mächtigen Propheten und redet nun schon durch seinen Mund frühzeitig, wie einst durch den Mund des Knaben Samuel!"

¹⁵ Hier war Cyrenius beruhigt zwar, aber *das Kindlein* verlangte den Joseph und den Cyrenius und sprach zu Joseph:

¹⁶ „Joseph, du weißt wohl, daß der Herr durch den Mund der Propheten geredet hat wie in der ersten Person zumeist:

¹⁷ „aber weißt du nicht, was der Herr eben einmal bei Jesaias spricht, da Er sagt:

¹⁸ „ ‚Wer ist Der, der da von Edom kommt, mit rötlichen Kleidern von Bazra? Der so geschmückt ist in Seinen Kleidern und einhertritt in Seiner großen Kraft? —

¹⁹ „ ‚Ich bin es, der Gerechtigkeit lehrt und ein Meister ist zu helfen!

²⁰ „ ‚Warum ist denn Dein Gewand so rotfarben und Dein Kleid wie eines Keltertreters? —

²¹ „ ‚Ich trete die Kelter allein und ist niemand unter den Völkern mit Mir! Ich habe sie gekeltert in Meinem Zorne und zertreten in Meinem Grimme!

²² „ ‚Daher ist ihr Vermögen auf Meine Kleider gespritzt, und Ich habe einen Tag der Rache Mir vorgenommen; das Jahr, die Meinen zu erlösen, ist gekommen!

²³ „ ‚Denn Ich sah Mich um, da war kein Helfer; und Ich war im Schrekken, und niemand enthielt Mich, — sondern *Mein* Arm mußte Mir helfen, und *Mein* Zorn enthielt Mich!

²⁴ „ ‚Darum habe Ich die Völker zertreten in Meinem Zorne und habe sie trunken gemacht in Meinem Grimme und ihr Vermögen zu Boden gestoßen!' —

²⁵ „Joseph, kennst du Den, der von Edom kommt und nun gekommen ist und nun zu dir spricht: ‚*Ich bin es*, der Gerechtigkeit lehrt und ein Meister ist zu helfen!'?"

²⁶ Bei diesem Worte legte *Joseph* seine Hand auf die Brust und betete in sich das Kindlein an.

²⁷ Und *Cyrenius* sagte nach einer Weile ganz still zu Joseph: „Bruder! Mir kommt es in dieser für Mich freilich zu weisen Rede des Kindleins vor, als hätte ich doch recht!"

²⁸ Und *Joseph* sprach: „Ja, du hast recht; aber um so mehr muß dir nun am Schweigen davon gelegen sein, wenn du leben willst!" — Und Cyrenius schrieb sich diese Mahnung tief in sein Herz und beachtete sie auch sein Leben lang.

154

Die dienstliche Frage des Hauptmanns. Des Cyrenius abschlägige Erwiderung. Das Gespräch des neugierigen Hauptmanns mit dem schönen Engel. Die Liebesqual des Hauptmanns.

Nach dieser Szene kam *unser Hauptmann* hin zu Cyrenius und fragte ihn, wieviel Mann er am Abend zu seinen Diensten zur Burg beordern solle.

2 Solches aber fragte der Hauptmann darum, weil er wußte, daß Cyrenius noch am Abende werde sein Gepäck ins Schiff bringen lassen und ebenso auch den Mundbedarf für mehrere Hunderte, die er von Ostrazine nach Tyrus mitnahm.

3 *Cyrenius* aber sah den Hauptmann an und sprach: „Mein lieber Freund, wenn ich dafür erst jetzt sorgen sollte, da wäre es übel gesorgt!

4 „Zur Versorgung des neuen Schiffes aber, das diese Armen aufnehmen wird, wird heute noch also gedacht werden, daß da keiner der Reisenden Not leiden wird.

5 „Hast du nicht gesehen, wie schnell das alte Karthagerschiff hergestellt ward durch diese Jünglinge?!

6 „Siehe, auf dieselbe Weise kann und wird es auch mit allem versorgt werden!

7 „Was aber da meine eigenen Schiffe betrifft, so sind diese schon lange mit allem auf ein Jahr versehen, und das im strengsten Falle für tausend Mann.

8 „Aus dem Grunde soll nun meinetwegen kein Mann bemüht werden, sondern in seinem kaiserlichen Dienste bleiben."

9 Diese Erwiderung wunderte *den Hauptmann*, indem sonst Cyrenius sehr auf die militärische Aufmerksamkeit sah.

10 Er fragte darauf den Cyrenius, sagend: „Eure kaiserliche, konsulische Hoheit! Wer sind denn hernach diese Jünglinge? Sind das echte ägyptische Zauberer, oder sind das etwa gar Halbgötter oder berühmte Magier und Sternkundige aus Persien?"

11 Und *Cyrenius* sprach: „Mein lieber Freund, hier ist weder das eine noch das andere;

12 „sondern, wenn du schon wissen willst, wer diese Jünglinge sind, da gehe hin und frage einen von ihnen, und du wirst ohne mein Verschulden ins klare kommen!"

13 *Der Hauptmann* verneigte sich vor dem Cyrenius und wandte sich sogleich an einen der anwesenden Jünglinge und fragte ihn:

14 „Höre mich, mein allerliebenswürdigster, allerherrlichster, allerschönster, mich ganz bezaubernder, du über alle meine Begriffe herrlicher, du endlos zarter, du mit deiner unbegreiflichen Schönheit meine Zunge lähmender, du a—a—al—ler—allerholdester — Jüngling!

15 „Ja, — um — was habe — habe — habe — ich denn — so ganz eigentlich fragen wollen?"

16 Und der bis auf den Glanz in die volle himmlische Schönheit übergehende *Jüngling* sagte darauf zum Hauptmann:

17 „Das wirst du ja doch wissen? Frage nur zu, du Freund der Frage; ich will dir ja alles gerne beantworten!"

18 *Der Hauptmann* aber war ganz weg ob der zu großen Schönheit des Jünglings und konnte kein Wort über seine Zunge bringen.

213

¹⁹ Nach einer Weile, als er sich an der für ihn unbegreiflichen Schönheit des Jünglings vollgegafft hatte, da erst bat er den Jüngling um einen Kuß.

²⁰ Und *der Jüngling* küßte den Hauptmann und sprach: „Damit ein Band zwischen uns auf ewig! — Suche du nur die nähere Bekanntschaft jenes weisen Juden, und dir wird viel Lichtes werden!"

²¹ Der Hauptmann aber ward darauf so entsetzlich verliebt in diesen Jüngling, daß er sich aus lauter Liebe nicht zu helfen wußte, und vergaß ganz seine Frage.

²² Und diese Liebe quälte ihn bis zum Abende und war eine kleine Strafe für des Hauptmanns Fragliebhaberei; am Abende aber ward er wieder geheilt und hatte keine Lust mehr, sich einem solchen Jünglinge zu nahen.

155

Des Cyrenius Schiffssorge. Der gute Rat des Engels.
Des Cyrenius Dankrede an Joseph und das Kindlein.
Josephs Voraussage über des Cyrenius Reiseabenteuer.

Am Abende wurde noch ein Abendmahl bereitet und zu sich genommen und sodann Vorkehrungen zur Abreise für den nächsten Tag getroffen.

² Es war aber nach dem Wissen des Cyrenius und seiner Suite ¹ das neue Karthagerschiff noch mit nichts belastet und versorgt, und Cyrenius kümmerte sich heimlich doch ein wenig darob.

³ Aber es trat *ein Jüngling* zu ihm und sagte: „Quirinus, du sollst dich auch heimlich um nichts kümmern!

⁴ „Denn siehe, um was du dich nun sorgst, das ist lange schon in der besten Ordnung!

⁵ „Bestelle nur dieses dein Haus zur guten Ordnung in deiner Abwesenheit; für alles andere wird schon von unserer Seite gesorgt werden im Namen des Herrn Gott Zebaoth!"

⁶ Cyrenius *glaubte* — und sorgte sich um gar nichts mehr, was da das Wesen der Schiffe betraf.

⁷ Darauf berief *Cyrenius* den Hauptmann zu sich und übergab ihm die Leitung und Besorgung der Burg.

⁸ Und als der Hauptmann diesen seinen gewöhnlichen Dienst wieder angetreten hatte,

⁹ da berief Cyrenius den Obersten zu sich und übergab ihm wieder die Vollmacht über das in dieser Stadt stationierte Militär.

¹⁰ Denn bei den Römern durfte der Oberste in Gegenwart des Statthalters das Militär nicht nach eigenem Gutdünken kommandieren, denn da war der Statthalter sozusagen alles in allem.

¹¹ Als Cyrenius mit der Anordnung fertig war, da ging er zu Joseph hin und sprach:

¹² „Mein allererhabenster, ja ich möchte sagen, du mein heiliger Freund und Bruder! Was alles habe ich nun doch dir und ganz besonders deinem allerheiligsten Kindlein zu danken!

¹³ „Wie, wann, womit werde ich

---

¹ Gefolgschaft.

dir je diese große Schuld abzutragen imstande sein?

¹⁴ „Du hast mir die Tullia gegeben, hast mir das Leben wunderbar gerettet!

¹⁵ „Ja, ich kann ja gar nicht aufzählen alle die außerordentlichen Wunderwohltaten, die du mir erwiesen hast in der kurzen Zeit dieses meines Hierseins!"

¹⁶ Und *Joseph* sprach: „Freund, wie lange ist es, daß ich in großer Bedrängnis stand?

¹⁷ „Da wardst du mir als rettender Engel des Herrn zu Tyrus entgegengesandt!

¹⁸ „Und siehe, also wäscht fortwährend eine Hand die andere am großen Körper der gesamten Menschheit!

¹⁹ „Doch nun nichts mehr weiter von dem! Siehe, es ist Abend geworden! Die Villa liegt eine Stunde außer¹ der Stadt; daher laß mich nun aufbrechen und nach Hause ziehen!

²⁰ „Meinen und des Herrn Segen hast du und deine Gefährten vielfach; daher magst du getrost ziehen von hier!

²¹ „Die drei Löwen aber nimm in dein Schiff, — sie werden dir gute Dienste tun!

²² „Denn ihr werdet Sturm haben und werdet nach Kreta verschlagen werden, und die räuberischen Kreter werden euch überfallen.

²³ „Und hier wird es sein, wo dir die drei Löwen wieder einen guten Dienst tun werden!"

²⁴ Hier ward Cyrenius furchtsam; aber Joseph tröstete ihn und versicherte ihm, daß da niemand auch nur den allergeringsten Schaden leiden werde.

156

Der Dank des Maronius, der drei Priester und der Tullia.
Das Schweigegebot Josephs.

Darauf kam *Maronius Pilla* mit den drei Priestern zu Joseph und dankte ihm für alle die Wunderwohltaten.

² Und *Joseph* ermahnte ihn, zu schweigen von alledem, was er hier gesehen hatte;

³ Und *Maronius* gelobte solches mit den drei Priestern auf das feierlichste.

⁴ Darauf kam *Tullia*, fiel vor der Maria nieder und zerfloß in Tränen des Dankes.

⁵ *Maria* aber beugte sich samt dem Kindlein nieder, erhob die Tullia und sprach zu ihr:

⁶ „Sei mir gesegnet im Namen Dessen, der auf meinen Armen ruht! Sei stets dankbar in deinem Herzen, eingedenk dieses Kindes, so wirst du in Ihm dein Heil finden!

⁷ „Deiner Zunge aber lege eine Fessel an und verrate uns gegen niemanden!

⁸ „Denn wenn es an der Zeit sein wird, da wird der Herr schon Selbst Sich vor der Welt offenbaren!"

⁹ Darauf entließ Maria die noch schluchzende Tullia.

¹⁰ *Joseph* aber sprach zu Cyrenius: „Freund, siehe, viele aus deinem Gefolge waren Zeuge von so manchen Wundertaten; diesen gebiete du ihres

---

¹ außerhalb.

Heiles willen, daß auch sie schweigen möchten von diesem allem!

¹¹ „Denn jeden Verräter dieser rein göttlichen Sache wird der Tod treffen, wenn er nicht schweigen will!"

¹² *Cyrenius* gelobte solches dem Joseph und versicherte ihm, daß da nie jemand auch nur eine Silbe erfahren solle.

¹³ *Joseph* aber belobte den Cyrenius und erinnerte ihn schließlich an die verheißenen acht Kinder, die da in fünf Mädchen und drei Knaben beständen.

¹⁴ Und *Cyrenius* sprach: „O Freund, das wird wohl mein erstes Geschäft sein!

¹⁵ „Aber nun nur eine Frage noch: Siehe, ich werde in diesem Jahre noch wegen der Tullia nach Rom müssen!

¹⁶ „Mein Bruder Augustus Cäsar, da er schon einiges von mir, wie du es weißt, erfahren hat, wird mich sicher um mehreres fragen.

¹⁷ „Was soll ich ihm sagen? Inwieweit darf ich diesen edlen Menschen in dies Geheimnis einweihen?"

¹⁸ Und *Joseph* sprach: „Du kannst ihm, aber nur unter vier Augen, so manches sagen.

¹⁹ „Aber erinnere ihn, daß er, so er schweigt, in seiner Kaiserwürde ungestört verbleiben wird, also auch seine Nachkommen;

²⁰ „so er aber auch nur eine Silbe irgendwo wird fallen lassen, da wird ihn Gott sogleich strafen!

²¹ „Und wird er sich aber auflehnen gegen den Allmächtigen, da wird er mit ganz Rom im Augenblicke untergehen!"

²² *Cyrenius* dankte inbrünstigst dem Joseph für diese Belehrung; und Joseph segnete ihn und begab sich dann mit all den Seinen nach der Villa.

157

Des Jesuskindleins Liebesgespräch mit Jakobus.
Die Last und Schwere des Herrn für die, die Ihn in sich tragen.
Das plötzliche Verstummen des bisher redefähigen Jesuskindes.

Außer ¹ der Stadt übergab Maria das Kindlein dem Jakob; denn sie war müde geworden, da sie Es diesen ganzen Tag auf ihren Händen hatte.

² Und *Jakob* war voll Freuden, daß er wieder einmal seinen Liebling zum Tragen bekam.

³ *Das Kindlein* aber schlug die Augen auf und sprach: „Du, Mein lieber Jakob, du hast Mich wohl recht von ganzem Herzen lieb!

⁴ „Aber so Ich dir recht schwer würde, hättest du Mich dann auch noch so lieb?"

⁵ Und *Jakob* sprach: „O du mein allerliebstes Brüderchen, wenn Du auch *mein* Gewicht hättest, so würde ich Dich dennoch mit dem brennendsten Herzen auf meinen Armen tragen!"

⁶ *Das Kindlein* aber sprach: „Mein Bruder, jetzt freilich werde Ich dir nicht schwer werden,

⁷ „aber es wird einst die Zeit kommen, in der Ich dir zur großen Last werde!

⁸ „Daher tust du wohl, daß du dich jetzt schon liebend an Mein Gewicht gewöhnst;

¹ Außerhalb.

⁹ „wenn demnach die schwere Zeit kommen wird, da wirst du Mich in Meinem Vollgewichte ebenso leicht tragen, wie du Mich trägst als Kind!

¹⁰ „Ich sage dir aber: Jeder, der Mich nicht zuvor als ein Kind tragen wird, wird erliegen unter Meinem Vollgewichte dereinst!

¹¹ „Wer Mich aber in seinem Herzen, wie du nun auf deinen Händen, tragen wird als ein kleines schwaches Kindlein, dem werde Ich auch im Mannesalter zu einer ebenso geringen Bürde werden!" —

¹² Und *Jakob,* nicht verstehend diese hohen Worte, fragte liebkosend das Kindlein:

¹³ „O Du mein allerliebstes Brüderchen, Du mein Jesus, wirst Du Dich denn auch als *Mann* herumtragen lassen?"

¹⁴ *Das Kindlein* aber sprach: „Du liebst Mich aus allen deinen Kräften, und das genügt Mir!

¹⁵ „Deine Einfalt aber ist Mir lieber als die Weisheit der Weisen, die viel rechnen und voraussagen, ihre Herzen aber dabei kälter sind denn das Eis.

¹⁶ „Was du jetzt noch nicht fassest, das wirst du mit den Händen greifen in der rechten Zeit.

¹⁷ „Siehe, Ich aber bin nun nur noch ein Kind, das in einem vollunmündigen Alter ist;

¹⁸ „und siehe, Meine Zunge ist dennoch gelöst, und Ich rede mit dir wie ein gesetzter Mann!

¹⁹ „Möchte ich nun also verbleiben, da wäre Ich gleich einem Doppelwesen, ein Kind dem Auge — und ein Mann dem Ohre.

²⁰ „Also aber kann es nun nicht verbleiben! Ich werde Mir noch auf ein Jahr die Zunge binden vor allen bis auf dich;

²¹ „du aber wirst Meine Stimme nur in deinem *Herzen* vernehmen!

²² „Wann Ich aber wieder mit dem Munde reden werde, dann wird dein Auge Mich wohl männlicher erschauen, aber dein Ohr wird nur Kindisches vernehmen von Mir!

²³ „Dir aber habe Ich nun solches kundgetan, auf daß du dich dann nicht ärgern sollst an Mir; und also sei es!"

²⁴ Hier ward das Kindlein wieder ganz sprachlos und gebärdete sich gleich jedem anderen. Und während dieser Beredung ward auch schon die Villa erreicht.

158

Die wunderbare Versorgung der Haustiere Josephs durch die Engel. Der Sabbatseifer Josephs. Gabriels Hinweis auf die Tätigkeit der Natur am Sabbat. Das Verschwinden der Engel.

In der Villa angelangt, befahl *Joseph* sogleich den vier älteren Söhnen, bei den Tieren nachzusehen und sie zu versorgen und sodann sich bald zur Ruhe zu begeben.

² Und diese gingen eiligst und taten solches alles; aber sie kamen bald zurück und sagten zu Joseph:

³ *(Die Söhne Josephs:)* „Vater, es ist wunderbar: die Rinder wie die Esel sind gefüttert und getränkt, und dennoch sind ihre Futterkörbe voll, und die Wassereimer sind gestrichen voll! Wie ist das?"

⁴ Und *Joseph* ging selbst nachzusehen und fand die Aussage der vier Söhne bestätigt.

⁵ Da kehrte er zurück und fragte

die noch anwesenden Jünglinge, ob sie solches getan hätten an einem Sabbate.

⁶ Und *die Jünglinge* bejahten solches; *Joseph* aber sprach ganz bedenklich zu den Jünglingen:

⁷ „Wie doch seid ihr Diener des Herrn und möget nicht heiligen den Sabbat?"

⁸ *Gabriel* aber sprach darauf: „O du reiner Mann, wie kannst du denn eine solche Frage an uns stellen?

⁹ „Ist der heutige Tag nicht vergangen wie jeder andere?! Ist die Sonne nicht auf- und untergegangen wie an einem jeden anderen Gemeintage?! Ist heute nicht auch der Morgen-, Mittags- und Abendwind gegangen?!

¹⁰ „Als wir am Meere standen, hast du da nicht gesehen desselben regsamsten Wellengang?! Warum wollte es denn nicht feiern den Sabbat?

¹¹ „Wie hast du denn heute gehen, essen und trinken mögen und holen den Atem — und hast nicht untersagt deinem Herzen zu schlagen?!

¹² „Siehe, du sabbatängstlicher Mann, alles, was da in der Welt ist und geschieht, besteht ja allein durch die uns vom Herrn verliehene Tatkraft und wird von uns geleitet und regiert!

¹³ „So wir nun ruhen möchten einen Tag hindurch, sage, ginge da nicht sogleich die ganze Schöpfung zugrunde?!

¹⁴ „Siehe, also müssen wir den Sabbat nur durch unsere Tätigkeit in der Liebe zum Herrn feiern, aber nicht durch ein müßiges Nichtstun!

¹⁵ „Die wahre Ruhe im Herrn besteht sonach in der wahren Liebe im Herzen zu Ihm und in der unablässigen Tätigkeit darnach, zur Erhaltung der ewigen Ordnung.

¹⁶ „Alles andere ist vor Gott ein Greuel voll menschlicher Torheit.

¹⁷ „Dieses bedenke du wohl, und scheue dich an keinem Sabbate, Gutes zu tun, so wirst du dem Herrn, deinem wie meinem Schöpfer, vollähnlich sein!"

¹⁸ Auf diese Rede fielen alle Jünglinge auf ihre Angesichter vor dem Kindlein nieder und verschwanden darauf.

¹⁹ Joseph aber grub diese Worte tief in sein Herz und war nachher nicht mehr so ängstlich an einem Sabbate.

159

Eudokias Verwunderung und Unruhe, ob des plötzlichen Verschwindens der herrlichen Jünglinge. Marias beruhigende Worte. Die Nachtruhe. Eudokias Heimweh nach Gabriel, dessen plötzliches Erscheinen und sein Rat.

Als die Jünglinge verschwunden waren, da fragte *Eudokia* die Maria, wer denn so ganz eigentlich diese Jünglinge gewesen wären.

² Denn Eudokia war noch eine Heidin und wußte nichts von den außerordentlichen Geheimnissen des Himmels.

³ Daß aber bei dieser Gelegenheit auch die Heiden die Engel sahen, rührte daher, weil für diese Zeit hindurch ihr inneres Auge erschlossen gehalten ward;

⁴ und das Verschwinden der Engel war sonach nichts anderes als das *Sich-wieder-Schließen* der geistigen inneren Sehe, —

⁵ aus dem Grunde es auch nach dem

Verschwinden der Engel der Eudokia vorkam, als wäre sie aus einem tiefen Traume erwacht.

⁶ Sie fühlte sich nun wieder ganz naturmäßig, und alles, was sie den ganzen Tag hindurch gesehen, gehört und getan hatte, kam ihr wie ein sehr lebhafter Traum vor.

⁷ Darum denn auch ist die obige Frage von Seite der Eudokia an die Maria verzeihlich;

⁸ denn sie war nun wieder ganz im Außenzustande, und dieser war heidnisch.

⁹ Und *Maria* aber antwortete und sprach: „Eudokia, wir werden noch länger beisammenbleiben, und dir wird alles klar werden, was dir jetzt noch dunkel ist!

¹⁰ „Für heute aber wollen wir uns zur Ruhe begeben; denn ich bin sehr müde!"

¹¹ Eudokia begnügte sich wohl äußerlich mit dieser Vertröstung; aber in ihrem Herzen stieg die Begierde.

¹² *Joseph* aber sagte: „Meine Kinder, es ist Nacht geworden; schließet die Tore und begebet euch zur Ruhe!

¹³ „Denn morgen ist ja ohnehin noch der Nachsabbat, an dem wir nicht arbeiten; da werden wir uns über so manches noch besprechen können!

¹⁴ „Für heute aber lobet den Herrn und tuet, wie ich es euch anbefohlen habe!

¹⁵ „Du, Jakob, aber bereite die Wiege und bringe das Kindlein zur Ruhe, und stelle die Wiege ans Lager der Mutter!

¹⁶ „Und du, Eudokia, begib dich auch in dein Schlafgemach und stärke deine Glieder mit einem süßen Schlafe im Namen des Herrn!"

¹⁷ Und *Eudokia* ging sogleich in ihr bestimmtes Gemach und legte sich auf ihr Lager; aber ferne blieb der Schlaf.

¹⁸ Denn zu erregt war ihr feurig Gemüt ob des Verschwindens der Jünglinge;

¹⁹ denn sie hatte sich in den Gabriel verliebt und wußte sich nun nicht zu raten und nicht zu helfen, da der Gegenstand ihres Herzens so plötzlich vor ihren Augen verschwand.

²⁰ Als aber alles ruhte und schlief, da erhob sich Eudokia und öffnete ein Fenster und blickte hinaus.

²¹ Da stand plötzlich *Gabriel* vor ihr und sprach: „Du mußt dein Herz zur Ruhe bringen!

²² „Denn siehe, ich bin nicht ein Mensch gleich dir, sondern bin nur ein Geist und bin ein Bote Gottes!

²³ „Das Kindlein aber bete an, denn dieses ist der Herr! Der wird beruhigen dein Herz!" — Darauf verschwand der Engel wieder, und Eudokia bekam Ruhe.

160

Jakobs kindlich-fröhliches Spiel mit dem Kindlein. Josephs Rüge und Jakobs treffliche Antwort. Eudokias Traum und herrliches Zeugnis vom Herrn.

Am Morgen, eine Stunde vor dem Aufgange¹, war wie gewöhnlich im Hause Josephs schon alles lebendig, und das Kindlein selbst strampelte ganz munter in der Wiege und ließ freudige Kindleinstöne wie halb singend von Sich hören.

² *Jakob* spielte mit dem Kindlein

---

¹ Sonnenaufgange.

nach seiner Weise und machte dem Herrn der Unendlichkeit mit seiner Hand allerlei Bewegungen vor und sang und pfiff dabei.

³ Es war aber Maria noch auf ihrem Lager und schlummerte; darum machte der in sein Morgengebet versunkene *Joseph* dem Jakob ein wenig Vorwürfe, daß er also lärme und nicht achte auf das Gebet und auf die noch schlummernde Mutter.

⁴ *Jakob* aber entschuldigte sich und sprach: „Lieber Vater, siehe, es hat ja der Herr Himmels und der Erde ein Wohlgefallen an meiner Beschäftigung mit Ihm!

⁵ „Wir aber sollen ja allezeit nur das tun, was dem Herrn wohlgefällt!

⁶ „Und siehe, es gefällt dem Herrn, was ich tue! Wie mag es dir doch zuwider sein?

⁷ „Die Mutter aber würde sicher nicht so gut schlummern, wenn wir beide, das Kindlein und ich, nicht also lärmten!

⁸ „Ich bitte dich, lieber Vater, mich dadurch für entschuldigt zu halten und mir fürder nicht Vorwürfe zu machen, so ich auch bei meiner Bestimmung manchmal wie ausgelassen erscheine vor dir, aber dabei doch dem Herrn wohlgefalle!"

⁹ *Joseph* aber sprach: „Ja, ja, es ist schon alles recht, — ich sehe es ja gerne, daß du also gut mit dem Kindlein umzugehen weißt;

¹⁰ „aber nur mußt du in Zukunft keinen solchen Lärm machen, wenn du siehst, daß da noch jemand schläft und irgendein anderer im Gebete zu Gott versammelt ist!"

¹¹ *Jakob* dankte dem Joseph für diese Ermahnung, fragte ihn aber darauf, sagend nämlich:

¹² „Wenn du also betest zu Gott, wie du jetzt gebetet hast, zu was für einem Gotte betest denn du da?

¹³ „Was ich von diesem Kindlein nun weiß, so kann es unmöglich je irgendeinen größeren und wahrhaftigeren Gott geben, wie dieses Kindlein Es zufolge des lautesten Zeugnisses aus dem Himmel ist!

¹⁴ „Wenn aber das — laut der Propheten und laut der vielen Wunderzeugnisse — der Fall ist!?

¹⁵ „Wenn es im Propheten heißt: „Wer ist Der, so von Edom kommt, mit rötlichen Kleidern von Bazra? Der so geschmückt ist in Seinen Kleidern und einhertritt in Seiner großen Kraft? — *Ich bin es,* der Gerechtigkeit lehrt und ein Meister ist zu helfen!"

¹⁶ „Vater, diese Worte hat das Kindlein gestern vor dir auf Sich bezogen! Wer ist Es denn? Denn solches kann doch kein Mensch von sich sagen! Gott aber gibt es nur *einen!*

¹⁷ „Wer ist demnach das Kindlein, das da spricht: ‚Ich bin es, der Gerechtigkeit lehrt und ein Meister ist zu helfen!'?"

¹⁸ Hier stutzte *Joseph* und sprach: „Fürwahr, mein Sohn Jakob, du hast recht; du bist besser daran bei der Wiege — als ich hier in meinem Betwinkel!"

¹⁹ Bei diesen Worten trat von höchster Entzückung voll *Eudokia* aus ihrem Gemache, schön wie eine Morgenröte, und fiel vor der Wiege nieder und betete das Kindlein an.

²⁰ Und als sie eine halbe Stunde da also betete, erhob sie sich und sprach: „Ja, — ja, Du allein bist es, und außer Dir ist *keiner* mehr!

²¹ „Ich habe heute nacht im Traume gesehen eine Sonne am Himmel, und die war leer und hatte wenig Licht.

²² Dann aber ersah ich auf der Erde dies Kindlein, und Es glänzte wie

tausend Sonnen, und von Ihm aus ging ein mächtiger Strahl hin zu jener leeren Sonne und erleuchtete sie durch und durch.

²³ „In diesem Strahle sah ich die Engel, die hier waren, auf- und abschweben, ihre Zahl war endlos, aber ihre Angesichter waren unablässig auf das Kindlein gerichtet! Ach, welch eine Herrlichkeit war das!"

²⁴ Diese Erzählung brachte den Joseph ganz aus seinem Betwinkel, und er hielt nun auch alles auf das Kindlein und betete oft an der Wiege.

161

Ein lieblicher Morgen in Josephs Hause. Marias und Josephs Sorge ob der Stummheit des Kindleins. Marias Fehlprobe. Josephs Edelmut gegen den Blinden und dessen Heilung durch Jakob.

Bei dieser Gelegenheit erwachte auch *Maria*, rieb sich den Schlaf aus den Augen, stand sogleich auf und wusch sich und wechselte im Nebenkabinette das Schlafkleid mit dem Tageskleide.

² In kurzer Zeit kam sie ganz gereinigt wieder zurück, gleichend einem Engel des Himmels, so schön, so gut, so fromm und so sorglich ergeben in den Willen des Herrn.

³ Sie begrüßte den Joseph und küßte ihn, umarmte dann die Eudokia und küßte sie.

⁴ Nach dieser gar freundlichen Begrüßung, die dem alten Joseph allezeit einige Tränen der Freude kostete, kniete — sich im Herzen überaus demütigend — die Maria voll Liebe zur Wiege nieder und gab betend dem Kindlein die Brust.

⁵ Nachdem das Kindlein gesogen hatte, ließ die Maria sogleich ein frisches Bad bereiten und badete das Kindlein wie gewöhnlich.

⁶ Und das Kindlein strampelte munter im Badebecken herum und ließ fleißig Seine unartikulierte Stimme hören.

⁷ Als das Kindlein gebadet war und getrocknet und wieder in frische Kleidchen und Fußwindeln gesteckt,

⁸ da fragte Maria das Kindlein, wie Es Sich befinde, ob Ihm wohltäten die frischen Kleidchen.

⁹ Denn sie wußte ja, daß das Kindlein reden konnte, und das göttlicherweise; aber sie wußte nicht, und niemand außer Jakob wußte, daß das Kindlein Sich die Zunge wieder gebunden hatte.

¹⁰ Daher befremdete sie alle, daß das Kindlein auf die Fragen der Maria keine Antwort erteilte.

¹¹ Maria bat darauf das Kindlein inständigst, daß Es doch nur ein wenig reden möchte; aber das Kindlein trieb Seine Kinderstimme, und von einem Worte war keine Rede mehr!

¹² Das beunruhigte die Maria wie den Joseph, und sie gedachten, ob etwa die Engel das Gotteskind nicht bei der Nacht in den Himmel brachten und ließen dafür ein ganz gewöhnliches Kind in der Wiege.

¹³ Denn der Glaube an die Auswechslung der Kinder war bei den Juden sehr gang und gäbe.

¹⁴ Maria wie Joseph betrachteten das Kindlein gar ängstlich, ob Es wohl noch Dasselbe wäre,

¹⁵ konnten aber nicht die allerleiseste Unähnlichkeit entdecken, weder am Kopfe noch irgendwo anders.

¹⁶ Da sprach *Maria:* „Hebet das Badewasser auf, und suchet einen Kranken, und bringet ihn hierher;

¹⁷ „denn bis jetzt hat dieses Wasser stets eine wunderheilsame Kraft gehabt!

¹⁸ „Wird der Kranke gesund, so haben wir noch unser Kindlein, und wird er *nicht* gesund, so hat es Gott dem Herrn wohlgefallen, uns ein anderes Kind an die Stelle des Seinen zu geben!

¹⁹ Hier wollte Jakob reden; aber das Kindlein verbot es ihm wohlvernehmlich in seinem Herzen, und er schwieg.

²⁰ Joseph aber sandte sogleich den ältesten Sohn in die Stadt, daß er brächte einen Kranken.

²¹ In anderthalb Stunden kam er mit einem Blinden, und Maria wusch ihm die Augen mit dem Badewasser; aber der Blinde bekam nicht das Licht seiner Augen.

²² Diese Erscheinung machte die Maria, den Joseph, die vier Söhne und die Eudokia traurig; nur Jakob blieb heiter und nahm das Kindlein und lockte Es.

²³ *Der Blinde* aber murrte, weil er meinte, daß er nur gefoppt worden sei.

²⁴ *Joseph* aber vertröstete ihn und versprach ihm die Verpflegung lebenslänglich als Entschädigung für diese vermeintliche Fopperei. Damit war der Blinde wieder beruhigt.

²⁵ Joseph aber bemerkte des Jakobs Heiterkeit und stellte sie ihm als eine Sünde gegen ihn als Vater dar.

²⁶ *Jakob* aber sprach: „Ich bin heiter, weil ich weiß, woran ich bin; ihr aber trauert, weil ihr das nicht wisset! Wisset ihr denn nicht, daß man Gott nicht versuchen soll?!"

²⁷ Hier hauchte Jakob den Blinden an, und dieser ward sehend im Augenblicke; alle aber staunten nun den Jakob an und wußten nicht, wie sie daran waren.

162

Josephs Forschen nach dem Ursprung der Heilkraft Jakobs.
Jakobs Verhör durch Joseph. Josephs Zweifel.
Jakobs gute Erwiderung aus dem Herrn.

Nach einer Weile trat *Joseph* näher hin zu Jakob und fragte ihn, woher in seinem Hauche solche Kraft käme.

² Und *Jakob* sprach: „Lieber Vater, ich habe in mir eine Stimme vernommen, die zu mir sprach:

³ „ ‚Hauche dem Blinden ins Angesicht, und er wird sein Gesicht wohlleuchtend wieder erhalten!'

⁴ „Und siehe, ich glaubte fest dieser Stimme in mir, tat nach ihrem Worte, und der Blinde ist sehend!"

⁵ Und *Joseph* sprach: „Das wird also sein, wie du geredet hast;

⁶ „aber von woher kam die mächtige Stimme in dich? Wie vernahmst du sie?"

⁷ Und *der examinierte Jakob* sprach: „Lieber Vater, siehst du denn nicht Den, der nun auf meinen Armen spielt mit meinen Locken?!

⁸ „Ich glaube, Dieser ist es, der in mir zu mir solches wunderbar geredet hat!"

⁹ Und *Joseph* fragte den Jakob weiter und sprach:

¹⁰ „Hältst du das Kindlein wohl für das echte noch? Meinst du nicht,

daß Es uns ausgewechselt worden wäre?"

¹¹ Und *Jakob* sprach: „Wer oder welche Macht sollte wohl imstande sein, den Allmächtigen auszutauschen?!

¹² „Fielen doch die Engel allezeit auf ihr Angesicht, wenn das Kindlein wunderbarlichst redete, — wie sollten sie da an Ihm, dem Allmächtigen, also handeln können?!

¹³ „Ich halte sonach das Kindlein für das erste und echte so gewiß und wahr, wie gewiß und wahr ich noch nie an eine Auswechslung der Kinder geglaubt habe!"

¹⁴ Und *Joseph* sprach: „Mein lieber Sohn, du hast mir hier einen nicht sehr festen Beweis deines Glaubens gegeben;

¹⁵ „denn siehe, also spricht David selbst, indem er sagt: ‚Warum toben die Heiden, und die Leute reden so vergeblich?

¹⁶ „ ‚Die Könige im Lande lehnen sich auf, und die Herren ratschlagen miteinander wider den Herrn und Seinen Gesalbten und sprechen:

¹⁷ „ ‚Lasset uns zerreißen Des Bande und von uns werfen Seinen Strick!'

¹⁸ „Siehe, mein Sohn, diese Worte sind geistig, und die Könige sind die Mächte, und das Land ist das große Reich der unsichtbaren Mächte! — Was aber führen diese im Sinne? Wovon reden sie?

¹⁹ „Ist darin nicht die Möglichkeit angezeigt, daß sie auch ihre Hände an den Herrn legen können!?"

²⁰ Und *Jakob* sprach: „Allerdings, wenn es der Herr zulassen würde!

²¹ „Aber es heißt ja schon im Anfange dieses Gesanges, fragend: „Warum toben die Heiden, und warum reden die Leute so vergeblich?"

²² „Will David damit nicht etwa die Unzulänglichkeit solcher Mächte wider den Herrn bezeichnen?!

²³ „Weiter unten aber heißt es ja ausdrücklich: ‚Aber Der im Himmel wohnt, lacht ihrer und spottet ihrer!

²⁴ „ ‚Er wird einst reden mit ihnen in Seinem Zorne, und mit Seinem Grimme wird Er sie schrecken!'

²⁵ „Lieber Vater, ich meine, diese zwei Strophen des großen Gottessängers rechtfertigen zur Genüge meinen Glauben!

²⁶ „Denn sie geben mir zur Genüge kund, daß der Herr allzeit ein Herr bleibt und an Ihm keine Auswechslung ausgeübt werden kann!"

²⁷ *Joseph* erstaunte über die Weisheit seines Sohnes und ging mit dem ganzen Hause wieder zur Annahme des echten Kindleins zurück und lobte und pries Gott darum.

Die Arbeiten der Söhne Josephs. Marias Kunstfertigkeit. Eudokias Fleiß. Die Ankunft der acht Kinder von Tyrus. Josephs edle Botschaft an Cyrenius. Maria als Lehrerin der acht Kinder.

Auf diese Weise war nun alles wieder in der alten guten Ordnung im Hause Josephs.

2 Joseph und seine Söhne machten allerlei kleine Holzgerätschaften und verkauften diese an die Bewohner der Stadt um billige Preise;

3 und das taten sie natürlich neben ihrer sonstigen Hausarbeit.

4 Maria und Eudokia aber besorgten das Häusliche und machten Kleider und manchmal auch zierliche Arbeiten für reiche Familien in der Stadt.

5 Denn Maria war sehr geschickt in aller Kunstspinnerei und strickte ganze Kleider;

6 die Eudokia aber war eine gute Näherin und wußte mit der Nadel wohl umzugehen.

7 Und so verdiente sich die Familie stets das Nötige und hatte so viel, um im Notfalle auch anderen Armen beizustehen. —

8 In einem Vierteljahr erst kamen die acht Kinder von Tyrus an — natürlich geleitet von verläßlichen Freunden des Cyrenius —

9 und brachten ein mächtiges Kostgeld mit, welches in achthundert Pfunden Goldes bestand.

10 *Joseph* aber sprach: „Die Kinder nehme ich wohl, aber das Geld nehme ich nicht; denn darauf liegt des Herrn Fluch!

11 „Nehmet es daher nur wieder mit, und gebet es dem Cyrenius; er wird schon wissen, warum ich es nicht annehmen kann und darf!

12 „Überbringet ihm aber meinen Segen und meinen Gruß,

13 „und saget ihm, daß ich ihn im Geiste begleitet habe auf seiner Heimreise und war Zeuge von allem, was ihm begegnet ist,

14 „und habe ihn gesegnet allezeit, wo ihm eine Gefahr drohte!

15 „Wegen des Verlustes der drei Tiere auf der Insel Kreta soll er sich nicht ängstigen; denn also hat es der Herr, den er kennt, gewollt!"

16 Darauf segnete Joseph die Freunde des Cyrenius und übernahm mit großer Freude die acht Kinder, die sich sogleich überaus heimisch fühlten im Hause Josephs.

17 Darauf nahmen die Freunde des Cyrenius das Gold wieder und begaben sich schnell wieder nach Tyrus zurück.

18 Joseph aber pries Gott für die Zugabe dieser Kinder, segnete sie und übergab sie der Leitung Mariens, die eine Hauptschulmeisterin war, indem sie im Tempel in allem möglichen unterrichtet ward.

19 Und die Kinder lernten Griechisch, Hebräisch und auch Römisch lesen und schreiben.

20 Denn diese drei Sprachen mußte in *der* Zeit fast jeder Mensch reden und im Notfalle auch schreiben können; die römische Sprache aber war damals ungefähr das, was heute die gallische [1] ist, und durfte nicht fehlen bei einer besseren Erziehung.

---

[1] französische.

164

Ein ruhiges Jahr im Hause Josephs. Die wunderbare Heilung des besessenen Knaben der Mohrenfamilie durch Jakob auf Geheiß des Jesuskindes.

Von dieser Periode an ging es im Hause Josephs ganz ruhig zu und ereignete sich nichts Wunderbares.

2 Und dieser ruhige Zustand dauerte ein volles Jahr, da das Kindlein schon Selbst gehen konnte und reden und spielen mit den anderen acht Kindern.

3 In dieser Zeit kam eine Mohrenfamilie, die ein sehr krankes Kind hatte, ins Haus Josephs.

4 Denn diese Familie hatte in der Stadt gehört, daß sich in diesem Hause ein Wunderarzt befinde, der alle Krankheiten heile.

5 Das kranke Kind war ein Knabe von zehn Jahren und ward von einem bösen Geiste gar jämmerlich gequält.

6 Der Geist ließ dem Knaben Tag und Nacht keine Ruhe, warf ihn hin und her, trieb ihm den Bauch auf und bereitete ihm dadurch unerträgliche Schmerzen.

7 Bald wieder trieb er ihn ins Wasser und bald ins Feuer.

8 Als aber dieser Geist sich im Hause Josephs befand, da ward er ruhig und rührte sich nicht.

9 *Joseph* aber fragte den Vater des Knaben, der Griechisch verstand, was es mit dem Knaben für eine Bewandtnis habe.

10 Und *der Vater* erzählte dem Joseph alles getreuest, was sich nur immer mit dem Knaben zugetragen hatte vom Anbeginne.

11 Darauf berief *Joseph* den Jakob, der sich wie gewöhnlich als ein sechzehnjähriger Jüngling mit dem Kindlein beschäftigte, und gab ihm die Not der Mohrenfamilie kund.

12 *Jakob* aber wandte sich an das Kindlein und herzte Es und redete in seinem Herzen mit Ihm.

13 *Das Kindlein* aber sprach ganz laut in hebräischer Sprache:

14 „Mein Bruder! Meine Zeit ist noch lange nicht da; aber gehe du hin zu dem kranken Knaben, des Geschlecht das Zeichen Kains trägt,

15 „rühre ihn mit dem Zeigefinger der linken Hand an der Brustgrube an, und alsbald wird der böse Geist für immer entweichen aus dem Knaben!"

16 Und Jakob ging alsbald hin und tat, wie ihm das Kindlein befohlen hatte.

17 Da riß *der böse Geist* den Knaben zum letzten Male und schrie:

18 „Was willst du Schrecklicher denn mit mir? Wohin soll ich nun ziehen, da du mich vor der Zeit aus meiner Wohnung treibst?"

19 Und *Jakob* sprach: „Der Herr will es! Nicht fern ist das Meer; wo es am tiefsten ist, da sollst du wohnen im Grunde, und der Schlamm soll deine Wohnstätte sein fürder, Amen!"

20 Hier verließ der Geist den Knaben, und der Knabe ward gesund im Augenblicke.

21 Darauf wollte die Familie den Joseph belohnen; Joseph aber nahm nichts an und entließ die Familie wieder im Frieden und lobte Gott für diese Wunderheilung an diesem Knaben.

Die einhalbjährige Wunderpause. Jesus als munteres Knäblein. Ein Besuch Jakobs beim biederen Fischer Jonatha. Christophorus oder des Kindleins Weltenschwere. Die Heimkehr unter Begleitung Jonathas.

Von dieser Geschichte an ging wieder ein halbes Jahr in voller Ruhe vorüber und geschah nichts Wunderbares.

2 Denn das Kindlein vermied durch Seine innere Kraft sorglichst alles, was zu irgendeiner Wundertat hätte einen Anlaß geben können.

3 Es war munter und spielte mit den anderen Kindern, wenn diese Zeit hatten;

4 sonst aber ging Es am liebsten mit dem Jakob herum und plauderte mit ihm, wenn sie allein waren, ganz gescheit.

5 Aber mit den anderen Kindern plauderte Es ganz wie andere Kinder in dem Alter von zwei Jahren. —

6 Es lebte aber in der Gegend ein ausgewanderter Jude und betrieb die Fischerei im nahen Meere und lebte von diesem Erwerbe.

7 Dieser Jude aber war sehr groß von Gestalt und war riesenhaft stark.

8 An einem Vorsabbate morgens bald nach dem Frühstücke nahm Jakob das Kindlein und ging mit Erlaubnis Josephs zu diesem Juden, der geraden Weges eine gute Stunde vom Hause Josephs entfernt war.

9 Das aber tat Jakob, weil ihn dieser Jude schon öfters eingeladen hatte, und weil es ihm das Kindlein geboten hatte heimlich.

10 Als Jakob mit dem Kindlein nun ins Haus des Fischers kam, da war dieser hocherfreut und setzte dem Jakob sogleich einen gut zubereiteten Fisch vor.

11 Und Jakob aß davon nach seiner Lust und gab ganz ausgesuchte kleine Stückchen auch seinem kleinen Brüderchen zum Verkosten.

12 Und das Kindlein verzehrte auch mit sichtlichem Appetite die kleinen Portionen, die Ihm Jakob in den Mund steckte.

13 Das freute den Fischer so sehr, daß er darob unwillkürlich zu Tränen gerührt wurde.

14 Jakob aber wollte sich bald wieder nach Hause begeben;

15 *der Fischer* aber bat ihn inständigst, daß er den Tag über bei ihm verbleiben möchte.

16 „Aber am Abende", sprach er, „will ich dich samt dem allerliebsten kleinen Bruder nach Hause tragen!

17 „Denn siehe, du hattest wohl bei anderthalb Stunden zu tun gehabt, weil du diesen Meeresarm, der durchaus sehr seicht ist, umgehen mußtest!

18 „Ich aber messe fast zwei Klafter; das Wasser geht mir kaum bis zum Leibe, da [1] es am tiefsten ist!

19 „Ich nehme dich dann samt dem Kinde auf meinen Arm, durchwate mit euch den Meeresarm und bringe euch dann leicht mit noch einer guten Portion von frischen besten Fischen in einer kleinen Viertelstunde nach Hause!"

20 Hier sprach *das Kindlein:* „Jonatha, dein Wille ist gut; aber wenn Ich dir mit Meinem Bruder nur etwa nicht zu schwer werde!?"

21 Und *Jonatha* lächelte und sprach: „O du mein liebes Kindlein, so ihr

---

[1] wo.

hundertmal so schwer wäret, als ihr seid, so könnte ich euch noch gar leicht tragen!"

²² Und *das Kindlein* sprach: „Jonatha, da kommt es nur auf eine Probe an; versuche Mich allein über den Arm, der kaum fünfzig Klafter breit ist, hin und her zu tragen, und es wird sich zeigen, wie es mit deiner Stärke für uns beide aussieht!"

²³ *Jonatha* ging sogleich in diese Probe, nahm mit der Einwilligung Jakobs das Kindlein auf seinen Arm und watete mit Ihm den Arm des Meeres durch.

²⁴ Hinüber ging es leidlich, obschon Jonatha sich über die Schwere des Kindleins hoch verwunderte.

²⁵ Im Zurücktragen aber ward das Kindlein so schwer, daß Jonatha es für nötig fand, einen starken Balken zu nehmen, um, sich auf denselben stützend, das Kindlein mit der genauesten Not von der Welt ans Ufer zu bringen.

²⁶ Als er da ankam, setzte er alsbald das Kindlein ans Ufer, da ¹ Jakob wartete, und sprach: „Um Jehovas willen, was ist das? Schwerer als dies Kind kann die ganze Welt nicht sein!"

²⁷ Und *das Kindlein* sprach lächelnd: „Das sicher; denn du hast jetzt auch bei weitem mehr getragen, als was die ganze Welt ausmacht!"

²⁸ *Jonatha* aber sprach, sich kaum erholend: „Wie soll ich das nehmen?"

²⁹ *Jakob* aber sprach: „Lieber Jonatha, nimm du die Fische, und begleite uns trockenen Weges nach unserer Heimat, und bleibe die Nacht bei uns; morgen soll dir darinnen ein Licht werden!"

³⁰ Darauf nahm Jonatha drei Lägel der besten Fische und begleitete die beiden noch vormittags nach Hause zu Joseph, der ihn mit viel Freuden aufnahm, denn sie waren von Jugend auf Schulfreunde gewesen.

166

Jonatha bei seinem Jugendfreunde Joseph. Jonathas Erzählung und Frage nach dem sonderbaren Kinde Josephs. Josephs Bericht über das Kind. Jonathas Demut und Liebe zum Kinde und sein Gebet.

Jonatha übergab dem Joseph die drei Lägel Fische, mit denen er ihm eine große Freude machte; denn Joseph war ein großer Freund von Fischen.

² Darauf sagte er zu Joseph: „Mein geliebtester Jugendfreund, sage mir doch, was du für ein Kind hast!

³ „Fürwahr, es kann höchstens zwei bis drei Jahre alt sein, und es spricht so gescheit, als wäre es ein erwachsener Mann!

⁴ „Und siehe, ich, der ich doch zwei Ochsen unter meinen Armen, wie du zwei Lämmer, tragen kann, wollte den Jakob mit dem Kindlein den ganzen Tag über bei mir behalten und wollte sie abends, den Meeresarm durchwatend, zu dir nach Hause bringen!

⁵ „Als ich solch einen Wunsch aber dem Jakob kundgab, da redete mich das Kindlein an und sprach zu meinem nicht geringen Erstaunen:

⁶ „,Jonatha, dein Wille ist gut;

¹ wo.

aber so wir dir nur etwa nicht zu schwer werden!'

⁷ „Daß ich ob dieser kindlich-besorglichen Frage beim Bewußtsein meiner Kraft lächeln mußte, das versteht sich von selbst!

⁸ „Aber das Kindlein sprach darauf, es komme nur auf eine Probe an; ich solle versuchen, es allein durch den Meeresarm hin und her zu tragen, um mich zu überzeugen, ob es mir nicht zu schwer werden möchte!

⁹ „Mit der Einwilligung Jakobs nahm ich das Kindlein auf meinen Arm und trug es durchs Wasser.

¹⁰ „Hinüber war es noch erträglich; aber zurück mußte ich einen Stock nehmen, auf den ich mich stützte, und gelangte nur mit der genauesten Not von der Welt an das jenseitige Ufer.

¹¹ „Denn fürwahr, du, lieber Freund, kannst mir's glauben, das Kind war so entsetzlich schwer, daß ich gerade glaubte, eine Weltenlast liege auf meinen Armen!

¹² „Als ich das Ufer erreichte, das Kindlein schnell dem Jakob übergab und mich ein wenig erholte,

¹³ „da fragte ich den Jakob, was denn das wäre, wie dies Kind schwerer sei als eine Welt.

¹⁴ „Da sprach das Kind unaufgefordert wieder,

¹⁵ „ich hätte nun mehr getragen, als so ich getragen hätte eine ganze Welt! —

¹⁶ „Freund, von dem allen ist dein Jakob Zeuge gewesen! Nun frage ich dich darum und sage:

¹⁷ „Was um Jehovas willen hast du denn für ein Kind? Fürwahr, das kann nicht natürlicher Dinge sein!"

¹⁸ Und *Joseph* sprach zu Jonatha: „Wenn du schweigen könntest wie eine Mauer — ansonst dein Leben in große Gefahr käme! —, da möchte ich dir, meinem alten allerbiedersten Freunde, wohl etwas erzählen!"

¹⁹ Und *Jonatha* schwur und sprach: „Bei Gott und allen Himmeln, ich will tausendmal eher sterben im Feuer, als dich je mit einer Silbe verraten!"

²⁰ Da nahm ihn *Joseph* mit sich auf seinen Lieblingshügel und erzählte ihm den ganzen Hergang der Sache des Kindleins, von der Jonatha vorher noch keine Silbe wußte.

²¹ *Jonatha* aber, als er solches in kurz gefaßter Darstellung vernommen hatte, fiel auf seine Knie nieder und betete vom Hügel aus das Kindlein an, das soeben inmitten der acht anderen Kinder Sich herumtummelte,

²² und sprach am Ende seines langen Gebetes: „O du Seligkeit der Seligkeiten! Mein Gott, mein Schöpfer hat mich besucht! Ich habe Ihn, der alle Welt und alle Himmel trägt, auf meinen Armen getragen! O du endlose Gnade der Gnade! O du Erde, bist du wohl wert solcher Gnade? Ja, jetzt verstehe ich die Worte des Gotteskindes: ‚Mehr als eine Welt hast du getragen!'" — Darauf verstummte Jonatha und konnte vor Entzückung eine Stunde lang kein Wort aus seinem Munde bringen.

Josephs gastliche Einladung an Jonatha. Jonathas Bedenken und Sündenbekenntnis. Bester Rat Josephs. Des Kindleins Lieblingsspeise: das Herz Jonathas. Jesu Zeugnis über Jonatha.

Als Jonatha seine Andacht auf solche lebendige Weise verrichtet hatte, da sprach *Joseph* zu ihm:

2 „Mein geliebter Freund, du wohnst allein mit deinen drei Gehilfen in deiner Hütte.

3 „Heute am Vorsabbate wirst du ohnehin keine Fische mehr fangen; darum bleibe heute bei mir, desgleichen auch über den morgigen Sabbat!"

4 Und *Jonatha* sprach: „Ja, mein Freund und Bruder, wenn das Gottkind nicht wäre, da möchte ich wohl bei dir verbleiben;

5 „aber siehe, ich bin ein sündiger Mensch und bin unrein in allen meinen Teilen und Gliedern!

6 „Denn ich habe, seit ich unter den Heiden lebe, kaum mehr an die Satzungen Mosis gedacht und lebte mehr heidnisch als jüdisch.

7 „Und so kann ich da wohl nicht verbleiben, wo der Allerheiligste wohnt!"

8 Und *Joseph* sprach: „Bruder, dein Grund ist gut; aber bei mir wird er nicht angenommen!

9 „Denn siehe, der Herr, der sogar gegen alle Heiden Sich so gnädig bezeigt, wird Sich an dir sicher noch gnädiger bezeigen, indem du ein reuiger Jude bist!

10 „Du brauchst Ihn nur zu *lieben* und kannst rechnen, daß dich auch der Herr lieben wird über die Maßen!

11 „Denn siehe, die acht Kinder und die Eudokia sind Heiden, und dennoch geht das Kindlein mit ihnen um und hat sie lieb über die Maßen!

12 „Also wird Es auch dich gar liebreichst aufnehmen und wird Sich mit dir wie mit Seinem besten Freunde abgeben!"

13 Auf diese Rede faßte Jonatha Mut und begab sich mit Joseph wieder vom Hügel hinab in die Wohnung, allwo schon lange das Mittagsmahl bereitet war.

14 Joseph berief nun alles zum Tische. Maria nahm das Kindlein und setzte sich auch neben den Joseph, wie gewöhnlich, zum Tische.

15 *Das Kindlein* aber wollte nicht die für Dasselbe bestimmte Milchspeise genießen.

16 Und *Maria* ward ängstlich darob, denn sie meinte, es müsse dem Kindlein etwas fehlen.

17 *Das Kindlein* aber sprach: „Warum ängstigst du dich denn Meinetwegen?

18 „Siehe, Jonatha hat Mir eine bessere Speise gebracht; diese werde Ich essen, und diese wird Mich wahrhaft sättigen!"

19 *Maria* aber verstand hier sogleich die Fische, die zuletzt auf den Tisch gesetzt wurden.

20 *Das Kindlein* aber sprach: „Maria, du hast Mich nicht verstanden!

21 „Denn die Fische meine Ich nicht, obschon sie natürlich besser schmecken als diese gestrige Milch, die da schon topfig[1] ist, und die Joël nahm statt einer frischen, um ein Mus zu kochen für Mich.

22 „Aber die große Demut und die große Liebe seines Herzens (des Jo-

---
[1] geronnen.

natha nämlich), die er Mir schon öfter bezeigte, ohne Mich zu kennen, diese meine Ich!

²³ „Ich sage dir, du Maria, Jonatha ist ein starker Mensch in seinen Gliedern, aber die Liebe seines Herzens ist noch viel stärker!

²⁴ „Und diese seine Liebe zu Mir ist die gar kräftige Kost, die Mich nun sättigt! Doch aber werde Ich auch von seinen Fischen essen; aber das saure Mus mag Ich nicht!" — Darob ward aber *Jonatha* so erfreut, daß er laut zu weinen anfing.

168

Das von Joël schlecht bereitete Mus. Marias und Josephs Rüge.
Des Kindleins Nachsicht mit Joël. Erziehungswinke.

Nun kostete erst *Maria* das Mus, das Joël fürs Kindlein bereitet hatte, und fand es im Ernste etwas sauer und kleingrießartig topfig.

² Da berief sie alsbald den Joël, der sich noch ganz geschäftig in der Küche mit dem Braten der Fische abgab.

³ Als dieser kam, sagte die Mutter voll Ernstes: „Joël, da verkoste einmal das Mus!

⁴ „Hast du denn gar so wenig Achtung vor dem Kinde, vor dem Vater Joseph und vor mir, dem getreuen Weibe deines Vaters, daß du mir solches antun magst?!

⁵ „Haben denn unsere Kühe und Ziegen keine frische Milch mehr im Euter?

⁶ „Warum nahmst du eine gestrige, schon sauer gewordene, die man wohl kalt genießen kann, so man durstig ist, aber nicht gekocht, da sie dann schädlich ist, ganz besonders den Kindern?"

⁷ Hier kostete auch *Joseph* das Mus und wollte schon ein kleines Donnerwetter über den Joël senden;

⁸ aber *das Kindlein* richtete Sich auf und sprach: „O ihr Menschen ihr, warum wollt ihr denn Mich überall überbieten?!

⁹ „Ist denn nicht genug, was *Ich* über den Joël bemerkte?! Warum wollt ihr ihn denn nach Mir völlig richten?!

¹⁰ „Meinet ihr, Ich habe ein Wohlgefallen an solcher eurer Strenge? — O nein! Mir gefällt allein nur die Liebe, Sanftmut und die Geduld!

¹¹ Joël hat sich durch seine Unachtsamkeit allerdings strafbar gemacht,

¹² darum Ich ihn aber auch durch Meine tadelnde Bemerkung sogleich gestraft habe. Diese Strafe aber ist hinreichend; wozu da noch eine weitere Rüge und ein Donnerwetter obendrauf?

¹³ „Es tut wohl jeder Vater recht, so er die kleinen unartigen Kinder mit der Rute bestraft, aber den erwachsenen Söhnen soll er stets ein weiser und sanfter Lehrer sein!

¹⁴ „Nur so ein Sohn sich auflehnete gegen den Vater, dem soll gedroht werden!

¹⁵ „Bekehrt er sich da, so soll er wieder in den alten Frieden gesetzt werden;

¹⁶ „bekehrt er sich aber nicht, da soll er verstoßen und vom Hause des Vaters und aus seinem Vaterlande getrieben werden!

¹⁷ „Joël aber hat ja nichts verbrochen, nur die Lust zu den Fischen gestattete ihm nicht so viel Zeit, daß er eine Ziege gemolken hätte!

¹⁸ „Von nun an aber wird er das

auch sicher nimmer tun; darum sei ihm auch alles vergeben!"

¹⁹ Darauf berief das Kindlein den Joël zu Sich und sprach: „Joël, wenn du Mich liebst, wie Ich dich liebe, so bereite in Zukunft deinem Vater und deiner Mutter keinen solchen Kummer mehr!"

²⁰ *Joël* aber fing vor Rührung an zu weinen und fiel auf seine Knie und bat das Kindlein, die Maria und den Joseph um Vergebung.

²¹ Und *Joseph* sprach: „Stehe nur auf, mein Sohn, was dir der Herr vergibt, das sei dir auch von mir und der Mutter vergeben!

²² „Gehe aber nun, und siehe nach, was die Fische machen!"

²³ Und *das Kindlein* sagte ebenfalls hurtig dazu: „Ja, ja, gehe nur, sonst werden die Fische überbraten, da sie dann nicht gut wären; denn Ich will ja Selbst davon essen!"

²⁴ Diese Besorglichkeit gefiel den andern acht Kindern so gut, daß sie aus Freuden laut lachten.

²⁵ Das Kindlein aber lachte Selbst recht herzlich mit und brachte in die ganze Tischgesellschaft eine recht heitere Stimmung, und Jonathas Augen waren voll entzückter Freudentränen.

169

Das Fischessen. Die Mahnung des unbedienten Jesuskindleins an Joseph und dessen abschlägige Antwort. Des Jesuskindleins gewichtige Erwiderung und Voraussage über die Vergöttlichung der Maria. Die Segensworte des demütigen Kindleins.

In kurzer Zeit brachte Joël auf einem Roste die gebratenen Fische herein und setzte sie auf den Tisch.

² Joseph legte sogleich einem jeden eine gute Portion vor und vergaß auch sich nicht;

³ aber vor das Kindlein legte er natürlich keine Portion, denn Das ward ja natürlich von der Mutter beteiligt.

⁴ *Das Kindlein* aber war diesmal damit nicht zufrieden, sondern begehrte auch eine ganze Portion.

⁵ Da sprach *Joseph:* „Aber Du mein allerliebstes Söhnchen, Du mein Jesus, das wäre wohl viel zuviel für Dich!

⁶ „Fürs erste könntest Du es ja unmöglich alles essen, und fürs zweite, wenn Du es verzehrtest, würde es Dich krank machen!

⁷ „Siehst Du aber nicht, daß ich darum der Mutter ja ohnehin eine größere Portion vorgelegt habe, weil sie Dich zu versorgen hat?!

⁸ „Daher sei nur ganz ruhig, mein Söhnchen; denn Du wirst nicht zu kurz kommen!"

⁹ Und *das Kindlein* sprach: „Das weiß Ich wohl — und noch so manches, was du nicht weißt!

¹⁰ „Aber schicklich wäre es doch gewesen, wenn du auch dem Herrn eine ganze Portion gegeben hättest!

¹¹ „Weißt du wohl, wer Melchisedek, der König von Salem war? — Du weißt es nicht!

¹² „Ich aber weiß es und sage es dir: Der König von Salem war der Herr Selbst; aber außer Abraham durfte es niemand ahnen!

¹³ „Darum verneigte sich Abraham bis zum Erdboden vor Ihm und gab ihm freiwillig von allem den zehnten Teil.

¹⁴ „Joseph, Ich bin derselbe Mel-

chisedek, und du bist gleich dem Abraham!

¹⁵ „Warum willst denn du Mir nicht den Zehnten geben von diesen guten Fischen?

¹⁶ „Warum bescheidest du Mich auf die Mutter? Wer hat wohl den Fisch wie das Meer gemacht? War es Maria oder Ich, ein König von Salem von Ewigkeit?

¹⁷ „Siehe, Ich bin hier in Meinem Eigentume von Ewigkeit, und du willst Mir nicht einmal eine *ganze* Portion Fische vorsetzen?

¹⁸ „Darum aber wird es auch kommen, daß die Menschen einst Meiner Leibesmutter bei weitem größere Portionen vorsetzen werden denn Mir.

¹⁹ „Und Ich werde auf das passen¹ müssen, was der Mutter vorgesetzt wird, und da wird ferne sein die Ordnung Melchisedeks!"

²⁰ *Joseph* aber wußte nicht, was er darauf sagen sollte. Er teilte aber alsbald seinen Teil und setzte die größere Hälfte dem Kindlein vor.

²¹ *Das Kindlein* aber sprach: „Wer Mir etwas gibt und behält einen Teil für sich, der kennt Mich nicht!

²² „Wer Mir geben will, der gebe Mir alles, — sonst nehme Ich es nicht an!"

²³ Hier schob *Joseph* freudigst auch noch *seinen* Teil vor das Kindlein.

²⁴ *Das Kindlein* aber hob Seine Rechte und segnete die zwei Teile und sprach:

²⁵ „Wer das Ganze Mir gibt, der gewinnt hundertfach! Nimm den Fisch wieder vor dich, Joseph, und iß! Was dir überbleiben wird, das erst gib Mir!"

²⁶ Hier nahm Joseph den Fisch wieder und aß viel davon. Als er aber nimmer essen konnte, da blieb noch so viel übrig, daß es für zwölf Personen genug gewesen wäre. Und das Kindlein aß dann von dem Übriggebliebenen.

170

Jonathas eitle Frage nach Josephs innerer Stellung zum Kindlein und Josephs treffende Erwiderung.

Nach dieser Tischszene, die den Jonatha viele Freuden- und auch Reuetränen gekostet hatte, sagte aber *Jonatha* zu Joseph:

² „Joseph, du mein alter Jugendfreund, sage mir doch so ganz aufrichtig, wie unendlich glücklich fühlst du dich denn, wenn du die Größe deiner Berufung überdenkst?

³ „Was empfindest du, wenn du das Kindlein ansiehst und dein lebendig glaubend Herz sagt es dir: ‚Siehe, das Kindlein ist Gott Jehova Zebaoth,

⁴ „‚der mit Adam redete, mit Henoch, mit Noah, mit Abraham, Isaak und Jakob, —

⁵ „‚der unsere Väter aus dieses Landes harter Not erlöste durch Moses und gab Selbst das Gesetz in der Wüste,

⁶ „‚und ernährte vierzig Jahre hindurch das große Volk in der Wüste, in der nichts als nur hie und da ein Dornstrauch und eine Distel wächst,

⁷ „‚der durch den Mund der Heiligen und Propheten geredet hat!'?

⁸ „O Joseph, sage, sage es mir, was

---

¹ warten.

empfindest du da, was in solcher Gegenwart Dessen, der Himmel und Erde gegründet hat?!

⁹ „Ja, der die Engel erschuf und machte das erste Menschenpaar und belebte es mit Seinem ewig lebendigen Odem!

¹⁰ „Oder sage, ist es dir, wenn du das überdenkst, wohl möglich zu reden?

¹¹ „Bindet die Anschauung des Kindes dir nicht schon also deine Zunge, daß du aus zu großer Ehrfurcht vor Dem, der ewig war, schweigen mußt?"

¹² Und *Joseph* erwiderte dem Jonatha: „Du hast recht, daß du mich also fragst;

¹³ „aber denke selbst nach, — was soll ich machen? Es ist nun einmal so, und ich muß das Allerhöchste also ertragen, als wäre es etwas Niederes; sonst könnte ich ja unmöglich bestehen!

¹⁴ „Siehe, Gott ist einmal Gott, und wir sind Seine Geschöpfe! Er ist alles, und wir alle sind nichts!

¹⁵ „Dieses Verhältnis ist gerechnet richtig; kannst du aber selbst durch deinen allerhöchsten Gedankenflug an diesem Verhältnisse etwas ändern?

¹⁶ „Siehe, daher ist dein Gefrage eitel! Möchte ich auch ein Herz haben, so groß die Erde ist, und einen Kopf so groß wie der Himmel, und möchte da Gefühle und Gedanken ziehen, vor denen alle Engel erbeben möchten,

¹⁷ „sage, welchen Dienst würde ich dadurch Dem erweisen, der die ganze Unendlichkeit, wie ich ein Sandkörnchen, in Seiner Rechten trägt?!

¹⁸ „Werde ich dadurch *mehr* Mensch und Gott *weniger* Gott sein?!

¹⁹ „Siehe, darum ist deine Frage eitel! Alles, was ich tun kann, ist, daß ich das Kindlein *liebe* aus allen meinen Kräften und erweise Ihm den nötigen Dienst, den Es von mir verlangt!

²⁰ „Alles andere Großgedankenwerk aber lasse ich aus *dem* Grunde beiseite, weil ich wohl weiß, daß mein erhabenster und größter Gedanke gegen die Größe Gottes ein barstes prahlerisches Nichts ist!"

²¹ Diese Antwort brachte den Jonatha auf ganz andere Gedanken, und er setzte hernach dem Joseph keine solchen Fragen mehr.

171

Der Abend auf dem Lieblingshügel Josephs.
Jakob beim Füttern des kleinen Jesus mit Butterbrot und Honig.
Die Fliegen in dem Honigtöpfchen. Jesu tiefweise Worte über Jesaias Kap. 7, 15.

Gegen den Abend dieses Tages, der — wie schon bekanntgegeben — ein Vorsabbat war, aber nahm Jakob das Kindlein und ging auf den Lieblingshügel Josephs.

² Und Joseph und Jonatha folgten bald dem Beispiele Jakobs und begaben sich auch auf den Hügel.

³ Jakob aber nahm, wie gewöhnlich, fürs Kindlein etwas Butter und Honig in einem kleinen Töpfchen mit sich und ein Stückchen Weizenbrot,

⁴ davon er dem Kindlein öfter eine kleine Portion in den Mund steckte; denn das Kindlein aß am liebsten ein Stückchen Honig- oder Butterbrot.

⁵ Als aber Jakob sein Töpfchen

auf ein Bänkchen hinsetzte und sich mit dem Kindlein munter im Grase des sanften Hügels herumtrieb,

⁶ da besuchten alsbald einige Bienen und Fliegen das Töpfchen und schmausten nach Lust an dem süßen Inhalte.

⁷ Als aber *Joseph* solches merkte, da sagte er zu Jakob: „Geh und decke doch das Töpfchen mit etwas zu, sonst wird der Inhalt bald von Bienen und Fliegen verzehrt sein!"

⁸ Und Jakob kam schnell mit dem Kindlein herzu und wollte die Gäste aus dem Töpfchen verscheuchen; aber sie gehorchten ihm nicht.

⁹ Da sprach *das Kindlein:* „Jakob, gib Mir das Töpfchen, und Ich werde sehen, ob sich die Fliege und die Biene auch vor Mir ungehorsam bezeigen werden!"

¹⁰ Hier gab Jakob dem Kindlein das Töpfchen in die Hände, und das Kindlein zischte mit einem dreimaligen Gscht — Gscht — Gscht — in das Töpfchen, und im Augenblicke verloren sich die Fliegen und die Bienen.

¹¹ Darauf gab Jakob dem Kindlein ein Stückchen Butter- und Honigbrot, und das Kindlein nahm es und verzehrte es zufrieden.

¹² *Jonatha* aber, der zuvor mit Joseph allerlei aus der Zeichenweisheit¹ Ägyptens besprach, bemerkte diese Handlung, die sehr geringfügig zu sein schien, und fragte den Joseph, ob darin auch irgendeine tiefweise Bedeutung läge.

¹³ Und *Joseph* erwiderte: „Das meine ich eben nicht; denn nicht in gar jeder kleinlichen Handlung liegt eine verborgene Weisheit.

¹⁴ „Sooft jemand Butter und Honig frei stellt, da werden sich immer Bienen und Fliegen einfinden und davon zehren!

¹⁵ „Man könnte diese Erscheinung, wie tausend andere, wohl bei guten Gelegenheiten gleichnisweise gebrauchen, — aber an und für sich ist diese Handlung leer!"

¹⁶ *Das Kindlein* aber lief hin zu Joseph und sprach ganz munter:

¹⁷ „Mein liebster Joseph, diesmal hast du einen Hieb ins Blaue gemacht!

¹⁸ „Wie liesest du im Jesaias? Steht es nicht also von Mir geschrieben: ‚Butter und Honig wird Er essen, daß Er wisse Böses zu verwerfen und Gutes zu erwählen.

¹⁹ „‚Ehe aber der Knabe lernt, das Böse zu verwerfen und das Gute zu erwählen, wird das Land, davor dir graut, verlassen sein von seinen zwei Königen.

²⁰ „‚Der Herr aber wird über dich, über dein Volk und über deines Vaters Haus Tage kommen lassen, die nicht da waren seit der Zeit, da Ephraim von Juda ist durch den König von Assyrien getrennt worden!

²¹ „‚Denn zu der Zeit wird der Herr zischen der Fliege am Ende der Wasser in Ägypten und der Biene im Lande Assur!'

²² „Siehe, Joseph, was in den² Worten des Propheten liegt, das liegt auch in dieser Handlung;

²³ „aber die Zeit der Enthüllung ist noch nicht da, obschon nimmer ferne!

²⁴ „Kennst du aber den Sohn der Prophetin, der da hieß ‚Raubebald, Eilebeute'?

²⁵ „Kennst du den Sohn, den eine Jungfrau gebären wird und wird Ihn heißen ‚Immanuel'?

²⁶ „Siehe, das alles bin Ich! Aber eher wirst du das nicht völlig fassen,

---

¹ Zeichensprache?; ² diesen.

bis Ich als der ‚Raubebald‘, ‚Eilebeute‘ und als ‚Immanuel‘ von der Höhe Vater und Mutter rufen werde!"

²⁷ Hier lief das Kindlein wieder dem Jakob zu. *Joseph* und *Jonatha* aber sahen einander groß an und konnten sich nicht genug verwundern über die Worte des Kindleins und über das merkwürdige bildliche Zusammentreffen der vorigen Aktion[1] mit den Worten des Propheten.

172

Jonathas übertriebene Ehrfurcht und Demut vor dem Jesusknäblein. Josephs guter Rat und des Kindleins liebevoller Zuspruch. Jonathas Bleiben.

Jonatha aber, nachdem er sich vom Staunen über diese Rede des Kindleins ein wenig erholt hatte, sprach zu Joseph:

² „Bruder! Fürwahr, so fest ich es mir auch vorgenommen habe, heute und morgen bei dir zu bleiben, so aber werde ich doch kaum diesem Vorhaben getreu verbleiben können!

³ „Denn siehe, mir kommt nun hier alles zu heilig vor! Wie in einer Einöde scheine ich hier zu sein, in der einem Wanderer alles, was er ansieht, zuruft: ‚Hier ist kein Platz für dich, sondern nur für Geister!‘

⁴ „Auch kommt es mir vor wie auf einem überhohen Berge, auf dessen Spitze wohl der Zauber der weiten Aussicht anfangs die Sinne besticht;

⁵ „aber gar bald spricht zu ihm die kalte, reinste Luft:

⁶ „‚Du träges und unreines Menschenlasttier, ziehe bald zurück in deine stinkende Heimat!

⁷ „‚Denn hier, wo sich des reinsten Äthers reinste Geister wiegen, ist keines Bleibens für eine unreine Seele!‘

⁸ „Wie rein war der große Prophet Moses; und dennoch sprach der Herr zu ihm, als er Ihn zu sehen verlangte:

⁹ „‚Mich, deinen Gott, kannst du nicht sehen und leben zugleich!‘

¹⁰ „Hier ist derselbe Herr in der Fülle Seiner Heiligkeit; Er ist hier, der Verkündigte durch aller Propheten Mund!

¹¹ „Wie sollte es mir möglich sein, noch länger Seine sichtbare Gegenwart zu ertragen hier, der ich doch ein alter Sünder bin am ganzen Gesetze Mosis?!"

¹² *Joseph* aber sprach: „Lieber Freund und Bruder, du weißt ja, was das Hauptgesetz ist; warum willst du denn lieber nach Hause ziehen, als dieses Gesetz lebendig beachten?

¹³ „Liebe den Herrn aus allen deinen Kräften, und gedenke nicht beständig deiner Sünden, so wirst du dem Herrn sicher angenehmer sein als durch deine beständigen Ausrufungen!

¹⁴ „Warte, bis dich das Kindlein verabschieden wird! Wenn das geschehen wird, da glaube, daß du Seiner unwürdig bist;

¹⁵ „solange aber das nicht der Fall sein wird, da bleibe, — denn mehr zu Hause als hier wirst du wohl ewig nirgends sein!"

¹⁶ Hier kam *das Kindlein* hinzu und sprach: „Joseph, du hast schon

---

[1] Handlung.

recht, daß du den Jonatha ein wenig geputzt hast; warum ist er also eigensinnig und will nicht hier bleiben, da Ich ihn doch so lieb habe!"

17 Darauf wandte sich das Kindlein an den Jonatha und sprach:

18 „Jonatha, willst du denn im Ernste nicht hier verbleiben? Was Übels wohl geschieht dir hier, daß du nicht bleiben willst?"

19 Und *Jonatha* sprach: „Mein Gott und mein Herr, siehe, ich bin ja ein grober Sünder am Gesetze!"

20 *Das Kindlein* aber sprach: „Was sprichst du von Sünden? Ich erkenne keine an dir!

21 „Weißt du, wer ein Sünder ist? — Ich sage dir: *Der ist ein Sünder, der keine Liebe hat!*

22 „Du aber hast Liebe, und so bist du kein Sünder vor Mir; denn Ich habe sie, die Sünden, dir vergeben, darum Ich über Moses bin ein Herr von Ewigkeit!"

23 Hier weinte *Jonatha* und faßte neuen Entschluß, zu bleiben, und nahte sich dem Kindlein und koste Es.

173

Das federleichte Jesuskind. Jonathas Verwunderung.
Des Kindleins tiefweise Worte über die Last des Gesetzes Mosis.

Als aber Jonatha *das Kindlein* also herzte und koste, da sprach dasselbe zu ihm:

2 „Jonatha, versuche Mich jetzt einmal zu tragen; jetzt werde Ich dir sicher nicht so schwer vorkommen als über den Meeresarm!"

3 Und *Jonatha* nahm voll Freude und Liebe das Kindlein auf seine Arme und fand Es so leicht wie eine Flaume[1].

4 Da sprach er zum Kindlein: „Mein Gott und mein Herr, wie wohl sollte ich das fassen?

5 „Dort beim Meere warst Du mir zu einer Weltenlast; hier aber bist Du mir eine Federflaume!"

6 Und *das Kindlein* sprach: „Jonatha, also wie dir wird es jedem ergehen!

7 „Denn Meine große Last liegt nicht in Mir, sondern im Gesetze Mosis!

8 „Als du Mich nicht kanntest, sondern nur das Gesetz, und hattest Mich auf deiner Achsel, da drückte nicht Meine, sondern des Gesetzes Last nur deine Schultern weltenschwer.

9 „Nun aber hast du Mich, den Herrn über Moses und über das Gesetz, erkannt in deinem Herzen, und siehe, des Gesetzes Last ist nicht mehr mit Mir, dem Herrn des Gesetzes!

10 „Also aber wird es geistig in der Zukunft allen Gesetzesträgern ergehen!

11 „Wahrlich sage Ich dir: Die Gerechten aus dem Gesetze werden heulen und mit den Zähnen knirschen;

12 „aber der Herr wird in den Häusern der Sünder zu Tische sitzen und wird sie heilen und annehmen zu Seinen Kindern!

13 „Die Verlorenen werde Ich suchen, die Kranken, die hart Gefangenen und Bedrängten werde Ich heilen, erlösen und befreien;

14 „aber die Gerechten am Gesetze sollen ungerechtfertigt aus Meinem Hause ziehen!

15 „Wahrlich sage Ich dir: Den

[1] Flaumfeder.

Zöllner und Sünder werde Ich preisen in Meinem Hause;

¹⁶ „aber den Gerechten werde Ich mit einer starken Bürde belasten vor Mir in Meinem Hause!

¹⁷ „Ja, eine Hure soll Mich salben, und einer Ehebrecherin Schuld will Ich in den Sand zeichnen, und die Sünder sollen Mich anrühren;

¹⁸ „aber verflucht soll sein ein Gesetzesritter und ein Schriftgelehrter, so er Mich anrühren wird!

¹⁹ „Die des Gesetzes Last getötet hat, die werde Ich aus den Gräbern ziehen;

²⁰ „aber vor den Buchstabenfressern des Gesetzes werde Ich das Tor zum Leben so eng wie ein Nadelöhr machen!"

²¹ Ob dieser Worte entsetzte sich *Joseph* und sprach: „Aber Kindlein, was sprichst Du für schreckliche Dinge?

²² „Das Gesetz hat ja auch Gott gegeben, wie sollte da ein Sünder besser sein denn ein Gerechter?!"

²³ *Das Kindlein* aber sagte: „Wohl hat Gott das Gesetz gegeben; aber nicht für den Weltverstand, sondern für das *Herz!* Und Moses selbst hat das ganze Gesetz in der *Liebe zu Gott* gesetzt!

²⁴ „Das Gesetz wohl ist geblieben, — aber die Liebe ist lange schon erstorben!

²⁵ „Ein Gesetz aber, in dem keine Liebe mehr ist, ist nichts nütze, und der es hält ohne Liebe, ist ein toter Sklave desselben!

²⁶ „Darum ist Mir nun ein Heide und ein freier Sünder lieber als ein toter gefesselter Sklave des Gesetzes!"

²⁷ Hier schwieg Joseph und dachte über diese Worte nach; das Kindlein aber fing wieder von kindlichen Dingen an zu plaudern mit Jonatha und Seinem Jakob.

174

Der Abend auf dem Hügel. Josephs und Jonathas Vollmondbetrachtungen.
Des Kindleins Winke über das Viel-Wissen im Gegensatz zum Viel-Lieben.
Das ‚Angesicht' Gottes. Das Wesen des Mondes.

Da es aber schon Abend geworden war und der Mond gerade im Vollichte über Ostrazine aufging,

² da bewunderte Jonatha von diesem Hügel dessen schöne Gestalt und ergötzte sich an seinem Lichte und ward ganz stille.

³ *Joseph* aber bemerkte solches und fragte den Jonatha: „Bruder, was ersiehst du wohl in der leuchtenden Mondscheibe, darum du sie gar so aufmerksam betrachtest?"

⁴ Und *Jonatha* antwortete und sprach: „Ich ersehe eigentlich gar nichts — außer die alten stets gleichen Flecken!

⁵ „Doch aber denke ich allzeit, sooft ich also den Mond sehe, was etwa doch die Flecken sind, und was überhaupt der Mond ist, warum wir ihn bald gar nicht, bald wie eine Sichel, bald wieder so und so sehen!

⁶ „Wenn du etwa davon etwas Näheres kennst, so gib mir es kund; denn von derlei Dingen höre ich sehr gerne reden!"

⁷ Und *Joseph* sprach: „Lieber Freund, in dieser Hinsicht gleichen wir einander ganz vollkommen;

⁸ „und so bin ich über die sonderbare Beschaffenheit dieses Gestirns ebenso bewandert wie du,

⁹ „und so werde ich dir in dieser Hinsicht spottwenig zu sagen imstande sein! Das Kindlein wird da sicher mehr wissen als ich; darum frage du Dasselbe!"

¹⁰ Und *Jonatha* fragte mit einiger Beklommenheit das Kindlein über des Mondes Beschaffenheit.

¹¹ Und *das Kindlein* sprach: „Jonatha, so Ich dir den Mond zeige, da wirst du auch die Sonne sehen wollen und darnach die zahllosen Sterne!

¹² „Sage, wann wird dann deine Schaulust und Wißbegierde ein Ende nehmen?!

¹³ „Siehe, viel Wissen macht den Kopf schwer und das Erdenleben unbehaglich!

¹⁴ „Aber viel Liebe im Herzen zu Gott und deinen Brüdern macht das Erdenleben angenehm und benimmt alle Furcht vor dem Tode!

¹⁵ „Denn diese Liebe ist ja in sich selbst das ewige Leben; wer aber das hat, der wird dereinst auch zu schauen bekommen alle Schöpfung!

¹⁶ „Denn die wahren Liebhaber Gottes werden anschauen Sein Angesicht! Das aber ist das Angesicht Gottes, was Er erschaffen hat durch Seine Weisheit und durch Seine ewige Allmacht.

¹⁷ „Denn die Weisheit und die Allmacht ist das Angesicht Gottes, also wie die Liebe Sein Grundwesen ist von Ewigkeit!

¹⁸ „Da du Mich aber schon gefragt hast über den Mond, so sage Ich dir: er ist eine Nebenerde und hat Berge, Täler, Früchte, Tiere und Wesen deiner Art.

¹⁹ „Aber der Teil, den du siehst, ist frei und nackt und leer und hat weder Wasser noch Feuer.

²⁰ „*Der* Teil nur, den du nicht siehst, ist der Erde gleich;

²¹ „sein Licht ist von der Sonne, und sein Lichtwechsel kommt von seiner Stellung und verändert sich in jeder Minute nach dem Umschwunge um die Erde. Und die Flecken sind tiefere und dunklere Orte der Prüfung.

²² „Nun weißt du, was der Mond ist; bist du damit zufrieden?" — Und *Jonatha* bejahte diese Frage und versenkte sich in tiefe Gedanken.

175

Maria und das Jesusknäblein in herzlicher, scherzender Unterhaltung auf dem Hügel. Joseph und Jonatha bei der Mondmahlzeit. Die plötzliche Mondfinsternis.

Als aber Maria mit der Eudokia ihre häuslichen Geschäfte beendet hatte, da begab sie sich ebenfalls auf den Hügel, geleitet von der Eudokia.

² Und das Kindlein lief ihr entgegen und hüpfte freudig um die herrliche Mutter.

³ *Maria* aber nahm das schon ziemlich schwere Kindlein auf ihre etwas müden Arme und koste Es und sagte scherzweise:

⁴ „Aber heute bist Du schwer! Du warst gewiß recht genäschig und hast zuviel Honig, Butter und Brot gegessen?"

⁵ Und *das Kindlein* sprach: „Zahlt sich's wohl aus! So ein Töpfchen, das der Jakob leicht in seiner Faust verbergen kann!

⁶ „Dann ein Stückchen Brot, das man auch nicht dem Winde preisgeben darf, auf daß er es nicht alsbald

in die Luft erhebe wie ein dürres Baumblatt!

[7] „Davon wird man doch sicher nicht sehr schwer werden!

[8] „Ich muß dir sagen, daß Ich im Ernste recht hungrig bin, und freue Mich schon aufs Nachtmahl.

[9] „Siehe, Joseph und Jonatha haben eher [1] den ganzen Mond gespeist und sind doch noch hungrig, da [2] sie doch nicht mehr wachsen;

[10] „wie sollte Ich da von der Fliegenjause [3] satt geworden sein, der Ich doch wachsen muß!?"

[11] Und *Maria* sprach zum Kinde: „Mein Söhnchen, aber heute bist Du wieder recht schlimm!

[12] „Siehe, wenn Joseph und Jonatha den Mond gespeist hätten, da würde er wohl nimmer so schön vom Himmel herableuchten!"

[13] Und *das Kindlein aber* sprach: „Weib und Mutter! Ich bin nicht schlimm; sondern du hast Mich nur nicht verstanden.

[14] „Gehe aber nur hin zu den zweien, und sie werden dir sogleich auch etwas vom Monde zu verkosten geben!"

[15] Hier lächelte *Maria* und ging hin zu Joseph, grüßte ihn und fragte ihn, was er da gar so vertieft nachdenke,

[16] und warum er mit Jonatha gar so emsig nach dem Vollmonde blicke.

[17] Und *Joseph* sah sich kaum nach der Maria um und sprach: „So störe mich nicht in meiner Betrachtung;

[18] „denn ich möchte nun etwas entziffern mit dem Jonatha! Jesus hat uns Winke gegeben, die müssen ausgearbeitet werden; daher sei ruhig nun, und störe uns nicht!"

[19] Hier sah Maria das Kindlein an, das da heimlich lächelte, und das *Kindlein* sprach:

[20] „Siehst du nun, wie Joseph und Jonatha noch am Monde zehren?! Warte aber nur hier ganz geduldig, und laß Mir durch den Jakob ein Stückchen Brot holen und eine Pomeranze!

[21] „Denn das Zehren am Monde von Joseph und Jonatha macht Mich noch hungriger, als Ich ohnehin schon bin."

[22] Und *Maria* sandte sogleich den Jakob und ließ bringen, was das Kindlein verlangte.

[23] Darauf aber fragte sie das Kindlein, bis wann die beiden mit ihrer Mondentzifferung fertig würden.

[24] Und *das Kindlein* sprach: „Habe nur acht; heute und jetzt sogleich wird eine Verfinsterung des Mondes kommen, die wird bei drei Stunden währen!

[25] „Die zwei aber wissen nicht, woher diese rührt; darum werden sie meinen, sie hätten im Ernste den Mond verzehrt, besonders Jonatha!

[26] „Und diese Erscheinung wird dieser Betrachtung ein Ende machen.

[27] „Darnach werde Ich sie schon wieder belehren, wie Ich es sonst zu tun pflege, wenn es not tut.

[28] „Aber zuvor müssen beide recht tüchtig anrennen und müssen ihre Berechnungen zu Staube werden sehen!"

[29] Als das Kindlein kaum diese Worte ausgeredet hatte, da bekam der Mond schon einen dunkelbraunen Einbug.

[30] *Jonatha* bemerkte das zuerst und zeigte es dem Joseph an.

[31] Joseph bemerkte natürlich ganz überrascht dasselbe und noch mehr, da die Verfinsterung in jedem Augenblicke wuchs.

---

[1] vorher, zuvor; [2] obwohl; [3] Fliegenvesper.

³² Da wurde bald beiden bange, und *Joseph* fragte sogleich das Kind: „Kind, was ist das, was mit dem Monde vorgeht?"

³³ Und *das Kindlein* sprach: „Du siehst ja, daß Ich esse, was willst du Mich da stören? Warte, bis Ich mit der Pomeranze also fertig werde — wie ihr mit dem Monde, dann werde Ich schon weiter reden!"

³⁴ Joseph schwieg darauf, und als der Mond sich ganz verfinsterte, da erschraken beide, und alles mußte sich nun ins Haus begeben, und *Jonatha* meinte im Ernste, daß er den Mond verzehrt habe.

176
Fortsetzung der Mondbetrachtung Josephs und Jonathas.
Ein Licht über den beschatteten Mond.

Im Hause angelangt, sprach *Jonatha* zu Joseph: „Bruder, was wird aus dieser höchst fatalen Geschichte werden?

² „Bei meinem armen Leben, da sieh einmal zum Fenster hinaus! Der ganze Mond ist bei Botz und Stengel weggezehrt!

³ „Und finster ist's nun draußen ganz entsetzlich!

⁴ „Ja, ja, ich habe es aber auch schon öfter von gelehrtesten Heiden gehört, daß der Mensch die Gestirne des Himmels nicht zählen und auch sonst nicht zu aufmerksam betrachten solle, —

⁵ „denn da könnte es leicht geschehen, daß sie herunterfielen auf die Erde!

⁶ „Und träfe der Mensch etwa seinen eigenen Leitstern, und fiele dieser herab, so wäre der Mensch hin und verloren!

⁷ „Der Mond ist aber ja auch ein Gestirn am Himmel und kann demselben sonderbaren Gesetze unterworfen sein!

⁸ „Und da kann es sein, daß wir ihn getroffen haben, und er fiel irgendwo teilweise zu Boden, auf die Erde; denn ich sah eine Menge Partikel davonfliegen (Sternschnuppen).

⁹ „Oder wir sind nun vom Monde besessen und werden zu Mondsüchtigen werden, was für uns eine große Plage wird!

¹⁰ „Eines davon ist sicher der Fall! Denn daß der Mond nicht mehr besteht, das kann man mit den Händen greifen; aber wer ihn aufgezehrt hat, oder wohin er kam, das ist nun eine ganz andere Frage!"

¹¹ „Und *Joseph* sprach: „Weißt du was, das habe ich wohl schon öfter gehört, daß zuweilen der Mond, wie auch die Sonne verfinstert wird.

¹² „Und das könnte jetzt wohl auch gar leicht der Fall sein, obschon ich mich selbst nicht erinnern kann, je etwas dergleichen gesehen zu haben!

¹³ „Das aber habe ich gehört von alten Leuten, daß da zuweilen die Engel Gottes diese zwei Himmelslichter also putzen wie wir eine Lampe, so der Docht einen Butzen bekommt, —

¹⁴ „während welcher Arbeit es dann natürlich etwas finster wird auf der Erde. Und das könnte jetzt wohl auch der Fall sein!

¹⁵ „Denn die Fabel, daß da ein Drache die beiden Gestirne zu verschlingen anfängt, ist zu dumm und gehört dem finstersten Heidentum an."

¹⁶ Während sich aber Joseph und Jonatha über den Mond also besprachen, fing der Mond auf der andern Seite an, wieder sichtbar zu werden.

¹⁷ Und *die Kinder und die Söhne Josephs* bemerkten das und sprachen: „Sehet, sehet, der Mond kommt schon wieder zum Vorschein!"

¹⁸ Die beiden blickten hinaus, und dem Jonatha fiel ein Stein vom Herzen, weil er nun den Mond wieder zu sehen bekam.

¹⁹ Hier fragte wieder *Joseph* das Kindlein, wie denn doch solches zuginge.

²⁰ *Das Kindlein* aber sprach: „Lasset doch den armseligen Mond zuvor aus dem Schatten, den die Erde wirft, heraustreten, dann erst wollen wir sehen, ob er sich verändert hat!

²¹ „Die Erde ist ja kein endloser Körper, sondern ist so rund wie die Pomeranze, die Ich vorhin verzehrte,

²² „und schwebt frei und ist um sie ein endloser freier Raum; darum können der Sonne Strahlen sie allezeit überleuchten auf allen Seiten.

²³ „Also muß die große Erde ja auch einen Schatten werfen, und kommt der Mond in diesen, so wird er finster, da sonst auch er von der Sonne beleuchtet wird. Mehr sage Ich euch aber nicht!" — Hier sahen Joseph und Jonatha einander an und wußten nichts darauf zu erwidern.

177

Jonathas Staunen ob der Kugelgestalt der Erde.
Jesus als „Professor der Naturwissenschaften". Vorbereitungen zum Nachtmahl.

Nach einer Weile erst sagte *Jonatha* zu Joseph: „Bruder, wer aber hätte sich das je auch nur im Traume können einfallen lassen, daß die Erde eine ungeheuer große Kugel sei?!

² „Wir bewohnen also nur die Oberfläche dieser Kugel?

³ „Aber was soll ich aus dem Meere machen? Ist das auch zur Kugel gehörig, oder schwimmt die eigentlich feste Erdkugel auf demselben?"

⁴ Hier machte sich *das Kindlein* auf und sprach: „Auf daß ihr heute vor lauter Grübeln nicht um den wohltätigen Schlaf kommen möget, so muß Ich euch schon aus euerm Traume helfen!

⁵ „Tretet näher, und du, Jakob, bringe geschwind noch eine recht schöne Pomeranze!"

⁶ Als die Pomeranze herbeigeschafft war, da nahm das Kindlein dieselbe zur Hand und sprach:

⁷ „Sehet, das ist die Erde! Ich will aber nun, daß diese Pomeranze völlig der Erde gleichen solle im kleinsten Maßstabe und solle haben Berge, Täler, Flüsse, Seen, Meere und auch Ortschaften, die von den Menschen erbaut sind. — Es werde!"

⁸ In dem Augenblicke befand sich in der Hand des Kindleins eine ganz vollkommene Erdkugel im kleinsten Maßstabe.

⁹ Man sah das Meer, die Flüsse, die Seen, die Berge und auch die Städte so ganz natürlich auf dieser Kugel, — die aber freilich durch das „Es werde!" hundertmal so groß wie eine Pomeranze ward.

¹⁰ Alles drängte sich nun herzu, um diese wunderbare Kleinerschaffung der Erde zu betrachten.

¹¹ *Joseph* fand darauf bald Nazareth und Jerusalem und erstaunte

über die außerordentliche Richtigkeit.

¹² *Eudokia* fand bald Theben in ihrem Vaterlande und erstaunte über die Richtigkeit.

¹³ Also ward auch Rom gefunden und noch eine Menge anderer bekannter Orte.

¹⁴ Über eine Stunde dauerte die Betrachtung dieser Erdkugel und wollte kein Ende nehmen.

¹⁵ Selbst der *Maria* gefiel diese kleine Erde so gut, daß sie sich höchlichst erquickte ob deren Betrachtung.

¹⁶ Und die acht Kinder, die waren ganz wie versteinert mit ihren Augen in diese Erdkugel verpicht.

¹⁷ *Das Kindlein* erklärte nun ausführlich das Wesen der Erde wie ein Professor der Geographie, und alle verstanden Seine Rede.

¹⁸ Als aber das Kindlein mit dieser Erklärung fertig war, da sprach Es zu Jakob:

¹⁹ „Jakob, nun nimm einen Faden, und hänge diese Kugel irgendwo frei auf, auf daß die Wißbegierigen morgen auch noch eine Arbeit finden sollen!

²⁰ „Für heute aber lassen wir diese Erde im Frieden und begeben uns selbst zur Ruhe, d. h. nach dem Nachtmahle;

²¹ „denn Ich bin hungrig und durstig geworden, während ihr am Monde und an der Erde gezehrt habt!"

²² Und *Joseph* befahl sogleich dem Küchenmeister Joël, ein Nachtmahl zu bereiten und es auf den Tisch zu setzen. Und Joël ging mit den anderen drei Brüdern und bereitete ein gutes Abendmahl.

178

Das Abendmahl. Jonathas Verlangen, nach Hause zurückzukehren, und sein geheimes Vorhaben. Des Kindleins erfolgreiche Gegenvorstellungen. Jonathas Gehorsam und Heimzug.

Als das Abendmahl aber bereitet und verzehrt war, da sprach *Jonatha* zu Joseph:

² „Bruder, du wirst wenig Platz haben; darum laß mich jetzt in dieser schönen Nacht nach Hause ziehen, allwo für meine Person auch ein gehörig großes Lager bereitet ist!

³ „Morgen aber will ich schon eine Stunde vor dem Aufgange[1] bei dir sein!"

⁴ *Joseph* aber sprach: „Bruder, wenn du keine andere Sorge hast als allein die um ein für dich gehörig geräumiges Nachtlager, da magst du keck hier verbleiben;

⁵ „denn daran soll es in diesem nun meinem Hause keinen Mangel haben!

⁶ „Siehe da im Vorhofe links eine Türe, da ist ein sehr geräumiges Kabinett!

⁷ „In diesem habe ich für dich schon ein gutes Lager richten lassen!

⁸ „Ich meine, es wird für dich groß genug sein; daher magst du wohl hier verbleiben!"

⁹ Und *Jonatha* sprach: „Bruder, du bist sehr gütig gegen mich, und ich erkenne es nun nur zu genau, daß ich nirgends *mehr* daheim bin als hier,

---

[1] Sonnenaufgange.

¹⁰ „und bin auch überzeugt, daß dein Lager für mich groß und übergut genug sein wird!

¹¹ „Aber siehe, es zieht mich etwas ganz gewaltig nach Hause, und das jetzt auf einmal ganz mächtig also, daß ich lieber fliegen möchte dahin, als sonst mich zu Fuße bewegen!"

¹² Als aber *Joseph* solches vernahm, da sprach er: „Der Wille ist dein, und du kannst tun, was du willst; daher kannst du ziehen oder bleiben!"

¹³ Darauf begab sich *Jonatha* zum Kindlein und beurlaubte sich allerdemütigst bei Demselben.

¹⁴ *Das Kindlein* aber sprach: „Jonatha, wenn du schon durchaus fort willst, so magst du ja gehen; aber vergiß nicht die Rückkehr!

¹⁵ „Ich aber sage dir, daß dein diesnächtlicher Zug mit dem großen Netze dir nichts tragen wird!

¹⁶ „Ich werde dir aber einen Hai ins Netz treiben, und der wird dich plagen bis zum Aufgange und wird am Morgen zerreißen dein bestes Fischzeug!

¹⁷ „Und dennoch wirst du seiner nicht habhaft werden; denn er wird alle deine Mühe mit einem Schweifschlag ins Wasser zunichte machen!"

¹⁸ Als *Jonatha* aber solches vom Kindlein vernommen hatte, da sattelte er plötzlich um in seinem Wollen und sagte zu Joseph:

¹⁹ „Bruder, wenn also, da bleibe ich! Denn siehe, ich wollte dir morgen ein großes Lägel voll der auserlesensten Fische bringen, —

²⁰ „und dieser Gedanke zog mich so mächtig nach Hause!

²¹ „Da ich aber nun vernommen habe, wie es mit diesem Zuge ausfallen soll, so bleibe ich bei dir.

²² „Laß mich daher auf mein bestimmtes Lager bringen, und ich werde da ganz ruhig schlafen, — und geschehe daheim, was da wolle!"

²³ *Das Kindlein* aber sprach: „Jonatha, also gefällst du Mir besser, als so du dein Herz verbergen willst!

²⁴ „Nun aber sage Ich dir: Ziehe nach Hause; denn heute in der Mitternacht wirst du Mir einen wichtigen Dienst tun!"

²⁵ Darauf erhob sich Jonatha und ging, vom ganzen Hause Josephs gesegnet, eilends nach Hause.

179

Jonathas guter Empfang bei den Seinen. Jonathas Ausfahrt auf die hohe See. Die Rettung des schiffbrüchigen Cyrenius und der Seinen.

Es war aber nach der heutigen Rechnung die zehnte Stunde abends, als Jonatha nach Hause kam.

² Als Jonatha aber in dieser Zeit nach Hause kam, da fand er seine *drei Gehilfen* mit ihren Weibern und Kindern recht tätig noch und hörte sie jubeln und also untereinander sprechen:

³ „Das war gut und recht, daß unser Herr verreiste und hat uns Gelegenheit gegeben, in der wir ihm zeigen können, welch treue Diener seines Hauses wir sind!

⁴ „Tausend Pfund Thunfische, tausend Pfund Störe, drei junge Haie, zehn Schwertfische, einen Delphin und bei zweihundert Pfund kleiner edler Fische haben wir heute gefangen!

⁵ „Welche Freude wird er haben, wenn er solchen Reichtum an Fischen finden wird!"

⁶ Hier meldete sich Jonatha, und alles lief ihm wie einem Vater entgegen und zeigte ihm den glücklichen Fang an.

⁷ *Jonatha* belobte und küßte sie und sprach darauf: „Da ihr heute schon so fleißig waret, so gehet nun und bringet die großen Fische, als: die Haie, die Schwerte, den Delphin und die Störe, geviertelt in die große Selchkammer¹!

⁸ „Und machet aber ja sogleich einen starken Rauch von allerlei wohlduftendem Gesträuche, auf daß die Fische wegen der Hitze nicht in Fäulnis übergehen! Und salzet besonders die Haie und den Delphin gut ein, und sparet nicht die Meerzwiebeln dabei und den Thymian!

⁹ „Die Thune und die anderen kleineren Fische aber tuet in die großen Lägel!"

¹⁰ Und *sein erster Gehilfe* sprach aber: „O Herr, was du nun anbefohlen hast, das ist schon am Tage geschehen, und ist alles schon in der größten Ordnung!"

¹¹ Da ging *Jonatha* hin und überzeugte sich von allem und sprach: „Kinder und Brüder, das ist kein gewöhnlicher Fang!

¹² „Da hat eine höhere Kraft mitgewirkt; darum aber wollen wir auch harren heute bis nach Mitternacht und wollen sehen, ob solche höhere Macht unsere Kraft darum nicht in Anspruch nehmen wird!

¹³ „Ihr habt die starke Mondfinsternis gesehen; das ist ein sicheres Zeichen, daß heute noch ein Unglück irgend jemandes harrt! Darum wollen auch wir harren bis Mitternacht, ob nicht jemand unserer Hilfe bedürftig wird!

¹⁴ „Gehet daher, und machet das große Boot, das ein Segel hat und zehn starke Ruder, fertig zur Abfahrt!"

¹⁵ Und die drei Gehilfen gingen sogleich und taten das.

¹⁶ Sie waren aber kaum noch mit der Herstellung des großen Bootes fertig, da begann schon ein mächtiger Wind das Wasser des Meeres aufzuwühlen.

¹⁷ Da sprach Jonatha zu den dreien: „Nun haben wir keine Zeit mehr zu versäumen! Rufet eure zehn Söhne und stellet sie an die Ruder! Du, Fischermeister, ergreife das Steuerruder, und ich selbst werde die vorderen zwei großen Ruder bearbeiten!

¹⁸ „Das Segel aber ziehet ein, da wir einen Gegenwind haben; und also gehe es sogleich im Namen des Allmächtigen hinaus auf die hohe See!"

¹⁹ Als sie also eine gute Stunde hinausgesteuert und viel zu tun hatten mit den starken Wellen, da vernahmen sie ein starkes Angstgeschrei von der hohen mächtig wogenden See.

²⁰ Jonatha ruderte mutigst darauf los und erreichte in einer Viertelstunde ein großes römisches Schiff, das auf einer Sandbank festsaß und vom Wogendrange schon sehr geneigt war.

²¹ Sogleich wurden Strickleitern geworfen, und alle Menschen — bei hundert an der Zahl — wurden gerettet, an deren Spitze eben unser Cyrenius sich befand mit der Tullia und mit Maronius Pilla.

---

¹ Rauchkammer.

180

Die glückliche Landung. Jonathas Freude. Des Cyrenius Dank. Die Schiffbrüchigen in Ruhe. Die Bergung des festgelaufenen Schiffes. Das gemeinschaftliche Frühstück. Jonathas Demut. Die Ankunft Josephs und der Seinen.

Cyrenius aber fragte den riesenhaften Retter, wie wohl die Gegend hieße, in der er sich jetzt befände, und wie er als Retter.

² Und *Jonatha* erwiderte: „Herr, du mußt ein Fremder sein, da dir die Gegend unbekannt ist, die doch so viel Charakteristisches in sich hat!"

³ Und *Cyrenius* sprach: „Freund, eine Gegend hat nicht selten eine Ähnlichkeit mit der andern, und im Zwielichte des Mondes erkennt man nicht selten die eigene Heimat nicht!

⁴ „Ganz besonders aber geht es mit dem Erkennen der Gegenden dann schlecht, wenn zuvor das Gemüt mit der Todesangst zu tun hatte!

⁵ „Daher magst du mir wohl kundgeben, wie diese Gegend heißt, in die mich der entsetzliche Sturm verschlagen hat!"

⁶ Und *Jonatha* sprach: „Lieber Herr, du weißt ja, daß da eine Regel ist, nach der man einem Geretteten nicht sogleich sagen darf, wo er ist.

⁷ „Denn ist er vom Orte seiner Bestimmung weit weg, da wird er zu traurig, da er solches gleich nach überstandener Gefahr erfährt;

⁸ „ist er aber durch eine zufällige Wendung des Sturmes dennoch nahe an den Ort seiner Bestimmung verschlagen worden, da könnte auf eine frühere Todesangst solch eine Freude das Leben kosten!

⁹ „Darum soll der Retter im Anfange verschwiegen sein und erst nach einiger Zeit den Geretteten kundtun, was sie zu wissen verlangen!"

¹⁰ Als *Cyrenius* aber solche Antwort von dem ihm noch unbekannten Retter erhalten hatte, da sprach er:

¹¹ „Wahrhaftig, du bist ein edler Retter und hast die rechte Weisheit dazu; darum steure nur hurtig zu, auf daß wir bald Land bekommen!"

¹² Und *Jonatha* sprach: „Siehe, die Bucht ist schon da, sie läuft am Ende in einen schmalen Arm aus!

¹³ „Wären wir auf einem festen ruhigen Punkte, da sähen wir lange schon meine Fischerhütte!

¹⁴ „In einer kleinen Viertelstunde sind wir lange schon auf trockenem Lande; denn der Wind ist uns nun sehr günstig!"

¹⁵ Cyrenius war mit dieser Antwort zufrieden, und Jonatha fuhr pfeilschnell die Bucht hindurch und erreichte in wenigen Minuten das erwünschte Ufer.

¹⁶ Als das Boot am Ufer befestigt war, da stiegen sogleich alle ans Land, und *Cyrenius* dankte laut dem Gott Israels, daß Er ihn gerettet hatte mit allen seinen Teuren.

¹⁷ Als *Jonatha* aber solches vernommen hatte, daß Cyrenius, den er nicht kannte in dieser Zeit, den Gott Abrahams, Isaaks und Jakobs preise, da sprach er:

¹⁸ „Mein Freund, nun bin ich doppelt so froh, darum ich in dir einen Israeliten gerettet habe; denn auch ich bin ein Sohn Abrahams!"

¹⁹ Und *Cyrenius* sprach: „Das gerade bin ich nicht, sondern ich bin wohl ein Römer; aber dennoch kenne ich die Heiligkeit deines Gottes

und bekenne Ihn darum ganz allein."

²⁰ Und *Jonatha* sprach: „Das ist noch besser! Morgen wollen wir *mehr* davon reden; für heute aber begebet euch zur Ruhe!

²¹ „Siehe, meine Hütten sind geräumig und reinlich! Stroh habe ich auch in großer Menge, daher machet euch ein Lager; ich aber werde sogleich wieder umkehren und sehen, ob euer Schiff nimmer flott zu machen ist!"

²² *Cyrenius* sprach zwar: „Freund, da ist ja morgen auch noch Zeit!"

²³ *Jonatha* aber sagte: „Morgen ist Sabbat; da heißt es von aller knechtlichen Arbeit ruhen! Darum muß vor dem Aufgange noch alles in Ordnung gebracht werden!"

²⁴ Darauf bestieg Jonatha mit seinen Gehilfen wieder das Boot und fuhr, da sich der Wind etwas gelegt hatte, um so beschleunigter hinaus zum Schiffe des Cyrenius und hatte mit der Flottmachung desselben um so weniger zu tun, da ihm die Flut des Meeres bei Gelegenheit des Vollmondes gut zustatten kam.

²⁵ Er ergriff sogleich das Schlepptau, befestigte es ans Boot und ruderte voll Freude in die ziemlich tiefe Bucht und brachte so das ganze große Schiff in seinen sicheren Hafen und ließ es befestigen am Ufer mittelst eines sehr langen Taues, da er nicht zum Ankern kommen konnte.

²⁶ Nach dieser gut zweistündigen Arbeit begab sich Jonatha schon ziemlich am hellen Morgen nach Hause, legte sich auf sein Lager und ruhte bei drei Stunden lang mit seinen Gehilfen.

²⁷ Auch Cyrenius und sein Gefolge ruhten und schliefen ziemlich lang in den Morgen hinein.

²⁸ Als *Jonatha* wohlgestärkt erwachte, da lobte und pries er Gott in dem Kinde Josephs und gedachte, was Dasselbe zu ihm geredet hatte.

²⁹ Darauf befahl er den Weibern, sogleich die besten Thunfische — bei dreißig an der Zahl — zu schlachten und zu rösten für die vielen Gäste, zu welcher Arbeit er selbst mit all seinen Gehilfen den Weibern behilflich war.

³⁰ Als nach einer Stunde das Frühstück bereitet war, ging Jonatha selbst in die Hütten und weckte seine geretteten Gäste.

³¹ *Cyrenius* war wohl zuerst wach und fand sich ganz gestärkt und heiter und fragte den Jonatha sogleich, ob er das Schiff wohl noch getroffen habe.

³² Und *Jonatha* sprach: „Erhebe dich, und siehe zu diesem Fenster hinaus!"

³³ Und *Cyrenius* erhob sich sogleich, sah hinaus und sah sein großes Schiff ganz wohl erhalten im Hafen.

³⁴ Da ward er überfroh, ja dankbarst gegen den riesigen Retter Jonatha gerührt und sprach:

³⁵ „O Freund, solche Tat kann nicht gemein belohnt werden; wahrlich, diese Tat will ich auf eine Art belohnen, wie sie nur ein Kaiser zu lohnen vermag!"

³⁶ *Jonatha* aber sprach: „Freund, laß das jetzt gut sein; komme aber mit deinem Gefolge zum Frühstükke!"

³⁷ Und *Cyrenius* sprach, sich hoch verwundernd: „Was, du willst uns auch noch bewirten? O du edler Mann! Werde ich erst erfahren von dir, wo ich bin, und wer du bist, dann sollst du auch erfahren, wer ich bin, und ein großer Lohn soll dir dann werden!"

³⁸ Darauf erhob sich alles vom La-

ger und folgte dem Jonatha in die große Hütte, allwo schon das Frühstück der Gesellschaft harrte, und alle aßen die wohlbereiteten Fische mit großer Lust und rühmten den Jonatha über die Maßen.

39 *Jonatha* aber sagte: „O rühmet nicht mich; denn an allem dem hat Jemand anderes — und nicht ich — das große Verdienst!

40 „Ich war nur ein plumpes Werkzeug Dessen, der mich also beschickt hat und hat mir vorangezeigt, daß ich in dieser Nacht einen wichtigen Dienst werde zu versehen bekommen.

41 „Und also war es denn auch; ich fand dich in großer Not und ward dir zum Retter, und das war der Wille des Allerhöchsten.

42 „Diesen heiligen Willen habe ich erfüllt, und das Bewußtsein, den Willen Gottes aus Liebe zu Ihm Selbst erfüllt zu haben, ist mein hoher Lohn, — und wärest du ein Kaiser, so könntest du mir keinen höheren geben!

43 „Daher bitte ich dich auch, an keine andere Belohnung bei dir selbst zu denken.

44 „Bringe nur dein schönes und großes Schiff wieder in Ordnung, und so ich erfahren werde von dir den Ort deiner Bestimmung, da werde ich dir noch obendrauf mit Rat und Tat an die Hand gehen!"

45 Hier sprach *Cyrenius:* „Freund, das sollst du gleich erfahren!

46 „Siehe, der Ort meiner Bestimmung für diesmal ist Ostrazine in Ägypten; denn ich bin der Statthalter und ein Bruder des Kaisers! Mein Name ist Cyrenius Quirinus."

47 Bei diesen Worten fiel Jonatha auf die Knie nieder und bat um Gnade, wenn er sich etwa in etwas vermessen hätte.

48 Als der Cyrenius den Jonatha aufrichten wollte, da kam Joseph mit seiner ganzen Genossenschaft, den Jonatha zu besuchen, weil dieser sich versprochenermaßen so lange nicht einfinden wollte beim Joseph.

181

Jonatha und Cyrenius im Gespräch. Josephs Verwunderung über das fremde Schiff und Jonathas Erklärung. Des Lebensretters abergläubische Vorsicht und seine Belehrung. Das ergreifende Wiedersehen zwischen dem Kindlein und Cyrenius.

Joseph aber ging nicht alsogleich in die Hütte, sondern er sandte einen Boten hinein und ließ es dem Jonatha melden, daß er hier sei.

2 *Jonatha* erhob sich bald und sprach zu Cyrenius:

3 „Kaiserliche, konsulische Hoheit, ich bitte noch einmal um Vergebung, so ich etwa irgend mich an dir vergangen habe durch eine gutgemeinte Grobheit!

4 „Denn wie sonst bei mir alles massiv ist, so ist's auch bei manchen Gelegenheiten meine Zunge!

5 „Jetzt aber muß ich wieder hinaus; denn mein Nachbar und mein allerwürdigster Freund hat mich heute heimgesucht!"

6 Und *Cyrenius* sprach zu Jonatha: „O Freund, du mein teuerster Lebensretter, tue nach deinem Wohlgefallen, und sieh nicht auf mich, deinen Schuldner!

7 „Ich werde mich jetzt hier nur

etwas besser ankleiden und dann alsbald selbst dir nachkommen!"

⁸ Nun verließ Jonatha den Cyrenius und begab sich schnell hinaus, um den Joseph zu empfangen.

⁹ Joseph aber ging unterdessen etwas uferwärts, wo das Schiff war, um es näher zu betrachten.

¹⁰ Und Jonatha eilte dem Joseph und seiner Genossenschaft nach und holte sie auch bald ein.

¹¹ Als sich die beiden begrüßt hatten und Jonatha das ihm zulaufende Kindlein auf seine Arme nahm und Es liebkoste,

¹² da fragte *Joseph* ganz verwundert den großen Freund:

¹³ „Aber Bruder, sage mir doch, — woher hast du das Schiff?

¹⁴ „Oder sind im selben Gäste, Reisende angekommen?

¹⁵ „Fürwahr, das ist ein Prachtschiff, wie man solcher Art Schiffe nur aus Rom kommen sieht!"

¹⁶ Und *Jonatha* sprach: „O Freund, siehe, darum mußte ich gestern noch deine Villa verlassen!

¹⁷ „Ein Sturmwind hatte gestern ein römisches Schiff auf eine Sandbank außerhalb der Bucht gesetzt.

¹⁸ „Meiner Mühe — durch die Gnade dieses deines Kindchens — ist es gelungen, das Schiff vor dem sicheren Untergange zu retten.

¹⁹ „Die Geretteten, bei hundert an der Zahl, befinden sich noch in meiner Wohnung, die glücklicherweise für sie hinreichend geräumig ist;

²⁰ „und ich denke, sie werden heute noch abfahren, da der Ort ihrer Bestimmung glücklicherweise ohnehin unsere Stadt selbst ist, wie sie mir sagten.

²¹ „Sie wissen zwar noch nicht, wo sie sich befinden — denn das muß man den Geretteten ja nicht sogleich kundtun —,

²² „wenn sie aber fortreisen werden, dann werde ich ihnen schon ohnehin den Wegweiser machen!"

²³ Und *Joseph* fragte den Jonatha, ob die Geretteten nicht kundgaben, wer und woher sie wären.

²⁴ *Jonatha* aber antwortete: „Du weißt ja, daß man nichts aus der Schule schwätzen darf;

²⁵ „denn solange die Geretteten nicht fort sind, dürfen ihre Namen nicht verraten werden, weil ihnen das bei einer künftigen Reise schädlich sein könnte!"

²⁶ Hier sagte *das Kindlein* zu Jonatha: „O Mann, du hast wohl ein edles Herz, in dem keine Falschheit wohnt;

²⁷ „aber was da so manchen alten Aberglauben betrifft, da bist du noch sehr reich daran!

²⁸ „Hier aber ist's dennoch besser zu schweigen, als zu reden; denn in wenig Augenblicken wird sich die Sache ohnehin aufklären!"

²⁹ Als das Kindlein aber solches geredet hatte, da auch trat *Cyrenius* mit seinem Gefolge aus der Hütte und begab sich gegen das Schiff, also genau an die Stelle, da¹ sich Joseph befand.

³⁰ Als er nun dahin kam, da sprach er zur Tullia: „Weib! Da sieh einmal hin! Ist die Gesellschaft dort bei unserm Retter nicht ganz derjenigen gleich, derentwegen wir nach Ostrazine reisten?

³¹ „Bei Gott, dem Lebendigen! Ich habe noch nie etwas Ähnlicheres gesehen! Und siehe, unser Wirt hat auch soeben ein Kindlein auf den Armen, das dem heiligen völlig gleicht, das unser himmlischer Freund in Ostrazine hat!"

---

¹ an der.

³² Hier verlangte das Kindlein auf die Erde gesetzt zu werden und lief, als Es frei war, sogleich dem schon sehr nahe kommenden Cyrenius entgegen.

³³ Und Cyrenius blieb stehen und betrachtete mit großer Aufmerksamkeit das ihm zulaufende Kindlein.

³⁴ *Das Kindlein* aber sprach, als Es etwa drei Schritte noch von Cyrenius abstand:

³⁵ „Cyrenius, Cyrenius, Mein lieber Cyrenius, siehe, wie Ich dir entgegeneile; warum eilst du denn nicht auch also Mir entgegen?"

³⁶ Hier erkannte *Cyrenius* das Kindlein, fiel sogleich auf die Knie samt der Tullia nieder und schrie förmlich:

³⁷ „O mein Gott, o mein Herr! Wer — — wo bin ich denn, daß Du — o mein Gott! — Du mein Schöpfer, mein Leben, der Du allein mir alles, alles bist, in diesem mir noch fremden Orte mir entgegenkommst?"

³⁸ *Das Kindlein* aber sprach: „Mein lieber Cyrenius, du bist schon am rechten Orte; denn wo Ich bin, da ist schon der rechte Ort für dich! Siehe, dort kommt ja schon der Joseph, die Maria, die Eudokia, Meine Brüder und deine acht Kinder!"

³⁹ Hier sprach *Cyrenius:* „O Du mein Leben, das ist zuviel Seligkeit auf *einmal* für mich!" Darauf fing er an zu weinen vor Seligkeit und konnte nicht reden vor zu heiliger Empfindung.

182

Vom Beugen des Herzens statt der Knie. Die Begrüßung Josephs durch Cyrenius.
Vom Kreuzsegen und Triumph des Gottvertrauens.
Des Cyrenius Freude ob der Nähe Ostrazines.

Nun kam auch Joseph herbei und weinte samt der Maria vor Freuden, daß er nach zwei Jahren wieder einmal seinen Freund Cyrenius zu sehen bekam.

² *Das Kindlein* aber sagte zu Cyrenius: „Cyrenius, es ist genug, so du in aller Liebe dein *Herz* vor Mir beugst;

³ „Deine *Knie* aber magst du gerade halten! Denn siehe, du hast ja viel Gefolge bei dir, das Mich noch nicht kennt, und sollst Mich nicht verraten durch solche Stellung!

⁴ „Daher erhebe dich vom Boden, und mache es, wie es da macht der Joseph, der Jonatha, die Maria und alle die anderen; auch dein Weib soll sich aufrichten!"

⁵ Darauf erhob sich *Cyrenius* mit der Tullia, nahm sogleich das Kindlein auf seine Arme und koste Es.

⁶ Mit dem Kindlein auf dem Arme trat er dem Joseph näher und sprach:

⁷ „Sei mir vom Grunde meines Herzens aus gegrüßt! Wie überaus oft hat sich mein Herz nach dir gesehnt;

⁸ „Allein die fatalen Staatsgeschäfte haben sich im Verlaufe dieser zwei Jahre so sehr gehäuft, daß ich nimmer Zeit zu gewinnen wußte, um dieser hohen heiligen Forderung meines Herzens nachzukommen!

⁹ „Nun erst hatte ich alles so weit in Ordnung gebracht, daß ich auf eine kurze Zeit dich, meinen heiligen Freund, besuchen konnte.

¹⁰ „Aber selbst jetzt, da ich dem

Drange meines Herzens nachkam, wäre ich beinahe zugrunde gegangen, so nicht ganz sicher dieses heiligste Kindlein mir einen Retter entgegengesandt hätte!

[11] „O mein Freund und Bruder, ich habe in diesen zwei Jahren gar viel ausgestanden!

[12] „Verfolgung, Verrat, Anschwärzung beim Kaiser und viele andere höchst unangenehme Dinge hatte ich zu bestehen!

[13] „Aber ich dachte dabei allezeit an das, was mir einmal vor zwei Jahren das heiligste Kindlein gesagt hatte, nämlich, daß Es diejenigen zupfe und kneipe, die Es lieb habe.

[14] „Und fürwahr, alle diese Stürme um mein Gemüt herum waren im Ernste nichts als lauter Liebkosungen dieses meines Herrn aller Herren!

[15] „Denn wo immer sich eine Woge wider mich erhob und mich mit Haut und Haaren zu verschlingen drohte,

[16] „da auch zerschellte sie an einer noch mächtigeren Gegenwoge, und es blieb nichts als nur ein eitel leerer Schaum zurück!

[17] „Und so bin ich nun auch hier nach einer ausgestandenen großen Gefahr, die alles zu verschlingen drohte, ganz wohlbehalten angelangt und befinde mich nun in deiner mir so überheiligen Gesellschaft, und aller Sturm, der mich ängstigte, hat sich wie zu einer ewigen Ruhe gelegt!"

[18] Hier umarmte *Joseph* den Cyrenius und sprach: „Ja, Bruder im Herrn, wie du nun geredet hast, so ist es auch!

[19] „Ich wußte im geheimen ja allezeit darum, was mit dir vorging; aber ich lobte darum allezeit den Herrn, daß Er dich so lieb hat.

[20] „Nun aber siehe dorthin gegen Mittag und Morgen, und du wirst leicht die Stadt und noch leichter deine Villa erkennen!

[21] „Laß daher dein Schiff versorgen und ziehe mit mir; daheim erst wollen wir uns so recht herzlich ausplaudern!"

[22] Als Cyrenius hinblickte und gar bald die Villa erkannte, da ward es völlig aus bei ihm, und er konnte sich nicht genug verwundern über alles das.

183

Des Cyrenius Reisebegebnisse und seine Bitte um Aufschluß an Joseph. Josephs ausweichende Antwort. Des unbefriedigten Cyrenius Aufklärung durch das Kindlein. Der allgemeine Aufbruch zur Villa Josephs.

Als sich *Cyrenius* so recht gewundert hatte, da er sich nach allen Seiten hin von der Richtigkeit überzeugt hatte, da erst fing er ganz verblüfft wieder ordentlich zu reden an und sprach zu Joseph:

[2] „Ja, du mein erhabenster Freund und Bruder, es geschehe sogleich nach deinem Verlangen!

[3] „Aber zwei Dinge müssen eher[1] noch berichtigt sein!

[4] „Fürs erste muß mein großer Retter belohnt sein — und das auf eine kaiserliche Art —,

[5] „und fürs zweite muß ich von dir eher[1] noch erfahren, wie es so ganz eigentlich möglich war, daß ich gerade *hierher* verschlagen ward, da-

---

[1] vorher.

hin ich es am allerwenigsten vermeinte!

⁶ „Denn siehe, schon von Tyrus angefangen, hatte ich stets einen starken Ostwind, der sich nach und nach in einen förmlichen Orkan umwandelte!

⁷ „Ich ward von diesem widrigen Winde bereits zehn volle Tage auf der hohen See — Gott weiß es, wo überall! — herumgetrieben.

⁸ „Als ich aber mit der Hilfe dieses großen Retters gestern in der Mitternacht endlich einmal wieder Land unter meine Füße bekam, da dachte ich mich in Spanien zu befinden, und zwar nahe an den Säulen des Herkules!

⁹ „Und nun bin ich — anstatt im vermeinten Spanien — genau da, wohin ich so ganz eigentlich habe kommen wollen!

¹⁰ „O Bruder, o Freund, nur einen kleinen Aufschluß gib mir darüber!"

¹¹ Und *Joseph* sagte: „Freund, laß aber doch dein Schiff eher ¹ von deinen Leuten untersuchen, ob alles in Ordnung ist, —

¹² „dann erst will ich dir mit der Gnade des Herrn über deine Seefahrt etwas kundtun!"

¹³ Und *Cyrenius* erwiderte dem weisen Joseph: „O Freund, du kommst mir heute sehr sonderlich vor!

¹⁴ „Prüfst du mich? Oder was ist es, das du mit mir vorhast?

¹⁵ „Ist heute doch der Sabbat deines und meines Herrn, auf den du sonst überall viel gehalten hast!

¹⁶ „Und wahrlich, ich verstehe dich nicht und weiß es auch nicht, warum du heute mich zu einer Arbeit zwingen willst!

¹⁷ „Siehe, Dieser hier, der da heilig, überheilig auf meinen Armen ruht, hat sicher lange schon mein Schiff geordnet, darum ich Ihn liebe über alles!

¹⁸ „Wozu wohl wäre da meine Sorge? Ich war in großer Gefahr und sorgte mich viel, —

¹⁹ „aber alle meine Sorge war zu nichts nütze; denn nur Er ganz allein hat mir Rettung gebracht!

²⁰ „Darum will ich mich aber fürder auch um nichts mehr sorgen und werde das Schiff heute schon ganz gewiß ruhen lassen! Ist das nicht recht also?"

²¹ Und *das Kindlein* küßte den Cyrenius und sagte: „Joseph hat dich in Meinem Namen nur versucht, weil du den Jonatha eher belohnen wolltest, als mit ihm nach der Villa ziehen!

²² „Ich aber sage dir, du sollst den Jonatha gar nicht belohnen; denn Ich Selbst bin ja sein Lohn!

²³ „Darum mache dich nur auf, und ziehe mit dem Joseph; daheim soll dir alles klar werden!" — Und Cyrenius tat sogleich, was das Kindlein ihm geraten hatte, und alles zog nach der Villa.

---

¹ erst.

Das erquickende Zusammensein in der schattigen Laube des Hügels.
Josephs weise Auslegung der Meerfahrt des Cyrenius.
Wie der Herr die Seinen führt.

Als, mit Ausnahme der Dienerschaft des Jonatha, die ganze Gesellschaft sich in und bei der Villa befand, da befahl *Joseph* sogleich seinen Söhnen, für ein gutes Mittagsmahl zu sorgen.

² Und Jonatha übergab ihnen zu dem Behufe die gute Ladung der edelsten Thunfische, die er mitgenommen hatte.

³ Nach dieser Beheißung begab sich Joseph mit des Cyrenius Hauptgefolge und natürlich mit Cyrenius selbst, mit Maria, mit Jonatha und mit dem Kindlein, das Cyrenius noch auf den Armen trug, auf. den Lieblingshügel.

⁴ Und die Eudokia und die Tullia, wie die acht Kinder blieben nicht im Hause, sondern folgten ebenfalls der Gesellschaft auf den sehr geräumigen Hügel.

⁵ Hier angelangt setzten sich alle auf die von Joseph gemachten Bänke nieder und erquickten sich unter dem duftenden Schatten von Rosen-, Myrthen- und Papyrusbäumen.

⁶ Denn der Hügel hatte zwei Abteilungen; die eine war dicht umwachsen, diese galt für den Tag, —

⁷ die andere aber war frei und galt nur für die Abend- und Nachtzeit, um daselbst die frische Luft und eine freie Aussicht über die Gegend wie über den Himmel zu genießen.

⁸ Also in der herrlichen Laube des Hügels angelangt und allda Platz genommen, fragte *Cyrenius* den Joseph, ob er ihm jetzt nicht die gewünschte Aufklärung über seine Meerfahrt geben möchte.

⁹ Und *Joseph* antwortete und sprach: „Ja, Bruder, hier ist der Ort und die Zeit dazu, und so höre mich denn an!

¹⁰ „Siehe, der Ostwind stellt dar die Gnade Gottes; diese trieb dich stürmisch zu Dem, den du nun auf deinen Armen hältst!

¹¹ „Es kennen und erkennen aber noch gar viele des Herrn Gnade nicht, wann und wie sie wirkt.

¹² „Also erkanntest auch du nicht, was des Herrn allmächtige Gnade mit dir vorhatte.

¹³ „Du dachtest dich für verloren und meintest, der Herr habe deiner völlig vergessen;

¹⁴ „und siehe, als du strandetest auf der Sandbank durch die mächtigste Gnade des Herrn und glaubtest dich für verloren, da erst hat dich der Herr mit aller Gewalt ergriffen und hat dich gerettet von jeglichem Untergange!

¹⁵ „Also aber ist allezeit gewesen und wird ewig sein die Art des Herrn, diejenigen zu führen, die da waren und sein werden auf dem Wege zu Ihm!

¹⁶ „Warum aber führte dich der Herr also? — Siehe, als um Tyrus herum bekannt ward, daß du zu Schiffe hierher gehen würdest, da sammelten sich bezahlte Meuterer,

¹⁷ „nahmen Fahrzeuge und wollten dich auf der hohen See mörderisch überfallen!

¹⁸ „Da sandte der Herr plötzlich einen starken Ostwind;

¹⁹ „dieser schob dein Schiff gar schnell von deinen Feinden fort, daß sie es nimmer zu erreichen vermochten.

²⁰ „Da aber deine Feinde dich dennoch nicht aus den Augen ließen, sondern dich stets nur um so grimmiger verfolgten, da ward des Herrn Gnade über dich zu einem Orkane.

²¹ „Dieser Orkan ersäufte deine Feinde im Meere und setzte dein Schiff an rechter Stelle in Ruhe, allwo dir dann die volle Rettung ward. — Cyrenius, verstehst du nun diese deine Meerfahrt?"

185

Des Cyrenius Dank an das Kindlein für die gnädige Führung. Wie man gottwohlgefällig beten soll. Der Hauptgrund der Menschwerdung des Herrn. Des Cyrenius Erstaunen über die Fortschritte der acht Kinder.

Als *Cyrenius* aber solches von Joseph vernommen hatte, da wandte er sich sogleich an das auf seinen Armen ruhende Kindlein und sprach zu Ihm:

² „O Du, dessen Namen meine Zunge nimmer würdig ist auszusprechen! Das war sonach lauter Gnade von Dir, Du mein Herr und Gott?

³ „Wie, auf welche Weise aber soll ich Dir nun danken, wie Dich loben und preisen für solche übergroße wunderbarste Gnade?

⁴ „Was kann ich, ein armer, blöder Mensch, Dir, o Herr, wohl entgegentun, da Du mir so endlos gnädig bist und schützest mich mehr denn Dein eigen Herz?"

⁵ Und *das Kindlein* sprach: „Mein geliebter Cyrenius! Ich hätte dich noch um vieles lieber, wenn du nur nicht immer vor Mir also aufseufzen möchtest!

⁶ „Was habe denn Ich und du davon, wenn du also seufzest vor Mir?!

⁷ „Ich sage dir, sei du lieber heiteren Mutes, und liebe Mich wie alle anderen Menschen in deinem Herzen, da wirst du Mir lieber sein, als so du immer seufzest für nichts und wieder nichts!"

⁸ Und *Cyrenius* sagte allerzärtlichst zum Kindlein:

⁹ „O Du mein Leben, Du mein Alles! Darf ich denn nicht beten zu Dir, meinem Gott und meinem Herrn?"

¹⁰ *Das Kindlein* aber erwiderte: „O ja, das darfst du wohl; aber nicht durch allerlei unendliche Exklamationen[1],

¹¹ „sondern allein in deinem Geiste, der die Liebe in dir ist zu Mir, und in deren Wahrheit, die da ist ein rechtes Licht, das da entströmt der Flamme der Liebe!

¹² „Meinst du denn, Ich werde durch der Menschen Gebete fetter, mächtiger und größer, als Ich ohne solche Gebete ohnehin schon bin?

¹³ „O siehe, darum habe Ich Mich ja aus Meiner ewigen Unendlichkeit gestellt in diesen Leib, auf daß Mich die Menschen mehr mit ihrer *Liebe* anbeten sollen —

¹⁴ „und sollen dabei sparen ihren Mund, ihre Zunge und ihre Lippen! Denn ein solches Beten entwürdigt den Anbeter wie den Angebeteten, weil es ist ein totes Zeug, ein Eigentum der Heiden!

¹⁵ „Was tust du denn mit deinen guten Freunden und Brüdern, so du mit ihnen zusammenkommst?

¹⁶ „Siehe, du erfreust dich über sie

---

[1] Ausrufe.

und grüßest sie und bietest ihnen Hände, Brust und Kopf!

¹⁷ „Desgleichen tue auch mit Mir, und Ich werde von dir ewig nichts anderes verlangen!

¹⁸ „Und nun sei völlig heiter, und siehe dich auch ein wenig nach deinen Kindern um, und frage sie ein wenig aus, was alles sie schon gelernt haben,

¹⁹ „und du wirst selbst eine größere Freude haben daran und wirst auch Mir eine größere Freude machen, als wenn du hundertmal nacheinander fortseufzen und exklamieren möchtest!"

²⁰ Darauf ward *Cyrenius* recht heiter und berief sogleich die acht Kinder zu sich und fragte sie über so manches aus.

²¹ *Die Kinder* aber gaben ihm auf jede Frage so gründlich kenntnisreiche Antworten, daß er sich darob nicht genug verwundern konnte.

²² Da war es aber auch völlig aus beim Cyrenius vor lauter Freude; die Kinder aber freuten sich auch, daß sie so gescheit waren, und Cyrenius beschenkte sie alle reichlich und lobte den Meister.

186

Des Knaben Sixtus ‚Gegengeschenk' an den Vater Cyrenius: ein Vortrag über das Wesen und die Gestalt der Erde. Die Bestätigung durch das Jesuskind.

Es trat aber darauf *der älteste von den drei Knaben* hin zu Cyrenius und sagte zu ihm:

² „Vater Quirinus Cyrenius! Da du uns so ausgefragt hast über so manches und wir dir keine Antwort schuldig geblieben sind und hattest Freude darob an uns allen gefunden, —

³ „möchtest du für deine Liebe und Sorge für uns nicht auch ein kleines Gegengeschenk annehmen von mir?"

⁴ *Cyrenius* lächelte über diese Frage und sprach zum Knaben:

⁵ „Dein Antrag, mein lieber Sixtus, ist mir sehr erfreulich und lieb; aber nur mußt du mir die Sache näher beschreiben, mit der du mich beschenken willst,

⁶ „und ich werde es euch allen dann gleich sagen, ob ich sie annehmen kann oder nicht!"

⁷ Darauf erwiderte *der Knabe* und sprach: „O Vater Quirinus Cyrenius, es ist keine *Sache*, die wir dir zum Geschenke bringen wollen und können,

⁸ „sondern *eine neue Wissenschaft*, von der du bis jetzt sicher noch keine Ahnung hast!"

⁹ Als Cyrenius solches von seinem Sixtus vernommen hatte, da sagte er zu ihm:

¹⁰ „Höre du, mein lieber Sixtus, wenn sich die Sache also verhält, da kannst du mir schenken, soviel du nur immer willst, und ich werde alles bereitwilligst annehmen!"

¹¹ Nach dieser Äußerung von Seite des Cyrenius sagte *der Knabe:*

¹² „Nun denn, so dir, o Vater Quirinus Cyrenius, das angenehm ist, so wolle mich denn anhören!

¹³ „Du hast bis jetzt sicher noch nie in der Wahrheit gehört, wie da unsere Erde aussieht, und was sie für eine Gestalt hat!

¹⁴ „Was meinst du wohl, welche Gestalt sie hat, die große Erde, die uns alle trägt und ernährt durch die Gnade Gottes in ihr?"

¹⁵ Und *Cyrenius* stutzte über diese Frage und wußte nicht, was er sagen sollte darauf.

¹⁶ Nach einer Weile sagte er erst zum Knaben: „Höre, Knabe, deine Frage setzt mich in eine große Verlegenheit; denn ich kann dir darauf keine bestimmte Antwort geben.
¹⁷ „Wir haben wohl allerlei Mutmaßungen über das Wesen der Erde; aber wo es sich um eine bestimmte Wahrheit handelt, da kann man nicht mit Mutmaßungen zum Vorscheine kommen!
¹⁸ „Daher rede du nur jetzt ganz allein, und ich werde dich hören und beurteilen dann deine Darstellung!"
¹⁹ Hier lief *der Knabe* auf einen Wink Josephs ins Haus und brachte ganz behutsam denjenigen Erdglobus, den das Kindlein in der Nacht vorher wegen der Mondfinsternis geschaffen hatte aus einer Pomeranze.
²⁰ Als *Cyrenius* dieses Produkt erschaute, da verwunderte er sich und sprach: „Ja, was ist denn das? Ist das etwa gar das vermeintliche Geschenk?
²¹ „Du sagtest ja ehedem, das Geschenk bestünde in keiner *Sache,* sondern nur in einer wissenschaftlichen Erörterung!
²² „Das aber ist ja eben nur eine *Sache* und keine wissenschaftliche Erörterung!"
²³ *Der Knabe* aber sprach: „Lieber Vater Quirinus Cyrenius, das ist wohl wahr, aber diese Sache kann ich dir nicht zum Geschenke machen, weil sie nicht mein ist;
²⁴ „aber sie ist hier vonnöten, wenn du mich verstehen sollst!"
²⁵ Hier fing der Knabe wie ein Professor mit Hilfe der Erdkugel an, das Wesen der Erde zu erörtern, und das mit einer solchen Gründlichkeit, die¹ den Cyrenius ins tiefste Erstaunen versetzte.
²⁶ Und als der Knabe fertig war, sagte *das Kindlein* zu Cyrenius: „Also ist es! Damit dir aber davon ein Andenken bleibe, so soll auch diese kleine Erde *dein* sein, bis du einst in Meinem Reiche eine größere überkommen wirst!"

187

Des Cyrenius Freude über den zum Geschenk erhaltenen Erdglobus und seine Bitte hinsichtlich des Augustus. Des Kindleins tiefweise Entgegnung mit Hinweis auf die göttliche Ordnung.

Cyrenius ward über dieses Geschenk so außerordentlich erfreut, daß er sich gar nicht zu helfen wußte vor lauter Seligkeit.
² Nach einer Weile, als er den herrlichen Globus recht nach allen Seiten hin und her und auf und ab beschaut und sich überzeugt hatte von der höchst wichtigen Darstellung aller ihm bekannten Punkte, fing er erst wieder zu reden an und sprach:
³ „Joseph, das ist denn doch ein überlautes Zeugnis für uns alle über Den, der einst die Erde erschaffen hat!
⁴ „Denn was wohl ist dem Allmächtigen schwerer, zu erschaffen eine große Erde, oder zu erschaffen eine so kleine zu unserer Belehrung über die große, die uns trägt?
⁵ „Ich meine, das wird wohl ein und dasselbe sein!
⁶ „O Gott, o großer Gott, welch endlose Fülle der Vollkommenheiten aller Art muß in Dir wohnen, daß

¹ daß sie.

Dir solche Wunderdinge so höchst leicht möglich sind!

⁷ „Wer sich in *Dich* mit seinem Gemüte vertieft, der ist schon selig auf der Welt!

⁸ „Wer *Dich* hat und liebend trägt in seinem Herzen, wie endlos glücklich ist wohl der zu preisen!

⁹ „O wie ekelhaft erscheint mir nun das eitle Getreibe der Weltmenschen!

¹⁰ „O du mein armseliger Bruder Augustus! Wüßtest du und kenntest, was *ich* nun weiß und kenne, wie sehr würde dich dein wankender Thron anekeln!

¹¹ „O Du mein kleiner Jesus, Du mein Leben, Du mein Alles! Möchtest Du denn nicht meinem Bruder durch Deine Allmacht zeigen, wie nichtig und wie gar entsetzlich schmutzig sein Thron ist?"

¹² *Das Kindlein* aber sprach: „Cyrenius, siehe an alle die Kreaturen der Erde,

¹³ „und du wirst darunter gute und schlechte finden *dir* gegenüber!

¹⁴ „Meinst du wohl, daß sie darum auch *Mir* gegenüber also sind?

¹⁵ „Siehe, der Löwe ist ein grausames Tier und schont kein Leben in seiner Wut!

¹⁶ „Hast du dieses Tier auch Mir gegenüber also gefunden?

¹⁷ „‚Mitnichten‘, sagst du in deinem Gemüte, ‚denn dieser König der Wüste rettete mir zweimal das Leben!‘

¹⁸ „Siehe, also steht es auch mit deinem Bruder; er kann nicht sein wie *du,* und du nicht wie *er!*

¹⁹ „Denn Ich habe *darum* allerlei Kreatur werden lassen, weil sie Meiner ewigen Ordnung zufolge also vonnöten ist!

²⁰ „Und so mußte es auch geschehen, daß dein Bruder ward, was *er* ist, und auch du wurdest, was *du* bist!

²¹ „So aber dein Bruder spricht: ‚Herr, ich weiß nicht, was ich bin, und was ich tue, sondern Deine Kraft ist mit mir, und ich handle nach ihrer Bestimmung!‘,

²² „dann ist dein Bruder gerecht wie du, und du sollst dich um ihn nicht kümmern; denn dereinst werden eines jeden Werke offenbar werden!"

— Diese Rede brachte den Cyrenius wieder auf bessere Gedanken über Augustus, und er betrachtete wieder seine kleine Erde.

188

Des Cyrenius Beteuerungen seiner Liebe zum Herrn.
Die Probe darauf: Tullias Tod. Des Cyrenius tiefe Trauer.
Der gerechte Tadel des enttäuschten Kindleins und seine gute Wirkung auf Cyrenius.

Als Cyrenius aber diese Erdkugel abermals mit großer Aufmerksamkeit betrachtete, da verlangte *das Kindlein* freigestellt zu werden, um auf dem Hügel ein wenig hin und her zu hüpfen.

² Und *Cyrenius* setzte Es gar sanft auf die Erde und sprach:

³ „O Du mein Leben, Du mein Heil, Du mein Alles! Nur von meinen *Händen* gebe ich Dich leiblich frei;

⁴ „aber nimmer, nimmer aus meinem *Herzen;* denn da lebst Du nunmehr ganz allein, — ja Du ganz allein bist meine Liebe!

⁵ „Wahrlich, so ich nur Dich, o Du mein Heiland, habe, dann ist mir die ganze Welt mit allen ihren Schätzen nichtiger als das Nichts selbst!"

⁶ Hier stand *das Kindlein* auf, wandte sich wieder zu Cyrenius und sprach zu ihm:

⁷ „Ich muß denn doch wieder bei dir verbleiben — obschon Ich recht gerne ein wenig herumhüpfen möchte —, weil du Mich gar so lieb hast!

⁸ „Hättest du fortwährend deine kleine Erde beschaut, siehe, da wäre Mir bei dir zu sein wohl ein wenig langweilig geworden;

⁹ „aber da du dein Herz wie alle deine Aufmerksamkeit wieder völlig Mir zugewandt hast, da muß Ich bei dir verbleiben und kann Mich nicht trennen von dir!

¹⁰ „Aber höre du, Mein lieber Cyrenius, was wird denn dein *Weib* dazu sagen, wenn sie sicher vernommen hat, daß du Mich ganz allein nur liebst?!"

¹¹ Und *Cyrenius* sprach: „Herr, wenn ich nur *Dich* habe, was frage ich da um mein Weib und um die ganze Welt? Siehe, das alles ist mir um die leichteste Münze feil!

¹² „O Du mein Jesus, welche Seligkeit kann größer wohl sein als allein die nur, Dich über alles zu lieben und von Dir wiedergeliebt zu werden?!

¹³ „Darum möchte ich die Tullia eher verachten wie einen Heuschreckenzug, bevor ich nur um ein Haarbreit von der Liebe zu Dir weichen möchte!"

¹⁴ *Das Kindlein* aber sprach: „Cyrenius, so Ich dich aber darob ein wenig prüfete, denkst du wohl, daß du da *beständig* verbleiben möchtest?"

¹⁵ Und *Cyrenius* sprach: „Nach meinem gegenwärtigen Gefühle dürftest Du wohl die Erde unter meinen Füßen zerstäuben und mir die Tullia tausendfach nehmen, so es möglich wäre, so würde ich aber dennoch in meiner gleichen Liebe zu Dir verbleiben!"

¹⁶ Hier sank plötzlich die Tullia, wie vom Schlage gerührt, zu Boden und ward völlig tot.

¹⁷ *Alle Anwesenden* erschraken heftig. Man brachte sogleich wohlgegorenen Zitronensaft und frisches Wasser und labte sie!

¹⁸ aber es war alle Mühe vergeblich; denn die Tullia war tot.

¹⁹ Als *Cyrenius* aber sah, daß die Tullia ernstlich tot war, da verhüllte er sein Angesicht und fing an, recht traurig zu werden.

²⁰ Nun aber fragte *das Kindlein* den trauernden Cyrenius: „Cyrenius, wie kommst du Mir nun vor? Siehe, noch ist die Erde ganz, und dein Weib ist noch lange nicht tausendmal getötet, wie du es verlangtest, — und du trauerst, als hättest du alles in der Welt verloren!

²¹ „Hast du Mich nun nicht gleich wie ehedem, der Ich doch *alles* war?! Wie magst du nun trauern gar so sehr?"

²² Hier seufzte *Cyrenius* tief auf und sprach gar kläglich: „O Herr, ich wußte ja nicht, wie teuer mir die Tullia war, solange ich sie hatte; ihr Verlust erst zeigte mir nun ihren Wert!

²³ „Darum trauere ich und werde trauern wohl mein Leben lang um sie, die mir eine so edle und treue Gehilfin war!"

²⁴ Da seufzte *das Kindlein* tief auf und sprach: „O ihr wetterwendischen Menschen, wie wenig Beständigkeit wohnt in euren Herzen!

²⁵ „Wenn ihr schon also seid in Meiner *Gegenwart*, was werdet ihr dann erst sein, so Ich nicht unter euch sein werde?

²⁶ „Cyrenius, was war Ich dir vor einigen Minuten, und was bin Ich dir jetzt?

²⁷ „Dein Angesicht verhüllst du vor Mir wie vor der Welt, und dein Herz ist so voll Traurigkeit, daß du kaum vernehmen magst Meine Stimme!

²⁸ „Ich aber sage dir: Wahrlich, also bist du Meiner noch nicht wert!

²⁹ „Denn wer noch sein Weib *mehr* liebt denn Mich, der ist Meiner nicht wert, da Ich doch *mehr* bin als ein Weib, geschaffen durch Meine Macht!

³⁰ „Ich sage dir: Berate dich in Zukunft besser, sonst wirst du auf dieser Welt Mein Angesicht nimmer erschauen!"

³¹ Darauf ging das Kindlein zu Joseph hin und sagte zu ihm: „Joseph, laß die Tote ins Kämmerlein bringen und sie legen auf ein Totengerüst!"

³² *Joseph* aber sprach: „Mein Söhnchen, wird sie nimmer lebend?"

³³ Und *das Kindlein* sprach: „Frage Mich nicht darum; denn nun ist noch lange nicht Meine Zeit, sondern tue, wie Ich dir sagte!

³⁴ „Siehe, das Weib ward eifersüchtig auf Mich, als Mir Cyrenius seine Liebe gestand; diese Eifersucht und dieser Liebeneid hat sie so schnell getötet! Darum frage Mich nicht weiter, sondern lasse sie ins Kämmerlein aufs Gerüst bringen; denn sie ist wirklich tot!"

³⁵ *Joseph* ließ darauf sogleich die Leiche ins Haus tragen und bereiten in einem Seitenkämmerlein ein Gerüst und dann die Leiche darauf legen.

³⁶ *Alles* ging nun zu Cyrenius hin und tröstete ihn ob dieses plötzlichen Verlustes seines Weibes.

³⁷ *Cyrenius* aber enthüllte bald wieder sein Gesicht, richtete sich auf wie ein rechter Held und sprach:

³⁸ „O liebe Freunde, tröstet mich nicht vergeblich; denn ich habe meinen Trost schon gefunden in meinem eigenen Herzen,

³⁹ „und einen besseren könnet ihr mir wohl nicht geben!

⁴⁰ „Sehet, hier hat der Herr mir ja wunderbar dies edle Weib gegeben, und hier hat Er es mir wieder genommen; denn Er allein ist ja der Herr über alles Leben!

⁴¹ „Ihm sei darum auch alles aufgeopfert, und Sein heiliger Name sei darum ewig gelobt und gepriesen!

⁴² „Es ist zwar ein harter Schlag auf mein fleischig Herz; aber ich empfinde ihn nun auch um so belebender für meinen Geist!

⁴³ „Denn dadurch hat der Herr mich frei gemacht, und ich gehöre nun ganz, aller irdischen Bande ledig, Ihm allein zu, und Er allein ist nun der heilige Einwohner meines Herzens! Darum tröstet mich nicht; Er allein ist ja mein Trost für ewig!"

⁴⁴ Hier kam *das Kindlein* wieder zu Cyrenius und sagte zu ihm: „Amen! Also sei es für ewig!

⁴⁵ „Wie ein Hauch werden diese Erdenjahre vergehen, in denen wir noch hier wirken werden; dann aber wirst du dort sein, wo Ich sein werde ewig unter denen, die Mich lieben werden dir gleich! Also sei es ewig, ewig, ewig!"

189

Joseph lädt den Cyrenius zum Mahle. Des Cyrenius Absage unter Hinweis auf seine Sättigung durch den Herrn. Des Kindleins Lob über Cyrenius.

Es kamen aber nun auch *die Söhne Josephs* und zeigten an, daß das Mahl bereitet sei.

² Und *Joseph* ging hin zu Cyrenius und zeigte ihm, der sich eben mit dem Kindlein wieder vollauf beschäftigte, solches an und fragte ihn, ob er vor Traurigkeit wohl eine Speise werde zu sich nehmen können.

³ Und *Cyrenius* sprach: „O mein erhabener Bruder, meinst du denn, daß ich irgendeinen Hunger habe?

⁴ „Da sieh einmal her! Wie kann man hungrig wohl werden in der Gesellschaft Dessen, durch den in jedem Augenblicke Myriaden und Myriaden gesättigt werden?!

⁵ „Was aber meine von dir vermeinte Traurigkeit betrifft, da sage ich aus der Fülle meiner Liebe zu Dem, der dich und mich erschuf:

⁶ „Wie sollte ich trauern wohl in der Gesellschaft meines und deines Herrn?!

⁷ „Siehe, wo du *ein* Weizenkorn in die Erde streust, das da in ihr verfault, da läßt Er *hundert* an die Stelle des einen bringen!

⁸ „Also ist es ja auch hier der Fall: wo der Herr *eines* nimmt, da gibt Er bald *tausend* dafür.

⁹ „Mir hat Er wohl die eifersüchtige Tullia genommen, dafür aber hat Er Sich mir Selbst gegeben!

¹⁰ „O Bruder, welch ein unendlicher Ersatz ist das für meinen so geringen Verlust!

¹¹ „Anstatt meines Weibes darf ich nun *Ihn* in meinem Herzen ewig mein nennen!"

¹² Hier sprach *Joseph:* „O Bruder, du bist groß geworden vor dem Herrn; wahrlich, du bist ein Heide gewesen — und bist nun besser denn viele Israeliten!

¹³ „Ja, ich selbst muß es vor dir bekennen: Dein Herz und dein Mund beschämen hoch mich selbst;

¹⁴ „denn eine solche Ergebung in den Willen des Herrn habe ich an mir selbst noch nie erlebt!"

¹⁵ Hier richtete sich *das Kindlein* auf und sprach: „Joseph, Ich weiß, warum Ich dich erwählte; doch größer warst du noch nie vor Mir als eben jetzt, da du deine Schwäche vor einem Heiden bekennst!

¹⁶ „Ich aber sage dir, da du dem Cyrenius schon das Zeugnis gabst, daß er besser ist als viele Israeliten:

¹⁷ „Cyrenius ist hier mehr als Abraham, Isaak und Jakob, und mehr als Moses und die Propheten, und mehr als David und Salomo!

¹⁸ „Denn deren Taten waren gerecht durch den Glauben und durch große Gottesfurcht in ihren Herzen;

¹⁹ „Cyrenius aber ist ein Erstling, den Meine *Liebe* geweckt hat, und das ist mehr als der gesamte alte Bund, der tot war, während Cyrenius ganz lebendig ist!

²⁰ „Du kennst des Tempels Herrlichkeit in Jerusalem; er ist ein Werk Salomonischer Weisheit.

²¹ „Aber dieser Tempel ist tot wie sein Werkmeister, der Mich den Weibern opferte!

²² „Cyrenius aber hat in seinem Herzen mit großer Selbstverleugnung Mir nun einen neuen, lebendigen Tempel erbaut, in dem Ich wohnen

werde ewiglich, und das ist mehr denn alle Weisheit Salomos!"

²³ Hier fing *Cyrenius* an zu weinen vor Seligkeit, und Joseph wie Maria zeichneten sich diese Worte tief in ihre Herzen; denn sie waren voll Kraft und voll Leben.

190

Des Kindleins Aufforderung an Cyrenius zum Mitessen und Mitspielen. Des Maronius und der Maria Einwurf. Des Kindleins kräftige Entgegnung. Die Erweckung der Tullia.

Das Kindlein aber sprach darauf wieder zu Cyrenius:

² „Cyrenius, du bist nun wohl gesättigt in deinem Herzen, und diese Sättigung wird dir bleiben ewiglich;

³ „aber dein Leib ist hungrig, und du bedarfst einer Stärkung für denselben Zweck, zu welchem Zwecke Ich Selbst für Meinen Leib einer natürlichen Stärkung bedarf.

⁴ „Daher gehe du nur mit Mir hinab ins Haus; allda wollen wir einen guten Fisch, den heute Jonatha mitgenommen und den Meine Brüder recht wohl zubereitet haben, verzehren!

⁵ „Denn Ich muß dir sagen, daß Ich die Fische viel lieber esse als die öde jüdische Kinderspeise, und Ich freue Mich schon recht auf ein gutes Stückchen!

⁶ „O Ich sage dir, du Mein liebster Cyrenius, nach dem Essen mußt du dann mit Mir ein wenig spielen, und deine Kinder sollen das auch!

⁷ „Du bist noch nicht alt und kannst darum schon mit Mir ein wenig herumhüpfen und -springen!"

⁸ Diese rein kindliche Sprache des Kindleins freute den Cyrenius so sehr, daß er ganz die tote Tullia vergaß, obschon darob seine Gesellschafter trauerten.

⁹ und einige aus der Gesellschaft sich aber auch um den Cyrenius zu sorgen anfingen ob seiner Heiterkeit, die ihnen ein Wahnsinn zu sein schien.

¹⁰ *Maronius* selbst ging hin zu Cyrenius und fragte ihn um sein Befinden.

¹¹ *Das Kindlein* aber antwortete sogleich anstatt des Cyrenius und sprach:

¹² „O Maronius, sorge dich nicht um diesen Meinen Freund; denn der war in seinem ganzen Leben noch nie wahnsinnsfreier als jetzt!

¹³ „Ich wollte, du wärest also gesund wie Cyrenius, da würdest du sicher keine solche Frage stellen in Meiner Gegenwart!

¹⁴ „Gehe aber auch du mit uns hinab zur Tafel; vielleicht heilt dich ein gutes Stückchen Fisch!"

¹⁵ Darauf begab sich Cyrenius mit dem Kindlein, mit Joseph, Maria, Jonatha, Eudokia und mit den acht Kindern ins Haus, und Maronius folgte ihnen, obschon ein wenig wie auf Nadeln gehend;

¹⁶ aber die andere große Gesellschaft trauerte und ging nicht zum Mittagsmahle.

¹⁷ Nach dem Essen aber, das allen sehr wohl geschmeckt hatte, begehrte das Kindlein sogleich wieder ins Freie, um mit Cyrenius und mit den acht Kindern zu spielen.

¹⁸ *Maria* aber sagte: „Höre Du, mein Jesus! Nun darfst Du wohl nicht spielen, und die acht Kinder

auch nicht; denn fürs erste ist ja *Sabbat,* und fürs zweite haben wir eine *Leiche* im Hause, und da darf man nicht spielen, sondern soll schön ruhig und bescheiden sein!"

[19] *Das Kindlein* aber sagte: „Weib, was für ein Geist heißt dich also zu Mir reden?

[20] „Ist der Sabbat denn mehr als Ich — und das tote Weib mehr als Mein Wille?

[21] „Damit du aber siehst, daß Ich über dem Sabbat und über dem toten Weibe stehe, und daß selbiges Mich nicht hindere in Meiner Freude, so erwache es!"

[22] Bei diesem Worte erhob sich die Leiche vom Gerüste und kam bald ins Zimmer.

[23] Das Kindlein aber befahl, ihr etwas zu essen zu geben, und ging dann sogleich mit Cyrenius ins Freie, während sich alles über diese Erweckung höchst zu verwundern anfing.

191

Jesu Wettlauf mit Cyrenius. Wie Cyrenius es auch zur Meisterschaft bringt! Wink zur Lebensmeisterschaft.

Als das Kindlein mit Cyrenius und den andern acht Kindern draußen im Freien war, da sagte *das Kindlein* zu Cyrenius:

[2] „Siehe dort einen Baum; wie weit wohl kann er von hier sein?"

[3] „Ich meine", sprach *Cyrenius,* „bei zweihundert Schritte dürfte er von hier, gut genommen, entfernt sein!"

[4] Und *das Kindlein* sprach: „So machen wir einen Wettlauf und überzeugen uns, wer von uns die schnellsten Füße hat!"

[5] Und *Cyrenius* lächelte und sprach: „O Herr, mit der natürlichen Kraft wirst Du wohl als der Letzte zum Baume gelangen!"

[6] Und *das Kindlein* sagte: „Das wird erst der Erfolg zeigen, und so machen wir den Versuch!"

[7] Hier liefen diese Renner aus allen Kräften, und das Kindlein war zuerst am Baume.

[8] Beim Baume angelangt, sagte *Cyrenius,* fast ganz außer Atem:

[9] „O Herr, ich wußte es ja, daß Du nicht *natürlich* laufen würdest und würdest somit das Ziel am ersten erreicht haben!

[10] „Denn Dich tragen unsichtbare Kräfte; mich aber tragen nur meine trägen Füße!"

[11] *Das Kindlein* aber sprach: „Cyrenius, hier hast du dich wieder einmal geirrt; denn deine Füße werden, so wie die Meinigen, von unsichtbaren Kräften belebt!

[12] „Aber der Unterschied besteht nur darin, daß Ich ein *Meister,* du aber nur ein *Schüler* der Kräfte bist.

[13] „So du aber deine Kräfte recht üben wirst, dann wirst auch du sie wie der Meister gebrauchen können!

[14] „Nun aber laufen wir zurück, und wir wollen sehen, wer da zuerst den Platz vor dem Hause erreichen wird!"

[15] Hier bog sich *Cyrenius* schnell zur Erde, hob das Kindlein auf und lief mit Ihm auf den Platz — und war bei weitem der Erste am Platze.

[16] Allda angelangt, lächelte *das Kindlein* und sprach: „Das war recht lustig!

[17] „Siehe, du hast es gleich zur

Meisterschaft gebracht; du sahst den Meister, nahmst Ihn auf und wardst somit selbst zum Meister!

¹⁸ „Siehe aber auch die Lehre daraus: Also wird in der Zukunft niemand mehr ein Meister aus sich;

¹⁹ „wenn er aber den Meister aufnehmen wird, da wird er ein Meister durch den Meister, den er aufgenommen hat.

²⁰ „Es liegt wenig daran, wer da schneller laufen kann; dessenungeachtet aber soll sich ein jeder bestreben, das von Mir gezeigte Ziel am ersten und als Erster zu erreichen!

²¹ „Wer aber mit der *eigenen* Kraft den Lebenslauf beginnen wird, der wird der Letzte sein;

²² „wer aber tun wird, wie *du* eben jetzt beim zweiten Laufe getan hast, der wird auch dir gleich als der Erste am Ziele sich befinden!

²³ „Nun aber laß uns zu einer anderen Spielerei übergehen und uns dabei recht kindlich erheitern!"

192

Das lehrreiche Grübchenspiel. Die Lebensgrübchen und ihre Ordnung.
Ein Spiel des Menschentreibens.

Darauf wandte sich *das Kindlein* zu Sixtus, als dem ältesten Knaben von den Cyrenischen Kindern, und sagte zu ihm:

² „Sixtus, gehe und mache da vorne am abgetretenen Wege zehn Grübchen, ein jedes eine Spanne vom andern entfernt! Was dann damit zu geschehen hat, das weißt du schon.

³ „Wenn du lachst, wenn jemand anders lacht, dann fehlst du und wirst deines Amtes enthoben und fällst in die Strafe dadurch.

⁴ „Du Grübchen des Landmanns sei tätig; wenn du lau bist, wirst du hungern müssen!

⁵ „Du Vatergrübchen sei voll Liebe gegen deine Kinder, und erziehe sie recht und gerecht, sonst wirst du ihnen zum Gespötte werden!

⁶ „Du Muttergrübchen sei häuslich und voll Gottesfurcht, auf daß deine Säuglinge weise werden!

⁷ „Und du, mein gutes, liebes Kindergrübchen, bleibe, wie du bist: ein steter Lehrer der Weisen zur Weisheit in Gott!

⁸ „Nun, das sind die Gesetze; diese müssen genau befolgt werden!

⁹ „Will aber jemand eine Gnade von Mir, der muß knieend zu Mir darum kommen!

¹⁰ „Nun gehet und handelt, und lasset Mich allein! Du, Cyrenius, aber mußt mit Vater und Mutter gehen, weil du ein Kind bist!"

¹¹ Nun gingen ein Mädchen und ein Knabe als Priester ganz ernst und gravitätisch davon und stellten sich auf einen etwas erhabeneren Platz.

¹² Dann gingen zwei Mädchen und ein Knabe als Landleute davon und tummelten sich dann recht geschäftig am Boden herum, als hätten sie die wichtigste Arbeit.

¹³ Darauf gingen wieder ein Knabe und ein Mädchen, gar ernstlich sich haltend, davon und stellten den Vater dar, weil der Vater in seinem Herzen auch eine Mutter sein soll, um ein rechter Vater zu sein.

¹⁴ Darauf ging die alleinige Mutter und nach ihr das Kind, nämlich

Ergänzungstext zum Werk: Die Jugend Jesu

Nach Ausdruck der vorliegenden Ausgabe des an Jakob Lorber wiedergeoffenbarten Jakobusevangeliums, veröffentlicht unter dem Titel „Die Jugend Jesu", ist dem Verlag eine Kopie der lange Zeit unzugänglich gewesenen Originalhandschrift von Jakob Lorber ausgehändigt worden. Die erste Ausgabe dieses Werkes wurde noch zu Lebzeiten Jakob Lorbers im Jahre 1852 durch den schwäbischen Arzt und Begründer der spagyrischen Heilweise Dr. Zimpel im Verlag Schweizerbart in Stuttgart unternommen. Sie erfolgte nach einer handschriftlichen Abschrift der Originalniederschrift Lorbers. Diese Abschrift befindet sich im Besitz des Lorber-Verlages. Nach dieser Abschrift beziehungsweise der Zimpel'schen Ausgabe wurden seither alle Auflagen dieses Werkes gedruckt. Daß ein Kapitel bereits in der ersten Auflage fehlt und somit auch in allen weiteren Auflagen, konnte nunmehr nach Vorliegen der originalniederschriftlichen Kopie festgestellt werden. Ob die textliche Auslassung in der handschriftlichen Abschrift, nach der Dr. Zimpel die erste Auflage besorgte, auf einer Unachtsamkeit des Abschreibers beruht oder ob andere Gründe vorliegen, dafür gibt es heute keine Erklärung. Bei dem fehlenden Text handelt es sich inhaltlich um eine erklärende Darstellung der Spielregeln des Grübchenspieles durch das Jesuskind, welche aus dem weiteren Verlauf des Spieles aber selbst auch ersichtlich werden. Es handelt sich also um keine schwerwiegende Textauslassung. In den seitherigen Ausgaben folgt im Anschluß an den Vers 2 des Kapitels 192 unter Auslassung des im Original folgenden Kapitels unmittelbar Vers 3 des mit 193 bezifferten Kapitels. In der Abschrift wurden die Kapitelziffern vom 193. Kapitel an um jeweils eine Ziffer verschoben, so daß „Die Jugend Jesu" in der gedruckten Ausgabe mit Kapitel 299 und nicht wie im Original mit Kapitel 300 abschließt.
Der Ergänzungstext ist nach Vers 2 des 192. Kapitels einzufügen.

Ergänzungstext

3 „Dann bringe du die zehn Kügelchen, die der Jakob aus Lehm für uns zum Spielen gemacht hat, und wir werden dann ein wenig Kügelchen werfen; — du weißt schon wie, denn du hast es Mich ja gelehrt!" —

4 Darauf tat Sixtus sogleich, was das Kindlein verlangte!

5 Als die zehn Grübchen gemacht und die Lehmkügelchen herbeigeschafft waren, da sagte das Kindlein zum Cyrenius:

6 „Nun lasse Mich nur wieder frei, damit Ich dir erklären kann und zeigen, wie dieses Spiel geht; aber ihr anderen Kinder dürft Mir nun nichts einwenden, weil Ich dem Cyrenius selbst die Sache erklären will!" —

7 Hier wandte sich das Kindlein ganz pathetisch an den Cyrenius und sprach:

8 „Siehe, das Spiel geht also: Drei Schritte von diesen Grübchen mußt du stehen, dann ein Kügelchen schieben.

9 „Bringst du es durch einen gelungenen Wurf ins zehnte und somit letzte und entfernteste Grübchen, so bist du des Spieles König; bringst

du es ins neunte, dann bist du ein Minister; im achten bist du ein Feldherr! —

¹⁰ „Im siebenten ein Landpfleger, im sechsten ein Richter, im fünften ein Priester, im vierten ein Landmann, im dritten ein Vater, im zweiten eine Mutter und im ersten ein Kind!

¹¹ „Wie dann das Spiel weitergeht, das werde Ich dir schon wieder erklären, wenn die Grübchen besetzt sein werden." —

¹² Hier nahm lächelnd der Cyrenius ein Kügelchen und schob es nach dem Wege, und das Kügelchen rollte sogleich ins erste Grübchen! —

¹³ Und das Kindlein fragte: „Bist du mit deinem Stande zufrieden? Ansonst kannst du als Anfänger noch zwei Male schieben!" —

¹⁴ Und der Cyrenius sagte: „Mein herrlichstes Leben, Mein Jesus! ich bleibe schon, wo ich nun bin!" —

¹⁵ Und das Kindlein sprach: „Gut, so schiebet ihr nun darauf, einer nach dem anderen. Ich werde dann zuletzt schieben!"

¹⁶ Und die Kinder schoben ihre Kügelchen, besetzten aber nicht alle Grübchen, sondern sie kamen oft zu zwei und zu drei in ein Grübchen! —

¹⁷ Am Ende schob das Kindlein, und kam, wie sonst allzeit, ins zehnte Grübchen! —

¹⁸ Da hielt sich ein Mädchen auf und sprach: „Aber so muß denn der kleine Jesus allzeit ein König sein!" —

¹⁹ Das Kindlein aber sagte zum Mädchen: „Warum grämst du dich darob — hast (du) doch vor Mir geschoben, warum bist (du) denn so ungeschickt in deiner Hand?!" —

²⁰ „Grolle Mir aber nicht darob, sonst werde Ich gleich wieder eine Maus über dich kommen lassen, vor der du dich so sehr fürchtest!" —

²¹ Darauf sagte das Mädchen nichts mehr, und begnügte sich allein in ihrem zweiten Grübchen! —

²² Es war aber das neunte, achte, siebte und sechste Grübchen unbesetzt, da sagte der Cyrenius zum Kindlein:

²³ „Siehe, Du Mein Leben! — Nun gibt es noch keinen Minister, keinen Feldherrn, keinen Landpfleger und keinen Richter!

²⁴ „Wer wird nun diese Hauptstellungen übernehmen?"

²⁵ „Diese Stellen", sprach das Kindlein, „muß nun Ich selbst versehen, weil sie niemand besetzt hatte; denn alle die unbesetzten Posten müssen von einem, vom Königsgrübchen gerechnet, besetzten übernommen werden! —

²⁶ „Wäre der Minister besetzt, da fielen die drei nachfolgenden Posten ihm zu. Da er aber unbesetzt ist, so fallen die 4 Grübchen nun dem König zu! — Da nun aber die Grübchen alle besetzt sind, so gehen wir nun aufs eigentliche Spiel über!" —

Kapitel 192 a
(im Original Kapitel 193)

¹ Und weiter sprach das Kindlein zum Cyrenius: „Nun, da Ich der König bin, so muß Mir aus euch auch ein jeder wie einem Könige gehorchen! —

² „Und so höret nun Meine Gesetze! — Das Grübchen der Priester sei weise, ernst und gut!

(Text-Fortgang Vers 3, Kap. 192 der gedruckten Ausgabe.)

Cyrenius; und die Mutter aber scheute sich vor ihrem Kinde und getraute sich nicht, mit ihm zu reden und ihm weise Lehren zu geben.

¹⁵ Sie kehrte darum zum Könige zurück und bat Ihn um die Gnade, daß Er ihr einen andern Posten geben möchte.

¹⁶ Der König aber beschied sie zu den Priestern, und diese fingen an zu lachen, als sie die Mutter auf sich zulaufen sahen.

¹⁷ Da berief der König sogleich die Priester und setzte sie ab, weil sie gelacht hatten, da sie ernstweise hätten sein sollen, und steckte sie unter die Landleute.

¹⁸ Die Landleute aber fingen bald untereinander zu hadern und zu zanken an, und der König berief sie und machte sie recht aus und stiftete Ruhe unter ihnen.

¹⁹ Nun kam wieder die Mutter und begehrte einen anderen Posten.

²⁰ *Der König* aber sprach: „Da du die Liebe darstellst in ihrer Weisheit, so sei du der Priester!"

²¹ Nun aber kam *der Vater* und beklagte sich, daß er kein Weib habe, weil die Mutter ein Priester sei.

²² Und *der König* sprach: „So nimm das Kind, und gehe hin und werde, was die Mutter ist!"

²³ Und also geschah es; aber *der Priester* fing an, starke Achtungsforderungen an die Landleute zu machen.

²⁴ Da fing es bald an, darunter- und darüberzugehen, und *der König* berief daher alles wieder zurück und sprach: „Ich sehe, daß ihr uneins seid; daher wollen wir zu einem neuen Schube schreiten!"

193

Cyrenius im Ministergrübchen. Des Mädchens Unzufriedenheit.
Des ‚Königs' wirksames Einschüchterungsmittel. Das Mäusewunder.

Cyrenius mußte wieder zuerst schieben, und sein Kügelchen kam nun ins neunte Grübchen, und *die Kinder des Cyrenius* sagten:

² „Vater Cyrenius, aber das heißt doch gestiegen: vom Kinde zum Minister, und das beim ersten Schube!

³ „Wenn du noch einmal schieben möchtest, da könntest du sicher ins Königsgrübchen kommen!"

⁴ Und *Cyrenius* sprach: „Meine Kinder, ich bin schon zufrieden mit dieser Würde; nehmet daher nur *ihr* die Kügelchen, und schiebet!

⁵ „Sehet, daß ihr recht häufig ins Kindergrübchen kommet; denn da werdet ihr am eigentlichsten und besten Platze sein!"

⁶ Darauf schob sogleich Sixtus und kam ins Kindergrübchen und hatte eine rechte Freude.

⁷ Darauf schob das älteste Mädchen und kam wieder ins zweite Muttergrübchen.

⁸ *Das Mädchen* aber murrte wieder und sprach: „Ach, so muß ich denn schon wieder die Mutter sein!"

⁹ *Das Kindlein* aber ging hin, nahm das Kügelchen aus der Grube, gab es dem Mädchen wieder in die Hand und sprach:

¹⁰ „Da, schiebe noch einmal, du Unzufriedene; siehe aber zu, daß du nicht wieder Mutter wirst!"

¹¹ Und *das Mädchen* schob wieder und kam wieder ins nämliche Grüb-

chen und fing an, förmlich zu weinen aus Ärger.
¹² Da trat *das Kindlein* wieder hin zum Mädchen und sprach: „O du herrschsüchtiges Wesen! Wahrlich, in dir verleugnet sich des Urweibes Natur nicht!
¹³ „Was soll Ich mit dir tun, du Schlangennatur, du Löwentatze?
¹⁴ „Nur geschwind eine Maus her, die soll dich recht plagen, dann wirst du Mir schon anders werden!"
¹⁵ Hier fiel *das Mädchen* sogleich auf die Knie vor dem Kindlein nieder und sprach weinend:
¹⁶ „Mein liebster Jesus, ich bitte dich, nur keine Maus oder Ratte; denn da fürchte ich mich ganz entsetzlich!
¹⁷ „Ich will ja tausendmal lieber Mutter sein, als nur eine einzige Maus sehen!"
¹⁸ *Das Kindlein* aber sprach: „Diesmal will Ich dich noch mit der Maus verschonen;
¹⁹ „aber wenn du Mir noch einmal murrst, dann sollen zehn Mäuse auf einmal über dich kommen und beschnüffeln deine Füße!"
²⁰ Da ward *das Mädchen* mäuschenstill und sah ganz geduldig zu, wie die anderen Kinder alle andere Grübchen besetzten,
²¹ und hielt sich nicht auf, als sogar ein zweites Mädchen das Vatergrübchen besetzte, was ihr sonst allezeit am ärgsten war, so dahin nicht ein Knabe kam.
²² Am Ende schob das Mädchen wieder und kam schon wieder ins Kindergrübchen.
²³ Da biß es sich vor geheimem Ärger in die Lippen.
²⁴ Und *das Kindlein* lächelte, nahm einen kleinen Zweig und tupfte mit demselben alle die Kügelchen an und blies dann über die Grübchen, und im Augenblicke saß statt des Kügelchens eine muntere Maus darinnen.
²⁵ Als *das Mädchen* dieser Tierchen ansichtig ward, da fing es an, gar entsetzlich zu schreien und zu kirren und lief davon.
²⁶ Da kam *Joseph* heraus und fragte: „Was hast Du, mein lieber Jesus, schon wieder mit dem Mädchen, daß es gar so schreit?"
²⁷ Und *das Kindlein* sprach: „Es ist, wie immer, neidig; darum habe Ich wieder einige Mäuse über es kommen lassen!"
²⁸ Hier lächelte *Joseph* und ging, das Mädchen wieder zu beruhigen; die übrigen Kinder aber setzten nun ruhig ihr Spiel fort, denn sie ersahen nichts von den schrecklichen Mäusen.

194

Des Jesusknäbleins Zwiegespräch mit dem stutzigen, eigensinnigen Mädchen.

Nach einer Weile kam auch das Mädchen wieder, und *das Kindlein* fragte es sogleich, ob es wieder mitspielen wolle.
² *Das Mädchen* aber sagte: „Zusehen will ich wohl, aber mitspielen will ich nicht; denn mich ärgert geschwind etwas, und dann bist du sogleich schlimm!
³ „Und so mag ich nicht mitspielen; denn ich habe zu große Furcht vor dir, weil du sogleich mit den Mäusen und Ratten da bist."
⁴ *Das Kindlein* aber sprach: „Ja, warum bist du denn aber auch so dumm und ärgerst dich über Dinge, bei denen du nichts verlierst, ob sie so oder so ausfallen?

⁵ „Sei zufrieden mit dem, was dir durchs Los zukommt, und es werden hinfort keine Mäuse und Ratten über dich kommen!

⁶ „Siehe Mich an! Ich schiebe allezeit zuletzt, und Ich murre nicht, da Mir doch der Vorrang gebührt.

⁷ „Warum murrst denn du, da du doch als Mädchen die Geduld selbst sein solltest?"

⁸ Und *das Mädchen* sprach: „Was kann denn ich dafür? Warum habe ich denn ein solches Gemüt? Ich selbst habe mir es nicht gegeben, und so bin ich, wie ich bin, und kann nicht anders sein!

⁹ „Da ich aber weiß, daß ich also bin, darum spiele ich nun lieber nicht mit, als daß ich mich wieder ärgern soll, um von dir dann wieder mit den Mäusen bestraft zu werden!"

¹⁰ *Das Kindlein* aber wandte Sich hinweg und sprach wie zu Sich: „Siehe, die Kinder der Welt begehren auf mit Dir und tadeln an sich Dein Werk, weil sie Dich nicht kennen!

¹¹ „Doch ein Wurf und noch ein Wurf, und die Kinder der Welt sollen anders von Dir denken!"

¹² Darauf wandte Sich das Kindlein wieder um und sprach zum Mädchen: „Wem aber gibst du dann die Schuld, daß du also ärgerlich bist und bist jetzt nicht zufrieden mit deinem Lose?"

¹³ *Das Mädchen* aber sprach: „Wahrhaftig, wenn du, mein lieber Jesus, einen einmal zu fragen anfängst, dann nimmt es kein Ende,

¹⁴ „und du wirst dadurch dann ein ganz entsetzlich lästiges Kind!

¹⁵ „Was weiß ich, wer daran schuld ist, daß ich also bin?! Du bist ja selbst so ein kleiner Prophet und bist ein Wunderkind, das mit Gott reden kann!

¹⁶ „Frage Diesen, wenn solches möglich ist, der wird es dir am besten zu sagen wissen, warum ich also bin!"

¹⁷ Hier trat *das Kindlein* näher zum Mädchen und sprach: „Du Mädchen, so du Mich kenntest, da würdest du anders reden!

¹⁸ „Da du Mich aber nicht kennst, da redest du, wie dir die Zunge gewachsen ist!

¹⁹ „Da sieh einmal hinauf zur Sonne! Was meinst du, was diese ist, und von wem sie ihren Glanz hat?"

²⁰ *Das Mädchen* aber sprach schon ganz ungeduldig: „Aber daß du gerade auf mich es abgesehen hast, mich förmlich zu martern mit deinen Fragen!

²¹ „Da siehe, dort sind noch sieben; diese haben Ruhe vor dir! Gehe auch einmal zu ihnen, und belästige sie mit deinem ewigen Gefrage!"

²² Und *das Kindlein* sprach: „O Mädchen, siehe, diese sind gesund und bedürfen keiner Arznei; du aber bist krank in deiner Seele, darum möchte Ich dir wohl helfen, wenn du nicht so stutzig wärest!

²³ „Da du aber so sehr stutzig bist, so wird dir schwer zu helfen sein.

²⁴ „Das aber merke du dir: So ein Engel der Himmel Gottes die Gnade hätte, von Mir dir gleich befragt zu werden, so würde er vor zu großer Seligkeit also entbrennen, daß er durch sein Liebefeuer die ganze Erde im Augenblicke zerstören würde!

²⁵ „Gehe aber nun von Mir; Ich mag dich nicht mehr, darum du so stutzig und eigensinnig bist!" — Hier ging *das Mädchen* davon und weinte heimlich; Jesus aber dirigierte als König fort Seine Spielgenossen.

195

Neue Zwistigkeiten im zweiten Spiele. Der dritte Schub.
Das ehrgeizige Mädchen im Ministergrübchen. Die Hetze gegen das Kind.
Der neue, letzte Schub und die Wiederherstellung der Grund-Lebensordnung.

Im Verlaufe dieses zweiten Spieles aber fielen wieder einige Zwistigkeiten unter den Spielenden vor.

² Der Minister ward zu gefürchtet, weil das Cyrenius selbst war; der Feldherr wie der Landpfleger und der Richter getrauten sich kaum, sich zu rühren gegen den Minister, und schmollten heimlich bei sich selbst über solche Ordnung.

³ Besonders waren ein paar Mädchen, die da den Landpfleger und den Richter machten, nicht zufrieden, weil sie ohne des Ministers Einwilligung nichts tun durften.

⁴ Nur Sixtus in seinem Kindergrübchen war vollkommen zufrieden.

⁵ *Das Kindlein* aber sah diese Uneinigkeit und berief daher alle wieder zusammen, teilte die Kügelchen wieder aus und ließ zum dritten Male schieben.

⁶ Bei diesem Schube aber kam Cyrenius ins Königsgrübchen und das Kindlein ins Kindergrübchen;

⁷ und alle Kinder hatten eine recht große Freude, daß auch einmal der zwei Jahre und vier Monate alte Jesus ins Kindergrübchen kam.

⁸ Hier kam sogar *das gewisse Mädchen* wieder und sagte zum Kindlein: „Siehe, das ist der rechte Platz für dich; das freut mich, daß du auch einmal in dieses langweilige Grübchen kommst!"

⁹ *Das Kindlein* aber sprach: „Siehe, das Ministergrübchen ist noch frei! Nimm ein Kügelchen, und schiebe, vielleicht kommst du hinein!"

¹⁰ Darauf nahm *das Mädchen* doch wieder das Kügelchen und schob und kam richtig ins Ministergrübchen.

¹¹ Als es sich aber im Ministergrübchen erschaute, da wurde es ganz brennend rot vor Freude, daß endlich einmal sein Ehrgeiz befriedigt worden war, und sprach scherzend:

¹² „Nun, mein Jesus, freue dich; jetzt werde ich dich schon strafen, wenn du ungehorsam sein wirst!"

¹³ Und *das Kindlein* sagte: „Weißt du, die Kinder sind frei vom Gesetze; was willst du Mir dann tun und was machen mit Mir?"

¹⁴ *Das Mädchen* aber sprach: „Laß nur einmal das Spiel anfangen, und du sollst sogleich sehen, ob der Minister keine Gewalt über die Kinder hat!"

¹⁵ Darauf teilte Cyrenius als König das Spiel aus, und alles ging auf seine Plätze und übte dort sein Amt aus.

¹⁶ *Der Minister* aber hetzte besonders den Priester gegen das Kind auf, daß er es ja nicht zu sich kommen lassen solle.

¹⁷ Also hatten auch die anderen Stände kein Gehör für das Kind.

¹⁸ Und *das Kind* lief darum zum Könige und beklagte sich nach der Regel des Spieles bei ihm ob seiner Verfolgung.

¹⁹ Und *der König* sprach: „O Herr, ich bin in diese Regeln zu wenig noch eingeweiht!

²⁰ „Da nun aber sich schon wieder, dieser Regeln ungeachtet, eine Unordnung ins Spiel eingeschlichen hat, da will ich die kleine Gesellschaft

wieder einberufen, und so Du willst, können wir sogleich einen neuen Schub machen!"

²¹ Und *das Kindlein* sprach: „Ja, Cyrenius, einen neuen und für ewig den letzten!

²² „Und so rufe die Kinder zusammen, auf daß wir die letzte Probe machen!"

²³ Und *Cyrenius* berief die Kinder zusammen und verteilte die Kügelchen, und es ward geschoben.

²⁴ Diesmal schoben alle Kinder samt Cyrenius ins Kindergrübchen; nur Jesus allein schob ins Königsgrübchen.

²⁵ Da fing aber Sein Grübchen an alsbald glühend zu werden und Sein Kügelchen zu strahlen wie die Sonne.

²⁶ Und *das Kindlein* nahm das strahlende Kügelchen und legte es ins Vatergrübchen und fragte dann den Cyrenius:

²⁷ „Cyrenius, verstehst du nun schon ein wenig dieses bedeutungsvolle Spiel?"

²⁸ Und *Cyrenius* sprach: „O Herr, Du mein Leben, wie sollte ich das verstehen?"

²⁹ Und *das Kindlein* sprach: „So höre Mich denn an; Ich werde es euch allen klar und gründlich deuten!"

196

Die Deutung und Erklärung dieses bedeutsamen Spieles durch das Kindlein.
Die verschiedenen Rettungsversuche der verirrten Geister durch die Führungen der Menschen durch Gott.

Und *das Kindlein* fing sogleich an, wie ein weiser Lehrer einer Synagoge zu reden, und sprach:

² „Das aber ist die Bedeutung dieses Spieles: Von der Schöpfung an, wie vor ihr, war Gott von Ewigkeit der Herr.

³ „Der erste Wurf: Die alten Geister erwachen und wollen sich die Herrlichkeit Gottes nicht gefallen lassen, und das Spiel hat keine Ordnung.

⁴ „Von Adam bis Noah und von Noah bis Moses dauert dieses Spiel.

⁵ „Das stutzige Mädchen ist die Liebe und die Welt, der aber die Liebe zuwider ist.

⁶ „Zu Noahs Zeiten wird sie durch Drohung gestraft wie dies Mädchen mit den Mäusen.

⁷ „Aber die Welt bessert sich nicht, sondern verfällt allmählich wieder in die Abgötterei und will Altäre, sichtbare Gottheit und viel Zeremonie.

⁸ „Da beruft der Herr das Spiel unter Moses zusammen, und es geschieht ein zweiter Wurf.

⁹ „Anfangs scheint es, diesmal werde es sich halten; aber nur *einmal* dem Moses den Rücken zugewandt, und das goldene Kalb ist fertig!

¹⁰ „Also fängt das Mädchen erst recht an zu zanken, auf daß¹ es dann im Ernste gestraft wird mit der Drohung in der Wirklichkeit.

¹¹ „Und so war die Sündflut viel mehr eine gar starke Drohung als gewissenart eine Strafe.

¹² „Aber die Strafe des Volkes in der Wüste war eine wahre Strafe, da

---

¹ ‚auf das' oder ‚worauf'.

sie durch das Feuer geschah, wie einst zu Sodom.

¹³ „Auf den Wurf geht das Spiel an. Aufrichtig gesagt, anfangs geht es gut, aber aus purer *Furcht;* denn diesem Spiele fehlt die Mutter, die *Liebe,* die davonging, weil sie nicht herrschen durfte.

¹⁴ „Bis auf diese Zeit dauerte dieses mosaische Spiel und rieb sich auf durch lauter Empörungen und durch die stete Furcht.

¹⁵ „Wieder ruft der Herr die kleine Schar zusammen; der Wurf geschieht, und der Herr wird zum Kinde.

¹⁶ „Da kommt die Liebe und äußert eine gewisse Freude über den ohnmächtigen Stand des Herrn.

¹⁷ „Die Liebe wirft nun auch, und es gelingt ihr, zu erreichen die erste Stufe des Thrones.

¹⁸ „Und da verfolgt sie den Herrn bis zum Tode und läßt Ihm über tausend und nahe neunhundert Jahre keine Ruhe und hetzt alles wider Ihn auf.

¹⁹ „Dann aber ersieht die gestellte Weltherrschaft selbst, daß es also sich nicht mehr tue.

²⁰ „Und ein letzter Wurf geschieht: Der Herr wird wieder der alte Herr; voll glühendsten Eifers wird Sein Stand und voll Gnade Sein Wurf!

²¹ „Und alles Volk wird vom Kindesstande den Vater erkennen, so Er dem Volke als Solcher in aller Seiner Liebemacht näher und näher rücken wird!

²² „Und das wird der letzte Wurf sein, und wird fürder keiner mehr geschehen! Denn der Vater wird dann ewig Vater sein!

²³ „Siehe, das ist dieses Spieles Sinn! Nun aber gehen wir wieder ins Haus, um zu sehen, was die erwachte Tullia macht, und so folget Mir alle!"

197

Marias und Eudokias Bemühungen um die erweckte Tullia.
Ein prophetisches Bild für den Marienkult Roms
und den Kreis der eigentlichen Liebhaber des Herrn.

Als unsere Spielgesellschaft in das Haus kam, wurde sie kaum bemerkt; denn alles war noch vollauf mit der wiedererwachten Tullia beschäftigt.

² Einige trösteten sie, andere wieder machten sich so um sie her und beobachteten sie und besorgten¹ einen abermaligen Rückfall in ihren Tod.

³ Selbst Maria und Eudokia waren mit ihr beschäftigt und brachten ihr allerlei Stärkungen und Erfrischungen.

⁴ Und die Söhne Josephs samt dem Jakob waren mit der Bereitung des Abendmahles beschäftigt.

⁵ Nur *Joseph* und *Jonatha* saßen im Nebenzimmer auf einer Strohbank und besprachen sich über so manches aus der Vorzeit;

⁶ und sie auch waren die einzigen, die die Eintretenden bemerkten, standen darum auf und gingen dem Cyrenius und dem Kindlein entgegen und empfingen sie natürlich auf das allerfreundlichste.

⁷ *Das Kindlein* lief aber sogleich zu Joseph und sagte zu ihm:

⁸ „Wie lange werden die Toren die wiedererwachte Tullia noch trösten, laben und stärken?

⁹ „Sie lebt ja schon lange gut ge-

---

¹ sorgten sich um.

nug und wird nicht wieder sterben vor ihrer rechten Zeit; was wollen denn die Toren?"

¹⁰ Und *Joseph* sprach: „Was kümmert uns das? Lassen wir ihnen ihre Freude; denn wir verlieren ja nichts dadurch!"

¹¹ Und *das Kindlein* sagte darauf: „Das ist wohl offenbar wahr, und Ich will Mich darob auch wenig kümmern;

¹² „aber das, meine Ich, sollte doch auch richtig sein: Wenn schon die *Erweckte* eine so große Bewunderung verdient, da sollte doch auch der *Erwecker* nicht gar zu sehr im Hintergrunde stehenbleiben!"

¹³ Und *Joseph* sprach: „Du hast recht, mein Söhnchen; aber was läßt sich hier machen?

¹⁴ „Soll ich Dich als den unfehlbaren Erwecker aufführen, so hieße das, Dich *vor* der Zeit an die, die Dich lange noch nicht kennen, verraten!

¹⁵ „Hauchtest Du ihnen aber eine solche Erkenntnis wunderbar in ihr Gemüt, da wären sie gerichtet!

¹⁶ „Daher lassen wir sie, wie sie sind; wir aber bleiben hier im geheimen beisammen im Geiste und in der Wahrheit!

¹⁷ „Wenn sie sich aber bis zum Überdrusse an der Römerin werden satt getröstet und gegafft haben, dann werden sie wohl kommen und werden mit uns Gemeinschaft machen!"

¹⁸ Und *das Kindlein* sprach: „Sehet auch hier wieder ein Bild der Zukunft!

¹⁹ „Also werden sich auch dereinst die, welche unter unserm Dache sein werden, mit der toten Römerin abgeben der weltlichen Dinge wegen,

²⁰ „und Maria wird unter den Römern und mit der Römerin viel zu tun haben!

²¹ „Aber dennoch werden die in unserm Hause nicht unsere Genossen, sondern vielmehr sein, was sie nun sind, nämlich Heiden, und werden Meiner nicht achten, sondern allein der Maria!

²² „Und Meine eigentliche Gesellschaft wird verborgen und klein bleiben zu allen Zeiten in der Welt!

²³ „Tullia war eine blinde Bettlerin und ward sehend durch Mein lebendiges Wasser

²⁴ „und ward dann ein erstes Weib des großen Reiches der Heiden.

²⁵ „Da sie aber eifersüchtig ward, da auch fand sie den Tod.

²⁶ „Wieder ward sie erweckt, daß sie lebe; sie lebt, aber noch mag sie Meiner nicht gewahr werden.

²⁷ „Werde Ich sie wohl durch ein Gericht auf Mich müssen aufmerksam machen?!

²⁸ „Ich aber will noch warten einige Zeit und sehen, ob sich die Römerin nicht erheben wird und kommen zu Mir, ihrem Erwecker! — Joseph, verstehst du dies Bild?"

198

Josephs echt menschlich-kurzsichtige Fragen. Des Kindleins Antwort.
Die universale Bedeutung der Menschwerdung des Herrn.

Als aber *Joseph* solches vom Kindlein vernommen hatte, da sprach er:

² „O mein Gott-Söhnchen, ich habe Dich in meiner Tiefe wohl verstanden;

³ „aber ich muß dazu bekennen, daß Du mir da eben keine angenehme Voraussage gemacht hast!

⁴ „Denn so *nach* Dir, wie *vor* Dir, der größte Teil der Menschen Heiden und Götzendiener verbleiben werden, wozu dann diese Deine Darniederkunft?

⁵ „Wozu solche Erniedrigung Deiner endlosen ewigen Heiligkeit? Willst Du nur *wenigen* helfen? Warum nicht *allen?*"

⁶ *Das Kindlein* aber sprach: „O Joseph, du hast ja eine Menge eitler Fragen!

⁷ „Hast du noch nie den gestirnten Himmel betrachtet? Siehe, ein jeder Stern, den du erschaust, ist eine Welt, ist eine Erde, auf der, wie hier, freie Menschen wohnen!

⁸ „Und zahllose gibt es, die noch keines Sterblichen Auge erspäht hat; und siehe, diesen allen gilt diese Meine Darniederkunft.

⁹ „Wie und warum aber, das wirst du einst in Meinem Reiche in größter Klarheit erschauen!

¹⁰ „Darum wundere dich nicht, so Ich über dieser Erde Menschen dir eine solche Voraussage gemacht habe;

¹¹ „denn Ich habe deren ohne Zahl und Ende, und alle diese Zahl- und Endlosen bedürfen dieser Meiner Darniederkunft

¹² „und bedürfen dieser darum, weil solcher Meine eigene ewige Ordnung bedarf, aus der diese Erde wie alle anderen ohne Zahl und Ende hervorgegangen sind.

¹³ „Also wird es auf der Erde wohl also zugehen, wie Ich es dir vorausgesagt habe.

¹⁴ „Aber darum wird der ewig heilige Zweck dieser Meiner Darniederkunft dennoch nicht ein vergeblicher sein!

¹⁵ „Denn siehe, alle diese zahllosen Welten, Sonnen und Erden haben ihre Bahnen, und diese haben eben auch zahl- und endlos verschiedene Richtungen!

¹⁶ Überall sind andere Gesetze und überall eine andere Ordnung;

¹⁷ „aber am Ende kommen sie doch alle in der *einen,* in Meiner Grundordnung zurecht und entsprechen dem *einen* großen Hauptzwecke wie die Glieder des Leibes und deren Verrichtungen.

¹⁸ „Und siehe, also wird es auch mit den Menschen der Erde am Ende sein, und sie werden dereinst im Geiste dennoch alle erkennen, daß es nur *einen* Gott, *einen* Herrn, *einen* Vater und nur *ein* vollkommenes Leben in Ihm gibt!

¹⁹ „Wie und wann aber? — Das bleibt bei Dem, Der es dir nun gesagt hat!

²⁰ „Aber es werden zuvor noch viele Winde über den Boden der Erde wehen müssen

²¹ „und viel Wasser dem Himmel entstürzen und viel Holz verbrannt werden, bis man sagen wird:

²² „Siehe, nun ist *eine* Herde und *ein* Hirte, *ein* Gott und nur *ein* Mensch aus Zahllosen, *ein* Vater und *ein* Sohn in und aus der Zahl der Endlosen¹!"

²³ Ob dieser Rede des Kindleins stiegen dem Cyrenius, dem Jonatha wie dem Joseph die Haare zu Berge, und *Joseph* sprach:

²⁴ „O Kindlein, Deine Worte werden immer unbegreiflicher, wunderbarer und wahrhaft entsetzlicher!

²⁵ „Wer mag deren endlose Tiefe erfassen? Darum rede mit uns nach unserm Verständnisse, sonst gehen wir zugrunde unter solcher Tiefe Deiner Rede!"

²⁶ *Das Kindlein* aber lächelte und

---

¹ Eine andere Lesart ist: „... in und aus der Zahl- und Endlosen."

sprach: „Joseph, siehe, gerade heute bin Ich recht aufgelegt, euch Enthüllungen zu machen, daß ihr alle darob erschaudern sollet!

27 „Und ihr sollet daraus in der Fülle ersehen, daß in Mir im Ernste der vollkommene Herr der Ewigkeit zu Hause ist und nun wohnt unter euch! — Und so höret Mich weiter an!"

199

Weitere prophetische Enthüllungen des Jesusknäbleins: Jesu Tod, Seine Versöhnungslehre, Auferstehung und Eröffnung der Lebenspforte für alle. Ein Wink für die Weltmenschen.

Und *das Kindlein* redete also: „Joseph, was wirst denn du sagen, so die Kinder der Welt den Herrn dereinst ergreifen und töten werden mit Hilfe des Satans?

2 „Wenn sie Ihn wie einen Raubmörder ergreifen werden und werden Ihn schleppen vors Weltgericht, da der Geist der Hölle sein Walten hat?

3 „Und dieses wird den Herrn aller Herrlichkeit ans Kreuz heften lassen; was sagst denn du *dazu*?

4 „Wenn mit Ihm geschehen wird, wie die Propheten von Ihm ausgesagt haben, deren Worte dir wohl bekannt sind; was sagst du wohl *dazu*?"

5 Als die drei solches vom Kindlein vernommen hatten, da erschraken sie sehr, und *Joseph* sprach sehr heftig:

6 „Mein Jesus, mein Gott-Söhnchen, wahrlich, solches geschehe nur *Dir* nicht!

7 „Die Hand, die sich je an Dir vergreifen würde, soll verflucht sein ewig, und ihres Trägers Seele soll ewig in der möglichst größten Qual ihren Frevel büßen!"

8 Und *Cyrenius* schlug sich auch samt Jonatha zu der Partei Josephs und sprach:

9 „Ja, wenn solches je möglich geschehen könnte, — für ewig wahr, da will ich von heute an der grausamste Tyrann werden!

10 „Zweimalhunderttausend der geübtesten Krieger stehen unter meinem Befehle; nur einen Wink kostet es mich, und Tod und Verderben sei aller Welt gebracht!

11 „Ehe ein frecher Teufel von einem Menschen seine Satanshände an dieses Kind legen soll, eher will ich alle Menschen umbringen lassen auf der ganzen Erde!"

12 *Das Kindlein* aber lächelte und sprach: „Dann werden aber dennoch deine Krieger bleiben; wer wird denn diese dann aus der Welt schaffen?

13 „Siehe, Mein lieber Cyrenius, wer da weiß, was er tut, und tut Ungerechtes, so tut er Sünde und ist ein Täter des Übels;

14 „wer aber *nicht* weiß, was er tut, und tut also Ungerechtes, dem soll es vergeben sein! Denn er wußte es ja nicht, was er tat.

15 „Nur so jemand wohl wüßte, was er täte, und möchte nicht tun aus sich Ungerechtes, wenn er aber gezwungen wird, da sträubt er sich nicht und tut Ungerechtes, der ist ein Sklave der Hölle und zieht sich selbst das Gericht auf den Hals.

16 „Die Hölle aber weiß wohl, daß da mit den blinden Werkzeugen besser zu handeln ist als mit den sehenden;

¹⁷ „daher hält sie auch fortwährend die Blinden in ihrem Solde, und eben diese Blinden werden den Herrn der Herrlichkeit ans Kreuz heften!

¹⁸ „Wie willst du aber einen Blinden strafen darob, so er auf dem Wege mit dem Fuße anstieße und fiele und zerbräche sich Arme und Beine?!

¹⁹ „Daher bleibe du mit deiner Macht nur so hübsch fein zu Hause, die viel mehr Unheil als Heil auf der Erde stiften möchte!

²⁰ „Und sei versichert, daß Der, den die Menschen dem Fleische nach töten werden in ihrer Blindheit, im Geiste und in Seiner Kraft und Macht nicht getötet wird, sondern alsbald wieder erstehen wird aus eigener Kraft und Macht

²¹ „und wird erst dadurch eröffnen aller Kreatur den Weg zum ewigen Leben!"

²² Der heftige Ton des Cyrenius aber brachte auch die Tullia-Gesellschaft zur Aufmerksamkeit auf die kleine Gesellschaft.

²³ *Das Kindlein* aber verwies die Gesellschaft zurück und sprach: „Gehet an eure Sache; denn was hier vorgeht, ist nicht für euch, ihr Blinden!" — Und die Gesellschaft zog sich wieder zurück.

200

Jesu ernste Worte an Maria. Eine betrübende Voraussage über das Verachtetsein des Herrn und Seiner Nachfolger in der Welt.

Es waren aber auch Maria, Eudokia und Jakob unter denen, die da zurückgewiesen wurden.

² Maria aber ging dennoch hinein, und Eudokia und Jakob folgten ihr.

³ Und *Maria* aber bog sich nieder zum Kindlein und sprach:

⁴ „Höre, Du mein Söhnchen! Du bist ja ganz entsetzlich schlimm!

⁵ „Wenn Du mich schon jetzt von der Türe weisest, was wirst Du erst dann tun mit mir, wenn Du ein *Mann* wirst?!

⁶ „Siehe, so schlimm darfst Du nicht sein gegen die, die Dich unter ihrem Herzen mit großer Angst und mannigfaltiger Qual getragen hat!"

⁷ *Das Kindlein* aber sah die Maria gar liebernst an und sprach:

⁸ „Was heißest du Mich dein Söhnchen? Weißt du denn nicht mehr, was der Engel zu dir geredet hat?!

⁹ „*Wie* sollst du Das heißen, was aus dir geboren ward?

¹⁰ „Siehe, der Engel sprach: ‚Und was aus dir geboren wird, wird Gottes Sohn, Sohn des Allerhöchsten heißen!'

¹¹ „Wenn sicher also und nicht anders, wie nennst du Mich denn hernach dein Söhnchen?

¹² „Wenn Ich dein Sohn wäre, da würdest du dich mehr mit Mir abgeben denn mit der Tullia!

¹³ „Da Ich aber nicht dein Sohn bin, so ist dir auch die Tullia mehr am Herzen denn Ich!

¹⁴ „Wenn Ich irgendwo draußen herumspringe und dann wieder zur Türe hereinkomme, da kommt Mir kein Mensch mit flammendem Herzen entgegen,

¹⁵ „und Ich bin da schon wie ein alltägliches Brot für Knechte und Mägde, und niemand breitet gegen Mich die Arme aus;

¹⁶ „aber wenn so eine Stadtklatscherin hierherkommt, da wird sie sogleich mit allen Ehren empfangen!

¹⁷ „Und also ist es auch jetzt mit

der dummen Tullia, die von Mir das Leben erhielt!

¹⁸ „Mich, den Geber des Lebens, aber beachtet ihr kaum!

¹⁹ „Sage selbst, ob das wohl in der Ordnung ist!?

²⁰ „Bin Ich nicht *mehr* als irgendeine dumme Stadtklatscherin und nicht *mehr* als diese Tullia?!

²¹ „O freuet euch, all ihr Meine einstigen Nachfolger-Knechte! Wie es nun *Mir* ergeht, so wird es auch *euch* ergehen!

²² „Eure Gönner werden euch in einen Mistwinkel stellen, so sie Besuche erhalten werden von ihren Klatschbrüdern und Klatschschwestern!" — Diese Worte drangen tief ins Herz Mariens, und sie kehrte sich darauf sehr daran.

201

Jakob im Gespräch mit dem kleinen Jesus. Des Kindleins Klage über die geringe Beachtung, die ihm von den Eltern und Hausgenossen geschenkt wird.

Auf diese Worte bog sich auch *Jakob* zum Kindlein nieder und sprach zu Ihm:

² „Höre Du, mein geliebter Jesus! Du mein zartes Brüderchen! Wenn Du einmal schlimm wirst, dann ist es mit Dir ja beinahe nicht mehr auszuhalten!

³ „Möchtest Du mir nicht auch einen solchen Verweis geben, wie Du ihn der Mutter Maria gegeben hast?

⁴ „Du kannst es wohl tun; aber dann werde ich auch greinen mit Dir, warum Du mich nicht zum Spiele geladen hast, da ich doch von ganzem Herzen dabei gewesen wäre!"

⁵ *Das Kindlein* aber sprach: „O sorge dich nicht, Jakob, daß Ich dir etwas sagen werde;

⁶ „denn deine beständige Aufmerksamkeit für Mich ist Mir schon bekannt.

⁷ „Zudem teilen wir ja gar oft das Los, und da geht es dir wie Mir.

⁸ „Siehe, wenn du öfter mit Mir ausgehst und trägst Mich dann wieder nach Hause, von irgendwoher, manchmal sogar aus der Stadt, wenn du in selber etwas zu tun hast und Mich dann mitnimmst,

⁹ „da kommt uns niemand entgegen! Wir gehen ohne weitere Begleitung fort, und so wir nach Hause wieder zurückkehren, da kommt uns keine Seele entgegen;

¹⁰ „wie wir allein ausgegangen sind, so kommen wir auch allein wieder zurück.

¹¹ „Und wenn wir dann und wann um eine Viertelstunde zu spät kommen, da werden wir noch obendrauf recht tüchtig ausgemacht.

¹² „Und sind wir zu Hause, da dürfen wir uns eben auch nicht rühren, wollen wir nicht einen Putzer bekommen.

¹³ „Und soviel da manchmal geplaudert wird von allerlei Dingen, sage, ob wir auch zu den interessanten Dingen gehören, denen einige Worte im Tage gelten möchten!

¹⁴ „Aber wenn sich so ein Bekannter aus der Stadt melden läßt und sagt: ‚Ich werde dich am Montag besuchen!‘,

¹⁵ „da freut sich unser Haus schon drei Tage zuvor darauf und redet nachher noch drei Tage davon.

¹⁶ „Und wenn der Freund kommt, da läuft ihm alles entgegen, und

wenn er wieder geht, so wird er bis zu seiner Haustüre begleitet.

¹⁷ „Wenn aber *wir* gehen und kommen, da rührt sich keine Katze im Hause.

¹⁸ „Wohl aber heißt es, wenn so ein beredter Stadtklatscher hierherkommt: ‚Jakob, gehe jetzt mit dem Kindlein nur hübsch hinaus!',

¹⁹ „und wir ziehen dann sogleich ohne Begleitung hinaus und dürfen nicht eher wiederkommen, als bis es dem Klatscher beliebt hat, wieder unter der gesamten Begleitung des Hauses abzuziehen.

²⁰ „Nur wenn Cyrenius oder Jonatha kommen, dann gelten auch wir etwas, wenn nicht wichtige Betrachtungen hinderlich sind.

²¹ „Darum sorge dich nicht, daß Ich dir etwas sagen werde, das dich schmerzen könnte; denn wir sind ja beide gleichgestellt, was das Ansehen und die Liebe betrifft!

²² „Wenn wir uns den ganzen Tag nicht rühren und mucksen, dann sind wir ‚brav'! Und dieses ‚brav' aber ist dann auch unser ganzer Lohn! Bist du damit zufrieden? Ich bin es nicht!"

²³ Als *Joseph und Maria* solches vernahmen, da ward es beiden bange. *Das Kindlein* aber beruhigte sie und sprach: „Nur in der Zukunft ein wenig anders! Das Vergangene ist vorüber!" — Und Jakob weinte vor großer Freude in seinem Herzen.

202

Josephs Bekenntnis vor dem Kindlein. Der Unterschied zwischen Maske und Klugheit. Des Herrn Vorsicht des Gerichtes der Welt wegen. Eine Mahnung des Kindleins an Maria.

Darauf berief *Joseph* das Kindlein zu sich und sprach zu Selbem:

² „Höre Du mich nun an! Was ich nun sagen werde, das sage ich nicht Deinetwegen, sondern derer wegen, die hier sind!

³ „Denn ich weiß, daß Du allezeit durchschaust meine geheimsten Gedanken, und ich brauche darum nichts zu sagen zu Dir; aber die hier sind, sollen auch wissen, was ich zu Dir sage.

⁴ „Siehe, es ist wahr, daß wir oft dem Äußeren nach wie lau gegen Dich waren;

⁵ „aber diese Lauheit war nur eine Maske unserer inneren Achtung und Liebe zu Dir, auf daß Du nicht ruchbar würdest vor der grausamen Welt.

⁶ „Wer kennt wohl besser als Du die Welt? Und so wirst eben Du es auch am besten einsehen, daß unser bisheriges öffentliches Benehmen gegen Dich also sein mußte, damit wir mit Dir sicher sind.

⁷ „Und so bitte ich Dich, vergib uns so manche Scheinkälte unserer Herzen, die in sich aber dennoch allezeit bei Deinem Anblicke erglühten wie eine Morgenröte.

⁸ „In Zukunft aber wollen wir uns gegen Dich schon auch offen so verhalten, wie es uns unser innerer Drang gebieten wird."

⁹ Nach dieser Anrede sprach *das Kindlein:* „Joseph, du hast wahr geredet; aber dessenungeachtet gibt es dennoch einen großen Unterschied zwischen Maske und Klugheit.

¹⁰ „Die Maske macht das Gemüt kalt; aber die Klugheit erwärmt es.

¹¹ „Wozu aber die Maske, wo die

Klugheit ausreicht? Wozu Verstellung, wo die natürliche Weisheit tausend Sicherungsmittel bietet?

12 „Bin Ich nicht der Herr, dem die ganze Unendlichkeit auf einen Wink gehorchen muß, weil sie nichts als nur ein festgehaltener Gedanke aus Mir ist und ist da als ein ausgesprochenes Wort aus Meinem Munde?!

13 „Bin Ich aber der alleinige, wahrhaftige Herr, wie sollte da zu Meiner Sicherung vor der Welt deine Gemütsmaskierung wirksamer sein als eine ganze Welt voll von Meiner ewigen Macht?!

14 „Siehe, ein Hauch aus Meinem Munde, — und die ganze sichtbare Schöpfung ist nicht mehr!

15 „Meinst du da wohl, Ich habe deiner Gemütsmaske vonnöten, um Mich und dich vor den Nachstellungen der Welt zu verwahren?

16 „O nein, dessen bedarf Ich nicht! Denn Ich halte Mich nicht etwa aus *Furcht* vor der Welt verborgen,

17 „sondern allein nur des *Gerichtes* wegen, damit die Welt nicht gerichtet werde, so sie Mich erkennete in ihrem Argen.

18 „Daher seid ihr alle in Zukunft wohl *klug* des Heiles der Welt wegen;

19 „aber mit der *Maske* bleibet Mir ferne, denn diese ist in ihrer besten Stellung eine Geburt der Hölle.

20 „Und du, Maria, kehre zu deiner ersten Liebe zurück, sonst wirst du dereinst viel Trauer zu bestehen haben darum, daß du Mich jetzt der Welt wegen durch die Maske deines Herzens kalt behandelst!"

21 Dieses Wort brach der *Maria* das Herz, und sie ergriff mit aller Macht ihrer Liebe das Kindlein und drückte Es an ihr Herz und koste Es mit der größten Glut ihrer mütterlichen Liebe.

203

Marias Liebesfrage an das Kind. Der große Unterschied zwischen der Liebe der Menschen und der Liebe Gottes. Das Gleichnis vom König als Freier. Die Anwendung des Gleichnisses auf Tullia und das Jesuskindlein.

Als *Maria* das Kindlein eine Zeitlang gekost hatte, da fragte sie Es ganz furchtsam:

2 „Mein Jesus, wirst Du mich, Deine Magd, wohl wieder lieben, wie die Magd Dich ewig lieben wird?"

3 Und *das Kindlein* lächelte die Maria gar freundlichst an und sprach:

4 „Aber was hast du da wieder für eine schwache Frage gestellt!

5 „Wenn Ich dich nicht *mehr* liebte als du Mich, was wahrlich, wahrlich wärest du da wohl?

6 „Siehe, so du Mich liebtest mit der Glut aller Sonnen, so wäre aber dennoch solche deine Liebe nichts gegen *Meine* Liebe, mit der Ich den ärgsten Menschen selbst noch in Meinem Zorne liebe.

7 „Und Mein Zorn selbst ist mehr Liebe als deine größte Liebe.

8 „Was ist dann erst Meine eigentliche Liebe, die Ich zu dir habe?

9 „Wie hätte Ich dich wohl je zu Meiner Gebärerin gewählt, wenn Ich dich nicht geliebt hätte — mehr, als es je die Ewigkeit fassen wird?!

10 „Siehe, wie schwach da deine Frage ist! Ich aber sage dir: Nun gehe und bringe die Tullia;

¹¹ „denn Ich habe gar wichtige Dinge mit ihr zu reden!"

¹² Hier gehorchte Maria plötzlich und ging und holte des Cyrenius Weib.

¹³ Als Tullia ganz furchtsam in das Kabinett trat, da sich das Kindlein befand, da richtete Sich *das Kindlein* auf und sprach zu Tullia:

¹⁴ „Tullia, du Erweckte, höre! Es war einst ein großer König und war ledig und voll männlicher Schönheit und voll echter göttlicher Weisheit.

¹⁵ „Dieser König sprach zu sich: ‚Ich will gehen und mir ein Weib suchen in einem fremden Orte, da mich niemand kennt;

¹⁶ „‚denn ich will ein Weib nehmen meiner selbst willen, und das Weib soll mich lieben, weil ich ein weiser Mann bin, aber nicht darum, weil ich ein großer König bin!'

¹⁷ „Und so zog er aus seinem Reiche in die ferne Fremde und kam in eine Stadt und machte da bald Bekanntschaft mit einem Hause.

¹⁸ „Die Tochter des Hauses ward erwählt, und diese hatte eine große Freude; denn sie erkannte bald in dem Bewerber eine große Weisheit.

¹⁹ „Der König aber dachte: ‚Du liebst mich nun wohl, da du mich siehst und meine Gestalt und meine Weisheit dich fesselt;

²⁰ „‚ich aber will sehen, ob du mich wahrhaft liebst! Darum werde ich mich als Bettler verkleiden und werde dich so öfter belästigen.

²¹ „‚Du aber sollst nicht wissen und irgend im geringsten erfahren, daß *ich* im Bettler stecke.

²² „‚Wohl aber soll der Bettler ein Zeugnis von mir tragen, als sei er mein inniger Freund, aber sonst arm in dieser Fremde wie sein Freund.

²³ „‚Und es soll sich da zeigen, ob diese Tochter mich wahrhaft liebt!'

²⁴ „Und wie sich der große König die Sache ausgedacht hatte, also wurde sie auch sogleich ausgeführt.

²⁵ „Es kam nach einiger Zeit, da der König zum Schein verreiste, der Bettler zur Tochter und sprach zu ihr:

²⁶ „‚Liebe Tochter dieses reichen Hauses, siehe, ich bin sehr arm und weiß, daß du große Reichtümer besitzest!

²⁷ „‚Ich saß am Tore, als dein herrlicher Bräutigam verreiste, und bat ihn um ein Almosen.

²⁸ „‚Da blieb er stehen und sprach: ‚Freund, ich habe hier nichts, das ich dir reichen könnte außer dies Andenken von meiner Braut, die sehr reich ist!

²⁹ „‚Gehe in Bälde zu ihr, und zeige ihr das in meinem Namen, und sie wird dir so sicher geben, als sie mir geben würde, dessen du vonnöten hast!

³⁰ „‚Wann ich aber ehestens zurückkehren werde, da werde ich ihr tausendfach alles ersetzen!'

³¹ „Als die Tochter solches vernommen, ward sie voll Freude und beteilte den Bettler.

³² „Da ging der Bettler und kam in wenigen Tagen wieder und ließ sich melden bei der Tochter.

³³ „Die Tochter ließ ihn auf ein anderes Mal bescheiden, da sie nun Besuche hatte.

³⁴ „Der Bettler kam zum andern Male und ließ sich melden.

³⁵ „Da hieß es: ‚Die Tochter ist mit einigen Freunden ausgegangen!' Und der Bettler kehrte traurig zurück.

³⁶ „Als er an das Haustor kam, da begegnete ihm die Tochter in der Mitte ihrer Freunde und achtete des Bettlers kaum.

³⁷ „Wohl sagte dieser: ‚Liebe Braut meines Freundes, wie liebst du ihn denn, so du seinen Freund nicht hörst?'

³⁸ „Die Tochter aber sprach: ‚Ich will Zerstreuung; wenn der Freund kommen wird, den werde ich schon wieder lieben!'

³⁹ „Darauf begab sich am nächsten Tage der Bettler wieder zur Tochter und fand sie voll Heiterkeit; denn sie hatte ja eine recht muntere Gesellschaft.

⁴⁰ „Und der Bettler fragte sie: ‚Liebst du wohl deinen Bräutigam — und bist so heiter, da er verreist ist in Geschäften um dich?'

⁴¹ „Da schaffte die Tochter den Bettler hinaus und sprach: ‚Das wäre ein Verlangen! Ist's nicht genug, so ich ihn liebe, wenn er da ist? Was soll ich ihn in seiner Abwesenheit auch lieben? Wer weiß, ob er mich liebt?'

⁴² „Hier warf der Bettler sein zerrissenes Oberkleid weg und sprach zur erstaunten Tochter:

⁴³ „‚Siehe, der verreist ist, war stets hier, zu merken deine Liebe!

⁴⁴ „‚Du aber dachtest kaum an ihn, und der, der dir das Zeichen deines Schwures zeigte, ward verstoßen und verhöhnt, da dir die Weltgesellschaft besser zusagte.

⁴⁵ „‚Aber siehe, eben dieser ist jener, der nun vor dir steht, und ist jener große König, dem alle Welt zugehört!

⁴⁶ „‚Und dieser gibt dir nun alles zurück, was du ihm gabst, tausendfach; aber dir kehrt er für ewig den Rücken, und du sollst nimmer sein Angesicht sehen!'

⁴⁷ „Tullia! Kennst du diesen König und diesen Bettler? Siehe, *Ich* bin es, und du bist die *Tochter!* Auf der Welt sollst du glücklich sein;

⁴⁸ „was aber nachher, das sagt dir dies Gleichnis.

⁴⁹ „Ich gab dir Leben und großes Glück, und du magst Meiner nicht gedenken?

⁵⁰ „O du blindgeborene Römerin! Ich habe dir Licht gegeben, und du hast Mich nicht erkannt.

⁵¹ „Ich gab dir einen Mann aus den Himmeln, und du wolltest an ihm Meinen Liebeteil für dich nehmen.

⁵² „Da warst du tot; Ich habe dich wieder erweckt, und du nahmst dafür der Welt Huldigung an und achtetest Meiner nicht.

⁵³ „Und jetzt, da Ich dich rufen ließ, bebst du vor Mir wie eine Ehebrecherin.

⁵⁴ „Sage, was wohl soll Ich mit dir anfangen?!

⁵⁵ „Soll Ich ferner noch betteln vor deiner Türe?

⁵⁶ „Nein, das werde Ich nicht, sondern Ich werde dir geben deinen Teil, und dann werden wir quitt sein!" —

⁵⁷ Diese Worte erfüllten das ganze Haus Josephs mit Entsetzen.

⁵⁸ Das Kindlein aber begehrte mit Seinem Jakob allein hinaus ins Freie zu gehen und kehrte bis zum späten Abende nicht wieder zurück.

204

Der Tullia Klage. Marias tröstende Worte. Der Tullia Selbstschau, Reue und Buße. Jesu Lieblingsspeise. Die alte und die neue Tullia.

Nach einer Weile erst erholte sich *Tullia* wieder und fing an, gar bitterlich zu weinen und sagte:

² „O Herr, warum ward ich sehend einst in diesem Hause, warum das Weib des Cyrenius, daß ich nun in meinem vermeintlichen Glücke so viel zu leiden habe?

³ „Warum erwecktest Du die Tote? Warum mußte denn wieder Leben in meine Brust kehren?

⁴ „Bin ich denn zur *Qual* geboren worden, warum gerade *ich*, während doch Tausende ruhig und glücklich leben und wissen kaum von einer Träne, die der Schmerz dem Auge entpreßt?"

⁵ *Maria* aber, von Mitleid gerührt, vertröstete die Tullia mit folgenden Worten:

⁶ „Tullia, du mußt nicht hadern mit dem Herrn, deinem und meinem Gotte!

⁷ „Denn siehe, es ist schon so Seine Art und Weise, daß Er gerade diejenigen, die Er liebt, recht starken Prüfungen aussetzt!

⁸ „Solches erkenne du in deinem Herzen, und erwecke deine Liebe von neuem zu Ihm, und Er wird alsbald vergessen Seiner Drohung und wird dich aufnehmen von neuem in Seine Gnade!

⁹ „Denn Er hat schon gar oft gedroht den Übeltätern und hat ihnen den Untergang auf den nächsten Tag durch die Propheten verkünden lassen und bezeichnen die Stelle, auf der die Hunde ihr Blut auflecken sollen.

¹⁰ „So aber die Übeltäter zur Buße griffen, da sprach Er alsbald zum Propheten: ‚Siehst du nicht, daß er Buße tut? Darum will Ich ihn auch nicht strafen!'

¹¹ „Als Jonas berufen ward von Gott, den Niniveern, die in alle Sünden versunken waren, den Untergang zu verkünden,

¹² „da wollte dieser nicht hingehen, denn er sprach: ‚Herr, ich weiß, daß Du nur höchst selten das folgen lässest, was der Prophet androhen muß;

¹³ „‚darum will ich nicht hinziehen, auf daß ich als ein Prophet vor den Niniveern nicht zuschanden werde, wenn Du Dich ihrer sicher wieder erbarmen wirst!'

¹⁴ „Siehe, sogar dieser Prophet setzte einen gegründeten Zweifel in den Zorn Gottes!

¹⁵ „Ich aber rate dir: Tue das, was die Niniveer taten, und du wirst wieder zu Gnaden aufgenommen werden!"

¹⁶ Diese Worte flößten der *Tullia* wieder Mut ein, und sie fing an, über sich nachzudenken, und fand bald eine Menge Fehler in sich und sprach:

¹⁷ „O Maria, jetzt erst ersehe ich und es wird mir klar, warum mich der Herr also züchtigt!

¹⁸ „Siehe, mein Herz ist voll Sünden und voll Unlauterkeit! O wie werde ich es je wieder zu reinigen vermögen?!

¹⁹ „Wie kann ich es also wagen, mit einem so höchst unreinen Herzen den Heiligen aller Heiligkeit zu lieben?!"

²⁰ Und *Maria* sprach: „Eben darum mußt du Ihn lieben in deiner reuigen Schulderkenntnis; denn solche Liebe allein nur wird dein Herz

reinigen vor Ihm, dem Heiligen aller Heiligkeit!"

²¹ Als spät am Abende *das Kindlein* mit Seinem Jakob wieder ins Haus kam, da ging Es alsbald zu Maria und verlangte etwas zu essen, und Maria gab Ihm sogleich etwas Butter, Brot und Honig.

²² Darauf sagte Es: „Ich sehe noch eine andere Speise, gib Mir auch davon zu essen! Siehe, es ist das Herz der Tullia; gib es Mir, weil du es schon für Mich zubereitet hast!" — Hier fiel die Tullia vor dem Herrn nieder und weinte.

²³ *Maria* aber sprach: „O Herr, erbarme Dich der Armen, die da viel leidet!"

²⁴ Und *das Kindlein* sprach: „Ich habe Mich ihrer schon gar lange erbarmt, sonst hätte Ich sie nimmer erweckt!

²⁵ „Nur *sie* war es, die von Meiner Erbarmung keine Notiz nehmen wollte und wollte lieber hadern mit Mir in ihrem Herzen, als Mich aufnehmen in selbem.

²⁶ „Da sie aber nun ihr Herz zu Mir gewendet hat, so habe Ich ihr getan wie den Niniveern."

²⁷ Nach diesen Worten ging *das Kindlein* hin zu Tullia und sprach zu ihr:

²⁸ „Tullia, siehe, Ich bin nun recht müde geworden; du hast Mich einst auf deinen Armen getragen, und es tat Mir wohl, — denn du hast recht weiche Arme.

²⁹ „Also erhebe dich auch jetzt, und nimm Mich auf deine Arme, und fühle, wie süß es ist, den Herrn des Lebens in den Armen zu haben!"

³⁰ Dies Begehren des Kindleins brach der *Tullia* völlig das Herz.

³¹ Mit der ihrem Herzen möglichst höchsten Liebe nahm sie das Kindlein auf ihre weichen Arme und sprach weinend:

³² „O Herr, wie ist das wohl möglich, daß Du mir nun gegen Deine schreckliche Drohung so gnädig bist?!"

³³ Und das *Kindlein* sprach: „Weil du die *alte* Tullia, die Mir zuwider war, ausgezogen und eine *neue*, Mir werte, angezogen hast! Doch jetzt sei ruhig; denn nun habe Ich dich schon wieder lieb!" — Durch diese Szene wurden alle zu Tränen gerührt.

205

Die weinende Tullia. Des Kindleins tiefweise Worte über die mancherlei Tränen und über den Liebeneid Tullias.

Je länger aber nun die Tullia das Kleine auf den Armen hielt, desto mehr erkannte sie ihre Lebensfehler in sich und weinte darob sehr von Zeit zu Zeit.

² Da richtete Sich *das Kindlein* auf und sprach zu Tullia: „Du Meine liebe Tullia! Das gefällt Mir schon wieder nicht von dir, daß du nun in einem fort weinst, da du Mich doch auf deinen Armen hast.

³ „Sei nun heiter und fröhlich; denn Ich habe kein Wohlgefallen an den Tränen der Menschen, wenn sie da fallen, wo sie nicht vonnöten sind!

⁴ „Meinst du etwa, deine Tränen werden reinigen dein Herz von aller Sünde vor Mir?

⁵ „O siehe, das ist töricht! Die Tränen gleiten wohl über deine Wangen und trüben deine Augen, was dir schädlich ist sogar, —

⁶ „aber übers Herz gleiten die Tränen nicht und reinigen es auch nicht; wohl aber machen sie es oft verschlossen, daß dann weder etwas Gutes noch etwas Böses in selbes eingehen kann.

⁷ „Und siehe, das bringt dann auch den Tod dem Geiste, der im Herzen wohnt;

⁸ „denn ein trauriger Mensch ist stets ein beleidigtes Wesen, und dieses Wesen ist für nichts aufnahmefähig.

⁹ „Nur *drei* Tränen habe Ich in das Auge des Menschen gelegt, und diese sind: die *Freuden*träne, die *Mitleids*träne und die Träne, die der *Schmerz* erpreßt.

¹⁰ „Diese allein mag Ich sehen; aber die Trauerträne, die Reueträne und die Zornträne, die aus dem Mitleid mit sich selbst entsteht, sind Früchte des eigenen Grundes und Bodens und haben bei Mir einen geringen Wert.

¹¹ „Denn die *Trauer*träne entstammt einem beleidigten Gemüte und verlangt Ersatz; kommt dieser nicht, so wandelt sich ein solch Gemüt leicht in einen geheimen Zorn und endlich in ein Rachegefühl um.

¹² „Die *Reue*träne ist ähnlichen Ursprungs und kommt erst dann nach der Sünde zum Vorschein, so eben die Sünde eine wohltätige Züchtigung nach sich gezogen hat.

¹³ „Dann aber ist sie keine Träne über die Sünde, sondern nur eine Träne ob der Züchtigung und darum auch über die Sünde, weil diese die Züchtigung zur Folge hatte.

¹⁴ „Auch diese Träne bessert das Herz nicht; denn der Mensch flieht dann die Sünde nicht aus Liebe zu Mir, sondern aus Furcht vor der Strafe, und siehe, das ist ärger denn die Sünde selbst!

¹⁵ „Was aber die *Zorn*träne betrifft, so ist sie nicht wert, daß Ich von Ihr ein Wort spreche; denn diese ist ein Quellwasser aus dem Fundamente der Hölle.

¹⁶ „Diese Träne aber befeuchtet wohl dein Auge nicht, sondern nur die Reueträne.

¹⁷ „Ich aber sage dir: Trockne dir auch diese von deinen Augen; denn du siehst ja, daß Ich an ihr keine Freude habe!"

¹⁸ Hier wischte sich *Tullia* ihre Augen aus und sprach: „O Herr, wie endlos weise und gut bist Du doch!

¹⁹ „O wie heiter und fröhlich könnte ich sein, wenn ich keine Sünderin wäre;

²⁰ „aber ich habe in Rom auf Geheiß des Kaisers einem Götzen geopfert, und diese Tat nagt wie ein böser Wurm an meinem Herzen!"

²¹ Und *das Kindlein* sagte: „Diese Sünde habe Ich dir schon eher vergeben, als du sie begangen hast.

²² „Aber du warst Mir um die Liebe des Cyrenius neidisch; siehe, das war eine große Sünde! Ich aber habe dir nun alles vergeben, und du hast keine Sünde mehr, weil du Mich wieder liebst; daher aber sei fröhlich und heiter!"

²³ Darauf ward Tullia, wie alle im Hause Josephs, voll Heiterkeit wieder, und alle begaben sich darauf zum Nachtmahle.

206

**Des Kindleins beruhigende Worte vor der Sturmnacht.
Eudokias törichte Furcht und Vorsichtsmaßregel.**

Nach dem Nachtmahle segnete *Joseph* alle die Gäste, und *das Kindlein* segnete sie auch und sagte:

[2] „Nun begebet euch alle zur Ruhe; fürchtet euch aber nicht, wenn zur Nachtzeit ein kleiner Sturm an unser Haus stoßen wird;

[3] „denn es wird da niemandem ein Haar gekrümmt werden!

[4] „Denket: Der hier unter euch wohnt, ist auch ein Herr der Stürme!"

[5] Nach diesen Worten, die unter den Schiffsleuten des Cyrenius eine Besorgnis um das Schiff erregten, sagte *ein Schiffsknecht:*

[6] „Dieses Kind ist ein rechter Prophet, denn es prophezeit Schlimmes;

[7] „daher sollten wir sogleich dahin ziehen, wo das Schiff des Cyrenius schwach befestigt sich befindet, und sollten es soviel als möglich ans Ufer ziehen und da festmachen!"

[8] Da erhob sich *Jonatha* und sprach: „Lasset diese Sorge gut sein!

[9] „Denn fürs erste wird der Herr schon auch das Schiff zu schützen wissen;

[10] „fürs zweite aber habe auch ich Leute daheim, die mit dem Schiffsicherungswesen besser umzugehen wissen als ihr, und werden das Schiff des Statthalters schon zu sichern wissen. Daher möget ihr samt mir schon ganz ruhig sein!"

[11] Damit war alles beruhigt und begab sich zur Ruhe.

[12] Maria aber bereitete dem Kindlein auch sogleich ein recht weiches und frisches Bett, legte Es dann nieder und stellte das kleine Bettchen neben ihr Lager.

[13] Es schliefen aber gewöhnlich Maria und Eudokia in *einem* Bette zusammen, und also auch jetzt.

[14] *Eudokia* aber, eine tüchtige Furcht vor dem vorgesagten Sturme habend, sagte zu Maria:

[15] „Maria, siehe, ich habe eine starke Furcht vor dem sicher kommenden Sturme!

[16] „Wie wäre es denn, so wir das Kindlein heute zwischen uns in die Mitte nähmen?

[17] „Da wären wir doch gewissest sicher vor jeglicher Gefahr!"

[18] Als aber *das Kindlein* solche Besorgnis von der Eudokia vernommen hatte, da lächelte Es und sagte darauf:

[19] „O Eudokia, manchmal bist du recht gescheit, — aber manchmal wieder dümmer als der Blitz!

[20] „Meinst du wohl, daß Ich dich nur dann schützen kann, so Ich Mich in deinem Schoße befinde?

[21] „O da bist du in großer Irre! Siehe, Mein Arm ist länger, als du meinst!

[22] „Und wärest du am Ende aller Welten, so würde Ich dich noch so gut wie hier schützen können!

[23] „Daher sei nur ruhig, und gehe wie sonst zur Ruhe, und du wirst morgen schon wieder gesund aufstehen!" — Das beruhigte die Eudokia, und sie legte sich mit Maria sogleich zur Ruhe.

Der nächtliche Orkan mit seinen Schrecken. Die wilden Tiere. Josephs Fluch über den Sturm. Des Kindleins Rüge. Das Ende des Sturmes.

Nach zwei Stunden, als sich alles schon in der Ruhe befand, kam ein gar mächtiger Orkan und stieß so gewaltig an das Haus, daß das ganze Haus erbebte.
² Alle Schlafenden wurden munter durch diesen dröhnenden Stoß.
³ Und da der Orkan fortwütete und von tausend Blitzen und dem gewaltigsten Donner begleitet war,
⁴ so fing bald alles an zu beben und zu zagen, was sich nur im Hause Josephs befand.
⁵ Zu dem Wüten und Toben des Orkans gesellte sich auch noch das Geheul von einer Menge wilder, reißender Tiere und vermehrte die Angst der Gäste im Hause Josephs.
⁶ Alles fing an, sich in das Gemach zu drängen, in dem sich Joseph, Cyrenius und Jonatha befanden, und suchte da Schutz.
⁷ *Joseph* aber stand auf und machte Licht und tröstete die Zagenden, so gut es ihm nur immer möglich war.
⁸ Desgleichen tat auch der Riese Jonatha und Cyrenius.
⁹ Aber da der Sturm stets heftiger wurde, so gab das Trösten der drei nicht viel aus; und ganz besonders wurden *dadurch* die meisten in die größte Todesangst versetzt, als einige Tiger bei den freilich wohl vergitterten Fenstern anfingen, ihre Tatzen hineinzustrecken unter einem gar unheimlichen Geheule.
¹⁰ Als dem *Joseph* selbst das Ding ein wenig zu arg ward, da erregte er sich und sprach zum Sturme:
¹¹ „Verstumme, du Ungetüm, im Namen Dessen, der hier wohnt, ein Herr der Unendlichkeit,
¹² „und beunruhige fürder nimmer die da der Ruhe bedürfen zur Nachtzeit! Es geschehe!"
¹³ Solche Worte rief Joseph mit großer Kraft aus, daß sich darob alle entsetzten, mehr noch als vor dem Wüten des Orkans.
¹⁴ Aber der Sturm wollte dennoch nicht aufhören, worüber dann Joseph noch mehr erregt wurde und noch heftiger seine Drohung an den Sturm richtete.
¹⁵ Aber auch diese blieb fruchtlos, und der Orkan spottete Josephs.
¹⁶ Da ward Joseph zornig über den ungehorsamen Orkan und verfluchte ihn.
¹⁷ In diesem Momente ward das *Kindlein* wach und sagte zu Jakob, der sich neben dem kleinen Bettchen befand:
¹⁸ „Jakob, gehe hinein zu Joseph und sage ihm, er solle seinen Fluch wieder zurücknehmen; denn er fluchte dem, das er nicht kennt!
¹⁹ „Morgen aber wird er den Grund dieses Sturmes einsehen und erkennen dessen guten Grund; in wenigen Minuten wird er ohnehin zu Ende sein."
²⁰ Darauf ging *Jakob* sogleich zu Joseph und sagte zu ihm, was ihm das Kindlein aufgegeben hatte.
²¹ Da ermannte sich Joseph, tat, was ihm Jakob kundtat, und bald darauf legte sich der Sturm; die Bestien verloren sich, und alles im Hause Josephs begab sich wieder zur Ruhe.

208

Die Wohltat und der Zweck des nächtlichen Sturmes: die Vernichtung der Räuber. Die Verbrennung der Knochenreste derselben.

Am nächsten Tage stand *Joseph* wie gewöhnlich schon sehr früh auf und teilte an seine vier Söhne die Tagesarbeit aus.

2 Die erste war, daß sie zu sorgen haben für ein gutes Frühstück, und was dann der Tag geben wird.

3 Nach solcher Beordnung ging er hinaus und sah nach, was da etwa der nächtliche Sturm alles für Schaden angerichtet hatte.

4 Als er aber so hin und her ging, da fand er bald eine Menge abgenagter Menschengebeine

5 und traf eine Menge Stellen an, die mit Menschenblut besudelt waren.

6 Er entsetzte sich ob solchen Anblickes ganz gewaltig und konnte sich dieses Rätsel nicht lösen.

7 Aber als er fürbaß ging, da fand er auch eine Menge Dolche und kleine Lanzen, die häufig mit Blut besudelt waren.

8 Bei diesem Anblicke fing ihm an, ein ganz besonderes Licht aufzugehen, und er fing an, so ganz leise des Orkans und der durch denselben herbeigeführten Tiere wohltätigen Grund einzusehen.

9 Schnell begab sich darauf *Joseph* zu seinen vier Söhnen und zeigte ihnen solches an und behieß drei, zu sammeln die Knochen und die Waffen.

10 In der Zeit von anderthalb Stunden lag ein ganz großer Haufen Gebeine unter einem Baume aufgeschichtet und daneben ein zweiter Haufen von blutigen Waffen.

11 Nach dem Frühstücke erst führte Joseph den Cyrenius und den Jonatha hinaus und zeigte ihnen diesen sonderbaren Morgenfund.

12 Als *Cyrenius* dessen ansichtig ward, da schlug er die Hände über dem Kopfe zusammen und sprach:

13 „Aber um des allmächtigen Herrn willen, was ist denn das?

14 „Woher diese Totengebeine? Woher diese noch vom frischen Blute triefenden Waffen?

15 „Joseph, Bruder, Freund, hast du keine Ahnung, die dir leise einflüstert den Grund dieses Greuels?"

16 Und *Joseph* sprach: „Freund und Bruder, das sind entweder Seeräuber oder jene Meuterer, die dein Schiff verfolgten!

17 „Doch laß uns zuvor alles das vernichten durchs Feuer;

18 „sodann erst wollen wir der Sache näher auf den Grund zu kommen trachten!"

19 Cyrenius begnügte sich damit, und alle seine Leute mußten von allen Seiten Holz herbeischleppen.

20 Und als gegen Mittag ein gehörig großer Haufen Holzes auf einem freien Platz aufgerichtet war, da wurden die Gebeine samt den Waffen auf den großen Holzstoß gelegt und verbrannt.

209

Die Besichtigung der Umgebung des Hauses. Der dreimalige Umlauf des Kindes um die Brandfläche und seine prophetischen Worte an Cyrenius.

Nachdem im Verlaufe von etlichen Stunden alles verbrannt war und von dieser Szene von allen den übrigen Gästen niemand etwas bemerkt hatte — indem es der Herr also haben wollte — außer der Dienerschaft des Cyrenius,

2 da erst kamen Tullia, Maronius Pilla und die Obersten und die Hauptleute samt Maria und mit Jakob, der das Kindlein führte, an diesem Tage zum ersten Male aus dem Hause ins Freie.

3 Und *Maronius Pilla*, da er eine sehr feine Nase hatte, nahm sogleich einen Brandgeruch wahr,

4 ging sogleich zu Joseph und sagte: „Edelster Freund, merkst du nichts von dem Geruche nach einem wilden Brande in deinen Nüstern?"

5 Und *Joseph* führte ihn etwas hinter das Haus und zeigte ihm mit dem Finger die Brandstätte.

6 Und *Maronius* fragte, was denn da dem Feuer preisgegeben ward.

7 Und *Joseph* sprach: „Freund, darum eben ward die Sache dem Feuer preisgegeben, auf daß sie nicht aller Welt in die Augen fallen solle!

8 „Cyrenius aber weiß alles; darum wende dich an ihn! Der wird es dir sagen, was da war; denn er war Zeuge von allem!"

9 Damit war Maronius abgefertigt und mit ihm noch einige neugierige Forscher.

10 Es verlangte aber darauf das Kindlein, mit Joseph, Cyrenius und Jonatha und mit Seinem Jakob zur Brandstätte zu gehen, die noch hier und da ein wenig dampfte.

11 Als diese dort anlangten, da lief *das Kindlein* dreimal um die bedeutend große Brandfläche, nahm einen zur Hälfte verbrannten Dolch und gab ihn dem Cyrenius und sprach:

12 „Cyrenius, siehe, nun sind deine Feinde besiegt, und zu Asche ward ihre Festigkeit!

13 „Hier ist der letzte feindliche Rest in Meiner Hand, und dieser ist untauglich geworden.

14 „Ich übergebe ihn dir zum Zeichen, daß du keine Rache üben sollst fürder an denen, die wider dich waren — und einige wenige es noch sind;

15 „denn also unbrauchbar und verschlackt wie dieser Dolch hier, soll auch aller Zorn in dir und in diesen deinen wenigen Feinden sein!

16 „Diese deine Feinde aber gingen von Tyrus aus und wollten dich hier verderben.

17 „Ich aber wußte den Tag und die Stunde und den Augenblick, da du in Gefahr schwebtest.

18 „Darum ließ Ich in dieser Nacht zur rechten Zeit einen Sturm kommen, der die reißenden Tiere aus dem Gebirge trieb

19 „und mußte die Meuterer in große Furcht und Angst versetzen, auf daß sie unbehilflich wurden, als sie von den Bestien angefallen worden sind.

20 „Und siehe, also wird es in der Zukunft sein: Ein mächtig Feuer aus der Höhe wird kommen über die Gebeine der Frevler und wird sie verzehren bis zu Staub und Asche!

21 „Der Herr aber wird dreimal um die Brandstätte der Welt ziehen, und es wird Ihn niemand fragen und sagen: „Herr, was tust Du?"

²² „Und beim dritten Umgange erst soll der letzte Strahl des Zornes von der Erde genommen werden!"

²³ Alle aber machten ob dieser Rede große Augen; denn niemand verstand ihren Sinn.

210

Josephs Frage und des Kindleins vertröstende Antwort.
Der große Hunger des Kindleins. Das Fischmahl.
Des Cyrenius Frage wegen des Mittelmeeres.

Nach einer Weile aber ging *Joseph* zum Kindlein hin und fragte Es, wie solches zu verstehen wäre.

² Und *das Kindlein* sprach: „Joseph, da forschest du vergeblich;

³ „denn gar viele Dinge gibt es, die euch nicht offenbar werden, dieweil ihr lebet auf der Erde.

⁴ „Wer aber kommen wird nach diesem Leben in Mein Reich geistig, dem wird alles im Lichte gezeigt werden.

⁵ „Darum frage hier nicht nach Dingen, die dich nun nichts angehen!

⁶ „Laß aber nun Erde bringen und mit ihr bedecken diese Brandfläche!"

⁷ Und *Joseph* wandte sich hier an *Cyrenius,* und dieser ließ sogleich durch seine Leute Erde herbeischaffen und mit selber bedecken die Stelle.

⁸ Nach dieser Arbeit war es Mittag geworden, und die Söhne Josephs waren auch mit ihrem Mittagsmahle fertig und hielten es in der Bereitschaft für die vielen Gäste.

⁹ Und *das Kindlein* sprach Selbst zu Joseph: „Ich bin schon recht hungrig geworden; drei große Fische sind gebraten, daher gehen wir zum Essen!"

¹⁰ *Joseph* aber sprach: „Das ist recht löblich; aber werden die Fische wohl für mehr als hundert Personen ausreichen?"

¹¹ Und *das Kindlein* erwiderte: „Hast du doch die großen Tiere gesehen; wie magst du danach fragen?

¹² „Ein jeder Fisch hat gut hundert Pfunde; da braucht es wahrlich nicht mehr, und es ist genug für zweihundert Menschen!

¹³ „Daher gehen wir nun nur nach Hause; denn Ich bin schon sehr hungrig — und besonders auf die guten Fische des Mittelmeeres!"

¹⁴ Und *Joseph* berief sogleich alle zum Mittagsmahle und begab sich in die Villa.

¹⁵ Unterwegs aber fragte *Cyrenius* das holde Kindlein, ob denn dieses Meer wohl richtig ein Mittelmeer *(mare mediterraneum)* sei.

¹⁶ Und *das Kindlein* sprach: „Ob richtig oder nicht; Ich muß ja nach eurer Art mit euch reden, so Ich von euch verstanden werden will.

¹⁷ „Nach dem Essen aber kannst du auf der kleinen Erdkugel nachsehen, und du wirst es da wohl finden, ob dieser Ausdruck paßt."

¹⁸ Darauf lief das Kindlein voraus mit Seinem Jakob, um ja bald am Tische zu sein.

¹⁹ Und als Joseph kam, da lächelte ihm das Kindlein schon vom Tische entgegen, indem Es schon ein Stückchen Fisch in der Hand hielt.

²⁰ Joseph aber freute sich dessen

sehr geheim; nur sagte er des Anstandes wegen:

²¹ „Aber, Du mein liebstes Kindlein, so ein großes Stück! Wirst Du es wohl verzehren können?"

²² Und *das Kindlein* lächelte noch mehr und sprach: „Sorge dich um etwas anderes; denn dafür haben schon deine Väter gesorgt, daß Meinem Magen nicht leichtlich etwas schadet! Denn die haben Mir gar oft die schlechtesten und größten Brocken aufgetischt." — Hier verstand Joseph wohl, was das Kindlein sagen wollte.

211

Jakobs und des Kindleins Fastenstrafe wegen des unterlassenen Tischgebetes.
Des Kindleins Gespräch mit Jakob und Joseph.
Jakobs und des Kindleins Davoneilen.

Darauf aber begann *Joseph* sein gewöhnliches Tischgebet und segnete die Speise

² und fragte darauf das Kindlein, ob Es wohl auch schon gebetet hätte.

³ *Das Kindlein* aber lächelte wieder und sagte zu Jakob:

⁴ „Du, jetzt wird's uns gut gehen! Wir haben ja beide das Bitt- und Dankgebet vergessen und haben aber dennoch schon gegessen vom Fische!

⁵ „Rede du jetzt, so gut es geht, sonst sind wir offenbar wieder in einer Strafe und werden etwas fasten müssen!"

⁶ Und *Jakob*, etwas verlegen, sagte: „Lieber Vater Joseph, ich bitte dich um Vergebung; denn ich habe diesmal wirklich samt meinem Jesus zu beten vergessen!"

⁷ Als *Joseph* solches von Jakob vernommen hatte, da machte er ein etwas finsteres Gesicht und sprach:

⁸ „Habt ihr das *Beten* vergessen, so vergesset auch das *Essen* bis auf den Abend, und gehet nun unterdessen ein wenig lustwandeln ins Freie!"

⁹ Und *das Kindlein* lächelte hier den Jakob an und sprach: „Nun, da haben wir's ja; habe Ich nicht gesagt ehedem, daß es da aufs Fasten ankommen wird?!

¹⁰ „Aber warte doch noch ein wenig; Ich will mit Joseph doch auch noch zuvor ein paar Wörtlein sprechen!

¹¹ „Vielleicht läßt er dann etwas handeln mit sich wegen des Fastens bis zum Abende."

¹² Und *Jakob* sprach im geheimen: „Herr, tue Du, was Dir als Bestes dünkt, und ich werde dann Deinem Beispiele folgen!"

¹³ Und *das Kindlein* fragte den Joseph, sagend nämlich: „Joseph, ist das wohl dein vollkommener Ernst?"

¹⁴ Und *Joseph* sprach: „Ja, ganz natürlich; denn wer nicht *betet*, der soll auch nicht *essen!*"

¹⁵ Und *das Kindlein* lächelte abermals und sprach: „Aber das heiße Ich scharf sein!

¹⁶ „Siehe, so Ich so scharf wäre, wie du nun bist, da hätten gar viele eine Fastenstrafe, die heute doch essen, obschon sie nicht gebetet haben!

¹⁷ „Ich möchte aber doch von dir einmal vernehmen, *warum* und zu *wem* Ich so ganz eigentlich beten soll!

¹⁸ „Und dann möchte Ich auch von dir erfahren, zu wem du so ganz eigentlich betest in deinem Gebete, und zu wem der arme Jakob hätte beten sollen!"

¹⁹ Und *Joseph sprach:* „Zu Gott, dem Herrn, Deinem heiligen Vater, mußt Du beten, darum Er heilig ist, überheilig!"

²⁰ Und *das Kindlein* sprach: „Da hast du freilich wohl recht;

²¹ „aber das Fatale an der Sache ist nur das, daß du eben den Vater aller Herrlichkeit nicht kennst, zu dem du betest!

²² „Und diesen Vater wirst du noch lange nicht erkennen, weil dich deine alte Gewohnheitsblende daran hindert!"

²³ Darauf sprach *das Kindlein* zu Jakob: „Gehen wir nur hinaus, und du sollst sehen, daß man draußen im Freien auch ohne Gebet etwas zu essen bekommen kann!"

²⁴ Darauf lief das Kindlein mit Seinem Jakob hinaus und ließ Sich nicht zurückhalten.

212

Marias und des Cyrenius tadelnde Worte an Joseph.
Joseph in der Enge und sein Rufen nach dem Kindlein.

Als das Kindlein und Jakob aber draußen waren, da sagte *Maria* zu Joseph;

² „Höre, du mein lieber Gemahl und Vater Joseph, manchmal bist du gegen das göttliche Kind denn doch etwas zu scharf!

³ „Was könnte man denn sonst wohl bei einem natürlichen Menschenkinde von zwei und ein drittel Jahren erwarten?!

⁴ „Wer wohl würde es schon einer so strengen Zucht unterziehen?

⁵ „Du aber bist gegen dieses Kind aller Kinder also zuchtstrenge, als wäre es in Gott weiß was für einem reifen Alter!

⁶ „Siehe, das kommt mir sehr unbillig vor! Hast du Es auch dann und wann über die Maßen lieb, so bist du aber dennoch manchmal so strenge gegen Dasselbe, als hättest du keine Liebe zu Ihm!"

⁷ In diesen Ton der Maria stimmten auch sogleich Cyrenius, Jonatha, Tullia, Eudokia und Maronius Pilla.

⁸ Und *Cyrenius* sagte extra noch zu Joseph: „Freund, ich weiß wirklich nicht, wie du mir manchmal vorkommst!

⁹ „Einmal lehrst du mich im Kindlein Selbst das allerhöchste Wesen Gottes erkennen, —

¹⁰ „gleich darauf verlangst du wieder vom Kindlein, daß Es einen Gott anbeten solle!

¹¹ „Sage mir, wie sich das zusammenreimt!? Ist das Kindlein das Gottwesen Selbst, wie soll Es dann zu einem Gotte beten? — Kommt dir nicht solche deine Forderung ein wenig unsinnig vor?

¹² „Und ich setze den Fall, das Kindlein wäre nicht Das, als was ich Es nun ganz unzweifelhaft erkenne und allezeit anbete,

¹³ „da meine ich, als ein wahrer Kinderfreund dürfte dein Begehren von einem Wiegenkinde denn doch etwas töricht sein!

¹⁴ „Denn wer wird von einem neun Vierteljahre alten Kinde ein strenges Gebet verlangen?!

¹⁵ „Darum mußt du mir nun das schon zugute halten, so ich als ein Heide dir sage:

¹⁶ „Freund, du mußt mit dreifacher Blindheit geschlagen sein, wenn du das Kindlein nicht allezeit *gleich* zu würdigen imstande bist!

¹⁷ „Fürwahr, diesmal esse auch ich keinen Bissen, so das Kindlein mit Seinem Jakob nicht hier an meiner Seite Sich befinden wird!

¹⁸ „Ist es nicht lächerlich sogar, so du um die Segnung der Speise Gott den Herrn anflehst und schaffst dann eben *denselben* einen Gott und Herrn vom Tische weg, darum Er nicht gebetet hat nach deiner angewohnten Art?!

¹⁹ „Darum fragte dich auch sicher das Kindlein, zu wem Es so ganz eigentlich beten solle, und zu wem *du* betest, und zu wem auch der Jakob hätte beten sollen.

²⁰ „Du aber hast meines Dafürhaltens nicht gemerkt, was das Kindlein dir dadurch hat sagen wollen!" —

²¹ Diese recht triftigen Bemerkungen gingen dem *Joseph* sehr zu Herzen, und er ging hinaus, das Kindlein samt dem Jakob zu holen.

²² Aber er rief da den Jakob und das Kindlein vergebens; denn die beiden hatten sich schnell entfernt, — wohin aber, das wußte niemand.

213

Josephs Söhne auf der Suche nach dem Kindlein. Die geheime Stimme und ihre tröstenden Worte an Joseph. Joseph auf der richtigen Spur. Das Mahl am Tische des Herrn auf dem Berge. Vom wahren Gebet.

Da aber dem *Joseph* darauf bange ward, so berief er alsbald die vier älteren Söhne und sagte zu ihnen:

² „Gehet, und helfet mir suchen das Kindlein und den Jakob; denn ich habe mich versündigt am Kinde, und es ist mir gewaltig bange ums Herz!"

³ Und die vier Söhne gingen eilends aus nach allen Seiten und suchten das Kindlein bei einer Stunde lang, fanden Es aber nirgends und kamen unverrichteterdinge nach Hause.

⁴ Als Joseph aber sah, daß die vier Söhne allein nach Hause kamen, da ward es ihm sehr bange ums Herz, daß er darob hinausging recht weit von der Villa und weinte dort recht bitterlich über sein vermeintes Vergehen gegen das Kind.

⁵ Als er aber also weinte, da vernahm er *eine Stimme,* die zu ihm sprach:

⁶ „Joseph, du Gerechter, weine nicht, und laß dich nicht beunruhigen von den Menschen in deinem Gemüte!

⁷ „Denn Ich, den du nun ängstlich und voll bangen Gemütes suchst, bin dir näher, als du glaubst.

⁸ „Gehe aber in der Richtung deines Angesichtes vorwärts, und deine Augen werden Den erschauen, der nun zu dir redet und den du suchst!"

⁹ Auf diese wunderbaren Worte erhob sich Joseph getröstet und ging eilends vorwärts nach der Richtung seines Angesichtes, bei einer halben Stunde Feldweges.

¹⁰ Und da er also ging, kam er an einen bedeutenden Hügel, der eine Höhe von hundertundsiebenzig Klaftern hatte.

¹¹ Da dachte er und sprach bei sich: „Soll ich auch auf diesen Hügel steigen bei dieser starken Hitze?"

¹² Und *die Stimme* sprach wieder: „Ja, auch auf diesen Hügel mußt du gehen; denn auf der Höhe erst sollen deine Augen den Herrn schauen, den du nicht gesehen hast, da Er bei dir zu Tische saß!"

¹³ Als Joseph solches vernommen hatte, da achtete er der großen Hitze nicht und ging eilig den Hügel hinauf.

¹⁴ Und als er nahe an den Scheitel kam, da fand er diesen in dichte Nebel gehüllt und wunderte sich sehr, daß ein so kleiner Berg in dieser Jahreszeit Nebel hatte; denn es war die Zeit um Ostern.

¹⁵ Als er sich aber da also wunderte, siehe, da kamen bald Jakob und das Kindlein aus den Nebeln zum Vorscheine, und *das Kindlein* sprach:

¹⁶ „*Joseph,* scheue dich nicht, und komme mit heiterem Gemüte mit Mir auf den Scheitel dieses Hügels,

¹⁷ „und überzeuge dich daselbst, daß nun die Zeit noch nicht da ist, in der der Herr fasten soll darum, daß Er nicht gebetet hat!

¹⁸ „Es wird wohl eine Zeit kommen, in der der Herr fasten wird, aber jetzt ist sie noch nicht da. — Und so folge Mir!"

¹⁹ Und Joseph folgte dem Kindlein und kam bald auf die Höhe.

²⁰ Als er auf der Höhe sich befand, da wichen die Nebel, und auf einem fein polierten Querbalken aus Zedernholz befand sich ein gebratenes Lamm, ein Pokal voll köstlichen Weines und ein Laib feinsten Weizenbrotes.

²¹ Hier staunte *Joseph* über die Maßen und sprach: „Aber woher habt ihr denn dies alles genommen? Haben euch das die Engel gebracht, oder hast Du, o Herr, alles geschaffen?"

²² Und *das Kindlein* schaute zur Sonne und sprach: „Joseph, siehe, auch diese Leuchte der Erde speist an Meinem Tische!

²³ „Und Ich sage dir: sie braucht in einer Stunde mehr, als wie groß diese Erde ist, die dich trägt, und siehe, sie hat noch nie Hunger und Durst gelitten! Und solche Kostgänger habe Ich zahllos viele und noch endlos größere!

²⁴ „Meinst du wohl, daß Ich dann fasten werde, wenn du Mich vom Tische schaffst, so Ich Mich Selbst nicht anbeten will zur Unzeit?

²⁵ „O siehe, das hat der Herr nicht vonnöten! Komme aber nun du an Meinen Tisch und speise mit Mir; aber diesmal ohne dein angewohntes Gebet!

²⁶ „Denn das wahre Gebet ist die Liebe zu Mir; hast du diese, dann kannst du deinen Lippen allezeit die Mühe ersparen!" — Und Joseph ging hinzu und aß und trank am wahren Tische des Herrn und fand die Speise gar himmlisch wohlschmeckend.

214

Der kreuztragende Joseph. Des Kindleins Evangelium vom Kreuze.

Nach dieser himmlischen Mahlzeit auf dem kleinen Berge sagte *Joseph* zum Kindlein:

2 „Mein Herr und mein Gott! Ich armer, alter Greis bitte Dich, vergib mir, so ich Dich doch sicher beleidigt habe, und kehre wieder mit mir in das Haus zurück!

3 „Denn ohne Dich kann ich nun nimmer zurückkehren; kehre ich aber ohne Dich zurück, so werden dann alle gar bitter wider mich ziehen und werden mich strafen mit harten Worten!"

4 Und *das Kindlein* sprach: „Ja, ja, Ich gehe ja wohl mit dir; denn hier werde Ich nicht eine Wohnstätte aufrichten und verbleiben allda!

5 „Aber *eines* verlange Ich von dir, und das besteht darin, daß du diesen Meinen Tisch auf deine Achseln nimmst und ihn trägst vor Mir nach Hause.

6 „Scheue aber nicht dessen Last; denn die wird dich wohl ein wenig drücken, aber nicht beugen und noch weniger schwächen!"

7 Auf diese Worte nahm Joseph das schöne Kreuz und Jakob die Überbleibsel von der Mahlzeit und traten also mit dem Kindlein in der Mitte den Rückweg an.

8 Nach einer Weile sprach *Joseph* zum Kindlein: „Höre Du, mein geliebtester Jesus, das Kreuz ist denn doch schwer! Können wir denn nicht ein wenig rasten?"

9 Und *das Kindlein* sprach: „Du hast schon größere Lasten als Zimmermann getragen, die Ich dir nicht auferlegt habe;

10 „und siehe, da mochtest du dir keine Rast eher gönnen, als bis du die Last an ihren Ort befördert hattest!

11 „Nun trägst du zum ersten Male nur eine kleine Last für Mich und willst dir schon nach tausend Schritten eine Rast nehmen?

12 „O Joseph, trage, trage Meine leichte Last ohne Rast, so wirst du einst in Meinem Reiche den rechten Lohn finden!

13 „Siehe, an diesem Kreuze wirst du Meine Bürde gewahr, und es wird dir durch seinen kleinen Druck sagen, was Ich auf der Welt dir bin!

14 „Aber wenn du diese Welt in Meinen Armen verlassen wirst, dann wird dir dieses Kreuz zu einem feurigen Eliaswagen werden, in dem du seligst vor Mir aufwärts fahren wirst!"

15 Nach diesen Worten küßte der alte Joseph das ziemlich schwere Kreuz und trug es ohne Rast weiter;

16 und es kam ihm nimmer so schwer vor, so daß er es dann leicht ganz bis zur Villa brachte.

17 Es war aber bei der Villa alles in der größten Erwartung, und das voll großer Ängstlichkeit, von welcher Seite etwa Joseph mit dem Kindlein und mit dem Jakob zurückkommen möchte.

18 Als aber nun Maria, Cyrenius und die anderen endlich einmal der drei Kommenden ansichtig wurden, da war es aus!

19 Alles lief ihnen mit offenen Armen entgegen, und Maria erfaßte sogleich das Kindlein und herzte Es mit krampfhafter Liebe.

20 Cyrenius aber verwunderte sich über Joseph, wie dieser einen Gal-

gen als das Symbol der höchsten Schande und Schmach da auf seinen Achseln nach Hause schleppen mochte.

²¹ Und *das Kindlein* auf den Armen der Mutter richtete Sich auf und sagte zu Cyrenius:

²² „Wahrlich, wahrlich, dieses Zeichen der größten Schmach wird zum Zeichen der höchsten Ehre werden!

²³ „Wenn du es nicht also tragen wirst Mir nach, wie es nun Joseph trägt, da wirst du nicht kommen in Mein Reich dereinst!" — Diese Worte brachten den Cyrenius zum Schweigen, und er fragte darauf nicht weiter über die Bürde Josephs.

215

Kalter Fisch mit Öl und Zitronensaft. Über die Mosaische Diätetik. Die neutestamentliche Diätetik: „Der Herr ist der beste Koch!"

Darauf begab sich alles wieder ins Haus und allda nach dem Willen des Kindleins zum Tische.

² Denn es hatte noch keiner von den Hauptgästen irgendeinen Bissen in den Mund gesteckt; die drei großen Fische lagen noch fast ganz unangetastet da.

³ Da aber während des Suchens des Kindleins mehrere Stunden vergingen und der Tag dem Abende nahe war,

⁴ da wurden natürlich die Fische auch kalt, in welchem Zustande sie von den Juden zumeist nicht genossen werden durften.

⁵ Da aber die Sonne dennoch nicht untergegangen war, so durften die Fische wohl noch genossen werden; nur mußten sie frisch wieder übers Feuer gebracht und erwärmt werden.

⁶ Darum berief *Joseph* sogleich seine vier Köche und befahl ihnen, die Fische wieder zu überbraten.

⁷ *Das Kindlein* aber sprach: „Joseph, laß diese Arbeit gut sein; denn von nun an sollen auch die Fische kalt genossen werden, wenn sie nur gebraten sind zuvor!

⁸ „Laß aber anstatt des Wiederbratens Zitronen und gutes Öl bringen,

⁹ „und diese Fische werden also besser schmecken, als so sie wieder gebraten würden!"

¹⁰ *Joseph* befolgte sogleich den Rat des Kindleins und ließ bringen einen ganzen Korb Zitronen und ein tüchtiges Gefäß voll frischen Öles.

¹¹ Und alle Gäste waren auf diese neue Kost lüstern, wie sie etwa doch schmecken werde.

¹² *Cyrenius* war der erste, der sich ein recht tüchtiges Stück vom Fische nahm und gab darauf Öl und den Saft einer Zitrone.

¹³ Und als er zu essen begann, da konnte er nicht genug rühmen den Wohlgeschmack des also zubereiteten Fisches.

¹⁴ Auf solche Erfahrung des Statthalters griffen dann auch die anderen Gäste zu, und allen schmeckte diese Kost so wohl, daß sie sich nicht genug darüber verwundern konnten.

¹⁵ Als *Joseph* selbst eine recht ansehnliche Probe davon gemacht hatte, da sprach er:

¹⁶ „Fürwahr, wenn Moses je einen

also zubereiteten Fisch genossen hätte, da hätte er diese Kost sicher auch in seine Diät genommen!

¹⁷ „Aber er mußte eben in der Küche nicht so wohl bewandert gewesen sein wie Du, mein allerliebster Jesus!"

¹⁸ Hier lächelte *das Kindlein* recht herzlich und sprach gar freundlich:

¹⁹ „Mein lieber Vater Joseph, der Grund liegt darin:

²⁰ „Unter Moses in der Wüste hieß es: ‚Der Hunger ist der beste Koch!', und das Volk hätte zu seinem Verderben oft rohes Fleisch gegessen aus Hunger;

²¹ „darum mußte Moses eine solche Diät vorschreiben, und die Speisen mußten frisch und warm gegessen werden.

²² „Nun aber heißt es und wird es allezeit heißen fürder: *Der Herr ist der beste Koch*. Und da kann man denn schon auch einen kalten Fisch mit Zitronen und Öl genießen.

²³ „Und das darum, weil der kalte, aber doch gut gebratene Fisch gleich ist dem Zustande der Heiden, der Zitronensaft gleich der sie einenden und zusammenziehenden Kraft aus Mir, und das Öl gleich Meinem Worte an sie. — Verstehst du nun, warum der Fisch also besser schmeckt?" — Alles ward darob bis zu Tränen gerührt und wunderte sich hoch über des Kindleins Weisheit.

216

Warum das Mittelländische Meer mit Recht als Mittelmeer bezeichnet werden kann.

Als sich aber *alle* an den kalten Fischen gesättigt hatten, da erhoben sie sich, dankten dem Joseph für dieses gute Mahl und begaben sich dann ins Freie; denn die Sonne war noch nicht völlig untergegangen.

² Als die meisten Gäste aus dem Gefolge des Cyrenius draußen waren, da sprach *das Kindlein* zu ihm:

³ „Cyrenius, erinnerst du dich nicht mehr, was du Mich draußen an der Brandstätte gefragt hast, als Ich die Fische des Mittelmeeres gelobt habe, wie gut und köstlich sie sind?"

⁴ *Cyrenius* dachte hier ein wenig nach, fand aber seine Frage nicht wieder in seiner Erinnerung;

⁵ er sprach darum zum Kindlein: „O Du mein Herr, Du mein Leben, vergib mir, ich muß es vor Dir gestehen, daß ich dieselbe ganz rein vergessen habe!"

⁶ Hier lächelte *das Kindlein* wieder und sagte voll Sanftmut zum etwas verlegenen Cyrenius:

⁷ „Hast du Mich nicht gefragt, ob das Mittelmeer wohl in der Mitte der Erde sei?!

⁸ „Ich aber beschied dich auf die kleine Erdkugel, auf der du nachsehen sollest und dich überzeugen, ob dieses Meer wohl wirklich in der Mitte der Erde sich befinde.

⁹ „Nun siehe, jetzt hätten wir ja die schönste Zeit dazu, diese Sache abzumachen!

¹⁰ „Darum nimm die kleine Erde zur Hand und hole dir die Antwort auf deine Frage!"

¹¹ Und *Cyrenius* sprach: „Ja, bei meiner armen Seele, dies hätte ich sicher ganz vollkommen vergessen, so Du, o Herr, mich nun nicht daran gemahnt hättest!"

¹² Hier sprang sogleich Jakob ins Nebengemach und brachte die kleine Erde dem Cyrenius.
¹³ Dieser aber suchte dann sogleich das Mittelmeer und fand es auch bald.
¹⁴ Als er aber nun mit seinem Finger auf das Mittelmeer wies, da fragte ihn *das Kindlein:*
¹⁵ „Cyrenius, ist das wohl der Erde Mitte? Oder wie findest du die Sache?"
¹⁶ Und *Cyrenius* sprach: „Ich bin wohl ein tüchtiger Rechner nach Euklides und Ptolemäus
¹⁷ „und weiß daher aus der Planimetrie, daß auf einer Kugeloberfläche darum ein jeder beliebig angegebene Punkt in der Mitte der Oberfläche ist, weil er fürs erste mit dem Mittelpunkte der Kugel in der genauesten Korrespondenz steht,
¹⁸ „und weil fürs zweite[1] von ihm aus bis zu seinem Gegensatze alle ausgedehnten Linien von gleicher Beugung und Dimension sind.

¹⁹ „Nach diesem Grundsatze kann dies Meer gleichwohl das ‚Mittelmeer' heißen.
²⁰ „Aber ich finde dann freilich auch, daß da ein jedes Meer unter demselben Verhältnisse steht und ebensogut ein Mittelmeer sein kann."
²¹ Und *das Kindlein* sprach: „Da hast du wohl recht; aber dennoch passen die Euklidischen Verhältnisse nicht hierher,
²² „und dieses Meer kann dennoch ausschließlich ein Mittelmeer heißen,
²³ „denn die wahre Mitte ist da, wo der Herr ist!
²⁴ „Siehe, der Herr aber ist nun da an diesem Meere, und so ist auch da des Meeres Mitte!
²⁵ „Siehe, das ist eine andere Berechnung, von der dem Euklid nichts geträumt hat, und sie ist richtiger als die seine!"
²⁶ Diese Erklärung weckte den Cyrenius gewaltig, und er forschte dann weiter.

217

Alles hat seine gottgewollte Zeit und Ordnung. Vom eitlen Forschen in göttlichen Tiefen und von der kindlichen Einfalt als Weg zur wahren Weisheit.

Es bemerkte aber *das Kindlein* dem Cyrenius, da dieser anfing sich in weitere Forschungen einzulassen:
² „Cyrenius, du forschest umsonst weiter und möchtest sogleich die ganze Hand haben, wo Ich dir einen Finger gezeigt habe!
³ „Siehe, das geht nicht an; denn alles braucht seine Zeit und seine feste, umwandelbare Ordnung!
⁴ „Wenn du einen Baum blühen siehst, da möchtest du freilich auch schon die reife Frucht haben.

⁵ „Aber siehe, das geht nicht; denn ein jeglicher Baum hat seine Zeit und seine Ordnung!
⁶ „Die Zeit und die Ordnung aber ist aus Mir von Ewigkeit, und so kann Ich nicht wider Mich ziehen;
⁷ „daher kann auch von der Zeit und von der Ordnung nichts vergeben werden.
⁸ „Ich liebe dich wohl in aller Fülle Meiner göttlichen Kraft; aber darum kann Ich dir doch keine Minute von der flüchtigen Zeit schenken;

---

[1] ‚fürs zweite' ist eine Ergänzung der Hsg.

⁹ „denn diese muß fortfließen wie ein Strom und ist unaufhaltsam und hat keine Ruhe eher, als bis sie die großen Ufer der unwandelbaren Ewigkeit erreicht hat.
¹⁰ „Daher ist dein weiteres Forschen in Meine Tiefen etwas eitel.
¹¹ „Denn du wirst auf solchem Wege Meinen Tiefen dennoch nicht eher um ein Haarbreit näherkommen, als bis es an der rechten Zeit sein wird.
¹² „Darum laß ab von derlei Forschungen, und mühe deinen Geist nicht vergeblich ab; denn zur rechten Zeit soll dir alles frei aus Mir werden!
¹³ „Du möchtest nun in der Tiefe begreifen, warum *da* die Mitte ist, da¹ Ich bin?
¹⁴ „Ich sage dir aber: Solches kannst du nun noch nicht begreifen; darum sollst du vorerst *glauben* und im Glauben die wahre Demut deines Geistes erweisen.
¹⁵ „Wird dein Geist erst durch die wahre Demut die rechte Tiefe in sich erreicht haben, dann wirst du auch aus dieser Tiefe in Meine Tiefe helle Blicke tun können.
¹⁶ „Wenn du aber forschend deinen Geist erheben wirst, dann wird dieser seine lebendige Tiefe stets mehr und mehr verlassen, und du wirst dich dadurch von Meinen Tiefen entfernen und dich ihnen nicht mehr nahen.

¹⁷ „Ja, Ich setze dir noch hinzu: Von nun an soll alle tiefe Weisheit vor den Weisen der Welt verborgen bleiben;
¹⁸ „aber den Einfältigen, den schwachen Kindern und Waisen soll sie ins Herz gelegt werden!
¹⁹ „Darum werde du ein *Kind* in deinem Gemüte, und es wird dann die rechte Zeit für dich sein, die rechte Weisheit zu überkommen!"
²⁰ *Cyrenius* staunte ganz gewaltig über diese Lehre und fragte dann das Kindlein, sagend nämlich:
²¹ „Ja, wenn also, da darf dann ja kein Mensch mehr die Schrift lesen lernen und eine Schrift selbst schreiben!?
²² „Denn so Du das alles dem Würdigen frei gibst, wozu dann das mühsame Lernen?"
²³ Und *das Kindlein* sprach: „Durch ein rechtes und demütiges Lernen wird der Acker für die Weisheit gedüngt, und das ist auch in Meiner Ordnung.
²⁴ „Aber du mußt das Lernen nicht als den Zweck oder für die Weisheit selbst ansehen, sondern nur als ein Mittel.
²⁵ „Wann aber der Acker gedüngt sein wird, dann werde Ich schon den Samen streuen, woraus dann erst die rechte Weisheit hervorsprossen wird! Verstehst du solches?" — Hier schwieg Cyrenius und forschte nicht mehr weiter.

¹ wo.

218

Das auferlegte Kreuz als Ausdruck der Liebe Gottes zu den Menschen.

Nach dieser höchst lehrreichen Unterredung des Kindleins mit Cyrenius aber wandte sich auch *Joseph* an das Kindlein und fragte Es, was da nun mit dem nach Hause gebrachten Kreuze geschehen solle.

2 Und *das Kindlein* sprach: „Joseph, Ich sage dir, das hat schon seinen Mann und seinen Platz gefunden!

3 „Saget doch auch ihr zu einem Kaufmann: ‚Du hast eine gute Ware, diese wirst du nicht lange besitzen;

4 „‚denn für die wird sich wohl bald irgendwo ein kauflustiger Käufer finden!'

5 „Und siehe, so ein Kaufmann bin auch Ich! Ich habe eine gute Ware gebracht zum freien Verkaufe.

6 „Und es hat sich auch schon ein Käufer eingefunden und hat es durch seine Liebe zu Mir an sich gebracht;

7 „und der Käufer ist Jonatha, der starke Fischer.

8 „Sollte er für seine vielen Fische, mit denen er uns so oft schon reichlich versehen hat, denn nichts haben?!

9 „Eine Hand wäscht die andere. Wer *Wasser* reicht, dem soll wieder Wasser gereicht werden.

10 „Wer da *Öl* reicht, dem soll auch wieder Öl werden.

11 „Wer da *tröstet*, dem soll auch ein Trost werden für ewig.

12 „Wer aber *Liebe* reicht, dem soll auch wieder Liebe werden.

13 „Jonatha aber hat Mir alle seine Liebe gegeben; also gab Ich ihm denn in diesem Kreuze auch Meine Liebe.

14 „Ihr habt Mir zwar wohl auch Liebe im Wasser und Öl gegeben;

15 „aber Ich sage dir, Joseph: Pure Liebe ist Mir denn doch lieber als die mit Wasser und Öl!

16 „Das Kreuz aber ist nun zu Meiner höchsten Liebe geworden!

17 „Darum gab Ich es dem Jonatha, weil dieser eine große Liebe zu Mir hat;

18 „denn er allein liebt Mich Meiner Selbst willen, und das ist pure Liebe.

19 „Er liebte Mich, ohne zu wissen, wer Ich bin; ihr aber liebtet Mich weniger, da ihr doch wußtet, wer Ich so ganz eigentlich bin.

20 „Und siehe, das war eine Liebe mit recht viel Wasser! Darum sollet ihr auch nie einen Wassermangel leiden, in euren Augen nämlich, auf dieser Welt.

21 „Cyrenius liebte Mich mit Öl; darum soll er auch dereinst mit dem Öle des Lebens gesalbt werden, wie ihr getränkt mit dem Wasser des Lebens.

22 „Aber völlig in Meinem Gemache sollen nur *die* dereinst wohnen, die Mich *recht* lieben!"

23 Diese Rede des Kindleins brachte den *Joseph* in eine tüchtige Angst, und *Cyrenius* selbst machte große Augen.

24 *Das Kindlein* aber sprach: „Ihr sollet aber darum doch nicht meinen, daß Ich euch das Kreuz vorenthalten werde; denn wer da haben wird ein freies Herz, der soll auch das freie Kreuz überkommen!" — Dieser Bescheid beruhigte wieder das Gemüt des Joseph und des Cyrenius.

219

Jonathas Sündertränen und heilige Liebe zum Herrn. Das Fleisch als der Sünde Sold. Vom Wert und vom Zuge der reinen Liebe.

Bei dieser Rede des Kindleins aber fiel *Jonatha*, von seinem heißen Liebegefühle gedrungen, vor dem Kindlein nieder und weinte aus zu großer Freude und Dankbarkeit.

2 *Das Kindlein* aber sprach zu den anderen: „Sehet ihr, wie mächtig da ist des Jonatha Liebe zu Mir?

3 „Wahrlich sage Ich euch: Aus einer jeden Träne, die nun seinen Augen entstürzt, soll einst eine Welt für ihn in Meinem Reiche werden!

4 „Ich habe euch zwar schon den Wert und den Unterschied der Tränen gezeigt; aber hier sage Ich euch noch einmal:

5 „Keine Träne ist größer vor Mir als die allein, die der Träne des Jonatha gleicht!"

6 Bei diesen Worten des Kindleins ermannte sich *der große Jonatha* und sprach:

7 „O Du allmächtiger Herr meines Lebens! Wie bin ich, ein großer Sünder, wohl solcher endlosen Gnade und Erbarmung von Dir würdig?"

8 *Das Kindlein* aber sagte: „Jonatha, frage dich, wie du Mich denn wohl so mächtig lieben kannst in deinem Herzen, so du ein so großer Sünder bist?!

9 „Ist die Liebe zu Mir nicht *heilig* in sich, wie Ich Selbst in Meinem Göttlichen es bin?!

10 „Wie wohl magst du als ein so großer Sünder solch *heilige* Liebe ertragen in deinem Herzen?!

11 „Wird denn nicht ein jeder Mensch geheiligt und ganz neu geboren durch die Liebe zu Gott in seinem Herzen?!

12 „So du aber voll von dieser Liebe bist, sage, was ist demnach in dir, das du ‚Sünde' nennst?

13 „Siehe, eines jeden Menschen Fleisch ist wohl eine Sünde in sich; darum muß auch eines jeden Menschen Fleisch sterben.

14 „Ja, Ich sage dir: Sogar dieses Fleisch Meines Leibes ist unter der Sünde Sold und wird darum auch gleich dem deinigen absterben müssen.

15 „Aber diese Sünde ist ja keine freiwillige, sondern nur eine gerichtete und steht für deinen freien Geist in keiner Rechnung.

16 „Darum wird dein Wert nicht nach deinem Fleische, sondern lediglich nur nach deiner freien Liebe bestimmt.

17 „Und es wird dereinst nicht heißen: ‚Wie war dein Leib?', sondern: ‚Wie war deine Liebe?'

18 „Siehe, so du einen Stein wirfst in die Höhe, da bleibt er dennoch nicht in der Höhe, sondern er fällt bald wieder herab zur Erde.

19 „Warum denn? — Weil die Materie der Erde ihn als eine gerichtete Liebe, von der er selbst voll ist, anzieht.

20 „Warum aber fallen die Wolken und die Sterne nicht vom Himmel? — Siehe, darum, weil sie des Himmels Liebe anzieht!

21 „Nun, so dein Herz aber voll Liebe ist zu Gott, dem ewig Lebendigen, wohin wohl wird dich diese allein freie, selbst lebendige Liebe ziehen?"

22 Diese letzte Frage erfüllte alle Anwesenden mit der größten Wonne, und sie wußten nun alle, wie sie daran waren.

220

Ein Mittel gegen die Insektenplage. Der Milchkrieg. Ein Komet.

Nach dieser Berichtigung des Jonatha, wie auch der anderen, die hier zugegen waren, sagte *Joseph:*

2 „Freunde, der Abend ist schön; wie wäre es denn, so wir vor der Nachtruhe noch auf eine Stunde hinaus ins Freie uns begeben möchten?!

3 „Denn hier in den Zimmern ist es nun ganz gewaltig schwül;

4 „und geht man in solcher Schwüle zu Bette, da kann man weder schlafen noch ruhen!"

5 Und *das Kindlein* sprach: „Joseph, dieser Meinung bin Ich auch; aber nur sollten draußen nicht so viele lästige Insekten herumsumsen, da wäre es an den Abenden draußen noch angenehmer zu sein!"

6 Und *Joseph* sprach: „Ja, Du mein Leben, da hast Du wohl sehr recht!

7 „Wenn es nur ein Mittel gäbe, um durch selbiges nicht wider Deine Ordnung diesen lästigen Kleingästen einen Abschied geben zu können, so wäre das äußerst wünschenswert!"

8 Und *das Kindlein* sprach: „Oh, ein solches Mittel wird sich wohl bald finden lassen!

9 „Geh, und nimm eine Schüssel voll warmer Kuhmilch, und stelle sie hinaus, und du wirst es sehen, wie alle diese tausend und tausend lästigen Kleingäste die Schüssel umlagern werden — und werden uns Ruhe gönnen!"

10 *Joseph* befahl sogleich seinen Söhnen, eine Schüssel warmer Kuhmilch hinauszustellen.

11 Und die *Söhne Josephs* taten sogleich, was ihnen Joseph geboten hatte.

12 Und wie die Schüssel mit warmer Milch sich im Freien befand, da entdeckte man in dem matten Abenddämmerungslichte bald einen ungeheuren Schwarm von allerlei Stechinsekten über der Milchschüssel.

13 Und alles wunderte sich über diese Erfindung, durch welche Millionen von Gelsen und Schnaken auf einen Punkt sich zusammenzogen und dort einen förmlichen Milchkrieg miteinander führten.

14 Und *Cyrenius* sagte: „Siehe, wie einfach und zweckmäßig doch ist diese Vorrichtung!

15 „Eine kaum zu beachtende Schüssel voll warmer Milch befreit uns von der lästigen Insektenplage!

16 „Fürwahr, das soll auch sogleich in Tyrus ins Werk gesetzt werden!

17 „Denn auch dort belästigen Millionen solcher Tiere zur Abendzeit die Menschen."

18 Und *das Kindlein* sprach: „Das Mittel ist wohl recht gut; aber überall wird es nicht mit Erfolg angewendet werden können;

19 „denn es sind nicht überall dieselben Verhältnisse,

20 „und solche Verhältnisse, wie sie nun *hier* stattfinden, möchten wohl sonst nirgends vorhanden sein!

21 „Daher wirkt auch nur *hier* dieses Mittel also ausgezeichnet. Wo aber diese Verhältnisse nicht stattfinden, da wird auch das Mittel nicht also wirken.

22 „Doch nun siehe zum Himmel empor, und du wirst einen Kometen entdecken!" — Hier sah Cyrenius aufwärts und ersah alsbald einen starken Kometen.

221
Ein Gespräch über die Kometen als Unglücks- und Kriegsboten.

Als *Cyrenius* aber den starken Kometen so recht beschaut hatte, da sprach er:

² „Fürwahr, ein sonderbarer Stern! Es ist der erste, den ich sehe;

³ „gehört habe ich wohl schon öfter von diesen mythischen Unglücksboten am Himmel."

⁴ Auf diese Bemerkung des Cyrenius kam auch *Maronius Pilla* herbei und sagte:

⁵ „Da sieh einmal hin! Der Tempel des Janus ist kaum sieben Jahre geschlossen, und alles sagte:

⁶ „ ‚Nun wird Rom einen ewigen Frieden bekommen!', denn so lange sei dieser Tempel noch nicht geschlossen gewesen!

⁷ „Da haben wir aber nun schon das entsetzliche Zeichen vor unseren Augen, daß der Janustempel gar bald wieder erschlossen wird,

⁸ „und daß es auf den großen Marsfeldern gar lebendig wird zuzugehen beginnen!"

⁹ *Joseph* aber fragte den Maronius Pilla, ob er denn wohl im Ernste so einen Schweifstern für einen Kriegsboten halte.

¹⁰ Und *Maronius Pilla* sprach ganz ernstlich: „O Freund, das ist eine eherne Wahrheit! Ich sage dir: Krieg über Krieg!"

¹¹ Und *Cyrenius* sprach dazu: „Nun sind die zwei Rechten einmal beisammen!

¹² „Joseph hängt noch immer mächtig an seinem Moses, und Maronius Pilla kann seines altheidnischen Aberglaubens nicht ledig werden!"

¹³ *Joseph* aber sprach: „Hochschätzbarster Bruder und Freund Cyrenius! Ich aber meine, Moses ist doch immerhin besser als der Janustempel in Rom!"

¹⁴ Und *Cyrenius* sprach: „Allerdings! Aber so man den Herrn Selbst, den Jehova Selbst in Seiner Fülle hat, da meine ich, sollten Moses wie der dumme Janus so hübsch in den Hintergrund treten, und das ein für alle Male!

¹⁵ „Der Komet scheint laut alten, unbegründeten Sagen wohl ein Unglücksbote zu sein;

¹⁶ „aber ich glaube, unser Herr und allerliebster Jesus in Seiner Gottheitsfülle wird auch ein Herr über diesen mutmaßlichen Herrn des Unglücks sein! Bist du nicht meiner Meinung?"

¹⁷ Und *Joseph* sprach: „Das sicher; aber darum ist Moses doch nicht mit dem Janus Roms zu vergleichen, auch nicht in dieser Gegenwart des Herrn!"

¹⁸ Und *Cyrenius* sprach: „Das will ich auch nicht; aber so ich den *Herrn* habe, dann sind wenigstens *mir* Moses und Janus gleich!"

¹⁹ Hier sprach *das Kindlein* zu Cyrenius: „Bei dem bleibe du!

²⁰ „Denn wahrlich, wo es sich um die Unendlichkeit handelt, da schwinden alle Größen und die Null zählt soviel wie eine Million!"

²¹ Diese Antwort des Kindleins gab dem Joseph einen kleinen Stoß, und er hielt dem Moses darauf kein Vorwort mehr vor dem Cyrenius.

222

Ein Anschauungsunterricht über das Wesen der Kometen am Beispiele von der Milchschüssel.

Darauf aber kam der bei solchen Gelegenheiten allezeit stark nach dem Grunde forschende *Jonatha* zu Joseph und sprach:

2 „Bruder, da wäre schon wieder so etwas, wo uns der Herr, wie letzthin bei der Mondfinsternis, aus dem Traume helfen könnte!

3 „Was meinst du, so wir Ihn darum fragten, würde Er uns darüber wohl einen Aufschluß geben?"

4 Und *Joseph* sprach: „Mein lieber Bruder Jonatha, da kommt es nur auf eine Probe an!

5 „Wer fest dem Herrn vertraut, der hat auf guten Grund gebaut.

6 „Gehe hin zum Kindlein, das Sich nun im Schoße Mariens befindet, und frage Es,

7 „und es wird sich wohl zeigen, was du für eine Antwort auf deine Frage bekommen wirst!"

8 Auf diese Antwort Josephs begab sich *Jonatha* sogleich in aller Liebe und Demut zum Kindlein und wollte fragen;

9 aber *das Kindlein* kam dem Jonatha zuvor und sprach:

10 „Jonatha, Ich weiß schon, was du willst; aber das ist nichts für dich!

11 „Gehe aber ins Haus, und nimm eine kleine Fackel,

12 „zünde sie an, und gehe dann mit der brennenden Fackel zur Milchschüssel hin, die da den Gelsen und Schnaken ist gestellt worden,

13 „und Ich sage dir, du wirst da auch einen Kometen samt seiner Grundnatur erschauen!"

14 Jonatha tat hier sogleich, was ihm das Kindlein geraten hatte.

15 Und siehe, als er mit der brennenden Fackel der Milchschüssel in die Nähe kam, über der Millionen von Mücklein, Gelsen und Schnaken kreisend umherschwirrten,

16 da entdeckte er auch im Ernste einen mehrere Klafter langen schimmernden Schweif, der natürlich aus den fliegenden Insekten bestand,

17 zu welchem Schweife die Milchschüssel den Kopf bildete.

18 Dieses Phänomen wurde auch von vielen anderen Personen entdeckt,

19 und alle staunten über die Ähnlichkeit dieser gemachten Erscheinung mit dem Kometen am Himmel.

20 Und *Jonatha* ging hin zum Kindlein und fragte Es, wie er nun das nehmen solle.

21 Und *das Kindlein* sprach: „Vorderhand also, wie du es gesehen hast! Das Geheimnis aber dürfen nicht alle erfahren;

22 „darum begnüge dich einstweilen mit dem! Morgen wird auch ein Tag sein."

Entsprechungs- und Erklärungswinke vom Wesen der Kometen.

Hier fing *Jonatha* an sehr stark nachzudenken und konnte durchaus keinen gescheiten Gedanken fassen.

² *Das Kindlein* aber merkte natürlich alsogleich, daß da der Jonatha den Milchschüsselkometen mit dem Himmelskometen nicht zusammenreimen konnte.

³ Daher richtete Es Sich auf und sprach zu Jonatha:

⁴ „Mein lieber Jonatha! Siehe, in dir geht es jetzt geradeso zu, wie es dir das Bild des Milchschüsselkometen gezeigt hat!

⁵ „Eine große Schüssel voll Milch stellt dein Herz dar, worin deine Liebe die Milch ist.

⁶ „Aber über der Milch befindet sich nun auch ein ungeheurer Mükken-, Gelsen- und Schnakenschwarm, gleich dem über jener Milchschüssel.

⁷ „Und diesen Schwarm bilden deine etwas stark ins Lächerliche gehenden Gedanken über die ähnliche Natur der beiden Kometen.

⁸ „Aber, Freund Jonatha, wer wird denn den Kern des Himmelskometen im Ernste für eine Milchschüssel halten und seinen Schweif für einen Gelsenschwarm?

⁹ „Das sind ja nur Entsprechungen, aber keine vollkommenen naturmäßigen Ähnlichkeiten!

¹⁰ „Weißt du aber wohl, was da eine Entsprechung ist? — Was ist eine Schüssel? Was die Milch darin? Und was der Gelsen- und Schnakenschwarm?

¹¹ „Siehe, du verstehst das nicht; so höre denn, Ich will dir davon etwas sagen!

¹² „*Die Schüssel* stellt dar ein Gefäß zur Aufnahme von Substanzen, an die die nährende Lebenskraft aus Mir gebunden ist;

¹³ „die *Milch* aber ist eine solche Substanz, die aus Mir die nährende Lebenskraft in sich trägt im reichlichsten Maße.

¹⁴ „In den *Mücken, Gelsen und Schnaken* ist die Lebenskraft schon freitätig;

¹⁵ „aber so sie nicht genährt wird mit einer gerechten nährenden Lebenskraft, da wird sie bald schwach und kann sich nicht ausbilden für eine höhere und vollkommene Stufe.

¹⁶ „Nun siehe, der Himmelskomet ist nichts als eine neugeschaffene, werdende Welt!

¹⁷ „Der Kern ist das Gefäß zur Aufnahme der nährenden Lebenskraft aus Mir.

¹⁸ „Diese Lebenskraft wird durch ein eben dieser Lebenskraft von Mir aus gegebenes eigenes Feuer gar mächtig durchwärmt und löst sich dadurch in nährende Dämpfe auf.

¹⁹ „Damit aber diese schon eine mehr ausgebildete Lebenskraft tragenden Dämpfe sich nicht verflüchtigen und dem neuen Weltkörper entzogen werden,

²⁰ „da werden sie von einer Unzahl von Monaden (Äthertierchen) aufgenommen und durch sie wieder dem neu werdenden Weltkörper zu seiner vollkommeneren Ausbildung zugetragen.

²¹ „Siehe, das ist die entsprechende Ähnlichkeit zwischen dem Himmels- und unserm Milchschüsselkometen!

²² „Forsche aber nun nicht wei-

ter nach, auf daß deine Liebe nicht schwach wird ob des Forschens!"

²³ Diese Erklärung hatten wohl recht viele mit angehört, aber keiner verstand sie; aber viele glaubten, daß es also sein werde.

224
Warum das zu viele Forschen in den Tiefen der Werke Gottes für Gotteskinder nachteilig ist.

Es fragte aber *Cyrenius* das Kindlein und sprach: „O Du mein Leben, warum darf oder warum soll man denn in Deinen Werken nicht tiefer nachforschen?

² „Warum ist wohl solch ein Forschen, nach Deinem Ausspruche, der Liebe zu Dir nachteilig?

³ „Ich meine aber da gerade im Gegenteile: Wenn man Deine Werke erst stets tiefer und tiefer und klarer und klarer erkennt, so muß man ja offenbar zunehmen in der Liebe zu Dir und nicht schwächer werden darinnen!

⁴ „Denn es ist also ja selbst unter uns Menschen schon der Fall, daß auch ein Mensch uns immer um so teurer wird, je mehr Vollkommenheiten wir an ihm entdecken.

⁵ „Um wieviel mehr wird das erst gegen Dich, den Herrn und Schöpfer aller Größe, Vollkommenheit und Herrlichkeit der Fall sein, so wir Dich immer tiefer und tiefer erkennen!

⁶ „Darum möchte ich wohl selbst Dich, Du mein Leben, bitten, daß Du mir über diesen sonderbaren Stern einige nähere Aufschlüsse geben möchtest!

⁷ „Denn mein Herz sagt es mir, daß ich Dich dann erst ganz vollkommen werde lieben können, so ich Dich tiefer und tiefer in Deinem allmächtigen, höchstweisen Wunderwirken erkennen werde.

⁸ „Es kann ja doch niemand Dich als den einigen Gott und Herrn lieben, so er Dich nicht zuvor *erkennt!*

⁹ „Also ist auch unser Dich-Erkennen von unserer Seele ja der Hauptgrund zur Liebe zu Dir,

¹⁰ „gleichwie auch ich mein Weib eher erkennen mußte, bevor ich es in mein Herz aufnehmen konnte! So ich es nicht erkannt hätte, da wäre es auch sicher nie mein Weib geworden!"

¹¹ Hier lächelte *das Kindlein* und sprach: „O du Mein lieber Cyrenius, wenn du Mir öfter so weise Lehren gäbest, da müßte Ich am Ende ja doch wohl auch so ein recht grundgescheiter Mensch werden!

¹² „Siehe, da hast du Mir ja lauter neue Sachen gesagt!

¹³ „Aber nun denke dir's: Du warst Mir nun ein Lehrer, indem du Mir beweisen wolltest, daß Meine Warnung vor dem zu vielen Forschen in Meinen Werken der Seele des Menschen für die Sphäre ihrer Liebe zu Mir nicht zuträglich, sondern daß gerade nur das Forschen zuträglich ist.

¹⁴ „Wie sollte demnach nun Ich, ein Schüler zu dir, dich über die unbekannten Dinge unterrichten?!

¹⁵ „Wenn dir für die Liebe bessere Gründe bekannt sind, als sie dir dein Gott und dein Schöpfer gibt, wie kannst du von Ihm dann eine tiefere Unterweisung erflehen?!

¹⁶ „Oder meinst du wohl, Gott wird Sich durch von den Menschen

gefaßte und aufgestellte Vernunftsgründe zu etwas bewegen lassen, als wäre Er ein Richter nach den Weltgesetzen?!

¹⁷ „O Cyrenius, da bist du wohl noch in einer sehr starken Irre!

¹⁸ „Siehe, Ich allein kenne ja Meine ewige Ordnung, welche da die Mutter aller Dinge ist!

¹⁹ „Aus dieser Ordnung bist auch *du* hervorgegangen! Die Liebe deines Geistes zu Mir ist dein eigenstes Leben.

²⁰ „Wenn du nun diese Liebe zu Mir von Mir abwenden willst auf Meine Geschöpfe, um Mich dann stärker zu lieben, da du Mich doch sichtbar lebendig vor dir hast,

²¹ „sage, wird solch eine törichte Liebestärkung wohl ihren Grund haben?!

²² „Ja, wer Mich noch nicht kennt und nicht hat, der mag wohl auf deinen Wegen zu Mir sich erheben;

²³ „aber so Mich Selbst schon jemand auf seinem Schoße hat, wozu sollen dann dem deine Staffeln dienen?"

²⁴ Hier stutzte Cyrenius gewaltig, fühlte sich sehr getroffen, und niemand fragte mehr nach dem Kometen.

225

Das Zurücktreten des Göttlichen im Kinde.
Des Kindleins letzte Anordnungen für Joseph und Cyrenius.
Die Nachtruhe. Jakobs besondere Gnade beim Jesuskinde.

Als die Sache mit dem Kometen aber geschlichtet war, da sagte sogleich *das Kindlein* zu Joseph:

² „Joseph, durch die zwei Tage ¹ machte Ich einen förmlichen Hausherrn, und ihr alle gehorchtet Mir;

³ „aber von nun an übergebe Ich wieder dir diese hausherrliche Stelle, und wie *du* alles ordnen wirst, also soll es auch geschehen!

⁴ „Von jetzt an bin Ich wieder wie ein jeglich Menschenkind und muß es sein; denn auch Mein Fleisch muß wachsen zu euer aller Heile.

⁵ „Daher erwartet für jetzt, wie für die künftige Zeit in diesem Lande keine offenen Wundertaten mehr von Mir!

⁶ „Lasset euch aber dennoch in eurem Glauben und Vertrauen an Meine Macht und Gewalt nicht irremachen;

⁷ „denn was Ich war von Ewigkeit, das bin Ich allezeit und werde es sein in Ewigkeit!

⁸ „Fürchtet daher nie die Welt, die nichts ist vor Mir; aber fürchtet euch, an Mir irre zu werden, — denn das wäre der Tod eurer Seele!

⁹ „Mit dem übernimm du, Joseph, wieder das Hausruder, und führe es recht und gerecht im Namen Meines Vaters, Amen!

¹⁰ „Also reise auch du, Cyrenius, am morgigen Tage wieder glücklich nach Tyrus, allwo schon wichtige Geschäfte deiner harren!

¹¹ „Meine Liebe und Gnade ist mit dir, und so magst du ruhig sein. Alles andere aber mache mit Joseph ab; denn er ist nun der Hausherr!"

¹² Darauf berief das Kindlein den Jakob zu Sich und sprach zu ihm:

¹³ „Jakob, zwischen uns aber wal-

---

¹ d. h.: die zwei Tage hindurch.

te das erste Verhältnis, das dir schon bekannt ist!

14 „Und bei alledem hat es zu verbleiben in diesem Lande, Amen!"

15 *Joseph* aber ward darob ganz traurig und bat das Kindlein inständigst, daß Es ja fortwährend also in Seiner Göttlichkeit verbleiben möchte.

16 *Das Kindlein* aber redete nun ganz kindisch, und in Seiner Rede war nun keine Spur mehr von irgend etwas Göttlichem.

17 Es ward auch bald schläfrig, und Jakob mußte Es zu Bette bringen.

18 Noch lange in die Nacht saß die Gesellschaft beisammen und besprach sich so und so über den Grund solcher Veränderung am Kindlein;

19 aber keiner sagte etwas Rechtes, sondern es fragte vielmehr einer den anderen, —

20 aber von keiner Seite kam irgendeine gültige Antwort.

21 Und *Joseph* sprach endlich: „Wir wissen, was uns not tut, und was wir zu tun haben, und damit können wir auch zufrieden sein!

22 „Es ist aber schon spät in der Nacht; daher meine ich, es wird nun am besten sein, wir begeben uns zur Ruhe."

23 Damit waren *alle* mit dem Joseph einverstanden und begaben sich auch alsbald zur guten Ruhe ins Haus.

226

Josephs Sorge wegen der Morgenmahlzeit. Die geleerte Speisekammer.
Jonathas Aushilfe mit einer starken Ladung von Fischen.

Am nächsten Tage war *Joseph*, wie gewöhnlich, schon viel bälder auf den Beinen als jemand anders und ging hinaus, zu sehen, was es für einen Tag geben werde.

2 Er fand alle Zeichen zu einem schönen Tage und ging dann wieder ins Haus und weckte seine Söhne, auf daß sie für die Gäste ein gutes Frühstück bereiten möchten.

3 Und *die Söhne* erhoben sich bald und gingen nachzusehen, welchen Vorrat wohl noch die Speisekammer bieten möchte.

4 Und als sie die Speisekammer durchsucht hatten, da kamen sie alsbald zu Joseph und sprachen:

5 „Höre du, lieber Vater, dein Auftrag wäre wohl ganz recht und gut;

6 „aber unsere Speisekammer ist durch die etlichen Tage [1] so sehr gelüftet worden, daß es uns geradezu unmöglich wird, auch nur für zehn Personen eine Mahlzeit zu gewinnen.

7 „Rate uns daher, wo wir die Eßwaren hernehmen sollen, und die Mahlzeit soll in einer Stunde fertig sein!"

8 Hier kratzte sich *Joseph* ein wenig hinter den Ohren und ging selbst in die Speisekammer und fand allda die Aussagen seiner Söhne bestätigt, was ihn dann in noch größere Verlegenheit versetzte.

9 Er sann hin und her und konnte nichts finden, was ihn aus seiner Verlegenheit reißen könnte.

10 Als aber Joseph also nachsinnend dastand im Vorhause, da kam *Jonatha* aus seinem Schlafgemache, grüßte und küßte seinen alten Freund

---

[1] die etlichen Tage hindurch.

und fragte ihn, was er denn also traurig und nachdenkend dastünde.

11 Und *Joseph* zeigte dem Jonatha alsbald den Grund seiner Verlegenheit, nämlich die leere Speisekammer.

12 Als *Jonatha* das erschaute, da sagte er zu Joseph:

13 „O du mein allergeliebtester Freund, darum darf es dir wohl nicht bange werden.

14 „Siehe, meine Speisekammern sind noch sehr voll; ich besitze noch bei zweitausend Zentner geräucherter Fische!

15 „Daher laß nun sogleich deine Söhne mit mir gehen, und in anderthalb Stunden soll es in deiner Speisekammer sogleich anders aussehen!"

16 Dieser Antrag war ein wahrer Balsam auf das Herz *Josephs*, und er nahm ihn auch sogleich an.

17 Es vergingen aber kaum anderthalb Stunden, da kamen schon Jonatha und die vier Söhne mit einer starken Ladung von Fischen.

18 Die Söhne brachten bei vier Zentner geräucherter Fische, und Jonatha brachte drei große Lägel voll frischer Fische und zehn große Laibe Weizenbrot.

19 Als *Joseph* die Ankommenden also bepackt erschaute, da ward er voll Freude und dankte und pries Gott für solche Bescherung und umarmte und küßte dann den Jonatha.

20 Darauf ward es in der Küche bald sehr lebendig.

21 Die Söhne tummelten sich munter herum; Maria und Eudokia kamen selbst bald aus dem Schlafgemache und gingen und molken die Kühe.

22 Und so ward in einer halben Stunde schon ein reichliches Morgenmahl bereitet für mehr als hundert Gäste.

227

Ein Liebeseiferwettstreit zwischen Joseph und Cyrenius. Josephs Uneigennützigkeit. Die rechten und die falschen Diener Gottes.

Als auf diese Art das Morgenmahl bereitet war und alle Gäste sich auf den Beinen befanden, da ging *Joseph* sogleich zu Cyrenius und fragte ihn, ob er schon bereit sei, das Morgenmahl zu nehmen.

2 Und *Cyrenius* sagte zu Joseph: „O mein allererhabenster Freund und Bruder, ich bin freilich wohl bereit mit meiner ganzen Suite [1];

3 „aber ich weiß auch, daß du in deiner Speisekammer nicht einen solchen Vorrat hast, um mehrere Tage hindurch über hundert Menschen zu bewirten.

4 „Daher werde ich für heute früh meine Dienerschaft in die Stadt senden, allda sie Eßwaren kaufen sollen für mich und dich!"

5 Als *Joseph* solches vernommen hatte, da sprach er:

6 „O lieber Freund und Bruder, das kannst du immerhin tun für dein Schiff;

7 „aber für mich wäre eine solche Mühe wohl ganz rein vergeblich.

8 „Denn siehe, fürs erste ist das Morgenmahl schon bereitet, und fürs zweite befindet sich in meiner Speisekammer noch so viel, daß ihr alle

---

[1] Gefolgschaft.

es in acht Tagen kaum aufzehren möchtet.

⁹ „Darum sorge dich nur um mich nicht; denn wahrlich, ich bin bestens versorgt!"

¹⁰ Und *Cyrenius* sprach: „Wahrlich, wahrlich, wenn mir nichts anderes von deinem allerhöchsten Berufe Zeugnis gäbe, so gäbe es mir im vollsten Maße deine ganz unbegreifliche Uneigennützigkeit!

¹¹ „Ja, daran wird man allezeit die rechten und die falschen Diener Gottes genau voneinander unterscheiden:

¹² „Die rechten werden uneigennützig sein in hohem Grade, und die falschen werden sein gerade das Gegenteil;

¹³ „denn die rechten dienen Gott im Herzen und haben auch da den allerhöchsten ewigen Lohn, —

¹⁴ „die falschen aber dienen einem nach ihrer bösen Art gemodelten Gotte, der Welt wegen;

¹⁵ „daher suchen sie auch den Lohn der Welt und lassen sich für jeden Schritt und Tritt gar unmäßig bezahlen.

¹⁶ „Denn das weiß ich als ein geborener Heide am besten, wie sich die römischen Priester für jeden Schritt und Tritt bezahlen lassen.

¹⁷ „Wahrlich, ich selbst habe für einen Rat einmal an den Oberpriester hundert Pfunde Goldes bezahlen müssen!

¹⁸ „Frage: War das ein rechter Diener eines wahren Gottes?

¹⁹ „Du aber hast mich nun schon bei drei Tage bewirtet, und welche Lehren habe ich in deinem Hause empfangen, — und du nimmst noch nichts an!

²⁰ „Nicht einmal für meine acht Kinder nimmst du etwas an! — Es wird daraus doch etwa einleuchtend sein, wie die echten und rechten Diener Gottes aussehen!?"

²¹ *Joseph* aber sprach: „Bruder, rede nun nicht weiter davon, denn auch solche Rede ist zu viel für mich,

²² „sondern setze dich zu Tisch, und sogleich wird das Morgenmahl da sein!" Und Cyrenius befolgte sogleich den Wunsch Josephs und setzte sich zu Tisch.

228

Das fröhliche Morgenmahl. Joseph redet über die Güte des Herrn.
Das Kindlein bei Tisch. Idyllische Szenen zwischen dem kleinen Jesus und Cyrenius.

Als sich nun alles am Speisetische befand, da wurden auch alsbald gar schmackhaft zubereitete Fische auf den Tisch gesetzt,

² und Cyrenius verwunderte sich hoch, wie denn Joseph schon also in aller Frühe eine solche Menge ganz frischer Fische hat bekommen können!

³ Und *Joseph* zeigte hier auf den großen Jonatha und sprach etwas scherzhaft;

⁴ „Siehe, wenn man einen so großen Fischmeister zum Freunde hat, da braucht man nicht weit zu greifen — und die Fische sind da!"

⁵ Hier lächelte *Cyrenius* und sprach: „Ja, da hast du wohl recht.

⁶ „Wahrlich, bei solchen Umständen kann man allezeit frische Fische

haben, und ganz besonders, wenn man noch *Wen* in seinem Hause hat!"

7 Und *Joseph* hob hier seine Hände auf und sprach mit dem gerührtesten Herzen:

8 „Ja, Bruder Cyrenius, und noch *Wen,* dessen wir alle ewig nicht würdig sein werden!

9 „Dieser segne uns allen dieses gute Morgenmahl, daß es uns wahrhaft stärken möchte in unseren Gliedern und in unserer Liebe zu Ihm, dem Allerheiligsten!"

10 Dieser Ausruf Josephs brachte alle Gäste zum Weinen, und alle lobten den großen Gott in dem noch schlafenden Kindlein.

11 Als sich aber die Gäste nach der beendigten Lobpreisung an die Fische machten, da ward auch das Kindlein wach;

12 und der gute Geruch von den Fischen sagte Ihm gleich, was sich auf dem Tische befinde.

13 Daher war Es auch schnell aus Seinem niederen Bettchen, lief sogleich ganz nackt zum Tische, da sich die Mutter befand, und verlangte etwas zu essen.

14 *Maria* aber nahm Es sogleich auf ihren Schoß und sagte zu Jakob:

15 „Gehe, und bringe mir geschwind ein frisches Hemdchen aus der Kammer!"

16 Und Jakob tat sogleich nach dem Wunsche Mariens und brachte ein frisches Hemdchen.

17 Das Kindlein aber wollte Sich diesmal das Hemdchen nicht anziehen lassen.

18 Da ward *Maria* ein wenig unwillig und sprach: „Siehe, Du mein Kindlein, das schickt sich ja nicht, nackt bei Tisch zu sein;

19 „daher werde ich recht schlimm sein, wenn Du Dich nicht anziehen lässest!"

20 *Cyrenius,* ganz zu Tränen gerührt über den Anblick des zarten Knäbleins, sagte zu Maria:

21 „O liebe, holdeste Mutter, gib mir also das Knäblein, auf daß ich Es noch einmal also ganz nackt locke und kose!

22 „Wer weiß es, ob mir auf dieser Welt noch einmal dieses endlose Glück zuteil wird!?"

23 Und das Kindlein lächelte den Cyrenius an und verlangte sogleich zu ihm.

24 Und Maria übergab Es auch sogleich dem Cyrenius, und er weinte vor Freude und Seligkeit, als das gesunde Knäblein gar munter auf seinem Schoße herumstrampelte.

25 Und Cyrenius fragte Es sogleich, welches Stück vom Fische Es essen möchte.

26 Und *das Kindlein* sprach in ganz kindlicher Weise: „Gib Mir dasjenige weiße Stück in die Hände, wo keine Gräte darinnen sind!"

27 Und Cyrenius gab dem Kindlein sogleich das beste und reinste Stück in die Hände, welches Dasselbe mit Freude ganz behaglich verzehrte.

28 Nachdem Es Sich gesättigt hatte, da sprach *Es:* „Das war gut! Jetzt ziehe du Mich an!

29 „Denn wenn Ich hungrig bin, da will Ich früher [1] essen und dann erst ein Kleid nehmen!" — Darauf sprach das Kindlein nichts weiter und ließ Sich ganz ruhig das Hemdchen von Cyrenius anziehen.

---

[1] zuvor.

229
Fortsetzung der kindlichen Tischszene. Maria ist nur aus großer Liebe zu Mir schlimm!

Als das Kindlein angezogen war, fragte Es der Cyrenius wieder, ob Es nicht etwa noch ein gutes Stückchen vom Fische genießen möchte.

2 *Das Kindlein* aber sprach in Seiner Weise: „Ein kleines Stückchen möchte Ich freilich noch;

3 „aber Ich getraue es Mir nicht zu nehmen, weil Mich da die Mutter gleich wieder auszanken möchte."

4 Und *Cyrenius* sprach: „O Du mein endlos allergeliebtestes Kindlein, wenn *ich* es Dir darreiche, da wird die Mutter nichts sagen."

5 *Das Kindlein* aber sprach ganz naiv zu Cyrenius: „Ja, solange du da bist, da wird sie freilich wohl nichts sagen;

6 „aber wenn du fort sein wirst, dann kriege Ich's doppelt.

7 „O du glaubst es nicht, wie schlimm Meine Mutter sein kann, wenn Ich etwas tue, was sie nicht will!"

8 *Cyrenius* lächelte darob und sagte dann zum Kindlein: „Was meinst Du denn, so ich darob Deine etwas schlimme Mutter auszanken möchte, würde sie das nicht nachsichtiger machen gegen Dich?"

9 Und *das Kindlein* sprach: „Ich bitte dich, tue nur das nicht; denn dann bekäme Ich erst einen Ausputzer, der seinesgleichen nicht hätte, so du fort wärest!"

10 Hier fragte *Cyrenius* das Kindlein weiter und sprach:

11 „O Du mein Leben, Du mein himmlisches Kindlein, wenn aber Deine Mutter so schlimm ist, wie kannst Du sie dann aber dennoch so überaus lieben?"

12 Und *das Kindlein* antwortete: „Weil sie aus großer Liebe zu Mir schlimm ist; denn sie hat stets die größte Furcht, daß Mir irgend etwas Übles geschehen möchte.

13 „Und siehe, darum muß ich sie dann auch recht liebhaben! Ist sie auch manchmal ohne Grund schlimm, so meint sie es aber dennoch gut, und darum verdient sie ja auch Meine Liebe.

14 „Siehe, ebendarum würde sie nun auch schlimm sein, so Ich nun noch ein Stückchen Fisch äße, weil sie meint, es könnte Mir schaden.

15 „Es würde Mir freilich wohl nicht schaden; aber Ich will nun Selbst nicht gegen die sorglich gute Meinung Meiner Mutter eine Sünde begehen.

16 „O Ich kann Mich schon auch verleugnen und kann das Gebot Meiner Mutter halten, wenn es gerade sein muß;

17 „aber wenn es gerade nicht sein muß, da kann Ich auch tun, was Ich will.

18 „Und da mache Ich Mir dann nichts daraus, wenn auch die Mutter ein wenig zankt.

19 „Also aber muß es auch jetzt gerade nicht sein, daß Ich noch ein Stückchen Fisch essen solle; darum will Ich Mich auch verleugnen, damit dann die Mutter Mir nichts anhaben soll, wenn du fort sein wirst."

20 Hier fragte *Cyrenius* wieder das Kindlein und sprach in aller Liebe:

21 „Ja, Du mein Leben, wenn Du aber schon einen solchen Respekt vor Deiner irdischen Mutter hast, warum

hast Du Dich denn eher[1] nicht von ihr anziehen lassen?

²² „Wird sie darob nicht zanken mit Dir, wenn ich fort sein werde?

²³ Und *das Kindlein* sprach: „Ganz sicher; aber daraus werde Ich Mir eben nicht viel machen!

²⁴ „Denn Ich habe es dir ja schon zuvor gesagt, daß Ich manchmal tue, was Ich will, und frage nicht, ob's Meiner Mutter recht ist oder nicht.

²⁵ „Aber darum kann dann Meine Mutter noch zanken mit Mir, weil sie dabei eine gute Meinung und einen guten Willen hat."

²⁶ Hier lächelte *Maria* und sagte scherzweise: „Na, warte Du nur, so wir allein sein werden,

²⁷ „da werde ich Dich schon wieder recht auszanken, weil Du mich jetzt bei Cyrenius so verklagt hast!"

²⁸ Und *das Kindlein* lächelte und sprach: „O das ist nicht dein Ernst! Ich sehe es dir recht gut an, wenn du so recht ernstlich schlimm bist, — denn da siehst du ganz rot aus im Gesichte; jetzt aber bist du schön weiß, wie Ich, und da bist du nie schlimm."

²⁹ Über diese Bemerkung lachten alle, und das Kindlein lächelte auch mit. Maria aber nahm aus Inbrunst das Kindlein und herzte Es über alle Maßen.

230

Des Cyrenius Dankbarkeit, Geschenk und Abschiedsrede.
Cyrenius bleibt noch einen Tag.

Nach dieser kindlichen Szene aber ward auch das Morgenmahl beendet.

² Und als Joseph das Dankgebet beendet hatte, da trat alsbald *Cyrenius* zu Joseph hin und sprach:

³ „Mein geliebtester Freund, deine Verdienste um mich wie selbst um meinen Bruder Julius Augustus Quirinus Cäsar in Rom sind von so entschiedener Art, daß ich sie dir nie werde lohnend[2] entgelten können.

⁴ „Aber dich ganz unbelohnt zu lassen, siehe, das ist mir allerreinst unmöglich!

⁵ „Ich weiß aber, daß du von mir keine königliche Belohnung annimmst;

⁶ „darum habe ich mich also bedacht: Du hast in diesem Jahre, wie es sich zeigt, eine magere Getreideernte zu erhoffen;

⁷ „und dennoch ist dein Haus ziemlich bevölkert.

⁸ „Neun Personen gehören ohnehin mir an, und ihr seid euer auch acht Köpfe; also in allem siebenzehn Köpfe.

⁹ „Und es sagt mir nun mein Geist, daß deine Mehltruhen leer sind und also auch deine Speisekammer,

¹⁰ „daß es dir auch schon mit dem Futter für deine Kühe, Ziegen und Esel schlecht geht.

¹¹ „Siehe, das alles weiß ich sehr genau — wie auch, daß ihr fast nichts mehr anzuziehen habt.

¹² „Daher, du mein geliebtester Bruder, mußt du wenigstens soviel von mir annehmen, als dir vorderhand not tut.

¹³ „Ich weiß zwar wohl, daß es im höchsten Grade lächerlich ist, so

---

[1] zuvor; [2] genug lohnend.

ein Erdenmensch sich vornähme, den Herrn der Unendlichkeit zu unterstützen, dem es ein leichtes ist, mit einem Worte Myriaden Welten zu erschaffen.

14 „Ich weiß es aber auch nun, daß eben dieser heilige Herr der Unendlichkeit nicht stets Wunder wirken will wider Seine ewige Wunderordnung, weil damit immer ein Gericht für uns geschaffene Wesen verbunden ist.

15 „Aus dem Grunde mußt du von mir wenigstens diesmal soviel annehmen, als es dir not tut,

16 „und wirst mich diesmal nicht, wie sonst gewöhnlich, abweisen!"

17 Und *Joseph* sprach: „Ja Bruder, diesmal möchtest du fast recht haben;

18 „aber zuvor ich von dir etwas annehme, muß ich doch den Herrn fragen."

19 Hier kam *das Kindlein*, das Sich schon bei Jakob befand, schnell herbei und sagte zu Joseph:

20 „Joseph, nehme nur an, was dir Cyrenius geben will, damit du das Haus dann mit Eßwaren versehen magst!"

21 Darauf willigte Joseph in den Antrag des Cyrenius.

22 Und dieser übergab Joseph sogleich eine Summe von tausend Pfunden Silbers und siebzig Pfunden Goldes.

23 Joseph dankte darum Cyrenius und nahm die schwere Summe an.

24 *Cyrenius* aber war darob überheitert und sagte: „Bruder, nun ist mein Herz um tausend Zentner leichter! Aber heute ziehe ich noch nicht von hier, sondern morgen; denn meine zu große Liebe läßt mich nicht von hier." Und Joseph freute sich darob sehr.

231

Josephs Geldkasten und Räubersorgen. Des Kindleins guter Rat an Joseph.

Joseph aber hatte keine Geldtruhe, in die er das Geld täte.

2 Da befahl Cyrenius sogleich seiner Dienerschaft, daß sie sich sogleich in die Stadt begeben solle und solle da einen Kasten kaufen, und koste er, was er wolle!

3 Und die Dienerschaft ging alsogleich und brachte im Verlaufe von zwei Stunden schon einen recht schönen Kasten von Zedernholz, der da zehn Pfunde Silbers gekostet hatte.

4 Dieser Kasten ward sobald ins Schlafgemach Josephs gestellt, und die Söhne Josephs legten das große und schwere Geld in den schönen und schweren Kasten.

5 Als das Geld auf diese Art aufgehoben war, da sprach *Joseph:*

6 „Nun bin ich — weltlich genommen — das erste Mal reich in meinem ganzen Leben;

7 „denn so viel Geld habe ich nie gesehen und noch weniger je so viel besessen!

8 „Aber bisher wußte mein Haus von keinem Diebe etwas und noch weniger von einem Räuber;

9 „von nun an werden wir alle nicht genug Augen und Zeit haben, dieses Geld vor Dieben und Räubern zu schützen!"

10 *Jonatha* aber sagte: „Bruder, sei darob ruhig!

11 „Ich weiß es nur zu bestimmt, über wen die Räuber und Diebe kommen.

¹² „Siehe, sie kommen nur über die geizigen und kargen Filze!

¹³ „Das aber bist du nicht, — darum magst du auch ruhig sein; denn von dir bekommt ja ohnehin ein jeder dreimal soviel, als er von dir verlangt!

¹⁴ „Darum meine ich, wirst du wohl mit einer Menge Bettlern zu tun bekommen, aber mit Räubern und Dieben sicher nicht!"

¹⁵ Hier kam auch *Maria* herbei und sprach zu Joseph:

¹⁶ „Höre du, lieber Vater, du weißt ja, wie wir in der Stadt unseres Vaters David von den drei weisen Morgenländern, die da aus Persien kamen, auch eine große Last Goldes überkommen haben;

¹⁷ „und siehe, nun haben wir kein Sandkörnchen groß mehr davon, obschon wir nie dessen beraubt worden sind!

¹⁸ „Also meine ich, wird es uns auch hier ergehen: es wird kein Jahr verfließen, und wir werden ohne Diebe und Räuber davon nichts mehr besitzen.

¹⁹ „Daher sei du nur ganz ruhig; denn in einem Hause, wo der Herr wohnt, da hat das Gold keinen Stand, und die Räuber und Diebe wollen im Hause des Herrn eben nicht viel zu tun haben!

²⁰ „Denn sie wissen es so gut wie ich und du, daß es nicht geheuer ist, sich an den Schätzen zu vergreifen, die da wie in dem Gotteskasten liegen."

²¹ Als Maria solches ausgeredet hatte, da kam noch *das Kindlein* herbei und sprach:

²² „Joseph, du Getreuer, du mußt nicht so furchtsam auf jenen Kasten hinblicken, in den Meine Brüder das Geld gelegt haben!

²³ „Denn da meine Ich, du wärest krank, wenn du so furchtsam aussiehst.

²⁴ „Und siehe, das will Ich nicht, daß du krank sein sollst!

²⁵ „Dieses Geld wird dich gar nicht lange drücken. Kaufe du nun recht viel Mehl und sonstige Eßwaren und etwas Kleidung, und verteile das übrige,

²⁶ „und der Kasten wird alsbald wieder leer sein!" — Diese kindlichen Worte beruhigten den Joseph so sehr, daß er darauf ganz heiter ward.

232

Joseph und die Seinen. Häusliche Sorgen und Arbeiten.
Jonathas Riesenhilfe durch sein Gottvertrauen.

Nach allem dem aber berief *Joseph* die vier Söhne zu sich und sagte zu ihnen:

² „Da nehmet dieses Pfund Silber und gehet in die Stadt und kaufet dort Mehl, und was sonst noch für die Küche vonnöten ist,

³ „und kommet dann und bereitet ein gutes Mittagsmahl, darum[1] mir heute noch Cyrenius die Ehre gibt!"

⁴ Und die Söhne gingen und taten, was ihnen der Vater geboten hatte.

⁵ *Maria* aber kam auch herzu und bemerkte dem Joseph heimlich, daß der Brennholzvorrat auch so sehr eingeschmolzen sei, daß sich mit dem

---

[1] weil.

noch vorhandenen kleinen Reste kaum mehr werde ein Mahl bereiten lassen.

Da berief Joseph den Jonatha und zeigte ihm solche Verlegenheit an.

⁷ Und *Jonatha* sprach: „Bruder, gib mir deine große und starke Axt, und ich werde in den Wald dort am Berge gehen;

⁸ fürwahr, in drei Stunden sollst du Holz in Menge haben!"

⁹ Und Joseph gab dem Jonatha eine starke Axt, und dieser ging in den Wald des nächsten Berges, der zur Villa gehörte, und hieb dort alsbald eine starke Zeder um, befestigte um den Stamm einen starken Strick und zog so den ganzen mächtigen Baum vor das Haus Josephs.

¹⁰ Als er da mit seinem gefällten Baume ankam, da verwunderten sich alle über die enorme Stärke Jonathas.

¹¹ Und viele Diener des Cyrenius versuchten zugleich den Baum weiterzuziehen, aber ihre Kraftanstrengung war vergeblich;

¹² denn ihrer bei dreißig an der Zahl konnten da den Baum nicht um ein Haar von der Stelle bringen, da er im ganzen bei hundert Zentner wog.

¹³ *Jonatha* aber sagte zu den Dienern des Cyrenius:

¹⁴ „Nehmet doch statt dieses vergeblichen Versuches große und kleine Äxte zur Hand, und helfet mir den Baum geschwind aufscheitern!

¹⁵ „Diese Mühe wird dem Hausherrn besser gefallen, als so ihr an diesem Baume meine Riesenkraft bemessen wollet durch eure eitle Bemühung."

¹⁶ Und sogleich griffen alle Diener des Cyrenius zu, und durch die kräftige Mitwirkung des Jonatha ward der ganze Baum in einer halben Stunde aufgescheitert.

¹⁷ *Joseph* war darauf voll Freude und sprach: „O das ist vortrefflich!

¹⁸ „Fürwahr, das hätte mir drei Tage Arbeit gemacht, bis ich so einen Baum zerscheitert hätte,

¹⁹ „und du hast kaum drei Stunden in allem gebraucht!"

²⁰ Und *Jonatha* sagte darauf: „O Bruder, eine große Leibesstärke ist wohl eine nützliche Sache;

²¹ „aber was ist sie gegen die Stärke *Dessen,* der bei dir wohnt, und vor dessen Hauche die ganze Unendlichkeit erbebt?!"

²² Hier kam *das Kindlein* zu Jonatha und sagte zu ihm: „Sei still, Jonatha, und verrate Mich nicht; denn Ich weiß, wann Ich Mich zu zeigen habe!

²³ „So aber *Meine Kraft* nun nicht mit dir gewesen wäre, da wärest auch du nicht dieses Baumes Meister geworden. — Aber sei stille und rede nichts davon!" — Da sprach Jonatha nichts weiter und begriff nun erst, *wie* er diesen Baum so leicht bemeistert hatte.

Die Verlegenheit des Statthalters durch die Deputation.
Cyrenius lädt die Deputation zum Mahle ein. Vom Fluche des Geldes.

Als aber auf diese Art das Haus Josephs auch mit Holz versehen war und die Söhne Josephs sich recht rüstig an die Bereitung des Mittagsmahles gemacht hatten,

2 da kam eine sehr glänzende Deputation aus der Stadt, um den obersten Statthalter zu begrüßen.

3 Denn diesmal erfuhr niemand in der Stadt etwas von der Anwesenheit des Cyrenius, weil er im strengsten Inkognito[1] da sein wollte.

4 Aber man sah an dem Morgen die bekannte Dienerschaft in der Stadt, wie die Söhne Josephs, und vermutete darum die Gegenwart des Statthalters.

5 Daher versammelte man sich in der Stadt und kam in allem Glanze heraus, was aber Cyrenius diesmal sehr ungelegen kam.

6 Der Oberste und der schon bekannte Hauptmann waren natürlich an der Spitze der zahlreichen Deputation der Stadt Ostracine.

7 Der Oberste entschuldigte sich über die Maßen, daß er es so spät, und das nur durch einen glücklichen Zufall erfahren habe, daß Seine Kaiserliche Konsulische Hoheit diese Gegend mit Ihrer allerhöchsten Gegenwart beglückten.

8 *Cyrenius* aber kehrte sich fast um vor geheimem Ärger über diesen für ihn höchst unzeitigen Besuch.

9 Aber er mußte nun dennoch zum bösen Spiele aus politischen Rücksichten eine gute Miene machen und erwiderte darum auch dem Begrüßer mit gleicher Wohlredenheit.

10 Endlich aber sagte er doch auch zum Obersten: „Lieber Freund, wir große Herren der Welt sind manchmal doch recht übel daran.

11 „Ein gemeiner Mensch kann hingehen, wohin er nur immer will, und er bleibt im süßen Inkognito;

12 „aber wir dürfen uns nur ein wenig über die Türschwelle erheben, und das Inkognito ist schon beim Plunder!

13 „Ich nehme eure stattliche Begrüßung im Namen meines Bruders zwar recht herzlich gut auf;

14 „aber es bleibt dabei, daß ich im strengsten Inkognito hier bin,

15 „das heißt mit anderen Worten gesprochen: ‚Dies mein Hiersein ist ein nicht-amtliches und darf unter gar keiner Bedingung nach Rom berichtet werden!'

16 „So ich es erführe, daß es jemand gewagt hätte, nach Rom einen solchen Bericht zu erstatten, wahrlich dem sollte es nicht am besten ergehen! — Denn wohlgemerkt, ich bin im strengsten Inkognito für die Welt hier!

17 „Warum? Das weiß ich, und niemand hat mich darum zu fragen.

18 „Gehet aber nun heim und kleidet euch um, und kommet dann wieder heraus zum Mittagsmahle, das ungefähr drei Stunden vor dem Untergange stattfinden wird!"

19 Hier verbeugte sich die Deputation vor dem Statthalter und zog wieder ab.

20 Darauf trat *Joseph* zu Cyrenius hin und sagte:

21 „Siehe, das ist schon die erste Wirkung des Geldes, das du mir in

---

[1] Unerkanntheit.

so reichlichstem Maße zukommen ließest!

22 „Deine Dienerschaft mußte mir dazu einen Kasten kaufen, ward da erkannt — und dein Hiersein verraten.

23 „Wie ich doch immer sage: Am Golde und Silber liegt noch immer der alte Fluch Gottes!"

24 *Das Kindlein* aber, das dicht neben Joseph Sich befand, setzte lächelnd hinzu:

25 „Daher kann man dem stolzen Golde und dem hochmütigen Silber keinen größeren Schimpf antun, als so man es im gerechten Maße unter die Bettler austeilt.

26 „Du, Mein lieber Joseph, aber tust das allezeit; daher wird dir der alte Fluch wenig schaden und also auch dem Cyrenius.

27 „Oh, Mir ist es gar nicht bange um dieses Goldes willen; denn hier befindet es sich schon am rechten Platze!"

28 Diese Worte beruhigten wieder den Joseph wie den Cyrenius, und sie erwarteten darauf recht heiteren Mutes die geladenen Gäste.

234

Die Deputation bei der Mahlzeit. Vorsicht bei der Tischordnung.
Des Kindleins Ärgernis am schlecht bestellten Nebentische.
Eine prophetische Voraussage.

In der vorbestimmten Zeit kam die umgekleidete Deputation wieder aus der Stadt, begrüßte alles im Hause Josephs und begab sich dann mit dem Cyrenius zur schon bereiteten Mahlzeit.

2 Da aber nun unvermuteterweise mehr Gäste zusammenkamen, als man erwartet hatte, so ward der Tisch Josephs zu klein, als daß am selben auch die Familie Josephs hätte Platz haben können.

3 Daher sagte heimlich *das Kindlein* zu Joseph: „Vater Joseph, laß für uns im nebenanstoßenden Zimmer einen kleinen Tisch decken!

4 „Und dem Cyrenius sage, daß er darob sich nicht kränken solle,

5 „und sage ihm, daß Ich nach der Mahlzeit schon wieder zu ihm kommen werde!"

6 Und Joseph tat also, wie ihm das Kindlein geraten hatte.

7 *Cyrenius* aber sagte zu Joseph: „Das geht nicht! So der Herr der Unendlichkeit unter uns ist, da werden wir Ihn doch nicht zum Katzentische setzen!

8 „O das wäre doch die allersonderbarste Ordnung von der Welt!

9 „Ich sage dir, gerade *Er* und *du* müssen obenan sitzen!"

10 Und *Joseph* sprach: „Liebster Bruder, das wird wohl diesmal nicht angehen;

11 „denn siehe, es sind nun viele Heiden aus der Stadt da, und denen könnte die zu große Nähe des Herrn gar übel bekommen; daher ist des Kindleins Wille hier wie überall und allezeit zu respektieren."

12 Und *das Kindlein* kam hinzu und sprach: „Cyrenius, Joseph hat schon recht, folge nur seinen Worten!"

13 Da fand Cyrenius keinen Anstand mehr und begab sich sogleich mit seiner Suite und mit der Deputation aus der Stadt zum Mittagsmahle.

¹⁴ Und Joseph bestellte sogleich im nebenanstoßenden Zimmer auch einen recht tüchtigen Tisch, bei dem er, die Maria, das Kindlein mit Seinem Jakob,

¹⁵ der Jonatha, die Eudokia und die acht Kinder des Cyrenius Platz nahmen.

¹⁶ Es wurden aber natürlich auf den Tisch, bei dem er, die Maria, das Kindlein mit Seinem Jakob saßen, die wenigeren und mindergutenSpeisen aufgetragen, auf den Tisch der Gäste aber die meisten und besseren.

¹⁷ Und *das Kindlein* sprach: „O du Schandfleck von einem Erdboden, mußt du denn gerade für deinen Einigen Herrn das Schlechtere hervorbringen?!

¹⁸ „O du jetzt fruchtbares Land zwischen Asien und Afrika, du sollst darum für alle Zeiten mit großer Unfruchtbarkeit geschlagen werden!

¹⁹ „Fürwahr wahr, hätte unser Tisch nicht einige Fische, da wäre für Mich rein nichts Genießbares da!

²⁰ „Hier ein Milchgekoch mit etwas Honig, was Ich nicht mag, und da eine gebratene Meerzwiebel, und da eine kleine Melone, und da ein altbackenes Brot, und daneben etwas Butter und Honig, —

²¹ „das ist unsere ganze Mahlzeit; lauter Speisen, die Ich nicht mag, bis auf die wenigen Fische!

²² „Ich will aber nicht, daß es etwa die Gäste schlechter haben sollen als wir;

²³ „aber das ist denn doch auch nicht recht, daß wir es um vieles schlechter haben sollen als die Gäste!"

²⁴ *Joseph* aber sprach: „O lieber Jesus, so schmolle doch nicht, denn siehe, es geht uns ja allen gleich!"

²⁵ Und *das Kindlein* sprach: „Gib Mir vom Fische, und dann ist es gut für jetzt. Aber ein andermal muß es anders gehen; denn mit dieser Alltagskost kann Ich Mich nicht allezeit begnügen!" Joseph merkte sich das und gab dem Kindlein vom Fische zu essen.

235

Eine häusliche Küchenszene und deren ernste Folgen.
Das Grundevangelium von der Menschwerdung.

Beim Verzehren des Fisches aber fragte *das Kindlein* den Jonatha: „Ist das wohl die beste Gattung der Fische?

² „Denn Ich sage dir, daß Mir dieser Fisch gar nicht wohlschmeckt!

³ „Fürs erste ist er zäh und fürs zweite so trocken wie Stroh.

⁴ „Fürwahr, das muß keine gute Fischgattung sein, was sich auch daraus erkennen läßt, daß er gar so viele lästige Gräte hat!"

⁵ Und *Jonatha* erwiderte: „Ja, Du mein Herr und mein Gott! Es ist fürwahr die leichteste Fischgattung!

⁶ „O hätte doch Joseph mir früher etwas gesagt, da wäre ich ja gern zehnmal für einmal hin und her gelaufen und hätte für Dich den allerbesten Fisch geholt!"

⁷ Hier war Joseph selbst etwas ärgerlich über seine Söhne, darum sie seinen Tisch so übel bestellt hatten.

⁸ *Das Kindlein* aber sprach: „Ärgern dürfen wir uns deshalb gerade nicht;

⁹ „aber sonderbar bleibt das immer von Meinen Brüdern, daß sie in der Küche für sich das Beste behal-

ten, uns aber gerade aus allem das Schlechteste auftischen.

¹⁰ „Es sei ihnen zwar alles gesegnet; aber schön und löblich ist das von ihnen nicht!

¹¹ „Siehe, du hast Mir wohl das beste Stück vom Fische gegeben; aber dennoch vermag Ich es nicht wegzuessen, obschon Ich noch recht hungrig bin, —

¹² „und das ist doch ein sicheres Zeichen, daß der Fisch schlecht ist!

¹³ „Da, verkoste dies Stückchen, und du wirst dich überzeugen, daß Ich recht habe!"

¹⁴ Hier kostete Joseph den Fisch und fand die Aussage des Kindleins vollkommen bestätigt.

¹⁵ Da stand er aber auch sogleich auf und ging in die Küche und fand da, wie die vier Söhne einen edlen Thunfisch verzehrten.

¹⁶ Da war es aber auch schon aus bei Joseph, und er fing *die vier Köche* ganz gewaltig zu putzen an.

¹⁷ *Diese* aber sprachen: „Vater, siehe, wir müssen alle schwere Arbeit verrichten, warum sollen wir da manchmal nicht auch ein besseres Stückchen verzehren als die, welche nicht arbeiten?

¹⁸ „Zudem ist der Fisch ja auch nicht schlecht, den wir auf deinen Tisch gegeben haben;

¹⁹ „das Kindlein aber, weil Es von euch verzärtelt ist, ist nur manchmal zu voll Kapricen¹, und da ist Ihm dann nichts recht und gut genug!"

²⁰ Da ward *Joseph* zornig und sprach: „Gut; weil ihr mir mit solcher Rede begegnet, so werdet ihr von nun an nimmer für meinen Tisch Speisen bereiten!

²¹ „Maria wird von jetzt an mein Koch sein, ihr aber möget für euch kochen, was ihr wollt; aber an meinem Tische soll keiner aus² euch je gesehen werden!"

²² Hier verließ Joseph die vier Köche und kam ganz erregt durch eine kleine Seitentüre zu seiner Tischgesellschaft zurück.

²³ Da ward das Kindlein traurig und fing an zu weinen und schluchzte recht gewaltig.

²⁴ Da fragten Es sogleich Maria, Joseph und Jakob mit ängstlicher Gebärde, was Ihm fehle, ob Es irgendeinen Schmerz empfinde, —

²⁵ oder was es denn doch sei, darum Es denn gar so plötzlich also traurig und leidig geworden sei?

²⁶ *Das Kindlein* aber seufzte tief auf und sprach in einem sehr wehmütigen Tone zu Joseph:

²⁷ „Joseph, ist es denn gar so süß, den Armen und Schwachen die eigene Herrlichkeit zu zeigen und sie eines geringen Vergehens wegen völlig zu richten?

²⁸ „Siehe doch einmal Mich an, wie viele gar entsetzlich schlechte Köche habe Ich in der Welt, die Mich als einen Vater aller Väter schon lange hätten verhungern lassen, so solches an Mir möglich wäre!

²⁹ „Ich sage dir, Köche, die von Mir nichts mehr wissen und auch nichts mehr wissen und hören *wollen!*

³⁰ „Und siehe, Ich gehe dennoch nicht hinaus, um sie zu richten in Meinem gerechten Zorne!

³¹ „Ist es denn gar so süß, ein Herr zu sein? Siehe, Ich bin der alleinige Herr der Unendlichkeit, und außer Mir ist ewig keiner mehr!

³² „Und siehe, Ich, euer aller Schöpfer und Vater, wollte vor euch ein schwaches Menschenkind werden, mit allem Zurückhalte Meiner ewi-

---

¹ Launen; ² von.

gen und unendlichen göttlichen Herrlichkeit,

³³ „auf daß ihr durch dieses über alles demütige *Beispiel* an eurem alten *Herrschgeist* einen *Ekel* bekommen sollet!

³⁴ „Aber nein, gerade in dieser Zeit aller Zeiten, in der Sich der Herr aller Herrlichkeit unter alle Menschen erniedrigt hat, um sie alle in solcher Seiner Niedrigkeit zu gewinnen, wollen die Menschen am meisten Herren sein und herrschen!

³⁵ „Ich weiß es wohl, daß du vorzüglich Meinetwegen die vier Söhne gerichtet hast;

³⁶ „aber so du Mich als den Herrn erkennst, warum hast du Mir als dem Herrn denn da vorgegriffen?

³⁷ „Siehe, wir alle sind darum noch nicht unglücklich, darum wir mit einem mageren Fische bedient worden sind; denn wir können uns ja sogleich einen besseren zubereiten lassen.

³⁸ „Die vier Brüder aber sind nun die unglücklichsten Geschöpfe auf der Welt, darum du als Vater sie gerichtet hast;

³⁹ „und siehe, das ist keine gerechte Strafe auf ein so geringes Vergehen! —

⁴⁰ „Was wäret ihr Menschen wohl, so Ich mit euch täte, wie ihr es miteinander tut, wenn Ich so kurzmütig und ungeduldig wäre wie ihr es seid?!

⁴¹ „Du weißt es nicht, *warum* wir diesmal so karg bedient worden sind; Ich aber weiß es.

⁴² „Darum sage Ich dir: Gehe hin und rufe zurück dein Urteil, und Jakob wird dir den Grund dieser schlechten Mahlzeit kundgeben!"

⁴³ Hier ging Joseph und berief die vier Söhne, auf daß sie vor ihm bekenneten ihren Fehler und er es ihnen dann vergebe.

236

Demütige und herzliche Rede der vier Brüder an das beschimpfte Kindlein. Dessen göttliche Antwort an Seine Brüder.

Und die vier Söhne Josephs kamen alsbald in das Speisezimmer des Joseph, fielen da auch sogleich auf ihre Knie nieder, bekannten ihre Schuld und baten dann den alten Vater Joseph um Vergebung.

² *Joseph* vergab ihnen darauf und nahm sein Urteil zurück.

³ Darauf aber sagte er zu den vieren: „Ich habe es euch wohl verziehen;

⁴ „aber ich war auch dabei der von euch am wenigsten Beleidigte.

⁵ „Aber hier ist das Kindlein, von dem ihr mir zum größten Ärger aussagtet,

⁶ „Es sei ganz verzärtelt und sei darum manchmal voll Kapricen, da Ihm dann nichts recht und gut genug wäre.

⁷ „Dadurch habt ihr Es gröblichst beschimpft!

⁸ „Gehet hin und bittet Es vorzugsweise um Vergebung, sonst kann es euch übel ergehen!"

⁹ Darauf gingen *die vier* hin vor das Kindlein und sprachen zu Ihm:

¹⁰ „O Du unser liebes Brüderchen! Siehe, wir haben Dich ungerecht beschimpft vor unserem Vater,

¹¹ „und haben dadurch ihn gröblichst erzürnt, daß er uns darob nahezu fluchen mußte.

¹² „Gar grob haben wir uns an Dir

und dem guten Vater Joseph versündigt.

¹³ „O wirst Du, liebes Brüderchen, uns wohl je solche unsere grobe Sünde vergeben können? Wirst Du uns wieder zu Deinen Brüdern erheben?"

¹⁴ Hier lächelte *das Kindlein* die vier Bittenden gar überaus freundlich an, streckte Seine zarten Arme aus und sprach mit Tränen in Seinen göttlichen Augen:

¹⁵ „O stehet auf, ihr Meine lieben Brüder, und kommet her, daß Ich euch küsse und segne!

¹⁶ „Denn wahrlich, wer so wie ihr zu Mir kommt, dem solle vergeben sein und hätte er der Sünden mehr, denn da ist des Sandes im Meere und des Grases auf der Erde!

¹⁷ „Wahrlich, wahrlich, eher noch als diese Erde gegründet war, habe Ich diese an euch schon geschaut und habe sie euch auch schon um gar vieles eher vergeben, als ihr noch waret.

¹⁸ „O ihr, Meine lieben Brüder, seid ja in keiner Angst Meinetwegen; denn Ich habe ja euch alle so sehr lieb, daß Ich wohl aus Liebe zu euch einst sterben werde am Leibe!

¹⁹ „Daher habet ja keine Angst vor Mir; denn wahrlich, so ihr Mir auch geflucht hättet, da hätte Ich euch aber dennoch nicht gerichtet, sondern hätte geweint ob der Härte eurer Herzen!

²⁰ „Kommet also her, ihr Meine lieben Brüder, auf daß Ich euch *segne,* darum ihr Mich ein wenig beschimpft habt!"

²¹ Diese endlose Güte des Kindleins brach den vieren das Herz, daß sie weinten wie kleine Kinder.

²² Auch die andere Tischgesellschaft ward so sehr gerührt, daß sie sich des Weinens nicht enthalten konnte.

²³ *Das Kindlein* aber richtete Sich auf, ging Selbst zu den vieren hin und segnete und küßte sie und sagte dann zu ihnen:

²⁴ „Nun, liebe Brüder, werdet ihr es doch merken, daß Ich euch alles vergeben habe?

²⁵ „Ich bitte euch aber: Gehet nun in die Küche und bringet uns allen einen besseren Fisch!

²⁶ „Denn fürwahr, Ich bin noch recht hungrig und kann den Fisch aber dennoch nicht essen, den ihr ehedem für uns bereitet habt!"

²⁷ Hier erhoben sich alsbald die vier, küßten das übergute Kindlein und eilten dann übergerührt in die Küche und bereiteten in der kürzesten Zeit einen allerbesten Fisch für den Tisch Josephs.

237

Entsprechungssinn der Mahlzeit. Die Phasen der geistigen Zustände auf Erden: 1. Im allgemeinen. 2. Das Judentum. 3. Die griechische Kirche. 4. Die römische Kirche. 5. Die andern christlichen Sekten.

Als der gut bereitete Fisch auf den Tisch Josephs kam und sich alle daran gesättigt hatten,

² und als auch die Tafel beendet war, da fragte Joseph den Jakob, ob er ihm denn einen etwa wohl gar prophetischen Grund dieses früheren mageren und am Ende gar wohlschmeckenden Mahles anzugeben wüßte?

³ Und *Jakob* sprach mit der größten Demut und Bescheidenheit:

⁴ „O ja, lieber Vater Joseph, insoweit es mir der Herr geben wird, in-

soweit auch will ich es dir treulich kundtun, was dieses Mahl bedeutet.

⁵ „Und so bitte ich dich denn, daß du mich ja recht treulich anhören möchtest!"

⁶ Alle richteten ihre Aufmerksamkeit auf den Mund Jakobs, und dieser begann also zu reden:

⁷ „Die magere und schlechtere Mahlzeit bezeichnet jene *künftige Zeit,* in der des Herrn Wort verunstaltet werden.

⁸ „Da werden Seine Knechte den besten Teil für sich behalten und werden ihre Gemeinden mit den Trebern füttern gleichwie die Heiden ihre Schweine.

⁹ *„Die Juden* werden sein gleich der gebratenen Meerzwiebel;

¹⁰ „denn obschon sie eine Wurzel ist, die am Meere der göttlichen Gnade wuchert und nun völlig gebraten wird am Feuer der göttlichen Liebe,

¹¹ „so wird sie aber dennoch als eine schlechte Speise und als ein höchst mageres Gericht am Tische des Herrn sich befinden, und wird niemand nach ihr greifen.

¹² „Das dumme Milchgekoch werden *die Griechen* sein. Diese werden wohl am meisten noch des Herrn Wort echt erhalten;

¹³ „aber da sie nur ein äußeres, aber kein inneres Leben darnach führen werden, so werden sie lau und dumm und geschmacklos sein wie dieses Gekoch, das zwar wohl auch die besten Lebenssäfte in sich trägt, aber weil es kühl ist und nicht gehörig durchgekocht ward, so macht es auch eine schlechte Figur auf dem Tische des Herrn;

¹⁴ „denn es hat keinen Wohlgeruch und somit, als noch völlig roh, auch keinen Wohlgeschmack für des Herrn Gaumen.

¹⁵ „Die Melone ist das *Rom.* Diese Frucht wächst an einem kriechenden und sich nach allen Gegenden hinwindenden Stiele,

¹⁶ „auf dem viele taube Blüten vorkommen; aber nur hinter wenigen zeigt sich eine Frucht.

¹⁷ „Und wenn schon die Frucht da ist und ihre Reife erlangt, so hätte sie zwar einen recht starken Wohlgeruch, —

¹⁸ „schneidet man sie aber auf und kostet das innere Fleisch, so wird man sogleich gewahr, daß der Geschmack bei weitem schlechter ist als der Geruch.

¹⁹ „Nimmt man nicht gewürzten Honig dazu, so wird es einem nach dem Genusse solcher Frucht sogleich zum Erbrechen übel,

²⁰ „ja man kann sich an solcher Frucht gar leicht den Tod eressen!

²¹ „Also wird es auch mit Rom stehen eine geraume Zeit, und viele werden sich an dieser Kost den Tod eressen, und diese Frucht wird ebenfalls als ein schlechtes Gericht auf dem Tische des Herrn sich befinden und wird von Ihm nicht angerührt werden.

²² „Also sind hier noch Butter, Brot und etwas Honig und etliche magere Fische.

²³ „Diese Speisen sind wohl etwas besser und sind von den anderen sehr gesondert und haben wohl noch das rechte Ansehen;

²⁴ „aber es ist in ihnen auch keine Wärme, und des Feuers Hauptgewürze hat sie noch nicht alle berührt, daher stehen sie auch hier am Tische des Herrn und werden nicht gelobt.

²⁵ „Die Fische wohl waren am Feuer; aber sie hatten zu wenig Fett, daher sind sie zäh wie Stroh, und der Herr kann sie auch nicht genießen.

²⁶ „Unter diesen Speisen werden

gewisse *Sekten* verstanden, die sich von ersteren absondern werden und werden wohl *Glauben* haben;

²⁷ „aber man wird an ihnen *keine* oder nur *sehr wenig* Liebe entdecken, und daher werden sie auch nicht angenehm sein vor dem Herrn.

²⁸ „Das ist kurz die Bedeutung dieses Mahles. Ich gab alles kund, was ich empfing; mehr aber empfing ich nicht, darum schweige ich nun." — Diese Erklärung machte ein großes Aufsehen wohl, aber niemand verstand sie.

238

Der letzte gute Fisch bedeutet die Liebe des Herrn und Seine große Gnade — in dieser letzten Zeit. Die Bewohner der Sonne gleichfalls zu Kindern Gottes bestimmt. Eine Herde unter dem Einen guten Hirten.

Joseph aber sprach darauf zu Jakob: „Du hast im vollsten Sinne im Namen des Herrn großweise geredet, obschon ich, wie wir alle, das noch nicht zu fassen imstande sind, was du geredet hast.

² „Da ich aber dessenungeachtet die Weisheit Gottes in dir erkenne,

³ „und wir alle am Ende einen herrlichen und gar überaus wohlschmekkend zubereiteten Fisch auf unseren Tisch bekamen,

⁴ „so möchte ich denn auch *das* von dir erörtert haben, was denn am Ende dieser edle gute Fisch bedeutet.

⁵ „Sicher wird dir der Herr auch das enthüllen, das da gut ist,

⁶ „da Er dir ehedem enthüllt hat, was da schlecht ist und sein wird für alle Welt."

⁷ Und *Jakob* sprach darauf: „Lieber Vater Joseph, das steht ja nicht bei mir, sondern allein beim Herrn.

⁸ „Ich bin nur ein mattes Werkzeug des Herrn und kann nur dann reden, wenn mir der Herr die Zunge löset.

⁹ „Darum verlange nicht von mir, das ich nicht habe und dir's darum auch nicht zu geben vermag,

¹⁰ „sondern wende dich darob an den Herrn; so *Er* es mir geben wird, dann sollst auch du es also gleich bekommen ganz ungetrübt!"

¹¹ Hier wandte sich *Joseph* sogleich heimlich an das Kindlein und sprach:

¹² „Mein Jesus, laß mich auch die Bedeutung des guten Fisches erfahren!"

¹³ *Das Kindlein* aber sprach: „Joseph, du siehst ja, daß Ich mit Meinem Fische noch nicht völlig fertig bin; also warte nur ein wenig noch!

¹⁴ „Cyrenius ist ja auch noch lange nicht fertig mit seiner Mahlzeit; daher haben wir noch eine halbe Stunde Zeit,

¹⁵ „und in dieser Zeit läßt sich noch sehr vieles abmachen, beraten und beschließen."

¹⁶ Darauf aber wandte Sich *das Kindlein* zu Jakob und sprach zu ihm:

¹⁷ „Jakob, dieweil Ich dies Mein Stückchen Fisch verzehren werde, kannst du ja gleichwohl reden, was dir in den Mund kommen wird."

¹⁸ Darauf aß das Kindlein wieder an Seinem Fische, und *Jakob* begann sogleich also zu reden:

¹⁹ „Dieser letzte *gute Fisch* bedeutet *die Liebe des Herrn* und *Seine große Gnade,* die Er in den Zeiten, in denen alles sich über den Abgründen des ewigen Todes befinden wird, den Menschen wird zukommen lassen.

²⁰ „Aber zuvor werden die Köche ein tüchtiges Gericht zu bestehen haben.

²¹ „Erst nach einem solchen Gerichte wird jene Zeit kommen, von der schon der Prophet Jesaias [1] geweissagt hat.

²² „Und diese Zeit wird dann bleiben auf der Erde und wird von ihr nicht genommen werden fürder, und da wird die Erde eins werden mit der Sonne,

²³ „und ihre Bewohner werden bewohnen die großen Lichtgefilde der Sonne und werden leuchten wie sie.

²⁴ „Und der Herr wird allein Herr sein, und Er wird *Selbst ein Hirte* sein, und alle die leuchtenden Bewohner werden *eine Herde* sein!

²⁵ „Und also wird die Erde bestehen ewig, und ihre Bewohner ewig, und der Herr wird ewig sein unter ihnen — *ein Vater Seinen Kindern* von Ewigkeit!

²⁶ „Da wird kein Tod mehr sein; wer da leben wird, der wird leben ewig, und wird nimmer den Tod sehen! Amen."

²⁷ Hier wird Jakob wieder still; die ganze Gesellschaft aber ward ganz stumm vor Bewunderung über diese große Weisheit Jakobs; nur *das Kindlein* sprach am Ende: „Und so bin Ich auch mit dem Fische fertig geworden; daher auch da: Amen!"

239

Die Gäste werden auf das Kindlein aufmerksam. Des Cyrenius Auskunft. Ein Urteil der Nachbarn über Joseph und seine Familie.

Bald darauf erhob sich die Gesellschaft vom Tische und dankte Gott für die leibliche wie für die geistige Nahrung und begab sich dann zum größten Teile hinaus ins Freie.

² Nur Joseph, Maria und das Kindlein mit dem Jakob begaben sich in das große Speisezimmer, allda sich Cyrenius noch mit seinen Gästen am Tische befand.

³ Er bewillkommnete überaus freundlich seine liebsten Freunde und wollte sogleich aufstehen und ihnen einen Platz bereiten.

⁴ *Das Kindlein* aber sprach: „O bleibe, bleibe, du Mein lieber Cyrenius, wo du bist!

⁵ „Ich bin schon zufrieden, wenn Ich nur in deinem Herzen den gerechten Platz habe!

⁶ „Was da diesen Tischplatz betrifft, an dem liegt Mir nichts.

⁷ „Ich gehe aber nun ins Freie mit den Meinen; wenn du mit der Tafel wirst zu Ende sein, so komme Mir nach!"

⁸ Darauf lief das Kindlein mit Seinem Jakob flugs hinaus ins Freie, unterhielt Sich dort mit ihm und mit den andern Kindern.

⁹ Einigen Gästen aus der Stadt aber fiel diese sehr verständige und ganz vertrauliche Rede des Kindleins mit Cyrenius auf,

¹⁰ und sie fragten, wie alt denn doch dieses Kindlein sein dürfte;

¹¹ denn es rede ja schon wie ein erwachsener Mann und scheine mit dem Statthalter auf einem sehr vertrauten Fuße zu stehen.

---

[1] Siehe das 19. und das 66. Kapitel; erstes beschreibt das vorangehende Gericht und letztes die Liebe und Gnadenzeit des neuen Jerusalem, welches ist der gute Fisch.

¹² *Cyrenius* aber sprach: „Was kümmert euch das, so ich ein großer Kinderfreund bin?

¹³ „Daß dies Kindlein überaus geistreich ist, das habt ihr alle gesehen;

¹⁴ „wie Es aber in kaum noch dritthalb Jahren Alters zu solcher Verstandesklarheit gelangt ist,

¹⁵ „darüber erkundiget euch bei Dessen Eltern, diese werden euch darüber wohl den besten Aufschluß zu erteilen imstande sein!

¹⁶ „Mich nimmt es überhaupt sehr wunder, daß ihr als die nächsten Nachbarn dieses Hauses dessen Einwohner noch nicht näher kennet!"

¹⁷ Darauf sprachen *einige:* „Ja, wie sollen wir aber diese Familie auch näher kennen?

¹⁸ „Fürs erste geht sie nirgends hin, und fürs zweite haben wir ja auch zu wenig Zeit, um diese sonderbare jüdische Familie zu besuchen, bei der man sich überhaupt nicht so ganz recht auskennt;

¹⁹ „denn sie hat einen so sonderbaren mystischen Anstrich, daß man nicht weiß, was man so ganz eigentlich aus ihr machen solle.

²⁰ „Soviel wir von andern ganz geringen Menschen erfahren, so ist diese Familie wohl sehr friedsam und tut den Armen viel Gutes;

²¹ „aber es gibt einige, die da sagen, daß sie schon öfter dieses Haus wie in den hellsten Flammen ersahen, die aber auf ‚ja' und ‚nein' wieder erloschen, und so noch so manches andere.

²² „Daher haben wir auch den Mut nicht, diese Familie zu besuchen;

²³ „denn der Alte ist und bleibt ein jüdischer Hauptzauberer,

²⁴ „und mit Menschen solcher Art ist's nicht gut in irgendeine Gesellschaft zu treten!"

²⁵ Hier lachte *Cyrenius* und sprach: „Nun, wenn also, da bleibet ihr nur dabei stehen; denn dann ist dieses Haus sicher vor euch!" — Die Gäste aber sahen den Cyrenius groß an und wußten nicht, wie sie daran waren.

240

Der üble Beschluß der eifersüchtigen Gäste. Der große Brand in Ostrazine.

Es fragte aber *ein Großbürger* der Stadt Ostrazine, wie der Statthalter das meine:

² „Warum soll darob dieses Haus sicher sein, da man — vielleicht irrwähnig — diesen alten Juden für einen Erzzauberer hält?"

³ Und *Cyrenius* sprach: „Weil der schwache Mensch da nichts vermag, wo der urewigen Gottheit Kraft ihre schützende Hand darüberhält.

⁴ „Dieses Haus aber steht, wie keines mehr auf der weiten Erde, unter dem mächtigsten Schutze solcher Gottheit, also ist es auch unüberwindlich!

⁵ „Leget eure Hand böswillig an dies Haus, und ihr werdet es sogleich erfahren, um welche Zeit es mit diesem ist!"

⁶ Hier stutzten *alle die Gäste* aus der Stadt und sagten zueinander:

⁷ „Der Statthalter will uns nur schrecken, weil er keine Macht bei sich hat.

⁸ „Würden wir aber im Ernste un-

sere Hände an dies Haus und an seinen Leib legen, da möchte er sicher bald eine andere Sprache führen!

⁹ „Lasset uns daher aufstehen vom Tische und in die Stadt ziehen und von da gegen Abend wieder mit einer starken Macht hierherkommen,

¹⁰ „und da werden wir sogleich sehen, ob der Statthalter noch eine solche Sprache führen wird!"

¹¹ Darauf erhob sich bald die ganze Tischgesellschaft vom Tische und begab sich ins Freie.

¹² Allda fingen die Bürger und der Oberste und der Stadthauptmann sich bei Cyrenius zu beurlauben an und machten sich darauf auf den Weg in die Stadt.

¹³ *Joseph* aber ging zu den Fortgehenwollenden und sagte zu ihnen:

¹⁴ „Warum wollet ihr denn nun schon gehen, da die Sonne noch eine gute Stunde leuchten wird!

¹⁵ „Bleibet hier bis zum Abende, und wir wollen dann alle den Cyrenius bis zu seinem Schiffe begleiten, wie es sich gebühret;

¹⁶ „denn er reist noch heute in der Nacht nach Tyrus ab und wird darum auch heute noch sein Schiff ordnen und besteigen."

¹⁷ *Die also Angesprochenen* aber entschuldigten sich und sagten: „Wir haben heute noch ein gar wichtiges Geschäft vor, daher entschuldige du uns bei deinem intimsten Freunde!"

¹⁸ Hier kam *das Kindlein* herbeigelaufen und sprach zu Joseph:

¹⁹ „Lasse sie nur ziehen in die Stadt; denn ihr Geschäft ist von einer Art, das zu Meiner Verherrlichung dient!"

²⁰ Hier ließ sonach Joseph die Stadtgäste ziehen und ging mit dem Kindlein zu Cyrenius hin und erzählte ihm, wie diese sich entschuldigten, und was das Kindlein geredet hat.

²¹ Und *Cyrenius* sprach: „O mein erhabenster Bruder, diese Art kenne ich!

²² Sie ist eifersüchtig und weiß sich aus lauter innerer Galle nicht zu raten und zu helfen, weil ich dein Haus besuchte und sie im Stiche ließ;

²³ „aber ich bin darum sehr ruhig ob deiner; denn ich weiß es ja, in Wessen Schutz du dich befindest!"

²⁴ Und *das Kindlein* sprach: „Oh, der dürre Weg soll ihnen heiß werden!

²⁵ „Sie wollen unser Haus heute noch zerstören, und das mit Feuer;

²⁶ „aber sie sollen nicht Zeit gewinnen dazu, denn sie werden daheim sogleich genug zu tun bekommen!"

²⁷ Als das Kindlein noch kaum solche Worte ausgeredet hatte, da stand schon die halbe Stadt in Flammen, — und niemand dachte mehr an die Zerstörung des Hauses Josephs.

241

Des Cyrenius Sorge um die Abgebrannten. „Wer andern eine Grube gräbt, fällt selbst hinein." Gott ist allen ein allgerechtester Richter.

Es entsetzten sich aber alle, als sie auf einmal die ungeheuere Qualm- und Flammenmasse in die Luft aufsteigend erschauten.

² Und Cyrenius fragte den Joseph, ob man nicht diesen so mächtig hartbedrängten Menschen zu Hilfe eilen sollte.

³ *Joseph* aber sprach: „Ich meine, wir werden das gut sein lassen!

⁴ „Denn dem Feuer können wir ohnehin keinen Einhalt tun mit unseren natürlichen, menschlichen Kräften;

⁵ „was aber die dabei Verarmten betrifft, die werden uns noch bald genug und zur rechten Zeit treffen.

⁶ „Daher seien wir nur ganz ruhig hier; wem's not tut, der wird schon kommen!"

⁷ Und *das Kindlein* daneben sprach zu Joseph: „Lieber Joseph, siehe, das wird auch deinen Gold- und Silberkasten um ein sehr bedeutendes leichter machen!

⁸ „Auch du, Cyrenius, wirst heute noch vor deiner Abreise um einige Pfunde Goldes und Silbers leichter werden;

⁹ „denn die hier waren und heimlich uns mit der Zerstörung unseres Hauses gedroht haben, die werden bald als sehr gedemütigte Freunde wiederkommen und werden dich um eine Unterstützung angehen.

¹⁰ „Daher mache dich nur gefaßt darauf! Denke aber nicht, als hätte Ich etwa deren Häuser durch Meine Macht in diesen Brand gesteckt;

¹¹ „denn so etwas tue Ich nicht; und *jegliche Rache ist ferne von Mir!*

¹² „Dir aber sage Ich es: Dies hat ihnen ihre Dienerschaft getan.

¹³ „denn diese hatte schon einen alten Groll auf ihre Herrschaft, da sie von ihr zu karg und hart gehalten war.

¹⁴ „Heute fand sie den günstigen Zeitpunkt, sich also zu rächen an ihrer Herrschaft,

¹⁵ „daß sie alle ihre Paläste in den Brand steckte.

¹⁶ „Und so fielen ohne Mein Zutun diese Weltherren gerade nun in *die* Grube, die sie für *uns* zu machen im Sinne hatten!"

¹⁷ Als *Cyrenius* vom Kindlein solches vernommen hatte, da fragte er Es hurtigst, ob man solcher argen Dienerschaft nicht nachstellen solle.

¹⁸ Und *das Kindlein* sprach: „O laß das gut sein! Denn fürs erste hat sie an ihrer hartherzigen Herrschaft ein gutes Werk getan,

¹⁹ „fürs zweite ist sie lange schon mit dem geraubten Schatze über Berg und Tal, —

²⁰ „und fürs dritte wird sie der ihr gebührenden Strafe nicht entgehen, da sie das ganz eigenmächtig aus böser Rache getan hat!

²¹ „Daher sei unsere Sorge vorerst auf *die* gerichtet, die da unserer Hilfe benötigen werden!

²² „Was aber die Brandleger betrifft, für die ist schon gesorgt.

²³ „Denn siehe, Gott sieht sie allenthalben und kennt ihren Weg genau!

²⁴ „Daher kann Er sie auch überall ergreifen, wo sie sich auch immer befinden möchten.

²⁵ „Gott ist auch allen ein allgerechtester Richter; daher wird Er ihnen auch den gerechten Lohn für ihre Tat zu geben wissen!"

²⁶ Hier kam Maria ganz ängstlich hinzu und zeigte dem Joseph eine große Schar bewaffneter Krieger, die sich in Eilschritten gegen die Villa bewegte.

²⁷ *Das Kindlein* aber sprach: „O fürchtet euch nicht; das ist die Schutzwache für den Cyrenius, die nun der Oberste aus der Stadt zu eurer Sicherung sendet!

²⁸ „Es werden aber bald auch eine Menge Bürger ihr folgen.

²⁹ „Daher seid nun hier nur für

ihre Unterkunft besorgt; alles andere wird sich geben!"

³⁰ Und wie das Kindlein solches geredet hatte, so war es auch: Cyrenius bekam Wache, und dieser folgten bald eine Menge Abgebrannter.

242

Hochmut kommt vor dem Fall. Josephs würdige Behandlung der Abgebrannten. Des Cyrenius Edelmut gegen die Verunglückten. Cyrenius bei Jonatha.

Als die Abgebrannten beim Hause Josephs ankamen, da erkannte sie eben *Joseph* bald, daß sie dieselben Herren waren, die ehedem seine Gäste gewesen waren, und fragte sie:

² „Ja, meine geachtetsten Herren, was ist's denn mit eurem wichtigen Geschäfte, deshalb ihr ehedem also schnell forteiltet?

³ „Bestand es darinnen, daß ihr eure Stadt angezündet habt?

⁴ „Oder bestand es etwa in ganz etwas anderem, das für mich als ein Geheimnis zu verbleiben hat?"

⁵ *Die Abgebrannten* aber sprachen: „Lieber Menschenfreund, versuche uns Elende nicht; denn du siehst ja, daß wir nun die aufgelegtesten Bettler sind!

⁶ „Kannst du uns aber irgend unterstützen, so tue das, und wir wollen deine Leibeigene sein unser Leben lang!"

⁷ *Joseph* aber sprach: „Nur Roms mächtige Patrizier verstehen sich auf Sklaven und Leibeigene;

⁸ „ich aber verstehe mich nur auf Brüder, die allezeit gleich *meine Brüder* sind, wie als Herren also auch als Bettler.

⁹ „Darum werde ich euch auch nach Kräften unterstützen.

¹⁰ „Aber so ihr wieder auf eurem Boden fest stehen werdet, dann nehmet auch kein solches Geschäft mehr vor, wie euer heutiges hätte sein sollen!

¹¹ „Denn so wehe es *euch* nun tut, daß euch eure Diener und Sklaven so schändlich beraubt und eure Häuser angezündet haben,

¹² „ebenso und noch mehr wehe hätte *mir* das getan, so ihr desgleichen an mir verübt hättet!"

¹³ Hier ging Joseph zu Cyrenius und fragte ihn, was man diesen Unglücklichen auf einmal geben solle.

¹⁴ Und *Cyrenius* sprach: „Warte nur ein wenig! Meine Träger, die ich um meine Kasse aufs Schiff gesandt habe, werden bald da sein!

¹⁵ „So ich erst im Besitze meiner größeren Kasse sein werde, da werden wir schon sehen, wieviel da auf jeden, der schon hier ist und noch kommen wird, fallen soll!"

¹⁶ In einer kleinen Stunde brachten die Boten tausend Säckel Goldes und Silbers.

¹⁷ Jeder Säckel, aus zehn Pfunden bestehend, aber war gemischt mit zwei Pfunden Goldes und acht Pfunden Silbers.

¹⁸ Hier sprach *Cyrenius* zu Joseph: „Diese Säckel verteile du unter diesen Abgebrannten also, daß auf jeden ein Säckel kommt!

¹⁹ „Die erübrigten aber verwahre du für noch andere, die noch ankommen werden!

²⁰ „Ich aber will bei der Verteilung nicht zugegen sein, auf daß ich nicht erkannt werde von allem Volke, das hierherkommen wird!

²¹ „Ich aber werde mich nun mit Jonatha in seine Wohnung begeben und hoffe, dich am Abende zu sehen."
²² Joseph billigte das und übernahm mit seinen Söhnen sogleich die Verteilung; und Cyrenius entfernte sich heimlich mit seinem ganzen Hofstaate und mit Jonatha.

243

Josephs tatkräftige Nächstenliebe. Ein rechter Trost in schwerer Heimsuchung. Abendbesuch und Abendmahl bei Jonatha.

Zwei Stunden nach dem vollen Untergange der Sonne hatte *Joseph* mit der Verteilung zu tun
² und wies auch dabei den Dach- und Fachlosen Plätze an, wo sie übernachten konnten.
³ denn in der Stadt getrauten sich wenige nur zu übernachten, teils wegen des starken Brandgestankes,
⁴ teils aber auch wegen der Unsicherheit, da man noch immer fürchten mußte, ob das Feuer nicht ehestens dieses oder jenes noch gesunde ¹ Haus ergreifen würde.
⁵ Als Joseph also sein Geschäft beendet hatte, da fragte er das Kindlein ganz geheim, ob es nun wohl geheuer sein dürfte, das Haus zu verlassen und sich zu Jonatha hinzubegeben.
⁶ Und *das Kindlein* sprach: „Was kümmert dich das Haus und dessen Inhalt?
⁷ „Gehört es doch nicht uns, sondern dem, der es gekauft hat, sowie auch der Inhalt, der ebenfalls des Käufers ist.
⁸ „Daher gehen wir nur zu Jonatha, der für uns sicher einen guten Fisch in Bereitschaft hat!"
⁹ Und *Joseph* sprach: „Du hast freilich wohl recht;
¹⁰ „aber bedenke, daß wir einen Kasten voll Goldes und Silbers haben und Kühe, Ziegen und Esel!

¹¹ „Könnte das nicht ein Raub dieser nun sehr vielen Gäste werden?"
¹² Und *das Kindlein* sprach: „Joseph, das ist jetzt zu hoch für Mich;
¹³ „rede darüber mit Jakob, der versteht diese Sachen nun besser als Ich!"
¹⁴ Und Joseph tat alsbald an Jakob dieselbe Frage.
¹⁵ Und *Jakob* sprach: „Vater, und so wir alles verlören, *der Herr* aber uns bleibt, was hätten wir dann verloren?!
¹⁶ „Der Herr aber zieht mit uns zu Jonatha; was sollen wir dann hier im Hause des Statthalters zu verlieren fürchten?!
¹⁷ „Laß dir die ganze Erde rauben und behalte den Herrn, dann hast du mehr, als so alle Himmel und Erden dein vollstes brauchbares Eigentum wären!
¹⁸ „Und so ziehe, du redlichster Mann, ohne Furcht und Sorge mit dem Herrn zu Jonatha, und du wirst dich überzeugen, daß wir nichts verlieren werden!"
¹⁹ Diese Worte des Herrn aus dem Munde Jakobs beruhigten Joseph so sehr, daß er augenblicklich mit seiner ganzen Sippschaft aufbrach und sich zu Jonatha begab.
²⁰ Alldort harrten schon alle mit der sehnsüchtigsten Erwartung der Ankunft Josephs.

¹ unversehrte.

²¹ Und als sie seiner ansichtig wurden, da liefen sie wie die Kinder ihrem Vater entgegen, darunter sich auch Cyrenius befand.
²² Und als unter solchem Geleite Joseph mit den Seinen in das Haus Jonathas trat, da ließ dieser sogleich die wohlbereiteten Fische auftragen, und alle hielten ihr Abendmahl.

244

Cyrenius rüstet sein Schiff zur Abreise. Jakob mahnt ihn an den Erdglobus.
Josephs bester Rat an Cyrenius: Handle frei — nach dem Willen des Herrn!
Cyrenius nimmt die drei Knaben mit.

Nach diesem Abendmahle befahl Cyrenius seinen Schiffsleuten, das Schiff zu ordnen.
² Und diese gingen und brachten im Schiffe alles in kurzer Zeit in die beste Ordnung.
³ Es trat aber auch Jakob zu Cyrenius hin und fragte ihn, ob er in seiner Eile nicht den wunderbaren Erdglobus vergessen hätte, den ihm das Kindlein vor ein paar Tagen zum Geschenk gemacht hatte.
⁴ Bei dieser Frage griff sich Cyrenius förmlich bei den Haaren und wollte sogleich selbst deswegen fortlaufen.
⁵ *Jakob* aber sprach: „O Cyrenius, kümmere dich darob nicht;
⁶ „denn was du vergessen hast, an das habe ich schon gedacht!
⁷ „Siehe, hier in diesem Winkel in einem Tuche befindet sich der Erdglobus, und du brauchst darum nicht mehr in unsere Wohnung zu laufen!"
⁸ Da ward Cyrenius voll Freude; er selbst nahm das Kleinod und trug es zum Schiffe und übergab es dort seinem Schiffshauptmann zur besten Verwahrung.
⁹ Als auch dieses Geschäft beendet war, da ging *Cyrenius* zu Joseph und sagte zu ihm:
¹⁰ „Höre du, mein allererhabenster Freund und Bruder, mich nun gütigst an; denn ich habe nun einen guten Gedanken gefaßt, und der muß ausgeführt werden!
¹¹ „Siehe, du hast nun in deinem Hause eine Menge Menschen, und es werden dir etliche verbleiben!
¹² „Meine Kinder aber machen dir doch mehr oder weniger Sorge und manche Ungelegenheit, und, wie ich es selbst bemerkt habe, ganz besonders die drei Knaben.
¹³ „Darum habe ich nun bei mir beschlossen, wenigstens eben die drei Knaben mit mir zu nehmen und dir allein die fünf Mädchen zu belassen."
¹⁴ Und *Joseph* sprach: „Liebster Bruder, tue du, was dir am besten dünkt, und mir wird alles recht sein!
¹⁵ „Aber nur tue das alles nach dem Rate des Herrn, so wird es am besten sein!
¹⁶ „Frage darum auch hier den Herrn, und was *Er* dir sagen wird, das tue!"
¹⁷ Hier wandte sich Cyrenius sogleich mit der tiefsten Liebe und Ehrfurcht an das Kindlein und fragte Es nach dem Rate Josephs.
¹⁸ Und *das Kindlein* sprach: „Ja, ja, nimm die drei recht schlimmen Knaben nur mit; das ist Mir schon recht!
¹⁹ „Sixtus wäre Mir zwar schon noch recht, aber auch er bleibt sich nicht gleich und will Mich nichts gelten lassen.

²⁰ „Daher nimm ihn nur auch mit und sei ja recht strenge gegen sie, sonst werden das rechte Weltlinge werden!

²¹ „Die Mädchen aber laß nur hier; denn die habe Ich viel lieber, weil sie Mich auch lieber haben als die Knaben!

²² „Aber darum habe Ich sie nicht lieber, weil sie Mädchen sind, sondern nur wegen ihrer größeren *Liebe zu Mir.*"

²³ Auf diese Äußerung des Kindleins nahm Cyrenius die drei Knaben und dankte dem Kindlein für diesen herrlichen Rat und ließ sie dann auch alsbald aufs Schiff bringen.

245

Des Cyrenius Segensbitte, und des Kindleins göttliche Antwort. Des Cyrenius edles Abschiedsgebet. Das Kindlein segnet die Scheidenden und beruhigt sie mit den Worten: Wo euer Herz ist, da ist auch euer Schatz.

Als das Schiff ganz zum Abfahren bereit war, da ging *Cyrenius* zum Kindlein, kniete vor Ihm nieder und bat Es um den Segen mit folgenden Worten:

² „O Herr, Du mein großer Gott, Du mein Schöpfer, Du mein Vater von Ewigkeit,

³ „der Du nach Deinem ewigen Ratschlusse hier auf diesem Staube, das wir Erde und Welt nennen, als ein schwaches Menschenkind wandelst in unserer Gestalt,

⁴ „Du mein allmächtiger Herr, vor Dessen leisestem Winke alle Mächte der Unendlichkeit erbeben,

⁵ „O siehe mich elendesten Wurm vor Dir im Staube meiner vollsten Nichtigkeit gnädig an,

⁶ „und würdige Du Heiliger aller Heiligkeit mich, einen unwürdigsten Wurm im Staube vor Dir, Deines endlos heiligen Segens!

⁷ „Laß, o Du mein Leben, Deinen allerheiligsten Namen alle meine Kraft, Macht und Stärke sein!

⁸ „O Du mein über alles geliebtester Jesus, Du Urkönig meines Herzens, sieh mich armen, schwachen Sünder gnädig und barmherzig an und laß es zu, daß ich fort und fort in der Liebe zu Dir wachse!

⁹ „Nimm, o Du mein ewig allergeliebtester Jesus, meine Liebe als den schwachen kleinen Dank an für die endlosen Gnaden und Erbarmungen, die Du mir mit jedem Atemzuge erteilest!"

¹⁰ Hier brach dem Cyrenius das Herz vor Liebe, und er konnte nicht mehr reden vor lauter Weinen.

¹¹ *Das Kindlein* aber sprang ganz munter hin zu Cyrenius, umarmte ihn viele Male und sprach dann zu ihm:

¹² „O weine nicht, du Mein liebster Cyrenius; denn du siehst es ja, wie lieb Ich dich habe!

¹³ „In dieser Meiner Liebe für dich und zu dir aber liegt ja Mein größter Segen!

¹⁴ „Ich sage dir, so du bleibst, wie du bist, da bleibst du ewig Mein, und deine Seele soll ewig nimmer den Tod fühlen noch schmecken!

¹⁵ „Wie du Mich aber nun um diesen Segen gebeten hast, also bitte auch Ich dich, daß du Mich ja gegen niemand verratest.

¹⁶ „Und Ich bitte dich nicht Meinetwegen, sondern der Welt wegen;
¹⁷ „denn diese würde in den Tod sobald übergehen, so sie Mich erkennete vor der Zeit!" —
¹⁸ Nach diesen Worten umarmte das Kindlein noch einmal den Cyrenius und küßte ihn sehr.
¹⁹ Da breitete *Cyrenius* seine Arme weit aus und sprach mit der rührendsten Stimme:
²⁰ „O Gott! O Du mein Gott! O Du mein großer Gott! — Was bin ich denn, daß *Du* mich küssest mit dem Munde, aus dem alle Schöpfung hervorging?!
²¹ „O ihr leuchtenden Himmel, und du Erde, und ihr Kräfte der Himmel! Sehet, sehet hierher!
²² „*Der,* der euch und mich erschaffen hat, ist hier vor mir und segnet mich mit Seiner allmächtigen Hand!
²³ „Wann, wann wirst du, o Erde, es fassen, die Gnadengröße dieser Zeit fassen, in der deines ewigen Schöpfers und Herrn Füße deinen Boden betraten?!
²⁴ „O du überheiliger Boden, der du den Herrn trägst, wirst du je wohl die Größe solcher Gnade dankbarst, dich selbst zerknirschend vor Demut, erkennen?!
²⁵ „O du heilige Stätte, wie schwer verlasse ich dich! —
²⁶ Hier hob das Kindlein den Cyrenius förmlich auf und ließ ihn nicht wieder niederknien.
²⁷ Da aber kamen auch Tullia und Maronius Pilla, und das Kindlein segnete sie alle, und alle weinten, daß sie nun wieder scheiden mußten.
²⁸ *Das Kindlein* aber sprach: „Oh, oh, wir scheiden ja nicht! Denn *wo euer Herz ist, da wird auch euer Schatz sein!"*
²⁹ Damit beruhigten sie sich und erhoben sich vom Boden.

246

Joseph segnet den Cyrenius. Köstliche Abschiedsworte Jesu an Cyrenius: „Die Liebe allein kann Meine Gegenwart ertragen." Des Cyrenius Abreise. Joseph bei Jonatha.

Darauf ging *Joseph* hin zu Cyrenius und segnete ihn samt seinem ganzen Hause.
² Desgleichen ging auch *Maria* hin und segnete Tullia und deren Gefährtinnen.
³ Und *Joseph* sprach zu Cyrenius dann: „Bruder, mit dieser meiner Segnung drücke ich dir auch den Wunsch meines Herzens aus, der darin besteht:
⁴ „Laß du mir die fünf Mägdlein ganz, auf daß sie an mir vollkommen ihren Vater haben sollen!
⁵ „Denn du wirst ohnehin noch eigene Kinder bekommen, die sich in der späteren Zeit mit diesen hart vertragen würden.
⁶ „Bei mir aber wird darob nie eine Disharmonie entstehen; den Grund davon kennst du nun so gut als ich."
⁷ Und *Cyrenius* willfahrte gerne des Josephs Wunsch und übergab ihm die fünf Mägdlein völlig zu eigen, worüber Joseph eine große Freude hatte;
⁸ denn er hatte die Mägdlein lieb, weil sie so gelehrig und sehr folgsam waren, und waren von gutem Wuchse und von einer lieblichen Gestalt.
⁹ Als dieses abgemacht war, da umarmte *Cyrenius* den Joseph und sprach:
¹⁰ „Bruder, so es des Herrn Wille sein wird, da hoffe ich dich bald wiederzusehen."

¹¹ Und *das Kindlein,* das da neben dem Joseph stand, sprach: „Amen sage Ich! — So nicht hier, so doch in Meinem Reiche!

¹² „Denn Ich sage dir: Lange werden wir uns nicht mehr in diesem Lande aufhalten, weil wir schon zu bekannt sind.

¹³ „So wir aber ausziehen werden, dann werden wir uns in die Verborgenheit zurückziehen, auf daß da kein Mensch gerichtet werde!

¹⁴ „Jedoch — wir in der Liebe eins Gewordene werden uns *allezeit* gegenwärtig sein *im Geiste,* ewig!

¹⁵ „Wo dein Schatz sein wird, da wirst auch du sein mit deinem Herzen, in dem der Hauptschatz wohnt.

¹⁶ „Bin Ich dir ein köstlicher Schatz geworden in deinem Herzen, wahrlich, so sollst du Meiner ewig nimmer ledig werden!

¹⁷ „Denn da Ich wohne in der Liebe, da bin Ich eigentlichst zu Hause und ziehe ewig nimmer aus solcher Wohnstätte!

¹⁸ „Laß Mich daher fortwährend wohnen in deinem Herzen, und Ich werde für dich in keiner Verborgenheit wohnen!

¹⁹ „Denn nur die *Liebe* allein kann meine Gegenwart ertragen, wie ein Feuer das andere.

²⁰ „Alles aber, was nicht Feuer ist, das wird vom Feuer zerstört und verzehrt.

²¹ „Darum auch ziehe Ich Mich von der Welt zurück, auf daß sie Mein Feuer nicht ergreife und zerstöre!

²² „Frage aber ja nie: ‚Herr, wo bist Du?‘ — Da werde Ich dir nicht sagen: ‚Hier bin Ich!‘;

²³ „sondern frage sorgfältig dein *Herz,* ob es Mich *liebt,* und Ich werde in deinem Herzen, das Mich liebt, dir zurufen:

²⁴ ‚*Hier bin Ich zu Hause,* in aller Fülle Meiner Liebe, Gnade und Erbarmung!‘

²⁵ „Nun besteige getrost dein Schiff, und guter Wind soll dich nach Tyrus tragen! Amen."

²⁶ Hier empfahl sich der Statthalter *Cyrenius* zum letztenmal bei Joseph in Ägypten und bestieg sein Schiff.

²⁷ Und alsbald kam ein guter Wind und eilte mit dem Schiffe davon.

²⁸ Joseph aber begab sich darauf mit seiner Familie in das Haus des Jonatha und verblieb diese Nacht bei ihm.

247

Joseph und Jonatha bemerken beim Morgenfischzug ein gefährdetes Schiff und retten dasselbe.

Am Morgen des nächsten Tages war Joseph wie gewöhnlich der erste auf den Beinen und weckte auch bald seine Familie.

² *Jonatha* aber, der auch soeben aus seiner Kammer kam, um zu sehen, was es für einen Tag für sein Geschäft geben werde, sprach zu Joseph:

³ „Aber lieber Freund und Bruder, was tust denn du schon so früh auf und treibst auch die Deinen an, daß sie sich erheben sollen?

⁴ „Sollst du denn nicht auf den Herrn warten, bis Dieser Sich vom Schlafe erheben würde?

⁵ „Wäre denn nicht eben dann die

beste Zeit aufzustehen am Morgen eines Tages?

⁶ „Ich bitte dich darum, laß doch wenigstens deine Familie ruhen noch ein paar Stunden!

⁷ „Du aber begib dich mit mir und mit meinen Leuten auf ein Schiffchen, und wir wollen einen Morgenfang machen!"

⁸ Dieser Antrag gefiel dem Joseph wohl, und er ließ seine Familie noch ruhen und begab sich sogleich mit Jonatha in einen großen Fischerkahn.

⁹ Jonathas Fischerknechte ordneten die Netze und griffen dann kräftigst zu den Rudern,

¹⁰ und in einer Stunde befanden sich die Morgenfischer schon an der Stelle, wo es am meisten Fische gab.

¹¹ Als sie aber diese allezeit günstige Fischerstelle erreicht hatten und die Sonne sich ihrem Aufgange nahte,

¹² da bemerkte *Jonatha* in der Entfernung etwa einer Stunde ein römisches Schiff stehen und wußte nicht, was er so ganz eigentlich aus demselben machen solle!

¹³ Er sprach darum zu Joseph: „Bruder, ich kenne das Meer dort;

¹⁴ „es ist seicht und voll Sandbänken, und gar leicht kann dort ein Seefahrer Roms steckengeblieben sein.

¹⁵ „Wir sollten darum wohl schleunigst zu Hilfe eilen!"

¹⁶ Und Joseph war damit einverstanden; und es ward sofort hingerudert, und das Schiff ward in einer halben Stunde erreicht.

¹⁷ Und siehe, es war wirklich ein großes Römerschiff, das da einen Gesandten an Cyrenius führte!

¹⁸ Dieser ward sogleich aufgenommen, und er bat Jonatha, alles mögliche aufzubieten, daß das Schiff gerettet werde.

¹⁹ Darauf ergriff Jonatha sogleich das Schlepptau des großen Schiffes und ließ dann kräftig rudern an seinem großen Boote.

²⁰ Und es dauerte keine halbe Stunde, als das große Schiff flottgemacht wurde.

²¹ Darauf beschenkte der römische Gesandte den Jonatha reichlich und segelte dann weiter gegen Morgen.

²² Jonatha aber kehrte dann mit Gold und Silber anstatt der Fische nach Hause und ließ für diesen Morgen das Fischen.

248

Des Kindleins Frage nach dem heutigen Fischfang. Des fischbegierigen Kindleins Antwort auf Josephs Zurechtweisung: „Ich bin überall zu Hause, wo man Mich liebt!" Der reiche Fischfang auf des Kindleins Geheiß.

Als nach ungefähr drei Stunden Jonatha mit Joseph und mit seinem Gold- und Silberfischfange zurückkam, da war in seinem Hause auch schon alles auf den Beinen und sah nach der noch stark rauchenden Stadt hin.

² Das Kindlein allein lief mit Jakob dem sich dem Ufer nahenden Joseph und Jonatha entgegen.

³ Und als diese ans Ufer traten, da grüßte und küßte Es die beiden und fragte Jonatha, ob er wohl schon recht viele Fische gefangen habe.

⁴ Dieser *(Jonatha)* aber, das Kindlein ebenfalls mit größter Liebe umfassend, sprach:

⁵ „O Du mein Leben, o Du meine Liebe! Mit den Fischen hat es für heute seine geweisten Wege!

⁶ „Aber ich habe, sicher mit Deiner allmächtigen Hilfe, ein gestrandetes Römerschiff gerettet, das einen Gesandten an Cyrenius trug.

⁷ „Da fielen dann recht viele Gold- und Silberfische in mein Netz, und so ließ ich für heute den eigentlichen Fischfang ruhen."

⁸ Und *das Kindlein* sagte: „Das ist schon recht und ganz gut;

⁹ „aber da Ich Mich heute schon auf einen frischen Fisch gefreut habe, so wäre es mir lieber gewesen, du hättest statt deiner Gold- und Silberfische die rechten gebracht!"

¹⁰ *Jonatha* aber sprach: „O Du mein Leben! Siehe, längs des Ufers hängen ja eine Menge Fischkästen voll mit den besten Fischen, da werden wir schon ganz frische herausnehmen!"

¹¹ Und *das Kindlein* lächelte darauf und sprach: „Ja, wenn also, dann magst du freilich wohl deinen heutigen Gold- und Silberfischfang behalten!

¹² „Aber Ich bin schon recht hungrig; wird es lange dauern, bis da ein Fisch zugerichtet wird?"

¹³ Und *Jonatha* sprach: „O nein, o nein, Du mein Leben, in einer halben Stunde sitzen wir schon bei Tisch!"

¹⁴ *Joseph* aber sagte zum Kindlein: „Aber Du bist wohl ein rechter Bettler!

¹⁵ „Siehe, hier sind wir ja nicht zu Hause; daher müssen wir auch nicht tun, als wären wir zu Hause!

¹⁶ „Gedulde Dich nur, es wird schon etwas kommen; aber also zu betteln schickt sich ja nicht in einem fremden Hause!"

¹⁷ *Das Kindlein* aber sprach: „Ei, was da! Ich bin überall zu Hause, wo man Mich liebt.

¹⁸ „Wo aber Ich zu Hause bin also, da kann und darf Ich ja doch auch reden, was Ich möchte!

¹⁹ „Damit aber Jonatha seine Kästen nicht unentschädigt leeren solle,

²⁰ „da werfe er ein Netz ins Meer, und er soll für uns alle sogleich einen hinreichenden Fang machen! — Jonatha, tue das!"

²¹ *Jonatha* warf sogleich ein großes Netz ins Meer und fing eine unerhörte Menge der edelsten Fische.

²² Darauf sagte *das Kindlein* zu Joseph: „Siehe, wenn *das* in Meiner Macht steht, da werde Ich doch Jonatha um einen guten Fisch bitten dürfen?!" — Hier wurde Joseph stille; Jonatha aber wußte sich aus lauter Dankbarkeit nicht zu helfen.

249

Jonatha zieht mit Joseph heim. Das Haus wird leer und ausgeplündert angetroffen. Joseph ergrimmt darob sehr. Denkwürdige Erklärung des Kindleins.

Jonatha nahm sogleich zehn der besten Fische und übergab sie seinem Koche, daß er sie sogleich zurichte.

² Er aber half seinen Gehilfen die andern Fische teils in die Lägel bringen und teils in die Selchkammer.

³ In einer Viertelstunde waren die Fische bereitet, und alle Angehörigen Josephs begaben sich zum Frühmahle.

⁴ Als das Mahl eingenommen war, da war es auch schon gegen Mittag, und *Joseph* sprach:

⁵ „Nun aber haben wir auch die höchste Zeit, uns nach Hause zu begeben!

⁶ „Und du, Bruder Jonatha, wirst mich begleiten und wirst heute noch bei mir zubringen!"

⁷ Und *Jonatha* sprach voll Freude in seinem Herzen:

⁸ „O Bruder, das tue ich wohl am allerliebsten; denn du weißt es ja, wie endlos und unbegrenzt lieb ich dich habe!"

⁹ Darauf nahm Jonatha drei große Lägel voll der edelsten Fische wieder und zog überheiteren Mutes mit Joseph und seiner Familie zur Villa.

¹⁰ Als sie da wieder anlangten, da fanden sie zu ihrem nicht geringen Erstaunen keinen Menschen von den Abgebrannten mehr,

¹¹ sondern ganz leer stand das Haus da und offen in allen seinen Gemächern.

¹² *Joseph* sagte beim Anblicke seines Hauses: „Das ist kein gutes Zeichen;

¹³ „denn hier scheinen Diebe gehandelt zu haben! Nur diese Art flieht, so sie ein Haus bestohlen hat; der ehrliche Mensch aber bleibt!

¹⁴ „Gehet ihr, meine Söhne, hinein und untersuchet, ob noch etwas im Hause ist, und kommet dann und saget es mir!"

¹⁵ Und die vier Söhne gingen und untersuchten das Haus und fanden es bis auf das Vieh im Stalle rein ausgeplündert.

¹⁶ Also war auch die Speisekammer leer, und im Geldkasten war kein Groschen mehr zu finden.

¹⁷ Da die vier Söhne solches alles also fanden, da wurden sie sehr traurig und kamen zurück und zeigten solches alles dem Joseph an.

¹⁸ Da ward *Joseph* zornig über die Schlechtigkeit der Menschen, die für Wohltaten mit solchem Danke ihre Wohltäter lohnen!

¹⁹ Und er sprach ganz ergrimmt: „Wahrlich, läge es in meiner Macht, ein solches Schandgesinde auf das empfindlichste zu strafen, da würde ich sogleich Feuer vom Himmel über solcher Diebe Häupter regnen lassen!"

²⁰ Hier trat *das Kindlein* zu Joseph und sprach: „Ei, ei, Vater Joseph, du bist heute sehr schlimm!

²¹ „Haben die Diebe dir ja noch *Mich* gelassen; wie magst du denn ihrer gar so zürnen?

²² „Siehe, die Diebe haben deinem Hause nur eine recht große Wohltat erwiesen, daß sie es also ausgereinigt haben!

²³ „Denn wahrlich, wo in Zukunft ein Haus (das Herz des Menschen) nicht also gereinigt sein wird, da werde Ich nicht einziehen!

²⁴ „Dieses Haus aber ist nun von jeglicher Weltschlacke gereinigt, und es gefällt Mir also sehr wohl!

²⁵ „Denn fürs erste ist es offen in allen seinen Fächern und Gemächern,

²⁶ „und fürs zweite ist es ganz gereinigt, und so ist es nun ganz geeignet zu Meinem Einzuge; daher zürne den Dieben nicht, auf daß ihre Sünde nicht größer werde!"

²⁷ Joseph und alle nahmen sich diese Worte zu Herzen, und *das Kindlein* sprach am Ende:

²⁸ „Sehet, also handeln alle Menschen an Mir, wie diese Abgebrannten an diesem Hause, und dennoch lasse Ich nicht Feuer vom Himmel regnen!

²⁹ „Also fluchet auch ihr denen nicht, die Übles für Gutes tun, so werdet ihr wahre Kinder des Einen Vaters im Himmel sein!" — Diese Worte beruhigten den Joseph vollkommen, und er ging darauf ganz wohlgemut in sein Haus.

250

Maria weint über den Diebstahl aller Kleider samt Wäsche. Des Jonatha Trost und edle Tat. Maria wetteifert mit Jonatha in Edelmut. Das Kindlein beglückt Jonatha.

Als sich nun alles in dem Hause befand und *Maria* sich auch überzeugt hatte, daß sogar ihr Kleiderschrank und der der Eudokia rein ausgeplündert waren,

2 da kamen ihr Tränen in die Augen samt der Eudokia, und sie sprach zu Joseph:

3 „Da sieh einmal her, auch das Kleid, das ich im Tempel hatte, ist ein Raub schlechter Menschen geworden!

4 „Wahrlich, es geschieht mir darum recht hart und weh in meinem Herzen!

5 „Wir sind in Kleidern ohnehin so dürftig bestellt, als man sich je denken kann, und dennoch mußten wir sogar das Nötigste einbüßen!

6 „Es sei zwar alles dem Herrn aufgeopfert, aber es schmerzt mich doch, weil es das einzige war, was ich zum notwendigen Wechsel besaß!

7 „Wahrlich, das tut mir recht weh! Noch mehr aber schmerzt es mich, daß die argen Diebe auch die Wäsche des Kindleins genommen haben!

8 „Das hat nun das einzige Hemdchen, das Es nun am Leibe trägt; wie werde ich Ihm nun ein zweites anschaffen können?

9 „O Du mein armes Kindlein, siehe, siehe, jetzt werde ich Dir nicht mehr können alle Tage ein frisches Hemdchen anziehen, das Dir immer so wohl tat!"

10 Hier trat *Jonatha* hinzu, tief gerührt, und sprach: „O du erhabenste, übergeheiligte Mutter meines Herrn, traure nicht; denn ich habe nun ja auch Gold und Silber!

11 „Mit der größten Freude gebe ich es ja dir bis zum letzten Stater, und du magst es dann gebrauchen nach deinem Bedürfnisse!

12 „Ich weiß es zwar wohl, daß der Herr aller Herrlichkeit nicht auf mein Gold und Silber sieht; denn Er, der alle Tiere und alle Bäume und Kräuter und alle Welt so herrlich bekleidet, wird auch Seines Leibes Mutter nicht nackt werden lassen!

13 „Aber dennoch möchte ich nun gar so gern meiner Seligkeit willen dir alle meine Schätze zum Opfer bringen.

14 „O Mutter, nehme sie an aus meinem Herzen!"

15 Hier blickte *Maria* den Jonatha freundlichst an und sprach:

16 „O Jonatha, wie groß und edel bist du! Dein Wille gilt mir fürs Werk!

17 „Wenn es aber dem Herrn angenehm wäre, da möchte ich wohl fürs Kindlein dich um eine Unterstützung bitten.

18 „Soll es aber jedoch dem Herrn nicht angenehm sein, so habe ich schon alles aus deinem Herzen empfangen, dafür ich dir nie aufhören werde, dankbar zu sein!"

19 Hier kam *das Kindlein* dazu und sagte zu Jonatha: „Lieber Jonatha, tue das, was die Mutter von dir wünscht, und dir soll einst ein großer Lohn werden!

20 „Denn siehe, wir sind nun wirklich arm, und das um so mehr, da Ich des Heiles der Menschen wegen kein Wunder wirken darf!"

21 Hier sprang Jonatha voll Freu-

den nach Hause und brachte in kürzester Zeit all sein Gold und Silber und legte es der Maria zu Füßen.

²² Als Maria und Joseph solches ersahen, da weinten beide vor Freude.

²³ *Jonatha* weinte mit und konnte nicht genug Gott danken, daß er solcher Gnade wert ward, Maria zu unterstützen.

²⁴ *Das Kindlein* aber segnete den Jonatha und sprach zu Maria: „Siehe, das wird uns schon wieder ein frisches Hemdchen verschaffen; darum sei nun nur wieder heiter! — Und alle wurden wieder heiter und fröhlich.

251

Der Segen des Herrn im Hause Josephs. Der Familie Verwunderung und Dank. Jakob spricht über das Wunder vom Weizenkorn.

Während dieser Verhandlung aber bestellten die Söhne Josephs das Vieh, molken die Kühe und die Ziegen und gewannen diesmal eine ungewöhnliche Menge der fettesten Milch.

² Als sie damit fertig waren, da gingen zwei auf einen schon vollreifen Weizenacker und schnitten mehrere Garben, rieben bald einen recht tüchtigen Korb voll der reinsten Frucht aus den abgeschnittenen Garben.

³ Und die zwei anderen Brüder aber nahmen alsbald den Korb mit der Weizenfrucht, brachten sie in die zwei Handmühlen, die Joseph selbst verfertigt hatte, und vermahlten in kurzer Zeit das Getreide.

⁴ Durch den Segen des Herrn gewannen sie zweimal soviel Mehl, als da ehedem Getreide im Korbe vorhanden war.

⁵ Und alle diese Arbeit war in drei Stunden vollendet. Und als das Mehl in zwei Körben an der Sonne dastand,

⁶ da kam *Joseph* heraus und fragte die Söhne, woher sie dies schöne Mehl gewonnen hätten.

⁷ Und als ihm die Söhne sagten, wie sie dieses Mehl gewonnen hatten, da besah er die ausgeriebenen Garben und sprach:

⁸ „Wie ist das möglich? Ich sehe nur zehn Garben! Sollen diese wohl diese beiden großen Körbe voll mit Mehl angefüllt haben?"

⁹ Und *die Söhne* sprachen: „Ja, Vater, also ist es! Durch die Gnade Gottes haben wir richtig in kurzer Zeit aus den zehn Garben dieses Mehl gewonnen;

¹⁰ „und der Segen Gottes war über den Garben und über unserer Arbeit, — daher dieser reiche Gewinn!"

¹¹ Darauf dankte Joseph mit dem gerührtesten Herzen und ging wieder ins Haus und erzählte das allen im Hause.

¹² Und *alle* gingen hinaus und besahen das Mehl, und einer wie der andere sprach:

¹³ „Das ist unmöglich, auf natürlichem Wege allerreinst unmöglich!"

¹⁴ Da nahm *Jakob* auf einen inneren Antrieb ein auf dem Boden liegendes Weizenkorn und sprach:

¹⁵ „Das nimmt euch alle wunder, daß da so viel Mehl aus den Garben hervorkam!

¹⁶ „Wo aber hat sich noch aus uns je jemand also verwundert, so er so ein Körnchen in die Erde streute, und dann bald eine hundertkörnige Ähre aus dem *einen* Korne entsprießen sah?

17 „Und doch ist hier das erste tagtägliche Wunder größer als diese doppelte Mehlvermehrung, indem es ein einziges Korn verhundertfältigt!

18 „Hätten die zehn reichen Garben nur einen Korb voll Mehl gegeben, so hätte sich darüber niemand verwundert, obschon *ein* Korb so gut eine Wundergabe Gottes wäre, als *zwei* Körbe es sind.

19 „Also verwundert sich auch niemand über eine hundertkörnige Ähre, weil man dieses Wunder schon gewohnt ist.

20 „Ich aber frage, ob es wohl recht ist, Gott nur da zu bewundern, wo Er etwas Ungewöhnliches geschehen läßt, während doch das geordnete Gewöhnliche bei weitem höher steht, da es zu allen Zeiten gleichfort dieselbe endlose Güte, Allmacht, Liebe und Weisheit Gottes bezeugt?!"

21 Diese Rede Jakobs machte eine große Sensation [1]. Alles lobte darum den Herrn, daß Er dem Menschen eine solche Weisheit gegeben hatte. Die Söhne aber nahmen das Mehl und machten sich an die Bereitung eines guten Mittagsmahles.

252

Das Mittagsmahl von Fischen und Honigkuchen mit Limonade. Der mutwillige Diebstahl der Hausgeräte und des Schüsselchens des Kindleins. Ein Verbrecherevangelium aus Jesu Munde. Unerbittlichkeit des Kindleins gegen böse Mutwillige.

In einer Stunde war ein gutes Mittagsmahl bereitet, das in fünf wohlzubereiteten Fischen und in vierzehn Honigkuchen bestand;

2 denn der Honig war das einzige im Speisekasten, das von den Dieben verschont worden war.

3 Also ward auch für einen guten Trank gesorgt, den Joseph und Maria selbst aus Wasser und Zitronensaft mit Beimischung von etwas Honig bereiteten.

4 Als also das Mahl bereitet war und aufgetragen auf den Tisch, da erst dachten die Söhne Josephs an das Tischzeug, als Löffel, Gabeln und Messer, das im Hause Josephs freilich wohl zum größten Teile von Holz war.

5 Aber auch dieses unwertvolle Geräte blieb von den Dieben nicht verschont!

6 Und so hatte Joseph nun wohl die Speisen auf dem Tische, aber kein auch nur allernotdürftigstes Eßzeug dazu.

7 Hier ging *Joseph* in die Küche und fragte die Söhne, was denn das doch für eine Bestellung des Tisches wäre;

8 wie man doch ohne Eßzeug Speisen auf den Tisch setzen könne und möge!

9 *Die Söhne* aber sprachen: „Vater, da sieh einmal her: einen Rost und zwei Töpfe und einen einzigen, allerschlechtesten Kochlöffel, ein Messer und eine hölzerne Gabel haben sie uns gelassen, —

10 „alles andere haben sie uns genommen; also müssen wir auch die Milch nun in einem einzigen Milchtopfe stehenlassen, weil auch die Milchtöpfe alle hin sind!"

11 Als *Joseph* sich von dem allem überzeugt hatte, da ging er mit dem

---
[1] Empfindung; Aufsehen.

einzigen Kochlöffel und mit dem einen Messer und mit der einen Gabel in das Speisezimmer und sprach zu Jonatha:

¹² „Da, Bruder! Siehe, das ist nun unser ganzes Tischgerät! Wahrlich, das ist Mutwille, und der sollte bestraft werden!

¹³ „Ich lasse mir eine Dieberei auf wertvolle Sachen und eine Dieberei aus Not gefallen!

¹⁴ „Aber bei diesem Diebstahle ist weder eines noch das andere der Fall.

¹⁵ „sondern da leuchtet der sträfliche Mutwille heraus, und den sollte auch der Herr nicht ungestraft dahingehen lassen!"

¹⁶ Nach dieser Argumentation¹ saßen alle am Tische nieder, und Joseph zerteilte mit dem einen Messer den Fisch und legte vor jeden einen Teil mit der einen Gabel und verteilte auch also die Honigkuchen.

¹⁷ Da aber *das Kindlein* Sein Schüsselchen nicht vor Sich hatte, da fragte Es den Joseph, ob denn auch das Schüsselchen gestohlen worden sei.

¹⁸ Und *Maria* sprach: „Ganz sicher, Du mein herzallerliebstes Gottsöhnlein; denn sonst wäre es wohl sicher vor Dir!"

¹⁹ Und *das Kindlein* sprach darauf: „Wahrlich, Joseph hat recht; das war *Mutwille*, und der soll auch *bestraft* sein allezeit und ewig!

²⁰ „Wer Böses tut und kennt es nicht, der soll belehrt werden; desgleichen auch der, der es tut in der Not!

²¹ „Wer aber das Gute kennt, tut aber dennoch aus purem satanischen *Mutwillen* Böses, der ist ein *Teufel* aus dem Fundamente der Hölle und muß mit Feuer gezüchtigt werden!"

²² Darauf verzehrte ein jeder seinen Teil mit der bloßen Hand.

²³ Es waren aber die Essenden noch kaum mit ihrem Mahle zu Ende, da vernahm man schon von draußen her ein gar entsetzliches Geheul.

²⁴ Was war es denn? — Es waren die Diebe, die mutwillig das notwendige Hausgerät Josephs gestohlen hatten, um es zu verderben.

²⁵ Ein jeder war umwunden mit einer glühenden Schlange und schrie um Hilfe; aber das Kindlein erhörte sie nicht, sondern trieb sie alle, bei hundert an der Zahl, mit Seiner Allmacht in das Meer, allwo sie alle umkamen. — Das war das einzige Mal, wo Sich das Kindlein unerbittlich gezeigt hat.

253

Die heulenden Kleiderdiebe vor der Türe Josephs.
Energische Rede des Kindleins an dieselben.

In kurzer Zeit darauf vernahm man auch wieder ein Geheul von einer Ferne, wie von der Stadt her, und sah eine Menge Menschen der Villa Josephs zueilen.

² „Was soll denn das schon wieder?" fragte *Joseph* den erstaunten *Jonatha*.

³ Und dieser sprach: „Das wird der Herr, wie auch sonst alles, sicher besser wissen als wir beide."

⁴ Und *Jakob* sagte zu beiden:

---

¹ Beweisführung.

„Machet euch nichts daraus; denn das sind die Kleiderdiebe!

⁵ „Des Herrn Macht hat sie ereilt, sie büßen nun ihren Frevel an den geheiligten Kleidern;

⁶ „denn wer sie anzieht oder nur anrührt, der wird alsbald von einem innern Feuer ergriffen und zur Asche verzehrt.

⁷ „Darum rennen sie nun heulend und wehklagend daher und werden uns bitten, daß wir selbst diese Kleider in der Stadt aus ihren halbverbrannten Häusern holen sollen, —

⁸ „was wir auch tun wollen; doch der Herr wird diesen Frevlern das Seinige tun!"

⁹ Als Jakob noch kaum diese Worte ausgesprochen hatte, da waren die heulenden Kleiderdiebe auch schon vor der Türe Josephs.

¹⁰ Allda schrien sie gewaltig um Hilfe und Rettung. Und Joseph ging hinaus mit Jonatha.

¹¹ Als er draußen war, da schrien ihm *dreißig verzweifelnde Männer* entgegen:

¹² „Du allmächtiger Gott Jupiter, hilf uns, und rette uns; denn wir haben an Dir gefrevelt, da wir Dich nicht erkannt haben!

¹³ „Nun aber haben wir Dich erkannt; darum bitten wir Dich, töte uns, oder hole Deines Hauses Kleider in unsern Häusern!"

¹⁴ Da kam *das Kindlein* heraus und sprach: „Höret, ihr argen Diebe!

¹⁵ „Wie ihr die Kleider genommen habt, also bringet sie auch wieder hierher!

¹⁶ „Werdet ihr das nicht tun, so soll der Tod euer Los sein!"

¹⁷ Als *die Diebe* solches vernommen hatten, da sprachen sie:

¹⁸ „Das ist der junge Gott, dem müssen wir folgen, sonst sind wir verloren!"

¹⁹ Und alle rannten plötzlich davon und brachten alle die gestohlenen Kleider auf ehernen Stäben wieder.

²⁰ Denn mit bloßer Hand durfte niemand diese Kleider anrühren.

²¹ Als die Kleider herbeigeschafft waren, da entließ das Kindlein die Diebe und strafte sie weiter nicht. Joseph aber nahm freudigst die Kleider wieder und trug sie ins Haus.

254

Marias innerer Adel und Jesu anerkennende Worte.
Des Herrn Erläuterung über die Barmherzigkeit und Feindesliebe.

Als *Maria* ihre Kleider wieder sah, da ward sie wohl froh; aber zugleich hatte sie Mitleid mit denen, die ihr die Kleider zurückgebracht hatten;

² denn sie dachte sich: ‚Diese haben gewiß von dem Golde nichts erhalten, darum sie dann aus Not nach den armen Kleidern gegriffen haben.

³ ‚Nun werden sie wohl einer starken Not ausgesetzt sein.

⁴ ‚O wären sie doch da, ich gäbe ihnen ja gern die Kleider oder so viel Geld, daß sie sich ein Kleid darum anschaffen könnten!'

⁵ Hier kam *das Kindlein* zur Mutter und sprach:

⁶ „Aber Mutter, heute bist du schön! — Wenn du wüßtest, wie schön du bist, du möchtest gerade eitel werden!"

⁷ *Maria* lächelte hier und sagte zu dem sie streichelnden Kleinen:

⁸ „O Du mein liebster Jesus! Bin ich denn nicht alle Tage gleich schön?"

⁹ Und *das Kindlein* sprach: „O ja, du bist wohl stets sehr schön; aber manchmal bist du denn doch ein wenig schöner.

¹⁰ „Heute aber bist du schon ganz besonders schön! — Wahrlich, von tausend Erzengeln bist du umringt, und jeder will am nächsten bei dir sein!"

¹¹ *Maria* aber verstand des Kindleins Rede nicht und sah sich um und um, ob da irgendein Erzengel zu erschauen wäre.

¹² Aber sie ersah nichts, als was das Zimmer enthielt, und fragte darum das Kindlein:

¹³ „Ja, wo sind denn hernach die tausend Erzengel, da ich doch keinen zu erschauen vermag?"

¹⁴ Da sagte *das Kindlein:* „Du darfst ja keinen erschauen, du könntest sonst eitel werden!

¹⁵ „Du aber bist nun darum so schön vor allen Engeln der Himmel, weil in deinem Herzen eine so große *Barmherzigkeit* aufgegangen ist, die der Meinen nahe gleichkommt!

¹⁶ „Denn siehe, seine Feinde gerecht und menschlich einer Buße zu unterziehen, ist eben auch gerecht und wohlgefällig, und es soll allezeit also sein auf der Erde;

¹⁷ „aber seinen Feinden von ganzem Herzen *ihre Schuld vergeben* und ihnen dazu noch *Gutes tun* und *sie segnen,* siehe das ist rein göttlich!

¹⁸ „Das bringt nur die endlose Kraft der göttlichen Liebe zuwege;

¹⁹ „denn die menschliche ist dafür zu schwach!

²⁰ „Weil du aber eben solches getan hast, wie es Gott tut, darum bist du nun so schön; denn *Gott ist die allerhöchste Schönheit,* wie *die höchste Liebe.*

²¹ Tue nun aber auch, das dein Herz verlangt, so wird dir Mein Reich der Liebe wie ein Königtum zufallen, und du wirst eine Königin sein darinnen ewig!"

²² Hier sandte Maria sogleich Jonatha den Dieben nach, dieser brachte sie zurück, und Maria beschenkte sie alle reichlichst mit dem Gelde, das ihr, also wie dem Joseph, Jonatha gegeben hatte.

255

Die Macht der Liebe. Das Haus Josephs wird ruchbar. Josephs Weisheit beschämt die Großen und Reichen der Stadt. Die gute Nachwirkung.

Die also beschenkten *Diebe* aber fielen auf ihre Angesichter nieder und schrien förmlich:

² „Solche Güte, solcher Großmut, dies ist Menschen nimmer eigen; nur die Götter, die nicht sterben, können Feinde noch belohnen!

³ „Wir verdienten hier Strafe nur, da wir an euch, ihr hohen Götter, gar so arg gefrevelt haben;

⁴ „doch statt uns wohlverdienterweise zu strafen, gebt ihr uns Lohn und Segen noch für unsere argen Taten!

⁵ „Seid ihr da nicht Götter? Ja, ihr seid der Himmel höchste Herren ganz gewiß und sicher; denn das künden eure von uns nie geschauten Taten!

⁶ „Darum Ehre, Lob und Preis sei euch von allen Menschen auf der Erde!

⁷ „Und der Fürsten Throne und alle ihre Kronen sollen ewig beugen sich vor eurer großen Herrlichkeit!"

⁸ Hier erhoben sich die Diebe und gingen dann voll Dank und Ehrfurcht von dannen

⁹ und machten dann das in der ganzen Stadt ruchbar; und alle Bewohner bebten ob solcher Nähe der Götter und gingen verstohlen herum und getrauten sich vor lauter Ehrfurcht nicht zu arbeiten.

¹⁰ Es kamen aber bald die Angesehenen der Stadt hinaus zu Joseph und fragten ihn, ob sich die Sache wohl also verhielte, wie da nun der Pöbel in der halbverbrannten Stadt herumschreie.

¹¹ Und *Joseph* sprach: „Was da betrifft die gute Tat an ihnen, da ist ihr Geschrei richtig;

¹² „denn also handelte mein Weib buchstäblich wahr an ihnen.

¹³ „Aber daß sie uns für Götter halten, das gibt euch, ihr Großen und Reichen, ein schlechtes Zeugnis!

¹⁴ „Denn damit bezeichnet der arme Pöbel eure große Hartherzigkeit, indem er an euch nichts Götterähnliches erschaut!

¹⁵ „Tuet desgleichen, was da tat mein Weib, und was da tut mein ganzes Haus, und der Pöbel wird bald aufhören, meines Hauses Einwohner für Götter zu halten!"

¹⁶ Als die Großen und Reichen der Stadt solche sie sehr treffende Rede von Joseph vernommen hatten, da wurden sie sehr beschämt und zogen davon.

¹⁷ Und sie waren überzeugt, daß Joseph bloß ein überaus weiser und guter Mensch, aber dabei doch kein Gott sei.

¹⁸ Von da an hatte dann das Haus Josephs Ruhe.

¹⁹ Und seine Familie lebte dann noch ein halbes Jahr ungestört allhier und ward geachtet und hochgeschätzt von jedermann.

²⁰ Also tat auch das Kindlein in dieser Zeit keine Wunder mehr, und alles lebte hier ganz natürlich. Jonatha aber war mehr bei Joseph als zu Hause; denn hier war für ihn ein seligstes Sein.

256

Tod des Herodes; Archelaus wird König. Der Engel des Herrn fordert Joseph auf zur Rückkehr ins Land Israel. Die wunderbare Reiserüstung. Joseph übergibt alles dem Jonatha und bittet ihn nachzukommen. Der Abschied.

Es starb um diese Zeit eben auch Herodes, der Kindermörder, und sein Sohn Archelaus folgte ihm in der Regierung.

² Jakob sagte dieses zu Joseph und zu Maria.

³ Aber *Joseph* sprach zu Jakob: „Das will ich dir wohl glauben; aber was soll das bei mir für Veränderungen herbeiführen?"

⁴ Und *Jakob* sprach: „Das, Vater, dir zu verkünden, hat der Herr mir nicht gegeben;

⁵ „wie aber der Herr noch allezeit durch eines Engels Mund zu dir geredet hat, was du tun sollst, also wird Er es auch jetzt tun.

⁶ „Denn es wäre nicht in der göttlichen Ordnung, daß ein Sohn seinem Vater die Wege vorschreiben sollte!"

⁷ Da sprach *Joseph:* „Meinst du wohl, daß der Herr solches an mir tun wird?"

⁸ Und *Jakob* sprach: „Vater, also vernahm ich's in mir nun:

⁹ „‚Heute noch in der Nacht, in

einem hellen Traume, werde Ich Meinen Engel zu dir senden, der wird dir verkünden Meinen Willen.

10 „‚Und wie er es dir verkünden wird, also sollst du alsbald handeln nach seinem Worte!'"

11 Als Joseph solches von Jakob vernommen hatte, da ging er hinaus und betete zu Gott und dankte Ihm für solch eine Vorkunde durch den Mund seines Sohnes Jakob.

12 Lange hielt Joseph im Gebete an und begab sich erst nach drei Stunden ins Haus zur Ruhe.

13 Als er aber also schlief in [1] seinem Lager, seinen arbeitsmüden Gliedern Ruhe gönnend, da erschien ihm im Traume *der Engel des Herrn* und sprach zu ihm:

14 „Stehe auf, nimm das Kindlein und Seine Mutter zu dir, und ziehe hin in das Land Israel; denn sie sind gestorben, die dem Kindlein nach dem Leben standen!"

15 Als Joseph solches vernommen hatte, da stand er alsbald auf und verkündete solches der *Maria*.

16 Und diese sprach: „Es geschehe des Herrn Wille allezeit und ewig!

17 „Aber wie sprichst du nur von uns dreien? Sollen denn deine Kinder hier verbleiben?"

18 Und *Joseph* sprach: „O mitnichten; denn was der Engel zu mir geredet, das gilt ja für mein ganzes Haus!

19 „Denn also sprach der Herr ja auch oft zu den Propheten, als hätte Er es mit ihnen allein zu tun;

20 „aber dennoch ging des Herrn Rede allezeit das ganze Haus Jakobs an."

21 Diese Rede verstanden alle, und die Söhne gingen alsbald hinaus, um alles zur Abreise zu ordnen.

22 Aber sie kamen voll Staunens zurück; denn es war alles schon zur Abreise bereitet, und für jede Person war ein mit allen zur Reise nötigsten Bedürfnissen bepackter Esel in Bereitschaft.

23 Joseph übergab alles Liegende und Stehende dem Jonatha, der diese Nacht hier zugegen war, segnete ihn und behieß ihm, ihm zu folgen in einem Jahre nach Nazareth.

24 Also segnete ihn auch das Kindlein und küßte ihn. Jonatha weinte ob solcher plötzlichen Abreise.

25 Und Joseph bestieg noch viel vor dem Aufgange der Sonne die Lasttiere und zog nun landwärts von dannen.

257

Die heilige Familie kommt nach beschwerlicher Reise ins Vaterland.
Josephs Angst und Marias Aufmunterung.
Des Herrn Befehl, nach Nazareth zu ziehen. Ankunft in Nazareth.

Nach zehn sehr beschwerlichen Reisetagen kam Joseph mit den Seinen glücklich im Lande Israel an und rastete auf einem Berge bei einigen Menschen, die da hausten und von der Viehzucht lebten.

2 Hier erkundigte sich Joseph genau um alle Verhältnisse seines Vaterlandes.

3 Da er aber vernahm von diesen Menschen, daß nun Archelaus regiere nach seinem Vater Herodes,

[1] auf.

⁴ und daß er noch grausamer sei als sein Vater, da übermannte den Joseph und all die Seinen eine große Furcht.

⁵ Und er gedachte wieder umzukehren und abermals nach Ägypten zu ziehen, wo ¹ nicht, nach Tyrus.

⁶ Denn obschon er durch den Mund Jakobs erfahren hatte, in Ägypten noch, daß nun Archelaus herrsche in Jerusalem,

⁷ so erfuhr er aber dennoch nicht, daß dieser König seinen Vater an Grausamkeit noch übertreffe.

⁸ Und diese Kunde machte eben hier den Joseph also furchtsam, daß er nun wieder umkehren wollte.

⁹ Es sprach wohl *Maria* zu ihm und sagte:

¹⁰ „Joseph! Es hat uns ja der Herr also zu ziehen befohlen, warum fürchten wir den Menschenkönig Archelaus mehr als den Herrn?"

¹¹ Und *Joseph* sprach: „O Maria, du mein geliebtes Weib, du hast wohl ganz recht gefragt;

¹² „aber siehe, ich weiß es, daß da des Herrn Wege oft von der unbegreiflichsten Art sind, und weiß, daß der Herr die Seinen zumeist durch den Tod führt, — vom Abel her.

¹³ „Darum fürchte ich mich denn nun auch, ob der Herr nicht auch mich durch den Tod führen wird.

¹⁴ „Und diese meine Mutmaßung gewinnt stets mehr an Wahrscheinlichkeit, je mehr ich die Grausamkeit des neuen Königs in Jerusalem überdenke.

¹⁵ „Darum aber habe ich mich auch entschlossen, morgen früh wieder umzukehren.

¹⁶ „Wahrlich, ist es dem Herrn um unsern Tod zu tun, da schicke Er lieber Löwen, Tiger und Hyänen über uns als den Archelaus!"

¹⁷ Also beschloß Joseph fest, wieder umzukehren.

¹⁸ Aber in der Nacht kam des Herrn Geist Selbst über den Joseph in einem Traume.

¹⁹ Und *von Gott Selbst* bekam Joseph den Befehl, zu ziehen nach Nazareth.

²⁰ Da erhob sich Joseph alsbald und zog sehr früh von dannen.

²¹ Und er kam noch am selben Tage in die Ortschaften des galiläischen Landes.

²² Und kam also auch am selben Tage in der Nacht nach der Stadt Nazareth, nahm da bleibende Wohnung, auf daß erfüllt wurde, was da spricht der *Prophet:* „Er soll ein Nazarener heißen!"

258

Liebliche Abendszene auf dem Söller der Salome.
Kornelius entdeckt die kleine Karawane.

Wo aber nahm Joseph die Wohnung in Nazareth? Wo stieg er ab, und wo ging er ein?

² Es ist in den ersten Kapiteln, wo von der Abreise Josephs nach Ägypten von Bethlehem weg die Rede war, gesagt worden, wie Joseph die reiche Salome in Bethlehem ersucht hatte, daß sie für ihn seinen Meierhof bei Nazareth verpachten ² möchte.

³ Hat das Salome getan? — Ja, sie tat es; nicht nur was Joseph ge-

---

¹ wenn nicht anders; ² pachten?

wünscht, sondern sie hat den Meierhof förmlich an sich gekauft, und zwar in der doppelten Absicht:

⁴ Diesen Hof, falls Joseph oder ein Kind von ihm je wieder zurückkäme, ihnen vollkommen zu eigen einzuhändigen;

⁵ gegenfalls aber diesen für sie so hochgeheiligten Hof für sich zum Andenken an die erhabenste Familie zu behalten.

⁶ Sie hielt diesen Hof für so ein Heiligtum, daß sie sich selbst nicht getraute, darinnen zu wohnen; noch weniger nahm sie Mietsleute hinein.

⁷ Auf daß sie aber dennoch in der Nähe dieser Besitzung leben konnte, kaufte sie einen nachbarlichen Acker hinzu und erbaute da ein recht nettes Häuschen und wohnte im selben mit ihrer Dienerschaft und wurde allda auch öfter von Kornelius besucht.

⁸ Und es traf sich gerade, daß Kornelius an diesem Tage, auf dem Rückweg von einem Amtsgeschäfte, bei der Salome einsprach, da Joseph wieder nach Nazareth zurückkam.

⁹ Es war ein herrlicher Abend, der Mond war voll, und kein Wölkchen trübte irgendeinen Stern am Himmel.

¹⁰ Dieser schöne Abend zog Salome mit dem Kornelius auf den Söller ihres netten Häuschens, das da ziemlich nahe an der Hauptstraße lag und den Hof Josephs gerade gegen Morgen vor sich in einer Entfernung von etwa siebzig Klaftern hatte.

¹¹ Beide blickten oft nach der einstmaligen Behausung der erhabenen Familie, und *Kornelius* sprach öfter zu Salome:

¹² „Ich sehe die Erscheinung in Bethlehem noch stets lebendig vor mir, wie in einem schönsten, erhabensten Traume, und dieser Hof erinnert mich fortwährend daran.

¹³ „Es war aber auch die Erscheinung in Bethlehem von einer solchen wunderbarsten Erhabenheit, daß sie mir stets unerklärlicher wird, je mehr ich daran denke."

¹⁴ Und *Salome* sprach dagegen: „Ja, Freund Kornelius! Auch ich kann es nicht fassen, wie ich bei der Größe jenes Ereignisses noch am Leben habe verbleiben können.

¹⁵ „Aber das ist zwischen mir und dir noch der Unterschied, daß ich nun, wie du weißt, mir nicht helfen kann, und muß das Kind in meinem Herzen allezeit anbeten,

¹⁶ „während du die ganze Sache mehr als eine allererhabenste Geschichte betrachtest.

¹⁷ „Ich habe mir daher auch schon öfter so im Geiste vorgestellt: wenn diese Familie je wieder hierherkäme, da könnte ich vor Seligkeit nicht leben.

¹⁸ „Wenn sie drüben wohnete im Hofe — o Gott, was wäre doch das für ein Gefühl für mich!

¹⁹ „Wahrlich, alle Himmel der Himmel wären dann auf diesem Söller vereint beisammen!"

²⁰ Und *Kornelius* sprach: „Ja, du hast recht, das wäre auch für mich das Erhabenste.

²¹ „Was täten wir aber nun, wenn — ich setze den Fall — diese erhabenste Götterfamilie daherzöge, und wir erkenneten sie schon von der Ferne?"

²² Und *Salome* sprach: „O Freund! Rede nicht davon, das würde mich töten vor Wonne!" —

²³ Als die beiden in dieser Weise sich Gott wohlgefällig auf dem Söller unterhielten, und es also auch schon so ziemlich spät geworden war,

²⁴ da bemerkte *Kornelius* in einer Ferne von etwa zweihundert Klaftern einen Zug, wie eine kleine Karawane, und sprach zu Salome:

²⁵ „Da sieh einmal hin, noch spät in der Nacht eine Wanderung! Sind es wohl Griechen oder Juden?

²⁶ „Salome, was tätest denn du nun, wenn das eben die erhabenste Familie wäre?"

²⁷ Und *Salome* erschrak förmlich und sprach: „Aber ich bitte dich, rede nicht immer davon und erwecke nicht stets von neuem in mir neue Wünsche, die nicht erfüllt werden können!

²⁸ „Was würdest denn *du* in einer solchen Seligkeit aller Seligkeiten tun?"

²⁹ Und *Kornelius* sprach: „Wahrlich, da ginge es auch mir schlecht! Doch siehe, die Karawane macht halt, und ich sehe einen Menschen von ihr gerade auf uns zueilen! Komm, laß uns sehen, wer er ist!"

³⁰ Und sie gingen dem Menschen entgegen. Der Mensch aber war ein Sohn Josephs und ging mit einem Kruge, um Wasser zu holen bei dem Hause.

³¹ Die beiden aber erkannten ihn nicht; denn also wollte es der Herr, um des Heiles der beiden willen.

259

Joël als Kundschafter ermittelt die Nähe der Heimat.
Joseph will mit den Seinen im Freien übernachten.
Die Söhne Josephs kommen auf der Suche nach Holz und Feuer zu Salome.

Als *Joël* das Wasser geschöpft hatte, da fragte er die beiden, wie weit es noch nach Nazareth wäre.

² Und *Kornelius* sprach: „Mein Freund, da siehe hin, und du wirst leicht die Mauern der Stadt erschauen!

³ „Ein Kind erreicht sie leicht in einer Viertelstunde, und somit bist du nun schon so gut wie in Nazareth selbst."

⁴ *Joël* dankte für diese Auskunft und trug sein Wasser zu seiner Gesellschaft.

⁵ Als er damit bei seiner Gesellschaft anlangte, da fragte ihn alsbald *Joseph*, was er bei dem Häuschen für Erkundschaftungen[1] eingeholt habe.

⁶ Und *Joël* sprach: „Ein Weib und ein Mann kamen mir sehr freundlich entgegen, gaben mir Wasser und sagten mir, daß hier schon die Stadt Nazareth sei.

⁷ „Ich aber dachte, wenn das die Stadt ist, da haben wir sicher nicht mehr weit zu unserer Pachtwirtschaft."

⁸ Und *Joseph* sprach: „Mein lieber Sohn, da hast du wohl ganz recht;

⁹ „aber weißt du auch, wem sie nun nach drei Jahren gehört?

¹⁰ „Dürfen wir einziehen in unsere einstige Wohnung?

¹¹ „Siehe, daher heißt es hier wieder unter freiem Himmel übernachten und morgen erst nachsehen, wo sich für uns eine bleibende Wohnstätte wird auffinden lassen!

¹² „Gehe aber nun mit deinen Brüdern und sieh, irgendwo ein wenig Holz und Feuer zu bekommen!

¹³ „Denn hier auf der Höhe dieses Bergtales ist es etwas kühl; darum soll ein kleines Feuer hier angemacht werden, auf daß wir uns beim selben ein wenig erwärmen!"

[1] Erkundigungen.

¹⁴ Darauf gingen die vier Söhne zu ebendemselben Häuschen und fanden die beiden noch auf.

¹⁵ Und sie gaben der Salome ihr Anliegen kund und baten sie um etwas Holz und um Feuer.

¹⁶ Hier fragte Salome samt dem Kornelius, wer denn die Gesellschaft sei, ob man ihr wohl trauen könne.

¹⁷ Und *die Söhne* sprachen: „Wir kommen aus Ägypten und sind die ehrlichsten Leute von der Welt.

¹⁸ „Und unsere Bestimmung ist, uns hier in Nazareth etwas anzukaufen;

¹⁹ „denn wir sind im Grunde selbst Nazarener, nur hat uns eine gewisse Notwendigkeit auf drei Jahre nach Ägypten gebannt.

²⁰ „Da sich aber diese unsere Verbannung wieder gelöst hat, so sind wir nun wieder da, um uns hier eine Wohnung zu suchen."

²¹ Als die beiden solches vernommen hatten von den vieren, da gaben sie ihnen alsbald Holz und Feuer in gerechter Menge, und diese trugen es zu Joseph.

²² Joseph aber ließ das Holz sogleich anzünden, und alles wärmte sich an dem Feuer.

260

Der Salome und des Kornelius Ahnungen über diese kleine Karawane. Salome und Kornelius beschauen sich die Gesellschaft. Salomes Freudenohnmacht.

Es dachten aber Salome und Kornelius sehr darüber nach, wer etwa doch diese Gesellschaft aus Ägypten sein dürfte.

² *Kornelius* sprach: „Diese vier Männer, die eben nicht alt zu sein scheinen, haben nach meiner Beobachtung eine starke Ähnlichkeit mit den Söhnen desjenigen wunderbaren Mannes, mit dem wir beide in Bethlehem zu tun hatten.

³ „Auch ihre Sprache hatte einen unverkennbaren nazarenischen Klang.

⁴ „Du, meine geachtetste Freundin! Dieser Wundermann, der da Joseph hieß, ist ja auch höchst wahrscheinlich nach Ägypten ausgewandert, wie ich es aus dem Schreiben meines Bruders aus Tyrus vernommen habe.

⁵ „Wie, — wenn das derselbe Joseph wäre?

⁶ „Sollen wir da nicht hingehen zu dieser Gesellschaft und sie beschauen? Und falls das die rechte wäre,

⁷ „sollen wir sie da nicht sogleich auf das herrlichste bewirten?"

⁸ Als *Salome* solches vernommen hatte, da ward sie beinahe ohnmächtig vor Entzückung und sprach:

⁹ „Ach Freund, — du hast sicher recht, es wird schon also sein; das ist sicher die heilige Familie!

¹⁰ „Darum laß sogleich meine Dienerschaft wecken und mit uns hinziehen, wo diese Familie rastet!"

¹¹ Darauf ging Salome und weckte alle ihre Dienerschaft.

¹² Und in einer halben Stunde war alles auf den Beinen im Hause der Salome.

¹³ Als aber alles in Bereitschaft war, da sagte *Kornelius* zu Salome:

¹⁴ „Nun laß uns hinziehen und sehen, wer hinter dieser Familie steckt!"

¹⁵ Darauf berief Salome sogleich alles zusammen im Hause, und die

ganze Gesellschaft begab sich hin, wo Joseph rastete bei einem mäßigen Feuer.

16 Als sie da ankamen, da sprach *Kornelius* zu Salome:

17 „Da sieh einmal hin! Dort neben dem Feuer, — ist das nicht die junge Maria, des Josephs Weib mit ihrem Kinde?

18 „Und jener alte Mann, sage, ist das nicht Joseph, jener wunderbare Mann, den wir in Bethlehem kennengelernt haben?"

19 Da machte Salome die Augen groß auf und starrte hin und erkannte nach und nach, was ihr Kornelius anzeigte.

20 Nun war es aber auch aus bei Salome! Sie sank nieder und ward ohnmächtig, und Kornelius hatte zu tun, um seine Gefährtin wieder auf die Füße zu bringen.

261

Die Begrüßung der Gesellschaft durch Kornelius und Salome.
Der Einzug der müden Wanderer ins alte Heim.

Als sich *Salome* erholt hatte von ihrer Entzückungsohnmacht, da sagte sie zu Kornelius: „O Freund,

2 „gönne mir nur eine kleine Ruhe, sodann werde ich hingehen und werde dieser heiligen Familie meine Aufrechthaltung ihres Hofes kundtun!"

3 Und *Kornelius* sprach: „Weißt du was, wenn du dich zu schwach fühlst, so lasse mich hingehen in deinem Namen und der Familie anzeigen, was du für sie getan hast!

4 „Denn siehe, hier ist nicht Zeit zu verlieren! Diese erhabenen Reisenden werden sehr müde sein und bedürfen baldigst einer guten Unterkunft; darum will ich an deiner Statt sogleich hingehen."

5 Als *Salome* solches von Kornelius vernommen hatte, da sprach sie:

6 „O Freund, du hast recht; ich aber habe mich schon gefaßt nun, und so will ich auch sogleich mit dir hingehen."

7 Nach solchem Entschlusse gingen die beiden hin zur Gesellschaft.

8 Und *Kornelius* nahm das Wort und sprach: „Gott, der Herr Israels, ist mit euch, wie auch mit mir und mit meiner Gefährtin Salome!

9 „Es gelang mir, euch zu erkennen, und es unterliegt nun keinem Zweifel mehr, daß du alter, biederer Mann derselbe Joseph mit dem jungen Weibe Maria bist, der vor drei Jahren nach Ägypten zog, um der Verfolgung des Herodes zu entgehen.

10 „Ich bin darum hergeeilt, um dich sogleich aufzunehmen und dich in dein Eigentum einzuführen."

11 Als *Joseph* solches von Kornelius vernahm, da stand er auf und fragte ihn:

12 „Guter Mann, wer bist du denn, daß du mir solches künden magst?

13 „Sage mir an deinen Namen, und ich will dir sogleich folgen!"

14 Und *Kornelius* sprach: „Erhabenster Greis! Siehe, ich bin der Landpfleger von Jerusalem,

15 „und mein Name ist Kornelius, und bin derselbe, der dir in Bethlehem eine kleine Freundschaft erwies.

16 „Darum sorge dich um nichts weiter nun; denn siehe, diese meine

Freundin, die Salome aus Bethlehem, hat deinen Auftrag genau befolgt!"

17 Hier stürzte *Salome* hin zu Josephs Füßen und sprach mit bebender Stimme:

18 „Freude mir armen Sünderin, daß dich meine unwürdigsten Augen wiedersehen!

19 „O komme, komme in dein Haus! Denn mein Haus ist solcher Gnade nicht wert!"

20 *Joseph* ward hier zu Tränen gerührt und sprach:

21 „O großer Gott und Vater, wie gut bist Du! Du führst den müden Wanderer ja allezeit ans beste Ziel!"

22 Darauf umarmte er den Kornelius und die Salome und zog dann sogleich mit ihnen in seinen Hof.

262

Salome übergibt Joseph Haus und Hof in bestem Zustande.
Die Verlegenheit Josephs. Die Demut und Liebe der Salome.
Ein herrliches Zeugnis über den Herrn. Ein Wort des Herrn über die Liebe.

Die Dienerschaft der Salome und das Gefolge des Kornelius und Salome und Kornelius selbst halfen alles Gepäck des Joseph überbringen.

2 Und Salome führte die Gesellschaft in die wohleingerichteten Gemächer des Wohngebäudes.

3 Und Joseph verwunderte sich sehr über die große Reinlichkeit, die in seinem Hause hergestellt war.

4 Es waren alle Betten neu und die alten gereinigt; also war auch der Stall auf das zweckmäßigste eingerichtet.

5 Und *Joseph* überzeugte sich von allem, wie vortrefflich Salome für ihn gesorgt hatte.

6 Und er fragte Salome: „O liebe Freundin, du siehst ja, daß ich arm bin und habe nun nichts von irgendeinem Vermögen! Wie werde ich dir das wohl je erstatten können?"

7 Als *Salome* solche Frage von Joseph vernommen hatte, da sprach sie weinend:

8 „O du mein erhabenster Freund! Was habe ich wohl auf dieser Welt, das ich nicht empfangen hätte von Dem, der nun auf den Armen der zarten Mutter ruht?

9 „Habe ich es aber doch ewig wahr von Dem empfangen, der bei dir ist so ewig wunderbarst; wie könnte ich das mein nennen, was von Ewigkeit Dessen war, der mit dir ist?

10 „O der Herr, der Heilige von Ewigkeit, kam ja nicht in die Fremde zu uns armen Sündern,

11 „sondern Er kam ja in Sein ewiges Eigentum; daher können wir Ihm nichts geben,

12 „sondern wir bringen Ihm nur das Seinige dar, mit der Kraft, die Er uns gegeben hat.

13 „Und also ist wohl jede Erwähnung von einer Schuld an mich von deiner Seite für ewig ungültig; denn ich bin schon durch die Gnade dieses endlosen, höchsten Berufes, für dich zu sorgen, für alle Ewigkeiten belohnt, —

14 „und das um so mehr, da ich es in der ganzen Tiefe meines Lebens fühle, daß ich zu diesem heiligen Berufe sicher die Unwürdigste bin!"

15 Hier konnte Salome nicht wei-

terreden; sie schwieg darum und weinte vor Liebe und Wonne.

¹⁶ *Das Kindlein* aber wurde hier wach und munter.

¹⁷ Als Es so recht heiter Sich auf dem Schoße der Maria aufgerichtet hatte, da sah Es gar liebevollst nach der Salome und nach dem Kornelius hin und sprach:

¹⁸ „O Salome, und auch du, Mein Kornelius! Sehet, Ich schlief; aber eure große Liebe hat Mich aufgeweckt!

¹⁹ „Wahrlich, das ist süß und angenehm; also soll es verbleiben für ewig!

²⁰ „Von nun an will Ich schlafen in Meinem Urwesen für jedermann; aber wer mit eurer Liebe zu Mir kommen wird, der wird Mich erwecken für sich auf ewig!

²¹ „Salome, nun begib dich zur Ruhe; morgen aber bringe Mir ein gutes Frühstück!"

²² Salome war darob höchst entzückt, daß sie zum ersten Male also hat den Herrn reden hören. Alles lobte und pries Gott und begab sich darauf zur Ruhe.

263

Salome lädt die Familie Josephs zum Frühstück ein. Des Jesuskindleins Leibspeise. Liebesfreuden des Kindleins und der Salome.

Am Morgen war in beiden Häusern schon alles sehr früh auf den Füßen, und Salome war geschäftig in ihrer Küche und bereitete ein gutes Frühmahl, bestehend aus Honigkuchen, einer guten Fischbrühe und aus mehreren edlen Fischen,

² darunter die Forellen wohl die ersten ¹ waren, die man dort häufig in den Gebirgsbächen fing.

³ Als das Frühstück fertig war, da eilte Salome in das Haus des Joseph und lud den Joseph und alle die Seinen zum Frühstück.

⁴ Und *Joseph* sprach: „Aber siehe du, meine liebe Freundin, warum machst du dir denn meinetwegen gar so große Unkosten?

⁵ „Siehe, auch meine Söhne sind schon in der Küche geschäftig und bereiten ein Frühmahl;

⁶ „darum hättest du wohl für uns nicht also sehr gastfreundlich besorgt sein sollen!"

⁷ *Salome* aber sprach: „O du mein erhabenster Freund! Verschmähe doch nicht die Arbeit deiner Magd, und komme!"

⁸ Darob ward Joseph sehr gerührt, berief alles in seinem Hause zusammen und begab sich mit der Salome in ihr Haus zum Frühstück.

⁹ An der Türschwelle erwartete sie Kornelius und bewillkommnete sie alle auf das herzlichste.

¹⁰ Und Joseph hatte eine große Freude, als er nun beim Sonnenlichte seinen Freund Kornelius vollends wiedererkannte.

¹¹ Darauf begaben sich alle in das schöne Speisezimmer, allwo das Frühstück der Gäste harrte.

¹² Als aber *das Kindlein* die Fische auf dem Tische erblickte, da lächelte Es und lief zu Salome und sagte zu ihr:

¹³ „Aber wer hat dir denn gesagt, daß Ich *die Fische* gern esse?

---

¹ besten.

¹⁴ „Da hast du Mir wohl eine rechte Freude gemacht; denn siehe, das ist vor allem *Meine Leibspeise!*

¹⁵ „Ich esse wohl auch die Honigkuchen gerne, wie auch die Fischbrühe mit Weizenbrot;

¹⁶ „aber die Fische sind Mir dennoch lieber als alle anderen Speisen.

¹⁷ „Darum bist du nun schon recht brav, weil du so gut für Mich bedacht warst, und Ich habe dich nun gar liebgewonnen darum!"

¹⁸ Über solche kindliche Belobung war Salome schon wieder außer sich vor Freude und weinte.

¹⁹ *Das Kindlein* aber sprach: „Salome, siehe, du weinst ja immer, so du an etwas eine große Freude hast;

²⁰ „aber siehe, Ich bin kein Freund vom Weinen! Darum mußt du auch nicht immer weinen, so dich etwas freut, dann werde Ich dich noch lieber haben!

²¹ „Siehe, Ich möchte recht gerne auf deinem Schoße den Fisch verzehren;

²² „aber Ich getraue es Mir doch nicht, weil du da aus lauter Freude gar zu viel weinen möchtest!"

²³ Da ermannte sich *Salome* soviel als ihr möglich war und sprach zum Kindlein:

²⁴ „*O Herr! Wer kann Dich schauen wohl ohne Tränen im Auge?*"

²⁵ Und *das Kindlein* sprach: „Da sieh nur Meine Brüder an, die sehen Mich auch täglich und weinen dennoch nicht, wenn sie Mich sehen!"

²⁶ Darauf ward Salome wieder ruhig, und alle begaben sich zu Tisch, und das Kindlein nahm auf dem Schoße der Salome Platz.

264

Joseph erhält von Kornelius beruhigende Antwort über König Archelaus.
Kornelius erhält von Joseph Familienauskunft über seinen Bruder Cyrenius.
Des Kornelius Freude und Erkenntlichkeit.

Als das Frühstück verzehrt war, da besprach sich dann *Joseph* mit Kornelius über den König Archelaus und fragte genau, was das für ein Mensch sei, und wie er herrsche.

² Und *Kornelius* sagte zu Joseph: „Erhabenster Mann und Freund! Wenn ich und mein Bruder Cyrenius ihm nicht die Stange hielten, da wäre er noch um zehnmal grausamer, als es sein Vater war.

³ „Aber so haben wir seine Gewalt sehr beschränkt, aus guten Gründen, und so darf er nichts als bloß nur seine Steuern erheben, und das nach unsrem Ermessen.

⁴ „Und falls die Steuerpflichtigen sich irgend weigerten, die Steuern zu entrichten, so hat er sich an uns zu wenden,

⁵ „widrigenfalls wir ihm alle Tage die Absetzungsurkunde des Kaisers, die ich allezeit in meinen Händen habe, überreichen und ihn dann als vogelfrei vor allem Volke erklären können.

⁶ „Demnach hast du von diesem Könige nicht das geringste zu befürchten;

⁷ „denn es sei ihm ja nicht geraten, je nur irgend im geringsten wider die bestehenden Vorschriften zu handeln,

⁸ „sonst ist er morgen kein König mehr, sondern ein geächteter vogelfreier Sklave Roms!

⁹ „Freund! Ich meine, mehr

brauchst du nicht zu deiner Beruhigung.

¹⁰ „Ich bin der Landpfleger nun von Jerusalem, und mein Bruder Cyrenius ist *quasi* ¹ Vizekaiser von Asien und Afrika, und wir sind deine Freunde.

¹¹ „Ich glaube, eine bessere Bürgschaft, weltlicherweise genommen, kann es wohl in einem Lande für einen Menschen nicht geben.

¹² „Und die allergrößte Bürgschaft für deine Sicherheit und Ruhe wohnt wohl in deinem Hause!

¹³ „Daher sei du ganz ruhig nun, und betreibe deine mir schon bekannte Kunst ohne Scheu und Furcht!

¹⁴ „Ich aber werde bei der Bemessung der Steuer für dich schon eine solche Rubrik aussuchen, die dir nicht weh tun wird!"

¹⁵ Als Joseph solches von Kornelius vernommen hatte, da ward er wieder ganz heiter, froh und ruhig.

¹⁶ Kornelius aber entdeckte die fünf Mädchen des Cyrenius und die Eudokia, die ihm sehr bekannt zu sein schien, die er aber dennoch hier nicht erkannte.

¹⁷ Er fragte daher den Joseph um die nähere Bewandtnis dieser Personen.

¹⁸ Und Joseph gab ihm alles kund nach der Wahrheit vollkommen, ohne irgendeinen mystischen Vorbehalt.

¹⁹ Als auf diese Art *Kornelius* erfuhr, wie gar menschenfreundlich Joseph sich gegen seinen Bruder Cyrenius verhalte und wie höchst uneigennützig, da war es aber auch aus bei Kornelius.

²⁰ Seine Freude war übergroß, und er küßte darob den Joseph hundert Male und rief die Kinder seines Bruders zu sich und herzte und küßte sie auch.

²¹ Zu Joseph aber sprach er: „Weil du also mit meinem Bruder stehst, so sollst du auch für alle Zeiten steuerfrei sein, gleich jedem Bürger Roms; und heute hefte ich selbst den Freibrief des Kaisers an dein Haus!" — Joseph ward darüber zu Tränen gerührt, und alles weinte mit ihm vor Freuden.

265

Des Kornelius Frage, ob Cyrenius von der Abreise Josephs wisse.
Josephs gute Antwort. Kornelius erklärt Joseph die römischen Geheimschreiben.

Nachdem aber fragte Kornelius auch den Joseph, ob davon Cyrenius wohl Kenntnis habe, daß nämlich Joseph Ägypten verlassen habe.

² Und falls er keine Kenntnis hätte, ob man ihn davon aus staatlichen Rücksichten nicht sogleich sollte in die vollste Kenntnis setzen.

³ Und *Joseph* sprach: „Freund, tue gegen deinen Bruder, was du willst;

⁴ „aber um *das* bitte ich dich wohl, daß du ihm sagen möchtest, er solle ja nicht zu bald zu mir kommen!

⁵ „Und wann er aber schon kommen möchte, da solle er ja bei Nacht und Nebel kommen, auf daß sein Erscheinen bei mir ja niemand bemerke,

⁶ „und mein Haus dadurch nicht

---

¹ gewissermaßen.

eine sehr widrige Aufmerksamkeit auf sich ziehe, die mir und dem Kinde schädlich wäre und für die göttliche Ruhe meines Hauses störend sein möchte!"

7 Als *Kornelius* solches von Joseph vernommen hatte, da sprach er:

8 „O du mein erhabenster Freund, des sei ruhig! Denn was das ,streng inkognito[1] zu jemanden kommen' betrifft, da sind wir Römer Meister;

9 „und so wird, wie[2] ich morgen nach Jerusalem kommen werde, das mein erstes Geschäft sein, daß ich in aller Stille meinen Bruder durch ein Geheimschreiben benachrichtigen werde, daß du hier bist.

10 „Mit solch einem Schreiben will ich Archelaus selbst, wenn es darauf ankäme, zu meinem Bruder senden, und er wird nicht wissen, was darauf steht, wenn das Schreiben auch unversiegelt sich in seinen Händen befände!"

11 *Joseph* aber fragte den Kornelius, wie da wohl ein solches Geheimschreiben möglich wäre.

12 Und *Kornelius* sprach: „O erhabenster Freund! Nichts leichter als das.

13 „Siehe, man nimmt einen langen, etwa einen Finger breiten Streifen[3].

14 „Diesen Streifen windet man schneckengewindartig um einen runden Stab, so daß die Ränder genau aneinanderstoßen.

15 „Ist also der Streifen aufgewunden über den runden Stab, da schreibt man dann nach der Länge des Stabes über alle Gewinde des Pergamentstreifens sein Geheimnis.

16 „Nun hat aber Cyrenius einen genau gleich so dicken Stab, wie da der meinige ist.

17 „Habe ich das Schreiben beendet, so wird es dann vom Stabe abgerollt und ganz offen an meinen Bruder durch jemand übersendet, —

18 „und kein Mensch ist dann ohne einen gleichen Stab imstande, den Inhalt eines solchen Schreibens nur von ferne her zu entziffern;

19 „denn er entdeckt auf dem Streifen nichts als zumeist einzelne Buchstaben oder höchstens Silben, aus denen er gewiß in Ewigkeit nicht klug wird, was da auf dem Streifen steht! — Joseph, hast du mich verstanden?"

20 Und *Joseph* sprach: „Ganz vollkommen, liebster Bruder!

21 „Also magst du immerhin deinem Bruder schreiben; denn also wird das Geheimnis wohl niemand entziffern!"

22 Darauf wandte sich Kornelius an Eudokia und besprach sich über verschiedenes mit ihr.

266

Kornelius fragt nach dem Wunderbaren beim Kindlein.
Josephs Hinweis auf Dessen Reden. Des Kindleins große Worte an Kornelius.

Als sich *Kornelius* auch mit Eudokia hinreichend über alles besprochen hatte, was er zu seiner Kenntnis für nötig befand,

2 und da er daraus ersehen hatte, wie ihre Aussage genau mit dem Schreiben seines Bruders in der besten Übereinstimmung stand,

---

[1] unerkannt; [2] sobald; [3] Pergamentstreifen.

³ da wandte er sich wieder an Joseph und sprach zu ihm:
⁴ „Erhabenster Mann! Nun bin ich in allem ganz vollkommen im klaren.
⁵ „Ich will dich nicht mehr fragen, wie und warum du Ägypten wieder verlassen hast, obschon du dort bestens versorgt warst;
⁶ „denn ich weiß, daß du nichts tust, als was zu tun dir von deinem Gott befohlen wird.
⁷ „Und da du also genau handelst nach dem Willen deines Gottes, so ist auch dein Handeln allezeit gut und gerecht vor Gott und vor aller Welt, die mir gleich rechtlich denkt und will und handelt.
⁸ „Aber um eines möchte ich dich noch vor meiner Abreise nach Jerusalem fragen,
⁹ „und dieses eine besteht darin: Siehe, mir schweben noch alle die Wundererscheinungen deines Kindes, die bei dessen Geburt stattfanden, wie ganz gegenwärtig vor den Augen.
¹⁰ „Nun sehe ich eben, dieses so Wunderbare scheint sich an Ihm wie rein verloren zu haben. Sage, wie ist das zu nehmen?"
¹¹ Und *Joseph* sprach: „O Freund, wie fragst du da so sonderbar?
¹² „Hast du denn ehedem das Kind nicht mit Salome reden hören?
¹³ „Reden wohl *alle* Menschenkinder in diesem Alter in solcher Weisheitstiefe?
¹⁴ „Findest du denn eine solche Sprache aus dem Munde eines dreijährigen Kindes nicht ebenso wunderbar als eine jede Geburtswundererscheinung zu Bethlehem?"
¹⁵ Und *Kornelius* sprach: „Du hast da wohl recht; aber darum eben ist dieses Wunder mir nichts Neues.
¹⁶ „Denn siehe, in Rom habe ich schon Kinder mit einem Jahre Alters nicht selten zum Erstaunen reden hören, deren Geburt jedoch ganz natürlich war!
¹⁷ „Aus *dem* Grunde hat dein außerordentliches Kind nun meine großen Erwartungen nicht befriedigt."
¹⁸ Hier kam *das Kindlein* Selbst zu Kornelius und sprach zu ihm:
¹⁹ „Kornelius, sei du zufrieden mit der Bürde, die Ich dir auf die Schultern geladen habe;
²⁰ „denn siehe, du müßtest nur zu einem Granitberge werden, wolltest du eine größere Last Meines Willens auf deine Schultern laden!
²¹ „Darum begehre vor der Zeit nicht *mehr* von Mir!
²² „Zur rechten Zeit aber werde Ich schon genug tun für dich und für alle Welt!"
²³ Als Kornelius solches vernahm, da forschte er nicht mehr weiter und ließ dann bald sein Gepäck zu seiner Abreise ordnen.

267

Kornelius heftet den Freibrief Roms an Josephs Haus. Römische Steuerordnung. Des Kindleins Verheißung an Kornelius.

In ein paar Stunden war Kornelius reisefertig, begab sich aber noch früher [1] mit Joseph in dessen Wohnung und heftete dort versprochenermaßen ein ehernes Täfelchen mit des Kaisers Bild und Namenszug an die Türe.
² Und dieses Täfelchen war das

---

[1] zuvor.

kaiserliche Freiheitszeichen oder gleichsam ein Freibrief, laut dessen der Pachtkönig desselben Landes kein Recht über ein solches Haus ausüben durfte.

³ Als Kornelius mit dieser Arbeit fertig war, da nahm er seinen Griffel und schrieb unter das Täfelchen an die Türe in der römischen Sprache:

⁴ *Tabulam hanc libertatis Romanae secundum judicum Caesaris Augusti suamque voluntatem affigit Cornelius Archidux Hierosolymae in plena potestate urbis Romae.* ¹

⁵ Als *Kornelius* auch mit dieser Inschrift fertig war, da sprach er zu Joseph:

⁶ „Nun, erhabenster Freund, ist dein Haus und Gewerbe von jeglicher Steuer frei, die dir der Archelaus auferlegen möchte.

⁷ „Nur den Zinsgroschen hast du alljährlich nach Rom zu entrichten, den du hoffentlich leicht ersparen wirst!

⁸ „Diesen Zinsgroschen kannst du entweder in Jerusalem selbst oder auch hier in Nazareth beim Kaiserlichen Amte gegen einen Empfangsschein erlegen.

⁹ „Und so bist du nun gegen alle Nachstellungen von seiten des Pachtkönigs befreit; mache dir aber ein Gitterchen über die Tafel, auf daß sie dir niemand raube und meine Unterschrift verderbe!"

¹⁰ Joseph dankte in seinem Herzen Gott dem Herrn für so viel Gnade und segnete vielfach den Kornelius.

¹¹ Und *das Kindlein* kam auch hin zu Kornelius und sprach zu ihm:

¹² „Höre du Mich nun auch ein wenig an, Ich will dir zum großen Lohne auch etwas sagen!

¹³ „Siehe, du hast nun dem Hause Josephs eine große Wohltat erwiesen;

¹⁴ „desgleichen werde auch Ich einst deinem ganzen Hause tun!

¹⁵ „Ist dieses Haus auch nicht das Eigentum Meines Nährvaters, sondern nur ein Eigentum der Salome, weil sie es gekauft hat,

¹⁶ „so will Ich aber dennoch in der Zukunft deinem ganz eigenen Hause es vielfach vergelten, was du diesem Hause der Salome getan hast.

¹⁷ „Das kaiserliche Freiheitszeichen hast du mit eigener Hand an des Hauses Türe geheftet und hast hinzugefügt deine Unterschrift.

¹⁸ „Also werde auch Ich dereinst Selbst Meinen Geist über dein ganzes Haus ausbreiten, durch den du die ewige Freiheit der Himmel Gottes überkommen wirst und in ihr das ewige, unvergängliche Leben in Meinem Reiche!"

¹⁹ *Kornelius* hob hier das Kindlein auf und küßte Es und lächelte über solch sonderbare Verheißung des Kindleins;

²⁰ denn wie hätte er es wohl verstehen können, was das Kindlein in solcher göttlichen Weisheitstiefe zu ihm geredet hatte?

²¹ Und *das Kindlein* sprach: „Das wirst du erst dann verstehen, wenn Mein Geist über dich kommen wird!" — Darauf lief das Kindlein wieder zu Seinem Jakob. Kornelius machte sich zur Abreise fertig, und Joseph fing an, im Hause alles nach seinem Bedürfnisse zu ordnen.

---

[1] Diesen römischen Freiheitsbrief hat, auf Grund des Spruchs und Willens des Cäsar Augustus, Kornelius, Oberst zu Jerusalem, in Vollmacht der Stadt Rom angeheftet.

Joseph ordnet das Hauswesen und bespricht mit Maria einen Besuch bei Verwandten und Bekannten. Des Kindleins eigenartiges Benehmen und merkwürdige Worte.

Als *Joseph* mit der tätigsten Beihilfe der Salome an diesem Tage alles in seinem Hause in die gerechteste Ordnung gebracht hatte, da dankte er Gott und war voll Freuden, daß er im Lande seiner Väter wieder so gut aufgenommen ward.

2 Am nächsten Tage aber sprach er zu Maria, nachdem er seinen vier älteren Söhnen die Obsorge des Hauswesens übergeben hatte für diesen Tag:

3 „Maria, du mein getreuestes Weib! Siehe, wir haben hier im Orte herum so manche Verwandte und sonstige gute Freunde und Bekannte;

4 „gehe und nimm das Kindlein, den Jakob und, so du willst, die Eudokia mit den fünf Mädchen,

5 „und wir wollen also diesen Tag hindurch alle die hier in Nazareth und in der nahen Umgegend wohnenden Verwandten, Freunde und Bekannten besuchen,

6 „auf daß auch sie, die mich sicher lange bedauert haben, sich an unserer Gegenwart wieder erfreuen sollen!

7 „Und ich werde bei dieser Gelegenheit vielleicht auch wieder eine gute Arbeit bekommen, um für euch alle das nötige Brot zu verdienen."

8 Maria war mit diesem Vorschlage gar freudigst einverstanden und ordnete alles zu diesem Behufe.

9 Nur das Kindlein wollte anfangs nicht mitgehen. Als Ihm aber die Mutter schmeichelte, da ließ Es Sich dennoch anziehen und bewegen zum Mitgange.

10 Aber Es *(das Kindlein)* sprach: „Ich gehe wohl mit euch; aber tragen soll Mich niemand!

11 „Sondern so Ich gehe, da will Ich gehen zwischen euch überall hin, dahin ihr gehen wollet.

12 „Fraget Mich aber nicht, warum Ich das also will; denn Ich sage nicht alles gerade heraus, warum Ich etwas so oder so tue!"

13 Und *Maria* sprach zum Kindlein: „Oh, Du wirst Dich schon noch gerne tragen lassen, wenn Du recht müde wirst!"

14 Und *das Kindlein* sprach: „Oh, des sei du ganz unbesorgt! Ich werde nie müde, so Ich es nicht will.

15 „Wenn Ich es aber will, dann werde Ich auch müde, — aber dann ist Meine Müdigkeit ein Gericht den Menschen;

16 „denn nur die Sünde der Menschen kann Mich dahin bringen, daß Ich dann wollen muß, müde zu werden, ob der Sünde der Menschen!

17 „Ich aber sage euch vor allem, daß Mich aus euch ja niemand verrate!

18 „Denn es ist genug, daß *ihr* es wisset, daß *Ich der Herr* bin.

19 „Ihr wisset es ohne Gericht; denn eure Herzen sind aus den Himmeln.

20 „So es aber die Menschen der Erde erführen vor der Zeit, so würden sie gerichtet sein und müßten sterben!

21 „Darum aber wollte Ich auch nicht sogleich mitgehen.

22 „Ich mußte euch das vorher verkünden; und da ihr das nun wisset, so will Ich ja mit euch gehen.

23 „Aber verstehet, nur *gehen* will Ich, und nicht getragen werden, auf daß die Erde durch Meine Tritte erfahre, Wer nun ihren Boden betritt!"

²⁴ Alle merkten sich diese Worte wohl und machten sich dann sobald auf den Weg zu ihren Verwandten, Freunden und Bekannten.

269

Das Erdbeben unter Jesu Füßen ängstet Joseph und Maria.
Flüchtlinge aus der Stadt warnen Joseph weiterzuziehen.
Joseph, durch Jakob beruhigt, zieht furchtlos in die Stadt.

Als sich darauf Joseph mit den Seinen auf den Weg machte und das Kindlein zwischen Joseph und Maria einherging, da verspürte die ganze Gesellschaft bei jedem Tritt des Kindleins eine recht merkliche Erderschütterung.

² *Joseph* empfand dieses Phänomen ¹ ebenfalls zuweilen recht merklich und sagte zu Maria:

³ „Weib, verspürst du nicht, wie der Erdboden wanket und bebet?"

⁴ Und *Maria* sprach: „Oh, das verspüre ich sehr stark;

⁵ „wenn uns nur etwa nicht ein mächtiges Ungewitter, das sich gern nach einem Erdbeben einstellt, unterwegs oder in der Stadt ereilet!

⁶ „Und siehe, das Erdbeben dauert an, was ich noch nicht erlebt habe!

⁷ „Oh, dem wird ganz sicher ein gar entsetzlicher Sturm folgen!"

⁸ Und *Joseph* sprach: „Ich bemerke zwar noch nirgends ein Wölkchen am Himmel;

⁹ „aber dessenungeachtet könntest du dennoch gar wohl recht haben.

¹⁰ „Wenn dies Erdbeben nicht gar bald ein Ende nimmt, da wird es nicht einmal geheuer sein, in die Stadt zu ziehen."

¹¹ Als sich aber also die Familie der Stadt nahte, da kamen ihnen schon eine Menge *Flüchtlinge* aus der Stadt entgegen und warnten sie, in die Stadt zu ziehen.

¹² Denn sie sagten: „Freunde, woher ihr auch sein möget, gehet ja nicht in die Stadt!

¹³ „Denn es war vor einer kleinen halben Stunde ein mächtiges Erdbeben, und man ist keine Minute vor dem Einsturze der Häuser sicher!"

¹⁴ Joseph war hier selbst im flüchtigen Zweifel, was er so ganz eigentlich tun solle, solle er weitergehen, oder solle er umkehren.

¹⁵ *Jakob* aber ging hin zu Joseph und sagte zu ihm insgeheim:

¹⁶ „Vater, du sollst dich nicht fürchten; es wird dieses Erdbeben niemand auch nur einen allergeringsten Schaden zufügen, weder in der Stadt noch in der Umgegend!"

¹⁷ Joseph verstand nun gleich, woher das Erdbeben kam.

¹⁸ Er ermutigte daher auch sogleich alle die Seinen, in die Stadt zu ziehen.

¹⁹ Als aber das die aus der Stadt *Flüchtigen* sahen, daß der alte Greis dennoch in die Stadt zog,

²⁰ da sprachen sie bei sich: „Wer muß denn doch dieser Mann sein, daß er keine Furcht vor dem Erdbeben hat?"

²¹ Und sie rieten hin und her; aber niemand erkannte ihn.

---

¹ Wunder.

⁲² Sie wollten aber auch wieder in die Stadt ziehen;
²³ aber da beim Weitergehen des Kindleins die Erde wieder zu beben begann, da flohen sie weiter. — Joseph aber zog ganz furchtlos in die Stadt mit seiner Familie.

270

Die Menschen geben unbewußt ein wahres Zeugnis. Josephs gute Antwort an dieselben. Joseph wird von seinem Freunde herzlich empfangen.

Als Joseph aber in die Stadt kam, da sah er die Menschen in großer Angst und Verwirrung durcheinanderrennen,

² und *alles* schrie: „Gott, der Herr Abrahams, Isaak und Jakobs, hat uns schwer heimgesucht!

³ „Zerreißet die Kleider, bestreuet mit Asche eure Häupter, und tuet Buße, auf daß sich der Herr wieder unsrer erbarmen möchte!"

⁴ Also drängten sich auch einige zu Joseph hin und fragten ihn hastig, ob er nicht auch seine Kleider zerreißen werde.

⁵ *Joseph* aber sprach: „O Brüder, so ihr schon Buße tun wollet, da tut sie lieber in euren Herzen denn in euren Kleidern!

⁶ „Denn der Herr sieht weder auf die Farbe des Kleides, noch ob es ganz oder zerrissen ist;

⁷ „sondern allein auf das Herz sieht der Herr, wie es etwa beschaffen ist!

⁸ „Denn im Herzen kann stecken Schlechtes, als: arge Gedanken, Begierde, ein schlechter Wille;

⁹ „Unzucht, Hurerei, Ehebruch und dergleichen mehr.

¹⁰ „Solches tut aus euren Herzen, so es darinnen ist, da werdet ihr besser tun, als so ihr eure Kleider zerreißet und mit Asche bestreuet euer Haupt!"

¹¹ Als die verzagten Nazarener solche Rede von Joseph vernahmen, da traten sie zurück, und *viele* von ihnen sprachen unter sich:

¹² „Siehe da, wer ist der Mann, der da solche Rede führt in seinem Munde, als wäre er ein großer Prophet?"

¹³ *Das Kindlein* aber stupfte den Joseph und sagte lächelnd:

¹⁴ „Nun hast du recht geredet; das tat diesen Blinden not!

¹⁵ „Aber jetzt soll der Erdboden wieder Ruhe haben, auf daß wir ungestört weiterwandeln können!"

¹⁶ Darauf zog die Familie zu einem Freunde Josephs, der da ein *Arzt* in Nazareth war.

¹⁷ Als dieser des alten Josephs ansichtig ward, da eilte er ihm mit allen den Seinen entgegen und fiel ihm um den Hals und schrie:

¹⁸ „O Joseph, Joseph, du mein liebster Freund und Bruder! Wie kommst denn du nun in dieser bedrängten Stunde daher?

¹⁹ „Wo warst du denn drei lange Jahre durch[1]?

²⁰ „Woher kommst du nun? Welch ein Engel Gottes hat dich denn nun dahergeführt?"

²¹ *Joseph* aber sprach: „Bruder, führe uns erst ins Haus und gib uns Wasser zum Reinigen der Füße,

²² „sodann sollst du alles erfahren, wo ich war und woher ich nun komme!" — Und der Arzt erfüllte sogleich Josephs Wunsch.

[1] hindurch.

271

Joseph erzählt dem befreundeten Arzte von seinen Erlebnissen.
Des Arztes herzliche Teilnahme und seine eigenen Erfahrungen.
Josephs Ärger über Archelaus. Joseph wird durch das Kindlein besänftigt.

Als Joseph mit seiner Familie sich die Füße gereinigt hatte und in das Wohnzimmer des Arztes kam, allda mehrere Kranke in der Pflege sich befanden, da setzte er sich mit den Seinigen und erzählte dem Arzte ganz kurz die Hauptzüge seiner Flucht und deren Grund.

² Als der Arzt solches vernommen hatte, da ward er voll Ärgers wider den Herodes und noch mehr aber gegen den noch lebenden Sohn Archelaus.

³ Er beschrieb diesen Wüterich als noch viel ärger, als wie da war sein Vater.

⁴ Und *Joseph* sprach zu ihm: „Freund, was du mir nun von Archelaus erzählt hast, habe ich auch schon auf meiner Hierherreise vernommen.

⁵ „Aber siehe, der Herr hat darum auch schon für mich gesorgt!

⁶ „Denn siehe, ich lebe nun in einem Freihause und bin gleich einem Bürger Roms und habe daher mit dem Wüterich nichts zu tun!"

⁷ Und *der Arzt* sprach: „O Freund, da siehe dies mein Haus, das hatte auch den kaiserlichen Freibrief;

⁸ „aber unlängst erst kamen zur Nachtzeit des Archelaus Tributschergen, rissen das Täfelchen von der Türe und pfändeten mich am nächsten Tage gar schmählichst.

⁹ „Ein Gleiches kann auch dir geschehen; daher sei ja auf der Hut!

¹⁰ „Denn ich sage dir: Diesem Teufel von einem Könige ist nichts heilig; was *er* nicht raubt, das rauben dann seine Afterpächter und die allerschändlichsten Straßenzöllner!"

¹¹ Als *Joseph* solches vom Arzte vernommen hatte, da ward er selbst voll Ärgers über den Archelaus und sprach:

¹² „Das soll dieser Wüterich nur versuchen, und ich sage dir, es soll ihm darum schlimm ergehen!

¹³ „Denn ich habe des Landpflegers Wort, daß Archelaus sobald wie ein Staatsverräter behandelt wird, sobald er Roms Privilegium nicht respektieren sollte!"

¹⁴ Und *der Arzt* sprach: „O Bruder, halte du ja auf alles mehr als auf solche Privilegien;

¹⁵ „denn kein Fuchs kann sich bei einem Verbrechen schlauer aus der Schlinge ziehen als diese griechische Bestie!

¹⁶ „Siehe, was tat er bei mir, als ich mich beim Römischen Amte beschwerte?

¹⁷ „Er beschuldigte sogleich seinen Anwalt der Eigenmächtigkeit und ließ ihn in den Kerker werfen.

¹⁸ „Als ich aber dann um einen Schadenersatz beim Amte einkam, da ward ich abgewiesen mit dem Bescheide:

¹⁹ „‚Da ausgewiesenermaßen der König kein Teilnehmer an diesem Frevel ist, so ist er auch nicht ersatzpflichtig, sondern allein der eigenmächtig handelnde Täter.

²⁰ „‚Bei dem aber hat man nichts vorgefunden; also betrifft der Schaden wie bei einem gemeinen Raube den Herrn!' — Und siehe, damit ward ich abgefertigt!

²¹ „Das Täfelchen wurde mir wohl wieder ans Haustor geheftet; aber

auf wie lange, das wird Archelaus am besten wissen!"

²² Als Joseph solches vernommen hatte, da ward er sehr erbost und wußte nicht, was er dazu sagen sollte. *Das Kindlein* aber sprach:

²³ „O ärgere dich nicht des Ohnmächtigen wegen; denn siehe, es gibt noch einen Herrn, der mehr vermag als Rom!" — Joseph ward darauf ruhig. Der Arzt aber machte dazu große Augen; denn er kannte das Kind noch nicht.

272

Des Arztes Verwunderung und Voraussage über das weise Kindlein.
Des Kindleins Antwort an Joseph.
Die Messias-Hoffnung des Arztes und deren Berichtigung durchs Kindlein.

Nach einer Weile erst fing *der Arzt* wieder an zu reden und sprach zu Joseph:

² „Aber Freund und Bruder! Was in des Herrn Namen hast du denn da für ein Kind, das da schon so weise redet wie ein Oberpriester im Tempel des Herrn, wenn er mit Thumim und Urim angetan vor dem Allerheiligsten steht?

³ „Wahrlich, es redete nur wenige Worte, und sie drangen mir durch Mark und Bein!

⁴ „Du hast mir wohl gesagt in deiner Erzählung, wie das Kind die Ursache deiner Flucht nach Ägypten war, und hast mir flüchtig so manches Seltene von dessen Geburt erwähnt,

⁵ „woraus ich mutmaßte, daß aus diesem Kinde mit der Zeit, wenn es die Prophetenschule der Essäer durchmachen würde, ein großer Prophet hervorgehen dürfte.

⁶ „Aber wie ich es nun habe reden hören, da braucht es die Schule der Essäer nicht;

⁷ „denn also ist es ja schon ein Prophet von der ersten Klasse, gleich einem Samuel und gleich einem Elias und Jesaias!"

⁸ Joseph ward hier ein wenig verlegen und wußte nicht, was er darauf sogleich seinem Freunde für eine Antwort geben sollte.

⁹ Da kam *das Kindlein* wieder zu Joseph und sagte zu ihm:

¹⁰ „Laß den Arzt nur bei seinem Glauben; denn auch er ist berufen zum Reiche Gottes, aber zuviel soll er nicht erfahren auf einmal!"

¹¹ Als aber *der Arzt* auch diese Worte vernahm, da sprach er ganz erstaunt:

¹² „Ja, ja, Bruder Joseph, ich habe recht zu dir geredet!

¹³ „Das ist schon ein Prophet, der uns verkünden wird den nahen Messias, der uns verheißen ist;

¹⁴ „denn er sprach ja vom Reiche Gottes nun, zu dem auch ich berufen sei.

¹⁵ „Nun sehe ich es aber auch ein, warum dieser kleine Samuel ehedem dich mit einem Herrn vertröstet hat, der mächtiger ist als Rom.

¹⁶ „Ja, wenn der Messias kommen wird, da freilich wird es dem Rom ergehen, wie es einst der Stadt Jericho ergangen ist zu den Zeiten Josuas!"

¹⁷ *Das Kindlein* aber sprach: „Oho, Freund, was redest du? Weißt du denn nicht, wie es geschrieben steht: ‚Aus Galiläa kommt kein Prophet!'?

¹⁸ „Wenn aber also, Wer mag denn wohl *Der* sein, der da herkommt aus dem Stamme Davids?

¹⁹ „Ich sage dir aber: Wenn der

Messias kommen wird, da wird Er kein Schwert gegen Rom ziehen,

²⁰ „sondern Er wird nur verkünden lassen Sein geistiges Reich durch Seine Boten auf Erden!" —

²¹ Hier stutzte *der Arzt* und sprach nach einer Weile: „Wahrlich, in dir hat Gott Sein Volk heimgesucht!"

²² Und Joseph gab dem Arzte recht, fügte aber dennoch keine weitere Erklärung hinzu.

273

Das Kindlein hält bei den Kranken des Arztes eine Vertrauensprobe und heilt ein gichtbrüchiges Mädchen.

Nach dieser Besprechung aber lief das Kindlein munter im Zimmer herum und fragte die Kranken, die da mit allerlei Gebrechen behaftet waren, was ihnen fehle, und wie sie zu solchen Übeln gekommen wären.

² *Die Kranken* aber sprachen: „Du kleines, munteres Knäblein, das haben wir schon dem Arzte gesagt, der uns darnach heilen wird.

³ „Jetzt vor den Gästen würde es sich wohl nicht schicken, daß wir da unsere Sünden bekennen sollen, die da sicher die Ursache unserer Leibesgebrechen sind;

⁴ „daher gehe du zum Arzte, der wird es dir schon sagen, so es sich schickt für dich!"

⁵ *Das Kindlein* lächelte hier und sprach zu den Kranken:

⁶ „Würdet ihr Mir auch dann den Grund von euren Gebrechen nicht kundgeben, so Ich euch ganz bestimmt helfen könnte?"

⁷ Und *die Kranken* sprachen: „O ja, dann schon;

⁸ „aber dazu wirst du noch sehr viel lernen müssen! Es wird noch eine schöne Zeit verrinnen, bis du ein Arzt wirst."

⁹ Und *das Kindlein* sprach: „O mitnichten, denn Ich bin schon ein ganz ausgelernter Arzt und habe es so weit gebracht, daß Ich auch augenblicklich heilen kann.

¹⁰ „Und Ich sage euch: Wer aus euch sich Mir am ersten anvertrauen wird, der soll auch am ersten und alsogleich gesund werden!"

¹¹ Da war *ein gichtbrüchiges Mädchen* von zwölf Jahren, das fand Wohlgefallen an dem Kinde und sagte zu Ihm:

¹² „So komme denn her, du kleiner Arzt, ich will mich von dir heilen lassen!"

¹³ Hier lief *das Kindlein* zu dem Mädchen und sprach zu ihm:

¹⁴ „Weil du Mich zuerst berufen hast, so sollst du auch zuerst gesund werden!

¹⁵ „Siehe, Ich kenne deines Gebrechens Grund, er liegt in denen, die dich gezeugt haben;

¹⁶ „du aber bist ohne Sünde, daher sage Ich zu dir:

¹⁷ „Stehe auf und wandle frei, und gedenke Meiner!

¹⁸ „Aber nun rede du zu niemand, daß *Ich* dich geheilt habe!"

¹⁹ Und siehe, das zwölfjährige Mädchen ward im Augenblicke gesund, stand auf und wandelte frei.

²⁰ Da aber das die andern Kranken sahen, da verlangten sie auch geheilt zu werden.

²¹ Aber das Kindlein ging nicht an ihre Betten, weil sie es früher nicht verlangt hatten.

274

Des Arztes Staunen und demütig-ahnendes Bekenntnis. Das Kindlein beruhigt den Arzt und gibt ihm die beste (Seine) Heilmethode kund. Der Arzt glaubt und wird durch seine Heilungen weitberühmt. Joseph nimmt das geheilte Mädchen in sein Haus.

Als der Arzt aber diese Wunderheilung des von ihm als völlig unheilbar erklärten Mädchens ersah, da war es aber auch aus bei ihm.

2 Er kam kaum zu Atem vor lauter Staunen und sprach zu Joseph:

3 „O Bruder, ich bitte dich, ziehe weg von hier;

4 „denn nun wird es mir gewaltig bange ums Herz!

5 „Denn siehe, ich bin ein sündiger Mensch, und in deinem Kinde weht offenbar *des Herrn Geist!*

6 „Wie aber kann ein armer Sünder bestehen vor dem allsehenden und allmächtigen Geiste des Allerhöchsten?!"

7 Da lief *das Kindlein* zum Arzte und sprach zu ihm:

8 „Mann! Warum wirst denn du nun töricht und fürchtest dich vor Mir?

9 „Was Arges tat Ich dir wohl, daß es dir nun also banget vor Mir?

10 „Meinst du denn, die Heilung des Mädchens war etwa ein Wunder?

11 „Ich sage dir: Mitnichten; denn versuche du nur, auch die andern Kranken auf diese Art zu behandeln, und es wird besser mit ihnen!

12 „Gehe hin, *erwecke* in ihnen den *Glauben*, lege ihnen dann die Hände auf, und sie werden genesen im Augenblicke!

13 „Aber zuvor mußt *du selbst fest glauben*, daß du ihnen also helfen kannst und auch unfehlbarst sicher helfen wirst!"

14 Als der Arzt solches vom Kindlein vernommen hatte, da faßte er einen festen Glauben, ging hin zu den Kranken und tat ihnen nach dem Rate des Kindleins.

15 Und siehe, alle Kranken wurden sogleich gesund, zahlten dem Arzte ihre Gebühr, lobten und priesen Gott, daß Er dem Menschen solche Macht verliehen habe!

16 Dadurch aber fiel dann auch günstigermaßen das Wunderbare vom Kinde vor den Augen der Welt weg.

17 Der Arzt aber gelangte dadurch zu einem ungeheuren Rufe der Berühmtheit,

18 und viele Kranke kamen dann von weit und breit zu ihm und fanden dort ihre Heilung.

19 Da aber das zwölfjährige Mädchen sah, daß da auch der Arzt also wunderbar heilte, da meinte es, das Kind habe das durch den Arzt getan, und pries darnach auch des Arztes Weisheit.

20 Das Kindlein aber beschwerte sich nicht dagegen, denn Es hatte ja darum dem Arzte solche Kraft verliehen, auf daß von Ihm der Verdacht genommen würde.

21 Nur *Joseph* sprach zum Mädchen: „Mädchen, gedenke, daß alle Kraft von oben kommt!

22 „Da du aber nun keinen Dienst hast, so gehe in mein Haus, und du sollst versorgt sein!" — Und das Mädchen schloß sich sogleich an Joseph an und ging dann mit ihm.

Die heilige Familie beim Lehrer Dumas. Joseph erzählt ihm seine Geschichte. Das Kindlein bei den Schulkindern.

Als Joseph nach einigen Privatunterredungen wegen allfälliger Zimmerarbeiten mit dem Arzte sich auf den Weg machte, da begleitete ihn der Arzt bis zu einem nächsten Freunde, der da ein Schullehrer in Nazareth war und Dumas hieß.
² Hier ging der Arzt wieder heim, Joseph aber ging hinein zu Dumas.
³ Dieser aber erkannte ihn nicht so bald; denn er hatte sich seines alten Freundes ganz entwöhnt.
⁴ Da fragte ihn *Joseph*, ob er ihn denn wohl im Ernste nicht mehr kenne.
⁵ *Dumas* aber rieb sich die Stirne und sprach;
⁶ „Du hast wohl eine auffallende Ähnlichkeit mit einem gewissen Joseph, der hier vor drei Jahren Anstände wegen einer gewissen Tempeldirne hatte;
⁷ „dieser sonst so biedere Mann aber mußte auch um die Zeit nach Bethlehem zur Beschreibung, und das mit Sack und Pack.
⁸ „Was dann weiter mit ihm geschehen ist, weiß ich nicht.
⁹ „Und siehe, mit diesem mir sehr teuren Manne hast du wohl die größte Ähnlichkeit; aber *der* wirst du wohl sicher nicht sein?!"
¹⁰ Und *Joseph* sprach: „Wie, so ich aber dennoch derselbe wäre, möchtest du mir keine Arbeit zukommen lassen im Zimmermannsfache?
¹¹ „Denn siehe ich bewohne nun wieder meinen alten Meierhof."
¹² Als *Dumas* das von Joseph vernommen hatte, da sprach er:
¹³ „Ja, jetzt ist es klar, du bist es, du bist wahrhaftig mein alter Freund und Bruder Joseph!
¹⁴ „Aber *wo* um des Herrn willen kommst du denn nun her?"
¹⁵ Und *Joseph* sagte zu ihm: „Bruder, gib mir zuerst einen nassen Lappen, daß ich meine Füße vom Staube reinige, dann sollst du alles erfahren, was da not tut!"
¹⁶ Und Dumas ließ sogleich einen nassen Lappen bringen und einen Krug Wasser, und die ganze Gesellschaft Josephs reinigte sich die Füße und ging dann in das Schulhaus des Dumas.
¹⁷ Joseph erzählte hier ganz kurz gefaßt seine dreijährige Geschichte.
¹⁸ Währenddem aber beschäftigte Sich das Kindlein mit einigen Schulkindern, die gerade hier anwesend waren und lesen und etwas schreiben lernten.
¹⁹ Eines der Schulkinder las dem Kindlein sogleich etwas vor, machte aber dabei Fehler.
²⁰ Da lächelte allzeit das Kindlein und korrigierte dem Leser die Fehler fleißig aus.
²¹ Das fiel bald allen Schulkindern auf und sie fragten Es, *wann* und *wo* Es denn also gut lesen gelernt habe.
²² Und *das Kindlein* sprach: „O das ist Mir so angeboren!"
²³ Da lachten alle Kinder und gingen hin und erzählten das alles dem Dumas; und dieser ward darauf aufmerksam auf das Kind und fing an, den Joseph zu befragen über solch ein Vermögen an dem Kinde.

276

Des Dumas fragendes Staunen ob des Kindes.
Die sokratisch-philosophisch-weise Antwort Josephs. Des Dumas Philosophenlob.
Des Kindleins Rede an Dumas über Propheten und Philosophen.

Joseph aber, da er sah, wie sich Dumas gar sehr bemühte, das zu erfahren, woher das Kindlein solche wunderbare Eigenschaft habe, sagte zu ihm:

2 „Bruder, ich weiß ja noch gar wohl, daß du die Weisheit der Griechen studiertest und hast da des weisen Sokrates Sätze mir gar oft vorgesagt.

3 „Und da hieß es: Der Mensch brauche nichts zu lernen, sondern nur sein Geist werde erweckt, auf dem Wege der Erinnerung.

4 „und der Mensch habe dann alles, was er brauche für die ganze Ewigkeit.

5 „Siehe, das hast du mir, als ein weiser Lehrer der Jugend, gar oft gesagt.

6 „Nun siehe, wenn solcher dein Grundsatz sicher richtig ist, was braucht es dann mehr?!

7 „Hier siehst du demnach nichts als eine lebendige Bestätigung deines sokratischen Satzes.

8 „In diesem meinem Kinde ist Der Geist sehr früh durch einen eigenen Vorgang in Dessen Natur geweckt worden, und so hat dieser Kindmensch auch nun schon für die Ewigkeit zur Genüge,

9 „und wir brauchen Ihm daher nichts mehr zu geben, als was Er hat aus Sich.

10 „Findest du das nicht also richtig, als wie richtig da eins und eins zwei sind?"

11 Hier griff sich *Dumas* auf die Stirne und sprach mit einem gewissen Pathos:

12 „Ja, also ist es; denn also war ich es, der da von solcher Weisheit den jüdischen Dummköpfen etwas zum Riechen gebracht hat!

13 „Dich aber meine ich nicht etwa auch darunter; denn du bist ja eben fast der einzige, mit dem ich wohlverstandenermaßen habe über den göttlichen Sokrates, Aristoteles, Plato und andere mehr reden können.

14 „Wir haben zwar wohl auch sehr große Männer, als da sind die Propheten und die ersten großen Könige dieses Volkes;

15 „aber fürs Praktische sind sie nicht so gut zu gebrauchen wie die alten Weisen der Griechen.

16 „Denn *unsere Propheten* führen stets eine Sprache, die sie selbst vielleicht so wenig als wir nun verstanden haben.

17 „Aber ganz was anderes dagegen sind die *alten Griechen*;

18 „diese reden doch klar und deutlich, was sie wollen, und sind daher auch für praktische Menschen vom größten Nutzen.

19 „Das rührt aber auch sicher daher, weil sie gleich mir Lehrer des Volkes waren."

20 Joseph lächelte hier bei dieser Gelegenheit; denn er ersah noch ganz unverändert seinen alten Verehrer der Griechen, aber dabei auch den alten Eigenlober.

21 Er gab ihm daher recht, um sein Kind nicht zu verdächtigen.

22 Aber *das Kindlein* Selbst lief zu Dumas hin und sagte zu ihm:

23 „Aber Freund! Du bist noch sehr dunstig und dumm, so du die jüdischen Weisen den Philosophen der Griechen nachsetzest;

²⁴ „denn die ersten redeten *aus Gott,* — diese aber reden aus der Welt.

²⁵ „Und da du noch voll des Weltgeistes bist und leer am Geiste Gottes, so verstehst du auch das Weltliche besser als das Göttliche!"

²⁶ Das gab dem *Dumas* einen gewaltigen Rippenstoß. Er mußte einen gelehrten Gähner machen und sagte zu Joseph nichts, als im Latein: *„Dixit puer ille! Ergo autem intelligo eius ironiam quam acerbam. Dixi!"* ⁷ — Darauf entfernte er sich und ließ den Joseph sitzen; dieser aber zog auch weiter.

277

Joseph denkt heimzukehren. Marias edles Frauenwort. Des Kindleins bester Rat und Josephs Heimkehr. Der Streit mit den Dienern des Archelaus. Josephs gute Bedienung derselben.

Da aber *Joseph* sich von Dumas entfernt hatte, da sagte er zu seiner Gesellschaft:

² „Wisset ihr was: Es ist zu erwarten, daß wir überall eine gleiche Aufnahme finden dürften, —

³ „da wollen wir uns nicht viel mehr mit dem Besuche unserer ehemaligen Freunde, Bekannten und Verwandten abgeben;

⁴ „denn ich habe es nun schon gesehen bei Dumas, was die Menschen können, wenn man ihnen nur irgendein wenig zu nahe tritt.

⁵ „Mein Sinn ist daher, uns wieder nach Hause zu begeben. — Was sagst du, mein getreuestes Weib, dazu?"

⁶ Und *Maria* sprach: „Joseph, du mein geliebtester Gemahl, du weißt ja, daß ich vor dir keinen Willen habe, da *dein Wille* auch allezeit der *meinige* ist und auch sein muß nach der heiligen Ordnung des Herrn;

⁷ „aber das meine ich wohl, daß wir, da der Herr Selbst leibhaftig in unserer Mitte wandelt, Ihn auch darin um Rat fragen sollen!"

⁸ Und *Joseph* sprach: „Maria, du mein getreuestes Weib, da hast du vollkommen recht;

⁹ „das will ich auch alsogleich tun, und wir werden es da genau erfahren, was da das Beste sein dürfte!"

¹⁰ Und *das Kindlein* sprach hier ganz unaufgefordert: „Wenn es schon überall gut wäre, so wäre es aber dennoch besser, zu Hause zu sein.

¹¹ „Denn sehet, Meine Zeit ist noch lange nicht da; so Ich aber schon irgend nur wohin gehe mit euch, so kann Ich aber Meiner Gottheit Fülle dennoch nicht also umhüllen, daß sie nicht von den Umstehenden empfunden werden sollte.

¹² „Daher ist es für Mich nun *daheim am besten;* denn da fällt es am wenigsten auf, Was in Mir zu Hause ist.

¹³ „Wenn du, Joseph, in der Zukunft irgend Geschäftsgänge bekommen wirst, da gehe du nur mit deinen andern Kindern aus;

¹⁴ „Mich aber lasse hübsch zu Hause, so wirst du durch Mich die wenigsten Umstände haben!"

¹⁵ Joseph begab sich daher wieder nach Hause. Und als er da ankam, da fand er auch schon zu seinem nicht geringen Erstaunen seine vier

---

¹ „Nicht übel gesprochen von dem Knaben! Mir aber scheint sein Spott wahrlich recht scharf!"

zurückgelassenen Söhne mit einigen *Archelausschen Aufsehern* gar gewaltig streiten.

¹⁶ Diese Schmeißfliegen rochen gleich, daß hier jemand eingezogen sei;

¹⁷ daher sie denn auch sogleich bei der Hand waren, den Tribut zu erpressen.

¹⁸ Da ihnen aber die Söhne Josephs den Freibrief Roms an der Türe zeigten, da wurden sie erbost und wollten ihn von der Türe reißen.

¹⁹ Und gerade zu dieser Operation kam Joseph und stellte sogleich die Frage an die Räuber, nach welchem Rechte sie das täten.

²⁰ *Diese* aber sprachen: „Wir sind Diener des Königs und tun das nach dem Rechte des Königs!"

²¹ *Joseph* aber sprach: „Und ich bin ein Diener Gottes des Allmächtigen und schaffe euch von dannen nach Dessen Rechte!" — Hier ergriff die Frevler ein mächtiges Bangen, und sie liefen eiligst davon. Das Haus aber hatte darnach Ruhe vor ähnlichen Frevlern.

278

Zweijährige Wunderpause des Kindleins. Jonathas Ankunft aus Ägypten. Große Freude darob im Hause Josephs und des Kindleins Rat an Jonatha. Jonatha als Fischer am Galiläischen Meere.

Also vergingen zwei Jahre, und es ereignete sich nichts Auffallendes mehr im Hause Josephs.

² Cyrenius erhielt wohl die Nachricht von der Übersiedelung des Joseph, konnte ihn aber da dennoch nicht besuchen, weil er gerade in dieser Zeit mit Staatsgeschäften aus Rom überhäuft war.

³ Und nicht um vieles besser erging es auch dem Kornelius;

⁴ denn auch er bekam so oft die dringendsten Geschäfte, sooft er sich eine Vakanz machen wollte, um seine Salome und den Freund Joseph zu besuchen.

⁵ Es hatte dies alles schon der Herr also vorgesehen, auf daß das Kindlein in Nazareth in einer desto größeren Unbeachtsamkeit wachsen konnte.

⁶ Also war man auch in Nazareth über das Wesen des Kindes in einer vollen Unkenntnis.

⁷ Nur der schon bekannte Arzt zog infolge seiner Wunderkuren eine allgemeine Aufmerksamkeit auf sich.

⁸ Und es ist förmlich zum Sprichworte geworden, daß man zu den Kranken sagte:

⁹ „Wenn dich Nazareth nicht heilt, so heilt dich auch die ganze Welt nicht!"

¹⁰ Salome aber war dennoch stets sehr bemüht, dem Hause Josephs nach Möglichkeit zu dienen, und das Kindlein hielt Sich viel im Hause der Salome auf.

¹¹ Nach zwei Jahren aber kam endlich Jonatha aus Ägypten dem Joseph nach und besuchte ihn.

¹² Und *Joseph* hatte eine übergroße Freude, seinen Freund wiederzusehen, und das Kindlein hüpfte auch vor Freude um Seinen großen Fischer.

¹³ Als Jonatha ganz allein bei drei Wochen im Hause Josephs zugebracht hatte, da ihm alle die Seinen in Ägypten an einer ausgebrochenen Seuche (Gelbfieber) gestorben waren,

¹⁴ da bat er den Joseph, ob er ihm nicht hier bei Nazareth zu irgend-

einem Fischergewerbe verhelfen könnte.

¹⁵ Da stand einmal wieder *das Kindlein* auf und sagte zu Jonatha:

¹⁶ „Weißt du, lieber Jonatha, hier sind die Menschen zumeist böse und sehr eigennützig,

¹⁷ „da wird für dich nicht viel zu machen sein! Aber gehe du ans Galiläische Meer, das eben nicht weit von hier ist, da ist die Fischerei noch frei!

¹⁸ „Dort wirst du bald ein gutes Plätzchen finden und wirst stets die besten Fische leichtlich bekommen.

¹⁹ „Mit diesen Fischen komme dann öfters zum Markte nach Nazareth, und du wirst einen guten Absatz finden!"

²⁰ Jonatha folgte sogleich diesem Rate, und siehe, er fand da alsbald eine Witwe, die am Meere Galiläas ein Häuschen hatte.

²¹ Und diese Witwe fand sogleich ein großes Wohlgefallen an Jonatha, nahm ihn in ihr Haus und reichte ihm auch bald die Hand.

²² Und so ward Jonatha nun abermals ein ausgezeichneter Fischer im Galiläischen Meere und machte ob seiner allerbilligsten Fischpreise allenthalben die besten Geschäfte,

²³ wobei er aber stets auf das eifrigste bemüht war, allwöchentlich den Joseph und die Salome mit einer besten Ladung von den edelsten Fischen zu versorgen.

²⁴ Und dieses Ereignis war seit zwei Jahren das allein denkwürdige, sonst ist aber bis dahin nichts geschehen, das da einer Aufzeichnung wert gewesen wäre.

279

Das nun fünf Jahre alte Kind spielt am Bächlein.
Die zwölf Grübchen und die zwölf Lehmsperlinge. Die Erklärung des Bildes.
Des Erzjuden Ärgernis, und des Kindleins Wunder.

Als das Kind vollends fünf Jahre alt war und einige Wochen darüber, da ging Es einmal an einem Sabbate zu einem Bächlein, das da unfern vom Meierhofe Josephs floß.

² Es war ein gar heiterer Tag, und mehrere Kinder geleiteten den kleinen munteren Jesus dahin;

³ denn es hatten alle die Nachbarskinder Jesus gar lieb, weil Er stets munter war und wußte eine Menge unschuldiger Kinderspiele anzuordnen.

⁴ Aus diesem Grunde folgten die Nachbarskinder Ihm auch diesmal gar freudig.

⁵ Als die kleine Gesellschaft am Bache ankam, da fragte das Kindlein Seine Mitgespielen, ob es wohl erlaubt sein würde, an einem Sabbate zu spielen.

⁶ *Die Kinder* aber sprachen: „Kinder unter sechs Jahren sind nicht unter dem Gesetze, und wir alle sind einzeln noch kaum sechs Jahre alt, daher können wir wohl spielen am Sabbate; denn unsere Eltern haben uns solches noch nie untersagt."

⁷ Und *das Jesuskind* sprach darauf: „Gut gesprochen! Also lasset uns ein Spiel machen!

⁸ „Auf daß wir aber dennoch niemand ein Ärgernis geben, so werde Ich ganz allein euch etwas sehr Merkwürdiges zeigen.

⁹ „Ihr aber müsset euch alle dabei ganz ruhig verhalten!"

¹⁰ Darauf setzten sich die andern

Kinder auf den grasreichen Boden nieder und verhielten sich ganz ruhig und mäuschenstill.

[11] Das Kindlein aber nahm ein Taschenmesserchen und schnitt am glattgetretenen Wege neben dem Bächlein zwölf kleine, runde Grübchen aus und füllte sie dann mit Wasser aus dem Bächlein.

[12] Darnach nahm Es von dem neben dem Bächlein befindlichen weichen Lehm und formte in einem Nu zwölf Vögelein in der Gestalt der Sperlinge und stellte zu jedem Wassergrübchen einen Sperling.

[13] Als die Lehmsperlinge also aufgestellt waren, da fragte das Kindlein *die Mitgespielen*, ob sie wüßten, was das bedeute.

[14] Und diese sprachen: „Was sonst, als was es ist? — Zwölf Grübchen voll Wasser und daneben zwölf Lehmsperlinge!"

[15] *Das Kindlein* aber sprach: „Das sicher; aber dies Bild bedeutet auch noch ganz etwas anderes.

[16] „Höret, Ich will es euch erklären! Die zwölf Grübchen bezeichnen die zwölf Stämme Israels.

[17] „Das reine Wasser in ihnen ist das Wort Gottes, das überall gleich ist;

[18] „die toten Lehmsperlinge stellen die Menschen vor, wie sie jetzt im allgemeinen sind.

[19] „Diese stehen auch bei dem lebendigen Wasser des Wortes Gottes, aber weil sie *zu irdisch* sind, wie diese Sperlinge, so stehen sie auch, wie diese hier, *tot* an den Lebensbecken, die voll sind des Lebens;

[20] „aber sie wollen und können dessen nicht achten, weil sie *tot* sind durch ihre *Sünden*.

[21] „*Darum* aber *kommt der Herr Gott Zebaoth* nun und wird in der größten Bedrängnis diese toten Menschen wieder beleben, und sie werden wieder auffliegen können zu den Wolken des Himmels."

[22] Es bemerkte aber dieses Kinderspiel ein vorübergehender Erzjude, der den Joseph kannte. Er eilte sogleich ins Haus und machte vor Joseph einen großen Lärm, warum er dadurch den Sabbat schände, daß er seinen Kindern also zu spielen erlaube!

[23] Joseph aber ging sogleich mit ihm zu den Kindern und machte freilich nur einen blinden Lärm, des Fremden willen.

[24] Da sprach *das Kindlein:* „Das ist auch eine große Bedrängnis! Und so gebe Ich euch Lehmsperlingen das Leben; und nun flieget von dannen!"

[25] Und plötzlich erhoben sich die Lehmsperlinge und flogen davon. Darob aber ergriff alle ein fieberhaftes Staunen, und der Erzjude sagte darauf nichts mehr. — Und das war das erste Wunderwerk des Kindleins, als Es fünf Jahre alt war.

280

Der Zulauf von Wunderneugierigen. Das verzogene, unartige Nachbarkind wird von Jesus bestraft. Der Oberrichter kommt Joseph zu richten, wird jedoch vom Kindlein bedroht und kehrt plötzlich um.

Es sind aber bei dieser Gelegenheit auch noch mehrere Juden an die Stelle, da dieses Wunder geschah, gekommen,

[2] und sie fragten gar neugierig den Joseph, was dahier geschehen sei.

[3] Es waren aber dazu auch die nahe wohnenden Eltern eines gewis-

sen sehr zanksüchtigen Knaben gekommen, der da als das einzige Kind von seinen Eltern sehr verzärtelt war.

4 Das Knäblein Jesus hatte diesem siebenjährigen Knaben schon oft seine Zanklust verwiesen, —

5 allein das half eben nicht viel; denn sooft sich eine neue Gelegenheit darbot, da zankte er sogleich wieder und zerstörte sogleich ein Spielzeug.

6 *Dieser Knabe*, der sich auch diesmal unter der Gesellschaft der Kinder befand, ward gleich nach dieser Wundertat aufgeregt, nahm einen Weidenzweig und sprach:

7 „Das zahlt sich aus, so diese Lehmsperlinge davongeflogen sind;

8 „ich werde sogleich mit diesem Zweige auch das Wasser davonfliegen machen!"

9 Nach diesen Worten fing der Knabe, der da Annas hieß, das Wasser in den Grübchen zu peitschen an und aus den Grübchen zu treiben.

10 Da brach dem *Gottkinde* die Geduld, und Es sprach in einem sehr ernsten Tone:

11 „O du unwilliger, törichter, böser Mensch! Du, ein kaum überfleischter Teufel, willst zerstören, was Ich gebaut habe?!

12 „O du Elender, den Ich mit dem leisesten Hauch vernichten kann, du willst Mich ärgern und Mir allezeit trotzen?!

13 „Siehe, auf daß dein Unsinn und deine Bosheit klar werde, so verdorre auf drei Jahre, gleich dem Zweige, mit dem du Mein Wasser getrieben hast!"

14 Auf dieses Wort des Gottkindes sank der arge Knabe sobald zusammen und verdorrte so sehr, daß an ihm nichts als Haut und Bein zu sehen war

15 und ward so schwach, daß er nimmer stehen konnte und noch weniger gehen.

16 Da nahmen die Eltern traurigen Herzens ihr verdorrtes Kind und trugen es weinend in ihr Haus.

17 Bald darauf kamen sie zu Joseph ins Haus und belangten ihn darauf solcher Tat seines Kindleins wegen beim Oberrichter

18 und das darum, weil Joseph ihnen nicht zuließ, sein Gottkind zu strafen dieser Tat willen.

19 Als der Oberrichter herbeikam, da lief ihm *das Kindlein* entgegen und fragte ihn:

20 „Warum kommst du hierher? Willst du Mich richten?"

21 Und *der Oberrichter* sprach: „Dich nicht, aber deinen Vater!"

22 Und *das Kindlein* sprach: „Kehre schnell um, sonst wird dein Gericht über *dich* fallen!"

23 Darob aber erschrak der Oberrichter so sehr, daß er plötzlich umkehrte und dann von dieser Sache nichts mehr hören wollte.

24 Und das war das *zweite* Wunder, das das Kindlein gewirkt hatte zu gleicher Zeit.

281

Joseph nimmt das Kind mit aufs Land. Der kleine Jesus wird boshaft angerannt. Des Hirtenknaben arger Lohn.

Als also auf diese Weise das Haus Josephs wieder in Ordnung war, indem der Oberrichter über den Joseph keine Klage mehr annahm,

² da ereignete es sich in acht Tagen darauf, daß Joseph in ein nahe liegendes Dorf gehen mußte, um dort eine Arbeit zu besuchen.

³ Da wollte das Kindlein mit dem Joseph gehen, und Joseph nahm Es auch übergerne mit.

⁴ Es hatten aber die Eltern des verdorrten Knaben einen starken Zorn auf Joseph und dessen Kind.

⁵ Joseph aber mußte, um ins Dorf zu gelangen, bei dem Hause der Eltern dieses Knaben vorüberziehen.

⁶ Als da Joseph mit dem Kindlein gegen das Haus zog, da ward er bemerkt,

⁷ und *der zornige Nachbar* sagte zu einem seiner eben auch sehr mutwilligen Dienstbuben, der gewöhnlich die Schafe des Nachbarn hütete:

⁸ „Siehe, da kommt eben der Zimmermann mit seiner Pestilenzbrut den Fußsteig herauf!

⁹ „Gehe, und laufe mit aller Kraft diesen Pfad hinab!

¹⁰ „Und kommst du an den Knaben an der Seite des Zimmermanns, da stoße ihn mit aller Gewalt um, so daß er tot bleiben soll!

¹¹ „Sodann soll mich der alte Spitzbube anklagen, — und ich werde ihm dann das Gesetz zeigen, daß Kinder unter zwölf Jahren in weltlichen Dingen unzurechnungsfähig sind!"

¹² Als der Hirtenknabe solches von seinem Herrn vernommen hatte und dieser ihm auch, im Falle er das Kind tötete, eine gute Belohnung verhieß,

¹³ rannte der Knabe plötzlich aus dem Zimmer und mit großer Hast dem Joseph entgegen.

¹⁴ In diesem Augenblicke sprach der verdorrte Sohn *Annas* im Bette zu seinem Vater:

¹⁵ „O siehe, wie schnell rennt der Hirtenknabe seinem Tode entgegen, und welch eine Trauer wird das für seine Eltern sein!

¹⁶ „O Vater, das hättest du nicht tun sollen! Denn ich sage dir, wie ich es jetzt sehe: Joseph ist gerecht, und heilig sein Kind!"

¹⁷ Darauf ward der dürre Knabe still, und sein Vater dachte über dessen Worte nach.

¹⁸ Aber im Augenblicke gelangte der Hirtenknabe in aller Hitze an das Kindlein und stieß Es bedeutend an die Schulter.

¹⁹ *Das Kindlein* aber fiel nicht und sprach ganz erregt zum Hirtenknaben:

²⁰ „Das tatest du des Lohnes wegen! Also ist ein jeder Arbeiter seines Lohnes wert, und — wie die Arbeit, so der Lohn!

²¹ „Deine Arbeit war, Mich zu töten; nun, so sei denn auch der Tod dein Lohn!"

²² Hier sank der Hirtenknabe plötzlich zusammen und war tot.

²³ Joseph aber erschrak darob sehr; aber *das Kindlein* sprach: „Joseph, fürchte dich nicht ob Meiner; denn was hier einem Knaben geschah, das wird mit der ganzen Welt geschehen, so sie uns stoßen will!" — Darauf zog Joseph weiter und ließ den toten Knaben nach des Kindleins Willen liegen.

Josephs Anstände. Jesu schlimmer Nachbar verstummt.
Des Hirtenknaben Vaters Bitte und Antwort des Kindleins.

Als aber Joseph in das Dorf kam und dort die Arbeit in Augenschein nahm,

² da kam auch schon der Lärm ihm nach ins Dorf, und ganz besonders von seiten des Vaters des verdorrten Knaben.

³ Und dieser suchte im Dorfe sogleich *die Eltern des getöteten Knaben* auf und schürte sie gegen Joseph.

⁴ Und diese liefen hastig und verzweifelt hin zu Joseph und schrien:

⁵ „Weiche von hier mit deinem schrecklichen Kinde, bei dem jedes Wort eine vollbrachte Tat ist!

⁶ „Denn Kinder sollen allezeit ein Segen den Menschen sein von oben;

⁷ „dein Kind aber ist uns nur zum Fluche gekommen!

⁸ „Daher weiche von hier, du Unglücksbringer!"

⁹ Hier sprach *das Kindlein:* „Wenn also, was seid denn hernach ihr Mir?!

¹⁰ „Hast du, Vater des Annas, nicht zu dem Hirtenjungen gesagt, daß er Mich töten solle?

¹¹ „Hast du ihm nicht sogar einen guten Lohn verheißen, so er Mich tötete, da er *sicher* täte, indem er noch nicht unter dem Gesetze stehe?

¹² „Und siehe, also dachte denn auch Ich aus Meinem frühgeweckten Geiste:

¹³ „Ich bin auch noch lange nicht unter dem Gesetze; daher will Ich dem Knaben auch sogleich den wohlverdienten Lohn geben!

¹⁴ „Und wirst du Mich oder den Vater Joseph Meinetwegen vors Gericht ziehen, dann werden auch wir dir das Gesetz zu erklären wissen!

¹⁵ „Siehe, also habe Ich gedacht dir gleich und also auch gehandelt! Wie magst du denn nun deine Handlungsweise an uns unbillig finden?"

¹⁶ Auf diese Rede des Kindleins erschrak der Vater des verdorrten Knaben ganz gewaltig;

¹⁷ denn er entnahm daraus ganz klar, daß dies Kindlein auch die Gedanken und geheimen Beschlüsse der Menschen wisse,

¹⁸ und daß man sich daher vor Ihm sehr in acht nehmen müsse.

¹⁹ Alle die Schreier verließen darauf den Joseph mit dem Kindlein.

²⁰ Nur *der Vater des getöteten Kindes* blieb vor Joseph und weinte um seinen Knaben und sprach: „Töten ist keine Kunst; aber lebendig machen!

²¹ „Daher soll ja niemand töten, der nicht lebendig machen kann!"

²² Und *das Kindlein* sprach: „Das könnte Ich auch, so Ich's wollte; aber dein Knabe war böse, darum will Ich's nicht!" — Der Vater aber bat das Kindlein auf solche Rede. Und das Kindlein sprach: „Morgen, aber heute nicht!"

Josephs Rat an den Vater des toten Hirtenknaben. Josephs Arbeitsakkord und Heimkehr. Das Kindlein tröstet die Frauen, besonders Salome. Herrliche Verheißung für alle, die eines guten Willens sind.

Der Vater des toten Knaben aber wollte nicht weichen von dem Kinde nun, da er vernommen hatte, daß Es seinen Sohn wieder beleben könnte.

2 Da sagte *Joseph* zu ihm: „Freund, ich sage dir, sei nicht zudringlich; denn das Kind hat Seine Ordnung, nach der Es handelt,

3 „und du wirst Ihm nichts abnötigen, so du noch mehr schreien möchtest!

4 „Gehe aber hin und bringe deinen Knaben in deine Wohnung und lege ihn, wie einen Kranken, in ein gutes Bett, und morgen soll es dann ja besser werden mit ihm!"

5 Auf diese Rede verließ dann endlich der Vater des toten Knaben den Joseph und ging und tat nach dem Rate Josephs.

6 Darauf erst gewann Joseph Ruhe und Zeit und konnte dann mit dem Bauherrn den Arbeitsakkord schließen.

7 Darauf begab sich dann Joseph wieder nach Hause und erzählte der ihm entgegenkommenden Maria, Eudokia und Salome, was ihm alles auf diesem kurzen Wege begegnet sei.

8 Alle drei verwunderten sich über solche Argheit der Menschen.

9 *Das Kindlein* aber sprach: „O wundert euch der argen Menschen wegen nicht; denn so ihr das tun möchtet, da gäbe es überaus viel zu wundern in der Welt!"

10 Da sprach *Salome* zu Maria: „Aber du, meine erhabenste Schwester! Es ist gar nicht zum Begreifen;

11 „das Gottkindlein darf nur den heiligen Mund öffnen, so spricht ordentlich die Weisheit heraus.

12 „Wie ungeheuer weitsichtig weise waren wieder diese Worte!

13 „O du überglückliche Mutter solch eines Kindes!"

14 Und *das Kindlein* sprach: „Und o du überglückliche Salome, die du für deinen Herrn ein Haus gekauft hast

15 „und bist nun Zeugin, wie Er wohnet leibhaftig im selben!

16 „Was Unterschieds wohl ist zwischen der, die Mich auf kurze Zeit in ihrem Leibe barg,

17 „und zwischen Meiner rechten Hausfrau, die Mich für immer birgt in ihrem Hause?

18 „So aber eine Mutter trägt ein Kind im Leibe, was wohl tut sie dazu, daß es lebendig wird, wächst und dann zur Welt kommt?

19 „Ist das nicht alles ein Werk Gottes, wo des Menschen Wille nichts vermag?

20 „So aber dann jemand ein Kind aufnimmt in sein Haus und gibt ihm Wohnung, Pflege und Kost für immer, sage, ist das nicht mehr?!

21 „Wahrlich, Ich sage dir: Die *Mich*, dir gleich, in der Zukunft in ihrem Herzen *geistig aufnehmen* werden, die auch werden sein *gleich Meiner Mutter*, Meinen Brüdern und Meinen Schwestern!"

22 Diese Worte gruben sich alle tief ins Herz und begaben sich dann still und nachdenkend nach Hause.

Der tote Hirtenknabe wieder erweckt, und seine Furcht vor dem hl. Kindlein. Der Vater desselben belehrt ihn eines Besseren und gibt über Joseph und das Kindlein ein rechtes Zeugnis. Die Liebe des Kindleins.

Am nächsten Tage aber um eben dieselbe Zeit, als der Knabe an das Kindlein stieß, ward er im Bette wieder lebend, stand auf und fragte wie ein aus dem Traume Geweckter, was es sei, und wie er daher in dies Bett gekommen.
² Und sein Vater gab ihm alles kund, was da geschehen ist, und wie er dahingekommen.
³ Da ward *der Knabe* voll Furcht und sprach: „O Vater, das ist ein schreckliches Kind;
⁴ „das soll ja ein jeder Mensch meiden, dem sein Leben wert ist!
⁵ „O gib mich weit von hier in einen Dienst, auf daß ich ja nimmer mit dem schrecklichen Kinde zusammenstoße irgendwo bei einer ungünstigen Gelegenheit;
⁶ denn da könnte es mich augenblicklich wieder töten!
⁷ „Aber zu dem früheren Dienstherrn gehe ich nicht wieder; denn der hat mich zum Bösen angeführt!"
⁸ *Der Vater* aber sprach: „Mein Sohn, ich danke Gott, daß ich dich nun wieder habe!
⁹ „Darum sollst du mir in keinen Dienst mehr kommen,
¹⁰ „sondern ich werde dich bei mir behalten, solange ich leben werde!
¹¹ „Das Kind Josephs aber haben wir nicht so sehr zu fürchten, als wie du es meinst;
¹² „denn siehe, eben dieses Kind hat dir offenbar das Leben wiedergegeben zur vorausgesagten Zeit.
¹³ „Wenn aber also, wie solle da das Kind Josephs gar so schrecklich sein, als wie du es dir vorstellst?

¹⁴ „Siehe, mein Sohn, wer da tötet und nicht wieder lebendig machen kann, der ist schrecklich;
¹⁵ „aber wer da töten kann ohne Blut und dann wieder lebendig machen, der ist nicht so schrecklich, als du ihn dir denkst.
¹⁶ „Wir wollen aber nun etwas Besseres tun! Hinziehen wollen wir und wollen dort dem Zimmermann danken für deine Erweckung!
¹⁷ „Denn das weiß ich schon gar lange, daß der Zimmermann ein überrechtlicher ¹ und gottesfürchtiger Mann ist."
¹⁸ Auf diese Rede des Vaters ließ der Knabe seine Furcht fahren und ging mit demselben zu Joseph.
¹⁹ Dieser aber begegnete ihnen schon im Dorfe mit seinen vier älteren Söhnen und mit dem Kindlein, das auch wieder mit Joseph ins Dorf zog.
²⁰ Als der Knabe des Kindleins ansichtig ward, da ward er ganz schwach;
²¹ denn er meinte, er müsse nun schon wieder sterben.
²² *Das Kindlein* aber kam Selbst sogleich zum furchtsamen Knaben und sprach zu ihm:
²³ „Joras, fürchte dich nicht vor Mir; denn Ich liebe dich mehr denn die ganze Welt!
²⁴ „Denn liebete Ich dich nicht so mächtig, da hättest du das Leben nicht wieder erhalten.
²⁵ „Denn siehe, *Meine Liebe ist dein Leben für ewig!"*
²⁶ Als der Knabe das Kindlein also reden hörte, da ward er bald besser

---
¹ überaus rechtlicher.

aufgelegt und blieb dann den ganzen Tag über und spielte dann mit dem Kindlein.
²⁷ Und das Kindlein zeigte dann auch dem Knaben eine Menge sehr sinnreicher Spiele, worüber der Knabe eine übergroße Freude hatte.

285

Des Dorfrichters falsches Urteil über Jesu. Josephs mannhafte Entgegnung. Die falschen Zeugen. Joseph gibt Jesu einen Verweis. Des ewigen Richters Urteil. Josephs Mißgriff und des Kindleins Rüge.

Als aber Joseph am nächsten Tage wieder mit seinen vier Söhnen ins Dorf zur Arbeit kam und das Kindlein mit ihm,
² da kam *ein Dorfrichter* zu ihm und sprach:
³ „Höre, du Zimmermann! Das ist nicht löblich, daß du dein Knäblein immer mitziehest;
⁴ „denn fürs erste hat es eine giftige Ausdünstung, und die Kinder, die es anrührt, werden fürs zweite bald krank,
⁵ „oder sie sterben bald, oder sie werden bald blind oder taub!"
⁶ Als *Joseph* solche Lüge vernahm, da legte er die Axt beiseite und sprach zum Richter:
⁷ „Bringe her die Zeugen, die solches Übel erlitten durch meinen höchst unschuldigen Knaben Jesus,
⁸ „und ich will mit ihnen in den Tempel ziehen und mit ihnen die Sache vor dem Hohenpriester Gottes abmachen!"
⁹ Es war aber dieser Richter bestochen von dem Vater des verdorrten Knaben
¹⁰ und suchte daher ein Mittel, den Knaben Josephs soviel als nur möglich zu verdächtigen.
¹¹ *Der Richter* aber ging auf diese Rede Josephs hinweg und brachte in kurzer Zeit eine Menge ganz entsetzlich bresthafter Kinder im Dorfe zusammen und führte sie hin zu Joseph.

¹² Und als er hier ankam, da sprach er zu ihm: „Da sieh einmal her! Das verdanken wir alles deinem giftigen Kinde!
¹³ „Siehe, diese Kinder haben öfter dein Kind besucht und haben mit ihm gespielt;
¹⁴ „und siehe, das sind die herrlichen Früchte davon! Verschone daher unser Dorf, und behalte gleichwohl deine Pest zu Hause!"
¹⁵ Als *Joseph* solches vom Richter vernommen hatte, da ward er ärgerlich, nahm das Kindlein beiseite, redete Ihm wie ins Gewissen und sprach:
¹⁶ „Wozu doch verübst Du solche Dinge? Siehe, diese leiden ja darunter und hassen und verfolgen uns darum!"
¹⁷ *Das Kindlein* aber sprach dagegen zu Joseph: „Die Worte, die du jetzt geredet hast, sind nicht aus Mir, sondern aus dir;
¹⁸ denn du hast nun geredet die Worte des Richters, der ein Lügner ist, und nicht *Meine Worte,* die *ewig wahr* sind!
¹⁹ „Ich aber will dennoch schweigen dir gegenüber und will dir keine Rüge geben ob deiner Leihrede;
²⁰ „aber dieser bestochene Richter mag solcher seiner Anklage wegen seine gerechte Züchtigung hinnehmen!"
²¹ Und alsbald war *der Richter stockblind.* Alle aber, die mit dem

Richter waren, entsetzten sich gar gewaltigst ob solcher Tat.

²² *Mehrere* darunter wurden völlig verwirrt und schrien:

²³ „Lasset uns nur eilig von dannen fliehen! Denn ein jedes Wort aus dem Munde dieses Kindes ist eine vollbrachte Tat!"

²⁴ Da aber nun Joseph auch sah, daß der Richter blind war und ihm darob sicher viele Plackereien machen werde,

²⁵ da ereiferte er sich selbst über das Kindlein, nahm Es ein wenig beim Ohrläppchen und zupfte Es, um Es dadurch zu züchtigen, der Menschen willen.

²⁶ *Das Kindlein* aber ward dadurch erregt und sprach ganz ernstlich zu Joseph:

²⁷ „Es sei dir genug, daß sie suchen und dennoch nicht finden, das sie suchen!

²⁸ „Du aber hast diesmal nicht weise gehandelt! — Weißt du denn nicht, daß *Ich dein* bin?!

²⁹ „Warum aber willst du Mich betrüben, da Ich dein bin? O betrübe Mich hinfort nicht mehr, da Ich dein bin!"

³⁰ Joseph aber ersah bald seinen Fehler, nahm das Kindlein und herzte Es. — Alle Umstehenden aber verliefen sich bald aus übergroßer Furcht vor dem Kinde.

286

Der Lehrer Piras Zachäus wünscht das Wunderkind aus Ruhmsucht in seine Schule. Joseph rät dem Lehrer, einen Versuch zu machen. Jesus beschämt den heuchlerischen Lehrer.

Nach einer Zeit von ungefähr drei Monden, als Joseph mit der Arbeit im Dorfe fertig war, kam ein gewisser *Piras Zachäus* aus der Stadt zu Joseph auf einen Besuch und machte da auch zum ersten Male persönliche Bekanntschaft mit dem Kinde, von dem er schon so manches vernommen hatte.

² Er kam aber heimlich so ganz eigentlich des Kindleins willen.

³ Denn dieser Piras Zachäus war in der Stadt ein wenig zu tun habender zweiter Lehrer und hielt aber dennoch sehr große Stücke auf seine Weisheit.

⁴ Warum aber kam er denn heimlich des Kindleins wegen zu Joseph?

⁵ Weil er dachte: ‚Das muß ein sehr talentvoller Knabe sein;

⁶ ‚diesen will ich zu mir in die Schule bringen, auf daß dann durch dessen rasche Fortschritte meine Schule vor der meines Rivalen in Ruf komme!'

⁷ Er beschäftigte sich darum hauptsächlich mit dem Knaben Jesus, befragte Ihn über manches und bekam allezeit die triftigste Antwort, worüber er sich hoch verwunderte.

⁸ Als er das Knäblein also ausgeforscht hatte, da wandte er *(Piras Zachäus)* sich an Joseph und sprach zu ihm:

⁹ „Bruder, der Kleine hat für sein Alter ja einen außerordentlichen Verstand. Wahrlich wahr, da hast du ein übergescheites Knäblein;

¹⁰ „es ist nur schade, daß es noch nicht lesen kann und zeichnen die Buchstaben!

¹¹ „Möchtest du es denn nicht zu mir in die Schule geben, auf daß es bei mir lerne die Buchstaben lesen und schreiben?

¹² „Und ich will es dann noch leh-

ren alle anderen Wissenschaften, daß es begrüßen lerne die Ältesten und sie ehre wie Großväter und Väter;

13 „und weißt du, daß es auch lieben lerne seine Spielgesellen, mit denen es schon öfter sehr unbarmherzig soll umgegangen sein,

14 „und daß es endlich auch erlerne das Gesetz Mosis, erkenne die Geschichte des Volkes Gottes und die Weisheit Gottes in den Propheten!"

15 Und *Joseph* sprach zu dem Lehrer: „Gut, mein Freund und Bruder! Aber bevor als du noch diesen meinen Knaben zu dir in die Schule nimmst, mache hier vor mehreren Zeugen, die heute bei mir sind, einen kleinen Versuch!

16 „Sage Ihm alle Buchstaben vor und erkläre sie Ihm deutlich; dann frage Ihn durch,

17 „und du wirst dann aus dem, was Sich der Knabe wird gemerkt haben von der Erklärung, am sichersten beurteilen können, wie da beschaffen ist Sein Talent!"

18 Und der Lehrer tat das sogleich. Er sagte dem Knaben die Buchstaben von Alpha bis Omega deutlich vor und erklärte auch die Zeichen, so gut es ihm nur immer möglich war.

19 *Jesus* aber schaute den Lehrer groß an und sprach, als er Ihn darauf befragte, zu ihm:

20 „O du Heuchler von einem Lehrer! Wie willst du das Beta die Schüler lehren, der du das Alpha noch nie nach seiner Bedeutung erkannt hast?!

21 „Erkläre Mir der wahren Weisheit gemäß das Alpha, und Ich will dir dann glauben, was du sagen wirst über das Beta!

22 „Damit du aber nun erfahrest, daß Ich nicht nötig habe, von dir die Buchstaben und ihren Bau und ihre Bedeutung zu erlernen, so will Ich *dir's* erklären und zeigen der Buchstaben wahre Bedeutung!"

23 Hier fing der kleine Jesus dem ganz verdutzten Lehrer das ganze Alphabet vorzukapiteln an und befragte ihn auch fleißig daneben, ob er es begriffen habe.

24 Jede Antwort des Lehrers aber fiel so dumm und höchst unvollständig aus, daß darob alle Anwesenden in helles Lachen ausbrachen.

25 Da aber *der Lehrer* solche erstaunliche Weisheit in dem Kinde entdeckte, und wie er da zu Schanden geworden war, da stand er auf und sprach zu den Anwesenden:

26 „O wehe mir Armem! Ich bin nun ganz verwirrt geworden! Mir selbst habe ich Schande, Spott und Schaden bereitet darum, daß ich dieses Knäblein in meine Schule bringen wollte.

27 „O Bruder Joseph, hebe den Knaben von mir hinweg; denn ich kann nimmer ertragen das Herbe seines Angesichtes und das Durchbohrende seiner Rede!

28 „Wahrlich, dieses Knäblein ist kein erdgeborenes! Es muß ja bei seiner Weisheit Feuer und Wasser zu bändigen verstehen!

29 „Ich will ein Narr sein allezeit, wenn es nicht lange vor der Erschaffung der Welt ist geboren worden! Jehova wird es wissen, was für ein Mutterleib es getragen, und welcher Schoß es ernährt hat!

30 „Wehe mir! Ich bin schon ein Narr; ich kam, um einen Schüler zu werben, und siehe, ich habe einen Lehrer gefunden, dessen Geiste ich nimmer nachzustreben vermag! O fühlet die Schande, Freunde, mit mir! Ein Greis ward von einem Knäblein zum Narren gemacht, — das ist ja mein Tod!

31 „Darum, o Joseph, hebe den Knaben von mir hinweg; denn er

muß etwas Gewaltiges sein, entweder *ein Gott* oder *ein Engel!*"
³² Alle Anwesenden aber fingen nun an, den Lehrer zu trösten; denn er dauerte sie seiner großen Not wegen.

287

Jesus gibt Piras Zachäus einen Lichtblick über Seine Mission.
Die heilsame Wirkung und des Piras Zachäus Forschen.
Jesus als ‚Professor der Naturgeschichte': „Wo ist oben und wo unten?"

Als aber *Jesus* solchen Jammer von Piras Zachäus vernommen hatte, da lächelte Er und sprach:
² „Nun sollen deine Torheiten die Früchte tragen, und es sollen sehend werden, die eines blinden Herzens waren!
³ „Und so höre denn, du Tor, der du den Dumas wie einen Dorn in deinem Auge trägst!
⁴ „Siehe, *Ich bin von oben herab,* auf daß Ich die Menschen nach der Welt in ihnen verfluche,
⁵ „aber darnach nach dem rufe, was oben ist, nach dem Auftrage Dessen, der in Mir ist, über Mich und euch,
⁶ „der Mich gesandt hat darum aus Sich in Mir, auf daß ihr erlöset würdet!"
⁷ Nach dieser Rede des Kindes Jesus wurden alle in der ganzen Umgegend gesund, die da an irgendeinem Gebrechen darniederlagen.
⁸ Also wurden auch alle erlöst, deren Weltliches des kleinen Jesus Fluch dann und wann getroffen hatte, bis auf den verdorrten Knaben.
⁹ Dieser mußte seines Vaters wegen die drei vorbestimmten Jahre unter dem Fluche des Knäbleins zubringen.
¹⁰ *Piras Zachäus* aber erhob sich und ging mit Joseph hinaus ins Freie und sprach allda zu ihm
¹¹ „Bruder, wir sind nun im Freien und niemand behorcht uns.
¹² „Ich bitte dich darum, liebster Bruder, daß du mir kundtuest, was da mit dem Knaben es für eine Bewandtnis hat;
¹³ „denn das ist, wie ich schon bemerkt habe, durchaus kein natürliches Kind!"
¹⁴ *Joseph* aber sprach zu Piras Zachäus: „Freund, siehe, wollte ich von der Natur meines Knäbleins reden, da würde ich in vielen Tagen nicht fertig werden;
¹⁵ „zudem aber gestattet das Kind auch mir nicht, aus der Schule zu schwatzen, wenn es mir beliebte.
¹⁶ „Siehe, da aber kommt gerade das Knäblein zu uns her!
¹⁷ „Fasse Mut und Liebe zu Ihm, und Es wird dir alles kundgeben, was dir heilsam ist!"
¹⁸ Und *der Lehrer* faßte bald Mut und Liebe zu Ihm. Und als Es vollends bei ihm war, da fragte er Es, sagend:
¹⁹ „Du mein herzallerliebstes, wunderbares Bübchen!"
²⁰ Und *das Knäblein* lächelte und sprach: „Weißt du, gelehrter Mann, wo *oben* und wo *unten* ist?
²¹ „Denn siehe, die Erde ist rund wie eine Kugel, und ringsum wohnen Menschen und Geschöpfe.
²² „Die einen wohnen da *unten,* und die andern *oben.* Und die Erde dreht sich täglich um ihre Mitte, und du wirst täglich bei viertausend Mei-

len herumgetragen; sage, wann bist du *oben* und wann *unten?*"

²³ Hier machte der Lehrer ein ganz verdutztes Gesicht über solche unerhörte Dinge und wußte nicht, was er da sagen sollte.

²⁴ *Das Knäblein* aber lachte über das dumme Gesicht des Piras Zachäus und sagte zu ihm:

²⁵ „O du Gelehrter! Was willst du denn lehren dann, so du nicht weißt, daß nur *das Licht* da den Ausschlag gibt?

²⁶ „Wo *Licht* — da ist *oben;* wo aber *Nacht* — da ist *unten!*

²⁷ „Bei dir aber ist auch noch Nacht, daher bist *du unten.* Ich aber bin allezeit zu *oberst* des Lichtes gewesen; daher wirst du Meine Lichtnatur in deiner Nacht wohl ebensowenig fassen können, als wie wenig uns unsere Gegenfüßler, die jetzt Nacht haben, jetzt sehen können." — Darauf lief das Kindlein hinweg.

²⁸ *Piras Zachäus* sagte darauf zu Joseph: „Da haben wir's jetzt! — Jetzt weiß ich soviel wie früher. — Sonderbare Rede des Knaben! Laß mich nun allein, ich will darüber nachdenken!" Und Joseph ließ den Lehrer allein im Garten.

288

Des Lehrers Gedanken über den Knaben. Jesus warnt den Lehrer.
Jesus, ein Licht den Heiden und ein Gericht den Juden!
Der Lehrer ergreift die Flucht.

Eine volle Stunde dachte *Piras Zachäus* über die Worte des Kindleins nach, fand aber nirgends einen Grund.

² „Was soll denn dieser Knabe sein?" sprach er öfter bei sich.

³ „Ist er etwa gar *Elias,* der noch einmal kommen soll?

⁴ „Oder ist er *Samuel* oder irgendein anderer wiedererstandener großer Prophet?

⁵ „Er ward in Bethlehem geboren, und von da kommt kein Prophet!

⁶ „Wohl aber soll von da der *Messias* kommen!

⁷ „Ist etwa dieser Knabe gar der Messias Selbst?

⁸ „Aus dem Stamme Davids soll er sein! Joseph soll ja ein rechter Nachkömmling Davids sein,

⁹ „freilich ohne einen glaubwürdigen strengen Beweis.

¹⁰ „Die Sache hat dem Anscheine nach viel für sich;

¹¹ „aber wer kann das ohne geschichtliche Beweise als fest gegründet annehmen und glauben?

¹² „Und doch ist man beinahe des Knaben wegen genötigt, das also anzunehmen.

¹³ „Aber der römische Freibrief spricht wieder ganz dawider;

¹⁴ „denn der Messias wird doch ein derbster Feind der Römer sein müssen!

¹⁵ „Wie aber wird er das wohl sein bei solcher Freundschaft mit den Römern, die ihn zu ihrem Bürger gemacht haben?

¹⁶ „Da kann er wohl mit der Zeit ein großer Feldherr Roms werden, ein Messias der Heiden;

¹⁷ „für uns aber ein zweischneidiges Schwert, das uns zugrunde richten wird!

¹⁸ „Wenn ich das den Hohenpriestern anzeige, wahrlich, das könnte mir große Vorteile bringen!"

¹⁹ Hier kam *das Kindlein* mit dem

Jakob in den Garten wieder, ging zum Lehrer hin und sagte zu ihm:

20 „Piras Zachäus! Laß du dir die Lust vergehen, Mich vor der Zeit den Hohenpriestern zu offenbaren;

21 „denn da soll dich beim dritten Schritte schon der Tod ereilen!

22 „Meine Macht hast du erprobt; daher laß dir das zu einer guten Mahnrede sein!

23 „Was aber du über einen Messias für die Heiden geredet hast, mit dir selbst, das soll einen Grund haben;

24 „denn also soll es auch werden: *ein Licht den Heiden* und *ein Gericht den Juden* und allen Kindern Israels!"

25 Hier ward *der Lehrer* ärgerlich und sprach: „Wenn also, da gehe von uns und ziehe zu den Heiden!"

26 *Das Kindlein* aber sprach: „Ich bin ein Herr und tue, was Ich will; und du bist nicht einer, der *da* was zu schaffen [1] hätte!

27 „Daher schweige du und ziehe von hier, sonst wirst du Mich noch nötigen, dich zu schlagen!"

28 Als Piras Zachäus solches von dem Kindlein vernommen, da erhob er sich schnell und floh von dannen in die Stadt.

29 Und Joseph ward dadurch eines lästigen Gastes los und ging dann wieder seinem Geschäfte nach.

289

Gemütlichkeit in Josephs Hause, wo es den Nachbarn und deren Kindern wohlgefällt. Die Kinder auf dem Söller. Zenon bricht das Genick. Die Erweckung des Toten. Des Zenon Zeugnis über Jesum. Jesu Ermahnung an Zenon.

Nach einiger Zeit aber zog dennoch wieder die Liebe der Nachbarn Kinder zu Joseph hin, wie auch deren Eltern, —

2 und das besonders an den Vorsabbaten (Freitag), an denen man, besonders nachmittags, wenig oder nichts arbeitete.

3 An einem solchen Vorsabbate kamen mehrere Nachbarn mit ihren Kindern dahin.

4 Die Mädchen fanden die lieblichste Gesellschaft an den fünf Cyreniusschen Mädchen, die da gar freundlich, schön und arbeitsam waren und in allen Dingen viele Kenntnisse besaßen.

5 Den Knaben aber war der liebe muntere Jesus ohnehin über alles;

6 denn fürs erste zeigte Er ihnen so manche überaus sinnige Spiele, die da die Knaben sehr unterhielten;

7 und fürs zweite erzählte Er ihnen oft so rührende Geschichten als Gleichnisse, daß die kleinen Kinder dabei ganz Aug' und Ohr waren.

8 Diesmal aber, da zufolge eines vorhergehenden Gewitterregens der Boden ein wenig feucht war, ward der Söller (dachloser und mit Geländern eingefaßter Boden des Hauses) zum Spielplatz erwählt.

9 Eine Zeitlang ging es recht ruhig her; denn da erzählte der kleine Jesus mehrere sehr anziehende Geschichten.

10 Aber mehr gegen den Abend ward es lebendiger auf dem Söller; denn da hatte Jesus ein kleines Wür-

[1] befehlen.

felspiel angeordnet, und da gab es öfter etwas zum Springen.

[11] Unter den zwölf anwesenden Knaben aber befand sich ein gewisser *Zenon;* dieser war ein Hauptwetter und wollte seinen Gespielen durch allerlei halsbrecherische Produktionen ihre mitgenommenen Sparpfennige abgewinnen.

[12] Eine solche Produktion setzte er auch hier ins Werk, und diese bestand darin, daß er elf Pfennige setzte, und zwar *gegen* den Willen des Herrn Jesus,

[13] und das [1] darauf, daß er auf dem Söllergeländer dreimal herumgehen könne, ohne das Gleichgewicht zu verlieren.

[14] Komme er dreimal glücklich herum, so müßten ihm die zusehenden anderen elf Kinder zu den elf Pfennigen noch elf hinzulegen;

[15] verliert er aber das Gleichgewicht und fällt, so verliert er seine elf Pfennige.

[16] Die andern Knaben taten das, und Zenon hüpfte sogleich auf das Geländer, bekam sogleich einen kleinen Schwindel, verlor das Gleichgewicht, fiel sogleich hinab auf den Erdboden, brach sich das Genick und war somit auch auf der Stelle tot.

[17] Da liefen die Eltern des toten Knaben voll Leid und Zorn hinauf auf den Söller, ergriffen Jesum und wollten Ihn mißhandeln.

[18] *Jesus* aber riß Sich von ihnen los, lief hinab zum toten Knaben und rief dort laut:

[19] „Zenon! Stehe auf und zeuge von Mir vor deinen blinden Eltern, ob Ich dich herabgeworfen und getötet habe!?"

[20] Hier richtete sich *der tote Knabe* sogleich auf und sprach:

[21] „O Herr! Du hast mich nimmer herabgeworfen und getötet,

[22] „sondern daran war meine Gewinnsucht und schmähliche Hast schuld!

[23] „Da mich aber solche meine Sünde getötet hat, da kamst Du, o Herr, wohl zu mir und gabst mir das Leben wieder."

[24] Als die Eltern des Zenon solches Zeugnis vernahmen, da fielen sie alsbald vor Jesu nieder und beteten die Kraft Gottes in dem Kinde Jesus an.

[25] *Jesus* aber sprach zu Zenon: „Laß dir aber das zu einer Witzigung sein und enthalte dich fürder von derlei Spielen, die den Tod in sich führen, und bedenke, wie Ich es dir widerraten habe!"

[26] Die Eltern und Zenon weinten aus großem Dankgefühle und begaben sich dann nach Hause.

[27] (Übrigens aber war es eine prophetische Hindeutung auf den einstigen Judas Ischariot, wie sie leicht zu erkennen ist.)

290

Die Nachbarn suchen Rat bei Joseph als dem Freund des Kornelius. Jesus warnt Joseph vor Unvorsichtigkeit. Einblick in die göttliche Weltregierung: Wie das Volk, — so seine Regierung! Jesus zeigt, *wer* der Herr ist!

Ein anderes Mal, eben wieder an einem Vorsabbate, kamen mehrere Nachbarn wieder zu Joseph mit ihren Kindern, um sich da mit ihm über manche sie drückende Angelegenheiten zu beraten;

---
[1] zwar.

² denn diese Nachbarn wußten es, daß Joseph sehr gut mit dem Landpfleger stand.

³ Um diese Zeit aber bekam Joseph auch ein Schreiben von Tyrus, und zwar von Cyrenius, der sich, sobald er von Rom in Tyrus wieder ankam, um das Befinden Josephs und ganz besonders um den kleinen Jesus erkundigte.

⁴ Um dieses Schreiben aber wußten die Nachbarn nicht,

⁵ wie auch nicht, daß Joseph ein so großer Freund von dem Statthalter Cyrenius wäre.

⁶ Da wollte Joseph mit dem Briefe zum Vorschein kommen und wollte dadurch den Nachbarn einen sicheren Trost bereiten,

⁷ da er ihnen dadurch zeigen wollte, wie er sich für sie gegen den Mietkönig beim Statthalter selbst wirkungsvollst verwenden werde,

⁸ und das um so sicherer mit dem besten Erfolge darum, weil Eudokia wie die fünf Mägde vollends ¹ dem Cyrenius angehörten.

⁹ Da sprach aber *das Kindlein* schnell zu Joseph und sagte sehr heftig:

¹⁰ „Joseph, Joseph, tue das nimmer, denn *Ich* bin der Herr!

¹¹ „Wirst du den Brief zeigen, so werde Ich die Erde schlagen; denn Ich bin der Herr auch über Rom, und nicht Cyrenius, und nicht Augustus Cäsar!

¹² „Ich sage dir: Wäre das Volk besser als der Mietkönig, so wüßte Ich den Archelaus zu finden!

¹³ „Da aber das Volk nicht um ein Haar besser ist, so soll es nur tragen die eigene Last in dem Mietkönige, der da ein Geizhals ist wie das gesamte Volk!

¹⁴ „Hieß es nicht: Auge für Auge, Zahn für Zahn usw.? Also heißt es auch: Geiz für Geiz, Neid für Neid!

¹⁵ „Demnach ist Archelaus ja ein wahrer Arzt diesem hartherzigen Volke; und er soll bleiben, wie er ist, bis an sein Ende!"

¹⁶ Diese Rede verdroß *die Nachbarn*, und sie sprachen:

¹⁷ „Das wäre uns ein sauberer Patron von einem Messias!

¹⁸ „Uns schilt er und lobt darum den Heiden Archelaus!"

¹⁹ Das *Kindlein* aber stampfte mit der Ferse in den Boden und sprach:

²⁰ „Erde, erbebe, auf daß deine blinden Kinder erfahren, daß *Ich* dein Herr es bin!"

²¹ Und plötzlich entfuhr der gestampften Stelle Feuer, und der Erdboden bebte gewaltig.

²² Da erschraken *alle Anwesenden* und sprachen: „Was ist doch das Kind?! Denn es bebet ja die Erde vor ihm!

²³ „Lasset uns von dannen ziehen; denn neben diesem Kinde ist nicht gut sein!" — Und alles verließ bald den Joseph und eilte davon. — Und so ward Joseph wieder einer großen Gefahr enthoben.

---

¹ ganz.

291

Der sechsjährige Jesus erweckt den verunglückten eitlen Knecht der Salome vom Tode. Dessen Belehrung durch Jesu. Jesus flieht das Lob der Menschen.

Als Jesus vollends sechs Jahre alt war und darüber, da hatte Salome einmal einen schon schlechten Baum fällen lassen und ließ ihn dann von ihren Knechten zerschneiden und zerspalten, um daraus Brennholz zu gewinnen.

2 Bei dieser Gelegenheit hielt *ein junger Knecht* große Stücke auf seinen Fleiß und sprach zu seinen drei Mitknechten:

3 „Lasset mir allein diese Arbeit des Zerspaltens, und ich will sobald fertig werden mit dem ganzen Baume als ihr drei zusammen!"

4 Und die Mitknechte überließen ihm gerne diese Ehre.

5 Er nahm dann seine scharfe Axt und hieb sehr fleißig darauf los.

6 In solchem seinem Eifer aber machte er einmal einen Fehlhieb und traf statt des Holzes seinen Fuß und spaltete ihn von der Zehe bis zur Ferse.

7 Da sank er zu Boden und schrie um Hilfe, und alles drängte sich zu ihm, und niemand hatte etwas, daß er ihm verbände den Fuß.

8 Und so verblutete der junge Mensch bald und starb darauf.

9 Da wurde auch Josephs Haus darauf aufmerksam, ob des Jammers und des Geschreies beim nahen Hause der Salome.

10 Und *Jesus* lief schnell hin und drang durch die umstehende Menschenmasse zum schon toten Knechte vor.

11 Als er beim Toten anlangte, da ergriff Er schnell dessen zerspaltenen Fuß, drückte ihn fest zusammen und heilte ihn im Augenblicke.

12 Als der Fuß auf diese Art geheilt war, da ergriff Er dessen Hand und sprach:

13 „Höre, du eitler junger Mensch! Ich sage dir: Stehe auf und spalte weiter dein Holz!

14 „Aber lasse für die Zukunft fahren deine Eitelkeit und wolle nie *mehr* tun, als du Kraft besitzest,

15 „so wirst du für die Zukunft dich vor ähnlichen Unfällen leichtlichst verwahren;

16 „denn auch deine Mitknechte haben ihre Arbeitskraft aus Gott, und diese sollst du nicht zuschanden machen, irgendwann und -wo!

17 „Ist aber irgendeiner von deinen Mitknechten absichtlich faul und träge, so wird ihn schon *der Herr* finden;

18 „an dir aber soll es nimmer sein, daß du ihm durch einen übertriebenen eitlen Fleiß darum zu einem Richter werden sollst!"

19 Hier erhob sich der junge Knecht vollkräftig wieder und spaltete sein Holz weiter.

20 *Alle Anwesenden* aber fielen vor dem Knaben Jesus auf ihre Knie nieder und sprachen:

21 „Lob und Ehre in Dir, der Kraft Gottes; denn Dich hat der Herr frühe schon mit aller göttlichen Kraft erfüllt!"

22 Jesus aber lief schnell wieder nach Hause, denn Er wollte das Lob der Menschen nicht.

292

Der heilige Krug Marias von Jesu zerbrochen. Des Mädchens Sorge darum. Jesus bringt der Mutter das Wasser in Seinem Mantel. Die Reliquie der Maria war Jesu ein Dorn im Auge. Das Mädchen erhält einen Verweis.

Es hatte aber Maria noch den Krug, mit dem sie Wasser holte, als ihr der Engel die heiligste Botschaft überbrachte.

² Sie hielt große Stücke auf diesen Krug, — ja er war ihr ein förmliches *Heiligtum.*

³ Sie sah es sogar nicht gerne, wenn jemand diesen Krug nahm und daraus trank.

⁴ Einmal aber, ungefähr acht Tage darauf, als das Wunder bei der Salome verübt ward, war Maria allein mit Jesus zu Hause.

⁵ Sie war mit der Reinigung einiger Wäsche beschäftigt und brauchte dazu frisches Wasser.

⁶ Sie *(Maria)* ging daher zu Jesus und sagte zu ihm: „Du könntest mir wohl leicht einen Krug voll frisches Wasser holen;

⁷ „da hast Du sogar den durch Dich geheiligten Krug dazu!"

⁸ Jesus nahm den Krug und lief damit zum Brunnen, wo eben Joseph mit den andern Kindern etwas arbeitete.

⁹ *Jesus* aber stieß am Brunnen mit dem Kruge etwas hart an einen Stein, und der Krug lag in vielen Scherben am Boden.

¹⁰ Das ersah *ein Mädchen* und sprach: „Auweh, ach, ach! Das wird gut aussehen; nun ist der heilige Krug der Hausherrin hin! — Aber Du lieber Jesus, warum hast denn Du da nicht besser achtgegeben?

¹¹ „Nein, aber da wird die Mutter greinen ¹; no, no, da kannst Du Dich freuen darauf!"

¹² Das verdroß aber dem Äußern nach *Jesum* ein wenig, und Er sagte zum Mädchen:

¹³ „Was geht das dich an, was Ich tue? — Sieh du nur zu, daß du mit deinem Gespinste fertig wirst!

¹⁴ „Ich werde trotz des zerbrochenen Kruges dennoch der Maria frisches Wasser in rechter Menge bringen."

¹⁵ Und *das Mädchen* sprach: „Das möchte ich auch sehen, wie man ohne Krug ein frisches Wasser ins Haus schaffen kann!"

¹⁶ Hier nahm Jesus sogleich Seinen kleinen, roten Mantel, griff ihn an den Enden zusammen, schöpfte Wasser darein und trug es, ohne einen Tropfen zu verlieren, ins Haus zu Maria.

¹⁷ Alle aber gingen Ihm nach ins Haus ob dieses Wunders.

¹⁸ Als *Maria* das ersah, da entsetzte sie sich und sagte: „Aber Kind, was ist denn mit dem Kruge geschehen?"

¹⁹ Und *Jesus* sprach: „Siehe, der war Mir schon lange ein Dorn im Auge! Darum versuchte Ich seine Wunderkraft an einem Steine, —

²⁰ „und siehe, es war keine an und in ihm; daher zerbrach er auch sogleich in kleine Stücke!

²¹ „Ich aber meine, wo *Ich* bin, da sollte Ich doch mehr gelten als so ein dummer Krug, der um kein Haar besser ist als ein jeder andere!"

²² Auf diese Worte sagte Maria nichts mehr und schrieb sich dieselben tief in ihr Herz.

¹ weinen; zanken.

²³ Das Mädchen aber sagte darauf auch nichts mehr; denn es hatte Jesum lieb.

²⁴ Und *Jesus* sprach zu ihr: „Siehe, also gefällst du Mir besser, als wenn du deine Zunge bewegtest ohne Not!" — Und das Mädchen war zufrieden mit diesem kleinen Putzer und spann darauf fleißig ihr Garn.

293

Zweijährige Wunderpause. Teuerung in Palästina. Joseph sät noch im siebenten Monat. Der achtjährige Jesus legt Selbst den Samen ins Erdreich. Der wunderbare Segen. Josephs Dank. Liebe ist besser als Lob! Heilung des verdorrten Knaben.

Nach diesem Wunderwerke verhielt Sich Jesus bei zwei Jahre ruhig und gehorchte in allem dem Joseph und der Maria.

² In Seinem achten Jahre aber zeigte sich ein sehr schlechtes Erntejahr; denn es trat eine große Dürre ein, und alle Saat verdorrte.

³ Es war schon der siebente Monat, und nirgends zeigte sich etwas Grünes; man mußte vielfach das Vieh schlachten, oder man mußte um ein teures Geld Heu und Getreide aus Ägypten und Kleinasien bringen lassen.

⁴ Joseph selbst lebte zumeist von den Fischen, die ihm Jonatha allwöchentlich zukommen ließ, und fütterte seine Haustiere mit dem Schilfgrase, das ihm eben auch Jonatha zusandte.

⁵ Im siebenten Monate erst zeigten sich Wolken, und es fing an, sparsam periodisch zu regnen.

⁶ Da sprach *Joseph* zu seinen vier ältesten Söhnen: „Spannet vor den Pflug die Ochsen, und wir wollen im Namen des Herrn etwas Weizen in die Erde säen.

⁷ „Wer weiß es, vielleicht segnet es dennoch der Herr, da wir Den ja zu unserem Sohne und Bruder rechnen dürfen, den Er gesandt hat in die Welt.

⁸ „Zwar hat Er durch Diesen nun bereits zwei Jahre kein Zeichen mehr getan, daß wir darob Seiner Hoheit schon förmlich vergaßen;

⁹ „aber wer weiß es auch, ob dieses schlechte Jahr nicht eine Folge unserer Vergessenheit an Den ist, der so heilig von oben zu uns kam!?"

¹⁰ Hier trat der nun achtjährige *Jesus* zu Joseph hin und sprach: „Gut, Vater Joseph! Ihr habt Meiner noch nie vergessen; darum aber will Ich mit dir gehen, den Weizen in die Furchen zu legen!"

¹¹ Joseph freute das über die Maßen; und *Maria* und alle sprachen im Hause:

¹² „Ja, ja, wo der liebe Jesus säen wird, da wird sicher eine reiche Ernte werden!"

¹³ Und *Jesus* sprach auch lächelnd: „*Der* Meinung bin Ich auch. Wahrlich, umsonst soll von Mir kein Samen in das Erdreich fallen!"

¹⁴ Hierauf ging es ans Ackern und Säen. Joseph säete nach dem Pfluge links, und Jesus rechts.

¹⁵ Und so war der Acker in einem halben Tage bestens bestellt.

¹⁶ Darauf fiel bald ein reichlicher Regen, und der Weizen schlug einen festen Keim und gelangte als eine Sommerfrucht in drei Monaten zur sehr erwünschten Reife.

¹⁷ Da zeigte es sich aber, daß die Ähren, die da zur rechten Seite der

Knabe Jesus gesät hatte, durchaus fünfhundert Körner hatten, während die des Josephs nur dreißig bis vierzig Körner hatten.
¹⁸ Darüber hatte sich alles hoch verwundert, und als das Getreide dann erst in der Tenne ausgedroschen ward, da erst zeigte sich so recht im Vollmaße der Segen Gottes;
¹⁹ denn aus einem Malter (siebzig Maß) Weizen, der gesät worden war, wurden genau tausend Malter Ernte: eine Ernte, die noch nie jemand erlebt hatte!
²⁰ Da aber Joseph nun einen solchen Vorrat hatte, da behielt er für sich siebzig Malter und verteilte neunhundertunddreißig Malter an die Nachbarn.
²¹ Und es war damit einer ganzen Umgegend mit dieser wunderbaren Ernte geholfen.
²² Und es kamen dann viele Nachbarn und lobten und priesen die Kraft Gottes in dem Knaben *Jesus*.
²³ Dieser aber ermahnte sie zur Liebe zu Gott und zu ihren Nächsten und sprach zu jedermann: „*Liebe ist besser als Lob*, und eine rechte *Gottesfurcht ist mehr* wert *als Opferbrand!*" — In dieser Zeit ward auch der verdorrte Knabe wieder gesund.

294

Joseph und Maria wollen den bald zehnjährigen Jesus doch zu einem Lehrer geben. Schwierigkeiten beim Unterrichte. Der Lehrer schlägt den Knaben und wird darnach stumm und wahnsinnig. Der Jesus-Knabe kehrt wieder heim.

Von da an tat das Knäblein Jesus wieder kein Zeichen mehr, sondern war wie alle anderen Menschenkinder;
² nur war Es gerne bei Joseph, wenn er Gerätschaften als: Pflüge, Joche, Stühle, Tische, Betten und dergleichen verfertigte, und es mißlang da dem Joseph nie etwas.
³ Da das Knäblein bereits ins *zehnte Jahr* ging und Sich gar nicht mehr unterscheiden wollte von den andern Kindern, —
⁴ da sprach einmal *Joseph* zu Maria: „Siehe, die Leute herum schmähen uns, daß wir Jesum so ganz ohne Schulunterricht aufwachsen lassen, da Er doch so herrliche Talente und Anlagen besäße!
⁵ „Ich weiß wohl, daß Jesus des Weltschulenunterrichts nicht vonnöten hat;
⁶ „aber um den Nachbarn den Mund zu stopfen, möchte ich Ihn gleichwohl zu einem Lehrer geben.
⁷ „Und da jetzt zwei neue Schulen in der Stadt errichtet worden sind, deren beide Lehrer sehr geschickt sein sollen, so möchte ich es mit dem einen oder mit dem andern versuchen."
⁸ Maria willigte dazu ein; denn auch sie sah die scheinbare Notwendigkeit dessen ein.
⁹ Und Joseph nahm Jesum zu sich und führte Ihn zum *Lehrer*.
¹⁰ Dieser übernahm das Knäblein und sprach zu Joseph: „Zuerst soll er, der vielen Griechen wegen unter uns, Griechisch und dann erst Hebräisch lernen.
¹¹ „Ich kenne wohl die sonderbaren Eigenheiten dieses Kindes und habe eine kleine Furcht vor ihm.
¹² „Aber ich will dennoch tun, was recht sein wird; nur mußt du mir den Knaben ganz übergeben!"
¹³ Joseph willigte dazu ein und

gab Jesum ganz ins Haus des Lehrers.

¹⁴ Drei Tage genoß hier Jesus die gewöhnliche Freiheit; erst am vierten Tage nahm Ihn der Lehrer ins Schulzimmer.

¹⁵ Allda führte er Ihn an die Tafel, schrieb vor Ihm das ganze Alphabet und fing an, es zu erklären.

¹⁶ Nachdem er es einigemal durcherklärt hatte, da fragte er Jesum, was Er Sich davon gemerkt habe.

¹⁷ Jesus aber tat, als wüßte Er nichts von dem Erklärten, und gab dem Lehrer keine Antwort.

¹⁸ Und der Lehrer plagte den Knaben und sich drei Tage lang und bekam nie eine Antwort.

¹⁹ Am vierten Tage aber ward er unwillig und forderte den Knaben Jesus unter Androhung von einer tüchtigen Strafe auf, ihm zu antworten.

²⁰ Da sprach der Knabe *Jesus* zu ihm: „Wenn du in Wahrheit ein Lehrer bist, und wenn du die Buchstaben wirklich kennst, so zeige Mir die wahre Grundbedeutung des Alpha, und Ich werde dir die des Beta kundgeben!"

²¹ Darob war der Lehrer zornig und schlug Jesum mit dem Zeigestäbchen an den Kopf.

²² Das tat dem Knaben weh, und *Er* sprach zum Lehrer: „Ist das die weise Art, dich deiner Dummheit zu entledigen?

²³ „Wahrlich, der Schläge wegen bin Ich nicht bei dir, und das ist nicht die Art, Menschen zu lehren und zu bilden!

²⁴ „Du aber sollst Mir stumm werden und unsinnig darum, daß du Mich, anstatt Mir eine rechte Erklärung zu geben, geschlagen hast!"

²⁵ Und auf der Stelle sank der Lehrer zusammen — und ward, wie rasend, gebunden in ein anderes Zimmer gebracht.

²⁶ *Jesus* aber kehrte sogleich zu Joseph nach Hause und sagte da:

²⁷ „Ein anderes Mal bitte Ich Mir einen andern Lehrer aus, der nicht mit dem Stocke in der Hand in die Schule kommt; *der* aber büßt nun seinen Frevel an Mir!"

²⁸ Da wußte *Joseph,* was sicher wieder geschehen war, und sprach zu Maria: „Also dürfen wir Jesum nicht mehr aus den Händen lassen; denn Er züchtigt jeden, der nicht nach Seinem Sinne ist!"

²⁹ Und Maria war damit zufrieden, und niemand wagte, Jesu einen Vorwurf zu machen.

295

Der zweite Lehrer bei Joseph. Sanftmütiges Entgegenkommen des Lehrers. Jesus gibt dem Lehrer eine Probe: Er liest und erklärt den Daniel. Des Lehrers gutes Zeugnis über Jesu. Zum Dank für die Ehrlichkeit des Lehrers heilt Jesus den ersten Lehrer.

Nach einer Zeit von etlichen Wochen kam aber *der zweite* neue *Lehrer* zu Joseph, um ihm einen freundschaftlichen Besuch abzustatten;

² denn Joseph hatte ihm zuvor mehrere neue Bänke und Stühle und einen Tisch in sein Schulzimmer gemacht, und hatte bei dieser Gelegenheit einen recht biederen Mann in diesem Lehrer zu seinem Freunde gewonnen.

³ Dieser Lehrer machte nun auch

die Bekanntschaft mit dem Knaben Jesus und hatte eine rechte Freude an Seinem ernsten, aber dennoch bescheidenen, munteren Wesen.

4 Er fragte daher den Joseph, ob der Knabe schon in irgendeiner Schule habe lesen lernen.

5 *Joseph* aber sprach: „Bruder, ich habe es schon mit ein paar Lehrern versucht, aber beide konnten nichts ausrichten mit Ihm;

6 „denn es ruht in diesem Knaben eine sonderbare Kraft!

7 „Wie Ihm dann ein Lehrer etwas grob kommt, da ist er schon verloren;

8 „denn es braucht da nur ein Wort aus des Knaben Mund über den Lehrer zu kommen, und er ist bestraft auf das entsetzlichste!

9 „Also war es erst jüngst der Fall mit dem ersten Lehrer, der noch bis zur Stunde ein Narr ist."

10 Und *der Lehrer* sprach: „Ja, ja, das weiß ich wohl; aber der war auch ein Tyrann gegen alle seine Schüler!

11 „Wenn *ich* den Knaben unterrichte, wahrlich, ich hätte keine Angst, von ihm gestraft zu werden!"

12 Da sprach der anwesende Knabe *Jesus:* „Was wohl auch möchtest du Mich lehren?"

13 Und *der Lehrer* zog den Knaben liebevollst zu sich, herzte Ihn und sprach dann zu Ihm:

14 „Ich möchte dich auf eine gar freundliche Art lesen und schreiben und dann die Schrift verstehen lehren."

15 Und *der Knabe* sprach: „Gut, hast du etwas von der Schrift bei dir, so gib Mir's, und Ich will dir eine Probe geben!"

16 Hier zog der Lehrer sogleich eine Rolle heraus — es war *Daniel* — und gab sie dem Knaben.

17 Der Knabe aber fing sogleich an, die Rolle zu lesen und also zu erklären, daß sich alle Umstehenden über alle Maßen samt dem ganz betroffenen Lehrer zu verwundern anfingen.

18 Als aber *der Lehrer* solches von dem Knaben erfahren hatte, da sprach er:

19 „O Herr! Sei mir armem Sünder gnädig und barmherzig; denn dieser Knabe ist kein irdischer Mensch!

20 „O Bruder Joseph, jetzt begreife ich es klar, warum mit diesem Knaben kein Lehrer es auszuhalten vermag!

21 „Der Knabe versteht ohnehin mehr als alle Lehrer zusammen auf der ganzen Erde! O darum behalte ihn ja daheim!"

22 Dies Zeugnis gefiel dem *Knaben*, und Er sprach: „Weil du so ehrlich bist, so soll auch deinetwegen der andere Lehrer wieder genesen; es geschehe! —

23 „Du aber bleibe so ehrlich in deinem Herzen, wie du es nun bist, so wirst du ein rechter Lehrer sein allezeit! Amen."

24 Darauf entfernte Sich der Knabe Jesus; der Lehrer empfahl sich auch bald bei Joseph und zog sehr nachdenkend nach Hause. — Und mit dem ersten Lehrer ward es zur Stunde besser.

Der elfjährige Jesus und Jakob gehen Holz sammeln. Jakob wird von einer Natter gebissen und stirbt. Jesus erweckt Jakob vom Tode. Ein Arbeits-Evangelium. Sei eifrig in geistigen Gütern! Erweckung des toten Knaben Kephas und des toten Zimmermannsgesellen Mallas. Die gute Lehre: „Im Neide ruht allezeit der Tod!"

Von da an blieb das Kind Jesus zu Hause, verhielt Sich ruhig und gehorsam, verrichtete auch kleine Arbeiten.

² Es tat keine Zeichen ein ganzes Jahr hindurch, — also bis in Sein elftes Jahr.

³ Im elften Jahre aber verübte Es wieder *drei bedeutende Wunderwerke,* und diese sollen hier kurz folgen,

⁴ Im Frühjahre ging dem Joseph auf einige Tage der Brennholzvorrat aus.

⁵ Er sandte darum Jakob und Jesus, weil diese am meisten Zeit hatten, in einen nahen Wald, daß sie allda Reisig sammeln sollten.

⁶ Die beiden gingen und taten emsig, was ihnen Joseph anbefohlen hatte.

⁷ Jakob aber tummelte sich gar sehr, und es blieb Jesus wenig zu sammeln; denn Jakob griff Jesu überall vor.

⁸ In solchem Eifer aber geschah es, daß er nach einem buschigen Reisig griff, unter dem sich eine giftige Natter befand.

⁹ Die Natter biß den Jakob in die Hand. Da fiel Jakob um voll Schreck und Entsetzen. Die Hand schwoll plötzlich auf, und Jakob bog sich rücklings und gab Zeichen des Todes.

¹⁰ Da sprang Jesus hinzu, blies in die Wunde, und mit Jakob war es augenblicklich besser.

¹¹ Die Natter aber wurde entsetzlich aufgetrieben und zerplatzte.

¹² Darnach aber sprach *Jesus* zu Jakob: „*Eile mit Weile!* In aller Weltarbeit, wenn sie zu eifrig betrieben wird, liegt der Tod!

¹³ „Daher ist's besser, zu sein faul für die *Welt,* aber um so eifriger für den *Geist* zu sein, bei jeder Gelegenheit.

¹⁴ „Also aber sollen die Weltfleißigen stets den Tod ihrer Seele in ihrem Eifer ums Irdische finden!

¹⁵ „Ich aber werde *die Weltmüßiggänger aufsuchen* und werde sie in Meinen Dienst nehmen für ewig; und denen, die nur eine Stunde des Tages gearbeitet haben, werde Ich gleichen Lohn geben, wie denen, welche den ganzen Tag überfleißigst gearbeitet haben.

¹⁶ „Wohl jedem Faulenzer für die Welt; wehe aber jedem Fleißigen für die Welt! Der erste wird sein Mein Freund — und der zweite Mein Feind!"

¹⁷ Jakob merkte sich diese Worte und lebte darnach und machte sich nichts daraus, wenn er auch öfter den Namen „der Faule und Träge" bekam;

¹⁸ aber er war von da an desto eifriger in seinem *Herzen* beschäftigt und gewann endlos viel dabei. —

¹⁹ Bald darauf, in zwei Tagen, starb einer Nachbarin, die eine Witwe war, ihr einziges Söhnchen, und sie weinte sehr.

²⁰ Da ging *Jesus* mit Seinem Jakob auch dahin, zu besuchen den verstorbenen Knaben.

²¹ Da Er aber die heftig weinende Witwe sah, da dauerte sie Ihn, und Er ergriff den toten Knaben bei der Hand und sprach:

²² „Kephas! Ich sage dir: Stehe auf, und betrübe nimmer das Herz deiner Mutter!" — Hier stand der Knabe plötzlich auf und begrüßte lächelnd alle Anwesenden.

²³ Da war es aus bei der *Witwe*, und sie sprach: „O wer ist doch dieser Sohn Josephs, daß er mit einem Worte vermag die Toten zu erwecken? Ist er ein Gott oder ein Engel?"

²⁴ *Jesus* aber sprach zur Witwe: „Frage nicht weiter, sondern gib dem Kephas Milch, auf daß es vollends besser werde mit ihm!"

²⁵ Und die Witwe ging alsbald und brachte dem Knaben erwärmte Milch.

²⁶ Da wollten alle Jesum anzubeten anfangen; Er aber eilte davon, traf andere Kinder und spielte mit ihnen auf eine sehr weise Art. —

²⁷ Als Er aber also da spielte, da fiel bei einem andern Hause, das von einigen Stadtzimmerleuten ausgebessert ward, ein Mensch, brach das Genick und war sogleich tot.

²⁸ Da kam sogleich eine Menge Menschen zusammen und bedauerten den Unglücklichen, und es war ein großer Lärm.

²⁹ Als *Jesus* diesen Lärm hörte, da ging Er mit dem Jakob auch hinzu, drängte Sich bis zum Toten und sagte zu ihm:

³⁰ „Mallas! Ich sage dir: Stehe wieder auf und arbeite! Nagle aber deine Latten besser an, sonst fällst du noch einmal!

³¹ „Denn es kommt nicht darauf an, *wieviel* du gearbeitet hast, sondern *wie* du gearbeitet hast. *Im Neide* aber ruht allezeit *der Tod!*"

³² Darauf entfernte sich Jesus schnell wieder, und der Tote stand wieder gesund auf und arbeitete so kräftig weiter, als wäre ihm nichts geschehen. Die Worte Jesu aber behielt er in seinem Herzen.

³³ Diese drei Wunder geschahen nacheinander in kurzer Frist, und alle Nachbarn wollten darum Jesus anbeten.

³⁴ Jesus aber untersagte ihnen solches und ließ Sich darauf etliche Wochen nicht sehen im Dorfe.

³⁵ Im Hause Josephs aber wurden die drei Taten wohl gemerkt, und es ist viel darüber geredet worden.

297

Kurze Schilderung der Tempelszene des zwölfjährigen Jesus durch Seinen Bruder Jakob. Jesus zieht Sich nun ganz zurück bis zur Hochzeit zu Kana.

Von da an zog Sich Jesus zurück und verübte offen keine Tatenwunder mehr bis zur Hochzeit zu Kana in Galiläa.

² Nur im *zwölften Jahre* verübte der Knabe *Jesus*, da Er zum Feste nach Jerusalem zum ersten Male kam, *im Tempel*, wie es in den Evangelien bekanntgegeben ist, ein Wunder unter den Gelehrten durch Seine Weisheit,

³ welches Wunder ich, Jakob, da ich nicht zugegen war, mir erst später vom Herrn Selbst habe kundgeben lassen, das kurz beschrieben darin bestand:

⁴ Im großen Gedränge verloren Joseph und Maria Jesu im *Tempel*

und meinten, da Er nicht bei ihnen war, so würde Er sicher mit der Salome oder noch sonstigen Verwandten und Bekannten schon heimgezogen sein.

⁵ Und so gingen die beiden der Nazarener-Karawane nach und trafen sie erst am Abende in der Herberge zwischen Nazareth und Jerusalem.

⁶ Da sie aber allda Jesu nicht fanden, da wurden sie sehr betrübt, nahmen einige Begleiter und zogen in der Nacht nach Jerusalem zurück.

⁷ Da angelangt, ging Joseph sogleich zum Landpfleger Kornelius, der damals noch in Jerusalem das Land pflegte.

⁸ Joseph gab dem ihm überaus freundlich entgegenkommenden Kornelius das kund, was ihm begegnet war,

⁹ und dieser gab dem Joseph sogleich eine römische Wache, mit der Joseph alle Häuser durchsuchen durfte.

¹⁰ So durchstöberte Joseph beinahe ganz Jerusalem und fand Jesu dennoch nirgends nach einem drei Tage langen Suchen.

¹¹ Da ward es den beiden überaus bange; sie gaben die Wache dem Kornelius ganz traurig zurück und ließen sich nicht trösten von ihm.

¹² Da es aber schon ziemlich gegen den Abend an der Zeit war, da wollte sie Kornelius bei sich behalten.

¹³ *Joseph* aber sprach: „O edler Freund, ich will ja bei dir verbleiben diese Nacht, aber zuvor muß ich hinauf in den Tempel und will dort opfern Gott dem Herrn aus und in meinem traurigen Herzen."

¹⁴ Da ließ Kornelius den Joseph mit der Maria hinauf in den Tempel ziehen.

¹⁵ Und siehe, da fanden sie *Jesu* unter den Gelehrten sitzen, wie Er sie befragte, belehrte und ihnen auf ihre Fragen Antworten gab, daß sie darob alle höchlichst erstaunten;

¹⁶ denn Er erklärte ihnen die geheimsten Stellen aus den Propheten, belehrte sie über die Sterne, über ihre Bahnen, über ihr Grundlicht, über ihr zweites, drittes, viertes, fünftes, sechstes und siebentes Licht.

¹⁷ Also beschrieb Er ihnen auch das Wesen der Erde und zeigte ihnen den physischen [1], psychischen [2] und geistigen Zusammenhang der Dinge

¹⁸ und bewies allen die Unsterblichkeit der Seele auf eine so unerhörte Art, daß darob *alle* sprachen:

¹⁹ „Wahrlich, so etwas ist noch nie erhört worden! Ein Knabe von zwölf Jahren ist weiser in einem Finger als wir alle zusammengenommen!"

²⁰ Da traten *Joseph* und *Maria* hin zu Jesu und sprachen zu Ihm:

²¹ „Aber warum hast Du uns doch das angetan?! — Siehe, wir haben Dich mit großen Schmerzen drei Tage lang gesucht und konnten Dich nicht finden!"

²² *Jesus* aber sprach: „Warum tatet ihr das? (Draußen nämlich mit Hilfe der Soldaten.)

²³ „Wußtet ihr denn nichts von dem Hause Meines Vaters, und daß Ich darin tun mußte, was da Meines Vaters ist?"

²⁴ Die beiden aber verstanden diese Worte nicht; doch Jesus folgte ihnen sogleich willig nach Hause, nachdem Er zuvor mit ihnen bei Kornelius übernachtet hatte.

---

[1] körperlichen; [2] seelischen.

²⁵ Die Gelehrten aber priesen die Maria überglücklich, daß sie ein solches Kind hatte.

²⁶ Von da an zog Sich dann Jesus ganz zurück und verübte vor den Menschen bis in Sein dreißigstes Jahr kein Wunder mehr, und lebte und arbeitete dann wie ein jeder andere Mensch.

298

Höchstwichtige Aufschlüsse über das Wesen Jesu, das Verhältnis Seines Menschlichen zum Göttlichen in Ihm. Winke über die Wiedergeburt.

Nach dem aber heißt es in der Schrift: Und Er nahm zu an Gnade und Weisheit vor Gott und den Menschen und blieb untertänig und gehorsam Seinen Eltern, bis da Er Sein Lehramt antrat.

² Frage: Wie konnte Jesus denn, als das allein ewige Gottwesen, an Weisheit und Gnade vor Gott und den Menschen zunehmen, da Er doch Gott von Ewigkeit war?

³ Und wie namentlich vor den Menschen, da Er doch von Ewigkeit das endlos allervollkommenste Wesen war?

⁴ Um das richtig zu fassen, muß man Jesu nicht abgeschlossen als den alleinigen Gott ansehen;

⁵ sondern man muß sich Ihn als einen Menschen darstellen, in dem die alleinige *ewige Gottheit* Sich geradeso als untätig scheinend einkerkerte, wie da in eines jeden Menschen Wesen der Geist¹ eingekerkert ist.

⁶ Was aber ein jeder Mensch nach göttlicher Ordnung tun muß, um seinen Geist frei zu machen in sich,

⁷ das mußte auch der Mensch Jesus ganz vollernstlich tun, um das Gottwesen in ihm frei zu machen, auf daß er eins würde in Ihm.

⁸ Es muß aber jeder Mensch gewisse Schwächen in sich tragen, die da die gewöhnlichen Fesseln des Geistes sind, durch die er wie in einer festen Hülse eingeschlossen ist.

⁹ Die Fesseln aber können erst dann zersprengt werden, wenn die mit dem Fleische vermengte Seele sich durch die gerechte Selbstverleugnung also gestärkt hat, daß sie fest genug ist, den freien Geist zu fassen und zu halten.

¹⁰ Aus dem Grunde kann der Mensch eben auch nur durch allerlei Versuchungen seine *Schwächen* gewahren und erfahren, *wie* und *worin* sein Geist geknebelt ist.

¹¹ Wenn er dann gerade in *diesen* Punkten sich in seiner Seele selbst verleugnet, so löst er dadurch dem Geiste die Fesseln ab und fesselt damit die Seele.

¹² Ist dann mit der gerechten Zeit die Seele mit allen den ehemaligen Geistesbanden gefestet, so geht dann freilich ganz natürlich der ganz entfesselte Geist in die ganze, starke Seele über,

¹³ und diese gelangt dadurch in alle himmlische Machtvollkommenheit des Geistes und wird dadurch für ewig vollkommen eins mit Ihm.

¹⁴ In dem Ablösen einer Fessel um die andere aber besteht das Zunehmen der Seele in der geistigen Kraft, welche da ist die Weisheit und die Gnade.²

---

¹ „der Geist" als der göttliche Funke im Menschen; ² welche da ist die Wiedergeburt.

¹⁵ *Die Weisheit* ist das helle Schauen der ewigen Ordnung Gottes in sich, und *die Gnade* ist das ewige Liebelicht, durch das [1] alle die endlosen und zahllosen Dinge, ihre Verhältnisse und Wege erleuchtet werden.
¹⁶ Wie aber das beim Menschen also der Fall ist, also war es auch bei dem Gottmenschen *Jesus*.
¹⁷ Seine Seele war gleich wie die eines jeden Menschen und war mit um so mehr Schwächen behaftet, weil der allmächtigste Gottgeist Sich Selbst in die gewaltigsten Bande legen mußte, um in Seiner Seele gehalten werden zu können.
¹⁸ Also mußte die Seele Jesu auch die größten Versuchungen, sich selbst verleugnend, bestehen, um ihrem Gottgeiste die Bande abzunehmen, sich damit zu stärken für die endloseste Freiheit des Geistes aller Geister, und also völlig eins zu werden mit Ihm.
¹⁹ Und eben darin bestand denn auch das Zunehmen der Weisheit und Gnade der Seele Jesu vor Gott und den Menschen, und zwar in dem Maße, als Sich der Gottgeist nach und nach stets mehr und mehr einte mit Seiner freilich göttlichen Seele, welche da war der eigentliche Sohn.

299

Das Leben und die Seelenkämpfe Jesu von Seinem zwölften bis dreißigsten Jahre. Winke und Beispiele zur Erreichung der Wiedergeburt als Bedingung zum ewigen, seligen Leben. Schlußbemerkung und Segen des Herrn.

Wie lebte denn nun Jesus, der Herr, von Seinem zwölften Jahre bis zu Seinem dreißigsten Jahre?
² Er fühlte in Sich fortwährend auf das Lebendigste die allmächtige Gottheit; Er wußte es in Seiner Seele, daß alles, was die Unendlichkeit faßt, Seinem leisesten Winke untertan ist und ewig sein muß.
³ Dazu hatte Er den größten Drang in Seiner Seele, zu herrschen über alles.
⁴ Stolz, Herrschlust, vollste Freiheit, Sinn fürs Wohlleben, Weiberlust und dergleichen mehr, also auch Zorn waren die Hauptschwächen Seiner Seele.
⁵ Aber Er kämpfte aus dem Willen der Seele gegen alle diese gar mächtigsten, tödlichsten Triebfedern Seiner Seele.
⁶ Den *Stolz* demütigte Er durch die Armut; aber welch ein hartes Mittel war das für Den, dem alles zugehörte, und Er aber dennoch nichts ‚Mein' nennen durfte!
⁷ Die *Herrschlust* bändigte Er durch den willigsten Gehorsam zu denen, die wie alle Menschen gegen Ihn wie gar *nichts* waren.
⁸ Seine ewige, allerhöchste *Freiheit* bestürmte Er eben damit, daß Er Sich, wenn schon endlos schwer, den Menschen wie ein sklavischer Knecht zu den niedrigsten Arbeiten gefangengab.
⁹ Den stärksten Hang zum *Wohlleben* bekämpfte Er durch gar oftmaliges Fasten — aus Not, und auch aus dem freien Willen Seiner Seele.
¹⁰ Die *Weiberlust* bekämpfte Er

[1] welches.

durch nicht selten schwere Arbeit, durch magere Kost, durch Gebet und durch den Umgang mit weisen Männern.

11 Ja, in diesem Punkte hatte Er ungemein viel auszustehen, indem Sein Äußeres und der Ton Seiner Rede von höchst einnehmender Art waren,

12 aus welchem Grunde die fünf überaus schönen Cyreniusschen Mädchen in Ihn durch die Bank sterbensverliebt waren und untereinander wetteiferten, Ihm am besten zu gefallen.

13 Ihm gefiel solche Liebe wohl; aber dennoch mußte Er allezeit zu jeder sagen: „*Noli me tangere!*" [1]

14 Da Er ferner die Bosheit der Menschen mit einem Blicke durchschaute und sah ihre Hinterlist und Heuchelei, Verschmitztheit und ihre Selbstsucht,

15 so ist es auch begreiflich, daß Er *sehr erregbar* war und konnte leichtlichst beleidigt und erzürnet werden;

16 aber da mäßigte Er Sein göttliches Gemüt durch Seine *Liebe* und darauf erfolgte *Erbarmung*.

17 Und also übte Er *Sein Leben* durch *lauter schwerste Selbstverleugnungen,* um dadurch die zerrüttete ewige Ordnung wiederherzustellen.

18 Aus dem aber läßt sich leicht ersehen, *wie* Jesus als Mensch die achtzehn Jahre unter beständigen Versuchungen und Bekämpfungen derselben zubrachte. —

19 Und da nun das für jedermann nutzbringend dargetan ist, so bleibt nichts mehr zu sagen übrig, als die dreitägige Verhandlung mit den Weisen und Gelehrten im Tempel [2], die aber jetzt, wie noch so manches andere, nicht folgen kann.

20 Daher begnüget euch einstweilen mit dem, und das andere wird folgen, wenn ihr zum Knechte sagen werdet:

21 ‚Komme, Bruder, zu uns im Namen des Herrn, und bleibe und wohne bei uns!' —

22 Somit sei auch dies Werk geschlossen, und *Mein Segen* und *Meine Gnade sei mit euch* für und für! Amen.

---

[1] Rühr' Mich nicht an, laß Mich in Ruhe!
[2] Siehe ‚Die Drei Tage im Tempel' zu Jerusalem. Ferner befinden sich in ‚Johannes, das große Evangelium' auch einige Episoden aus der Jünglingszeit Jesu. Erschienen im Lorber-Verlag.

Inhalt

Seite

Vorwort 5
Vorrede (des Herrn) 11

Maria wird im Tempel verlost und kommt ins Haus Josephs

1 Joseph im Beruf. Die Verlosung Marias im Tempel. Gottes Zeugnis über Joseph. Josephs Gebet. Maria in Josephs Hause. 13
2 Der neue Vorhang im Tempel. Marias Arbeit am Vorhang. 16
3 Die Ankündigung der Geburt des Herrn durch einen Engel. Marias demutvolle Ergebenheit. 17
4 Marias kindlich-unschuldiges Gespräch mit Gott und die Antwort von oben. 18
5 Die Übergabe der beendeten Tempelarbeit Marias. Maria und der Hohepriester. Marias Reise zu ihrer Muhme Elisabeth. 19
6 Der wunderbare Empfang Marias bei Elisabeth. Demut und Weisheit der Maria. Ein Weiberevangelium. Marias Rückkehr zu Joseph. 20
7 Josephs Ahnungen und Prophezeiungen. Marias Trost. Das gesegnete Abendbrot. Das Sichtbarwerden von Marias Schwangerschaft. 23
8 Die Ansicht des Arztes. Joseph verhört Maria. Marias Erklärung. 24
9 Marias Erzählung über die geheimnisvollen heiligen Vorkommnisse. Josephs Kummer und Sorge und sein Entschluß, Maria zu entfernen. Des Herrn Wink an Joseph im Traume. Marias Bleiben im Hause Josephs. 26
10 Die römische Volkszählung. Josephs Behinderung am Volksrat in Jerusalem. Der Verräter Annas. 27

Maria wird Josephs Weib

11 Des Hohenpriesters Bedenken ob Marias Zustand. Die Verhaftung und das Verhör Marias und Josephs. Josephs Klage und Hader mit Gott. Das Todesurteil über Joseph und Maria und ihre Rechtfertigung durch ein Gottesurteil. Maria Josephs Weib. 29
12 Das Gebot des Augustus zur Schätzung und Zählung aller Landesbewohner. Neuer Kummer und Trost. 31

Seite

13 Die Trostworte des alten Freundes an Joseph. Josephs Reiseanordnungen an seine 5 Söhne. Das tröstliche Zeugnis von oben. Die fröhliche Abreise. 32

Die Geburt Jesu in der Höhle

14 Scheinbare Launen Marias auf der Reise. Der Eintritt der Wehen. Die Bergung Marias in einer nahen Höhle. 33

15 Maria in der Grotte. Joseph auf der Suche nach einer Hebamme in Bethlehem. Josephs wunderbare Begebnisse. Das Zeugnis der Natur. Die Begegnung Josephs mit der Wehmutter. 34

16 Die Erscheinungen bei der Höhle. Das Traumgesicht der Wehmutter und ihre prophetischen Worte. Die Hebamme bei Maria und dem Kinde. Der Zweifel Salomes, der Schwester der Wehmutter, an der Jungfrauschaft Marias. 36

17 Salomes Bitte an Maria. Marias Wohlwollen. Salomes Befund, Strafe und Reue. Des Engels Weisung an Salome. Salomes Genesung. Eine Warnung von oben. 37

18 Die Nachtruhe der hl. Familie in der Höhle. Die Lobgesänge der Engel am Morgen. Die Anbetung der Hirten. Des Engels aufklärende Worte an Joseph. 38

19 Josephs Beschreibungssorge. Der Hebamme Bericht vor dem Hauptmann Kornelius. Des Hauptmanns Besuch in der Grotte. Joseph und Kornelius. Des Kornelius Frieden und Freude in der Nähe des Jesuskindes. 41

20 Des Kornelius Fragen über den Messias. Josephs Verlegenheit. Des Hauptmanns Fragen an Maria, Salome und die Wehmutter. Der Engel Warnung vor dem Verrat des göttlichen Geheimnisses. Des Kornelius heilige Ahnung von der Göttlichkeit des Jesuskindes.

21 Josephs Worte über den freien Willen des Menschen und sein Rat an Kornelius. Des Hauptmanns Fürsorge für die heilige Familie. 45

22 Kornelius bei der heiligen Familie in der Grotte. Die Hirten und der Hauptmann. Die neue ewige Geistessonne. Des Kornelius Abschied. Josephs anerkennende Worte über die Güte des heidnischen Hauptmanns. 46

23 Der sechstägige Aufenthalt in der Höhle. Des Engels Anweisung an Joseph zum Aufbruch nach Jerusalem zur Darstellung im Tempel. Marias Traum. Der Liebesstreit zwischen Joseph und Kornelius. Die militärische Wache vor der Grotte. 47

24 Die Beschneidung des Kindleins und die Reinigung der Maria. Die Darstellung des Kindes im Tempel durch die Mutter. Der fromme Simeon und das Jesuskind. 48

25 Die Prophetin Hanna im Tempel und ihr Zeugnis über das Jesuskind. Hannas Verwarnung an Maria. Das Notquartier der heiligen Familie beim geizigen reichen Israeliten. 50

26 Der Tadel des Herbergsbesitzers Nikodemus an Joseph. Josephs Rechtfertigungsrede. Das Zeugnis der Hebamme. Ein Gnadenwink an Nikodemus, der den Herrn erkennt. 51

27 Die Rückkehr der heiligen Familie nach Bethlehem. Der herzliche Empfang in der Grotte durch die Zurückgebliebenen. Eine Futterkrippe als Bettchen für das Kindlein. Gute Ruhe in der Frostnacht. 52

Die Weisen aus dem Morgenland

28 Josephs Drängen zum Aufbruch nach Nazareth. Des Hauptmanns Rat, zu warten. Die Kunde von der persischen Karawane und von des Herodes Fahndung nach dem Kinde. Marias gewichtige Trostworte. 53

29 Des bangen Josephs Bitte an den Herrn. Die persische Karawane vor der Grotte. Der erstaunte Hauptmann. Der drei Weisen gutes Zeugnis über das Kind. Die Warnung vor Herodes. 55

30 Die Anbetung des Herrn im Kinde durch die drei Weisen. Die Reden der drei Weisen; ihre Geister: Adam, Kain, Abraham. 58

31 Marias Hinweis auf die Gnadenführung Gottes. Josephs Redlichkeit und Treue. Die drei gesegneten Geschenke Gottes: Sein heiliger Wille, Seine Gnade und Seine Liebe. Marias, des Hauptmanns und des Kindleins edelstes Zeugnis für Joseph. 60

32 Der Engel als Ratgeber der drei Weisen. Der Abzug der drei Weisen nach dem Morgenland. Die Ungeduld Josephs. Des Kornelius beruhigende Worte an Joseph. Josephs Hinweis auf die Macht und Güte Gottes. 61

Die Flucht nach Ägypten

33 Die Vorbereitungen zur Flucht nach Ägypten. Die Vorsorge des Herrn. Josephs Besprechung mit Kornelius. 63

34 Der Aufbruch zur Flucht. Josephs Besprechung mit Salome. Der Abschied vom Hauptmann. Die Abreise. Der Schutzbrief des Kornelius an Cyrenius. Josephs Reiseweg. Das Erlebnis mit den Räubern. Josephs Ankunft in Tyrus bei Cyrenius. Des Cyrenius Trostworte und Hilfe. 65

35 Die heilige Familie bei Cyrenius. Josephs Unterredung mit Cyrenius. Cyrenius, der Kinderfreund, und das Jesuskind. Inneres und äußeres Erfahrungszeugnis von der Göttlichkeit des Jesuskindes. 67

36 Joseph im scharfen Verhör und sein Bericht über das Wesen und die Geburt des Jesuskindes. Des Kornelius Brief. Josephs Rat zum Schweigen. Widersprüche und Zweifel. Josephs energische Rechtfertigung vor dem ,Staatsanwalt'. 69

		Seite
37	Des Cyrenius sanftmütigere Erklärung und Josephs Erwiderung. Die Ehre, der Schatz des Armen. Das Versöhnungsmahl. Guter Rat Josephs. Des Cyrenius bestrafte Neugier. Die Empfängnisgeschichte des Kindleins. Die Anbetung des Kindleins durch Cyrenius und die Bestätigung der Wahrheit.	71
38	Des Cyrenius heidnischer Vorschlag, das Wunderkind an den Kaiserhof nach Rom zu bringen. Josephs gute Entgegnung mit Hinweis auf die Niedrigkeit des Herrn. Prophetische Worte von der geistigen Lebenssonne.	73
39	Des Cyrenius Mäßigkeit im Essen und Trinken. Josephs Dankgebet und seine gute Wirkung auf Cyrenius. Josephs Worte vom Tode und ewigen Leben. Wesen und Wert der Gnade.	74
40	Des Cyrenius Hochachtung vor der Maria. Die trostreiche Antwort der Maria. Der Glückwunsch des Cyrenius an Joseph. Josephs Worte über die wahre Weisheit.	76
41	Josephs Voraussage vom Kindermord. Des Cyrenius Grimm über Herodes. Die glückliche Seereise nach Ägypten. Josephs Segen als Fährlohn an die Schiffer und an Cyrenius.	77

Die heilige Familie in Ostrazine

42	Die Wirkung des Gnadensegens an Cyrenius. Josephs demütiges Selbstbekenntnis und bester Rat an Cyrenius. Die Ankunft in Ostrazine (Ägypten).	79
43	Der Ankauf eines Landhauses für die heilige Familie durch Cyrenius.	80
44	Joseph mit der heiligen Familie im neuen Heim. Cyrenius als Gast. Der Dank Josephs und Marias.	81
45	Die Besichtigung des neuen Heimwesens. Marias und Josephs Dankesworte dafür. Des Cyrenius Interesse an der Geschichte Israels.	82
46	Die gemeinsame Mahlzeit und Josephs Erzählung über die Geschichte der Schöpfung, der Menschheit und des jüdischen Volkes. Des Cyrenius vorsichtiger Bericht an den Kaiser und seine gute Wirkung.	83
47	Die Abreise des Cyrenius und seine Vorsorge für die heilige Familie. Die Schreckensbotschaft der Zeugen des Kindermordes. Ein Brief des Cyrenius an Herodes.	84
48	Die Wirkung und Folge dieses Briefes. Die List des Herodes. Ein zweiter Brief des Cyrenius an Herodes.	85
49	Die Wirkung des zweiten Schreibens. Die Ankunft des Herodes und des Landpflegers in Tyrus. Der Empfang bei Cyrenius. Die Erregung des geängstigten Volkes. Maronius Pilla vor Cyrenius.	87

50 Das Verhör des Landpflegers durch Cyrenius. Der Beschönigungsversuch des Landpflegers. Die Gewissensfrage des Cyrenius an den Maronius, dessen Bekenntnis und Verurteilung. 88
51 Das volle Geständnis des Maronius Pilla. Cyrenius als weiser Richter. 90

Cyrenius bei Joseph

52 Die Reise des Cyrenius nach Ägypten und seine Ankunft in Ostrazine. Josephs und Marias Entschluß, den Cyrenius zu begrüßen. Die ersten Worte des Kindleins. 90
53 Josephs und Marias Angst und Fluchtgedanken auf dem Paradeplatze. Das Zusammentreffen mit Cyrenius und Maronius Pilla. Das Ende der Truppenbesichtigung und die Heimkehr der heiligen Familie in Begleitung des Cyrenius. 91
54 Josephs bange Frage an Cyrenius wegen der Anwesenheit des Maronius Pilla. Des Cyrenius beruhigende Antwort. Die Ankunft im Landhaus Josephs. 93
55 Das Gastmahl in Josephs Landhaus. Marias Demut und Liebesstreit mit Cyrenius. Die göttliche, alle Philosophie beschämende Weisheit des hl. Kindes. 94
56 Des Maronius hohe Meinung über das Kindlein und des Cyrenius Zufriedenheit mit Maronius. 96
57 Die Aufhebung der Tafel. Die Vernehmung des Maronius Pilla über die hl. Familie durch Cyrenius. Des Maronius Eingeständnis seiner Notlüge. 97
58 Maronius Pillas Verteidigungsrede und guter Entschluß. Joseph als Schiedsrichter. Des Cyrenius edles Urteil. 98
59 Josephs Frage nach Herodes. Maronius Pillas Antwort. Die Leidenskrone und das schreckliche Ende des Herodes. 99
60 Des Cyrenius Grimm über Herodes und des Jesuskindes beruhigende Worte. Des Kindleins Frage: „Wer hat den längsten Arm?" Ein Vernichtungswunder. 100
61 Maronius Pillas Entsetzen und Josephs Frage. Das heidnische Bekenntnis des Maronius. Josephs bescheidene Erklärung. Des Cyrenius Mahnung zur Vorsicht. 102
62 Cyrenius und Joseph im Liebeseifer ums Wohl einer Menschenseele. Josephs Worte über Bruder- und Menschenliebe. Warum wir Menschen 2 Augen, 2 Ohren, aber nur 1 Mund haben. 103
63 Jakobus als Kindsmagd an der Wiege des Kindleins; seine Neugier und seine Zurechtweisung durch den kleinen Heiland. Des Jakobus Ahnung, *wer* da im Kinde ist. 104
64 Josephs Predigt über die Liebe zu Gott und die Liebe zur Welt mit Hinweisen auf David, Salome und Cyrenius. Die Rührung der Söhne Josephs und der Segen des Jesuskindleins. 105

Die Vernichtung der Göttertempel in Ostrazine

65 Josephs Mahnung zur Nachtruhe. Des Kindleins Wachgebot wegen des bevorstehenden Sturmes. Josephs Zweifel und der Ausbruch des Orkans. Die Ankunft des flüchtenden Cyrenius mit Gefolge. 106

66 Das Wachsen des Sturmes. Das schlafende Kindlein. Des Cyrenius Bangewerden. Des Kindleins Trostworte. Ein Evangelium der Natur und des Gottvertrauens. 107

67 Die Schreckenspost der Eilboten. Das blutgierige Verlangen der heidnischen Götzenpriester. Cyrenius in der Klemme zwischen Herz und Welt. Des Kindleins bester Rat. 108

68 Des Cyrenius Antwort an die Boten. Das Drängen der drei blutgierigen Priester auf Genehmigung des Opfers. Die Vorsicht des Cyrenius. Der Jammer der 2000 Schlachtopfer. 109

69 Die Angstnacht der jungen Menschenopfer. Die teuflischen drei Götzenknechte. Des Cyrenius innere Empörung und gerecht-scharfes Urteil: Freiheit den Opfern, Tod den drei Priestern! 110

70 Josephs Milderungsversuch. Des Cyrenius Grimm gegen die zum Tode verurteilten drei Priester. Das Flehen der Verurteilten um Gnade. 111

71 Josephs sanfter Einspruch an Cyrenius mit Hinweis auf das Gericht des Herrn. Des Cyrenius Nachgeben. Die scheinbare Verurteilung zum Tode am Kreuz als Besserungsmittel für die drei Priester. 113

72 Marias Zweifel an der Allmacht des Jesuskindes. Josephs beruhigende Erzählung. Warum der mächtige Löwe von Juda vor Herodes floh. Die Seligkeit der ermordeten Kindlein. Pillas Reife. 114

73 Des Cyrenius Erlaß: Ausfall der militärischen Übungen. Der Aufbruch nach der Stadt und des Jesuskindleins Bedingung zugunsten der drei Todesopfer. 115

74 Cyrenius am Scheidewege. Des Kindleins Rat. Maronius als Kenner des römischen Rechts. Die Begnadigung der drei Priester auf dem Richtplatz, ihr Tod vor Freude und ihre Wiederbelebung durch das Jesuskind. 117

75 Die Besichtigung der Stadt nach dem Sturme. Die gute Wirkung des Orkans. Die törichte Absicht des Cyrenius, sein Schwert wegzuwerfen. Des hl. Kindleins weise Worte über das Schwert als Hirtenstab. 118

76 Die Verwunderung der drei Priester über die Weisheit des Kindes und Josephs. Josephs kurze und gute Göttermythologie. 119

77 Cyrenius und die drei Priester. Die Ausgrabung der Verschütteten. Des Kindleins wunderbare Mithilfe. Die Belebung der sieben scheintoten Katakombenführer. 120

78 Arbeit der Barmherzigkeit. Der intelligente Sturm. Des Cyrenius gute Ahnung. Der Besuch des Hafens. 121

Seite

79 Der geringe Schaden im Hafen. Die Umkehr nach Hause. Maria in der Sänfte. Der absichtliche Umweg nach Hause. 122

Gute Lehren im Hause Josephs

80 Josephs hausväterliche Fürsorge. Des Kindleins Freude an Jakob. „Die Ich liebe, die necke Ich auch und kneipe und zupfe sie!" Jakobs glückliche und beneidenswerte Mission. 124

81 Des Cyrenius Wunsch, vom hl. Kindlein auch gezupft zu werden. Des Kindleins Antwort. Eine Verheißung für Rom. Marias Mahnung, des Kindleins unverstandene Worte im Herzen zu bewahren. 125

82 Des Cyrenius Frage an Joseph und dessen Antwort vom Lüften des Schleiers der Isis. Des Maronius gute Erklärung. Das Mahl. Die Ehrfurcht der drei Priester. 126

83 Die Blindheit, Ehrfurcht und Fluchtgedanken der drei Götzenpriester. Des Jesuskindleins weise Verhaltungsregeln an Joseph und Cyrenius. 127

84 Die Sage von der Entstehung der Stadt Ostrazine. Des Cyrenius Zukunftssorge wegen der Göttertempel. 128

85 Josephs Hinweis aufs Gottvertrauen und Vorhersage über das Ende Ostrazines. 129

86 Die Heimkehr des Cyrenius mit seiner Dienerschaft nach Ostrazine. Maria im Gebet. Josephs tröstende Worte. 130

87 Maria als Vorbild weiblicher Demut. Das Lob- und Danklied Josephs und seiner Söhne. Die gute Wirkung auf die drei Götzendiener. 131

88 Die goldene Morgenstunde. Joseph und seine Söhne auf dem Felde bei der Arbeit. Joëls Tod durch den Biß einer giftigen Schlange. Die Heimkehr und der Schrecken zu Hause. Des Kindleins tröstende Worte. Die Erweckung des Toten. 133

89 Josephs Opfergelübde. Des Jesuskindleins Einspruch und Hinweis auf das Gott wohlgefälligste Opfer. Josephs Einwand und seine Entkräftung durch das Kindlein. 134

90 Das Morgenmahl. Josephs Waschungsfrage. Der Widerstand der drei Priester gegen die Weisungen Josephs und ihre Erziehung zum Gehorsam durch das Kindlein. Die bedeutsame Frage der Priester und Josephs Verlegenheit. 135

91 Die Liebe als das wahrhafte Gebet zu Gott. Jesus als Sohn Gottes. Der drei Priester heidnische Gedanken und des Kindleins Entgegnung. 136

92 Die Enthüllung der Blindheit und Torheit der drei Priester. Vom Tempelbau im Herzen und vom wahren Gottesdienst. 137

93 Die allseitig gute Wirkung dieser Belehrung. Die hl. Familie im häuslichen Leben. Die blinde Bettlerin und ihr Traum. Die Heilung der Blinden durch das Badewasser des Kindes. 138

Seite

94 Der Dank und das Aufnahmegesuch der Geheilten und ihre Aufklärung über Marias scheues Benehmen durch Jakob. Eine Voraussage des Weibes über Marias Zukunft. Marias Bescheidenheit. Josephs Heimkehr. 140

95 Die Aufnahme der Geheilten durch Joseph. Die romantische Geschichte des Weibes. Josephs Trostworte an die arme Waise. 141

96 Die Frage des Weibes wegen der Gewinnung seiner mehrfachen Eltern. Josephs Aufschluß. Des Weibes Wahn, Joseph sei Zeus. Josephs Entgegnung. 142

97 Josephs Worte wegen der drei fastenden Priester. Die Demut der neuen Hausgenossin und ihre Adoption durch Joseph. Der Segen und die Freude des Jesuskindleins. 143

98 Die liebliche Szene zwischen dem Mädchen und dem Kindlein. Die Gefahren des hl. Geheimnisses. Die Seligkeit und überschwengliche Freude des Mädchens. 144

Cyrenius und Tullia

99 Des Cyrenius und Pillas Ankunft. Josephs Bericht über das Mädchen. Des Cyrenius Werbung um die Adoptivtochter Josephs. 145

100 Des Cyrenius Bericht über die Wiederbelebung der 200 Scheintoten und sein steigendes Interesse an dem fremden Mädchen. Josephs Bedenken. Das dreifache Eherecht im alten Rom. 146

101 Tullias Bekanntwerden mit Cyrenius durch Joseph. Eine wunderbare Entdeckung: Tullia, die Base und Jugendliebe des Cyrenius. Des Cyrenius Rührung. 148

102 Des Cyrenius Werbung um Tullias Hand und seine Prüfung durch Tullia. Ein Evangelium der Ehe. 149

103 Des göttlichen Kindleins weitere Erklärung des lebendigen Ehegesetzes. Die Liebe des Kopfes und die Liebe des Herzens. Die Verbindung der beiden Liebenden durch das Kindlein. Tullias Bekenntnis von der Gottheit im Kindlein. 150

104 Des Cyrenius Bitte um des Kindleins Segen. Des Kindleins Forderung an Cyrenius, auf Eudokia um der Tullia willen zu verzichten. Cyrenius im inneren Kampf. Des Kindleins fester Wille. Die Herbeiholung der Eudokia. 151

105 Des Cyrenius nochmalige Bitte um Belassung der Eudokia. Des Kindleins festes Nein. Eudokias Aufbegehren. Der Sieg des Geistes in Cyrenius. Marias Trostworte an die Eudokia. 153

106 Eudokias Verlangen nach Licht über das Kind. Marias Mahnung zur Geduld. Das Jesuskind auf den Armen der Eudokia und im Gespräch mit ihr. 154

107 Des Cyrenius Dank. Der Edelmut und die Weisheit des bescheidenen Joseph. Des Cyrenius Übergabe von 8 armen Kindern an Joseph zur Erziehung. 155

108 Des Cyrenius Bedenken wegen der Einsegnung der Ehe durch einen Oberpriester des Hymen. Josephs guter Rat und des Cyrenius große Freude. 156

109 Die Bedenken der Priester. Die Übernahme der Verantwortung durch Cyrenius. Ein schlechtes Zeugnis für Roms Geldgier. Des Cyrenius Eheschließung mit Tullia. 157

110 Tullia in königlichen Kleidern und Eudokias Schmerz. Des Kindleins tröstende Worte an Eudokia und Eudokias Freudentränen. Marias Teilnahme. 159

111 Des Cyrenius Dank an das Kindlein. Des Kindleins Segensworte an das Brautpaar. Josephs Einladungsworte zum Hochzeitsmahl. Die Rückkehr des Cyrenius in die Stadt. 160

Die Erzengel im Hause Josephs

112 Eine neue Überraschung in Josephs Hause: die fremden weißgekleideten Jünglinge als Helfer im Haushalt. 161

113 Marias Erstaunen ob der andauernden Heimsuchungen. Josephs Trost. Der Engel Ehrfurcht vor dem Kindlein und Dessen Ansprache an die Erzengel. Das gemeinsame Abendmahl. 162

114 Marias Gespräch mit Zuriel und Gabriel. Des Kindleins Hinweis auf die *neue* Ordnung im Himmel und auf Erden. Eudokias Wißbegier betreffs der ‚Erzboten'. 163

115 Josephs Mahnung zur Nachtruhe. Der Jünglinge Eröffnung über den nächtlichen Anschlag der 300 Räuber. Der Überfall. Der Sieg der Engel. 165

116 Die Vorbereitungen zum Hochzeitsmahle des Cyrenius. Die Hochachtung der Engel vor dem badenden Kindlein. Die Belebung der Mörderleichen durch das Badewasser des Kindleins. 166

117 Des Cyrenius Verstimmung wegen der Verräter. Josephs Hinweis auf die Hilfe des Herrn. Cyrenius und die Engel. Josephs aufklärende Worte. Das Machtwunder der Engel. 167

118 Der Unterschied zwischen des Herrn Macht und der Seiner Diener. Des Cyrenius Frage nach dem Zweck der Engel. Das Gleichnis vom liebenden Vater und seinen Kindern. 168

119 Josephs Anordnungen zum Hochzeitsmahl. Das Anlegen der Festkleider. Das strahlende Festgewand der Engel. Die Beklommenheit des Cyrenius und der übrigen. Das Wiederablegen der Festkleider. 169

		Seite
120	Josephs Sorge wegen der vorschriftsmäßigen Feier des Osterfestes. Die beruhigende Erklärung der Engel. Josephs neue Sorge wegen der vielen anwesenden Heiden. Des Kindleins herrliche Antwort.	171
121	Joseph, von Cyrenius zum Osterfest in seine Burg geladen, in Osterfeiernöten. Des Kindleins beruhigende Worte und Josephs Nachgeben.	172
122	Josephs Fragen nach der Wegräumung des Tempelschuttes, nach dem Schicksal der Meuterer und der drei Unterpriester und nach den acht Kindern. Des Cyrenius Antworten.	173

Die Gesellschaft auf dem hl. Götterberge

123	Der Zug nach dem hl. Berge. Die Begegnung mit den wilden Tieren. Die Zähmung der Bestien durch die zwei himmlischen Jünglinge.	174
124	Eudokia und Tullias Ohnmacht. Die giftigen Schlangen auf der Vollhöhe. Die Reinigung des Platzes durch Maria mit dem Kinde. Das Erstaunen des Gefolges des Cyrenius.	175
125	Der gefährliche Tempel. Der Schwarm schwarzer Fliegen. Der Einsturz des Tempels. Die Gesellschaft im Freien unter dem Feigenbaum.	176
126	Der Imbiß im Freien mit den Jünglingen. Der Brand des kaiserlichen Palastes. Des Cyrenius Aufregung und Zornrede. Josephs Ruhe und gelassene Antwort an den erregten Cyrenius.	178
127	Des Cyrenius Versuch, durch Tullia Joseph günstiger zu stimmen. Josephs herzlich-biedere Freundesworte. Die Löschung des Brandes durch die Willenskraft der 2 Jünglinge.	179
128	Des Cyrenius Belehrung über die verheißenen Zupfereien des Herrn. Josephs Erklärung über die wunderbaren Erscheinungen in der Natur.	180
129	Des Cyrenius Frage über die wunderbare Redefähigkeit des 3 Monate alten Jesuskindleins. Die herrliche weise Antwort der Engel über das geheimnisvolle Wesen des Kindleins.	181
130	Des Cyrenius Bekenntnis seiner Unwissenheit in geistigen Dingen und seine Bitte um Licht. Die Antwort der Engel als ein großes und klares Zeugnis über des Herrn Wesen und Seine Menschwerdung. Des Kindleins Segen über Cyrenius.	182
131	Ein nahender Gewittersturm. Josephs Rat. Die Vorahnung und Flucht der Löwen nach dem Walde.	184
132	Der Berggipfel im Nebel. Die Götterfurcht der Heiden. Der Mut des Cyrenius auf der Probe im Toben des Unwetters. Das Verstummen des Gewitters auf das Machtwort des Jesuskindleins.	185
133	Die Wißbegier des nachdenklich gewordenen römischen Obersten und sein Gespräch mit Cyrenius über die Naturgesetze und ihren Gesetzgeber. Die Rückkehr vom Berge nach Hause.	186

Festmahl bei Cyrenius

134 Der Empfang im Hause Josephs durch die Zurückgebliebenen. Joëls Erzählung. Die drei Löwen als Leibwächter des Cyrenius. — 187

135 Das Mahl im Hause Josephs. Des Kindleins Eröffnung über das bevorstehende Attentat auf Cyrenius. Des Cyrenius Heimkehr. Die Löwen als Nachtwache. Der Überfall. Das Gottesgericht über die Attentäter. — 189

136 Das Verhör der Dienerschaft des Cyrenius. Die Angst der Diener vor den 3 Richtern. Die Entdeckung des Verräters. Des Löwen wunderbares Gericht. — 190

137 Das Erwachen der Tullia aus ihrem tiefen Schlafe und des Cyrenius Erzählung über das Geschehene. Das freudige Zusammentreffen und Wiedersehen mit der heiligen Familie. — 191

138 Des Cyrenius Bericht und Josephs Kritik. Liebe und Mitleid sind besser als die strengste Gerechtigkeit. Des Cyrenius Dank. Die Gesellschaft im großen Schlafsaal des Cyrenius. — 193

139 Des Verräters Reue. Das Mitleid der drei Löwen mit dem Reumütigen. Josephs guter Rat. Des Cyrenius Großmut und ihre herrliche Wirkung auf den reumütigen Diener. — 194

140 Des Cyrenius Bruderrede an seinen reuigen Diener und dessen Aufnahme in die Gesellschaft. Die neidischen Diener und des Cyrenius Antwort an sie. — 195

141 Die Vorbereitungen und Einladung zum Morgenfestmahl durch Cyrenius. Die Weiherede des Kindleins zum Feste. Die Einladung und Speisung der Armen. Die Mahlzeit der drei Löwen. — 196

142 Josephs Dankgebet und Demut. Des Cyrenius Liebesstreit mit Joseph wegen der Platzordnung. Josephs kluger Rat und des Cyrenius Nachgeben. — 197

143 Der fraglustige gottsuchende Hauptmann. Des Priesters gute Antwort über die Götterlehre und sein Bekenntnis zum allein wahren Gott. Josephs abfertigende Antwort an den fragenden Hauptmann. — 199

144 Josephs und des Cyrenius Absicht, das nachgebildete Allerheiligste zu beschauen. Des Kindleins Einspruch. Joseph in Verlegenheit. Marias aufklärende Worte und des Kindleins Zustimmung. Die nachträgliche Belehrung des Hauptmanns. — 200

145 Des Hauptmanns Frage nach dem Kommen des Messias. Josephs Rede vom Wesen des Messias. Des Unterpriesters Worte über das Ende der heidnischen Tempel. Vom lebendigen Tempel im Menschenherzen. — 201

146 Weitere Fragen des Hauptmanns. Josephs Rede über das Reich des Messias und die Liebe als Hauptschlüssel der Wahrheit. Der Eintritt der Gesellschaft in das nachgebildete Allerheiligste. Marias gute Tat an den armen Blinden. — 202

Seite

147 Das Bittgeschrei der Kranken zu Maria. Marias Hinweis auf das Jesuskind. Die Heilung der Kranken und ihre Belehrung durch die Engel. Der Hauptmann auf der Suche nach dem Wundertäter. 204

148 Der Wetteifer im Gutes-Tun zwischen dem Hauptmann und Cyrenius. Der ratlose Hauptmann und seine Belehrung durch Joseph. 205

149 Die Frage der Ausbesserung des alten Karthagerschiffes am Sabbat. Des Kindleins Rede über das Gutes-Tun am Sabbate. Der Ungehorsam des gesetzestreuen Joseph. Die wunderbare Ausbesserung des Schiffes durch die Engel. 206

150 Der Besuch des Hafens. Das kostbare Schiff. Des Cyrenius Dankrede an Joseph. Des Kindleins Antwort und Hinweis auf das Wohltun den Armen. 207

151 Das Mittagessen in der Burg. Der Hauptmann auf der Suche nach Armen in der Stadt, seine Rückkehr und seine Belobigung durch Cyrenius. Des Kindleins Segensworte. 209

152 Des Jesuskindleins Rede an Cyrenius bei der Übergabe der Armen. Cyrenius als Vorläufer des Paulus. Eine Voraussage über den Fall Jerusalems durch das Schwert der Römer. 210

153 Des Cyrenius Frage über die Gottwesenheit des Kindes. Josephs Erklärungsversuch mittels des lebendigen Wortes Gottes in den Propheten. Die Berichtigung der Ansicht Josephs durch das Jesuskind. 211

154 Die dienstliche Frage des Hauptmanns. Des Cyrenius abschlägige Erwiderung. Das Gespräch des neugierigen Hauptmanns mit dem schönen Engel. Die Liebesqual des Hauptmanns. 213

155 Des Cyrenius Schiffssorge. Der gute Rat des Engels. Des Cyrenius Dankrede an Joseph und das Kindlein. Josephs Voraussage über des Cyrenius Reiseabenteuer. 214

156 Der Dank des Maronius, der drei Priester und der Tullia. Das Schweigegebot Josephs. 215

Joseph mit den Seinen wieder zu Hause

157 Des Jesuskindleins Liebesgespräch mit Jakobus. Die Last und Schwere des Herrn für die, die Ihn in sich tragen. Das plötzliche Verstummen des bisher redefähigen Jesuskindes. 216

158 Die wunderbare Versorgung der Haustiere Josephs durch die Engel. Der Sabbatseifer Josephs. Gabriels Hinweis auf die Tätigkeit der Natur am Sabbat. Das Verschwinden der Engel. 217

159 Eudokias Verwunderung und Unruhe ob des plötzlichen Verschwindens der herrlichen Jünglinge. Marias beruhigende Worte. Die Nachtruhe. Eudokias Heimweh nach Gabriel, dessen plötzliches Erscheinen und sein Rat. 218

160 Jakobs kindlich-fröhliches Spiel mit dem Kindlein. Josephs Rüge und Jakobs treffliche Antwort. Eudokias Traum und herrliches Zeugnis vom Herrn. 219
161 Ein lieblicher Morgen in Josephs Hause. Marias und Josephs Sorge ob der Stummheit des Kindleins. Marias Fehlprobe. Josephs Edelmut gegen den Blinden und dessen Heilung durch Jakob. 221
162 Josephs Forschen nach dem Ursprung der Heilkraft Jakobs. Jakobs Verhör durch Joseph. Josephs Zweifel. Jakobus gute Erwiderung aus dem Herrn. 222
163 Die Arbeiten der Söhne Josephs. Marias Kunstfertigkeit. Eudokias Fleiß. Die Ankunft der acht Kinder von Tyrus. Josephs edle Botschaft an Cyrenius. Maria als Lehrerin der acht Kinder. 224
164 Ein ruhiges Jahr im Hause Josephs. Die wunderbare Heilung des besessenen Knaben der Mohrenfamilie durch Jakob auf Geheiß des Jesuskindes. 225
165 Die einhalbjährige Wunderpause. Jesus als munteres Knäblein. Ein Besuch Jakobs beim biederen Fischer Jonatha. Christophorus oder des Kindleins Weltenschwere. Die Heimkehr unter Begleitung Jonathas. 226

Jonatha kommt ins Haus Josephs

166 Jonatha bei seinem Jugendfreunde Joseph. Jonathas Erzählung und Frage nach dem sonderbaren Kinde Josephs. Josephs Bericht über das Kind. Jonathas Demut und Liebe zum Kinde und sein Gebet. 227
167 Josephs gastliche Einladung an Jonatha. Jonathas Bedenken und Sündenbekenntnis. Bester Rat Josephs. Des Kindleins Lieblingsspeise: das Herz Jonathas. Jesu Zeugnis über Jonatha. 229
168 Das von Joël schlecht bereitete Mus. Marias und Josephs Rüge. Des Kindleins Nachsicht mit Joël. Erziehungswinke. 230
169 Das Fischessen. Die Mahnung des unbedienten Jesuskindleins an Joseph und dessen abschlägige Antwort. Des Jesuskindleins gewichtige Erwiderung und Voraussage über die Vergöttlichung der Maria. Die Segensworte des demütigen Kindleins. 231
170 Jonathas eitle Frage nach Josephs innerer Stellung zum Kindlein und Josephs treffende Erwiderung. 232
171 Der Abend auf dem Lieblingshügel Josephs. Jakob beim Füttern des kleinen Jesus mit Butterbrot und Honig. Die Fliegen in dem Honigtöpfchen. Jesu tiefweise Worte über Jesaias Kap. 7, 15. 233
172 Jonathas übertriebene Ehrfurcht und Demut vor dem Jesusknäblein. Josephs guter Rat und des Kindleins liebevoller Zuspruch. Jonathas Bleiben. 235
173 Das federleichte Jesuskind. Jonathas Verwunderung. Def Kindleins tiefweise Worte über die Last des Gesetzes Mosis. 236

Seite

174 Der Abend auf dem Hügel. Josephs und Jonathas Vollmondbetrachtungen. Des Kindleins Winke über das Viel-Wissen im Gegensatz zum Viel-Lieben. Das ‚Angesicht' Gottes. Das Wesen des Mondes. 237

175 Maria und das Jesusknäblein in herzlicher, scherzender Unterhaltung auf dem Hügel. Joseph und Jonatha bei der Mondmahlzeit. Die plötzliche Mondfinsternis. 238

176 Fortsetzung der Mondbetrachtung Josephs und Jonathas. Ein Licht über den beschatteten Mond. 240

177 Jonathas Staunen ob der Kugelgestalt der Erde. Jesus als „Professor der Naturwissenschaften". Vorbereitungen zum Nachtmahl. 241

178 Das Abendmahl. Jonathas Verlangen, nach Hause zurückzukehren, und sein geheimes Vorhaben. Des Kindleins erfolgreiche Gegenvorstellungen. Jonathas Gehorsam und Heimzug. 242

179 Jonathas guter Empfang bei den Seinen. Jonathas Ausfahrt auf die hohe See. Die Rettung des schiffbrüchigen Cyrenius und der Seinen. 243

180 Die glückliche Landung. Jonathas Freude. Des Cyrenius Dank. Die Schiffbrüchigen in Ruhe. Die Bergung des festgelaufenen Schiffes. Das gemeinschaftliche Frühstück. Jonathas Demut. Die Ankunft Josephs und der Seinen. 245

Joseph und der schiffbrüchige Cyrenius bei Jonatha

181 Jonatha und Cyrenius im Gespräch. Josephs Verwunderung über das fremde Schiff und Jonathas Erklärung. Des Lebensretters abergläubische Vorsicht und seine Belehrung. Das ergreifende Wiedersehen zwischen dem Kindlein und Cyrenius. 247

182 Vom Beugen des Herzens statt der Knie. Die Begrüßung Josephs durch Cyrenius. Vom Kreuzsegen und Triumph des Gottvertrauens. Des Cyrenius Freude ob der Nähe Ostrazines. 249

183 Des Cyrenius Reisebegebnisse und seine Bitte um Aufschluß an Joseph. Josephs ausweichende Antwort. Des unbefriedigten Cyrenius Aufklärung durch das Kindlein. Der allgemeine Aufbruch zur Villa Josephs. 250

Rückkehr ins Haus Josephs

184 Das erquickende Zusammensein in der schattigen Laube des Hügels. Josephs weise Auslegung der Meerfahrt des Cyrenius. Wie der Herr die Seinen führt. 252

185 Des Cyrenius Dank an das Kindlein für die gnädige Führung. Wie man gottwohlgefällig beten soll. Der Hauptgrund der Menschwerdung des Herrn. Des Cyrenius Erstaunen über die Fortschritte der acht Kinder. 253

186 Des Knaben Sixtus ‚Gegengeschenk' an den Vater Cyrenius: ein Vortrag über das Wesen und die Gestalt der Erde. Die Bestätigung durch das Jesuskind. 254
187 Des Cyrenius Freude über den zum Geschenk erhaltenen Erdglobus und seine Bitte hinsichtlich des Augustus. Des Kindleins tiefweise Entgegnung mit Hinweis auf die göttliche Ordnung. 255
188 Des Cyrenius Beteuerungen seiner Liebe zum Herrn. Die Probe darauf: Tullias Tod. Des Cyrenius tiefe Trauer. Der gerechte Tadel des enttäuschten Kindleins und seine gute Wirkung auf Cyrenius. 256
189 Joseph lädt den Cyrenius zum Mahle. Des Cyrenius Absage unter Hinweis auf seine Sättigung durch den Herrn. Des Kindleins Lob über Cyrenius. 259
190 Des Kindleins Aufforderung an Cyrenius zum Mitessen und Mitspielen. Des Maronius und der Maria Einwurf. Des Kindleins kräftige Entgegnung. Die Erweckung der Tullia. 260
191 Jesu Wettlauf mit Cyrenius. Wie Cyrenius es auch zur Meisterschaft bringt! Wink zur Lebensmeisterschaft. 261

Prophetische Enthüllungen des Jesuskindleins

192 Das lehrreiche Grübchenspiel. Die Lebensgrübchen und ihre Ordnung. Ein Spiel des Menschentreibens. 262
193 Cyrenius im Ministergrübchen. Des Mädchens Unzufriedenheit. Des ‚Königs' wirksames Einschüchterungsmittel. Das Mäusewunder. 263
194 Des Jesusknäbleins Zwiegespräch mit dem stutzigen, eigensinnigen Mädchen. 264
195 Neue Zwistigkeiten im zweiten Spiele. Der dritte Schub. Das ehrgeizige Mädchen im Ministergrübchen. Die Hetze gegen das Kind. Der neue, letzte Schub und die Wiederherstellung der Grund-Lebensordnung. 266
196 Die Deutung und Erklärung dieses bedeutsamen Spieles durch das Kindlein. Die verschiedenen Rettungsversuche der verirrten Geister durch die Führungen der Menschen durch Gott. 267
197 Marias und Eudokias Bemühungen um die erweckte Tullia. Ein prophetisches Bild für den Marienkult Roms und den Kreis der eigentlichen Liebhaber des Herrn. 268
198 Josephs echt menschlich-kurzsichtige Fragen. Des Kindleins Antwort. Die universale Bedeutung der Menschwerdung des Herrn. 269
199 Weitere prophetische Enthüllungen des Jesusknäbleins: Jesu Tod, Seine Versöhnungslehre, Auferstehung und Eröffnung der Lebenspforte für alle. Ein Wink für die Weltmenschen. 271
200 Jesu ernste Worte an Maria. Eine betrübende Voraussage über das Verachtetsein des Herrn und Seiner Nachfolger in der Welt. 272

Seite

201 Jakob im Gespräch mit dem kleinen Jesus. Des Kindleins Klage über die geringe Beachtung, die Ihm von den Eltern und Hausgenossen geschenkt wird. 273

202 Josephs Bekenntnis vor dem Kindlein. Der Unterschied zwischen Maske und Klugheit. Des Herrn Vorsicht des Gerichtes der Welt wegen. Eine Mahnung des Kindleins an Maria. 274

203 Marias Liebesfrage an das Kind. Der große Unterschied zwischen der Liebe der Menschen und der Liebe Gottes. Das Gleichnis vom König als Freier. Die Anwendung des Gleichnisses auf Tullia und das Jesuskindlein. 275

204 Der Tullia Klage. Marias tröstende Worte. Der Tullia Selbstschau, Reue und Buße. Jesu Lieblingsspeise. Die alte und die neue Tullia. 278

205 Die weinende Tullia. Des Kindleins tiefweise Worte über die mancherlei Tränen und über den Liebeneid Tullias. 279

206 Des Kindleins beruhigende Worte vor der Sturmnacht. Eudokias törichte Furcht und Vorsichtsmaßregel. 281

207 Der nächtliche Orkan mit seinen Schrecken. Die wilden Tiere. Josephs Fluch über den Sturm. Des Kindleins Rüge. Das Ende des Sturmes. 282

208 Die Wohltat und der Zweck des nächtlichen Sturmes: die Vernichtung der Räuber. Die Verbrennung der Knochenreste derselben. 283

209 Die Besichtigung der Umgebung des Hauses. Der dreimalige Umlauf des Kindleins um die Brandfläche und Seine prophetischen Worte an Cyrenius. 284

210 Josephs Frage und des Kindleins vertröstende Antwort. Der große Hunger des Kindleins. Das Fischmahl. Des Cyrenius Frage wegen des Mittelmeeres. 285

211 Jakobs und des Kindleins Fastenstrafe wegen des unterlassenen Tischgebetes. Des Kindleins Gespräch mit Jakob und Joseph. Jakobs und des Kindleins Davoneilen. 286

212 Marias und des Cyrenius tadelnde Worte an Joseph. Joseph in der Enge und sein Rufen nach dem Kindlein. 287

213 Josephs Söhne auf der Suche nach dem Kindlein. Die geheime Stimme und ihre tröstenden Worte an Joseph. Joseph auf der richtigen Spur. Das Mahl am Tische des Herrn auf dem Berge. Vom wahren Gebet. 288

214 Der kreuztragende Joseph. Des Kindleins Evangelium vom Kreuze. 290

215 Kalter Fisch und Öl und Zitronensaft. Über die Mosaische Diätetik. Die neutestamentliche Diätetik: „Der Herr ist der beste Koch!" 291

216 Warum das Mittelländische Meer mit Recht als Mittelmeer bezeichnet werden kann. 292

217 Alles hat seine gottgewollte Zeit und Ordnung. Vom eitlen Forschen in göttlichen Tiefen und von der kindlichen Einfalt als Weg zur wahren Weisheit. 293

218 Das auferlegte Kreuz als Ausdruck der Liebe Gottes zu den Menschen. 295

	Seite
219 Jonathas Sündertränen und heilige Liebe zum Herrn. Das Fleisch als der Sünde Sold. Vom Wert und vom Zuge der reinen Liebe.	296
220 Ein Mittel gegen die Insektenplage. Der Milchkrieg. Ein Komet.	297
221 Ein Gespräch über die Kometen als Unglücks- und Kriegsboten.	298
222 Ein Anschauungsunterricht über das Wesen der Kometen am Beispiele von der Milchschüssel.	299
223 Entsprechungs- und Erklärungswinke vom Wesen der Kometen.	300
224 Warum das zu viele Forschen in den Tiefen der Werke Gottes für Gotteskinder nachteilig ist.	301

Ende der offenen Wundertätigkeit Jesu in Ägypten

225 Das Zurücktreten des Göttlichen im Kinde. Des Kindleins letzte Anordnungen für Joseph und Cyrenius. Die Nachtruhe. Jakobs besondere Gnade beim Jesuskinde.	302
226 Josephs Sorge wegen der Morgenmahlzeit. Die geleerte Speisekammer. Jonathas Aushilfe mit einer starken Ladung von Fischen.	303
227 Ein Liebeseiferwettstreit zwischen Joseph und Cyrenius. Josephs Uneigennützigkeit. Die rechten und die falschen Diener Gottes.	304
228 Das fröhliche Morgenmahl. Joseph redet über die Güte des Herrn. Das Kindlein bei Tisch. Idyllische Szene zwischen dem kleinen Jesus und Cyrenius.	305
229 Fortsetzung der kindlichen Tischszene. Maria ist nur aus großer Liebe zu Mir schlimm!	307
230 Des Cyrenius Dankbarkeit, Geschenk und Abschiedsrede. Cyrenius bleibt noch einen Tag.	308
231 Josephs Geldkasten und Räubersorgen. Des Kindleins guter Rat an Joseph.	309
232 Joseph und die Seinen. Häusliche Sorgen und Arbeiten. Jonathas Riesenhilfe durch sein Gottvertrauen.	310

Die Deputation von Ostrazine im Hause Josephs

233 Die Verlegenheit des Statthalters durch die Deputation; Cyrenius lädt die Deputation zum Mahle ein. Vom Fluche des Geldes.	312
234 Die Deputation bei der Mahlzeit. Vorsicht bei der Tischordnung. Des Kindleins Ärgernis am schlecht bestellten Nebentische. Eine prophetische Voraussage.	313
235 Eine häusliche Küchenszene und deren ernste Folgen. Das Grundevangelium von der Menschwerdung.	314

Seite

236 Demütige und herzliche Rede der vier Brüder an das beschimpfte Kindlein. Dessen göttliche Antwort an Seine Brüder. 316
237 Entsprechungssinn der Mahlzeit. Die Phasen der geistigen Zustände auf Erden: 1. Im allgemeinen. 2. Das Judentum. 3. Die griechische Kirche. 4. Die römische Kirche. 5. Die andern christlichen Sekten. 317
238 Der letzte gute Fisch bedeutet die Liebe des Herrn und Seine große Gnade — in dieser letzten Zeit. Die Bewohner der Sonne gleichfalls zu Kindern Gottes bestimmt. Eine Herde unter dem Einen guten Hirten. 319
239 Die Gäste werden auf das Kindlein aufmerksam. Des Cyrenius Auskunft. Ein Urteil der Nachbarn über Joseph und seine Familie. 320
240 Der üble Beschluß der eifersüchtigen Gäste. Der große Brand in Ostrazine. 321
241 Des Cyrenius Sorge um die Abgebrannten. „Wer andern eine Grube gräbt, fällt selbst hinein." Gott ist allen ein allgerechtester Richter. 322
242 Hochmut kommt vor dem Fall. Josephs würdige Behandlung der Abgebrannten. Des Cyrenius Edelmut gegen die Verunglückten. Cyrenius bei Jonatha. 324

Abreise des Cyrenius und der Besuch bei Jonatha

243 Josephs tatkräftige Nächstenliebe. Ein rechter Trost in schwerer Heimsuchung. Abendbesuch und Abendmahl bei Jonatha. 325
244 Cyrenius rüstet sein Schiff zur Abreise. Jakob mahnt ihn an den Erdglobus. Josephs bester Rat an Cyrenius: Handle frei — nach dem Willen des Herrn! Cyrenius nimmt die drei Knaben mit. 326
245 Des Cyrenius Segensbitte, und des Kindleins göttliche Antwort. Des Cyrenius edles Abschiedsgebet. Das Kindlein segnet die Scheidenden und beruhigt sie mit den Worten: Wo euer Herz ist, da ist auch euer Schatz. 327
246 Joseph segnet den Cyrenius. Köstliche Abschiedsworte Jesu an Cyrenius: „Die Liebe allein kann meine Gegenwart ertragen." Des Cyrenius Abreise. Joseph bei Jonatha. 328
247 Joseph und Jonatha bemerken beim Morgenfischzug ein gefährdetes Schiff und retten dasselbe. 329
248 Des Kindleins Frage nach dem heutigen Fischfang. Des fischbegierigen Kindleins Antwort auf Josephs Zurechtweisung: „Ich bin überall zu Hause, wo man Mich liebt!" Der reiche Fischfang auf des Kindleins Geheiß. 330

Die heilige Familie im ausgeplünderten Hause

249 Jonatha zieht mit Joseph heim. Das Haus wird leer und ausgeplündert angetroffen. Joseph ergrimmt darob sehr. Denkwürdige Erklärung des Kindleins. 331

		Seite
250	Maria weint über den Diebstahl aller Kleider samt Wäsche. Des Jonatha Trost und edle Tat. Maria wetteifert mit Jonatha in Edelmut. Das Kindlein beglückt Jonatha.	333
251	Der Segen des Herrn im Hause Josephs. Der Familie Verwunderung und Dank. Jakob spricht über das Wunder vom Weizenkorn.	334
252	Das Mittagsmahl von Fischen und Honigkuchen mit Limonade. Der mutwillige Diebstahl der Hausgeräte und des Schüsselchens des Kindleins. Ein Verbrecherevangelium aus Jesu Munde. Unerbittlichkeit des Kindleins gegen böse Mutwillige.	335
253	Die heulenden Kleiderdiebe vor der Türe Josephs. Energische Rede des Kindleins an dieselben.	336
254	Marias innerer Adel und Jesu anerkennende Worte. Des Herrn Erläuterung über die Barmherzigkeit und Feindesliebe.	337
255	Die Macht der Liebe. Das Haus Josephs wird ruchbar. Josephs Weisheit beschämt die Großen und Reichen der Stadt. Die gute Nachwirkung.	338

Rückkehr ins alte Haus nach Nazareth

256	Tod des Herodes; Archelaus wird König. Der Engel des Herrn fordert Joseph auf zur Rückkehr ins Land Israel. Die wunderbare Reiserüstung. Joseph übergibt alles dem Jonatha und bittet ihn nachzukommen. Der Abschied.	339
257	Die heilige Familie kommt nach beschwerlicher Reise ins Vaterland. Josephs Angst und Marias Aufmunterung. Des Herrn Befehl, nach Nazareth zu ziehen. Ankunft in Nazareth.	340
258	Liebliche Abendszene auf dem Söller der Salome. Kornelius entdeckt die kleine Karawane.	341
259	Joël als Kundschafter ermittelt die Nähe der Heimat. Joseph will mit den Seinen im Freien übernachten. Die Söhne Josephs kommen auf der Suche nach Holz und Feuer zu Salome.	343
260	Der Salome und des Kornelius Ahnungen über diese kleine Karawane. Salome und Kornelius beschauen sich die Gesellschaft. Salomes Freudenohnmacht.	344
261	Die Begrüßung der Gesellschaft durch Kornelius und Salome. Der Einzug der müden Wanderer ins alte Heim.	345
262	Salome übergibt Joseph Haus und Hof in bestem Zustande. Die Verlegenheit Josephs. Die Demut und Liebe der Salome. Ein herrliches Zeugnis über den Herrn. Ein Wort des Herrn über die Liebe.	346
263	Salome lädt die Familie Josephs zum Frühstück ein. Des Jesuskindleins Leibspeise. Liebesfreuden des Kindleins und der Salome.	347

Seite

264 Joseph erhält von Kornelius beruhigende Antwort über König Archelaus. Kornelius erhält von Joseph Familienauskunft über seinen Bruder Cyrenius. Des Kornelius Freude und Erkenntlichkeit. 348

265 Des Kornelius Frage, ob Cyrenius von der Abreise Josephs wisse. Josephs gute Antwort. Kornelius erklärt Joseph die römischen Geheimschreiben. 349

266 Kornelius fragt nach dem Wunderbaren beim Kindlein. Josephs Hinweis auf dessen Rede. Des Kindleins große Worte an Kornelius. 350

267 Kornelius heftet den Freibrief Roms an Josephs Haus. Römische Steuerordnung. Des Kindleins Verheißung an Kornelius. 351

268 Joseph ordnet das Hauswesen und bespricht mit Maria einen Besuch bei Verwandten und Bekannten. Des Kindleins eigenartiges Benehmen und merkwürdige Worte. 353

Wundertaten des Jesusknaben in Nazareth

269 Das Erdbeben unter Jesu Füßen ängstet Joseph und Maria. Flüchtlinge aus der Stadt warnen Joseph weiterzuziehen. Joseph, durch Jakob beruhigt, zieht furchtlos in die Stadt. 354

270 Die Menschen geben unbewußt ein wahres Zeugnis. Josephs gute Antwort an dieselben. Joseph wird von seinem Freunde herzlich empfangen. 355

271 Joseph erzählt dem befreundeten Arzte von seinen Erlebnissen. Des Arztes herzliche Teilnahme und seine eigenen Erfahrungen. Josephs Ärger über Archelaus. Joseph wird durch das Kindlein besänftigt. 356

272 Des Arztes Verwunderung und Voraussage über das weise Kindlein. Des Kindleins Antwort an Joseph. Die Messias-Hoffnung des Arztes und deren Berichtigung durchs Kindlein. 357

273 Das Kindlein hält bei den Kranken des Arztes eine Vertrauensprobe und heilt ein gichtbrüchiges Mädchen. 358

274 Des Arztes Staunen und demütig-ahnendes Bekenntnis. Das Kindlein beruhigt den Arzt und gibt ihm die beste (Seine) Heilmethode kund. Der Arzt glaubt und wird durch seine Heilungen weitberühmt. Joseph nimmt das geheilte Mädchen in sein Haus. 359

275 Die heilige Familie beim Lehrer Dumas. Joseph erzählt ihm seine Geschichte. Das Kindlein bei den Schulkindern. 360

276 Des Dumas fragendes Staunen ob des Kindes. Die sokratisch-philosophischweise Antwort Josephs. Des Dumas Philosophenlob. Des Kindleins Rede an Dumas über Propheten und Philosophen. 361

277 Joseph denkt heimzukehren. Marias edles Frauenwort. Des Kindleins bester Rat und Josephs Heimkehr. Der Streit mit den Dienern des Archelaus. Josephs gute Bedienung derselben. 362

278 Zweijährige Wunderpause des Kindleins. Jonathas Ankunft aus Ägypten. Große Freude darob im Hause Josephs und des Kindleins Rat an Jonatha. Jonatha als Fischer am Galiläischen Meere. 363

279 Das nun fünf Jahre alte Kind spielt am Bächlein. Die zwölf Grübchen und die zwölf Lehmsperlinge. Die Erklärung des Bildes. Des Erzjuden Ärgernis und des Kindleins Wunder. 364

280 Der Zulauf von Wunderneugierigen. Das verzogene, unartige Nachbarkind wird von Jesus bestraft. Der Oberrichter kommt Joseph zu richten, wird jedoch vom Kindlein bedroht und kehrt plötzlich um. 365

281 Joseph nimmt das Kind mit aufs Land. Der kleine Jesus wird boshaft angerannt. Des Hirtenknaben arger Lohn. 366

282 Josephs Anstände. Jesu schlimmer Nachbar verstummt. Des Hirtenknaben Vaters Bitte und Antwort des Kindleins. 368

283 Josephs Rat an den Vater des toten Hirtenknaben. Josephs Arbeitsakkord und Heimkehr. Das Kindlein tröstet die Frauen, besonders Salome. Herrliche Verheißung für alle, die eines guten Willens sind. 369

284 Der tote Hirtenknabe wieder erweckt, und seine Furcht vor dem hl. Kindlein. Der Vater desselben belehrt ihn eines Besseren und gibt über Joseph und das Kindlein ein rechtes Zeugnis. Die Liebe des Kindleins. 370

285 Des Dorfrichters falsches Urteil über Jesu. Josephs mannhafte Entgegnung. Die falschen Zeugen. Joseph gibt Jesu einen Verweis. Des ewigen Richters Urteil. Josephs Mißgriff und des Kindleins Rüge. 371

286 Der Lehrer Piras Zachäus wünscht das Wunderkind aus Ruhmsucht in seine Schule. Joseph rät dem Lehrer, einen Versuch zu machen. Jesus beschämt den heuchlerischen Lehrer. 372

287 Jesus gibt Piras Zachäus einen Lichtblick über Seine Mission. Die heilsame Wirkung und des Piras Zachäus Forschen. Jesus als ‚Professor der Naturgeschichte': „Wo ist oben und wo unten?" 374

288 Des Lehrers Gedanken über den Knaben. Jesus warnt den Lehrer. Jesus, ein Licht den Heiden und ein Gericht den Juden! Der Lehrer ergreift die Flucht. 375

289 Gemütlichkeit in Josephs Hause, wo es den Nachbarn und deren Kindern wohlgefällt. Die Kinder auf dem Söller. Zenon bricht das Genick. Die Erweckung des Toten. Des Zenon Zeugnis über Jesum. Jesu Ermahnung an Zenon. 376

290 Die Nachbarn suchen Rat bei Joseph als dem Freund des Kornelius. Jesus warnt Joseph vor Unvorsichtigkeit. Einblick in die göttliche Weltregierung: „Wie das Volk, — so seine Regierung! Jesus zeigt, *wer* der Herr ist!" 377

291 Der sechsjährige Jesus erweckt den verunglückten eitlen Knecht der Salome vom Tode. Dessen Belehrung durch Jesu. Jesus flieht das Lob der Menschen. 379

	Seite
292 Der heilige Krug Marias von Jesu zerbrochen. Des Mädchens Sorge darum. Jesus bringt der Mutter das Wasser in Seinem Mantel. Die Reliquie der Maria war Jesu ein Dorn im Auge. Das Mädchen erhält einen Verweis.	380
293 Zweijährige Wunderpause. Teuerung in Palästina. Joseph sät noch im siebenten Monat. Der achtjährige Jesus legt Selbst den Samen ins Erdreich. Der wunderbare Segen. Josephs Dank. Liebe ist besser als Lob. Heilung des verdorrten Knaben.	381
294 Joseph und Maria wollen den bald zehnjährigen Jesus doch zu einem Lehrer geben. Schwierigkeiten beim Unterrichte. Der Lehrer schlägt den Knaben und wird darnach stumm und wahnsinnig. Der Jesus-Knabe kehrt wieder heim.	382
295 Der zweite Lehrer bei Joseph. Sanftmütiges Entgegenkommen des Lehrers. Jesus gibt dem Lehrer eine Probe: Er liest und erklärt den Daniel. Des Lehrers gutes Zeugnis über Jesus. Zum Dank für die Ehrlichkeit des Lehrers heilt Jesus den ersten Lehrer.	383
296 Der elfjährige Jesus und Jakob gehen Holz sammeln. Jakob wird von einer Natter gebissen und stirbt. Jesus erweckt Jakob vom Tode. Ein Arbeits-Evangelium. Sei eifrig in geistigen Gütern! Erweckung des toten Knaben und des toten Zimmermannsgesellen Mallas. Die gute Lehre: „Im Neide ruht allezeit der Tod!"	385
297 Kurze Schilderung der Tempelszene des zwölfjährigen Jesus durch Seinen Bruder Jakob. Jesus zieht Sich nun ganz zurück bis zur Hochzeit zu Kana.	386

Winke zur Erreichung der Wiedergeburt

298 Höchstwichtige Aufschlüsse über das Wesen Jesu, das Verhältnis Seines Menschlichen zum Göttlichen in Ihm. Winke über die Wiedergeburt.	388
299 Das Leben und die Seelenkämpfe Jesu von Seinem zwölften bis dreißigsten Jahre. Winke und Beispiele zur Erreichung der Wiedergeburt als Bedingung zum ewigen, seligen Leben. Schlußbemerkung und Segen des Herrn.	389

Personenverzeichnis

(Die Ziffern bedeuten die Kapitel)

Der Herr beginnt und schließt:
1—299

Aaron 6
Abel 257
Abiram 1
Abraham 1, 6, 7, 8, 11, 13, 16, 17, 19, 30, 39, 142, 152, 169, 170, 180, 189, 270
Adam 8, 30, 170, 196
Aeakus 56
Anna 2
Annas, Priester 10, 11
Annas, Knabe 280, 281
Apollo 20, 56, 76, 84, 95, 98
Archelaus 256, 257, 264, 265, 267, 271, 290
Aristoteles 74, 276
Arzt 270, 271, 274, 275, 278
Asser 25
Augustus, Kaiser 10, 12, 38, 46, 48, 51, 60, 69, 96, 157, 187, 230, 290

Balthehasara 30
Benjamin 26

Cerberus 67
Ceres 84
Chaspara 30
Cyrenius 34—53, 55—58, 60, 62, 64, 65, 66, 68—71, 73, 74, 75, 77, 78, 79, 81—86, 96, 99—112, 115—119, 121—142, 144, 146, 148—155, 163, 179, 180—191, 193, 195, 198, 199, 201, 203—210, 212, 214, 215, 217, 218, 220, 221, 224, 225, 227—234, 239—242, 244, 245, 246, 248, 264, 265, 278, 290

Daniel 295
Dathan 1
David 2, 8, 10—13, 15, 17, 25, 34, 64, 162, 189, 231, 272, 288
Deukalion 20
Dumas, Lehrer 275, 276, 277, 287

Eilboten 67, 68
Elias 16, 272, 288
Elisabeth 5, 6, 8
Engel des Herrn 3, 4, 9, 17, 23, 32, 33, 63, 256
Erzengel 113
Eudokia 104, 107, 110, 111, 113—116, 118, 119, 123, 124, 126, 159, 160, 161, 163, 167, 175, 177, 184, 190, 197, 200, 206, 212, 226, 234, 250, 264, 265, 266, 268, 283, 290
Euklides 216
Eva 6, 8

Fatum 82

Gabriel, Erzengel 6, 114, 116, 158, 159

Hanna 25
Henoch 170
Herkules 74, 183
Herodes 28, 29, 32, 33, 34, 36, 41, 43, 44, 47—51, 53, 57—60, 72, 256, 257, 261, 271
Hoherpriester 2, 5, 6, 8, 10, 11

413

Hygieia 124
Hymens 100

Jakob, Erzvater 1, 6, 7, 8, 11, 16, 17, 19, 39, 45, 142, 170, 180, 189, 270
Jakob, Sohn Josephs 13, 63, 64, 80, 88, 93, 94, 128, 157, 159—162, 164, 165, 166, 170, 171, 177, 200, 201, 204, 207, 209, 210, 213, 214, 225, 228, 230, 234, 235, 237, 238, 239, 243, 244, 248, 251, 253, 256, 257, 267, 268, 269, 288, 296, 297
Janus 221
Jehova 1, 288
Jesaias 153, 238, 272
Jesus 3, 9, 24, 31, 89, 91, 169, 187, 193, 194, 195, 199, 203, 214, 215, 238, 246, 254, 279, 280, 287, 289—299
Joakim 2
Joël 6, 13, 15, 18, 29, 88, 167, 168, 169, 177, 259
Jonas 204
Jonatha 165—168, 170—184, 190, 197, 198, 199, 201, 206, 207, 208, 212, 218, 219, 220, 222, 223, 226, 228, 231, 232, 234, 235, 242, 246—250, 253, 254, 256, 278, 293
Joras 284
Joseph 1, 4—16, 18—47, 50, 52, 53, 54, 57—61, 63—66, 69—73, 76—80, 82—91, 93—97, 99, 100, 101, 107—129, 131, 133, 134, 135, 137—149, 153, 155, 156, 157, 159—173, 175—178, 180—186, 189, 190, 193, 197, 198, 199, 202, 203, 205—208, 210—215, 218, 220, 221, 222, 225—228, 230—243, 246—272, 274—286, 288, 289, 290, 293—297
Joses 10, 13
Josua 272
Isaak 1, 6, 7, 8, 11, 16, 17, 19, 29, 142, 170, 180, 189, 270
Isis 76, 82
Judas Ischariot 289
Jünglinge, Erzengel 112, 114, 115

Juno 76, 124, 132
Jupiter 36, 38, 61, 68
Kain 30
Kephas 296
König von Salem 169
Korah 1
Kornelius 19—23, 27—30, 32, 36, 48, 50, 258—267, 278, 297

Lehrer des Jesusknaben 294
Levi 26

Mallas 296
Maria 1, 3—15, 17—21, 23—31, 33—37, 40, 44, 45, 52—55, 57, 60, 63, 72, 80, 81, 82, 84, 86, 87, 88, 90, 91, 93, 94, 95, 97, 99, 105, 106, 110, 113—116, 118, 119, 123—126, 137, 141, 144, 146, 147, 156, 157, 159, 160, 161, 163, 167, 168, 169, 175, 177, 182, 184, 189, 190, 197, 200—204, 206, 209, 212, 214, 222, 226, 228, 231, 232, 234, 235, 239, 241, 246, 250, 252, 254, 256, 257, 260, 261, 268, 269, 277, 283, 292, 293, 294, 297
Maronius Pilla 47—54, 56—62, 65, 69, 71, 72, 74, 82, 84, 86, 99, 118, 122, 123, 126, 131, 137, 139, 141, 156, 179, 190, 209, 212, 221, 245
Mars 76
Melcheor 30
Melchisedek 169
Merkur 76, 84, 132
Messias 18, 24, 145, 272, 288, 290
Minerva 56, 76
Minos 56
Moses 1, 13, 16, 24, 45, 120, 149, 172, 173, 189, 196, 215, 221, 286

Neptun 41, 67, 76
Nikodemus 25, 26
Niniveer 204
Noah 13, 170, 196

Osiris 76

Phaëton   82
Phanuel   25
Pharaonen   73
Piras Zachäus   286, 287, 288
Plato   55, 74, 276
Pluto   76
Pontifex maximus   74
Ptolemäus   216

Rhadamanthus   56

Salome   16—20, 23, 26, 27, 29, 34, 258—263, 268, 283, 291, 292
Salomo   64, 141, 189
Samuel   13, 272, 288
Sara   4
Satanas   199
Saturnus   83, 86
Simeon   13, 24
Sixtus   186, 192, 193, 195, 244
Sokrates   55, 74, 276, 278
Söhne des Joseph   64, 65, 90, 189, 197, 226, 232, 233, 236, 249, 251, 252, 259
Stimme, eine   3, 4, 13, 17

Tullia   93—99, 101—111, 117, 118, 124, 127, 135, 137, 142, 155, 156, 179, 181, 182, 184, 188, 189, 197, 200, 203, 204, 205, 209, 212, 245, 246

Uranus   83, 86
Urias   11

Venus   50, 76
Victor Aurelius Dexter Latii   101
Vulkan   56, 76

Weib, blindes (Tullia):   93—97
Wehmutter   15, 16, 18, 19, 20, 21, 23, 26, 27, 34

Zacharias   2, 6, 8
Zebaoth   1
Zenon   289
Zeus   30, 49, 55, 56, 57, 69, 76, 82, 83, 84, 86, 96, 118, 132, 143
Zuriel, Erzengel   114, 116

Außerdem auftretende Personen:

Der Priester vom Tempel; ein Arzt; ein Bote aus Jerusalem; Tempeldiener; ein alter, weiser Freund Josephs; Hirten; zwei Engel; die drei Weisen; der Geist Adams, Kains und Abrahams; Matrosen und Schiffsleute; der Oberste von Ostrazine; Unterpriester; Richter; die fünf Cyreniusschen Mädchen; Großbürger von Ostrazine; Aufseher des Archelaus; Nachbarn; Kinder; ein Oberrichter.

Ortsverzeichnis

(Die Ziffern bedeuten die Kapitel)

Askalon 34

Bazra 160
Bethlehem 12, 13, 14, 25—28, 33, 34, 36, 47, 50, 258, 260, 288
Bostra 34

Charibdis 74

Delphi 51, 95, 98, 99

Edom 160
Elusa 34

Gaza 34
Gerras 34

Jericho 272
Jerusalem 1, 2, 6, 9—12, 23, 25, 28, 29, 32, 33, 36, 47, 76, 89, 120, 121, 141, 177, 189, 257, 261, 264—267, 297
Joppe 34
Juda 72

Kana 297
Kreta 155, 163

Mythe 74

Nazareth 1, 7, 13, 15, 18, 20, 26, 34, 44, 50, 57, 114, 177, 256— 259, 267, 268, 275, 278, 297

Olymp 56, 87, 119
Orkus 60
Ostrazine 34, 40, 42, 46, 52, 63, 93, 96, 131, 134, 148, 154, 174, 180, 181, 233, 240

Panea 34

Richtplatz 71, 75
Rom 10, 12, 19, 20, 28, 33, 36, 38, 42, 46, 51, 56, 58, 59, 60, 74, 81, 95, 98, 101, 109, 110, 133, 138, 145, 147, 156, 221, 230, 233, 237, 242, 247, 264, 267, 271, 272, 288, 290

Salem 152, 169
Samaria 34
Sidon 32, 33, 37, 43, 47
Sinai 13, 134
Smyrna 32
Sodom 196
Szylla 74

Tartarus 60
Theben 177
Tyrus 34, 37, 43, 47, 48, 49, 57, 58, 60, 108, 122, 149, 154, 155, 163, 183 184, 209, 220, 225, 240, 246, 257, 260, 290

Sachregister

Die ersten Ziffern bedeuten die Kapitel,
die Ziffern hinter dem Komma bedeuten die einzelnen Verse

Abbitte der vier Brüder des Herrn 236,9
Abend, der heilige 15 ff
Abendbesuch bei Jonatha 243,19
Abendmahl, himmlisches 113,19
Abreise des Cyrenius 47,1; 244,1
Abschied von Jonatha 256,23
Abschiedsgebet des Cyrenius 245,2
Abschiedsworte Jesu an Cyrenius 246,11
Achtung des Judengottes 20,7
Adel, höchster, der Maria 94,15; 254,6
Ahnung, große, der Eudokia 110,19
   gute, der Tullia 103,18
   Jakobs vom Wesen Jesu 63,9
   Josephs von seiner und Marias Mission 7,1; 18,34
Allerheiligste, das, zu Jerusalem 120,7
Allerheiligste, das, im Saale des Cyrenius 141,19; 146,24
Allweisheit des Kindleins 91,19
Alter Josephs und Marias 12,12
„Amen", ein, des Herrn 150,23; 188,44
Anbetung d. h. Kindleins durch die Engel 114,20; 116,9; 120,22
   durch die drei Weisen 30,16
   durch die Tullia 103,18
Anfang, im, der Größte der Gott-Nächste 114,14
Angesicht Gottes 174,16

Ankunft d. h. Familie in Tyrus 34,30
   in Ägypten 42,8
   in Nazareth 257,22
   Marias bei Elisabeth 6,1
Ansicht über Götter und den Einen Gott 132,6; 143,10
Ansiedlung Jonathas am Galiläischen Meer 278,15
Anstandsrücksichten der Maria 190,18
Antwort der Einfalt Jakobs 162,11
   der Maria bei der Verkündigung 3,13
   bei Josephs Anklage 8,22
   vor dem Tempelgericht 11,13
   des Cyrenius an neid. Diener 140,21
   des Herodes an Cyrenius 48,1
   Josephs dem Hohenpriester 11,15
   dem Nikodemus 26,8
Anweisung des Engels zur Beschneidung 23,2
Arbeiten der Söhne Josephs 163,2; 232,1
Arbeitskraft kommt von Gott 291,13
Arm, der längste 60,15
Arme, Blinde und Lahme als Allerheiligstes 141,20
Armenversorgung bringt ewigen Lohn 150,18; 151,13

Attentat, ein geplantes, gegen Cyrenius 135,6
Auferweckung der Tullia 190,21
 des Joël 88,19
 des toten Hirtenknaben 284,1
 des Zenon 289,19
 des toten Knechts 291,11
 des Jakob 296,10
 des Kephas 296,22
 des Mallas 296,30
Augen, die zwei, des Menschen 62,8
Auslegung der Meerfahrt des Cyrenius durch Joseph 184,9
Auslegung des Daniel durch das Kindlein 295,16

Bangen bei Sturm 66,7
Barmherzig und gnädig ist der Herr 73,17; 77,17; 204,24
Barmherzigkeit der Maria 93,10; 254,1
 eines Löwen 136,19
 Gott wohlgefällig 89,3
 steht über Gerechtigkeit 138,10; 139,9
Bedeutung des Grübchenspiels 196,1
Bedingung des Heils 147,6
Befehl Gottes im Traum an Joseph 257,19
Beispiele der Buße und Gnade 204,5
Bekenntnis Josephs, demütiges 41,26
 vor dem hl. Kinde 202,1
 ahnendes, des Arztes 274,1
 des erweckten Hirtenknaben 284,3
Belehrung Josephs über Marias Zustand durch den Engel 9,13
Beschaffenheit, leibliche, der Maria 95,5
Bescheidenheit der Maria 6,28; 94,2; 105,20
 des Joseph 61,11; 96,15; 134,22
 des Maronius Pilla 82,15
 von Cyrenius 130,3; 133,8
Beschneidung des hl. Kindleins 23,3; 24,1
Beschneidung des Herzens 120,24

Beschreibung, römische, der Juden 12,3
Bestrafte Neugier 37,21
Beten, wie der Mensch soll 92,6; 185,10
Betrachtungen über den Vollmond 174,11; 175,24
Betrübnis des Herrn über den Wankelmut 188,24
Bettlein des Kindleins 27,9
Bettlerin, die blinde, geheilt 93,19
Bewahren der Worte Gottes in uns 81,20
Bewahrung des Hauses Josephs 115,8
Bezahlte Wohltaten 107,4
Bild der Zukunft: röm. Marienkult 197,18
Bleibe, was du (äußerlich) bist 39,7
Blindenheilung, eine 93,19; 161,27
Blindheit, menschliche 204,2
Blindheit des Joseph 211,14
Böcke unter den Menschen 75,18
Böse Taten aus Mutwillen 252,19
Botschaft des Engels an Joseph 18,36
 des Joseph an Cyrenius 163,10
 , die größte 114,10
Brandstätte, eine vorbildende 209,21
Brautprobe, eine königliche 203,14
Brautwerbung des Cyrenius 102,1
Bruder, der Mensch als 62,6
Buße, wahre 270,8
Butter und Honig wird Er essen 171,18; 234,20; 237,22

Cyrenius, Vorläufer im Reiche der Heiden 152,11

Dankgebet, wem? 90,20
Dankjubel der Armen 147,2
Darniederkunft des Herrn nicht vergeblich 198,14
Darstellung des Kindes im Tempel 24,3
Demut des Herrn 185,5; 235,32; 299,2
 , Segen der 89,5

der Maria 5,8; 6,21; 94,14; 277,6
der vier Brüder des Herrn 236,9
des Kornelius 20,30
Demut des Engels Gabriel 114,11
des hl. Kindleins 169,14; 235,26
des Jakob 237,3; 238,7
des Joseph 42,3; 142,15; 189,12
des Jonatha 167,4; 172,2; 180,39
die gerechte 39,8
die wahre 217,14
Diät, mosaische 215,20
Diener Gottes, Engel 117,10; 130,3; 140,24
Diener Gottes, wahre und falsche 227,10
Dienst der Engel in der Natur 158,12
Drei Weise 29,20; 32,1
Drohung des Kindleins 90,13
Drohung Gottes 196,6
Dürre in Palästina 293,2

Edelmut Josephs 107,4; 220,24; 242,7
Edeltat Jonathas 250,10
Ehebruch, zweierlei 103,4
Ehe-Gesetz, göttliches 102,15
Eheliche Verbindung Josephs mit Maria 11,32
Eherecht, römisches, dreifach 100,11
Ehre, bürgerliche, Schatz der Armen 37,7
   Josephs 36,29
   des Ansehens, wo es nötig ist 75,12
   sei Gott!" 18,25
Ehrenzeichen, höchstes, das Kreuz 214,22
Ehrgeiz des eigensinnigen Mädchens 195,11
Eifer des Herrn, gerecht 196,20
   falscher, des Joseph 207,10; 235,16; 249,19; 285,16
   , zu viel, schadet 88,8; 296,12; 235,38
Eifersucht edler Art 81,2
Eifersucht, tödliche, d. Tullia 197,25
Eigensinn des Mädchens 194,25
„Eile mit Weile" 296,12

Ein Gott nur ist 160,16
Ein Hirt und eine Herde 198,22; 238,24
Ein Licht den Heiden und ein Gericht den Juden 288,24
Ein Mensch aus zahllos vielen 198,17
Ein Weib nur soll der Mensch haben 104,25
Einblicke in die göttl. Weltregierung 290,11
Einfachheit gefällt dem Herrn 119,19
Einfalt, Lob derselben 157,15
Einfalt, Antwort der 162,11
Einkerkerung des Geistes 298,5
Einssein von Vater und Sohn in Gott 91,12; 298,5
Einswerden von Seele und Geist 298,12
Einzug in die Höhle 14,15
Elemente dienen dem Schöpfer 75,5; 269,16; 290,20
Empfängnis der Maria 4,14
Engel, ein, als Gemütsarzt 159,21
Engelserscheinungen 3,6; 9,12; 17,9; 18,19; 20,29; 23,2; 32,5; 33,1; 117,20; 256,13
Engelsdienst 33,5; 152,3; 158,12
Engelskuß, ein 154,20
Engelspracht 119,12
Engelsworte 129,6
Engelszeugnis über Jesus 130,8
Enthüllungen über Jesu Tod 199,1
Entsprechungslehren 234,17; 237,2
Entsprechungswinke über das Wesen der Kometen 223,10
Entstellung des Evangeliums 5,0
Entwicklung, geistige 196,2; 237,6
Entwicklungen in der Welt 111,8
Episode, Fliegen im Honigtöpfchen 171,9
Episode mit Schulkindern 275,18
„Er allein ist mein Trost" 188,43
Erbarmungswunder 146,27; 147,6
Erde, eins mit der Sonne 238,22
   Bedeutung 130,10
   Gericht 238,20

Erdball-Schöpfung im kleinen 177,7
Erfahrungen, denkwürdige, des Joseph am heiligen Abend 15,8
Erfüllung einer Schriftverheißung 24,12
Erklärung des Grübchenspiels 196,2
Erlöser, der 16,10; 104,7
Erlösungswinke 39,13; 104,7
Ermordete Kindlein zu Bethlehem 72,21
Eröffnung der Lebenspforte für alle 199,21
Erstes Wort des hl. Kindleins 52,15
Erstling der Liebe Jesu 189,19
Erstorben im Gesetz 173,19
Erweckung Gottes im Menschen 262,20
Erzengel 113,14; 114,3
Essäer, ihre Prophetenschulen 272,5
Eudokia kommt ins Haus Josephs 105,6
Evangelium der Ehe 102,12
  des Heilandes 173,13
  des Lebens 111,7; 146,13
  der Menschwerdung 235,32
  der Natur 66,10
  vom Kreuze 214,12
Ewig-Vater 196,21; 238,25
Examen Jesu durch weltliche Lehrer 286,15; 295,13

Fahndung des Herodes nach dem Kinde 28,19
Fasten, unfreiwilliges, des Kindleins 211,8
Fatum, das 69,21; 82,22
Fehlprobe der Maria 161,16
Feier des Sabbats 120,13; 149,11; 158,12
Feigenbaum, verflucht 152,16
Feind des Lebens 98,19; 115,4
  Gottes, jeder Weltfleißige 296,15
  vergeben und segnen, ist göttlich 254,17
Feldbestellung Josephs 88,6; 293,6
Feldherr in Not 74,1
Fesselung der Lebenskraft 223,19
Fischfang, reicher 248,21

Fischgericht, kaltes, seine Entsprechung 215,23
Fleisch ist Sünde und muß sterben 219,13
  das Kleid des Todes 130,20
Fluch dem Weltsinn 102,21; 217,16
  des Geldes 233,23
  Josephs, der Schlange 88,12
Fluchet nicht, auch nicht euren Feinden 249,22
„Folge Mir" 74,10
Forellen 263,2
Forschen in göttl. Tiefen ist eitel 217,16
Frei soll der Mensch handeln 104,22
Freier Wille 21,5
Freiheitsdurst bezähmt 299,8
Freiwerdung des Geistes 298,12
Freude im Reiche Gottes über reuige Sünder 140,24
Friede allen, die guten Willen sind 30,8
Fruchtbarkeit, wunderbare 293,17
Führungswinke des Herrn 113,5; 196,2
Führungswinke des Joseph 183,21
Fülle der Gotteskraft im Kindlein 147,6
  der Gottheit im Kindlein 129,13
  des Gottessegens, wo? 146,18
Funke, göttl., im Menschenherzen 298,5
Fürchtet nie die Welt, fürchtet aber an Mir irre zu werden 225,8
Furcht vor dem Tode benimmt die Liebe 174,14

Galgen (Kreuz, Querbalken) als Tisch des Herrn 213,20; 214,20
Gäste, heidnische, d. Cyrenius 119,22
Gebet, äußerliches 185,9; 213,26
Gebetlos wollte das hl. Kind essen 211,17; 213,24
Geburt Jesu im Menschenherzen 262,18; 283,21
Gegenwart Gottes 246,19
Geheimnis des Kindleins 129,13

Geheimnis hier — Licht drüben 210,3
Gehorsam Jesu 297,23
Geist, böser, von Jakob ausgetrieben 164,14
  dessen Wesen 55,23; 298,11
  in jedem Menschen 298,5
  seine Freiwerdung 298,12
  seine Liebe zu Gott sein eigenstes Leben 224,19
  heiliger, Worte Simeons 24,7; 24,15
Geister, arge 125,8
  selige 125,17
Geistige Entwicklung Jesu 298,2
  der Menschheit 196,2; 237,7
  Sehe, Schließen derselben 159,4
Geiz in Fürsten und Volk 290,13
Geld, dessen Macht in Rom 109,18
Gelübde der drei Priester 97,4
Gelübde des Joseph 89,2
Gemütsarzt, als, der Engel Gabriel 159,21
Gerettet vom ewigen Tode 39,9
Gericht, zum, kam Jesus zu den Juden 288,24
  über die Erde 238,20
  über die Köche des Herrn 238,20
  von kalten Fischen 215,7
Gerichts-Bedrohung Josephs wegen dem hl. Kindlein 280,20
Gerichtsschärfe des hl. Kindes 135,8; 252,19; 280,22; 281,23; 285,18; 294,22
Geringste, der, ist der Gott-Nächste 114,17
Gesang, himmlischer 6,45
Geschichte der Empfängnis Marias 20,18
Geschichte des blinden Weibes 95,10
Geschlecht des Kain 164,14
Geschmeiß, arges 132,28
Geschöpf u. Schöpfer 170,14; 187,12
Gesegnete Mahlzeit 7,9; 169,24
Gesetz, das, ist die große Last 173,8
  fürs Herz 173,23
  getötet durch dasselbe 173,19

Gesetze des Kindleins will Joseph rügen 144,11
Gesetze des Lebens 103,11
Gesetzesritter, verflucht 173,18
Gesetzgeber mehr als das Gesetz 149,20
Gesichte der Maria 14,8
Gespräch der Erzengel mit Maria 114,1
Gewinn, ist jedes Opfer für den Herrn 64,13
Gewissensfrage Josephs an Cyrenius 35,7
Gewissenssache ist zu respektieren 97,6
Gewitter, sonderbares 132,20
Gichtbrüchiges Mädchen von Jesus geheilt 273,11
Glaube des Joseph v. Messias 38,10
  des Arztes, gesegnet 274,14
  des Cyrenius 153,3
„Glaubst du?" 98,14
Gleichnis von den 2 Augen, 2 Ohren und einem Mund 62,8
  vom Ehemann und seinen Kindern 118,14
  vom Königsbettler als Freier 203,14
Globus, ein wunderbarer 177,7; 186,25
Glücksgefahr 111,7
Glück Jakobs als Kindsmagd 157,5
Gnade, die 39,13
  dem harten Nikodemus 26,14
  des Herrn gar köstlich 31,12
  Gottes 140,5; 184,10; 238,19 298,15
  und unsere Freiheit 194,24
Gnadenerkenntnis des Cyrenius 185,2
Gnaden-Führung Gottes 31,2; 185,2; 238,19
Gold u. Silber, Bestimmung 233,24
Gold, Weihrauch u. Myrrhe 30,20
Götterfurcht der Heiden 132,3
Götterlehre, kürzeste 76,8
Göttlich ist, seinen Feinden zu vergeben 254,17

Göttliche Worte der Maria 6,28
Göttlichkeit in Jesus zieht sich zurück 225,4; 294,1
Gottes Angesicht 174,16
- Diebe sind alle Menschen 249,28
- Diener, wahre und falsche 227,11
- Dienst, der wahre 92,6; 145,30; 182,2
  festgehaltene Gedanken bilden die Schöpfung 202,12
  Führung der Menschen und Geister 196,2
  Gegenwart kann nur die Liebe ertragen 246,19
- Gericht an Maria u. Joseph 11,27
  Herzenstempelreinigung vorgebildet 249,23
  lebendiges Wort in den Propheten 153,12
  Liebe-Segen 89,16
- Liebe und Menschenliebe 203,6
  Machtwirkung 75,3; 199,20
  Sohn 200,10; 298,4
  Urteil 252,19; 280,10; 281,21; 285,21
  Wesen 92,21
  Wille, unser Wohl 105,4
  Worte vergehen ewig nimmer 104,19
  Wort in der Doppelwirkung 129,14
  Wort-Verunstaltung 237,7
Gott, der rechte Gott 90,20; 153,3; 160,16
  hat Sein Volk heimgesucht 272,21
  im Kindlein 91,12; 129,14; 152,11; 153,25; 235,32
  kann als Geist nicht getötet werden 199,20
- Vater und Seine Kinder 118,22
  verzeiht dem Reuigen 140,9
  wird zum Kinde 130,10; 196,15
Gottheit, ewige, als Mensch 298,5
  höchste 103,19
Gottheit, kann vom Kindlein nicht ganz umhüllt werden 277,11

Gottheitsgefühl, lebendigstes in Jesus 299,2
Gottmensch Jesus 298,5
Gottvertrauen, Mahnung dazu 66,8; 183,13
Größte, der, überhob sich 114,15
Grübchenspiel, ein lehrreiches 192,2; 279,11
Grund d. Flucht nach Ägypten 72,19
Grundevangelium von der Menschwerdung des Herrn 235,32
Grundleben alles Lebens im Kleide des Todes 130,20
Grundordnung im ganzen Universum nach der Vollendung 198,17
Gruß, edler, der Maria 30,8
Gute Tat der Maria 146,27
Gute Tat des Jonatha 250,10
Guter Sinn Jakobs 94,10
Guter Wille, dessen Segen 40,6
Gutes tun am Sabbat 149,11; 158,14

Hadern mit dem Herrn 204,2
Hauptgrund der Menschwerdung des Herrn 185,13
Hauptschlüssel zur Wahrheit — Liebe 146,13
Hauptschwäche, menschliche in Jesus 299,3
Hausgeräte Josephs gestohlen 252,9
Hausregel, allgemeine 90,9
Hebamme, die 16,2
Heidentum, das, in Rom bekommt einen Stoß 46,15
Heidnische Götterfurcht 132,3
Heilandsevangelium 172,21
Heilige Geistes-Worte bei der Darstellung im Tempel 24,13; 25,7
Heiligkeit, vermeintliche, des Kruges 292, 19
Heilkraft Jakobs und sein Examen 161,27; 162,1
Heilmethode d. hl. Kindleins 274,10
Heilung d. bestraften Salome 17,14
Heilung eines besessenen Mohrenknaben 164,17

eines gichtbrüchigen Mädchens 273,14
des verdorrten Knaben 293,23
Heimreisewink an Joseph 256,14
Heimsuchungen des Herrn 113,3
Heiterkeit des Kindleins 80,13
Herablassung des Herrn 114,18
Herde, eine, und ein Hirte 198,22; 238,24
Herkules am Scheidewege 74,5
Herr, der, der beste Koch 215,22
des Sabbats 149,16
geht dreimal um die Brandstätte der Welt 209,21
hat das Kleid des Todes angezogen 120,20
im Kinde 152,11
sein — ist denn das so süß? 235,21
Herrlichkeit des Herrn 15,8; 20,30; 63,10; 72,18; 73,18; 113,14
Herrschlust überwand Jesus durch Gehorsam 299,7
Herz des Menschen als Träger des Jesuskindleins 157,11
Herz des Vaters 89,16
Herzensbeschäftigung 296,18
-beschneidung 120,24
-liebe gibt Licht 148,21
-tempel 145,30
Herzlichkeit zwischen Mutter und Kind 175,3
Hilfe des Herrn allezeit durch taugliche Mittel 134,26
Himmel, neuer 114,17
Himmelsordnung und Weltordnung 142,11
Hirte, einer, und eine Herde 198,22; 238,24
Hirtenbesuch bei dem hl. Kinde 18,33; 22,2
Hirtenknaben Bosheit bestraft 281,22
Hirtenstab, ein Schwert 75,14
Hochzeitsfest des Cyrenius 119,3
Hochzeit zu Kana 297,1
Höhle bei Bethlehem 14,15
Holzlese des Jakob mit Jesus 296,6

Honig und Butterbrot ißt Jesus 171,3; 171,18; 237,22
„Hosianna" 30,19
Humor, guter, des Kindleins 168,23; 229,5; 229,28
Hunger-Zeit, geistige 237,7; 237,26

Jakobus, als Jesu Vertrauter 157,20
Ich bin der Herr 288,26; 290,11
bin ein Meister, du ein Schüler 191,12
bin es, Meister zu helfen 153,25
bin von oben herab 287,4
Selbst bin ja sein Lohn 183,22
Jedes Werke werden offenbar 187,22
Jesaias erklärt 171,18
Jesus als Diätmeister 215,7
bindet sich die Zunge 157,20
das alleinige ewige Gottwesen 298,2
erste Worte 52,15
gottmenschliches Wesen 298,5
Innenarbeit zu seiner Vollausreifung 299,2
muß fasten 211,8
über den schlecht bestellten Tisch 234,23
über Sein Redewunder 129,11
Weizenwunder 293,13
Wettlauf mit Cyrenius 191,2
Zeugnis von Sich 72,18; 89,14
Immanuel 171,25
Innerer und äußerer Gottesdienst 182,2
In Meiner Liebe liegt der größte Segen 245,13
Jonatha-Christophorus 166,15
sein Gebet 166,22
Zeugnis vom Jesuskinde 170,3
Joseph als erster Kreuzträger 214,8
Josephs Gottvertrauen 113,5
sucht das hl. Kindlein 213,2
Weisheit 31,7; 32,21; 76,6; 85,7; 138,10; 184,9; 255,15
Jungfrau, der, Sohn 171,25

Kampf der Selbstüberwindung Jesu 299,5
Kind, ein, in der Wiege, mehr als alle Welt 152,8
Kindlicher Verkehr zwischen Jesus und Jakob 157,3
Kindlicher Verkehr zwischen Mutter und Kind 175,3
Kinder, deren Zweck für die Eltern 118,15
    Gottes 118,22
    sollen heiter sein 205,3
Kirchenentwicklung auf Erden 237,7
Kleiderdiebe, die heulenden 253,7
Klugheit und Maske, Unterschied 202,9
Koch, der beste, ist der Herr 215,22
Kochrüge Joels 168,3
Köche, selbstsüchtige 235,15
Köche, des Herrn, Gericht über die 238,19
Kometen, Entsprechungswinke 223,10
Kommando an einen Blitz 132,27
König als Freier, Brautprobe 203,14
König, habsüchtiger, wozu gut 290,12
Königstochter, Maria 105,20
Körperliche Beschaffenheit d. Maria 95,5
Kostgänger, riesige, des Herrn 213,22
Kräfte, Meister und Schüler darin 191,12
Kraftprobe der Engel 117,20
Kreuz-Evangelium, ein 214,5
    das, ein Ehrenzeichen 214,22
    das, Meine höchste Liebe 218,16
Kunstfertigkeit der Maria 163,5
Kurzsichtige, menschliche Frage des Joseph 198,5
Kuß, himmlischer, von einem Engel 154,20

Lade des Bundes, die echte 120,18
Lämmer und Böcke (Menschen) 75,17
Langmut Gottes 210,22; 211,16
Last liegt im Gesetze 173,7
Leben alles Lebens hat das Kleid des Todes angezogen 130,20
Leben, ewiges 103,14; 111,18
Lebendige, der 103,11
Lebendiger Gottestempel 189,22
Lebens-Evangelium 110,6; 146,13
    -Feind, hat Ohren gespitzt 98,19
    -Kraft, ihre Fesselung 223,19
Lebensmeisterschaft 191,17
Lebenspforte geöffnet 199,21
Lehmsperlinge 279,24
Leib und Seele, deren Wesen 55,23
Licht bedeutet Oben 287,26
    den Heiden 288,24
    siebenfaches der Sterne 297,16
Liebe allein kann Gottes Gegenwart ertragen 246,19
    deren Wert vor Gott 111,18
    des Geistes, sein eigenes Leben 224,19
    -Geheimnis 80,13
    göttliche und menschliche 203,6
    in der Tätigkeit 158,14
    ist Leben 151,21; 284,25
    ist im Gesetz erstorben 173,24
    ist das wahre Gebet 213,26
    -lose, der, ist ein Sünder 70,4; 172,21
    zu Gott benimmt Todesfurcht
    zu Gott macht neu geboren 219,11
    zu Gott erweckt das Urwesen Gottes im Menschen 262,20
Liebesdienstwinke 148,21
Lieblosigkeit, größtes Übel 70,4
Lippengebet, entwürdigend 185,10
Lobgesang der Engel bei der Geburt Jesu 18,25
Lohn, der beste 183,22
Lohn Josephs an die Seeleute 41,27
Löwe von Juda 72,18

Macht des Kindleins 132,27
    der Maria gegen Schlangen 124,14
    keine, außer Gott 75,3
Macht, weltliche, wo sie gut 75,12
Maske und Klugheit 202,9

Maria bezüglich der Kirche 169,18; 197,20
Maria, Himmelskönigin 254,21
Meerzwiebel, deren gesegnete Wirkung 88,23
Meine Liebe ist dein Leben für ewig 284,25
Melchisedek 152,16; 169,11
Mensch, der alte und der neue 204,33
   dessen Wesen 62,8
   ein wahrer 39,8
   ist eine Welt des Lebens 152,6
Menschliche, das, am Herrn 157,17; 298,2
Menschheits-Entwicklung, geistige 196,2
Messias, Wesen und Zweck 38,10; 89,8; 185,13
Milchkrieg 220,13
Mißgriff Josephs 285,16
Mission des Messias 89,8; 103,11; 104,7; 145,3; 272,19
Mitte, die wahre 216,23
Mohrenknabe wird geheilt 164,17
Mond, der, sein Wesen 174,18; 176,20
Morgenstunde, gesegnet 88,5
Mosaische Diätetik, warum 215,20
Mosaische Gesetze, große Last 173,7
Müdigkeit des Herrn, ein Gericht den Menschen 268,15
Mund des Menschen 62,11
Mund und Lippengebete, entwürdigend 185,14
Murren Josephs 11,20
Muster eines Weibes 277,6
Mutwillen der Diebe bestraft 252,19
Mutter und Kind in Herzlichkeit 175,3
   aller Dinge, Gottes Ordnung 224,18
   Gottes (Maria), jeder Mensch, der Jesus ins gereinigte Herz einziehen läßt 283,21

Mysterien Ägyptens 76,6
Mythologischer Wahn 61,7

Nacht bedeutet unten 287,26
Name Jesus 3,12; 9,13; 24,1
Naturdienst der Engel 152,3; 158,8
Naturverständnis, wahres 128,11; 175,24
Natur des Urweibes (Satana) im Mädchen 193,12
„Nazarener" soll er heißen 257,22
Nazareth in Furcht und Schrecken 269,3
   erstes Wunder daselbst 279,24
   zweites Wunder daselbst 280,13
Nebelschleier als Gnade 34,21
Nebentisch, der schlecht bestellte 234,16
Necken der Engel, über das 114,3
Neid der Diener des Cyrenius 140,20
Neid, im, ruht der Tod 296,31
Neues Testament der Liebe 189,19
Neugeborener König d. Juden 28,5
Neugier bestraft 37,22
Neugier, Warnung vor 63,10
Niedrigkeit v. Gott erwählt 114,18
„Noli me tangere" 299,13
Not des hl. Kindes 289,17
„Oben" ist, wo Licht 287,26
Öl, göttliches, ist das Wort des Herrn 215,23
Offenbar werden alle 187,22
Offenbarung Gottes, auch d. Tiere 40,16
   im Herzen 40,7
   innere, an Jakob 157,21; 164,12
Ohren gespitzt, hat Lebensfeind 98,19
Ordnung Gottes, ewige 224,18
Ordnung neue, durch die Menschwerdung 114,17
Opfer Jesu 89,8
   für den Herrn ist Gewinn 64,14; 104,24
   gottwohlgefälliges 89,5
Opfer, götzenartiges 67,13

Osterfeiernöte Josephs 120,4; 121,9
Ostern, die wahren 121,20

Palästinas Unfruchtbarkeit 234,18
Phasen der geistigen Zustände auf Erden 237,7
Pilgerleben auf Erden 113,5
Politik des Herrn 290,12
Predigt der Natur 139,5
Predigt Josephs von der Treue zu Gott 64,2
Priesteransicht über Gott 143,10
Probe des Cyrenius 188,14
Propheten redeten aus Gott 153,10
Prophetenschule der Essäer 272,5
Prophetischer Hinweis auf Judas Ischariot 289,27
Prophetische Worte des hl. Kindleins 81,14; 114,17; 152,11; 197,18; 198,18; 200,21; 209,20; 234,18; 262,20; 279,16; 281,23
Prophetische Worte Josephs 22,8; 39,9
Prophezeiung Josephs 7,3
der geheilten Blinden 94,19
durch den Mund Jakobs 237,7
Prüfungen Gottes über die, die Er liebt 81,3; 114,7; 128,4; 204,7
Psalmen-Gesang, himmlischer 6,45
Psalmen-Gesang Josephs 87,4

Rache ist ferne des Herrn 241,11
Rat, bester, zur Wahrheit 130,23
Rede des Kindleins von Guttaten 150,21
vom Berufe der Engel und der Kinder Gottes 152,6
über Jesaias 153,17; 171,18
über Stadt-Klatsch 201,18
über ein Feuergericht 209,21
über das Tischgebet 211,16; 213,26
über Seine Lieblingsspeise 263,14
über Weltfleiß und Müßiggang 296,15
des Cyrenius über die Gnade 140,5

Rede über Gutestun 151,15
über das Ehegesetz 102,12
Reich des Messias 20,13; 81,16; 146,13
Reiche sollen die Armen versorgen 147,23
Reichtum Josephs 37,7
Reinigung d. Hauses Josephs 249,24
Reise, erste, des Cyrenius mit der hl. Familie n. Ägypten 41,15
zweite, des Cyrenius n. Ägypten 52,3
dritte, des Cyrenius n. Ägypten 182,17
der hl. Familie nach Nazareth 257,1
Reliquie der Maria probiert 292,19
Richten, vom, der Menschen 168,10
Roms Segensverheißung 81,14; 152,19
Römische Geheimschrift 256,13
Römischer Marienkult 197,18
Ruhe, wahre, des Sabbats 120,13; 158,15
Rupfen und Zupfen, vom, 80,13; 114,7; 128,4

Sabbat heiligen 120,13; 158,14
Gutes tun 149,12; 158,14
-Eifer des Joseph 158,7
Sabbats Herr 149,16
Salem 152,16
Salems Untergang 152,18
Sämann, ein kleiner 293,10
Säugende, Wink für 161,4
Sanftmut 146,7
Satanas, Urweibes Natur 193,12
Schauen der Gottesordnung ist Weisheit 298,15
Schaugier des Jakob 63,4
Schatz, der größte 31,14
Schatz der Armen 37,7
Schlag fürs Fleisch belebt d. Geist 188,42
Schlangenbiß tötet Joel 88,9
Schließen der geistigen Sehe 159,4
Schönheit der Maria 254,15

Schöpfer und Geschöpf 170,14; 187,12
Schöpfung, den Engeln zur Leitung übergeben 152,6
Schreckens- und Furchtpolitik verwerflich 138,7
Schulunterricht unnötig für Jesum 294,5
Schwächen der Seele 298,10
Schweigen tut not 36,12; 98,20; 106,11; 117,18
Schwert, das beste 75,12
Seele, ihre Schwächen 298,8
   deren Wesen 55,23; 298,8
   Jesu 298,17
Seelenschwächen Jesu 299,5
Segen vom Tragen des Kindleins 17,9; 106,15
Segensbitte 104,2; 245,2
Segensgnade 41,24; 236,20; 299,22
Segensverheißung an Rom 152,19
Segensworte des hl. Kindleins 111,6; 130,25
Sehe, geistige, deren Wesen 159,4
Seherin, Maria als 14,3
„Seid ihr nicht Götter?" 255,5
Sekten-Mängel 237,26
Selbstbewußtsein des Kindleins 268,23
Selbstsucht der Brüder des Herrn 235,15
Selbstverleugnung 298,9; 299,17
Sicherheit der Gottbegnadeten 33,5
Sichtbare Gottheit 196,21
Sinai, eine Art 134,7
Sinnentäuschung 127,14
Sohn Gottes, des Allmächtigen 3,11; 145,7; 200,10
Sohn der Jungfrau — Immanuel 171,25
Söhne Josephs 13,7
   Sonne der Himmel 98,8; 110,23
Sonne, die, steht still 20,26; 22,7
Sonnenbewohner 238,23
Sorgen-Evangelium 85,7
Speisesaal als Tempel 141,4
Spektakel der Welt, Gefahr dabei, 63,8

Spiel Jakobs mit Jesu 160,2; 165,4
   , ein, des Lebens 192,2
   mit Lehmsperlingen 279,11
Suche nach dem Messias 145,3
Suche Josephs nach dem Kind 213,2; 213,14
Sünde, Erlösung davon 104,7
Sünde, der, Sold 219,14
Sünden 110,6
Sünder, der Mensch als 62,10; 140,10
Sünder ist, wer keine Liebe hat 172,21
Sündenbekenntnis Jonathas 167,5
Sündertränen 219,3
Sündflut, von der 196,11
Standpunkt von Schöpfer und Geschöpf 187,12
Stern der 3 Weisen 29,25
Sternenwasser, das heilsame 93,13
Stillstand der Natur am hl. Abend 15,8
Stimme aus Elisabeth 6,7
   göttliche, zu Joseph 13,12
   innere, in Jakob 162,2
Stolz zu überwinden 299,6
Strafe unartiger Kinder 168,13
Stummheit d. Jesuskindleins 161,9
Stürme, warum, 66,10
Szene, liebliche, zwischen Jesus und Jakob 80,8

Tafelrat, kluger, Josephs 142,11
Tempel, der wahre 120,9
Tempel, in Jerusalem 18,35; 120,8; 297,23
Tempelbau i. Herzen 92,6; 145,30 189,22
Testament, das neue 189,19
Teufel ist, wer mutwillig Böses tut 252,21
Tisch des Herrn 113,21; 213,22
Torheit der Welt 197,9
Torheit menschliche 206,19
Tränen, über verschiedene 205,9
   der Freude 80,20; 110,17; 250,22; 264,21

427

der Maria üb. d. Diebstahl 250,2
eines Sünders 219,3
Tod als Arbeitsloser 281,21
aus Überraschung 74,23
der Tullia 188,16
des übereifrigen Knechtes 291,2
des Zenon 289,16
dessen Segen 199,21
durch Sünden 279,20
geistiger 110,14
und Auferstehung Joels 88,10
Totenerweckungen 74,23; 77,20; 116,18; 284,1; 289,19; 291,13; 296,22
Töten und beleben 282,20
Tragen d. Kindleins bringt Segen 17,9
Träge, der, Jakob 296,17
Traum der blinden Bettlerin 93,11
der Hebamme 16,3
Eudokias 160,21
Josephs 9,12; 33,1; 256,13; 257,18
Marias 33,9
Traurigkeit des Kindleins 235,23
Traurigkeit der Maria 250,2
Triumph des Gottvertrauens 183,9
Trost im eigenen Herzen 188,38
Josephs an Maria 86,17
Josephs durch d. Wehmutter 19,15
Marias an Eudokia 105,18
Marias an Joseph 7,12; 18,28; 28,25
Marias an Tullia 204,5
Jonathas an Maria 250,10
Trostworte d. Freundes Josephs 13,1
des Jakobs 243,15
d. Kindleins 66,8; 110,6; 206,18; 209,11; 213,5; 281,23; 284,22
von Oben 13,12

Übel, größtes, Lieblosigkeit 70,4
Überfall auf Cyrenius 135,16
„Um des Herrn Willen" 112,21
Umgang, 3 malig. des Herrn um die Brandstätte der Welt 209,21
Umgangssprachen, drei, d. Alten 163,19

Unannehmlichkeiten im geist. Licht 81,3
Unbehagen durch Vielwissen 174,13
Undank, der Welt Lohn 249,18
Uneigennützigkeit Josephs 163,10; 164,20; 227,10; 242,7; 293,20
Unendlichkeit Gottes 221,20
Unendlichkeit, was sie ist 202,12
Unerbittlichkeit d. Kindleins 252,21
Unglaube der Salome bestraft 17,5
Universum und Menschwerdung des Herrn 198,7
Unscheinbarkeit des Herrn 38,7
„Unten" ist — wo Nacht 287,26
Untergang Jerusalems 152,18
Unterschied zwischen dem Wirken des Herrn u. d. Engel 118,7
zwischen Maske u. Klugheit 202,9
zwischen göttlicher u. menschlicher Liebe 202,15
Unwandelbar ist Gottes Wort 104,16
Urweibes Natur 193,12
Urwesen Gottes kann wie erweckt werden? 262,20; 283,21

Vater, göttl. 118,22; 196,21; 238,25
Vater in Jesu 89,14; 91,12; 235,32; 298,5
Verborgen u. klein bleiben d. wahren Jünger des Herrn 197,22
Verfinsterung des Mondes 175,24
Verfolgung des Herrn 196,18
Vergebung 60,24; 199,14; 236,1
Verheißung des Allopfers Jesu 89,8; 104,7; 199,20; 279,21
eine herrliche 150,21
große 90,22
große, an Kornelius 267,18
Verkehr d. Maria mit Gott 4,2
Jakobs mit e. bösen Geist 164,19
zwischen Jakob und Jesu 157,3
Versuchung Jesu 298,18
Verstoßung eines Kindes 168,16
Verunstaltung des Gotteswortes 237,7
Völlig in Gott 218,22

Voraussage und Vorbild des kommenden Gerichts 209,21
  des kommenden Gerichts u. Seiner Gnade 238,19
  der Zeit v. Jesaja 66; 238,21
  ,gute, für die Menschheit 279,21
  Jesu über die Vergötterung der Maria 169,18; 197,19
  ,trübe, für Jesu Nachfolger 197,22; 200,21
  über Jesu Tod 89,8; 199,20
  über Europa 152,11
Vorausschau, göttl., des Kindleins 236,17
Vorbild der Reinigung des Herzens 249,23
Vorläufer der Heiden, ein 152,11
Vorsage Josephs für Maria 18,22
Vorsage Simeons an Maria 24,13
Vorsicht! 79,17; 264,6
Vorsichts-Mahnung 61,12; 202,16; 234,11; 265,5

Wahrheit, göttliche 6,28; 102,11; 130,10; 146,13
Wandel, frommer, der Maria 277,6
Warnung vor der Welt 111,7
  vor Unvorsichtigkeit 290,9
  vor Verrat 98,19
Wasser, gesegnetes 63,13
„Wehe" dem Fleißigen für d. Welt 296,16
„Wehe" dem Weltsinn 102,21; 296,14
Weiberlust 299,10
Weiherede des hl. Kindleins 141,12
Weisheit a. Gott 40,14; 85,2; 298,2
  der Engel 114,1; 129,6; 130,9
  der Maria 6,21; 40,2; 106,3
  Jakobs 243,15; 251,14
  Schauen der Gottesordnung 298,15
Weißt du denn nicht, daß Ich dein bin? 285,28
Welt, was ist sie 111,7
Welt des Lebens, e. ist d. Mensch 152,6
Weltarbeit, geisttötend 296,14

Weltenschwere d. Kindleins 165,27
Welthelden, klein vor Gott 151,19
Weltherrschaft, Ende der 196,19
Weltmenschen, geistig blind 199,16
Weltmüde, Maria 86,16
Weltstoß, weiß der Herr zu parieren 281,23
Wenige erkennen Jesum 40,5
„Wenn ich nur Dich habe" 188,11
Wer andern eine Grube gräbt 240,24
  ist der — „Sohn Gottes"? 72,22
  Mir geben will, der gebe alles 169,22
  sein Weib mehr liebt als Mich, ist Mein nicht wert 188,29
Werke eines jeden offenbar 187,22
Werke gute, am Sabbat 149,12
Wert eines Menschen 219,16
Wesen der Seele 55,23; 298,9
  der Welten 80,19
  des Geistes 55,23; 298,5
  des hl. Kindleins 129,10
  des Herrn 55,24; 63,18; 89,14; 91,12; 130,10; 185,13; 298,2
  des Messias 145,7; 272,19
  des Mondes 174,18
  Gottes 92,21; 185,13; 262,20; 298,5
Wettlauf, vorbildlicher 191,17
Wie der Herr die Seinen führt 184,8
  das Volk, so die Führung 290,12
  lebte Jesus vom 12.—30. Jahre? 299,1
  soll man Gott lieben? 146,13
  soll man beten? 185,9
Wiedergeburt, geistige 298,2
Wiederkunft 196,21; 238,24
Wiegenkind, ein 152,8
Wille des Herrn 31,12; 146,12; 180,41
Willensmacht des Herrn 153,4
Wink d. Herrn über d. Messias 272,19
Wink d. Herrn über d. Alten Bund 189,17
Wirkung d. Barmherzigkeit 139,19
Wo Licht — da ist Oben 287,26

429

Wohlgefallen Gottes 31,14; 89,4
Wohllebenstrieb 299,9
Wohltaten Marias an ihren Feinden 254,22
Wohltäter sind mehr als Welthelden 151,15
Wort Gottes in den Propheten 153,10
Wort Gottes, unverstandene, im Herzen behalten 81,20
Wort u. Tat bei Jesus eins 282,5; 285,23
Wunderbegierde gedämpft 266,10
Wunder der Natur 251,20
Wunder des Gotteswortes 129,14
Wunderpausen beim Kindlein 157,20; 164,14; 165,1; 278,1; 293,1; 297,1; 297,26
Wunder-Wink 79,19; 128,14
Wunderwirkung des Gotteswortes 129,14

Zehnten geben 169,15
Zehren am Monde 175,20
Zeichen der letzten Zeit 238,19
 der Schmach soll zur Ehre werden 214,22
 der Fesselung des Geistes 298,8
Zerknirschtes Herz Gott wohlgefällig 89,5
Zeugnis d. Engel über Jesus 130,10
 Gottes über Joseph 1,24
Zeugnis Simeons vom Messias 24,13
 gutes über Maria 94,10
 des Herrn über Sein Menschliches 215,17
 der Eudokia vom Herrn 160,19
 des Herrn über Jonatha 167,22
 der Erde, wer ihr Herr ist 290,19
 der Gelehrten im Tempel 297,19
Zornausbruch des Cyrenius 126,14
Zornausbruch des Joseph 207,10; 235,20; 249,19; 285,25
Zornbeben des Cyrenius 69,14
Zorn und Erregtsein überwinden 299,14
 von der Erde genommen 209,22
 Warnung davor 128,6
Zucht, eine strenge 212,5
Züchtigung für Unglauben 17,5
Züchtigung unverdiente 285,25; 294,21
„Zufrieden sei!" 194,5
Zug der Liebe zum Herrn 219,21
Zukunftsbild (römischer Marienkult) 197,18
Zunahme Jesu an Gnade u. Weisheit 298,2
Zungengebete entwürdigen 185,13
Zupfen und Rupfen 80,13; 114,7; 128,4
Zurechtweisung des Joseph 235,27
Zurücktritt des Göttlichen im Kinde 225,4; 294,1
Zu wem betest du? 90,20; 160,12; 211,18
Zu wem soll Ich beten? 211,17
Zustand der Heiden ist wie? 215,23
Zustände der Kirche 237,7
Zweck der Stürme 66,10
Zweifel der Maria 72,4; 161,12
Zweifel in Gottes Zorn 204,14

JAKOB LORBER

Die Haushaltung Gottes

3. Auflage - 3 Bände, je 450 Seiten

Hier werden nach einigen einleitenden Kapiteln die wichtigsten Fragen allen religiösen Denkens behandelt: das Wesen Gottes, die Urschöpfung der Geisterwelt, die Entstehung der materiellen Weltenschöpfung, die Erschaffung des Menschengeschlechtes und die Urgeschichte der Menschheit bis zur vorderasiatischen Erdkatastrophe, der Sündflut. Es bietet in diesem Rahmen die Grundanschauungen der geistigen Erklärung der Welt, die jedem zeigen, was er als Mensch ist, wo er herkommt und wo ihn sein w a h r e s L e b e n s z i e l hinweist.

Aus dem Inhalt: 1. B a n d : Vom Wesen Gottes. Die geistige Urschöpfung. Die Urgeisterwelt. Der Geisterfall. Das Entstehen der Materie. Die materielle Schöpfung. Das erste Vollmenschenpaar auf Erden. Das Urmenschengeschlecht u. a. / 2. B a n d : Erste Mission aus der Höhe in die Tiefe. Schwirige Bekehrung Lamechs, des Königs der Tiefe. Weitere Erziehung der Kinder der Höhe und der Tiefe u. a. / 3. B a n d : Über das Wesen und die Entwicklung Satans. Satans verhängnisvoller Einfluß auf die Kinder der Tiefe und der Höhe. Wiederholte Versuche religiöser und sittlicher Erneuerung der abwärtsgleitenden Menschheit. Umfang und geistige Bedeutung der Sündflut u. a.

Das Wort

Monatsschrift für christliche Erneuerung

Wie der Untertitel sagt: eine christliche Zeitschrift, aber völlig überkonfessionell. Sie dient nicht nur der Erläuterung der von Jakob Lorber niedergeschriebenen Werke der Neuoffenbarung, sondern bringt Beiträge und Abhandlungen, in denen Kenner der Lorberwerke zu den wichtigsten Fragen unserer Zeit Stellung nehmen. Geistig Suchenden, nicht zuletzt allen ehrlich ringenden Jugendlichen, wird der Weg gezeigt, den sie gehen müssen, um zu Jesus Christus zu gelangen.

Die Zeitschrift erscheint monatlich.